EMPÖRT
EUCH
INTENSIVER

von

Schorat

ISBN 978-3-932209-33-8

TonStrom
VERLAG

VORWORTE

Zitat Anfang

Empört Euch!

Empört Euch! (französischer Originaltitel Indignez-vous !) ist ein Essay des ehemaligen französischen Widerstandskämpfers und UN-Diplomaten Stéphane Hessel. Es wurde im Oktober 2010 veröffentlicht; bis Februar 2011 sind mehr als eine Million Exemplare verkauft worden. Auch in Deutschland wurde das Buch schnell ein Bestseller. Der zum Zeitpunkt der Veröffentlichung von Empört Euch! 93-jährige Hessel verzichtete auf sein Autorenhonorar. Hessel kritisierte in der Schrift mit Vehemenz zahlreiche Aspekte gegenwärtiger politischer Entwicklung, insbesondere in Hinsicht auf die aktuelle Finanzkrise und deren Folgen, und rief zum politischen Widerstand auf. Mehrere soziale Protestbewegungen, etwa in Spanien, Portugal und Griechenland, berufen sich unter anderem auf seine These

Inhalt

Das in der deutschen Ausgabe vierzehnseitige Werk – weitere acht Seiten enthalten Anmerkungen und ein Nachwort der französischen Verlegerin Sylvie Crossman – positioniert sich gegen den Finanzkapitalismus und für den Pazifismus. Es ist in einem zornigen Ton geschrieben und wurde deshalb oft als Pamphlet bezeichnet.

Hessels Ausgangspunkt sind die Ideale und Ziele der französischen Widerstandskämpfer, an die er sich erinnert und die er mit den heutigen Verhältnissen und Auffassungen in Frankreich vergleicht. Dieses „Vermächtnis" möchte er an jüngere Generationen weitergeben. Er stellt fest, dass der von der französischen Republik nach dem Zweiten Weltkrieg gefundene Gründungskonsens eines Sozialstaates und die Verpflichtung auf die Menschenrechte, wie sie in die von ihm mitverfasste Allgemeine Erklärung der Menschenrechte der Vereinten Nationen von 1948 eingeflossen sind, heute gefährdet seien, und ruft dazu auf, diesen Werten wieder Geltung zu verschaffen.

Hessel nennt viele Beispiele für eine verfehlte Politik, so die Diskriminierung von Ausländern, den Sozialabbau, insbesondere bei der Alterssicherung, den Konzentrationsprozess bei der Presse und ihre gefährdete Unabhängigkeit, den beschränkten Zugang zur Bildung sowie die Entwicklungspolitik vor dem Hintergrund der globalen Wirtschaftskrise und die Umweltpolitik im Hinblick auf das Erdklima. Im Kapitel „Meine Empörung in der Palästina-Frage" – wie er betont, ist es seine derzeit größte – kritisiert Hessel die israelische Politik in den besetzten Gebieten. Die von ihm genannten Missstände seien aber nur Beispiele. Wer genau hinsehe, werde viele weitere Anlässe zur Empörung finden.

Das Buch fordert den Leser zu einer engagierten Lebenshaltung auf, zu gewaltloser Revolte und zivilem Ungehorsam und proklamiert, dass jedermann einen Grund zum Widerstand habe. „Das Grundmotiv der Résistance war die Empörung." Wenn auch die Komplexität der gesellschaftlichen Strukturen und Beziehungen keine einfachen Erklärungen erlaube, so sei doch „das Schlimmste, was man sich und der Welt antun" könne, die Gleichgültigkeit gegenüber den politischen Verhältnissen.

Der Finanzkapitalismus, der durch Lobbyisten den Staat beherrsche, bedrohe die Werte der Zivilisation, und die Unterschiede zwischen Arm und Reich seien in der Welt noch nie so groß gewesen wie in dieser Zeit. Die Behauptung, die Kosten für eine allgemeine soziale Sicherung wären zu hoch, sei falsch, da sie verkenne, dass der Wohlstand heute „so viel größer ist als zur Zeit der Befreiung, als Europa in Trümmern lag."

Hessel bezieht sich bei alledem auf den Existentialismus Jean-Paul Sartres, den er selbst 1939 in Paris kennengelernt hatte, sowie auf die Philosophie Hegels, die die Geschichte optimistisch als eine Abfolge von Fortschritten zum Besseren hin auffasst.

Das Manifest endet mit dem Appell: „Neues schaffen heißt, Widerstand leisten. Widerstand leisten heißt, Neues schaffen."

Die deutsche Ausgabe wurde auf Hessels Wunsch von Michael Kogon, dem Sohn Eugen Kogons, ins Deutsche übersetzt. Letzterer hatte Hessel bei der Haft im KZ Buchenwald eine neue Identität verschafft und ihm damit das Leben gerettet.

Im März 2011 veröffentlichte der Autor mit Engagez-vous! (deutsch: „Engagiert Euch!", Juli 2011) eine Fortsetzung seines Aufrufs.

Rezeption und Kritik
Das Werk erhielt in Frankreich nicht nur Lob – so erhob z. B. der Literaturkritiker Pierre Assouline Einspruch. In deutschen Medien wurde es, bevor überhaupt eine deutsche Übersetzung vorlag, an prominenter Stelle vorgestellt – beispielsweise auf der Seite 1 der Tageszeitung Die Rheinpfalz.

Stéphane Rozès gibt in der Libération zu bedenken, dass die Empörung eine folgenlose Form der Auflehnung und nur von kurzer Dauer sei.

Sylvie Stephan merkt an, zum Zeitpunkt des Erscheinens des Manifests seien der Pessimismus und die Zukunftsängste in Frankreich stärker als sonstwo auf der Welt. Der rasante Absatz des Textes zeige, dass Hessel vielen der Franzosen, die für ihre ausgeprägte Protestkultur bekannt seien, aus der Seele spreche.

Gero von Randow vertritt in der Zeit die Auffassung, Hessels Buch treffe den Nerv der aktuellen französischen Debatte. Es sei aber „recht grob geschnitzt, stellenweise falsch". Außerdem sei Hessels Haltung gegenüber Israel problematisch. Er, der im Sommer 2010 zum Boykott israelischer Waren aufgerufen habe, messe die Taten von Juden und Nichtjuden anscheinend mit unterschiedlichem Maß.   (Anmerkung von mir W.Schorat: Israel ist nicht jüdisch sondern Israelisch. Die Juden sind bloß eine der 12 Stämme der Israeliten. So wie die Bajuwaren nicht die Westphalen sind aber beide deutsch sind. Religionen sind Atome in der Schöpfung Gottes und bloß als ÜbergangsPhasen erschaffen, bis der Mensch vom Glauben zum Denken und Wissen kommt und einiges mehr. Montag, 22. Juli 2013)

Christian Geyer nennt den Text in der FAZ eine „völlig begründungs- und erklärungsfreie Schrift – ein Ausruf ad hoc, kaum mehr" gegen den Defätismus und die Ohnmachtsgefühle, die die globale Vernetzung hervorgebracht habe. Der Leser erhalte damit „ein Lebenselixier …, eine Erinnerung an das Beste in uns". Hubert Spiegel bezeichnete den kurze Zeit später erschienenen polemischen Essay Hans Magnus Enzensbergers „Sanftes Monster Brüssel oder Die Entmündigung Europas" über die Probleme der Europäischen Union als „das deutsche Gegenstück zu Stéphane Hessels französischer Kampfschrift ‚Empört euch!'".

In der Frankfurter Rundschau stellt Arno Widmann dem französischen Bestseller von 2010, der sich „für Immigranten, gegen soziale Ausgrenzung" einsetze, den Verkaufserfolg im eigenen Land gegenüber, den der Aufruf von Thilo Sarrazin „gegen Immigranten und für soziale Ausgrenzung" – Deutschland schafft sich ab – erzielte, und bekundet Neid auf die Nachbarn. Auch Jakob Augstein hat die beiden Bücher in einem Kommentar in der Wochenzeitung der Freitag sowie in einem Beitrag für Spiegel Online miteinander verglichen: Das französische sei ein „Buch der Hoffnung", das deutsche ein „Buch der Niedertracht".

Der deutsche Kabarettist Georg Schramm empfahl das „kleine, für 3,99 Euro erhältliche" Pamphlet bei der 67. Montagsdemo gegen Stuttgart 21 am 14. März 2011 als „sehr lesenswert". Seine bejubelte Kundgebungsrede, in der er sich der „scharfen Polemik" Hessels anschloss, beendete er mit den Worten: „Neues schaffen heißt Widerstand leisten! Widerstand leisten heißt Neues schaffen!" Er wollte dieses Zitat als Hommage an den Mut der anwesenden Demonstranten verstanden wissen, die er zuvor als Teil einer internationalen bürgerlichen Bewegung bezeichnet hatte.

Die Proteste in Spanien 2011/2012 auf dem Platz Puerta del Sol und an anderen Orten in Spanien sowie die griechischen, französischen und portugiesischen Ausläufer der Bewegung berufen sich auf das Werk von Stéphane Hessel.

Theateraufführungen (Auswahl)
In Deutschland hatte das Manifest am 16. September 2011 am Senftenberger Theater Neue Bühne Senftenberg während des GlückAufFestes als Theaterdarstellung seine Premiere. Der Text war eingebettet in die Inszenierung des Jedermann unter der Regie von Sewan Latchinian, vorgetragen wurde er von Heinz Klevenow."

Zitat Ende

Die kleine Schrift von Stéphane Hessel fordert den Leser zu einer engagierten Lebenshaltung auf, zu gewaltloser Revolte und zivilem Ungehorsam und proklamiert, dass jedermann einen Grund zum Widerstand habe. Genau das folgt auf den folgenden Seiten. Vor kurzem las ich in der TV14 Zeitschrift den Bericht „wann wird man für verrückt erklärt" und erfuhr das alleine in Deutschland oder der BRD rund 100 000 Menschen gegen ihren Willen in die Psychiatrie eingewiesen werden. Und ich las das tatsächlich seit dem 18. Mai 2013 Millionen Menschen als psychisch krank gelten. Obwohl die noch gar nicht eingewiesen wurden. Und der Grund dafür ist ein fast zwei Kilogramm schweres Buch das 129 Euro kostet mit dem Titel" DSM-5.

14 Jahre lang haben mehr als 500 Wissenschaftler (Vorsicht vor Wissenschaftler die sind gefährlich ignorant und wollen bloß ihr Geld verdienen und ihr Forschungsgebiet ist in Wahrheit ihre Ignoranz denn: Wissenschaftler sind die Ignoranz weil sie immer Unwissende bleiben müssen. Ihr Innenleben ist von Dunkelheit geführt) Also 14 jahrelang haben diese 500 Wissenschaftler im Auftrag der American Psychiatric Asssociation (APA) an der neuesten

Auflage des „Diagnostischen und Statistischen Manuals Psychischer Störungen" kurz DSM gearbeitet. Das Buch gilt weltweit als die Bibel der Psychiatrie. Bei einer Beurteilung eines Krankheitsbildes orientieren sich die Fachärzte daher zum großen Teil an diesem Handbuch und ihr Fazit entscheidet welcher Mensch als normal und welcher als verrückt gilt. Bevor ich hier weiter schreibe nochmal zur Erinnerung was das Leitmotiv der US und Deutschen und anderer Medizinsekten ist: „Lasst und alle Gesunden zu Kranke machen"

Zitat Anfang
Alle Gesunden zu Kranken machen
So unglaublich diese Aussage eines angesehenen Medizinprofessors auch klingt, so ernst ist sie gemeint. Solange sie auch schon zurückliegt, so oft sie auch schon im Internet zitiert wurde, hier dennoch nochmal, um nur ja niemanden vergessen zu lassen wie groß der, um diese Brüder zu schlagende Bogen sein sollte:
… Der Wettbewerb zwingt zur Erschließung neuer Märkte. Das Ziel muss die Umwandlung aller Gesunden in Kranke sein, also in Menschen, die sich möglichst lebenslang sowohl chemisch-physikalisch als auch psychisch für von Experten therapeutisch, rehabilitativ und präventiv manipulierungsbedürftig halten, um „gesund leben" zu können. Das gelingt im Bereich der körperlichen Erkrankungen schon recht gut, im Bereich der psychischen Störungen aber noch besser, zumal es keinen Mangel an Theorien gibt, nach denen fast alle Menschen nicht gesund sind …
Der ganze Text ist im Deutschen Ärzteblatt (Ausgabe 38 vom 20.09.2002, Seite A-2462 / B-2104) nachzulesen.
 Zitat Ende

„Das gelingt im Bereich der körperlichen Erkrankungen schon recht gut, im Bereich der psychischen Störungen aber noch besser, zumal es keinen Mangel an Theorien gibt, nach denen fast alle Menschen nicht gesund sind …" Das gilt also im Bereich der psychischen Störungen noch besser, und dieses Buch ist also ein Produkt dieses Geistes der bei den Fachärzten herrscht. Vordergründig eloquent wie OHH BlaahBlahh Obama aber innerlich eine Baracke. Das RaubTier der Täuschungen.
Auffällig ist, dass 70% der DSM Autoren angeben Verbindungen mit der Pharmaindustrie zu haben. In den meisten Arbeitsgruppen stellen

sogenannte Experten mit Pharmaeinkünften die Mehrheit. Sie alle haben enge Verbindungen zu Firmen die Medikamente herstellen, um psychische Störungen zu behandeln, oder zu Unternehmen, die mit der Pharmaindustrie zusammenarbeiten. Und das von Ausgabe zu Ausgabe die Anzahl der sogenannten psychischen Erkrankung erhöht wird.

Die wachsamen Kritiker, Experte, kritisieren diesen Mangel an Unabhängigkeit dieser Buchautoren dieser sogenannter Wissenschaftler- sehrt intensiv und mit mehr als Peperonischärfe. Sie schreiben das dieses Buch ausschließlich aus finanzieller Erwägung erstellt wurde um immer mehr Beurteilungen und Verurteilungen machen zu können und somit kurzum mehr Geld zu verdienen, da ja nun ganz Deutschland England und Fronkreich verrückt ist, und das ist ein gutes Geschäftle, was die Mafiastrukturen der USA Pharma die ja von der deutschen IG-Farben mit aufgebaut wurde sich da so zusammengedacht hat um abzuzocken. Denn in den USA herrscht ja längst die Wirtschaft dort macht die Wirtschaft die Politik und damit ist alles erlaubt Hauptsache es bringt Geld.

Und denen ist es schon wie unter Hitler als die IG-Farben mit „Arbeit macht frei" frohlockte, von der PharmaChemieIndustrie Managern erdacht, denen ist es total gleichgültig ob da nun ganz Amerika für bekloppt erklärt wird, was es ja wohl schon sein muss und Deutschland wohl auch und England sowieso. Das bringt Geld mit so vielen psychisch durchgeknallten Halbwilden die unter unserem aufgebauten Süperdüperstresssystem irgendwann mal alle zusammenbrechen müssen, denn dafür haben wir aber schon megatonnenweise Pharmazeutika im Keller gelagert. Denn wir lieben euch alle, ihr Halbaffen der psychischen Analytik nach.

Nun gut. Es sollen also immer mehr Menschen für verrückt erklärt werden die eigentlich immer an einer Stelle stehen also nicht verrückt sind sondern unverrückt sind also bewegungslos. Aber das geht ja gar nicht, also muss verrückt sein, ja gesund sein, sonst käme man ja gar nicht von A na B. Also Theorien also Spinnereien sind der Leitfaden dieser Fachärzte die sich auf psychische Theorien stürzen. Und es gibt nun aber eine Flut von angeblichen biochemischen Erklärungen für psychiatrische Störungen aber keine einzige ist davon bewiesen worden. Und was ist schon eine biochemische Störung. Das kann ein Glas Wasser sein das du trinkst denn Störungen sind ja wieder Ungleichgewichte aber die sind in einer Schöpfung die in Bewegung ist immer vorhanden. Ich esse ein Stück Schokolade und habe eine biochemische Störung. Und sorgt nun dafür dass ich eine psychiatrische

Störung habe weil ich zu viel Zucker aufgenommen habe.

Kurzum das 100 000 Menschen im Jahr alleine in Deutschland unfreiwillig in die Psychiatrie eingewiesen werden das ist IG-Farben und Monsanto und BASF und das Vasallentum der Politiker zu verdanken da es eine reine Geschäftemacherei ist. Und der Thomas Insel der Direktor für mentale Gesundheit in Maryland USA gibt zu bedenken: Psychiatrische Diagnosen werden durch Einschätzungen von Außenstehenden anhand von mehreren Symptomen gestellt, nicht durch objektive Messwerte wie in der sonstigen Medizin. Und diese Beurteilung des Psychiaters kann dann zur Zwangseinweisung führen die zeitlich nicht befristet ist. Und es ist außerordentlich schwierig wieder aus solch einem Gefängnis dass als Klinik bezeichnet wird wieder raus zu kommen. Weil dort KZ-Zukunft praktiziert wird.

Und durch diese psychiatrische Fehldiagnosen verlieren Menschen nicht nur ihre Freiheit oft werden sie durch die anschließende Medikation, denn da tobt sich Doktor Jäckel und Mister Heidpark mächtig aus, unterstützt von der Irrrrrrenanstalt der 1% Plutokrakengelder, nein,, sie werden durch die Medikamente Krank und werden dann erst richtig abgewrackt und irre. Also man hat einen gesunden Menschen wunderbar krank oder ein gesundes Gehirn verrückt gemacht. IG-Farben KZ Lässt grüßen. Und das direkt aus den USA. Der Liebevolle Demokatische Freund der Menschheit auf der Erde oder so ähnlich.

Also es ist diese herrschende systemkonforme GeldGeilGruppe (GGG) global, die sich dieses System zur Beherrschung der Menschheit ja ausgedacht hat, und daran arbeitet es weiter zu verfeinern. Lasst uns alle Gesunden zu Kranke machen. Und viele dieser Millionäre und Billiardäre und sogar Trilliardäre die ja alle das vorhanden Geld an sich gezogen haben, und es muss alleine schon deswegen ununterbrochen mehr Geld gedruckt werden damit zumindest der Anschein da ist das die anderen auch irgendwie unsere Mega Gier und Mega Bösartigkeit befriedigen können denn sonst haben wir ja bald niemanden mehr den wir umbringen können ermorden können keine Kriege mehr keine Tiere mehr, gut dann züchten wir Horden von Tiere zum töten, und da sind ja noch die Bevölkerungen genau die schlachten wir geldmäßig mit Mieten und anderen Erhöhungen aus und dann geben wir ihnen unser Chemiefraß der sie platt macht und wir bieten ihnen dann unsere Chemie an die sie wieder aufbauen soll, aber in Wahrheit auch platt macht . Ein gutes System um alle Gesunden zu Kranken zu machen. Ein wirklich gutes System. Politisch korrekt und Juristisch einwandfrei. Ein gutes System .

Und viele dieser RaubmenschEliten wie sie sich gerne nennen sind ja nun Jäger. und die Jäger haben aber als ihren Schutzheiligen den Hubertus. Da machen sie das durchgeknallte Hubertusritual nach der Jagd. Aber Hubertus wurde, als er einen Hirsch verfolgte, von dem Hirsch konfrontiert. Indem der Hirsch sich umdrehte und plötzlich zu Hubertus sprach: Hubertus warum verfolgst du mich. Und aufgrund dieser Erfahrung hörte Hubertus mit der Jagd auf. Wohl bemerkt Hubertus hörte mit dem Jagen auf. Wer sind denn nun diese Irren. Ganz eindeutig die Jäger denn die jagen ja noch, haben Hubertus aber als ihren Schutzheiligen. Sie sollten aber mit der Jagd aufhören. Also ein typischer Fall für den Facharzt der Psychiatrie mit seinen Ladungen an Giften aus der Monsanto ChemieHölle der zukünftigen Irrenastalt der 1% Plutokraten in den USA. Also Hubertus wollte weiterhin kein RaubTier bleiben die Jäger aber doch.

Aber wenn nun dieser Jäger in die Psychiatrie für Wohlhabende und Plutokraken und Staatsmänner und Wissenschaftler eingewiesen wird. hat er da überhaupt Rechte als Kassenpatient. Denn die Kassenärzte wollen ja Kosten sparen. Was aber in der Psychiatrie wohl nicht der Fall ist dort wird das Medikament sozusagen mit dem Bagger ausgegeben. Der Jäger wird nun wohl mit radikalen Methoden der Krankenkassen zu rechnen haben. Denn die wollen ja Kranke haben aber in Wahrheit wollen sie Banker sein ausschließlich Profite machen wie die Deutsche Bank oder Goldman Sachs Hauptsache Geld egal wie, meistens durch Betrug, Lügen, Täuschen, Rauben, egal wie. Die Krankenkassen werden diesen benebelten Jäger der ja nicht mal verstand was Hubertus ist, und was er anzeigt, nun mit den minderwertigsten psychiatrischen Chemiekeulen behandeln bis er am Boden zusammenbricht und sie ihrer Selbstbezeichnung gerecht wird, nämlich eine Krankenkasse zu sein, und das bedeutet Menschen krank zu machen. Aber leider hatte der antihubertus Jäger nicht das Glück ein Mit-Glied oder eine Mit-Möse einer Gesundheitskasse zu sein. Denn das System der 1% ist ausschließlich ein Ausbeutsystem das kein Halt vor Jägern macht oder anderen Billionären und deswegen müssen die sich alle sooooo viel Geld anhäufen damit sie das dann privat zahlen können um nicht in den Einflussbereich dieser „Lasst und aus allen Gesunden Kranke machen" Gesellschaft kommen.

Soo das war die kleine Einführung in das Arschloch der 1% Plutokraten

Philosophie die uns allen ein Segen sein soll. Aber ein Ruin werden wird. In willkommender Liebe mit allen Grüßen der Glückseeeligkeit aus dem Himmelreich Gottes hier auf Erden euer Wolfgang Schorat.
EMPÖRT EUCH VIEL INTENSIVER

Inhalt von Empört Euch intensiver:

Ich bin nun 65 und habe noch Jahrzehnte vor mir als Mensch.

Ich finde ja Empörung für'n Arsch. Das ist so typisch materialistisch Angepasssssst und Wohlstands Bürgertum. Aber ich unterstütze diese Variante.

Empörung, darüber lachen die Besitzenden gegen die ja die Empörung sein soll. Das tuen sie zwar bloß im Stillen während sie öffentlich ihr elektrisches Lächeln aufsetzen und verständnisvoll labern, in den Medien. Falls sie überhaupt in den selbstaufgebauten Medien erscheinen!

Peter Fitzek hat das auch schon längst durchschaut und erkannt das System ist ja totalitär im Sinne der Besitzenden aufgebaut und mit solch einer Recht und Paragrafen Firewall umgeben, das es praktisch unmöglich ist wirkliche echte sofortige lebensfördernde Veränderungen durchzuführen.

Das Glaubenssystem der Besitzenden ist das gleiche fanatische Glaubenssystem wie es heute im Fanatismus der Islamisten und anderer Religionsgläubigen auf der Erde abläuft. Irland Katholiken Protestanten oder in der Mohammedaner Glaubenswelt mit Schiiten und Sunniten. Also das gleiche wie Protestanten gegen Katholiken bloß 600 Jahre später weil Mohammed ja später auf der Bühne erschien.

Also Peter Fitzek hatte das durchschaut und dann sofort einen neuen deutschen Staat gegründet in der BRD jetzt nicht allzu lange her. Infos findest Du unter: http://www.neudeutschland.org/ oder http://lichtzentrum-wittenberg.de/index.php/seminare.html

Dabei ist gleich zu bemerken wie die Kriege im Internet weiter geführt werden indem das WOT Bewertungssystem von Gegnern diese Seiten als Schlecht markiert haben und so weiter.

Aber mehr möchte ich nicht zur Zeit zu Peter Fitzek dazu nicht schreiben da ich versuchen werde aus dem monströsen zerstörerischen Getümmel der Besitzenden einiges klares herauszufiltern um eine Übersicht zu behalten die wichtig für die Empörung und politische Aktion der Menschen global ist.

Denn Empörung ist was für Traumkandidaten und Gläubige.

Ich schreibe hier erst mal dass nieder was mir spontan erscheint und ich als handschriftliche Info habe zu dem Thema der Empörung. Tag für Tag kommen neue innere Eindrücke in mir zum Vorschein.

Freies Wohnen………..Freier Transport……….Freie Schulen Universitäten..

Bildung…Global für alle Menschen…..Freie Energie…..(Hierzu fällt mir sofort etwas ein zu Elektroautos wie sie ohne jegliche Ladestationen ihre Batterien selbst aufladen. Und warum aber die Autoindustrie das nicht anwendet.. dazu fiel mir dann ein: Weil die Im System denken und das Besitzersystem unterstützen und das besagt: Geld, Geld, Geld machen.

Aber es ist sooooo einfach Elektroautos zu haben die ihre Batterien durch die Fahrt selber aufladen. Man denke bloß an Windkanäle und Dynamos und einiges mehr, dass im Auto integriert ist. Und an Dächer aus Solarzellen, ja sogar die Karosserie total aus Solarzellen. Und so weiter.

GIFTFREI CHEMIEFREI NAHRUNG

GIFTFREI CHEMIEFREI LANDWIRTSCHAFT

Waffenfrei Nationen ohne Militär. ………..Abbau der Fleischindustriemafia…..Aufbau der Bio/Demeter Landwirtschaft global für alle Menschen.

Der Geist der Lüge ist in der Komplexität. Ob es ein Uhrwerk ist oder Hochleistungsmaschinen oder Chemikalien oder Pharmamafia Produkte. Das ist der Geist der Lüge. Der Geist der Lüge ist in den Lebensmittelkonzernen Nestle Unilever und die USA Giganten und nun auch die ChinaGiganten allein schon wegen der Gigamenschenmenge, die das gesunde zu krankem verkomplexen.

Der Geist der Lüge ist in der Politik den Religionen und dem Militär. In den USA herrscht ein vorgeschobener Polizei und Militärstaat den sich die Besitzenden für ihre eigenen zerstörerischen ausbeuterischen Interessen aufgebaut haben. Und nun nach vielen Überfallbetrugs und Lügenkriegen der USpolitik noch PRISM und Guantanamo und viele, viele andere menschheitsverachtende Systeme die die US Besitzenden für ihre Lügenwelten aufgebaut haben.

Alles was komplex oder geheim ist, ist der Geist der Lüge. Der Geist der Lüge sind die Banken Bankerfamilien.

An die Jugend sage ich folgendes: Weil ihr in den Geist der Lüge auf die Erde geboren wurdet wird eure Fähigkeit zur Klarheit der Einfachheit betrogen und getäuscht, und ihr müsst dadurch von Generation zu Generation mehr leisten bis zur Erschöpfung. Aber das ist das Ziel der Besitzenden. Ja das ist sogar das Ziel der Demokratie.

Eine Leistungsgesellschaft ist der Geist der Lüge der Täuschung oder Unwahrheit das Verbrechen der Besitzenden Wölfe.

Ihr werdet schon als Sklaven auf dieser Erde in den Geist der Lüge den

Raubtierbesitzern geboren. Ihr müsst sogar bezahlen an den Geist der Lüge damit ihr eine Wohnung im Geist der Lügenbesitzer habt. Kein anderes Lebewesen ist so pervers so ignorant wie der Geist der Lüge der Ausbeutbesitzenden.

Elektroautos Antrieb.

Warum nicht einfach sondern komplex. Weil der Geist der Lüge die industriellen und Manager und Banken und Pharma und Lebensmittel und Politik immer noch beherrscht.

Ein Elektroauto kann ganz einfach seine Batterie selber konsequent aufladen und somit frei von Elektrizitätsfirmen sein.

Elektroautoantrieb mit Propellern und Dynamos und Solarzellen. Das würde die Mobilität total von den Erdölkonzernen also Privatfamilien entkoppeln. Und auch keine Tankstellen mehr nötig haben.

Demokratie Faschissss Muuus

Warum ist wohl die xtrem ungerecht verteilte wirtschaftliche Situation für die Menschen so auf der Erde. Warum ist wohl der Wohlstand, die Bildung, Gesundheit , Renten, und vieles, vieles mehr so aus dem sogenannten Ruder geraten, dafür aber der Reichtum der Besitzenden, angefangen mit den damaligen Häuptlingen, Klanscheffs, Prinzen, Königen, Kaisern, Landbesitzern, Industriellen, diesen Systemzugehörigen, immer reicher und reicher geworden.

Die Entwicklung der Demokratie in Griechenland war auch ein Kampf gegen die Versklavung der Bevölkerungen an den König und die Adligen. Aus diesen Adligen also den Habenden ist letztendlich in einem längeren kampfreichen Prozess die Demokratie in Griechenland entstanden.

Es war eine Zeit die unserer ähnelt, indem heute bloß ein gigantischer Bereich der Geldadligen, nenne ich sie mal so, also der Geldgierigen, koste es was es wolle.Lug,Betrug,Kriege,Lohnausbeutungen,Betrugszertifikate, Steuerbetrug, keine Steuern zahlen durch selbst aufgebaute Steueroasen, und die konstante %tuale Justierung der Löhne, Lebenskosten, Mieten, Preissysteme, so das dann die Bevölkerungen immer mehr immer weniger bekommen und ausschließlich Kostenfaktoren geworden sind.

Dann die daraus entstandene Schlechtigkeit der politischen Systeme in USA, England, China, Russland, Italien, Griechenland, das total der Totallüge seiner jetzigen Geldadligen zum Opfer gefallen ist. Das ist Demokratie 2013.

Oder genauer formuliert: Das ist das Raubtier Mensch, das bleibt der Mensch, ein Raubtier, wenn nicht lebensfördernde Ziele angewendet werden. Denn die Besitzenden die Geldgeilreichen die haben keine lebensfördernden Ziele weil ihre gesamte Energie in die Aufrechterhaltung ihrer Gier und MachtLügensysteme geht.

Hier mal in SuperkurzForm einiges zur Entwicklung der Demokratie damals in Griechenland.

Zitate Anfang

Die Entstehung der Demokratie

Die Ursache für die Politisierung der breiten Schicht der Bevölkerung waren zum einen soziale und wirtschaftliche Veränderungen, zum anderen Machtkämpfe, in die sich die Adeligen untereinander verstrickten.

Die Adeligen verstrickten sich in Fehden und Kämpfe und es kam zur Bildung von Gruppen und Fraktionen. Die politische Situation war also gespannt und verlangte nach einer Auflösung der Spannung und stabilen Ordnungsformen. In der Folge wandten sich einige Adelige dem Volke zu und griffen seine Forderungen auf

Konsequenz der Reformen war eine vollständige Entmachtung der Adeligen. Sie mussten sich von nun an mit dem „niederen Volk" in lokalen Vereinigungen (Demen) auseinandersetzen. Außerdem konnten nun auch Ärmere am politischen Leben teilnehmen. Die Beteiligung am politischen Leben wurde zur Pflicht und Aufgabe aller Bürger. Wer sich dem verweigerte, verlor seine Bürgerrechte und aus der Gesellschaft ausgeschlossen. Mit den Reformen des Kleisthenes wurde die bürgerliche Selbstverwaltung institutionalisiert und mit der Rechtsgleichheit eine gemäßigte Form der Demokratie eingeführt

Durch die endgültige Entmachtung des alten Adelsrates (Areopag) unter Ephialtes (462 v.Chr.) wurde der Weg frei für eine radikale Demokratie. Mit Perikles, dem Nachfolger Ephialtes, wurde die Herrschaft des Volkes weiter stabilisiert und Athen auf den Höhepunkt seiner Macht geführt.

Krieg und Verwüstung unter den Poleis dominierten die Folgezeit, bis etwa zwei Jahrzehnte später der König Makedoniens, Philipp, die Vorherrschaft in Griechenland erlangte und 338 v.Chr. mit dem Sieg auf dem Schlachtfeld von Chaironeia die alten Poleis ins spätere Alexanderreich eingliederte. Damit war die Demokratie zerfallen. An deren Stelle trat die Oligarchie der Honoratioren.

Die Volksherrschaft, die so bahnbrechende Erfolge erzielt hatte, war sich

selbst zum Verhängnis geworden. Der ungezügelte Machtwille hatte die Athener in den mörderischen Krieg mit Sparta getrieben und so ihren Niedergang eingeleitet. Für zwei Jahrtausende verschwand die Demokratie von der Weltbühne, um dann im 18. Jahrhundert von Theoretikern im Kampf um die moderne Demokratie ins Gedächtnis gerufen zu werden.
 Zitate Ende

 Heute existiert Demokratie Faschismus. Faschismus und Nazis das sind für mich Begriffe die das Raubtier den Mensch als Raubtier sehen. Das Recht des stärkeren ist das Reich der Raubtiere. Das ist deren Evolution und nicht mehr.
 BankingKrisen Ausverkauf des Staatseigentums der Bevölkerungen, sogenannte Privatisierungen, Ausspionierungen der globalen Menschheit, in der BRD ist das System ja von den USA nach dem zweiten Weltkrieg aufgebaut worden, und das sind sozusagen noch Kriegslasten, die Engländer sind erst vor einigen Wochen mit ihrer letzten Besatzertruppe aus der BRD gezogen, solange hatten die noch Besatzer Rechte wohl in den Geheimdokumenten. Aber alles was geheim ist und sein soll, ist Lüge und Betrug.
 Es ist sehr viel Banditenpolitik und Verbrecherwirtschaft auf dem Globus gelebt und erlebt worden. Die Primitivität der Reichen also Geldfamilien zeigt Jahr für Jahr seine destruktive Fratze. Und diese Fratze, ihr ist es mehr als egal, wer darunter zu leiden hat und was abstirbt wo wie und wann.
 Die USA zeigen sich weitaus fähiger als sie es wohl erwarteten in Bezug zur Raub und Betrugs-Demokratie. Die Vasallen des Geldes werden alles zerstören, denn sie gehören der Lüge an. Bald werden überall zwei Lager in den Nationen vorhanden sein die Wölfe die Schafe.
 Demokratie ist Diktatur. Diktatur der Besitzer. Diktatur des Geldes. Das habt ihr noch nicht erkannt. Weil nämlich die Besitzenden in Griechenland damals für sich die Demokratie entwickelt haben um auf ewig Arbeitssklaven für ihren Besitz zu haben und ihn zu vergrößern.
 Man muss immer nachschauen von wem von welchen Menschen kommen Systeme Ideologien oder Philosophien und so weiter.
 Jesus hat keine Demokratie ausgerufen. Finde das Himmelreich Gottes in dir, und dann, Liebe deinen Nächsten.
 Und Buddha hat mehr oder weniger das gleiche gejodelt auf seinen Sandalenwanderungen durch das heute durchgeknallte Indien mit seinem SeuchenVersklavungssystem der Brahmanen dem Kastensystem.

Das ist das gleiche wie die Hersteller der Demokratie. Auch die KastenInder haben etwas für sich ausgedacht um auf ewig ein System zu haben, das ausschließlich ihnen den Habenden den Besitzern auf ewig dient und ihren Besitzt erweitert.

Es herrschen die Minderheiten in Wirtschaf und in Religionen. Es herrscht das Raubtier in der Religion im Lobbyismus. Es sind die Minderheiten die Fanatismus Muus anwenden und Gewalt leben mit Terror und Ignoranz.

Es herrschen die Ignoranten egal ob Asozial oder mit Doktor und anderen Titeln.

Politiker global haben kein Rückgrat ,weil sie Habenichtse ,im materialistischen Sinne sind, im spirituellen Sinne, und in Erfahrung ihrer selbst sind sie totale Nullen totale Versager.

Der Geldmacht, den Familien, ist es egal was mit der Menschheit passiert, denn ihre Gewissheit, an und mit, dem Geld, basiert darauf, das nächste System wird wieder auf Geld aufgebaut. Uns ist es egal ob in der Ausbeutung der Menschheit Vergiftung und Verblödung die halbe oder fast ganze Menschheit und der Planet, die Natur, drauf geht. Wir haben so viel Geld, damit lassen wir wieder ein neues System aufbauen und wir bleiben weiterhin die Geldherrschenden.

Dieser abgrundtiefe gigantische Glaube an das Geld muss unter den Menschen aufhören.

Denn Geld hat und wird nie etwas machen und Geld kann Garnichts und wird nie etwas können.

Alles wird ausschließlich von Menschen erschaffen und dafür ist Geld absolut nicht nötig oder notwendig.

Geld ist die Glaubenstotalverblödung mit der man Ignorante Gläubige bis auf ewig ausbluten verblöden will, so wie es über den Glaube gemacht wird, von den GlaubensVerwaltern, in Industrie oder Vatikan oder Mullahfantasien.

Das ist noch das Raubtier Mensch, die Lüge.

Demokratie ist eine latente Form des Faschissmus der Diktatur weniger Wohlhabender die dieses System wirtschaftlich politisch aufgebaut haben in ihrem Sinne.

Demokratie darf kein stupider Glaube mehr unter den Menschen sein. Denn das ist bloß leeeeres Gelaber.

Das beste Resultat ist Griechenland, das ist Demokratie bis zum Ende, nämlich Totalausbeutung und Verbrechertum der Besitzenden. Und jetzt sind die 3 neuen Besitzenden da in Griechenland und bauen das System in ein noch größeres Abzockbetrugssystem um im Sinne der USA Demokratie von Goldman Sachs Oleeee.

18.7.2013

Ich habe gestern mal das Büchlein von Stephane Hessel gelesen, um das ja medienwirksam viel Wind gemacht wurde. Eine ziemlich weichgewaschene Schrift des Franzosen, aber immerhin etwas. Ritter ohne Furcht und Tadel soll das sein. Zumindest erwähnt er im Allgemeinen formuliert die Bankenwirtschaftspolitiker Situation auf der Erde und deren zerstörerischen Wirkungen. Auch das Energieunternehmen und Banken verstaatlicht werden müssen ist stimmig.

Die Entwicklung auf der Erde mit den Verantwortlichen in den jeweiligen Staaten ist doch sehr primitiv geblieben. Das zeigt aber auch sehr gut welche öde Entwicklung die Besitzenden selber gemacht haben. Sie haben ausschließlich Macht und Gewalt und Kontrolle und familiäres Eigeninteresse weiterentwickelt.

Aber ihre innere Entwicklung ist nicht fortgeschritten. Sie sind weiterhin Raubtiere geblieben. Das Kamel das nicht durch ein Nadelöhr passt.

Es ist viel, viel, viel zu viel los auf der Erde unter den Nationalitäten um überhaupt einen klaaaaren und effektiven Formulierungsgedanken aufbauen zu können.

Die USA, die MoslemIslamisten, die Chemiemafia, die Bankmafia, die Fleischmafia, die Nahrungsmittelmafia, die PharmaPillenMafia, die Mietmafia der Mietfaschismus, überhaupt: Die Geschäftswelt.

Die Geschäftswelt ist heute der Hauptumschlagplatz in dem das Raubtier Mensch seine effektivste kriminelle Energie auslebt. Durch die Geschäftemacherei werden Morde, Verwüstungen, Ausbeutungen, Verachtungen und Vergiftungen über die Menschheit gebracht.

Hier ist einiges in Kurzform:

Demokratie Faschismus oder Demokratie Diktatur des Geldes.

Also der Geschäftemacher.

Amerika ist kein Vorbild eher ein hochkriminelles Abbild ihrer Schwächen und Bösartigkeiten der amerikanischen Industriellen. Frackingmafia der Totalvergiftung auch auf Kosten von töten der Lebewesen inklusive Menschen.

Hallyburdenmafia der Fett ChänieOrgienKriminalität.

Diese Gruppe hat die Lüge als Wahrheit und ist somit der Satan laut Jesus.
Die US Umweltbehörden sind eine käufliche Verdummungsorganisation für die USA. Ein total durchgeknalltes rohes dumpfes GeldGeillrrenhaus ohne jegliche positive Wirkung auf die Globalmenschheit weil ihre Besitzenden die Lüge mehr lieben als die Wahrheit.

Amerika ist kein Vorbild. Amerika ist Lügen. (Leider haben es die NichtLügenden Amerikaner nicht geschafft sich International in den Vordergrund zu bringen. Es sind ihre ekligen GeschäfteBanditen die Amerika international ein Bild des gewaltigen der Waffen der Zügellosigkeit und des Betruges gegeben haben und einiges sehr viel mehr. Aber auch ihre durchgeknallten Religionslaberwirrnisse die weiterhin Kriege führen und ausbeuten zeigen kaum Ansätze zur Klarheit und Vernunft die es in dem angeblich besten Land der Erde geben soll. Über das Witzland der Bösartigkeit kann ich bloß müde abwinken))

Die Obama Hypnose. Der Friedensnobelpreisträger ist für die Todesstrafe und dafür das Amerika das Recht hat andere Länder zu überfallen um seines Landes GierSociety zu befrieden. Also Kriege zu führen um andere Länder auszubeuten. Öl und so weiter. Oder mit NSA globale Industriespionage zu machen.

Der Buschmann senile Klan der den Frackingfaschismus aufgebaut hat und die USA und damit die Erde vergiftet.

Die Goldman Sachs Mafia oder besser die Goldman Sachs Nazis. Die Waffenbekloppten der USA. Der McDonald´s Krankmachfraaaaß. Die FED Mafia eine Gruppe faschistoider Nazis. Die Monsantonazis inklusive der Bayernazis mit ihren Giften und Zerstörungen auf der Erde.

Die Begriffe Faschist, Nazis, stehen für: Das Raubtier Mensch, die Lügner, die vom Ausbeuten, Unterdrücken, Töten anderer Lebewesen leben. Oder Macht vor Recht. Oder Lüge vor Nichtlüge.

Das gleiche ist in Russland.

Die Verbrecherjustiz der Russendemokratie Faschisssmuuus. Eine äußerst primitive Form der menschlichen Entwicklung die mehr Verwicklung als Entwicklung ist.

Die chinesische Parteidiktatur der Hanchinesen. Die vorhaben die gesamte Menschheit aufzufressen und die Erde noch dazu. Eine total durchgeknallte Denkweise der Nazimethodik.

Japan mit seiner Bankmafia und Politimafia und Industriemafia mit der bekannten Atommafia und deren Folgen der Lügenpolitik. Auch in Japan ist die Geschäftswelt der Tummelplatz der Raubtiermenschen mit all seinen düsteren und dumpfen Eigenschaften.

Afrika mit seinem gigantischen Fanatismus Problemen und der Korruption der Politiker und der Kriegsführung und Unfähigkeit eine lebensfördernde Struktur in ihren Ländern aufzubauen wegen der beschränkten Eigeninteresse der Mugabemethodiken.

Südamerika auch da ist die Geschäftswelt eine total kriminelle Organisation die ausschließlich die Bevölkerungen zum ausbeuten betrachtet koste es was es wolle.

Die Sterilitätschemie

Die Roboter Chemiewiesen die alle gleich aussehen mit ihren Löwenzahnchemie und Giftblumen.

Die Antibiotikapolitik

Die Antibiotikawirtschaft

Prism Tempora Gigaspionage NSA

Geheimdienstspionage muss völkerrechtlich geächtet werden.

Die Obama blah, blah Friedensnobelpreistäuschung muss die USA Völkerrechtlich ächten wegen ihrer Überfälle

Kriege gegen andere Völker um ihre Goldman Sachs Fracking Exxxon FED Gier zu befriedigen. Der Amerikaner ist eine Witzfigur der Lugbetrug Societycharitittiy.

Guantanamo USA Gerechtigkeitsnazis Rüstungsfaschissmuusdemokratie Bankenfaschismuusdemokratie

Oder die: Islamlirrenanstaltsfanatiker mit Shariapsychopathen.

Deren Mördergott in deren Köpfen ist es nicht wert angepisst zu werden.

Im Islam ist keine Liebe. Liebe ist nur im Menschen selber und nicht in irgendwelchen Lehren und Büchern zu finden.

Religion ohne Liebe ist Fanatismus. Menschen ohne Liebe ist Lüge. Im Islam ist ungebildetes Terror Mord Gestammel von Nazifaschistenraubmenschen die Freude am ermorden anderer Menschen haben. Es sind Ignorante Dumme Gebildete und Ungebildete Verrückte Verführer Gewalttäter Kriminelle.

Islamisten sind 600 Jahre zurück in ihrer inneren Ent-wicklung hinter Jesus, da Mohammed 600 Jahre nach Jesu sein mit dem Schwert Kreuzzug abkotzte. Den Islamisten fehlt 600 Jahre Bildung die ihnen ihre Könige Diktatoren Emire Kalifaten nicht gaben.

Die Besitzenden die Industriellen die Goldman Sachs die Bankersenilen die

Lobbysenilen global egal welcher Nationalitäten, sie sind alle das Roundup-Herbizid der Menschheit. Sie zerstören sukzessive die Menschheit global und die Erde.

Nochmals in der Wirtschaft lebt sich das Raubtier Mensch, jene die die Lüge zur Wahrheit haben, total aus.

Und das Rechtssystem ist mit verantwortlich für die Zerstörung und Korruption. Weil es von den Habenden, den Besitzern, in ihrem Sinne aufgebaut wurde. Die Justiz in China total der Lüge verhaftet, so wie der Nazirichter der Schreirichter der NazisKreisler. Oder das Rechtsystem in Russland. Katastrophal. Indien, das erst jetzt anfängt Männer böse anzuschauen wenn sie ihre Frauen verbrennen und einiges mehr, katastrophal. Saudi-Arabien, katastrophale Rechtsysteme der Lügen. Ägypten, überhaupt die moslemischen Völker und deren Rechtssysteme, eine Totalniederlage für ihre Bevölkerungen. Und die USA mit Geld kaufst du dich frei. Und die BRD da werden vergleiche gemacht abgewogen wer mehr wer weniger hat. Also Kapitalrechtsysteme.

Oder die dummen Wissenschaftler und ihre Aussterbphobien von Lebewesen. Als ob die Klimaveränderungen nicht ein ewiger Zyklus der göttlichen Schöpfung wären. Aber Kurzsichtigkeit und Angst verbreiten und dafür dann aber Unsummen an Forschungsgelder bekommen. Die Wissenschaft wird oft benutz um Bevölkerungen den Langlauf der Forschungen aufzuerlegen, bis alles wieder eingeschlafen ist, was direkt zu tun gewesen wäre.

Ja es gibt sehr viel zu tun und Stephane Hassels Aufruf:

Empört Euch. Das ist bloß ein leiser Hauch nicht mal ein Fürzchen im Wind aber immerhin. Ihr Menschen ihr müsst euch mehr als empören, ihr müsst protestieren und ihr müsst die von den Besitzenden kontrollierten Medien, Global dazu bringen, diese Lügen, der Wirtschaftskriminellen und politischen Lügenstrukturen der USA Russland China und den Moslemstaaten, zu zeigen und dauernd den Stationen und gut durchdachte Gegenbewegungen konstruieren die dieses auf Geld aufgebauten System, das Geld einfach entzieht.

Kauf kein Benzin mehr bei Esso/EXXON für einen Monat.

Nehmt euer Geld von der Deutschen Bank. Kauft keine Produkte mehr von Bayer. Kauft kein Giftfraaß von Nestle mehr für einen Monat. In diesem Sinne protestieren.

Wählt keinen Politiker der nicht ausschließlich Nahrung will die Chemie

und Giftfrei ist also biologisch also Bio sogar Demeter ist. Jeder Politiker jede politische Partei die das nicht will, will euch vergiften und verblöden.
Entzieht euer Geld.
Und dann baut eine Menschheit auf ohne Geld
Und einiges mehr
Das wars erst mal
Grüazie miteinander
Tschau Bella
Adee

Dienstag, 23. Juli 2013
Es gibt sehr schöne Postkarten. Auf einer sind zwei SchimpansenKöpfe die sich gegenüberstehen und einer der Schimpansen sagt: Die Irren sind menschlich.
Eine andere Postkarte hat den Text: man kann Garnichts so viel fressen wie man kotzen möchte.
Was alleine in der PharmaKartellMafia gemacht wird skrupellos gegen die globale Menschheit der Profite wegen. Hier ist ein klitzeklein sehr weniges als Zitate aus dem Internet:
„vom Völkermord des Pharmakartells"
Show gegen Pharma- und Gesundheitssystem
Es scheint paradox. Es gibt kaum ein Unternehmen, das sich nicht Ethik-Richtlinien gibt. Gleichzeitig ist die Zahl der Korruptions-Straftaten 2006 um 93 Prozent gestiegen, wie das Bundeskriminalamt errechnet hat.
„Viele große exportierende Unternehmen haben Korruption vor allem in Entwicklungsländern erst möglich gemacht. Es ist keine Entschuldigung, dass sie dann sagen, dass das, was sie machen, alle andere auch täten",
Nach Einschätzung der Organisation Transparency International ist die Pharmaindustrie nach der Bauwirtschaft die zweitkorrupteste Branche.
Betrug und Korruption im hiesigen Gesundheitswesen sind keine Rarität, sondern ein grundlegendes Phänomen. Maßgeblich verstrickt darin sind auch die Behörden, die die (Pharma-)Industrie, Ärzteschaft und Krankenkassen kaum kontrollieren, sondern eher mit ihnen kollaborieren.
Das heißt den Macht- und Profitinteressen dieser Stände wird grundsätzlich Vorrang vor den Gesundheitsinteressen der breiten Bevölkerung eingeräumt. Für Patienten und Verbraucher besteht damit oft eine Bedrohung für Leib und Leben. Deshalb ist Aufklärung über die Missstände und politischen

Zusammenhänge dringend notwendig. Nur wer sich aus unabhängigen Quellen informiert und hinter die noble Fassade der modernen Medizin schaut, kann sich vor den kriminellen Machenschaften im Gesundheitswesen schützen.

Zahlreiche konkrete Beispiele mit wissenschaftlichen Belegen führen dem Leser die desaströsen gesundheitspolitischen Verhältnisse vor Augen. Nachdrücklich wird für eine Korrektur unseres Weltbilds von einem angeblich menschenfreundlichen Medizinwesen und fürsorgenden Staat plädiert. Es gilt, sich den gegenteiligen Tatsachen zu stellen und eine Wende einzuleiten, die nur von der gesellschaftlichen Basis, den Bürgern, ausgehen kann. Wir müssen den Bluff erkennen, Verantwortung übernehmen und für eine bessere, lebenswerte Zukunft kämpfen.

Organisierte Kriminalität im Gesundheitswesen

Es gibt etliches an kritischer Medizinliteratur, die aber leider kaum von der Fachwelt und der Öffentlichkeit wahrgenommen wird.

In dem unlängst erschienenen Buch „Korrupte Medizin – Ärzte als Komplizen der Konzerne" ist umfangreich belegt, dass die Pharmaindustrie unser Gesundheitswesen in unvorstellbarem Ausmaß kontrolliert – auch und gerade unter aktiver Mithilfe von Ärzten (vom Klinikchef bis zum Allgemeinarzt), die sich von den Konzernen üppig entlohnen lassen. Derartige „Experten" in der Medizin fungieren auch als Meinungsbildner und bestimmen damit, was als „wissenschaftlich anerkannt", d.h. als medizinischer Standard gilt – auch wenn dies mehr schädlich als nützlich für Patienten ist.

Im Endeffekt kommen durch diese Machenschaften massenhaft Menschen zu gesundheitlichem Schaden (auch mit Todesfolge) und das soziale Gesundheitssystem wird bis zu dessen Ruin ausgeplündert. Ethik kommt in weiten Bereichen der Medizin nur als Propaganda vor.

„Derzeit ist es so, dass die Medizin von Marketing durchzogen ist und die Grenzen zwischen Forschung, medizinischer Lehre und Werbung sehr viel poröser sind, als bekannt [zit. n. 5 (S. 75)]."

Ebenfalls 2006 wurde in der Zeitschrift der amerikanischen Ärztevereinigung JAMA konstatiert: die Beziehungen zwischen Pharmaindustrie und Medizin seien „eine ernsthafte Bedrohung für die seriöse Medizin und für das Vertrauen, das Patienten in Ärzte haben. Sie höhlen die Integrität der wissenschaftlichen Medizin aus und schädigen Patienten."

„Sehr perfide" nannte Uwe Dolata, deutscher Korruptionsexperte der

Kriminalpolizei, unlängst die Methoden der Pharmaindustrie. „Sie geht vor mit einem Netzwerk der Korruption, das sie über Deutschland ausgeworfen hat." Politik, Verwaltungen, Ärzte und Krankenkassen seien vom Einfluss der Pharmalobby durchdrungen.

Und sogar das Bundeskriminalamt stellte fest: „Die kriminellen Strukturen im Gesundheitswesen sind nur noch vergleichbar mit der `organisierten Kriminalität

Unsere Aufsichtsbehörden – samt weiter Kreise der politischen Klasse bekämpfen nicht etwa diese Machenschaften im Gesundheits(un)wesen, sondern kungeln eifrig mit, national und international.

Im deutschen Bundesministerium für Gesundheit (BMG) bekleiden bezahlte Vertreter der Wirtschaft (Krankenkassen, Apothekerverband, Bertelsmann Stiftung) einflussreiche Posten (bis hin zum Referatsleiter und persönlichen Berater der Bundesgesundheitsministerin; beim neuen Bundes-gesundheitsminister wird es kaum anders sein). Ganze Gesetzespassagen werden von den Lobbyisten vorformuliert [3 (S. 101-122)]. (Auch in anderen Bundesministerien wirken Industrievertreter an Gesetzesvorhaben mit.)

Diese Infos sind unter dieser Adresse zu finden: https://pravdatvcom. wordpress.com/2013/01/11/organisierte-kriminalitat-im-gesundheitswesen-wie-patienten-und-verbraucher-betrogen-werden/

Straftaten aus dem Bereich der Wirtschaftskriminalität werden immer häufiger mit Hilfe des Internets begangen. Die Anzahl dieser Fälle ist im Jahr 2008 gegenüber dem Vorjahr um 77 Prozent auf 16.437 gestiegen. Dies bedeutet, dass im Jahr 2008 bei mehr als jedem fünften Fall von Wirtschaftskriminalität das Internet genutzt wurde.

Transparency International Deutschland wie auch das Bundeskriminalamt sprechen gerade auch angesichts der Verflechtungen zwischen Medizin und Pharma- und Geräteindustrie von einer „strukturellen", d. h. im System angelegten „Korruption" bzw. von einer systematischen „Korruption" (BKA) im Gesundheitswesen, der die Strafverfolgungsbehörden nicht mehr nachkommen. Die renommierte Harvardprofessorin Marcia Angell und ehemalige Chefredakteurin des hoch angesehenen New England Journal of Medicine hat angesichts jüngster Veröffentlichungen über massive Interessenskonflikte führender US Mediziner von einer „story of corruption" gesprochen.

Sie habe nur noch wenig Vertrauen in die Ergebnisse Industrie gesponserter Studien.

Zitat Anfang

„Das Ziel muss die Umwandlung aller Gesunden in Kranke sein"

Der Wettbewerb zwingt zur Erschließung neuer Märkte. Das Ziel muss die Umwandlung aller Gesunden in Kranke sein, also in Menschen, die sich möglichst lebenslang sowohl chemisch-physikalisch als auch psychisch für von Experten therapeutisch, rehabilitativ und präventiv manipulierungsbedürftig halten, um „gesund leben" zu können. Das gelingt im Bereich der körperlichen Erkrankungen schon recht gut, im Bereich der psychischen Störungen aber noch besser, zumal es keinen Mangel an Theorien gibt, nach denen fast alle Menschen nicht gesund sind …

Der ganze Text ist im Deutschen Ärzteblatt (Ausgabe 38 vom 20.09.2002, Seite A-2462 / B-2104) nachzulesen."

Zitat Ende

Zitat Anfang

G. Edward Griffin: Die Kreatur von Jekyll Island

»Gebt mir die Kontrolle über die Währung einer Nation, dann ist es für mich gleichgültig wer die Gesetze macht. « (Mayer Amschel Rothschild)

Wie soll ein Bankier die Macht über die Währung einer Nation bekommen, werden Sie sich jetzt fragen. Im Jahre 1913 geschah in den USA das Unglaubliche. Einem Bankenkartell, bestehend aus den weltweit führenden Bankhäusern Morgan, Rockefeller, Rothschild, Warburg und Kuhn-Loeb, gelang es in einem konspirativ vorbereiteten Handstreich, das amerikanische Parlament zu überlisten und das Federal Reserve System (Fed) ins Leben zu rufen - eine amerikanische Zentralbank. Doch diese Bank ist weder staatlich (federal) noch hat sie wirkliche Reserven. Ihr offizieller Zweck ist es, für die Stabilität des Dollars zu sorgen. Doch seit der Gründung des Fed hat der Dollar über 95 Prozent seines Wertes verloren! Sitzen dort also nur Versager, oder hat das Fed im Verborgenen vielleicht eine ganz andere Aufgabe und einen ganz anderen Sinn?

G. Edward Griffin enthüllt in diesem Buch die wahren Hintergründe über die Entstehung des Federal Reserve Systems und den eigentlichen Sinn und Zweck dieser Notenbank.

»Wenn Sie verstehen wollen, was hinter den Kulissen des Welt-Bankensystems wirklich läuft, wenn Sie den wahren Sinn und Zweck von Kriegen erkennen wollen und wenn Sie sich für die Ursachen und Hintergründe der kommenden Weltwirtschaftskrise interessieren, kann ich Ihnen dieses Buch nur wärmstens empfehlen. Es ist das Beste, was Sie zu diesem Thema bekommen können. Ein unheimliches Buch!« Ferdinand Lips, Privatbankier, langjähriger Direktor der Bank Rothschild in Zürich und Bestsellerautor

»Was jeder wissen muss über die Macht der Zentralbank. Ein packendes Abenteuer in der geheimen Welt des internationalen Bankenkartells.« Prof. Mark Thornton, Auburn University, Koordinator für Akademische Angelegenheiten, Ludwig von Mises Institut

»Sechshundert Seiten pures Dynamit! »Die Kreatur von Jekyll Island« ist ein exzellenter Text, der dem Leser Einblicke in Informationen bietet, die der Öffentlichkeit im Allgemeinen verborgen bleiben. Eine echte Pflichtlektüre!« Thaalib A. Muhammad gebunden, 672 Seiten, 2006, zahlreiche Abbildungen
Zitat Ende

Zitat Anfang
G. Edward Griffin: Eine Welt ohne Krebs

Bereits jeder dritte stirbt heute an Krebs! Und jedem Betroffenen bleibt nichts anderes, als das Martyrium einer Chemo- oder Bestrahlungstherapie über sich ergehen zu lassen.

Wie kommt es überhaupt, dass trotz Milliarden an Forschungsgeldern weltweit ein wirklich erfolgreiches Krebsheilmittel noch nicht gefunden werden konnte - ja, die Fachleute sogar noch immer über die Natur der Krankheit rätseln? Und woran liegt es, dass die Krebsrate in westlichen Industriestaaten ständig und rapide ansteigt, während es Völker auf der Erde gibt, bei denen Krebs bis auf den heutigen Tag unbekannt ist?

Edward Griffin enthüllt den größten Skandal des Pharma-Kartells: Der US-Arzt Ernst Theodor Krebs hat bereits vor 50 Jahren die wahre Ursache des Krebses entdeckt und ein natürliches Heilmittel gefunden. Mehrfache klinische Tests gaben ihm Recht. Doch seine Entdeckung wurde vom Pharma-Kartell unterdrückt und er selber als Scharlatan diffamiert. Das Problem? Sein Heilmittel ist nicht patentierbar und somit lässt sich kein Geld damit verdienen. Es geht sogar soweit, dass die Krebsmafia dafür gesorgt hat, dass das Heilmittel in den USA bis heute verboten ist.

„Der letzte Grund des Widerstandes gegen eine Neuerung in der Medizin ist immer der, dass Hunderttausende von Menschen davon leben, dass etwas unheilbar ist ..." Prof. Dr. Friedrich F. Friedmann „Ein klarer und revolutionärer Einblick in die wissenschaftlichen und politischen Aspekte der Krebstherapie." Dean Burk, National Cancer Institute „Ein Meilenstein sorgfältiger Recherche und scharfsinniger Analyse." Dr. med. John A. Richardson „Zum ersten Mal, seit ich vor 23 Jahren Krankenschwester wurde, habe ich keine Angst mehr vor Krebs!" R. E. Bruce, Krankenschwester, San Diego
Zitat Ende

Sooo, das war ein wenig an Infos die weiterführendes Denken entfachen könnten, um aus dieser RaubTier Kapitalismus Demokratie eine Mensch Demokratie zu machen.
Vergesst nicht, das USA Demokratie Raubtier mit seinem Waffenwahn Wahnsinn, hat nach dem zweiten Weltkrieg, auch für euch, den Personalausweis erschaffen, für seine Demokratie Firma. Ihr seid bloß Personal (das hat der Peter Fitzek wunderbar herausgearbeitet) ihr seid bloß Personal zum ausbeuten der USA Kapital der BRD Kapital der Tommy Kapital Demokratie. Ihr seid in der Firma Staat bloß Arbeitspersonal. Oleeeeee
Da die deutschen Industriellen und viele Politikkkker eine Art von „USA ist das Beste Wahn" haben, und das dann auch der Bevölkerung seit Kriegsende 1945 suggerieren, glaubt das immer noch der größte Teil der Bevölkerung, sogar global. Obwohl die Fratze der amerikanischen Superreichen und Militärsenilen und Politiker längs global durchschaut ist, das Amerika ein Kriegs und Polizeistaat ist wo Demokratie und Freiheit und der amerikanische Traum als Werbeslogan benutzt wird um die Menschheit weiter zu verblöden. Aber das ist längst durchschaut.
Es ist bekannt was China Russland Saudi Arabien USA und andere korrupte verkommenen Herrrrrrschklassen für eine global primitive Raubtiermenschheit vorleben, die ausschließlich zum Niedergang der Weiterentwicklung oder Höherentwicklung führt. Das muss verboten werden Völkerrechtlich geächtet werden.
Wenn ich alleine an die deutschen korrupten Firmenbosse und Bankiers denke oder die deutsche Mietmafia oder Autopreise und die Kartelle absprachen damit die Menschen hohe Preise zahlen müssen oder die Pharmakartellseuche und alles was daran hängt, da kann man gar nicht soooo viel fressen wie man kotzen mussss.

Oder der Drohnen Obama oder der Drohnen Militarismus der aufgebaut werden soll damit die senilen Militärs und Politiker und Industriellen, also Familien, ihre vom Büro aus gesteuerten Morde machen können, noch durchgeknallter und psychopatischer geht's wohl kaum, oder?

Doch es geht noch viel, viel, viel durchgeknallter in den Köpfen der Raubtiermenschen der Besitzenden vor sich, da es denen, das menschliche tierische pflanzliche Leben, mehr als total unwichtig erscheint, da ja Geld und Besitz ihre Lebensversicherung ist.

Das gehört alles noch zum Bereich der Lügen, sowohl ethische Lügen als auch philosophische Lügen als auch demokratische Lügen als auch wirtschaftliche Lügen oder politische Lügen. Und dieser Geist der Lügen ist was Jesus als den Satan bezeichnete. Die Lüge ist der Satan.

Heute wird ja oft die Lüge als Fantasie weichgespült.

Die Lüge ist auch in der BioChemie oder der Biologie. Blumen die bloß ein Jahr blühen und danach nicht mehr. Damit wieder Geld gemacht werden kann, ausschließlich darum geht es der Lüge. Blumen die keinen Duft mehr haben. Monsanto mit seinen Saatlügen. Das geht alles gegen die Natur und alles was gegen die Natur geht ist der Bereich der Lüge. BASF mit seinen PflanzenschutzGiften was alles zum Bereich der Lügen gehört.

Montag, 29. Juli 2013

Das war der Tag als meine Western Digital Festplatte ihren Geist einfach so aufgab, auf der ich dieses Manuskript gelagert hatte. Und nun? Festplatten sind bloß zum Geldmachen und müssen schnell kaputt gehen.

Sonntag, 8. September 2013

Heute habe ich eine baugleiche Festplatte per E-Bay bestellt. Es hatte sich herausgestellt das die Platine platt war. Aber auch eine baugleiche Platine ging sofort wieder Platt wenn sie eingebaut wurde. Aber ich habe das Manuskript doch finden können und zwar wegen der unermesslichen Windows SpeicherAktion im Ordner Suchvorgänge-Indizierte Orte.

Eine kleine Denkpause

Die Menschen lieben die Wahrheit, wenn diese sich selbst offenbart. Aber sobald die Wahrheit die Menschen bloßstellt, dann hassen sie die Wahrheit.

Das soll ein Zitat von Heiligen Augustinus sein.

Ist die Wahrheit denn ein Objektives Lebewesen? Frage ich nun! Oder hatte nicht Jesus mal winkend am See Genezareth mit der Maria faulenzend am

Strand liegend und eine Arbeitspause machend, zu ihr geflüstert: Ich bin die Wahrheit! Ich bin der Weg. Ich bin die Liebe.

Also der Mensch ist selbst die Wahrheit und die Liebe. Aber der Mensch ist auch die Lüge und der Hass und das Morden und zerstören und das ausbeuten.

Evolution, Entwicklung, anstatt Ver-wicklung, geschieht langsam und schnell in Sprüngen oder kollektiv. Kleine Menschengruppen, oft, meistens verachtete und ausgebeutete Menschengruppen, oder auch als Sekten beschrieben Menschengruppen, in der Jetztzeit oder schon sehr alte archaische Kulturen, haben eine wesentlich bessere Chance Evolution zu machen und : Ich bin die Wahrheit der Weg und die Liebe zu entwickeln und zu leben, als diese modernen massendemokratischen Geldmacht Gesellschaften, die fast ausschließlich von Privatmenschen, Privatfirmen, entwickelt wurden, weil sie Geld oder Land oder Religionsmacht hatten und haben.

In den archaischen Gruppen oder Jetzigen spirituellen Gruppen als Sekten abgewertet, geht es um die Intensivierung des Zusammenlebens von Mensch und Mensch und von Mensch und Natur. Anstatt auf die Herrschaft des Menschen über den Menschen und die Herrschaft des Menschen über die Natur. Denn ihre Evolution zielt auf Harmonie zwischen den Menschen und Harmonie zwischen Mensch und Natur. Was die Gelddemokratie-Raubmenschsysteme zu einem menschlichen Aktionssuchtgeist geschaffen haben , der diese Harmonie zwischen Menschen und zwischen Menschen und Natur als zum Einschlafen langweilig findet oder zumindest von deren medieneffektiven Dummmschwätzern so propagiert wird. das sowas einfach totlangweilig wäre. Was aber gar nicht ist, denn es wäre eine Evolution Staaten Menschheit die in Friede und ohne Lebewesen zu ermorden und abzuschlachten wegen geräucherter Leiche oder gekochter Leiche oder gedünsteter Leiche oder wegen Fäulnissprodukte Fressereien.

Denn, Fleischfresser stinken, Käsefresser stinken. Biertrinker stinken. Champagnertrinker stinken. Raucher stinken.

Und da stellt sich natürlich die Frage? wer lebt hier eigentlich richtig? Wir Du Sie Er, in der Geldgeilsklavendemokratie, oder die spirituellen Sekten oder archaischen Kulturen. Wessen Lebensform ist zukunftsfähiger?

Die Geldgeildemokratie oder Mainstream-Gesellschaften also die wissenschaftlichen sie haben alle eine steile Hierarchie, Präsident Kanzler, was dann das Beste und höchste und richtigste sein soll, für die benebelten

Arbeitssklaven für die Geldgeildemokratiebesitzer nämlich Privatfamilien. Und so kann Demokratie nie funktionieren, weil dann nämlich die Bevölkerungen, wegen der Lüge innerhalb der Demokratie und des Demokratiebegriffs, der ja von den Adligen Griechen, für ihre Selbstzwecke aufgebaut wurde, nämlich, den versteckten Selbstzweck ihre Adligen Besitzereien und Vorteile und Besitztümer auf ewig aufrecht zu erhalten und die Menschen in ihren Besitztümern, auf ewig als Arbeitssklaven zu haben. Was genau das Ziel einer Demokratie ist. Nämlich genau so wie sie heute global da steht und Griechenland ist genau das perfekte Resultat einer Demokratie. Wo die Adligen heute die Politiker die Industriellen ihre Bevölkerung über Jahrhunderte bis zur Totalverblödung ausgebeutet haben. Und dann wenn das Land also die Bevölkerung nichts mehr abbluten kann, nun sogar in eine größere Demokratieseuche gewechselt werden kann als EU um dann da die Bevölkerungen auszubluten alles durch die Totallüge.

Eine wirklich funktionierende Demokratie, so ein Satz so ein Gedanke kann bloß jemand stellen und denken der ausschließlich in so einem oder anderen politischen Systemen aufgewachsen und konditioniert ist und wurde. Und deshalb erkennt man das heute und spricht dann von einer flachen Hierarchie was dem wirklichen Ideal einer wirklich funktionieren - den Demokratie entsprechen soll. Aber das wäre bloß die Reduzierung von zu viel übermächtiger Lüge Betrügereien Ausbeutungen und Abzocken in den Demokratien, damit die Besitzer nicht alle in einem riesen Rausch getötet werden wegen ihrer versklavenden systemdemokratischen Lügengesellschaften, was ja ihr Innenleben ist. Denn wie innen so außen.

Aber Jesus oder Gott hat nie von einer Demokratie gejodelt weder noch von einer Diktatur aber es wurde von Königen gewarnt da sie dem Menschen das Leben schwer machen werden. Und eine Demokratie ist eine Tarnung für die Könige und Adligen also die Landbesitzer und damit Geldbesitzer die nun ein Totalüberwachungssystem durch Militär das ihnen gehört und ihnen gehorcht, aufgebaut haben. Und durch rückratlose Politiker in den USA und Europa und Japan und allen anderen Ländern auf der Erde.

Das ist das menschliche Dilemma heute 08.09.2013 10:36:17 global.

Das sind also pathologische Erscheinungen diese wirtschaftlichen politischen Evolutionserbrechungen das abkotzen global.

Wer in der Gegenwart lebt ist glücklicher. Wer für die Zukunft lebt, schafft mehr Wohlstand für sich aber meistens für seine System Ausbeuter den besitzenden Familien. Aber je mehr Du, der Mensch, in der Gegenwart lebst desto wohler und glücklicher empfindest Du, Er, der Mensch, sich. Und ohne gegenseitige Liebe, also Achtung, Beachtung, verlaufen alle Bemühungen über lang oder kurz im berühmten Sande. Und es gilt außerdem sich unbedingt gegenseitig wirklich ernst zu nehmen. Denn die durchgeknallten Taliban und Al Kaidasenilen oder die Putinblickwinkel oder japanischen Atomsenilen oder die Wallstreeetverbrecher und Londoncityabsahner diese Lügenstrukturen, das sind alle Erschütterungen der Evolution, die Kleinsterdbeben, die zu einem Gigaerdbeben werden und den Tsunami produzieren könnten. Denn innerhalb der Entwicklungen von Individuen also Einzelmenschen gibt es keine gruppeneinheitlichen Einheiten. Weil da zu viele Unterschiede sind innerhalb menschlicher innerer Entwicklungsstufen. Mal so formuliert. Menschen sind wirklich nicht gut beraten, also auch die Machthaber, also die Geldhaber, denn mehr ist das wirklich nicht, die Besitzer von Land und Geld, was nicht bedeutet das solche Menschen auch Liebe leben können die ohne irgendeine Art von hohem Bewusstseinsniveau einfach da ist. Denn sobald irgendwo etwas egal in welcher Form hierarchisches also mathematisches also so wie die Geldgeildemokratie heute ist, erwähnt wird, kannst du mit absoluter Gewissheit wissen dass es die Lüge die Nichtliebe ist. Denn dann wird dir eingebleut, das du nun auf niedrigem Niveau bist und erst mal zu einem hohen Niveau kommen musst, was die Besitzenden haben. Was total eine Lüge und Betrug ist. Eben um Menschen durch Lüge auszubeuten und zu benutzen für die eigenen Zwecke. Selbst Menschen die ein hohes Wissen, wobei ich schon Lachen muss wegen der Bezeichnung hohes Wissen, und Bewusstseinsniveau erreicht haben, müssen nicht unbedingt ein hohes Wesensniveau habe. Denn die Illusionen der Geld und Macht haben ihn verblendet. Er will immer mehr und findet keinen Frieden keine wirkliche Freude ganz abgesehen von seiner wesenhaften Glückseligkeiten ist er weiterhin seiner zukünftigen Leiche, seinem Körper ausgeliefert, von dem er meint, er sei das. Selbst mit einem hohen Bewusstseinsniveau. Was Menschen zumindest so vorgegaukelt vorgegauckt wird rein priesterlich und wirtschaftlich und politisch. Wo ja von „Höchster Ebene" geschwafelt wird. Was alles Lug und Betrug und Lüge also Unwahrheit ist. Das ist deren Wirrnissbewusstseinsevolution. Mehr nicht.

In Kopf der Totalegos der Besitzenden also im Schädel, kreist ununterbrochen ein Kreislauf von Gedanken und Vorstellungen, die sich ausschließlich um den Vorteil das Besserwissen die Täuschung die Manipulation und die

Aufrechterhaltung der Vorteile handeln.

Denn die Wahrheit und die Liebe und der Weg, Ist frei davon, haben dieses Innenleben nicht. Beseelt sein Glücklich sein oder sogar Glückselig sein.das sind alles Seinszustände die ohne jegliche Wirrnis dieser oben beschrieben Innenlebenskämpfe auskommt.

Glücklich sein ist bloß ein lahmer, lahmer Furz im Wind

Beseelt sein ist eine große, große, große, Welle, immenser, mehr als Glücklichkeit

Glückselig sein ist das was du immer warst und sein wirst ohne jegliche Bewertungen. Ein Seinszustand ohne gleichen, direkt aus dem Göttlichen Sein. Da ist kein Denken, Wollen, oder überhaupt etwas Mentales vorhanden.

So zurzeit wird die Lüge die Täuschung die Unwahrheit in allen Systemen der Demokratien gelebt, die zur Ausbeutung der Bevölkerungen für den Reichtum von wenigen geschaffen wurde. Das sind nun die evolutionären Kämpfe, die Erschütterungen die Erdbeben die Krisen. Weil die Unwahrheit eine Megablockade für die Weiterentwicklung der Menschheit auf der Erde ist. Für alle Menschen egal zu welcher Religion Wissenschaft Politik oder Land sie gehören ob Faschisssst Demokrat oder König Mullah oder Papst die Unwahrheit hat sie alle bis hier durchgemogelt und nun fangen die Erdbeben an gewaltiger zu werden.

Die ganzen blinden Flecken „ Religionszentrismus" „Wissenschaftszen trismus" „Eurozentrismus". „Amerikanzentrismus" „Russenzentrismus" „Muslimezentrismus", davon muss man sich verabschieden. Das sind alles blinde taube stumme Wahrnehmungen im Reagenzglas der beschränkten Kurzsichtigkeiten, gefärbt durch die Farben dieser Glaubensfärbungen. Inklusive des Wissenschaftlichen Weltbildes, das es irgendwo, irgendetwas festes unbewegliches, in der Physik, Biologie, gebe. Und eine darauf aufgebaute machtzentrierte Wissenschaft. Was es in Wahrheit gar nicht gibt denn das ist bloß ein Begriff. Es gibt aber Menschen in unterschiedlichen innerlichen Entwicklungen, die für andere Formen, Möglichkeiten, Wahrnehmungen und Erkenntnisse offen sein müssen.

„Die Menschen lieben die Wahrheit, wenn diese sich selbst offenbart. Aber sobald sie die Menschen bloß stellt, dann hassen sie die Wahrheit."

Das lateinische Wort intelligere heißt verbinden zwischen. Und Intelligenz bedeutet Freundlichkeit.

Das NSA Ungeheuer aus einer anderen Welt, aus der Welt von Species und der Welt von Hollywood und der Welt die die USA Armee finanziell sehr fett unterstützt. Die wiederum von den Politikern unterstützt werden die die Firmenbesitzer unterstützen also Privatfamilien die die Kriegsmaterialfirmen besitzen. Das sind ja alles Familienunternehmen egal welche Art von Unternehmung das auch ist. Es ist immer eine Familie eine Person ein Mensch dahinter. Also das NSA Ungeheuer ist Demokratie. Das ist der Zweck der Demokratie Versklavung auf der subtilsten Art und Weise, solange wie es nur geht. Und dann, wenn der Zusammenbruch kommt, passierte, und dein weitermachen sein muss, dann, ja, dann kommt das Ungeheuer Species aus einer anderen Welt „NSADemokratie", wieder. Weil genau das gleiche Geldsystem, Bindung an Geld, aufgebaut wird und aufgebaut werden soll.

Da kann es doch was gigantisch Schöneres und Besseres geben!

Es wird davon gelabert das Bewusstsein muss einen Quantensprung machen. Aber die Stiefel, sind nicht so gut zum springen. eher zum watscheln einem gemütlichen daher gehen angstfrei belastungsfrei mietfrei kostenfrei geldfrei.

Es wird viel von einer neuen Weltsicht Lebensweise gelabert. Das sind meistens diejenigen die tief verankert im Wissenschaftssystem sind. Jene die denken sie wären tatsächlich Wissenschaftler. Diese zukünftigen Leichen, sie reden und labern von neuem Denken von Wissen oder besser formuliert von Informationen. Informationsmaterial das ja gigamäßig vorhanden ist nun aber auch internetmäßig vollbusiger abgetastet werden kann für die Menschheit global. Was ja der SchlitzaugenHanSchinese, nett so jerne, mag für seinen Mietmitbewohner, die sollen ja schön Blöööde bleiben. So wie die RussenGeheimdienstDemokratie oder die Saudies und andere Senilvertreter auf der Erde. Aber so weit sind die erst in ihrer inneren Ver-Wicklung Ent-Wicklung.

Die Wahrheit wird euch frei machen. Nicht der Glaube.

Aber nicht die Demokratie oder Banker oder Politiker oder Mullahs oder Priester oder Päpste oder Psychiater. Oder Richter oder Ärzte. All das sind die zukünftigen Leichen, da sie von sich reden, das sie das wären. Und zukünftige Leichen sind ja tot. Jetzt schon tot. Und totes macht nicht frei. Frei macht ausschließlich das lebendige das Leben.

GlobalesWissen,Unterscheidungsvermögen,ethisches Unterscheidungs-vermögen, harmonisches einordnen, in ein globales Wissen, wo auch Begriffen werden kann welche Aktion zu ergreifen sei.

Die Wissenschaft hat diese Menschheit an die Klippe zum Abgrund geführt. Aber „die" Wissenschaft gibt es nicht, das muss ein für alle male in den Wortschatz das Denken die Einsicht aufgenommen werden, Es gibt auch keine Medizin oder Politik oder, oder, oder, das sind alles Begriffe die menschliche Aktivitäten zusammenfassen, hinter denen ausschließlich Einzelwesen also Menschen stehen.

Es sind Menschen die die Menschheit an den Abgrund führen durch ihre Unfähigkeit und das fängt bei den Kaisern Königen an. Und das fängt bei den Industriellen und Bankern an. Und das fängt bei den Wissenschaftlern an. Und das fängt bei den Professoren und Doktoren und Gelehrten an. Und das fängt bei den Politikern an. Sie alle haben die Primitivsysteme erschaffen die heute schwer zu entfernen sind, weil sich die Primitiven von damals heute darin festsymbiotiert haben, wie bei der Zusammenstellung einer Festplatte im reinen sauberen Raum. Bloß der reine saubere Raum ist eine Fiktion steril unwirklich falsch die Lüge.

Die Wahrheit wird euch frei machen. Nicht der Kirchenglaube.

Wissenschaftlicher Fortschritt wird nicht begleitet von Bewusstseinsevolution. Wissenschaftler sind immer noch zukünftige Leichen geblieben. Oder, die Objektivität, die es gar nicht gibt. Selbst das Objekt ist bloß ein Wort so wie Buddha schon lange her sagte „das Wort Apfel ist nicht der Apfel". Der Apfel das Objekt ist nicht der Apfel sondern der Apfel und das subjektive die Wahrheit.

Also Apfel oder Atom als ein Objekt, das nicht mehr zerteilt werden kann, wobei ja der Apfel zerteilt werden kann, und das Atom ja auch. Das Atom ist aus Elektronen die aber wiederum aus Protonen und Neutronen und noch anderen was als exotische Einheiten beschrieben wird zusammengesetzt. Diese Einheiten werden aber irgendwann auch als Einzelteile identifiziert werden und dann als Musik und dann als Schwingung und Wellen die direkt aus dem Geist Gottes kommen. Was aber ohne jegliche Trennung ist, war, und sein wird.

Es ist also das Atom eine Wesenheit die vibriert und aus sich selbst besteht als Lebewesen. Denn das ewige Leben ist immer ewig und auch noch morgen.

Ich habe in meinem Freundeskreis Bekannte die sich noch daran erinnern können wie sie als Liebespaar als Moleküle in Gaswolken zusammen waren und sich ununterbrochen gegenseitig vernichteten.

Die Entmaterialisierung unserer Welt die Entgeldlichung unserer Welt das wäre schon mehr Befreiung das wäre schon intensivere Erleichterung für die Menschen auf der Erde.

Wer noch Besitzt ist eine Liebesbremse und eine Evolutionsbremse gegen die Menschheit gegen die Freiheit des göttlichen im Menschen. Das wird nicht gut gehen. Wenn der aktuelle Prozess dieser Übergangsphasen, Phase, als Erdbeben als „Im all shock up" von Elvis gesehen werden kann, der kann die tektonischen Platten, Geldgier, Waffenprodukte, GiftMonsantoBASF, Politikarmut, Ausbeutung der Bevölkerungen, die als tektonische Platten Gegeneinader reiben, erahnen, wenn sie sich gegeneinander drücken. Die potenzielle Energie wächst bis zu einem Punkt oder mehreren, wo der Reibungswiederstand überwunden ist und eine plötzliche Bewegung ausgelöst wird. Dazu gehört auch der ignorante Umgang mit Informationen genannt Wissen, und zwar bis es zur Erschütterung kommt, dessen Ausmaß laufend vergrößert wird. Finanzkrise, Klimakrise, Systemkrisen im Moslemlager. Und solange das individuelle und kollektive Denken der Menschen unverändert bleibt wird es zu Gigaknallereien kommen die einer Megaatombombe locker zuwinken können. Tot bleibt Tot. Zerstörung bleibt Zerstörung. Bloß die Dauer des zerstörten kann abgekürzt werden. Also ohne Atomkriege. Denn das äußere Beben ist das aufwachen eines schlafenden inneren Bebens. Die Äußere Evolution führt zu einer inneren Evolution, sagen die Wissenschaftler, zumindest einige.

Die Objektivität der Wissenschaft, also der menschlichen Wortschöpfereien, das ist ein Mythos der Vergangenheit. Es gibt keine absoluten Naturkonstanten auch nicht die Lichtgeschwindigkeit, da das Licht nicht absolut ist, sondern relativ zu der Welt in der es erscheint. Die Wissenschaft die von Menschen geschaffene Vision der Welt oder Wissenschaft ist eine Erkenntnisform die mit Wissen schafft was die Erkenntnis formt, und mit dem altdeutschen Wort „Wizzan" das bedeutet „Gesehen haben". Was aber in Wahrheit schon alles gewusst ist. Denn vergesst nicht was Buddha mal Jodelte in den Schweizer Bergen bei Heidi auf dem Dekollteee,,, All das was du Erreichen wirst alle Erkenntnis, Fähigkeiten, all das hast, und bist du schon immer gewesen…

Es sind die menschlichen Grabenkämpfe um Macht, Geld, Einfluss, Kontrolle, Ausbeutung, in Wissenschaft, Politik, Wirtschaft, die wiederum Individuell sind, also von Individuen gemacht werden, die noch im LügenBewusstsein verankert sind. Das Universum, die Erde, das ist ein Meisterwerk, mit der idealen Umlaufbahn der Erde, mit einer genau abgestimmten Zusammensetzung der irdischen Atmosphäre, mit konstantem Sauerstoffgehalt, mit absolut perfekten Abstimmungen von Planetenbahnen und Kreisläufen und

Abständen zu den Planeten und mit genau richtigen Jahreszeiten. Es ist bloß der Irrsinn dieser aus der Vergangenheit aufgebauten damaligen Macht und Kampfsenilen Halbaffen die ihre Pfründe durch Ermorden, Betrug, Lügen und Täuschen bis heute gelegt haben, in familiären nationalen Reichtümern gegen die Unterlegenen, ermordeten, ausgeplünderten, was bis heute weiter geht, siehe die USA-NSA-DemokratieSeuche oder die anderen Religionsseuchen der Moslime die ihr Mittelalter erleben, das die damaligen Europäer als 30 jährige Kriege erlebten. Und heute Schiiten und Sunniten das gleicher die Teilung durchmachen wie die Katholiken und die Protestanten. Der Mensch hat heute noch sehr, sehr, schwer ein an der Birne. In der Politik, Wirtschaft in den reichen Familien und den armen Familien.
 Die Wahrheit wird euch frei machen. Frei von den Geldversklavern frei von den Politilügnern frei von den Systenlügnern frei von der demokratischen Geldgeillüge. Eine neue Weitsicht wird global sein. Der wissenschaftliche also menschliche Materialismus Muuus wird entmaterialisiert weil schon seit 100 Jahren die Objektivität als absurdes Nichtwissen durch die Quantenstiefel einiger Forscher also Menschen also Götter also Gott getätigt wurde. Der Mystizissssmuuuus entmystifiziert und desinfiziert, wurde von geistlichen Klosterbiberfresser zur Wahrheit erlogen..AberGlaube ist Wiederspruch und Glaube ist Unwissenheit.
 Doch die Wahrheit wird euch frei machen und nicht der Glaube.
 Als Mensch bin ich niemals Wissenschaftler oder Mediziner oder Politikkkker oder Banker. Denn wenn ich Professor oder Doktor bin, dann bin ich etwas gigantisch armseliges unglückliches nämlich die zukünftige Leiche Mensch. Und weil diese Menschen sich mit ihren Berufsbezeichnungen identifiziert haben sind ihre gedanklichen inneren Grabenkämpfe unüberwindbar da sie ein Opfer des Denkens und des Mentals mit seinen Gewohnheiten geblieben sind nachdem sie in einem sogenannten menschlichen Körper das Leben auf der Erde evolutionieren müssen. Sie haben vergessen wer und was sie in Wahrheit sind. Denn: Mein Reich ist nicht von dieser Welt.
 Empört euch intensiver gegen diese GeldGeilMaterialismus Ignoranz die euch alle in den Abgrund reißen wird.

 Dienstag, 10. September 2013
 Inzucht der Vatikan Geschäftskatholiken Priester Kardinäle und anderem Geldbesitz Geheuchel .
 „Mein Gott" sind die Katholiken überblöde solch einer Vatikan Mafia ihr

schwer verdientes Geld als Staatsteuer abziehen zu lassen.

Erst die nationalen Steuern zum steuern. Dann noch die Vatikanmafia steuern zum Steuern. Ja Katholiken lieben es ausgebeutet und durch Worthülsen verblödet zu werden von durchgeknallten perversen Vatikanmanagern. Als Gottes Arschlöcher verkleidet. Was sie ja also ihre Bishofskostüme von den alten Frauen Schamanistinnenritualen übernommen haben. Den sogenannten Heiden oder Heidinnen. Ich bin Doppelheide da ich sogar in Heide geboren bin. Ho. Ho. Ho.

Die Leichentuch Waxhaut Fratzengesichter der römischen Kuriendienste und die Waxhaut und Gesichter der vatikaninternen GruftGeister in der Staatsreligionskriminalgeschichte des Christentums in Rom, diese Haut diese Gesichts und Kopf und Nasenformen, das sind die typischen krankhaften Erscheinungsbilder einer Jahrtausende alten Berufslüge. Denn die Lüge betrügt ja den Körper in seinem Strahlenglanz seines göttlichen Lichtes. Und diese Berufsbetrüger und Berufslügner dieser GeldsenilVatikanMafia, die bringt dann dieses zutiefst der Lüge verhaftetes unbelebtes Profil der WaxLügenFratzen zum Vorschein. Die Liebe als Betrug und Lüge wird dort rein physisch schon erkannt.

Das ist auch wunderbar sehbar an dem Limburger Bischof und dem gestern gesandten Kurienmafiadiener aus dem Vatikan. Das sind totale Fratzen der Lüge und der Machtsucht über die globale Menschheit.

Hier sind mal einige Zitate aus dem Internet:

Ermittlungen bei Vatikanbank Bischof verhaftet

Auch Geheimdienstler und Finanzdienstleister betroffen

Vom Skandal-Bischof bis zur Entlassung

Behörden verhaften Bischof im Vatikanbank-Skandal

Der Geldwäscheskandal bei der Vatikanbank zieht immer weitere Kreise: Die italienischen Behörden haben nun den Bischof von Salerno verhaftet auch ein Geheimdienstmitarbeiter sitzt in U-Haft.

Missbrauchsskandal: Bischöfe fordern Läuterung und Buße

Der Bischof von Fulda fordert eine gründliche Aufarbeitung, der von Hildesheim räumt „Schuld und Versagen" ein: Der Missbrauchsskandal in der katholischen Kirche steht im Mittelpunkt zahlreicher Osterpredigten. Bischof Mixa schwieg in seiner Predigt zu den Prügel-Vorwürfen gegen ihn.

Skandal in Augsburg: Oberster deutscher Bischof legt Mixa Auszeit nahe

Er erhob die Hand gegen Kinder, steht wegen finanzieller Unregelmäßig-keiten in seinem Bistum unter Druck: Der Augsburger Bischof Mixa wird für die Kirche zunehmend zum Problem. Bischofskonferenz-Chef Robert Zollitsch empfiehlt ihm jetzt eine „Zeit der Einkehr" - es wäre ein einmaliger Schritt.

Trierer Bischof: Skandal ist verheerend für die Kirche

Ein Priester spricht Klartext: Der Trierer Bischof Stephan Ackermann glaubt, dass der Missbrauchs-Skandal an deutschen Jesuiten-Schulen verheerende Auswirkungen auf das Ansehen der katholischen Kirche hat. Jetzt müsse lückenlos aufgeklärt werden, fordert er im TV-Gespräch.

Aufstand für den Anstand

27. August 2013, 15:27 Uhr

Es wird eng für Franz-Peter Tebartz-van Elst, den umstrittenen Bischof von Limburg. Ihm droht eine Anklage wegen Falschaussage, und nun rebelliert auch noch sein Kirchenvolk

Zitate Ende

Empört euch Intensiver denn nur die Wahrheit wird Euch frei machen. Auch die Lügner Betrüger Ausbeuter werden ausschließlich durch die Wahrheit befreit werden.

Wer vom Ziel nichts weiß

Wer vom Ziel nichts weiß, kann den Weg nicht haben, wird im selben Kreis all sein Leben traben; kommt am Ende hin, wo er hergerückt, hat der Menge Sinn nur noch mehr zerstückt.

Wer vom Ziel nichts kennt, kann's doch heut erfahren; wenn es ihn nur brennt nach dem Göttlich-wahren; wenn in Eitelkeit er nicht ganz versunken und vom Wein der Zeit nicht bis oben trunken.

Denn zu fragen ist nach den stillen Dingen, und zu wagen ist, will man Licht erringen; wer nicht suchen kann, wie nur je ein Freier, bleibt im Trugesbann siebenfacher Schleier.

Christian Morgenstern

„Kontrolle zurück – über ihre Daten und über die von ihren Steuergeldern bezahlten Behörden.

Wenn wir weiter so kraftvoll gemeinsam streiten, werden wir die massenhafte Verletzung unserer Grundrechte durch Nachrichtendienste und Datenkonzerne beenden. Danke, dass Sie dabei mitmachen. Mit drei Kampagnen haben Campact-Aktive in den vergangenen Monaten von der

Politik gefordert, dass...

… die EU sinnvolle Datenschutz-Regeln einführt.

… das Parlament die Geheimdienste künftig wirksam kontrollieren kann.

… Deutschland Hinweisgeber wie Edward Snowden schützt.

In diesem Herbst können wir einen ersten Schritt gehen, um den Überwachungswahn zu stoppen und wirkungsvollen Datenschutz in ganz Europa durchzusetzen. Campact wird sich dafür mit kreativem Protest und kraftvollen Aktionen einsetzen – sehr gerne zusammen mit Ihnen."

Mittwoch, 25. September 2013

Ich bekomme ja nun Rentengelder und habe auch vor einigen Tagen die Formulare für das DEPARTMENT FOR WORK AND PENSION am TYNEVIEW PARK in NEWCASTLE UPON TYNE in ENGLAND ausgefüllt und abgesendet, weil ich dort in 1974-1975 bei B&R Taylor in Leyland im Konstruktionsbüro gearbeitet hatte. Dabei fiel mir ein Satzteil im Formular besonders auf: Business with us.

Da wurde mir also mitgeteilt das ich mit denen ein Geschäft machte, ein Geschäft gemacht hatte. Und da erkannte ich wieder, dass das Land England wie eine Firma wie ein Unternehmen geführt wurde. Und ein Unternehmen ist ja von Eigentümern geprägt also dem Besitzer. Und das Volk der Bürger der Bürgt für den Besitzer das Goldman-Sachs- Rothschild-Rockefeller Banker Unternehmen, dem England, die USA, Deutschland, Frankreich, Griechenland, Spanien, Italien, Portugal, Japan, Holland, Dänemark, und andere Nationen gehört.

Die BRD ist ja laut Text auch eine Geschäftsform. Die Kanzlerin Merkel ist zurzeit die Geschäftsführerin und die Einwohner der BRD sind in Wahrheit das Personal. Das ist in totaler Übereinstimmung mit einer Demokratie denn so ist Demokratie nämlich damals in Griechenland erdacht worden. Die subtilste Form der Ruhigstellung und Ausbeutung einer besitzlosen Bevölkerung. Demokratie soll den Anschein vermitteln das die Besitzlose zum ausbeuten gehaltene Bevölkerung Freiheit hätte durch wählen. Für den BRD Bürger gibt es sogar den Personal-Ausweis für die Firma BRD. Die Menschen sind also das Arbeitspersonal für die Besitzenden. Das kann und wird nicht gut gehen. Nicht in Deutschland . Nicht in den USA. Nicht in England. Nicht in Fronkreich. Nicht in Griechenland das ja das Endresultat einer Demokratie gerade erleben muss. Nämlich das schwarze Loch der Gier ihrer Besitzer National und international. Und in Griechenland hatte ja die griechische Regierung mit Goldman – Sachs sogar das Geschäft gemacht um die Schulden zu verschleiern. Und vergesst nicht Geld ist 100% Wertlos. Egal welcher Währung.

Jesus hatte aber gesagt: Mein Reich ist nicht von dieser Welt.

Und aber, die Vatikan Mafia Religion ist das Reich dieser Welt. Der Vatikan ist Goldman-Sachs Demokratie. Mein Gott sind die Gläubigen Katholiken und Protestanten Blöde geblieben durch ihren Glauben.

Nun habe ich gestern Abend im TV bei Arte um 20:15 „Goldman-Sachs-eine Bank lenkt die Welt", gesehen. Der Titel ist zwar unstimmig, da die Welt wohl doch ein klitzeklein wenig größer als Goldman-Sachs ist, aber immerhin die Erdmenschheit, ja, das macht Goldman-Sachs schon.

Goldman-Sachs hat also mehr als zweimal so viel Geld wie das französische Bruttosozialeinkommen. Das ist schon eine gewaltige Summe Bargeld. Kein Wunder das die dann Griechenland, Spanien, Italien, England, oder Portugal platt machen kann durch ihre gebildeten Mathematiker Methodikern. Hier sieht man auch mal wieder das Titel oder Universitätsausbildung letztendlich zu einer Wasserkopfschicht führt die total abgesoffen und irreal aber materialistisch präzise bis zum totalen Untergang durchgeknallt ist.

Ihr werdet also von Verrückten der Habgier der Gier dem schwarzen Loch das Nie, Nie, Nie, genug haben wird, weil es so erschaffen wurde, geführt. Denn das schwarze Loch in dem Universum ist das gleiche schwarze Loch im Inneren Universum im menschlichen System. Wie oben so unten und wie Innen so außen. Wie im Großen so im Kleinen.

Also diese Menschen können letztendlich nichts dafür. Deswegen sagte Jesus ja auch: Richte nicht damit du nicht auch gerichtet werden wirst. „Denn es muss schon immer so kommen, dass der Mensch tatsächlich auch das Gute vom Bösen unterscheiden kann. Und wenn alles gleich wäre, dass es nur dauernd gutginge, es wäre nicht gut! Und es ist richtig, dass es Menschen gibt, die satanisch sind (Der Satan das ist die Lüge, Jesus) sonst würden die Guten ja nichts von den Bösen merken. Nein das muss schon so sein."Das hat mal Bruno Gröning gesagt.

Goldman-Sachs und deren Wirken das ist also die Basisdemokratie der Demokratie. Das ist der ursprüngliche versteckte Deal das Geschäft der Welt. Das ist der Satan. Die Lüge. Und es kommt ja schon sehr stark zum Vorschein, da die Resultate ja nicht andauernd versteckt werden können. An den Früchten werdet ihr sie ja erkennen, laut Jesus. Das sind nämlich die

Besitzer und Besitzer sind ausnahmslos arme Gestalten, egal wie viel Macht oder Geld sie haben werden. Weil sie nicht frei sein können.

Also in dem Arte - Programm wurde dann auch nochmal gezeigt wie und weswegen Lehman Brothers pleite gegangen ist. Weil nämlich unter der damaligen Bush Regierung der ehemalige Scheff von Goldman Sachs nun der Finanzminister war, was in den armseligen USA, die Bevölkerung kann einem leidtun, Gott habe Gnade mit ihren dummen dumpfen Dollardiäten, also der ehemalige Goldman Sachs Scheff der nun Finanzminister der USA Regierung war, seinen stärksten Konkurrenten, die Lehman Brothers Bank ganz einfach pleite gehen ließ. Aber dem weltweit größten Versicherungskonzern der in der Finanzkrise nun auch Bankrott war, den ließ der Goldman-Sachs-Finanzminister nicht pleitegehen, weil nämlich Goldman Sachs bei dem 10 Milliarden Dollar investiert hatte in Aktien. Und so wurde für die Rettung ganz einfach das Personal, die USA Bevölkerungsgelder deren Steuern die zum steuern sind, genommen. Und schon hatte Goldman Sachs seine 10 Milliarden wieder zurück.

Ist Empört euch Intensiver überhaupt heutzutage noch genügend. Ist Empört euch intensiver überhaupt wirkungsvoll. Muss da nicht eine ganz einfache Rettung passieren. Denn Geld hat ja noch nie etwas gemacht. Dessen müsst ihr euch wieder oder nochmal bewusst werden. Ist empört euch überhaupt genug um wach zu werden bewusst zu werden und zwar zu euren befreiten sozialgeprägten Konditionierungen oder gesellschaftlich geprägten Konditionierungen also Unwachheiten. Nein Empört euch ist mehr als viel zu wenig. Da Geld noch nie etwas gemacht geleistet hat, außer Zerstörung, denn Geld ist ja ausschließlich Schulden und Nie Freiheit von Schulden.

Ich gebe dir euch, das gesamte Vermögen von Goldman-Sachs und dann sagst du mal zu dem Vermögen mache die arbeiten. Mache überhaupt eine Arbeit. Und du wirst mehr als ewig wiedergeboren werden müssen und überhaupt Garnichts wird das Geld gemacht haben. Auch nicht Gold. Diamanten. So die soziale Prägung das gesellschaftliche Muster der Gewohnheitsdenkereien und Phantasie hat euch alle gigantisch hypnotisiert und ihr werdet dadurch in das schwarze Loch gezogen den Untergang ganzer Zivilisationen und Völker wenn ihr nicht den Mut habt diese Geldkonditionierung abzulegen und frei zu werden von dem Glauben an diese Konditionierung.

Denn alles wird in Wahrheit ohne Geld gemacht und somit wäre die

Befreiung von dem ganzen Leid das Geldglaube bewirkt das ganze das kriminalisiert wird durch die Besitzansprüche der Geldgier und Landgier der Besitzgier, diese Befreiung wäre ganz leicht und einfach. Nämlich: Macht alles weiter wie bisher bloß ohne Geld, und schon wärt ihr eine Einheit global. Und alles würde in gegenseitiger Hilfe kostenlos erschaffen werden. Denn das passiert ja jetzt auch schon, sämtliche Arbeiten sind ja von Menschen gemacht und nicht das Geld. Das ist eine Lügendimension der satanischen Kräfte die euch verblöden und weiterhin konditionieren.

Ihr müsst euch bewusst werden das Geld nie etwas gemacht hat, alles, aber auch alles was gemacht wurde, ist ausschließlich nicht von Geld, sondern von den Menschen gemacht worden. Wollt ihr euch zumindest darüber empören wie man euch solange blindgeführt hat, so wie die blinden Führer im Vatikan in der USA Regierung und den anderen Regierungen. Die alle Besitzer sind und ihr habt den Personal-Ausweis um für deren Besitz Reichtümer zu erschaffen, global.

Aber ob ihr das jemals umsetzen werdet in eurer Bürgerempörung in eurer Bürgerchen Empörung den Gläubigen an Wohlstand und Erfolg, das ist eine andere Geschichte die bloß die Geschichte zeigen wird. Denn zurzeit sieht es ganz anders aus auf der Erde.

Das schwarze Loch wird von Jahr zu Jahr größer.

Das Ziel muss die Umwandlung aller gesunden in Kranke sein.

Deutschland die billigfleisch Weltmacht

Die Demokratisierung der Demokratie

Die spirituelle Dimension der Wissenschaft

Die Zukunft der Menschheit ohne Geld

DANN Entdeckungen offenbaren göttliches design

Ermittlungen bei Vatikanbank

Fürst der Finsternis

Geheimdienste Internetzugänge statt Waffen

Glaube halbglaube und Unglaube

Goldman Sachs und Demokratie Gedicht.
Goldman Sachs
Und Freunde
Lasst uns die Amerikaner total verblöden
Lasst uns die Amerikaner mit dem amerikanischen Traum verblöden

Lasst uns die USA global ausbluten
Lasst uns die amerikanische Bevölkerung senil machen
Lasst uns die USA als verlogenstes politisches gekotze global etablieren
Lasst uns dann der Erdbevölkerung weiß machen das wäre Demokratie
vom feinsten
Und lasst uns dann behaupten Demokratie sei Demokratie
Lasst uns zumindest nochmal den Versuch machen unsere zerstörerische
Megagier bloß als Kapitalismus zu vermarkten
Und dann allen global zeigen Kapitalismus sei gut
Lasst uns aber dann sehr schnell alles verstecken in Bezug zu diesen
Verblödung Glaubensbegriffen wie Demokratie und Kapitalismus und
Freiheit und freie Marktwirtschaft, damit sie nicht erkennen das wir die
Raubtiere, sie zu total verblödeten Raubtieren gemacht haben, indem
wir sie zum Glaube verführten und nicht zur Wissenschaft dessen was der
Mensch wahrhaftig ist.
Denn wir wissen auch nicht was der Mensch wahrhaftig ist.
Wir sind bloß dumpfe primitive aber brutale Raubtiere der Habgier und
des grauen Lichts das ist unsere größte Helle das graue Licht. Aber unsere
Quelle ist das schwarze das dunkle die Ignoranz und die Ignoranz ist die
Quelle des bösen. Das sind wir und unsere Freunde Goldman Sachs die
Totalverblöder der globalen Menschheit.
Armes Amerika
Arme amerikanische Bevölkerung
Superarmer amerikanischer Albtraum
Ihr habt sooo viele Waffen in euren armseligen Wohnzimmerschränken
Warum schießt ihr unsere Ignoranz der Finanzwirtschaften nicht dorthin
zurück wo wir hergekommen sind
Befreit uns vom Üblen
Befreit uns vom Bösen
Und dein Reich komme
Aber armselig bitte
Denn das Geld gehört uns alleine
Und wir vermehren das egal wie denn wir sind die Ignoranz deren Quelle
die Gier ist deren Quelle die göttliche Zerstörung ist eine universelle blinde
Kraft die alles verschlingt so wie im Kleinen so im Großen deren Kanäle die
schwarzen Löcher im großen Universum sind
Erhört unsere Bitte erlöst uns vom Bösen

Erlöst uns vom Bösen
Befreit euch vom Geld
Befreit euch vom Geld
Übernehmt die Großkonzerne und führt sie nicht demokratisch aber
liebevoll indem ihr alle das gleiche verdient und der Gesamterlös
gleichmäßig verteilt wird
Nehmt euch das als globales Ziel
Erlöse uns vom Bösen
Erlöse uns vom Bösen
Damit sein Reich kommt
Damit ihr weiterhin keine Sklaven des Geldes von 1% der Bevölkerung
seid
Damit ihr den hässlichen Alptraum den amerikanischen
Betrugsausbeutungsalptraum hinter euch lassen könnt
Erlöse uns vom Bösen
Denn wir sind Goldman Sachs und Konsorten die Zerstörer der Liebe und
die Aufbauer der Lüge und der Ausbeutung egal wie weil unsere Politiker
auch wie Goldman Sachs denken denn wir kaufen alles
Erlöse uns vom Üblen
Gebt uns die Kugel
Aus dem amerikanischen Wohnzimmerschrank
Erlöst uns vom Bösen
26.3.2013
Schorat

Demokratie
Das Argument, dass durch niedrige Steuersätze für Spitzenverdiener
und Firmen mehr Jobs entstehen, überzeugt immer weniger Amerikaner
Europäer und andere Gläubige vernebelte.
Vor fünf Jahren war ich eine 49-jährige alleinerziehende Mutter mit eigenem
Haus und 175.000 Dollar auf dem Rentenkonto. Heute habe ich Haus und
Altersvorsorge verloren, weil mir gekündigt wurde. Mein neuer Job ist zwar
ohne Krankenversicherung oder Rentenanspruch, aber immerhin haben
meine Tochter und ich genug zu essen.
Deutschland nimmt sich das als Vorbild weil es aus Amerika kommt. Das ist
dann Demokratie.

Liebe Edith, hast du gehört, dass unser Haus zwangsgeräumt wurde? Die Polizei kam und hat uns eine Stunde Zeit gegeben. Deutschland und die FDP der faschistische Arm der Plutokraken in Deutschland nimmt sich das als Vorbild.

Lloyd Blankfein, dem Chef von Goldman Sachs - bei Blankfeins Stundenlohn von 9165 Dollar könnte sie in einem Jahr genug für ein sorgenfreies Leben verdienen. Das nimmt sich die deutsche politische Verbrecherignoranz zum Vorbild für die deutsche Wirtschaft und Bankenverbrecher.

Das ist Demokratie in Deutschland

Das ist Demokratie in England

Das ist Demokratie in Frankreich

Das ist Demokratie in USA

Diese Leute sind nicht so weit von der Realität entfernt wie der Präsident in der Air Force One und die Banker in ihren Privatjets oder die 1% in den USA oder die 2% in der Schweiz oder die 10% in Deutschland. Aber entfernt von was? Von der Versklavung an die Besitzenden.

Das ist Demokratie

Die bloß als Glaubensbenebelung benutzt wird und großflächig Menschenmassen auf die subtilste Art auszubeuten und zu kontrollieren.

Deutsche Bank verdient 500 Millionen mit Libor Wetten also Lügen und Megalügen also Betrüger Verbrecher

Das ist Demokratie

Im Fall der UBS, die bereits eine Milliardenstrafe gezahlt hat, lief die Manipulation so: Der Mitarbeiter, der den Zinssatz berechnet, gab ihn auf Wunsch der Derivate-Händler seiner Bank höher oder niedriger an, als er tatsächlich war. So wurde der Libor in die Richtung manipuliert, von der sich diese Händler Gewinne versprachen.

Das ist Demokratie für die Massenverblödungen

„Wir stellen fest, dass Deutschland auf dem Weg ist, der größte Fleischexporteur der Welt zu werden", Das ist Demokratie zur Totalverblödung der Bevölkerungen durch die 10% der Besitzenden oder die 1% in den USA oder die 2% in der Schweiz die 98% des Reichtum der Schweiz besitzen.

Das ist Demokratie

Die Demokratisierung der Demokratie in Zeiten der Krise

«Weniger Demokratie wagen»

In einer dirigistischen Variante ist Kapitalismus auch ganz ohne Demokratie zu haben. Das ist schon so in den USA England und Deutschland. China propagiert ein Arbeitsbündnis zwischen Markt und Maoismus, und die Wachstumsraten der Volksrepublik bringen aufstrebende Länder in Afrika oder Südasien in Versuchung, das dirigistische Modell nachzuahmen. Es ist also keineswegs ausgemacht, dass wirtschaftliche Liberalisierung stets politische Freiheit nach sich zieht.

 Unter dem Titel «Postdemokratie» notieren Zeitdiagnostiker, dass auch etablierte Demokratien an Substanz verlieren: Es wird weiter ordentlich und regelmäßig gewählt, die Gewalten bleiben geteilt. Aber das «Kommando» haben große Unternehmen und Finanzhäuser mitsamt dem Tross der Anwaltskanzleien, Ranking-Agenturen, Wirtschaftsprüfer und Medienagenturen. In der Finanzkrise setzen Banken und Börsen Regierungen unter Druck und zwingen sie zu «Rettungsaktionen», die nur noch pro forma demokratisch legitimiert sind. Was Regierungschefs und Finanzminister in Krisensitzungen beschließen, gilt als alternativlos, Freunde von postparlamentarischen Technikerkabinetten à la Mario Monti wollen bereits «weniger Demokratie wagen» Aber in den USA ist doch Demokratie schon längst bloß ein Werbeslogan für die Gläubigen damit sie die Ausbeuter des Goldman Sachs Empires nicht lynchen und mit Panzerfäusten ‚im Lebensmittelladen on sale zu kaufen, erschießen. Der Glaube ist bei dem Amerikaner noch tief weil Gewohnheitsenergien also Gewohnheiten ohne Schocktherapie sich nicht leicht auflösen.

 Das ist Demokratie=Ausbeutung und Totalverblödung

 Fortschritte in Richtung auf eine kosmopolitische Demokratie gibt es nicht. Und was soll sie auch bringen. Da wir ja wissen was Demokratie ist. Glaube an diejenigen die Demokratie als Heilsversprechen vermarktet haben, weil sie selbst nichts Besseres kannten.

 Hat es Sinn, sich heutzutage noch als «Demokrat» zu bezeichnen? Nein, bloß nicht. Denn diejenigen die das taten sind aber auch total unbewusste ihrer selbst. Wenn du dich als Demokrat bezeichnest dann bist du automatisch ein Unbewusster Spinner ein Gläubiger. Bloß das was du wirklich bist ist weder ein Spinner noch etwas unbewusstes und ist auch kein denken oder fantasieren und schon gar nicht ein Glaube.

 Da «Demokratie» zum unantastbaren «Wahrzeichen» geworden sei, müsse man sich, um «an das Reale unserer Gesellschaft heranzukommen», von diesem Wahrzeichen verabschieden und das Risiko eingehen, «kein Demokrat zu sein». Denn der Irrsinn an das sogenannte Reale unserer oder der Gesellschaft heranzukommen ist einfache Ignoranz und in der steckt das

Üble die Unwissenheit und wo Unwissenheit ist, ist das Üble das Böse die Demokratie oder Kapitalismus oder Kommunismus oder Religionnismus.

Hat es Sinn, sich heutzutage noch als «Demokrat» zu bezeichnen?

«Ja, selbstverständlich, denn Gleichheit, Gerechtigkeit und Freiheit werden überall durch Plutokratien, Technokratien und Mafiokratien bedroht.»

Aber was hat die Demokratie die ja eine Fiktion ein Glaube ein erdachtes System ist mit Gerechtigkeit oder Freiheit oder Gleichheit zu tun. Garnichts. Denn solange noch in Worten und Begriffen gedacht wird, also Demokratie oder Raubtierkapitalismus oder Plutokratien, was bloß ein Mentalwerkzeug der Denker und Denkerinnen ist also der Nichtdirekten der Bornierten der Wortgläubigen also, wird es auch keine verbesserte Annäherung an die Erkennung der echten Lebensverhältnisse der Menschen auf der Erde geben. Da sie durch Werbeslogans wie Demokratie oder Kapitalismus und so weiter verblendet also vernebelt also verblödet bleiben.

Demokratie ist also eine Erkenntnis und Einsicht Vernebelung durch glaube an etwas das sich andere in dem korrupten verlogenen Griechenland der Abzocker und Betrüger der griechischen Bevölkerung, erdacht haben. Und das Griechenland von heute 2013 ist das wunderbarste Resultat von Demokratie das ist das Endresultat und zwar jeder Demokratie. weil das nämlich das versteckte Ziel derer war die sich das System Demokratie ausgedacht haben. Denn Demokratie ist das subtilste Werkzeug der Manipulation der Unwahrheiten um große Bevölkerungsschichten zu kontrollieren und auszubeuten. Damit genau so wie es heute in allen Demokratien auf der Erde den erdenkern der Demokratie damals also den Adligen den Reichen den Besitzenden auf ewig ihren Besitz und ihre Ausbeutung sichert.

Ich bin kein Demokrat und auch nicht für Demokratie

Jesus war kein Demokrat und Buddha auch nicht auch nicht Laotse oder Chuang Tzu oder alle anderen Erwachte wie sie von anderen genannt werden. Und Gott das göttliche hat überhaupt Garnichts mit Demokratie zu tun. Garnichts.

Demokratie ist ausschließlich, zur Ausbeutung, von großen Menschenmassen erdacht worden, und Griechenland, so wie es heute zerstört wurde, von den Adligen, also den Besitzenden und die bewusst herbeigeführten Geldkrisen und Finanzkrisen, das sind alles die Werkzeuge innerhalb der Demokratie die sich die Besitzenden erdacht haben um auszubeuten und um es ganz klar zu machen um Liebe zu verhindern.

Also Demokratie ist erschaffen worden von unliebsamen griechischen Menschen die ihren Besitz so wie das indische Totalverblödungssystem das Kastensystem oder die chinesische kommunistische Partei, um also auf ewig zu beherrschen und auszubeuten. Demokratie ist also ein Betrugssystem ein Verbrechersystem.

Demokratie ist 100% kein Liebe, die aber im Menschen vorhanden ist.

Demokratie ist also ein Träger von versteckten Ängsten der Erschaffer des demokratischen Systems. Mangel und Angst vor Verlust das ist Demokratie. Und deswegen erschafft ein demokratisches System auf ewig Mangel und Angst und Verlustängste. Das sind die Eigenschaften die die Erschaffer der Demokratie in Griechenland in sich trugen um vor ihrem Ruin und Betrug geschützt zu bleiben.

Aber wir sind die Kinder Gottes des göttlichen. Wir sind geboren worden im menschlichen Körper um den Glanz Gottes nicht eine Demokratie oder Kapitalismus oder Kommunismus zu manifestieren. Weil das alles System der Nichtliebe sind. Lieblose mathematische Ausgeburten der Ignoranz also der Unwissenheit also des Üblen . Und erst wo die Unwissenheit die Ignoranz aufhört hört auch das Böse auf.

Demokratie ist also Unwissenheit und die wird gnadenlos ausgenutzt von denen die erkannt haben das sich die Menschheit in Abhängigkeit durch ihren Glauben daran vom Geld begeben hat. Das wird dann zur deutschen Bank Demokratie oder Goldman Sachs Demokratie oder Bank of England Demokratie. Die alle Privatpersonen gehören, also der Ignoranz die schwarzen Löcher des Universums die gnadenlos das ganze Universum verschlingen würden wenn ihr nicht die Objekte der Gier ad Acta legt und ohne Geld Liebe lebt und alles allen gehört denn es ist mehr als Überfluss für alle vorhanden.

Denn die göttliche Schöpfung wurde schon in allen anderen Zivilisationen und Kulturen besudelt. Und Zerstörung war das Endresultat. In allen Kulturen wohlgemerkt. Denn eine Kultur ist bis jetzt immer das Ende einer Zivilisation weil sie ausnahmslos auf Ignoranz also Dummen aufgebaut wurde so wie die Demokratie von der Gier der Habenden Besitzenden aufgebaut wurde um Besitz zu sichern. Und wenn möglich zu vergrößern.

Die USA haben den wichtigsten Markt des Kapitalismus abgeschafft – oder, überspitzt gesagt, sie haben den Kapitalismus abgeschafft und durch Planwirtschaft der Notenbank ersetzt. Und die Notenbank gehört den Privatbankern. Also haben die Privatbanker Geldkommunismus erschaffen.

Denn das ist ja auch das Ziel der 1% Diktatur. Das ist Demokratie so wie sie damals in Griechenland erdacht wurde.

Glaube, Halbglaube und Unglaube das ist Demokratie, also genau das richtige für Ausbeuter Verbrecher Banditen Betrüger Heuchler Dummschwätzer also für die Ignoranz also für die Unwissenheit also für das üble die Zerstörung.

Große Einkommensunterschiede und starke Ungleichgewichte bei Staatshaushalten sind die größten Risikofaktoren für die globale Wirtschaft. Gekoppelt mit den Folgen des Klimawandels, entsteht eine Konstellation mit potenziell gravierenden Folgen. Das ist Demokratie der Reichen. Also reich an Geldmengen.

Hypothekengeschäfte Neue Klage gegen JP Morgan Die größte US-Bank, JP Morgan, muss sich erneut einer Klage im Zusammenhang mit der Finanzkrise erwehren. Es ist bereits die dritte Klage gegen JP Morgan wegen umstrittener Hypothekengeschäfte. Das ist Demokratie, Demokratie der Geldreichen, Verbrecherdemokratie Zerstörungsdemokratie. Mit der Blödheit und dem Segen der Politikerdekratie die alle ohne Ausnahme Vertreter der Ignoranz sind.

Hier sind noch einige Demokratie Süßigkeiten für die Gläubigen:

Im Dezember verklagte die Aufsichtsbehörde das Geldhaus wegen Hypothekengeschäften über 3,6 Mrd. $ der Investmentbank Bear Stearns, die JP Morgan im März 2008 auf Geheiss der Regierung hastig übernommen hatte. Bereits im Juni 2011 war JP Morgan wegen eigener Hypothekengeschäfte im Volumen von 1,4 Mrd. $ von der NCUA verklagt worden. Beide Verfahren laufen noch.

Auch CS und UBS im Visier

Ähnliche Verfahren im Zusammenhang mit der Bündelung von Hypothekenkrediten zu Wertpapieren während des US-Wohnbaubooms hat die NCUA auch gegen andere Institute wie Goldman Sachs, Barclays, die Royal Bank of Scotland, Credit Suisse (CS) und UBS eingeleitet. Entsprechende Forderungen der Behörde gegenüber der Deutschen Bank, der Citigroup und der HSBC wurden auf dem Verhandlungsweg geregelt. Das ist Demokratie und Rechtsstaat also Unrechtsstaat. Da sich die Demokratien ausschließlich ihre eigenen Gesetze gemacht haben mit den kooperierenden Politikervasallen haben sie alles so aufgebaut das sie mit Geld alles freikaufen können und mit Geld alle Gesetze so machen konnten das sie praktisch keine steuerliche Belastung haben. In den USA zahlen die

Superreichen halb so viel Steuern wie die arbeitenden also die versklavte Bevölkerung. Das ist Demokratie das ist der Sinn der Demokratie nämlich ihrer Erschaffer damals da in dem heute durchgeknallten Griechenland. Dem Land der ach sooo wichtigen Demokratie.

„Ein Gutachten nach ihrem Geschmack" Das ist Demokratie der sich dünkenden herrschenden Klassen

Die Vorwürfe hatte Pfeiffer erhoben, nachdem die Kirche den Vertrag mit seinem Institut über ein umfangreiches Forschungsprojekt zum jahrzehntelangen sexuellen Missbrauch vorzeitig aufgekündigt hatte. Der Beauftragte der Deutschen Bischofskonferenz, Stephan Ackermann, bezeichnete das Vertrauensverhältnis zum KFN als „zerrüttet".

Pfeiffer zufolge hat die Kirche darauf bestanden, sowohl über die Veröffentlichung der Forschungsergebnisse als auch über die Auswahl der beteiligten Mitarbeiter mitbestimmen zu wollen. Zudem seien in mehreren Diözesen Missbrauchsakten vernichtet worden. Der Passauer Neuen Presse sagte er: „Die katholische Kirche wollte offenbar ein Gutachten ganz nach ihrem Geschmack

Das ist Demokratie nämlich Lüge Betrug Ausbeutung Versklavung und dazu gehören alle Wirtschaftsunternehmen und dazu gehört auch die Fabrik Kirche oder Religionsverblödung.

Warum sollen wir den Banken vertrauen? Solche bekloppten Fragestellungen stellen sich wohl auch nur dementsprechende Journalisten die Dummschwätzer der Nationalitäten die Mitmacher des Geldes die Mitläufer der Ignoranten. Das ist Demokratie Ignoranzverherrlichung. Unwisssenheitsbeschönigung.Begriffsglaube und Falschheit für das Volk. Wobei der Begriff Volk schon eine Beleidigung ist. Da Volk immer mit Unterwürfigkeit und Versklavung für die Besitzenden verbunden wird. Wer also den Begriff Volk heute noch nutzt ist ausnahmslos ein Vasall der Lüge und der Demokratiemonarchie.

Abzocker Initiative wird zum Exportartikel aus der 2% Schweiz, wo 2% 98% des gesamten Schweizer Vermögens besitzen. Die Schweiz das Land der Ablagerungen der Gier der Gesamtheit der menschlichen Bösartigkeit. Damit winkt die Schweiz international. Aber die Schweizer sind ganz anders. Die müssen bald die Schweiz verlassen weil das korrupte Kapital der Menschheit in der Schweiz für die Urschweizer das Leben bald unerschwinglich machen wird. Und der Ikea Chef der zahlt dort nur 400 000 Franken Steuern. Das ist nämlich die Schweiz der 2%. Die wollen die Urschweizer nämlich gar nicht mehr haben. Denen genügt es wie auf Sylt in Kampen wenn die Schweizer oder Sylter verschwinden und sie endlich unter sich sein können. Das ist Demokratie vom feinsten denn das ist das Ziel der Demokratie der Erschaffer der Demokratie alles besitzen und unter sich bleiben.

Bankmanager nach der USFinanzkrise Die Unantastbaren

Vergangene Woche weilten die Unantastbaren in den Schweizer Bergen. Auf dem Weltwirtschaftsforum in Davos waren die Herren der Wall Street gern gesehen. Manager von Goldman Sachs, Bank of America, JP Morgan, Citigroup und Morgan Stanley philosophierten über die Konjunktur im fünften Jahr nach dem großen Crash. Das ist Demokratie vom feinsten.

Die Bilanz der Finanzkrise von 2008 ist längst gezogen. Sie hat Hunderte Milliarden Dollar gekostet und ungezählte Existenzen zerstört. Nur eine Frage bleibt: Wo sind die Handschellen? Kein amerikanischer Spitzenbanker ist wegen betrügerischer Geschäftspraktiken vor der großen Krise in einem Strafverfahren verurteilt worden. Auch Zivilverfahren wurden in den meisten Fällen beigelegt, bevor es zum Richterspruch kommen und die Schuldfrage geklärt werden konnte. Das Establishment hat sich der Justiz entzogen. Das ist Demokratie vom feinsten. Es zeigt die immense Dummheit der Bevölkerungen die sich aber auch total ausbeuten lassen. Dabei wäre es ganz leicht alles von heute auf morgen zu übernehmen und wie es schon einige Firmen gezeigt in Michael Moores Film Kapitalismus praktizierten, zu etablieren. Einfache Übernahme und Weiterführung der Geschäfte ohne die besitzenden. Bingo

Denn auch das ist Demokratie Übernahme des Plutokrakenimperiums ohne Blutvergießen.

Strategie der Geldhäuser vor Gericht Bank zahlt, Banker nicht. Das ist Demokratie. Zinsmanipulation, faule Hypothekenpapiere oder Geldwäsche: Internationalen Banken drohen Klagen in Milliardenhöhe. Doch die Juristen der Kredithäuser lassen den Streit nicht mehr bis vor die letzte Gerichtsinstanz kommen - sondern zahlen vorher lieber freiwillig. Die Konsequenzen tragen die Aktionäre. Das ist 100% Demokratie.

Aber Demokratie ist ja kein Lebewesen sondern ein Hirngespinst. Und deswegen kann 1000 Jahre die Bevölkerung dummgeschwätzt werden von Politikern und Banken ohne das überhaupt lebensfördernde Resultate zustande kommen, außer das wieder das gleiche passiert. Weil eine Demokratie kein Mensch ist. Aber Menschen können verantwortlich gemacht werden und letztendlich ist alles das faschistoide und korrupte der Gier der schwarzen Löcher in den Köpfen dieser noch abgrundtief im Raubtier verwurzelten unterentwickelten Banker Politiker und Professoren und Doktoren und Beamten. Das ist bis jetzt noch ausschließlich ein ganz, ganz dunkles Raubtier Gier Staatswesen.

Bist du schon besser als ein Raubtier geworden oder frisst du noch Fleisch wie ein Raubtier und lebst vom töten und zerstören anderer.

Ebenfalls spektakulär war der Fall USA versus Goldman Sachs im Jahr 2010. Die Börsenaufsicht SEC hatte der Investmentbank vorgeworfen, Kunden bei komplexen Geschäften mit Immobilienkrediten hintergangen zu haben, darunter die deutsche IKB. 550 Millionen Dollar musste Goldman zahlen. Da hatte sie Ruhe. Auch die Deutsche Bank ist in den vergangenen Jahren immer wieder ins Visier der US-Finanzaufseher geraten. So wurden ihr vorgeworfen, sich mit falschen Angaben über die Qualität von Hypotheken Zugang zu staatlichen Garantien erschlichen zu haben. Im Mai 2012 willigte die Deutsche Bank einer Zahlung von mehr als 200 Millionen Dollar ein. Besser eine schnelle, stattliche Überweisung, als ein dauerhafter Ärger. Das ist Demokratie. So wollten es nämlich die Erschaffer der Demokratie auf ewig unantastbar und die Bevölkerungen im Glaubensnebel an etwas wie Demokratie neblig zu halten. Das ist versteckt in den Erschaffern der Demokratie vorhanden gewesen. Dafür wurde Demokratie erschaffen.

Doch ein Vergleich ist nicht immer das beste Mittel. Längst regt sich massive Kritik an dieser Maßnahme. Rechtsexperten weisen darauf hin, dass die freiwilligen Zahlungen der Firmen vor allem ihre eigenen Aktionäre träfen, während die verantwortlichen Manager ungeschoren bleiben. Insofern hätten die Strafen keine abschreckende Wirkung, Verbrechen würden bagatellisiert. Als der republikanische Senator Tom Coburn vom Vergleich mit HSBC erfuhr, polterte er: Die Finanzaufsicht erinnere „eher an einen Schoßhund als an den Wachhund, den wir dringend brauchen".

Demokratie ist auch das überfließen von Gedanken Phantasien und Spekulationen und den damit verbundene Untersuchungsausschüssen und Gremien und Räten und Forschungen. Das sind alles Taktiken und Strategien um zu verschleiern aufzuschieben oder ganz einfach um in die Vergessenheit zu taktieren.

Erklärungen deiner Motive werden verlangt und so wird Klarheit zum Nebel. Du musst genau wissen was du willst und was du nicht willst. Alles andere ist schon Demokratie also Unklarheit und Ignoranz und das wird heute überall praktiziert und als Wissen vermarktet für die Blöden die zur

Demokratie erzogen wurden damit sie besser Schneewittchen das Flittchen für den bösen Wolf sein können. Das ist Demokratie.

Gegen die Vollkasko-Mentalität gegen Demokratie also. Aber zurzeit ist Garnichts besseres als diese irren Menschen in Sichtweite. Also über den Weg der Demokratie zur LieboLiebo kommen also zur Liebe. Und da ist keine Demokratie notwendig. Eine Demokratie wird immer zur Totalausbeutung und somit zur Totalzerstörung führen weil das im Sinn der Demokratieerbauer lag. Das waren kein Jesus oder Buddha kein Laotse. das waren knallharte Banditen und Mörder so wie heute Goldman Sachs oder andere Banker Deutsche Bank oder Bank of England oder die Öl und Energiekartelle.

Demokratie ist also Verarmung der Massen und Ausbeutung der Massen und soll auf ewig halten.

Es gibt sowas wie richtig oder falsch nicht. Richtig und falsch ist ausschließlich ein Konzept der Besitzenden die ihren Besitz durch Moral-verschleierungsbegriffe versuchen zu behalten. Es gibt nur das was funktioniert und was nicht funktioniert. Und Demokratie funktioniert nicht weil sie die Lüge die Ausbeutung ist. Also übernehmt weltweit die Wirtschaft und lebt ohne Manager und Bosse und macht mit dem weiter was es gibt aber ohne Geld. Dann wird alles überflüssige Falsche abgebaut werden und alles Wahrhaftige zum blühen kommen.

Baut eine Menschheit ohne Demokratie und Geld auf

Das ist dann Liebe.

26.3.2013

Schorat

Empört euch das intensiv genug

Große Einkommensunterschiede und starke Ungleichgewichte bei Staatshaushalten sind die größten Risikofaktoren für die globale Wirtschaft. Gekoppelt mit den Folgen des Klimawandels, entsteht eine Konstellation mit potenziell gravierenden Folgen.

Hypothekengeschäfte neue Anklagen gegen JP Morgan

Interview mit Jean Ziegler Ich bin ein weißer Neger

Ökonomen warnen vor Niedergang der USA

Tabubruch

Prof. Dr. Rupert Sheldrake

Die spirituelle Befreiung der materialistischen Wissenschaft

Der britische Biologe engagiert sich für ein neues Weltbild, das Naturwissenschaft und Spiritualität verbindet. Er fordert uns auf, das Tabu zu brechen, das über spirituellen Themen liegt, und wünscht sich eine offene Gesprächskultur, die das materialistische Weltbild und Glaubensbekenntnis hinterfragen.

Es gibt sehr viel zu tun um Evolution zu machen. Aber meistens geht es ja bloß um wirtschaftliche Entwicklung im Sinne der Goldman Sachs Demokratie und deren Politik. Egal welcher Nation.

Mein Reich ist nicht von dieser Welt. Auch Buddhas nicht. Selbst das Paradies der Muslime ist nicht von dieser Welt. Und Buddha hatte mal gesagt zu dem Zustand der Menschen auf der Erde: das ist das Sosein. Also so ist das auf der Erde. Und hier erscheint dann die Wahlmöglichkeit. Willst du ein echter Erdenmensch sein. Dann musst du diese Leiden erleben, den Betrug, die Verblödung und Ausbeutung und Kriminalisierung deines Verhaltes in Bezug zu der Habgier der Besitzer und deren Rechtsprechung die ausschließlich um den Erhalt und Verteidigung ihres Besitzes gesprochen wird.

Das ist materialistische Verhaltensprägung oder Glaube in dem und mit dem du dann leben musst und erleben musst. Das wird dann totale Unfreiheit sein. Aber mein Reich ist nicht von dieser Welt bedeutet was ganz anderes: Nämlich sowohl die innere Freiheit des Menschen indem das Reich Jesus oder Gottes oder Buddha oder sogar Mohameds liegt. Und das damit verbundene Reich nach dem Ableben des Körpers. Das wäre also eine Methode diesen Weg der Freiheit zu gehen und das Sosein der Erde der Erdmenschheit ihren Weg gehen zu lassen und sie sich ihrem Schicksal des schwarzen Lochs Habgier und Gier ganz zu überlassen. Oder aber, sowohl Mensch als auch Gott zu sein. Mit beiden Eigenschaften den Eigenschaften des Reichs das nicht von dieser Welt ist und den dazugehörigen Fähigkeiten als auch den dann daraus resultierenden unkonditionierten Einsichten und Freiheiten die weg von den schwarzen Löchern der Gier und Habgier des Raubtieres führen. Denn da wird ja Leben geraubt und zerstört in einer GeldGierGesellschaftderGoldman-Sachs-Rothschild-Rockefeller-Deutschen Bank-Prägung. Das ist die absolute Zerstörung auf der Erde weil der Weg der Gier Lichtlos ist. Es ist die Urdunkelheit. Die auch göttliche Schöpfung ist und notwendig oder das Unangenehme Gute ist in einer Schöpfung der Dualen Kräfte und Erscheinungen der Illusionen der Wahrheit.

Also das war ein Einblick für den heutigen Tag Adios und Adeee.

Donnerstag, 26. September 2013

Empört euch Intensiver, denn es kann sehr gut gesehen werden wie die Besitzenden hinter den Kulissen der Politischen Parteien und deren labilen Politiker Global, ihre Habgier Schachzüge veranstalten. Die Zweiteilung also die Atomspaltung also die Zerstörung schreitet mit ungeheurer Wucht vorwärts. Geld und Landreichtum wird größer und Größer wird auch die Habenichts Geldlosigkeit Global. Es könnte zu der Biblischen Prophezeiung des Johannes Evangeliums kommen wo sich die Wölfe und Schafe gegenüberstehen werden. Also die Teilung die Spaltung die Atomexplosion die Zerstörung der Kampf Mensch gegen Mensch. Denn das Leben nicht nur in Deutschland überall auf der Erde wird zunehmend unbezahlbar. Dabei ist das Leben völlig kostenlos und frei. Die Löhne und Renten sinken und die Menschen haben vergessen das ihre Rentengelder zweckentfremdet wurden durch labile senilen korrupte Politiker und Parteien und für die Ziele der Lobbypolitik und deren Klientel die Besitzenden verwendet wurden. Denn vergesst nicht:

Der größte Geldpot ist das Bruttosozialprodukt eines Landes die Steuereinnahmen und darauf haben es die Besitzenden am meisten abgesehen. Ganze Lobbyhorden marschieren in den Hauptstädten der sogenannten demokratischen Staaten auf die Politiker die labilen Habenichtse ein und die sind gedanklich und denkerisch korrupt und ohne viel Rückgrat. Die Preise steigen. Ich habe alleine durch die Euroumstellung 25-30% sofort im nächsten Monat an Kaufkraft verloren und mit den Jahren ist die Kaufkraft noch weniger geworden. Und die Erbauer hinter der Politik die Besitzenden die Wirtschaft und Bankenbesitzer die haben gigantische Gewinne auf meine Ausbeutung gemacht.

Das Goldman-Sachs Demokratieraubtier der Super Reichen ist die gesamte Menschheit am versklaven und genau das ist der Sinn der Demokratie. Die Menschen müssen über Demokratie und Geld hinauswachsen und erkennen das sind Systeme die Reiche Besitzendende ausschließlich für sich selber entworfen haben.

Auch die Niedriglohnseite in der BRD der Firma BRD mit seinen Personal-Ausweisen, das ist ein langgeplantes Konzept wie man erarbeitetes in Nationen durch jahrelanges erkämpfen wieder platt macht und Menschen in Sklavenpositionen hält. Das ist das Ziel der Reichen der Besitzer der Superreichen. Das sind pure Raubtiere geblieben. Das hat überhaupt Garnichts mit Freiheit oder Souveränität oder Würde oder Menschenrechten zu tun. Das ist pure Menschen Verachtung der Banker und Superreichen in der Ideologie und Kreativität der Goldman Sachs Strategien und den dazugehörigen Rockefeller und Rotschild und Deutsche Bank Kartellen global.

Das die Einführung eines gesetzlichen Mindestlohns verlangt werden muss ist ja Ausdruck der Misere der politischen Parteien der Politiker und der sogenannten Demokratien. Denn eine Demokratie ist ausschließlich ein Hirnprodukt und Fiktion um euch abzuficken in jeder Position und zu jeder Uhrzeit. Jesus hat aber auch nicht das Geringste mit Demokratieschrott zu tun. Und auch das Grundeinkommen das ist ja das Zeichen das Sklavensysteme aufgebaut wurden. Aber jeder Mensch auf der Erde ist kein Sklave eines anderen oder anderer. Jeder Mensch auf der Erde hat mehr als das stupide Recht der stupiden korrupten Rechtsanwälte und deren Berufsgruppenlobbyismus in der Politik und Wirtschaft..

Selbst die Vermischung von Einwanderern oder Asylanten und deren dadurch entstandenen chaotischen Zustände ist ja gut in dem Goldman Sachs Papieren erlesbar die diese Verbrecherbankmitarbeiter mathematisch genau beschrieben haben die dann zu Destabilisierungen in den Nationen führt was eine Problembeschäftigung und Ablenkung der Völker der Menschheit erfordert und insgesamt eine Schwächung etabliert die dann von der Goldman Sachs Rothschild Rockefeller Deutschen Bank Demokratie ausgenutzt und missbraucht wird. Denn die Überfremdung schafft in jedem Land starke Probleme sowohl finanziell als auch human und umso mehr Ablenkungen geschaffen werden umso intensiver werden Länder von der Geldmafia ausgebeutet und die Verlogenheit und der Betrug blühen noch intensiver ganz abgesehen von der natürlichen Verlogenheit und Verkommenheit im menschlichen Gemüt als Eigenschaft seines raubtiermäßigen physischen Seinszustandes aus dem er sich ja raus-evolutionieren muss .

Die EU oder die USA oder England das sind Systeme die ganz und total der Ausbeutung der Menschheit gewidmet sind mit dem Augenwischereislogan der Freiheit und Gleichheit und Demokratie. Es sind ausschließlich die Besitzenden ,was aber auch viele senile labile Politiker aus allen Berufsgruppen aber sehr vielen Rechtsanwälten und Doktortitelträger mitmachen, weil sie innerliche Habenichtse geblieben sind und keine Evolution vom Raubmensch zum Mensch gemacht haben, sondern Postenerfolge hinterhergelaufen sind oder Berufserfolge.

Die Wasserkopfpolitik oder die Wasserkopfdoktoren oder Professorenpolitik das ist alles nicht das was Jesus gelebt hat und hat ausschließlich materialistische also zerstörerische Effekte. Die Bankenrettung mit dem Slogan systemrelevante Rettungen das ist eine Erfindung der Goldman Sachs Mathematiker die dann Politiker ohne Weit und Einsicht folgen weil sie doch tatsächlich denken und glauben es geht ohne diese Banken nicht und wenn dann das Geldsystem zerbricht dann ist der ganze Schrott am Ende dieser Lügensysteme und Ausbeutungssysteme und Politik. In den USA mit der Verbrecherbande der Buschdurchgeknallten Vollidioten von Berufsverbrechern wo Goldman Sachs schon seit Jahrzehnten den Finanzminister stellt ‚denn das ist die US Regierung ein Goldman Geld Produkt der Senilität und das hat sich mehr globalisiert und Draghi und andere Raubtiere Roboter des Geldes vereinnahmen die Politiker die schwachen Gestalten der Armseligkeit. Zockerbanden von Zockerbanken wurden mit den Geldern der Habenichtse doppelt bereichert einmal die zuerstigen Gewinne dann die Rettung nach der Zerstörung. Das ist Demokratie das ist der Mensch primitiv seelenlos ein armseliges von der Habgierangst getriebenes zweibeiniges Arschloch aus der ununterbrochen übelstinkende Scheiße ströhhhhmt und die Erde verpestet.

Aber die Geldsenilen werden nicht davonkommen. Es wird alles zerbrechen. Bloß die weise und liebend vorrausschauenden, werden ihr Leben harmonisch gestalten können. Denn die Besitzenden werden die letzten sein so wie die letzten die ersten sein werden. Aber besser noch wäre wenn es weder letzte noch erste geben würde. Das ist der Lauf der Dinge in der sterblichen Welt dieser Art der göttlichen Schöpfung.

Die Mindestrente muss wenigstens 3000 Euro haben. Der Mindestlohn wenigsten 25 Euro und das Grundeinkommen muss wenigstens 4000-5000 Euro haben. Nehmt euch viel nicht wenig denn Geld ist bloß eine ficktive fickt euch tief Fiktion. Deshalb Geld macht nix und hat noch nie etwas gemacht. Deswegen verlang sehr viel sehr viel und noch mehr. Dadurch wird das Geld nämlich transzendiert und als wertlos erkannt. Weil Geld ja überhaupt keinen Wert hat. Und nochmal, und Empört euch darüber sehr intensiv. Da Geld noch nie etwas gestaltet gemacht hat und machen kann.

Somit ist der Übergang von einer Geldkriminalgesellschaft zu einer Geldlosen Liebesgesellschaft auch ganz einfach. Nämlich: Es wird alles so weiter gemacht bloß ohne Geld. Und damit wird sich all das ausbeuterische das kriminalisierende das zu wenig habendes entfernt werden in einem ganz natürlichen Ausleseprozess. Dann braucht ihr euch nicht mehr mit der inneren Primitivität der Besitzenden und Habgier gebundenen Primitivmenschen zu beschäftigen, sonder könnt eure spirituelle innere Entwicklung mehr leben und entfalten. Ihr bräuchtet euch nicht mit der Ausbeuterei ,der Energiekonzerne ,zu beschäftigen oder mit der Primitivität der Immobilienbesitzer oder der Verlogenheit und Primitivität der Bankbesitzer und Landbesitzer. Ihr bräuchtet nicht mehr für arbeiten bereitstehen, die ihr gar nicht machen wollt. Ihr würdet keine der Vergiftungschemikalien mehr produzieren wollen bloß weil ihr eine Arbeitsstelle sucht und egal was sie produziert mitmacht.

Zockerbandenbanken würden euer Leben nicht mehr veröden und verblöden und Finanzämter hätten keinen Anspruch mehr und alle diese überdurchgeknallten Formulare der Beamtenroboter würden von euch wegfallen. Es würden keine Nationen mehr pleitegehen und ausgebeutet werden durch die SS der Goldman Sachs Faschisten denn das Raubtier im Mensch das ist die SS das ist der Faschismus. Es ist das Raubtier der Raubmensch der sich nicht weiterentwickeln will und an Geld Macht und dem schwarzen Loch der Gier hängt und das auslebt. Es würde keine Pleitestaaten geben die von Horden von Hitmänner der IWF und anderer vorgeschobener Sekten ausgebeutet und erpresst werden. Denn Geld würde es nicht mehr geben. Und Geld wäre dann nicht das Hauptziel der Macht die der Verbrecherklan der Rothschildbankerfamilien als Hauptziel hatte mit dem Slogan: Gebt mir das gesamte Geld und mir ist es egal wer an der Regierung ist. Das ist heute Wahrheit geworden denn das ist Demokratie global. Egal in welch einer Regierungsform auf der Erde. Ohne Geld würde aber auch eine Totalbeschäftigung auf der Erde sein. Und es würde nur halb so viel zu arbeiten sein wie jetzt. Es würde eine Totalgegenseitigkeit entstehen und eine Totalhilfe global. Das ist das Ziel von EMPÖRT EUCH INTENSIVER. Auch wenn ihr das jetzt noch nicht erkennen könnt und die Besitzenden nicht erkennen wollen weil sie ihre Bösartigkeit nämlich dann entfernen müssten und die schwarzen Löcher der Habgier sich selbst überlassen müssen wo sonst die Menschheit drin absaufen würde und schon absäuft und abdriftet trotz gut ausgebildetem Beruf trotz 4 Wochen Urlaub trotz einkaufen wie es nur so anrattert und die Kassen klingeln. Es ist eine ununterbrochene Abschleifung von Wert Integrität und Wahrheit zu sehen, dafür ist immer mehr Lügen Täuschen Ausbeuten und Tricksen also die Welt der Geschäftemacher in den Vordergrund gekommen und diese

Raubmenschen diese Geschäftemacher die werden alles ruinieren wenn nicht erkannt wird das es ganz einfach verändert werden kann. Ohne Geld. Denn dann muss Liebe, Wahrheit, Achtung, Weisheit, Erhabenheit, Großzügigkeit, gelebt werden. Und ihr wollt doch alle geliebt werden. Ihr wollt doch alle dass es euch gut ergeht. Ihr wollt doch alle euer Leben in Prunk Weisheit Erhabenheit und Schöpfung leben. Ihr wollt doch alle angstloser komfortabler gesünder und leichter leben. Denn kein einziger Mensch darf das Opfer eines anderen Menschen sein. Und all diese Probleme und Senilität und Lügen und Tricksereien und Verbrecherkartelle der Milliardäre Millionäre und Könige und Kaiser und Grafen und Sirs und Senatorenschrott all das würde wegfallen weil es die Angst nicht genug zu haben und zu bekommen nicht mehr gäbe. Und die damit verbundene Bewertung: Ich habe was also bin ich kein Arschloch sondern ein Arschloch.

All das würde wegfallen. Denn die göttliche Schöpfung ist mehr als dieses Fitzelchen Universum das nicht mal ein Staubkorn in der göttlichen Schöpfung ist. Das was die Physiker die Astrophysiker die Astronomen bis jetzt von dem Universum kennen das ist nicht mehr als die Größe eines Lockstoffatoms Pheromon. Denn die sterbliche physische Welt ist die Unterwelt. Die gesamte Schöpfung der Physischen Welt ist ein Spiegelbild der jeweils höheren Welten die eine mehr als enorme Ausdehnung haben. Und die ewigen göttlichen Welten das ist ewiger mehr als Übergigantismus. Und ihr lebt hier eure total verblödete Armseligkeit und lasst euch von Besitzenden in eurer inneren Entfaltung versklaven durch Besitz den sich die Mörderbanden erschlagen erlogen ergesetzt erpolitisiert und erkauft habe bis die gesamte Erde in ihrem Besitz ist. Wenn ihr heute in den Städten und den Geschäften umher torkelt und einkauft da seid ihr bloß geduldet ihr habt bloß Duldungsrecht. So versklavt seid ihr durch die Aufbauten der besitzenden Megaignoranz geworden. So sehr seid ihr im Totaltiefschlaf angekommen. Deswegen EMPÖRT EUCH INTENSIVE obwohl das nur ein Fürzchen im Wind sein wird da ihr schon von diesem armseligen Reichtum hier auf der Erde aus der Fassung und Wahrheit und Weisheit gebracht wurdet.

Mal sehen ob ich überhaupt noch weiterschreien weiterschreiben will und soll in dieser Thematik. Es gibt ja gigamäßig sehr viel was gegen die Menschenmassen geht durch die Verblödung der sogenannten Gebildeten den Doktoren oder Professoren oder Geldreichen senilen Ignoranz. Ich mach erst mal Schluss für heute. Mal sehen vielleicht mache ich morgen nochmal weiter. Aber mir reicht eure Angst eure Dumpfheit eure Verblendung eure Lügen eure Ausbeutung eure Demokratie der Versklavung global. Schönen Tag noch und sonnige Grüße.

Montag, 30. September 2013

Empört Euch Empört Euch kann ich nur zurufen. Ihr werdet verkauft verarscht verramscht verblödet von der Demokratie die bloß ein wenig auf der Parteiebene passiert. Aber die Industrie ist totalitär. Die Besitzer sind Diktatoren Bestimmgierig Korrupt Verlogen Ausbeuterisch Verkommen. Die Industriellen das sind innere Raubtiere geblieben. Und bei den Raubtieren herrscht ausschließlich das Gesetz des stärkeren. Da gibt es kein Recht oder Wahrheit. Und das kann ja an der Aushöhlung der Löhne gesehen werden oder an der Verkommenheit der Miethöhen. Mieten müssen abgeschafft werden. Ein Mensch darf kein übleres Leben haben als ein freies RaubTier oder anderes Lebewesen. Nur Menschen zahlen Miete das muss weg. Die Immobilienmafia muss „erlöst" werden.

Demokratien sind bloß ein wenig bei Wahlen vorhanden, ansonsten ist eine Demokratie eine Farce. Es herrschen die Besitzer und die haben alle Systeme in ihrem Sinne für sich selber aufgebaut. Der Mindestlohn ist ja das Zeichen der Aushöhlung der Tariflöhne. Banken müssen sofort verstaatlicht werden. Energie muss kostenlos werden. Energiekonzerne wir EON, RWE, Vattenfall müssen verstaatlicht werden. Mieten müssen in der Übergangsphase zum geldlosen Leben nicht mehr als 20% des Einkommens betragen. Und dann müssen Wohnungen kostenlos sein. Vergesst nicht der Glaube an Geld ist ein Wahnsinn eine Krankheit eine Psychologie Phobie. Besitzer sind selbst kranke senile die Wahrheiten nicht erkennen wollen und auf ewig Raubtiere bleiben wollen.

Ihr habt wohl vergessen wie die Industrialisierung aufgebaut wurde. Menschen wurden von ihren Feldern Wohnungen einfach weggeholt und in die Fabriken geschickt unter Zwang. Und dieser Zwang hat sich bis heute aufrechterhalten und zwar der Zwang für Besitzerfamilien Großkonzerne Großkotzkonzerne ausgebeutet und abgewatscht zu werden, auch durch die Verbrecherbanden der Horden an Anwälten und Horden an Akademikern. Denn es bedeutet Garnichts einen akademischen Titel zu haben wenn er verbrecherisch, raubtierisch, habgierig, genutzt wird.

Menschen wurden sozusagen entführt um in den Fabriken zu schuften versklavt zu werden. Und das passiert heute genauso global. Die Globalplayer sind ja die Übelsten weil ihre Habgier ihre Geldgier noch größere Profite und seniler Machtzuwachs so zu erreichen ist. Arbeitsplätze schaffen ist bloß ein Vorwand auch zur politischen Erpressung.

EMPÖRT EUCH INTENSIVER ist ein Aufruf Ideen zu haben die entweder viel, viel, viel, größere Mengen an Geld in eure Taschen bringen . Also wenigstens 10 000 Euro monatlich für jeden. Geld ist ja sowieso eine Ficktief Ficktion selbst der Werte für eine Inflation ist ein Glaube eine Ficktion. Geld hat noch nie einen Wert gehabt, das wird bloß geglaubt erfantasiert. Seht euch die Zentralbanken an, wie sie tonnenweises Papier bedrucken, dass den Banken zu Nullkomma nichts gegeben wird. Seht den Wahnsinn die Phobie die senilen Entscheidungen. Seht die verrückten psychopathischen bipolaren Banker und Politiker und Besitzer die euch unvorstellbare Massen verblöden im Glaube halten wollen, so wie die Vatikanmafia euch am und im Glaube halten will, damit ihr schön im Tiefschlaf bleibt und abgefickt werden könnt und zwar zu jeder Zeit jeder Uhrzeit zur Verfügung steht.

Eine Inflation fangen die Zentralbanker und Bankbesitzer erst dann an, wenn sie sehen das zu viele Menschen durch leichte Kredite zu viel Wohlstand für sich selber erwirtschaften und es immer mehr wird und das wollen sie nicht da Menschen dann zu frei werden im Sinne des Materialismus gekotze natürlich bloß frei, jedenfalls dann in ihrem Denken und Psychopathenglauben, wenn sie sehen, wie in den USA dem Himmel der Hölle der Globalverblödung, und mit jeden der seinen Kreuzgurt um die Hüften tragen kann, so Blöde sind die da noch, wenn sie also sehen die Kredite nehmen kein Ende dann nennen sie das Inflation, da ihr Glaube so aufgebaut ist, die Ignoranz dieser lichtlosen Kreaturen, und da sie das Geld kontrollieren verkaufen sie zuvor Ihre Anteile an diesen Geschäften, die sie zuvor unterstützt haben und rufen dann eine Geldknappheit aus, die dann das Geldsystem zusammenbrechen lässt.

Es ist alles eine Glaubensangelegenheit da Geld total gar nicht kann und jemals gemacht hat. Es wird alles immer und auf ewig ausschließlich vom Mensch gemacht und zwar ohne Geld. Erkennt diese Zusammenhänge. Geld wird ausschließlich genutzt um zu versklaven auszubeuten zu verdummen und zu verblöden. Banker und Geldphilosophen sind die Vasallen des Satans der Lüge wie Jesus schon damals jodelte als er Barfuß übers Wasser tänzelte und nicht halelujäääääa sang.

Empört euch über Wissenschaft-also Menschen-die Fachgebiete, repräsentieren. Denn sie sind immer machtbezogen und somit der Lüge und des Betrugs also Betrugsanalphabeten. Egal ob eine Elite in Linguistik, oder Biologie, Mathematik, Physik und so weiter. Alles was sich als Elite darstellt oder dargestellt wird, ist Betrug und auf kriminelle Aktivitäten aus, da kein offener Austausch mehr erlaubt und gewollt wird, und bloß ihr sogenannter elitärer Glaube ihrer Grauzellengefängnisse re-gier-en will. Und das wird von den Besitzern auch ausgenutzt, die Wissenschaftinstitute und deren Raubtiere die Wissenschaftler. Da sie ja auch geldabhängig sind. Gebt mir alles Geld der Erde und mir ist es mehr als scheiß und kotzegal wer ein Land regiert oder was ein Land regiert. Der Rothschild Mafiaspruch wird weiterhin heute politisch gelebt durch die Geldlobby und die Banklobby. EMPÖRT EUCH SEHR INTENSIV:

Empört Euch auch über den Klimawandel, der unter anderem auch ein langgeplantes Ziel der Geldmafia in den USA-England also den Rockefeller-Rothschild System in ihren Denkfabriken mitgestaltet wurde. Um die Bevölkerungen so in Angst zu halten und sie damit wirtschaftlich zu erpressen und auszubeuten durch die Durchsetzung ihrer industriellen Ziele die schon zuvor in deren Richtung entwickelt wird. also noch mehr Geldmacht. Das las ich in den Büchern von Edward Griffin, schon vor Jahrzehnten als die Klimapolitik noch gar nicht zum Vorschein gekommen war. Und zwar in seinen Büchern „Eine Welt ohne Krebs" und „Die Kreatur von Jekyll Island",. damals gab es die Bücher noch nicht in der deutschen Sprache. Das Buch kam 1994 in den USA raus. Und er muss ja viele Jahre zuvor recherchiert haben.

Die Strategie war so lange als nur möglich bewusst Klima zerstörende Industrien zu fördern und auch bewusst Klimakatastrophen ,in Kauf zu nehmen. Solche Strategien werden in ihren Denkfabriken erdacht in Bezug "Wie kann ich, wir, das Kartell des Geldes, die Menschen, Menschheit kontrollieren und ausbeuten, da der Kriegsschreck die Kriegsangst durch Globalisierung in der Menschheit verloren geht und Staaten mehr kooperieren anstatt Kriege zu führen". Außer einige durchgeknallte wie die USA Geldkartelle die das US System ja in ihrem Sinne um Länder zu überfallen wegen ihrer Geldgier und Energiegier. Aber das wird bald nicht mehr gehen, die USA Kartelle sind entlarvt. Die Geldkartelle der Banker und Industriellen das darf nicht vergessen werden, sind ja bis jetzt noch nie besiegt worden erkannt worden diffamiert worden international. Deswegen machen die weiter so wie in den Jahrhunderten zuvor.

London und New York das ist ein Kartell des Geldes der Familien denen auch die Banken gehören und die sich selber ihr Geld einfach drucken da sie auch die Zentralbanken besitzen. Auch die Europäische Zentralbank ist eine Goldman Sachs Niederlassung und Europa soll ja, ist schon, ein Mekka für Wallstreet und London City sein .Im Sinne der Goldman Sachs Raubtierdenkereien.

 Die politische Demokratie die ja von den Besitzenden erfunden wurde und nicht von Jesus und seinem Gedankengut, die politische Demokratie ist ja bloß ein Vorwandgebilde zur Beruhigung großer Bevölkerungsschichten, Mengen, damit sie, die Geldkartelle die Besitzer, was ja alles durch Morden und Ausbeutung und Versklavung erschaffen wurde, solange als nur möglich unbewusst bleiben , die Bevölkerungen, und nicht erkennen welche Machenschaften hinter der politischen Demokratie sind. Denn da gibt es gar keine Demokratie da herrscht ausschließlich Diktatur. Das Geld das falsche. Die Bevölkerungen sollen ja nicht merken dass sie total ohne Geld ein Gigabesseres Leben, leben können. Sie sollen ja das Arbeitspersonal mit Personal-Ausweis. für eine Geldfirma, Geldkartellfirma, für die Demagogische-Diktatur des Geldes der Landbesitzer und Geldbesitzer, bleiben. Das sind die Menschen heute. Sklaven der Geldbesitzer. Sie müssen sogar unbeschreibliche Mengen an Gelder aufwenden um eine Wohnung zu haben. Vor zwei Tagen hatte ich ein Gespräch mit meiner Schwester Marlies in Düsseldorf. Sie sind beide, sie ihr Mann im nächsten Jahr rentenreif. Ihr Mann bekommt 2000 Euro Rente im Monat. Aber der Wohnungsbesitzer hat genau zur richtigen Zeit die Miete nochmal um 20% erhöht so dass jetzt genau 50% ihrer Rente für die Miete geht. Ihr Menschen müsst schleunigst erkennen das Geld ein Betrugssystem der Besitzer ist um Versklavung Verdummung Verblödung und Erniedrigung zu schaffen. EMPÖRT EUCH VIEL, VIEL, INTENSIVER.

 Wenn nun aber die „DEMOKRATIE" also die Masse der Besitzlosen die Besitzer abwählt weg wählt wegrichte wegdenkt und alles besitzlos macht, auf der Erde, dann entsteht nämlich „LOVOKRATIE". Aber dazu müssen die Besitzlosen erst mal fähig sein. Bis jetzt sind sie noch tief eingehüllt in ihr Glaubensgefängnis von den Besitzenden erschaffen. Gott hat ja nicht gesagt „ Glaubt schön und mehr braucht ihr nicht zu tun" Und das Glaubensgefängnis der Besitzenden ist mit Mord Ausbeutung Drohungen Gesetzen und anderen Methoden erschaffen worden. Um sich davon zu befreien muss man Kraft anwenden denn ein Kollektivenergiering dämpft eure mentalen Fähigkeiten und hält euch so dumpf innerlich, also im

Glauben. EMPÖRT EUCH INTENSIVER

Die Geldmafia hat ja alles unter Kontrolle. Alle großen Organisationen gehören der Geldmafia weil der Glaube also der Tiefschlaf der Menschen nämlich" Das ohne Geld Garnichts Ginge, Auch die Sonne würde nicht scheinen und die Erde sich nicht drehen". Aber es ist genau entgegengesetzt der Lüge der Besitzenden. Ohne Geld geht alles nämlich viel, viel, viel, leichter und einfacher .Jedenfalls, wenn ihr euch von der Sportmafia usw. Verbänden Korruption befreien wollt, rate ich euch aus dem Betrugsclub auszutreten. Alle Sportler zbs. Olympisches Komitee oder FIFA usw. und eure eigene Vermarktung zu machen. Zu bedenken gebe ich euch das ihr nie diesen Banditenclubs eure Worte gegeben habt. Diese Macht und Ausbeutorganisationen sind in gleichen Herzschlag wie Goldman Sachs gekotze oder diese US-Organisation die dann das „Welt-Kulturerbe" erfunden hat. Das sich nun so darstellt als ob diese Halbaffen die ja in den USA erschaffen wurden auf dem Planeten der Affen, das sie sich so darstellt als ob diese US Boys die Weltkulturerben selbst gemacht hätten. Aber so bauen sich Gruppen will ich damit sagen mit Begriffen wie Welt. Universum, Universal, usw. eine Mega Abzock Gruppe auf. Habt kein Vertrauen in Organisationen die sich Welt-Universum-Universal-an die Stirne hämmern. Oleeeeeeeeee. Das wars erst mal wieder für heute. Alles Gute.

Dienstag, 1. Oktober 2013

Vor einigen Tagen sah ich einen Film auf Arte oder 3sat vom Rosa von Praunheim über deutsche Künstler in New York. Unter anderem erzählte dann eine deutsche Künstlerin wie sie dort in Manhattan auf den Bauernmarkt geht um frische Nahrung zu kaufen. Das Thema war Manhattan und seine enormen Kosten an Mieten und Lebenskosten überhaupt. Sie erzählte dass sie dort für ein Pfund frischen Spinat 50 Dollar bezahlen muss. 50 Dollar für ein Pfund Spinat. Das ist also wenn Geld gemacht wird und aber zuvor von anderen weggenommen wird. Hier kann man gut sehen wie durchgeknallt die sogenannten Reichen sind. Aber auch wie verrückt Reichtum macht und was für eine Krankheitslogik Reichtum beinhaltet in einer Kapitalisten Revolvergesellschaft wie die USA oder anderer Vollblutkapitalistenstaaten.

New York verbraucht an einem Tag mehr Energie als ganz Afrika an einem Tag. Das ist Gier. Eine Totalzerstörung und Gier ist aber auch total unspirituell da Gier ausschließlich 100% angstbesessen ist und in die Dunkelheit des schwarzen Lochs führt sowohl im Inneren als auch im sogenannten

Äußeren. Also die schwarzen Löcher im Universum. Aus New York kommt aber auch das psychopatische Bild der Überbevölkerung. Das wurde vom RockefellerInstitut erfunden. Was ja auch kein Wunder ist, denn deren Kartellgier und dann noch aus New York mit dessen horizontlosem Horizont sowohl innerlich als auch äußerlich, kann bloß Überbevölkerungswahnideen produzieren. Einerseits als direktes Erfahrungsresultat wenn man in New York leben muss, andererseits als die New York Habgiermetropole der Süper Superreichen der Wallstreet Goldman Sachskartelle von FED Bankern oder Rockefeller Rothschild UniversalhabgierInstitutionen dieser Familienkartelle. Denn die Erde ist aber auch total gar nicht überbevölkert. Das ist bloß ein Szenario der Megametropolen Schizophrenien und Wahnideen ihrer Megacity Horizontlosigkeiten.

Überbevölkerungsszenarien sind aber das Gierweltbild des New Yorkerbabelturms seniler Rockefeller Goldman Sachs Rothschildkartell Gier-Macht-Wahnsinns. Und diese Gier dieses innere schwarze Loch, hatte Jesus nicht gesagt, wenn dein Auge einfältig ist, ist dein Leib voller Licht, dieses schwarze Loch der Gierkartelle und deren Besitzer ist aber totaler Psychowahnsinn von Milliardären und Megamilliardären, die sich aber das Geld von jemandem geholt haben müssen. Denn 50 Dollar für ein Pfund Spinat kann sich ja bloß ein Geldwahnsinniger erlauben also ein Psychopath oder bipolarer Bankkartelldämon.

Nicht umsonst sind ja nach dem Ablauf der Garantien die Produkte bald hinüber. Das war auch für mich damals in Kanada lebend und in Montreal für eine Firma die Produkte für die Bahngesellschaften konstruierte, der Grund mich aus dem Industrieleben zurückzuziehen, denn ich arbeitete damals mit Richard Tober und anderen an dem Switch Heater Projekt das waren gasangetriebene Düsenkonstrukte die bei gewissen Temperaturen und Schneedichten selbst zündeten und dann heiße Luft in die Weichenbereiche der Bahn steuerten damit die Weichen nicht einfroren. Und da musste ich miterleben als junger Mensch wie beraten wurde, weil das Konkurrent Produkt eine Garantie gab die meine Firma einfach um sechs Monate länger anbot. Und ich erkannte das ist alles ein Nichtqualitätsbereich und damit war für mich die Industrie gestorben und ich verließ dann auch diesen Wahnsinn des Geldgeilindustrielebens.

Aber dieses Bild das entstanden ist, in der Öffentlichkeit, weil Firmen sehr viele Käufer haben, und sich dann das Etikett geben „sozialverantwortlich" zu sein, das ist ein total Lügenbild ein Konstrukt das ausschließlich auf viele Käufer aufbaut, aber in Wahrheit überhaupt Garnichts soziales oder humanes in sich trägt. Jede Firma jeder Besitzer ist ausschließlich für sein Wohlbefinden im Geschäft um Geld zu machen. Die Illusionen die dann darauf aufgebaut werden von wegen sozialer Verantwortung sind und bleiben Illusionen und heutzutage im Globalmachtkampf der Megagierkartelle internationaler Bankkonsortien und Industrien, also Familien ist das entlassen ja mittlerweile zum Tagegeschäft geworden und ich sage nochmals „EMPÖRT EUCH INTENSIVER" denn ihr seid ausschließlich Mittel zum Zweck um Machtgier und Habgier zu befriedigen . Ihr werdet sofort entlassen wenn die Firma etwas kostengünstiger dort oder hier und da produzieren kann. Sozial wäre ausschließlich das ihr dann Unterstützung von Staat also euer eigenes Geld zurückbekommt. Nochmal GELD HAT NOCH NIE ETWAS GEMACHT keine Arbeit gemacht etwas erschaffen. Aber selbst die Politik des sogenannten Staates das kein Lebewesen ist sondern ausschließlich Menschen sind Lebewesen aber ein Staat nicht das ist das gleiche wie Geld das auch kein Lebewesen ist, also selbst der Staat und seine Politik, enteignet euch durch das Schröder oder Bush oder damals dieser englische Agenda 10 Miterfinder Politiker dessen Name mir schon entfallen ist, Tony Blair. diese Politiker sind also Vasallen der Lüge und Mitmacher der Geldkartelle, weil der Mensch heute einfach noch so ignorant und übel und verkommen ist. Aber an den Früchten wert ihr sie erkennen. Und die Früchte sind Zerstörung und Ausbeutung und Aushöhlung und Kontrolle und Betrug für die Bankerfamilien für die Geldmacht.

Dass die FDP abgewählt wurde ist aber ein gutes Zeichen das doch mehr Menschen durchschauen was hier läuft denn: „Die Ideen und Heilsversprechen der liberalen Klassiker sind fester Bestandteil der europäischen Geistesgeschichte und enthalten eine Reihe von schlüssigen und unabweisbaren Thesen und Entwürfen, denn sie berufen sich auf die Freiheit des Individuums. (Aber das ist bloß die Freiheit des Raubtiers Individuum, Denn ein Individuum in Wirklichkeit würde keinen Neoliberalismus gegründet haben. Das kann bloß ein Mensch der noch raubtierinnerlich geblieben ist. Der Begriff Individuum trägt das spirituelle ewige unzerreißbare in sich. Aber die neoliberalen Irren die sind mit dem Wort Individuum hausieren gegangen meinten aber Mensch und der ist nun mal bis jetzt in seiner evolutionären Entwicklung ein hauptsächliches RaubTier geblieben. Nochmal zur Erinnerung ein RaubTier ist laut Wissenschaftler ein Lebewesen das vom töten anderer Lebewesen lebt und töten ist aber auch

Ausbeutung und Unterdrückung das ist sozusagen Slomotion töten. So die Liberalen sind in Wahrheit horizontlose Spinner die eine Bevölkerung immer ruinieren weil sie dem habgierigen Individuum das goldene Kalb versprechen und sagen das goldene Kalb ist der Gott des Individuums. Aber das echte Individuum ist der spirituelle Urgrund des ewigen unsterblichen Menschen und nicht das goldene Kalb der Neoliberalen Durchgier Durchknall Politiker global. W. Schorat)

Der Aufstieg des sogenannten Neoliberalismus in seiner heutigen Erscheinungsform ist das Ergebnis mehrfacher Traditionsbrüche der letzten Jahrzehnte. Das heutige Individuum ist wurzellos. Gekappt ist die Verbindung zu seinen Vorfahren, zur Geistesgeschichte und Lebenswelt des 19. und 20. Jahrhunderts. So haltlos und blind den Profitzwangen und Marktkräften ausgesetzt, ist es nicht in der Lage, in Freiheit und Würde zu handeln. Das Ende des Neoliberalismus ist nur noch eine Frage der Zeit.

Dieser imperiale Neoliberalismus wird in einigen Jahren - aufgrund seiner destruktiven Auswirkungen -auszuschließend der Bühne abtreten müssen. Zurück bleiben verwüstete und ölverseuchte Landstriche, durch Minen, Streubomben und durch zerstörte Chemieanlagen unzugänglich gemachte Orte; neuartige Krankheiten bei Mensch und Tier, genetisch veränderte Pflanzen mit dominanten bedrohlichen Eigenschaften, eine Welt voller künstlicher Lebensmittel und denaturierter Nahrung, welche die Menschheit zunehmend mit Allergien, Krebs und frühem Tod konfrontieren werden.

Das Freihandelsdogma (Globalisierung) wird zu einem Anschwellen der Verkehrsströme fuhren und die Abgase werden die Atmosphäre und das Klima verändern. Die Menschen der westlichen Kultur werden zum großen Teil bewegungsunfähig und Übergewichtig sein. Die Arbeitslosigkeit - eine Volksseuche - wird als Ursache auszuschließend Überhand nehmenden Selbstmorden und chronischen Krankheiten erkannt werden.

Die es sich leisten können, werden sich in gesicherten und bewachten Siedlungen zurückziehen, ihr Vermögen wird durch das organisierte Verbrechen verwaltet werden, ihre Geschäftsinteressen werden auszuschließend privaten Militärberatern, Warlords und Clanchefs in allen Ländern der unterentwickelten Welt durchgesetzt werden. Die börsennotierten Gefängnisse der sogenannten zivilisierten Welt - ein ständig wachsender Markt werden voll sein auszuschließend C..) langzeitarbeitslosen Kriminellen, Triebtätern und Drogensüchtigen, kurz gesagt, voll mit dem Elend der Welt. Krankenhäuser, psychiatrische Anstalten, Schulen und Verwaltungseinrichtungen sind längst privatisiert und müssen mit hohen Zäunen und mobilen bewaffneten Einheiten vor der Wut der Verzweifelten geschützt werden. In Supermarkten wird man erst Zutritt erhalten, wenn man eine Schleuse zur Feststellung seiner Identität passiert haben wird.

Jahrzehnte später wird man fragen: Wie konnte es soweit kommen?

Die bereits in der Bibel den Menschen zugesprochene Gier, in Verbindung mit der Unterwerfung unter ein Fortschrittsdenken, hat die Menschen in eine Sackgasse geführt, die aus eigener Kraft nicht mehr verlassen werden konnte. Geldfixierte Banker, C ..) mediengeile Polit-Propagandisten und lebensfeindliche ,Militaristen ,haben diesen Zustand für ihre Absichten genutzt und ihre Welt den Menschen als die einzig mögliche aufgezwungen.

Aber, wieso hat niemand Widerstand geleistet? Ach so, ... ja eben! Wieso nicht

Widerstand war gefährlich und gehörte sich einfach nicht. Das war etwas für Chaoten und Spinner. Und Überhaupt - es war einfach und modern. •" Am schwarzen Brett der TU Dresden entdeckt.

Deswegen Rufe ich nochmal : EMPÖRT EUCH INTENSIVER.

Selbst nach den Fleischskandalen den Salmonellen oder Schweineseuchen oder Hühnerpsychopathien oder wer weiß was für dem TÖTEN ZUGEHÖRIGEN Fleischskandalen, selbst da sind die Bewohner der Bundesrepublik noch gegen einen Veggieday von den Grünen gewesen,,, soooo immens blöde ist ein Großteil der Bevölkerung noch und so dem Gestank und dem Verwesungsgeruch des Fleisches verhafteten. Gewohnheiten sind ihre Wahlentscheidungen dumpf wie das tote Fleisch selber geblieben. Das ist also kein sonderlich erhabenes Resultat der deutschen Bevölkerung.

Also sind die CDUler die CSUler die SPDler totale Fleischfresser also Raubtiermenschen hauptsächlich geblieben die ausschließlich durch Schmerzen und Krankheiten lernen und das auch nur wenn's sein muss. Selbst in der Werbung der großen Lebensmittelanbieter die hauptsächlich keine Lebensmittel mehr sind sondern Industrieprodukte die dem Körper mehr Schaden zufügen als Leben zu schaffen, selbst diese Werbung dieser Konzerne Lidl , Unilever, Nestle, Aldi und alles was sich so herumtreibt im Lebensmittel abzock Minderwertigkeit Nahrungsbereich, selbst die haben wieder auf ihren ersten Seiten der Werbezeitungen dicke Keule, Würste, Schinken, Koteletts, Steaks also alle Fleischwerbung am Anfang. Aber als die BSE Seuche bedroht hatte wurde die Fleischwerbung nach hinten verbannt wo sie auch hingehören müsste. Denn ihr wisst nicht was ihr tut wenn ihr noch Fleisch also Leiche frisst. Ja ich bevormunde und belehre euch nun alle und alle auf der Erde und in anderen Universen. Wer Fleisch frisst der bleibt RaubTier innerlich weil er weiterhin an das Reich der Raubtiere mit seinem Denken Fühlen Sehen Handeln gebunden bleibt. So sind die Zusammenhänge. Was ein jeder mit dieser Einsicht macht ist ja bekanntlich sein Sache. Aber die Kosten wollt ihr dann wiederum nicht haben die dieses vergiften durch fleischfressen erschafft. Aber die Evolution ist mit der Masse gnädig und geht einen langsameren Weg und das weiß ich ja auch. Aber Nochmal : EMPÖRT EUCH INTENSIVER, denn: Die Fleischmafia will das ihr auf ewig Raubtiermenschen bleibt , weil sie zu den GedGeilKartellen gehört und die sind weiterhin noch eine Mörderbande, global. Da Geld Gier Habgier zum Bereich des Mordens gehört.

 Nochmal einiges zu den GedGeilKartellen: ZITAT ANFANG„Die Menschen in Deutschland könnten dank der hohen Arbeitsproduktivität längst in Freiheit, sozialer Sicherheit und Wohlstand leben. Stattdessen werden Löhne, Renten und Sozialleistungen immer weiter gekürzt, Arbeitszeiten verlängert, steigen Leistungsdruck und Arbeitsstress, wachsen Kriminalität und soziale Notlagen, geraten immer mehr Menschen trotz Arbeit in die Armut. Im Gegensatz dazu sprudeln immense Gewinne bei Großkonzernen, werden Reiche immer reicher.
 Im Deckmantel der Propaganda von ? Wachstum und Beschäftigung? Bewegt sich unsere Gesellschaft auf eine neuartige Form der Sklaverei zu. Am Endpunkt dieser Entwicklung herrscht eine reiche Minderheit wie zu Zeiten des Feudalismus über die arbeitende Masse, nur dass dieses nicht so

offensichtlich ist wie damals. Die Hauptursache ist in unserem Geldsystem zu finden. Dieses macht die Reichen automatisch immer reicher und die Armen immer zahlreicher. Der Autor beschreibt auf anschauliche und provokante Weise diese Entwicklung und zeigt Lösungen auf. Copyright: 2006 Detlef Ouart Grafiken: Detlef Ouart Illustrationen und Umschlag: Matthias Weher Herstellung: Books on Demand GmbH, Norderstedt *ISBN 3-8334-4947-0 Umfang: 180 Seiten Preis: 14,90 Euro* *Erhältlich bei Amazon* . Copyright: 2006 Detlef Ouart, Verbreitung mit Quellenangabe erwünscht!* Inhaltsverzeichnis und Buchauszüge (Links) Einleitung *Das Betrugsystem* Die vier Regeln des Kapitalismus. Regel Nr. 1 des Kapitalismus: Aus Kapital noch mehr Kapital machen. Regel Nr. 2 des Kapitalismus: Die Arbeitenden zahlen grundsätzlich die Zeche. Regel Nr. 3 des Kapitalismus: Fremde Arbeit macht reich. Regel Nr. 4 des Kapitalismus: Irgendwann ist Schluss mit Geldvermehrung und „alle" beginnen wieder bei null. Der Wachstumswahn - eine Geisteskrankheit. 2 Modernes Sklaventum. Geld regiert die Welt. Das Arbeitsideal 1. Notwendige Arbeit 2. Bereichernde Arbeit 3. Überflüssige Arbeit Überflüssiger Konsum. Zeit ist Geld.Die Leistungsgesellschaft Effizienz Arbeiten wie eine Maschine. Arbeit als Beschäftigungstherapie. 3 Der ganz normale Mobilitätswahn. Der Finanzplan, ein Muss für jedes Arbeitstier *Persönliche Krisen* . Leistung, die Leiden schafft. Die Gesundheitsindustrie. Der ganz normale Drogenmissbrauch, Das Fass zum Überlaufen bringen. In der Reparaturwerkstatt. Arbeitslosigkeit, eine Zeit zur Besinnung. Auf Abstinenz gesetzt.Ihr Eigenwert als Arbeitsloser. Arbeitslosigkeit als persönliche Entwicklungschance.Faulheit hält gesund.
Moderne Dienstleistungen am Arbeitsmarkt. Der Wert der Arbeit. Man muss ja heutzutage froh darüber sein, überhaupt eine Arbeit zu haben. 4 *Die Wachstumskrise* Stillstand ist Rückschritt. Konjunkturprogramme, Sozialhilfe zur Renditesteigerung. Kuchen wachsen nicht unendlich. Die Verteilung der Kuchenstücke. Reformen, die keine sind. Verteilungskämpfe Die schöne neue Freiheit A Sozial gleich asozial (Hartz IV ist erst der Anfang) Das freiheitliche Jobnomadentum. Die Wegwerfgesellschaft. Zurück in die Zukunft. Moderner Feudalismus. Die deflationäre Abwärtsspirale Die Konzerndiktatur. Sklaven an der unsichtbaren Kette. Sicherheit, ein Konjunkturprogramm.Eine Karikatur zur effektiven Sklavenhaltung. Vertrauen ist gut, Kontrolle ist besser (die Politik) Die nicht gewählte Regierung. Die Medienmacht. Die Endkonsequenz Krieg - Kapitalakkumulation im Blitztempo. Zusammenfassung: Der Schuldenschwindel. Eine

Wahlkampfveranstaltung, die fast wahr sein könnte 5 *Die Reform des Geldsystems* 6 Die Freiwirtschaft. Regionalwährungen. Arbeitszeiten halbieren statt verlängern! Die Zeit ist reif für den Wechsel! *Buchauszüge* Sie erfahren in diesem Buch viele Hintergründe zu den Problemen unserer Gesellschaft und auch in persönlichen Angelegenheiten.

So werden Sie z. B. erfahren: - warum die Wirtschaft immer wachsen soll und Arbeitende deshalb zu immer mehr Arbeitsleistung gezwungen werden, - warum so viele Menschen arbeitslos sind, obwohl diese doch beim Wirtschaftswachstum mithelfen sollen, - warum Arbeitslosen wie Arbeitenden Lohn- und Sozialleistungen gekürzt und gestrichen werden, obwohl doch alle als Konsument möglichst viele Waren kaufen sollten, - warum die Arbeitswelt immer hektischer und stressiger wird, obwohl sich die Produktivität auf einem in der Geschichte nie erreichtem Niveau bewegt, - warum dieses an moderner Sklaverei grenzt, - warum unsere Arbeitswelt weitestgehend als Zulieferer für die Gesundheitsindustrie fungiert, - warum die Schere zwischen Arm und Reich immer weiter auseinanderklappt, - warum alles in Schulden versinkt und einige wenige im Geld schwimmen, - warum die soziale Not immer größer wird und damit die Kriegsgefahr wächst, - warum die meisten Politiker keinen Ausweg aus der Misere finden, - warum Sie in den Massenmedien kaum Antworten auf diese Fragen finden werden, - nach welchen Regeln das Ganze abläuft und wie man diese verändern muss, - und schließlich: was dieses alles mit unserem Geld zu tun hat bzw. warum Geld die Welt, und damit uns alle, regiert. /"Das Geld ist für den Tausch entstanden, der Zins aber weist ihm die Bestimmung an, sich durch sich selbst zu vermehren. Daher widerstreitet auch diese Erwerbsweise unter alle am weitesten dem Naturrecht." (Aristoteles, griechischer Philosoph)/ Copyright: 2006 Detlef Ouart, Verbreitung mit Quellenangabe erwünscht!* *Die vier Regeln des Kapitalismus* Der Kapitalismus ist eine tolle Sache! Er hat uns Mikrowellen, Farbfernseher, HiFi-Anlagen, Geschirrspülmaschinen, Handys, Faxgeräte, Quarzuhren, Autos mit Airbag und ABS, Playstations und Nintendo, Satellitenschüsseln, unzählige Fernsehkanäle, Filme auf Video und DVD, Surround Sound, Digitalkameras, Computer, das Internet und viele andere schöne und nette Sachen beschert. Wie hatte man nur früher ohne diese Dinge auskommen und glücklich sein können? Man ist geneigt, von einer Erfolgsstory zu sprechen. Was bedeutet nun konkret Kapitalismus? Wie bei allen Ismen verrät schon allein der Name den Sinn der ganzen Veranstaltung und man möchte vom Angepriesenen logischerweise auch möglichst viel besitzen. Beim Sozialismus möchte man möglichst viel an Sozialem haben, beim Nationalsozialismus an Nationalem, beim Islamismus oder Katholizismus möglichst viel an richtigem Glauben, beim Kommunismus Kommunales, also möglichst viel an „allen gehört alles" und beim Kapitalismus natürlich möglichst viel an Kapital, um daraus mehr und immer mehr zu machen. Und deshalb ist der Kapitalismus auch so schön, denn wer hätte nicht gerne immer mehr davon - Sie etwa nicht?

Halten wir also als erstes Wichtige Folgendes fest: Kapitalismus bedeutet, aus Kapital immer mehr Kapital zu machen. Regel Nr. 1 des Kapitalismus: Aus Kapital noch mehr Kapital machen Sie dachten sicherlich bisher, man könnte mit Unternehmungen und Geschäften so richtig Knete machen. Nun, das kann man auch. Aber es ist mit Anstrengungen verbunden, und man weiß nie so recht, was letztendlich dabei herauskommt. Besser ist, man macht es auf die bequeme Tour. Und das geht so: Die Banken sagen uns ja täglich „Machen Sie mehr aus Ihrem Geld!" oder neuerdings „Steigern Sie Ihren Ertragswinkel!"

Und wirklich dumm ist, wer seine Penunzen nicht dort vermehrend anlegt. Ja, der Kapitalismus möchte doch, dass es wirklich jedem gut geht und jeder richtiggehend in Geld schwimmt. Und deshalb können Sie Ihr Geld auch für eine Verzinsung von 5 Prozent durch den Zinseszinseffekt alle 14 Jahre verdoppeln, nach 28 Jahren vervierfachen und nach rund 48 Jahren sogar verzehnfachen. Und wenn Sie Ihr Erspartes jeden Monat um einen gewissen Betrag aufstocken, geht es noch schneller mit der Vermögensbildung. Sie besitzen bei einer monatlichen Rate von 400 Euro nach 15 Jahren bereits über 100.000 Euro. Dafür müssen Sie leider etwas tun und arbeiten.

Aber wenn das wirklich jeder Bundesbürger tun würde, wären wir bereits nach gut 50 Jahren allesamt Millionäre und Schluss wäre es mit dem anstrengenden Leben. Aber es geht noch weiter, denn danach läuft der Laden wie von selbst. Sie kennen ja den Spruch: „Die erste Million ist die schwerste und die zweite kommt von selbst." Und zwar bei 5 Prozent p. a. nach 15 Jahren völlig leistungslos! Sie bekommen also innerhalb der nächsten 15 Jahre die nächste Million von der Bank überwiesen, ohne auch nur einen Finger zu rühren. Na, das ist ja toll, aber auch das ist noch nicht alles, denn die Krönung kommt noch: Ein Cent, bei Christi Geburt zu 5 Prozent Zins auf die hohe Kante gelegt, wäre heute im Jahre 2006 auf über 30 Sextilliarden Euro - das ist eine 3 und 40 Nullen - angewachsen!

Nun stellen Sie sich diesen Wohlstand vor! Alle Menschen dieser Welt lebten in großzügigen Villen, hätten mindestens zehn dicke Schlitten vor der Tür zu stehen und flößten sich vorm Swimmingpool Longdrinks wie am Fließband ein! Niemand bräuchte mehr in der Frühe aufzustehen und zur Arbeit zu gehen. Alle Menschen würden das Leben in vollen Zügen genießen und nur noch das tun, was ihnen gerade gefällt. Rentenprobleme, Finanzlöcher in den Gesundheitskassen, Armut und Sozialfälle wären völlig unbekannt. Ja, der Kapitalismus ermöglicht doch glatt das Paradies auf Erden - wenn das der Marx geahnt hätte!

Ich sehe gerade Ihr verdutztes Gesicht, denn zwischen Theorie und Realität kläffen wahrlich Welten. Man könnte meinen, dass nur wenige Menschen den Sinn des Kapitalismus wirklich verstanden hätten - wie dumm. Wahrscheinlich erahnen Sie bereits den Pferdefuß bei der Sache. Genau, wenn wirklich jeder stinkreich wäre, könnte man sich mit seinem Geld zwar die ganze Wohnung tapezieren, aber nichts mehr dafür kaufen. Es wäre nämlich niemand mehr da, der arbeiten, also für das Geld Waren oder Dienstleistungen anbieten würde. Man müsste glatt seine Geldscheine wieder von der Wand kratzen und vertilgen, um nicht zu verhungern.

Ja, so naiv kann man auch wirklich nicht sein, denn Zinsen, die man von der Bank erhält, müssen ja auch von jemand erwirtschaftet werden. Geld ist nur das wert, was man sich dafür kaufen kann, und wenn wirklich jeder Millionen auf seinem Konto hätte, wäre das Geld wie Anno 1923 kaum noch etwas wert. Man könnte sich nicht mal mehr ein Brot für seine Million kaufen. Damit das nicht so weit kommt, sollte die Menge an Waren und Dienstleistungen der ständig wachsenden Geldmenge möglichst angepasst werden. Woher soll das Geld für die Zinsen denn sonst kommen?

Anders gesagt muss das Geld immer wieder investiert werden und deshalb benötigen wir ein ständiges Wirtschaftswachstum. Oder noch anders ausgedrückt müssen Sie, du und ich - also wir alle - Jahr für Jahr wegen der Zinsen und auch wegen der Renditen immer mehr, schneller, härter und innovativer arbeiten. Ja, wer viel bekommt, muss auch viel dafür tun, oder was denken Sie denn?! Aber ich verrate Ihnen noch etwas: Wir dürfen nicht nur dafür rackern, sondern tragen auch noch sämtliche Kosten für die Kapitalvermehrungsmaschinerie.

So kommen wir nun zur zweiten Regel des Kapitalismus: Regel Nr. 2 des Kapitalismus: Die Arbeitenden zahlen grundsätzlich die Zeche. Als Privatperson können Sie selbst bestimmen, ob Sie einen Kredit aufnehmen und sich für einen gewissen Zeitraum verschulden möchten, um etwas zu kaufen. In der Wirtschaft dagegen geht ohne Fremdkapital meistens sehr wenig. Und da wir alle über unsere Arbeit und den Konsum mit der Wirtschaft verknüpft sind, zahlt jeder immense Zinsen, auch wenn er gerade nicht verschuldet ist. Wir zahlen also generell die Zeche, und das geht so: Bis ein Produkt am Markt gekauft werden kann, müssen dafür im Vorfeld noch viele Voraussetzungen geschaffen werden. Diese sind zumeist mit hohen Kosten verbunden. Da gibt es Kosten für Marktforschung, Entwicklungskosten des Produktes, Kosten für Produktionsanlagen, die zur Herstellung benötigt werden, die Geschäftsräume oder Produktionshallen müssen gebaut oder angemietet werden, Werbestrategien entwickelt und Absatzmärkte gefunden werden usw. Und wie gesagt kostet dies alles meistens sehr viel Geld, noch bevor auch nur ein Stück verkauft worden ist.

Nun werden diese Kosten, wie alle anderen Kosten vom Chef, von den Unternehmen und Firmen in die Endpreise der Produkte und Dienstleistungen einkalkuliert, die wir alle mit bezahlen müssen. Wenn Sie also etwas kaufen, zahlen Sie auch immer die darin enthaltenen Zinsen gleich mit.

Je höher die Vorfinanzierung, desto höher der Zinsanteil, der auf etwa 40 Prozent geschätzt wird. Im Wohnungsbau kann dieser Anteil bis zu 80 Prozent betragen, die Sie über die Miete bezahlen!

Letztendlich müssen also Sie, du und ich, nicht nur immer mehr für die Zinsen malochen, sondern letztendlich auch noch sämtliche Kosten dafür tragen. Haben Sie vielleicht etwas anderes erwartet?!

So, das haben wir nun von unserer Zinsgier. Wir haben doch bisher scheinbar gedacht, wir würden die Knete von der Bank so für nichts kassieren! In dieser Gesellschaft gibt es nichts zu verschenken, eigentlich ist es logisch! Und da die Zinshöhe meistens über der Inflationsrate liegt und die Geldmengen durch den Zinseszins nach einiger Zeit in astronomische Höhen steigen, müssen wir uns eben immer mehr dafür anstrengen. Das ist doch gerecht, oder?

Wer etwas haben möchte, muss auch etwas dafür tun, so ist das nun einmal im Leben. Das Bruttoinlandsprodukt der Bundesrepublik Deutschland steigerte sich deshalb seit 1950 um 197,8 Prozent fast auf das Dreifache!* Aber ich verrate Ihnen noch etwas: Sie, du und ich, müssen für die Zinsen immer mehr malochen und auch noch für sämtliche Kosten aufkommen, aber nur weil wir Regel Nr. 3 des Kapitalismus noch nicht verstanden haben: Regel Nr. 3 des Kapitalismus: Fremde Arbeit macht reich. Und das geht so: Sie kennen doch sicherlich den Slogan der Banken: „Lassen Sie Ihr Geld für sich arbeiten!"

Nun, ich habe mal den Test gemacht und einen Hunderter an mein Arbeitsgerät - den Computer - gelegt und mich danach acht Stunden in die Sonne begeben. Danach kam ich wieder, doch nichts war erledigt. Dann habe ich dem Geldschein ganz detailliert meine Arbeitsaufgaben geschildert und ihn direkt an die Tastatur gelegt. Aber auch das half nichts, meine Arbeit war einfach nicht gemacht. Auch der Bestechungsversuch mit einem Zehner half nichts. Als ich dann nach drei Tagen Ärger mit meinem Chef bekam und dieser mit Gehaltskürzungen drohte, dämmerte es mir. Dieser Spruch war ja ganz anders gemeint!

Wir haben offenbar gedacht, mit unseren mickrigen Zinseinkünften ein gutes Geschäft gemacht zu haben. Nun, kurzsichtig betrachtet sah es wirklich so aus. Aber diese paar Penunzen spielen im großen Geschäft von Regel Nr. 1 „Aus Geld noch mehr Geld machen" kaum eine nennenswerte Rolle. Diese lächerlichen hundert oder tausend Euro, die wir jährlich von den Banken als Zinsen überwiesen bekommen, dienen nämlich nur als Lockmittel - damit wir Regel Nr. 2 möglichst perfekt erfüllen und keinen Verdacht schöpfen. Den Verdacht nämlich, dass wir alle einen Großteil unserer Arbeitskraft und Lebenszeit für Kapitaleinkommen anderer verbrauchen!

Richtig gute Geschäfte machen nämlich die, die tatsächlich ihr Geld für sich arbeiten lassen und selbst dafür keinen Finger rühren müssen. Das sind nicht etwa Sie, Ihr Chef, die mittelständischen Unternehmer oder wie man so schön sagt die „bösen Ausbeuter". Nein, die wahren Kapitalisten unternehmen überhaupt nichts, tun nichts und schaffen überhaupt keine Werte, geschweige denn Arbeitsplätze. Sie verleihen nur ihr immenses Kapital, um damit ordentlich Profit zu machen und noch mehr zu bekommen - mehr tun sie nicht. Arbeiten sollten schon die anderen, ist doch klar.

Und wenn der Profit zu gering bemessen ist, wird das Geld woanders investiert und die Allgemeinheit schaut blöd in die Röhre – so einfach ist das mit Regel Nr. 1. Dann wird eben in China, Tschechien, Rumänien und wer sonst noch der Profitgier nicht im Wege steht, investiert. Tja, und gemeinnützige oder soziale Arbeit, damit lässt sich doch wirklich keine Rendite erwirtschaften. Die könnte man auch gänzlich einsparen. Nicht zu vergessen die vielen Arbeitslosen, die sind doch nun völlig unprofitabel. Wer nichts leisten kann, fällt durch den Rost – so ist das nun einmal im Kapitalismus.

Und deshalb werden die Leute, die Leistung erbringen, immer mehr gehetzt und die anderen verarmen. Gerechte Verteilung der Arbeit, na so etwas? Bringt so etwas etwa mehr Profit?!

Ohne eine anständige Rendite wird in der Wirtschaft eben gar nichts investiert, und kein Unternehmer kann etwas unternehmen und deshalb auch keine Arbeitsplätze schaffen. Und damit die Rendite immer weiter gesteigert werden kann, muss in der Wirtschaft immer mehr gerackert, modernisiert, rationalisiert und standardisiert werden.

Maschinen können rund um die Uhr laufen, verlangen keine Sozialleistungen und sind deshalb viel effektiver als Menschen. So wurden trotz oder gerade wegen der ständigen Leistungssteigerung die Arbeitslosenzahlen seit 1960 von etwa 1,3 auf statistisch geschönte 11 Prozent gehoben, was allerdings der Renditesucht keinerlei Probleme bereitet. Die Kosten für Arbeitslosigkeit trägt sowieso der Staat, also die Allgemeinheit, oder anders gesagt wir alle Sie kennen doch Regel Nr. 2!

Damit aber auch in Zeiten schlechter Konjunktur der Rubel rollen kann, bietet man den richtigen Kapitalisten schon einiges: Der Staat und die Kommunen locken mit Fördermitteln, Investitionszuschüssen, Arbeitsmarktförderprogrammen, Bürgschaften, Sicherheiten, Steuervergünstigungen usw., damit in irgendetwas - und sei es nur eine neue, völlig unnütze Straße, in Rüstung, gefährliche Atomenergie oder Flussbegradigungen - investiert wird. Ja, und damit die Förderknete auch reichlich fließen kann, hat nun der Staat immer weiter Steuern und Abgaben bis zum Erbrechen erhöht.

Das finden Unternehmer und Arbeitnehmer auch ganz toll, denn Sie wissen ja, wer dafür zu malochen und die Zeche zu bezahlen hat - nämlich Sie selbst. Sie kennen doch Regel Nr. 2, oder?

Das Ganze kann nun leider nicht ewig gehen, denn die Kräfte und Ressourcen der Allgemeinheit sind irgendwann erschöpft. Deshalb ist die soziale Marktwirtschaft auch nur so lange wirklich sozial, wie sich die Steigerungsraten der Wirtschaftsleistung über denen der Zinsforderungen entwickelt. So gab es jahrzehntelang genug zu verteilen - sogar genug für Kapitalschmarotzer!

Nur leider arbeiten die Steigerungsraten im Wirtschaftswachstum und die der Zinskurve diametral gegeneinander. Will sagen, dass eine prozentuale Steigerung des Wirtschaftswachstums wegen des immer höheren Verbrauches an Ressourcen und gesättigter Märkte immer schwieriger zu ermöglichen ist, währenddessen Zinsansprüche mit der Zeit durch die Kapitalmasse in immer größere und absurdere Dimensionen ausufern.

Irgendwann kann auch beim besten Willen die Wirtschaftskraft nicht mit der expotentiellen* Vermehrung der Zinsansprüche durch den Zinseszins mithalten.

Deshalb wird der zu verteilende Gesamtkuchen mit der Zeit immer kleiner, werden Sozialleistungen, Rechte, Löhne und Vermögen der arbeitenden Menschen immer mehr gekappt. Nur nutzt dies alles nichts, denn exponentiale Zinsforderungen stehen zwar auf dem Papier, können aber in der Realität niemals erfüllt werden. So wird das Geld - real gesehen - mit den Jahren zunehmend wertloser. Damit nun unsere lieben Kapitalisten schlussendlich nicht auch noch dumm in die Röhre gucken müssen, gibt es aber noch Regel Nr. 4 des Kapitalismus: Regel Nr. 4 des Kapitalismus: Irgendwann ist Schluss mit Geldvermehrung und „alle" beginnen wieder bei null .

Tja, wenn's am schönsten ist, soll man aufhören, so sagt man doch. Aber ganz ehrlich, wenn es nach den Kapitalisten ginge, würde das Geldscheffeln natürlich niemals enden, das ist doch klar. Deshalb wird auch das Kapitalvermehrungssystem mit allen erdenklichen Mitteln am Leben erhalten. Das System ist auch nicht am Ende, weil jemand, ohne zu arbeiten, irgendwann genügend Penunzen gemacht hätte. Nein, ganz im Gegenteil. Das System hat nach einiger Zeit erst den Endpunkt erreicht, weil die Leute, die die Zinsen erwirtschaften müssen, irgendwann nicht mehr können. Haben Sie nicht auch das Gefühl, dass es auf der Arbeit immer schlimmer, stressiger und anstrengender wird?

Sagen Sie sich nicht immer öfter: „Ich kann nicht mehr!" Na sehen Sie. Die ganze Geldscheffelei hat nämlich eine Schattenseite. Die Guthaben des einen sind auch immer die Schulden eines anderen - sonst geht die Rechnung nicht auf. Aus diesem Grunde müssen die Schulden in der Summe immer parallel zu den Guthaben steigen. Und so ist es auch. Da haben sich Staat und Kommunen verschuldet, aber auch die meisten Unternehmen und zu guter Letzt natürlich auch Sie, oder? Das sollten Sie schon allein deshalb tun, damit Sie Regel Nr. 3 möglichst gut erfüllen können.

Schauen Sie sich um in der Welt, alles versinkt in Schulden! Na sehen Sie. Und alle rackern wie blöde! Na so etwas! Nun kann ich mir Billiardäre oder Trillionäre, die Millionen Euros tagtäglich an Zinsen kassieren, ganz gut vorstellen. Eine Volksgemeinschaft mit derartigen Schulden ist dann aber wirklich bankrott.

Spätestens wenn die Einnahmen die Zinsraten übersteigen, ist Schluss mit lustig, dann ist endgültig das Ende der Fahnenstange erreicht. Doch bis dahin ist es noch ein weiter Weg, und was hätten Billiardäre oder Trillionäre von ihrem Geld, wenn dieses wertlos wäre?

Infolgedessen ist für Sie und mich, also für die Allgemeinheit, irgendwann Schluss, aber nicht für alle. Wenn jemand einen größeren Kredit aufnimmt und sich verschuldet, muss er dafür als Pfand meistens eine Sicherheit bieten, sonst bekommt er die Knete nicht. Und diese Sicherheit besteht meistens aus Sachwerten. Das können Grundstücke, Häuser, Firmeneigentum, Antiquitäten, wertvolle Kunstgüter, Gold und Silber, Schmuckstücke etc. sein. Sie wissen ja sicherlich von Ihren Großeltern, welche Werte bisher über Jahrhunderte hinaus Krisen und Kriege überstanden haben. War es etwa Geld? Versuchen Sie mal mit eintausend Reichsmark einkaufen zu gehen, dann wissen Sie, was ich meine. Genau, und das wissen richtige Kapitalisten auch sehr gut. Wenn Sie, du und ich, also die Allgemeinheit, ordentlich verschuldet sind, wird erst richtig Kasse gemacht und kräftig umgeschichtet. Und das geht so: „Sparen, sparen und nochmals sparen!" - kommt Ihnen das bekannt vor?

Sie können dieses Wort sicherlich nicht mehr hören, aber es macht Sinn. Da sich der Staat für die Renditesucht der Kapitalisten mittlerweile total überschuldet hat und auch Steuererhöhungen keine günstigen Effekte mehr bringen, wird nun in die entgegengesetzte Richtung gerudert. Wo vorher noch mit vollen Händen ausgegeben wurde, soll „plötzlich" an allen Ecken und Enden gespart werden. Und weil alle dabei so wunderschön mitmachen, sparen auch die Konsumenten an Ausgaben, wodurch die Unternehmen Einnahmeverluste zu beklagen haben, die sie mit Entlassungen begegnen, um Lohnkosten zu senken, weswegen die Verbraucher wiederum weniger einnehmen und ihre Ausgaben reduzieren, wodurch die Unternehmen Einnahmeverluste zu beklagen haben usw. Dass damit die Konjunktur gänzlich abgewürgt wird, die Arbeitslosigkeit in die Höhe schnellt und der Staat immer mehr Steuerausfälle zu verzeichnen hat, ist bestens eingeplant. Die ganze Sache hat nämlich für richtige Kapitalisten einen überaus günstigen Effekt: In der Not verkaufen alle, was nur irgendwie geht, und zwar zu Spottpreisen! So kann man richtig günstig einkaufen gehen und sich in Ruhe die besten Stücke aussuchen. Sie wissen ja: Grundstücke, Häuser, Firmeneigentum, Antiquitäten, wertvolle Kunstgüter, Gold und Silber, Schmuckstücke etc. Ja und sogar Staatseigentum – also Eigentum, das die Allgemeinheit einmal mit ihren Steuergeldern finanziert hat - wird für 'nen Appel und 'n Ei verkloppt, oder anders gesagt „privatisiert".

Sie sehen schon, zu guter Letzt gilt auch hier Regel Nr. 2! Das ist leider noch nicht alles, denn das dicke Ende kommt erst noch. So richtig bei null kann man erst wieder beginnen, wenn alles, aber auch alles am Boden liegt. Und da die wilde Sparerei den Bürgern die letzten Cent aus den Hemden saugt und die Not durch Massenarbeitslosigkeit immer mehr um sich greift, herrschen in der Gesellschaft immer mehr Frust, Kriminalität und Aggressionen.

Das liegt daran, dass die meisten Menschen gar nicht um die Ursachen der Krise wissen und sich gegenseitig die Schuld in die Schuhe schieben. Da kämpfen Unternehmer gegen Angestellte, diese gegen Arbeitslose, Familien gegen Kinderlose, Rentner gegen junge Menschen, Inländer gegen Ausländer, Linke gegen Rechte, Ossis gegen Wessis usw.

Und weil die Schwächsten gegen die da „oben" kaum etwas ausrichten können, suchen sie sich noch Schwächere, um dort ihren Frust abzulassen. Das kann sich so weit steigern, bis sämtliche Werte in einem Krieg eingeebnet werden und man wieder wirklich bei null beginnen kann - wie es die Geschichte häufig gezeigt hat.

Unsere Kapitalisten wird es freuen, denn so können sie mit der Rüstungsindustrie noch richtig fette Kasse machen. Dabei werden sämtliche Kriegsparteien mit den schönsten Investitionen beglückt - da sind sie nicht so wählerisch. Von einer weit entfernten Insel aus wird dann beim Gläschen Sekt gewettet, welche Partei denn nun den Krieg gewinnt - oh, wie interessant. Und wenn es an den Wiederaufbau geht, dann setzt es einen Währungsschnitt und alle bekommen prompt Kredit – so ist das nun einmal im Kapitalismus!

Bevor Sie vielleicht in einschlägigen Zeitschriften, Büchern und Publikationen blättern, nach intellektuellen Rettungsringen von anerkannten Wirtschaftsexperten greifen oder einen alten Schulfreund - der Volkswirtschaftslehre studiert hat - anrufen, um bestätigt zu bekommen, dass das Wirtschaftswachstum schon bald wieder einsetzen und der Aufschwung kommen wird, sollten Sie erst einmal innehalten und den gesunden Menschenverstand gebrauchen. Es könnte nämlich sein, dass derjenige, den Sie um Rat bitten, mit einer bisher in der Medizin noch nicht diagnostizierten übertragbaren Erkrankung infiziert ist.

Bei dieser Erkrankung kommt es zu einem unerklärlichen Ausfall des logischen Denkens, speziell bei einfachen mathematischen Grundrechenarten wie der Prozentrechnung.

Deshalb könnten die Ausführungen des anderen für Sie irreführend sein. Bevor Sie sich möglicherweise durch einen Kontakt selbst anstecken, möchte ich die Symptome näher beschreiben. So können Sie erkennen, ob Sie eventuell bereits infiziert sind. Ich nenne diese Erkrankung zur Verdeutlichung und der genauen Diagnose nach seinen typischen Symptomen: „Der Wachstumswahn." Copyright: 2006 Detlef Ouart, Verbreitung mit Quellenangabe erwünscht!*

Der Wachstumswahn - eine Geisteskrankheit . Von dieser leicht übertragbaren geistigen Erkrankung sind Personen beiderlei Geschlechts, sämtlicher Altersgruppen und aller Gesellschaftsschichten betroffen. Es können jedoch je nach Bildungsgrad und gesellschaftlicher Position leicht differierende Symptome auftreten. Allen Personen gemeinsam ist, dass sie von der eigenen Erkrankung nichts bemerken, also sich in allgemeiner geistiger Gesundheit wähnen und sich auch im täglichen Leben weder lebensuntüchtig noch sozial auffällig verhalten.

Das Gefährliche an dieser Erkrankung besteht also darin, dass die betroffenen Personen ganz normal am sozialen Leben teilnehmen und davon nichts bemerken können. So ist eine Selbstdiagnose weitestgehend ausgeschlossen. Symptome zeigen sich vor allem, wenn sich die Person verbal mitteilt und artikuliert.

Es besteht eine einzigartige Vorliebe für Zahlen und Prozentrechnung und dabei vor allem für überdimensionierte expotentielle Steigerungsraten, wobei - und das macht eben die Besonderheit aus - diese Zuwächse nur im begrenzten Rahmen nachvollzogen werden. Abstrakte theoretische Annahmen werden auf die reale Welt übertragen, wobei man jedoch signifikante Abweichungen davon vollständig ignoriert.

Der Patient ist dermaßen von seiner Annahme überzeugt, so dass ihm selbst schwerwiegende Beweismittel und sogar folgenschwere negative Konsequenzen in der realen Welt nicht von seiner falschen Annahme abbringen können. Diese Erkrankung kann also wahnhafte bis fanatische Züge annehmen. Konkret gesagt glauben die Erkrankten fanatisch an eine Erlösung der Gesellschaft durch permanentes unendliches und ewig dauerndes Wachstum bei der Produktion von Gütern und der Bereitstellung von Dienstleistungen.

Sie propagieren ständiges Wirtschaftswachstum. Und weil dieses mit sehr viel Arbeit und Anstrengungen verbunden ist, kann man durchaus auch eine arbeitssüchtige bis -wütende Komponente in die Diagnose einbeziehen.

Allerdings neigen viele Erkrankte dazu, die nötigen Leistungssteigerungen von anderen Menschen einzufordern, als diese selbst zu erbringen - was wohl auch Raffsucht und Besitzgier in die Diagnose einschließt.

Erschwerend kommt hinzu, dass bei den stetigen Forderungen nach Leistungssteigerung sogar die gesamte Menschheit, insbesondere die gesamte Arbeiter- und Unternehmerschaft einbezogen wird. Das macht den beschriebenen Wahncharakter dieser Erkrankung besonders deutlich. Es wird infolgedessen immer und immer wieder unaufhörliches Wirtschaftswachstum verlangt, wobei diese Forderungen von den Erkrankten in beständigen Mantras gebetsmühlenartig wiederholt werden. „Wir brauchen Wirtschaftswachstum, Amen!" „Wachstum, Amen!" „Wachstum und Beschäftigung, Amen!"

Und oftmals werden Forderungen sogar konkretisiert, indem Steigerungsraten des geforderten Wachstums in die Gebete mit einbezogen werden, wie z. B. „drei Prozent Wachstum für mehr Arbeitsplätze und Beschäftigung, Amen!" Es werden also beispielsweise für das laufende Jahr drei Prozent mehr produzierte Automobile als ein Jahr zuvor verlangt. Das ist kurzfristig aufgrund moderner Produktionsanlagen und hoher Kapazitäten durchaus möglich. Jedoch sind die Erkrankten offensichtlich besonders habgierig und daher mit den tatsächlich erreichten Steigerungsraten nie zufrieden zu stellen. Hartnäckig werden Jahr für Jahr weitere drei Prozent Steigerung, also immer mehr und noch mehr Automobile gefordert. Und so zeigt sich die Verkürzung im Denken im oben beschriebenen Wiederwillen, Gedankengänge konsequent zu Ende zu führen, und die Schwierigkeiten, theoretische Annahmen auf die Praxis des Lebens zu übertragen.

Die Forderung nach jährlichen drei Prozent Steigerung in der Automobilproduktion hätte nämlich langfristig gesehen dramatische Folgen: In 25 Jahren würden bereits doppelt so viele Autos herumfahren, wie derzeitig produziert werden, in 38 Jahren die dreifache und in 48 Jahren bereits die vierfache Menge. Und in etwa 80 Jahren, also innerhalb eines Menschenlebens, hätte sich die Produktion bereits verzehnfacht. Aber es wird noch dramatischer, denn nach 157 Jahren, also nur in zwei Menschenleben, hätte sich die Produktion (aufgrund der Expotentialfunktion) bereits verhundertfacht!

Sie kennen sich doch sicherlich mit Prozentrechnung aus, oder? Derartig viele Automobile hätten natürlich Auswirkungen auf andere Bereiche. So müsste man dementsprechend viele Straßen und Autobahnen zum Befahren bauen. Autos benötigen Platz und man müsste alle Städte flächendeckend mit Tiefgaragen untertunneln, und selbst wenn man das Rohstoff- und Energieproblem lösen würde, ergäbe sich noch eine ganz andere Frage: Wer soll diese vielen Autos überhaupt fahren? Das ist bei rückgängigen Geburtenraten ein kaum lösbares Problem. Und so stößt man bei weiteren Überlegungen fast automatisch auf eine noch viel bedeutendere Frage, der unsere Wachstumswahnerkrankten besonders störrisch ausweichen. Es ist die Frage nach dem Bedarf!!!

Interessanterweise wird eine Mehrproduktion nie mit faktisch fehlenden Automobilen begründet! Wie denn auch, denn die Autohäuser und Straßen stehen ja voll davon. Trotzdem wird zunehmend mehr verlangt. Und um der Sache noch die Krönung aufzusetzen, dürfen Sie nicht vergessen, dass unsere Wachstumswahnerkrankten ihre Forderungen von drei Prozent Wachstum - zur Bekämpfung der Arbeitslosigkeit, wie sie behaupten - auf alle Wirtschaftszweige beziehen. Das bedeutet, auch die Produktion und der Verbrauch von Lebensmitteln, Büchern, Fernsehapparaten, Gartengeräten, Computern, Staubsaugern, Waschmaschinen, Fahrrädern etc. sollte sich ebenfalls in einem Menschenleben verzehnfachen.

Und da stellt sich auch schon die Frage der Zeit, in der das alles gebraucht, verbraucht, benutzt, gehegt und gepflegt werden sollte, denn man kann schlecht gleichzeitig ein Buch lesen, ein Fußballspiel im Fernsehen ansehen, am Computer sitzen, im Garten arbeiten, Auto fahren, Fahrrad fahren, den Hometrainer benutzen, eine Massage bekommen, Flugzeug fliegen, die Wohnung säubern usw.

Wenn man tagtäglich irgendetwas nur eine Stunde lang verrichten würde, müsste man dafür in achtzig Jahren zehn Stunden täglich einplanen. Da aber der Tag leider nur 24 Stunden hat - eine Tatsche, die unseren Erkrankten schwer zu schaffen macht -, müsste man die gleiche Menge in einem Zehntel der Zeit, also in nur sechs Minuten, bewältigen. Allein beim Verbrauch von Lebens- und Genussmitteln dürften ernstzunehmende Probleme für die Volksgesundheit entstehen! Doch solche Rechnungen meiden unsere Erkrankten wie die Pest, denn - wie gesagt - betrachten sie theoretische Zahlenspiele beharrlich nur in einem sehr begrenzten Zeitraum. Und außerdem werden - wie oben beschrieben - negative Symptome aus der realen Welt entsprechend der eigenen Wahnvorstellung uminterpretiert. Allein die Tatsache, dass ständige Leistungssteigerungen und eine Begrenztheit des Verbrauches logischerweise zu weniger Arbeit führen müssen, wird hartnäckig ignoriert!

Stattdessen wird immer wieder das Mantra „Wachstum für Arbeit und Beschäftigung, Amen!" propagiert. Ja, stellen Sie sich einmal vor, es wird sogar noch viel mehr Wachstum als Problemlösung gefordert!

Das ist typisch für verwirrte Experten, die von einer unwirksamen Medizin lieber höhere Dosen fordern, als sich auch nur einen einzigen Fehler einzugestehen. In der Folge steigt die Arbeitslosigkeit - eine andere Form von Arbeitszeitverkürzung – immer weiter an. Doch nun kommt etwas für Wahnerkrankungen ganz Typisches: Anstatt die eigenen unrealistischen Vorstellungen zu hinterfragen, das Denken zu erweitern, Ursache und Wirkung zu eruieren, den eigenen Standpunkt zu korrigieren, sich Fehler einzugestehen und das Ruder zu wenden, entwickelt der Wahnkranke Feindbilder.

Nun wird alles zum Feind erklärt, das seinen Wachstumsvorstellungen nicht entspricht. Interessant dabei ist, dass der Erkrankte gerade die Opfer seines Handelns – nämlich die von Arbeit freigesetzten Menschen - besonders ins Visier nimmt. Diese würden sich nur noch in der sozialen Hängematte sonnen, müssten wieder zur Leistung animiert werden und überhaupt bekämen diese eine viel zu hohe Entschädigung - auch Arbeitslosengeld genannt - für ihr betrübtes Dasein.

Aber auch die Menschen, die seinen Forderungen wenigstens teilweise nachkommen, also das Wachstum immerhin ermöglichen, verlangen viel zu viele Entschädigungen - auch Lohn genannt - für die mannigfaltigen Entbehrungen und den Stress auf der Arbeitsstelle. Dagegen werden die eigenen überaus hohen Entschädigungszahlungen -verschleiernd Diäten genannt - mit Hinweis auf die eigene Richtigkeit und Wichtigkeit immer weiter erhöht. Das ist wirklich eine schreckliche Erkrankung, finden Sie nicht?

Nun könnte man annehmen, dass die Mehrheit der Menschen irgendwann die Schnauze gestrichen voll haben müsste und seine offensichtlich verrückten Peiniger über den Jordan schicken würde. Doch weit gefehlt! Wie oben beschrieben ist diese Krankheit hoch ansteckend, wird der Virus außerdem tagtäglich über die Massenmedien in alle Wohnstuben weiter verbreitet. So haben auch viele ottonormale Mitmenschen Probleme, Gedankengänge konsequent zu Ende zu führen, und Schwierigkeiten, die theoretischen Annahmen der führenden Wahnerkrankten auf ihre Richtigkeit zu überprüfen.

Dabei besitzen sie doch immerhin genügend Praxiserfahrung, um zu erkennen, dass weitere Leistungssteigerungen auf der Arbeit kaum mehr möglich und auch überhaupt nicht notwendig sind. Sie brauchen nur in die Supermärkte zu gehen und könnten sich fragen, für was denn dieses Wachstum weiterhin gut sein sollte. Wie viele Regalreihen à 20 Meter Klopapier, Aftershave, Waschmittel, Joghurts, Käse, Nahrungsergänzungsmittel, Katzen- und Hundefutter, Brot, Gebäck, Wurst, Salate, Öle, Tee und Kaffee, Spirituosen, Limonaden, Mineralwasser, Fernsehgeräte, Stereoanlagen, Computer, Bohrmaschinen, Tapeten, Lampen etc. sollen denn noch dazukommen?

Doch jahrzehntelanges Gehorchen und unzählige Mantras wie „Wachstum für Arbeit und Beschäftigung!" verhallen nicht spurlos und lassen den kritischen Geist verkümmern. Stattdessen lässt man sich für den Mammon „Wirtschaftswachstum" versklaven. Copyright: 2006 Detlef Ouart, Verbreitung mit Quellenangabe erwünscht!*

Arbeit als Beschäftigungstherapie. Das in unserer Gesellschaft propagierte Arbeitsideal erzeugt vielerlei krankhafte Symptome wie eine suchtartige Entgleisung der Arbeit. Und das erfreut natürlich unsere bereits workaholisierten Arbeitsstiere, denn so geht die Arbeit praktisch niemals aus, muss es immer wieder etwas Neues herzustellen, zu werkeln und zu bauen und auch wegzuschmeißen, abzureißen und einzustampfen geben. Sie kennen sicherlich diese neurotischen, ewig ruhelosen, überfleißigen und chronisch unzufriedenen Zeitgenossen, die einen Großteil ihrer Lebenszeit für schnöde Arbeitsbeschaffungsmaßnahmen vergeuden.

Diese ständig die Ruhe störenden Wichtigtuer tun immer so, als hänge das Überleben der Menschheit von der exakten Formulierung eines einzigen Satzes, der siebten Stelle hinterm Komma einer gefälschten Statistik oder der sekundengenauen Auslieferung eines Staubfängers ab.

Statt so genau wie nötig zu arbeiten, versucht man alles so genau wie möglich zu erledigen. Man muss unbedingt sämtliche und auch die unwahrscheinlichsten Eventualitäten in seine Überlegungen einbeziehen und verstrickt sich dadurch in vielen unwesentlichen Details, die allesamt gleich wichtig erscheinen. Und so werden klitzekleine ganz normale Fehler, die man logischerweise - koste es Arbeitszeit, was es wolle - ausmerzen muss, umso zahlreicher. Da kann man den Wald vor lauter Bäumen nicht mehr sehen, was einen immensen Arbeitsaufwand erzeugt.

Ich habe mich früher oft bluffen lassen, aber irgendwann erkannt, dass es dieser Spezies - obwohl sie ständig das Gegenteil behauptet - mehr um den Aufwand und weniger ums Ergebnis der eigenen Anstrengung geht. Letztendlich ist es fast egal, was nach unendlich vielen Überstunden dabei herauskommt. Bevorzugt sollte es sogar etwas sein, das sehr viel Arbeit macht, dessen Ergebnisse aber niemand wirklich braucht.

Und ist man tatsächlich einmal mit einer Sache fertig geworden, sucht und findet man schnell etwas anderes, was nach dem gleichen aufwendigen Muster abgearbeitet wird. Stolz werden volle Terminkalender und erbrachte Überstunden wie eine Auszeichnung präsentiert, erzählt man gerne, dass man heute wieder als Letzter das Büro verlassen hat. Wie man dagegen Arbeit einsparen könnte, kommt keinem in den Sinn!

Die verbrachte Arbeitszeit, besser gesagt die damit verschwendete Lebenszeit, ist also wichtiger als das Ergebnis!

Ja, wer wird denn gleich so kleinlich sein? Nein, der Weg ist doch das Ziel! Und dieser Weg sollte natürlich möglichst steinig, anstrengend und mühsam sein!

Und damit dieser auch besonders lang wird, beschäftigt man sich eben perfektionistisch ständig mit unwesentlichen Details, wie ungestellten Fragen, überflüssigen Antworten, unrealistischen Möglichkeiten, wirkungslosen Planungen, versandenden Strategien, nebulösen Zielen, bombastischen Luftschlössern und vor allem mit vielen überflüssigen Aufgaben und Produkten, die natürlich ganz wichtig sind.

Dass die Wirtschaft immer wachsen sollte, könnte glatt eine Erfindung dieser Spezies sein. Was will man auch mehr als eine moralische und sogar wissenschaftliche Segnung seiner eigenen Erkrankung! Aber auch herzliches Mitgefühl sei unseren eisernen Kämpfern an der Wachstumsfront gespendet. Sachkompetenz wird oftmals aufgrund mangelnder Sozialkompetenz besonders hoch gehalten.

Anders gesagt gibt es ja für unsere einsamen Süchtigen kaum einen Grund, die heiligen Arbeitsstätten überhaupt zu verlassen und sich zu Hause Schönerem zuzuwenden. Wenn das Privatleben eh nur unbefriedigend ist, weil bestenfalls der Fernseher aufs Einschalten wartet oder man in der Familie nichts zu melden hat, da kann man gleich die ganze Nacht durchschuften und ordentlich Karriere machen. Ja, mit dieser Erkrankung besitzt man sogar eine hervorragende Eigenschaft, um in der Hierarchie aufzusteigen und ordentlich Karriere zu machen. So kann man kraft des Amtes die untergebenen, aber noch gesunden Zeitgenossen ordentlich quälen!

Wenn das Selbstbewusstsein von der Fülle an Arbeit abhängt, Müßiggang und Faulenzerei mit Gewissensbissen belastet sind, werden fleißige Workaholics natürlich niemals fertig mit der Arbeit. Besonders süchtige Arbeitstiere genügt die Rackerei auf der Arbeitsstelle längst nicht und so führt man die gleiche Schmierenkomödie im Privatleben vorzugsweise an Wochenenden fort.

Beliebte Stückchen sind „unser Kleingarten" oder/und „das traute Heim". Gärten und Häuser entarten über Jahre und Jahrzehnte zu Großbaustellen, und immer wenn tatsächlich ein Großprojekt beendet zu sein scheint, gibt es an einer anderen Ecke garantiert etwas Neues zu verbessern und zu verändern. Um den Arbeitsaufwand ins Unermessliche zu steigern, versucht man genau dort, akribische Ordnung und sterile Sauberkeit zu schaffen, wo diese am schwierigsten zu verwirklichen ist - in der Natur.

Gott sei Dank gibt es ja unzählige Lebewesen, die immer wieder Chaos und Unordnung verursachen und damit neue Arbeit praktisch aus dem Nichts erschaffen. So etwas nennt man Arbeitsbeschaffungsmaßnahmen!

Bis auf die autoritär vorgeschriebenen familiären Essenseinnahmezeiten wird jede kostbare Minute arbeitsam durchgeplant. Es könnte doch sein, ein Nachbar oder Verwandter entdeckt ein Unkräutlein, einen Busch oder Grashalm, der nicht beschnitten und genau nach Norden ausgerichtet wurde. Oder man wird glatt beim Pennen im Liegestuhl erwischt? Zaunübergreifend überwacht man sich gegenseitig bei der Einhaltung der Arbeitsideologie. Copyright: 2006 Detlef Ouart, Verbreitung mit Quellenangabe erwünscht!*

Man muss ja heutzutage froh darüber sein, überhaupt eine Arbeit zu haben Gebetsmühlenartig wird den Arbeitslosen über die Medien eingetrichtert, dass man heutzutage jede sich bietende Arbeitsstelle annehmen müsse. Wenn Sie sich in finanziellen Nöten befinden, werden Sie es ohnehin tun. Und damit möglichst viele Menschen zum Sklavendienst gezwungen werden, kürzt man die Sozialleistungen immer mehr. Dennoch ist es sicherlich möglich, die finanzielle Ausgabenseite so zu verändern, dass Sie nicht mehr so stark unter Druck gesetzt werden können. Wer weniger Verpflichtungen hat, muss auch weniger darüber nachdenken und lebt entspannter. Vergessen Sie eine berufliche Karriere und das Leistungsideal, denn davon haben Sie persönlich am wenigsten. Sie könnten stattdessen versuchen, auf allen möglichen überflüssigen Konsumschrott und Prestigegüter zu verzichten.

Vieles ist unnötig, wie beispielsweise viele Abbos und die meisten Versicherungen. Vielleicht könnten Sie sogar gänzlich aufs Auto verzichten, denn das stellt - allein wegen des stetig steigenden Ölpreises - einen sehr hohen Kostenfaktor dar. Vielleicht ängstigt Sie ein Fulltimejob mit weiten Anfahrtswegen und langen Arbeitszeiten, sodass Sie überfordert wären und gar nicht mehr zum Leben kommen würden.

Auch möchten Sie nicht für jeden ach so niedrigen Lohn Ihre Lebenszeit verschwenden. Das könnten Hinderungsgründe sein, warum Sie so manchem scheinbar „guten" Angebot ausweichen. Sie können ja niemanden erzählen, dass Sie diese oder jene Stelle nicht annehmen möchten, weil Ihnen z. B. die Anfahrtswege zu weit sind, Sie dazu mitten in der Nacht aufstehen müssten und außerdem der Lohn zu niedrig ist.

Für Menschen, die sich mit dem Arbeitsideal identifizieren, sieht es dann so aus, als ob Sie gar nicht arbeiten wollen. In Wirklichkeit möchten die meisten Menschen etwas tun, nur sollte es nicht so weit gehen, dass Sie sich dabei die Gesundheit im Megastress Tag für Tag und Woche für Woche ruinieren. Im Grunde ist die Sache doch ganz klar. Machen Sie einfach das, was Sie möchten und Ihrem seelischen Befinden gut tut.

Sie können Ihr Leben so gestalten, wie Sie es für richtig halten. Sie sind doch erwachsen und daher keinem anderen fremden Menschen Rechenschaft schuldig. Es ist Ihr Leben! Lassen Sie sich nicht bevormunden! Menschen, die fordern, jeden auch nur möglichen Job anzunehmen, fördern etwas, was sie selbst nie tun würden, und wissen nicht einmal im Ansatz, wovon sie reden.

Die Aussage „Arbeit um jeden Preis" ist purer Opportunismus und hat lediglich den Zweck, das System am Leben zu erhalten. Dabei ist es egal, was die betreffenden Menschen durchleiden, solange dieses System nur weiterhin funktioniert. Bei „Arbeit um jeden Preis" handelt es sich wie bei „Kämpfen für den Sieg" um propagierte Durchhalteparolen, diese ausgegeben werden, um noch mehr Geld zu den entsprechenden Stellen fließen zu lassen. Ja, wenn man denn wirklich jede gebotene Arbeit annehmen müsste und dabei keinerlei eigene Ansprüche stellen darf, was ist dies anderes als Zwangsarbeit bzw. Sklaventum?! Es ist bloße Diktatur und Tyrannei und hat mit Demokratie nichts zu tun! Die Arbeitswelt verkommt durch das Geldsystem immer mehr zu einer Zwangskultur!

Lassen Sie sich also nichts einreden und handeln Sie so, wie Sie es für richtig erachten. Ihr Leben ist für Sie das Kostbarste, nicht zuletzt weil Sie nur ein

Leben haben. Handeln Sie einfach so, dass Sie glücklich damit sind. Hören Sie nicht auf die Parolen der Politiker und Menschen, die diese gedankenlos wiederholen. Diese Menschen sind selbst unglücklich und hassen Ihre Arbeit!

Ein Mensch, der seine Arbeit liebt, würde niemals so reden und handeln. Nur wer selbst gezwungen wird, will auch andere zwingen! Aber wem kann man denn bei unserem derzeitigen katastrophalen Arbeitsmarkt noch verübeln, sich zu drücken oder wenigstens eine ruhige Ecke zu suchen? Es ist doch eine gesunde Reaktion! Wer so richtig im leistungsfetischistischen Fulltimejob drinsteckt, der kann nur noch Befriedigung erleben, wenn er auch hin und wieder erleben darf, wie andere mit der Peitsche getrieben und gequält werden. Und wer weiß, vielleicht findet man recht bald wieder Freude an Arbeitslagern.

Der Kapitalismus beinhaltet – konsequent zu Ende gedacht - Arbeitslager als Endkonsequenz! Mehr zu diesen Tendenzen an anderer Stelle. "Es gibt kaum ein Wort heutzutage, mit dem mehr Missbrauch getrieben wird als mit dem Wort ?frei'. Ich traue dem Wort nicht, aus dem Grunde, weil keiner die Freiheit für alle will: jeder will sie für sich." (Otto von Bismarck, preuß.-dt. Staatsmann)/ Copyright: 2006 Detlef Ouart, Verbreitung mit Quellenangabe erwünscht!*

Die schöne neue Freiheit „Arbeit braucht Wachstum und Wachstum braucht Freiheit!", gibt unsere Bundeskanzlerin Angela Merkel gerne in der Öffentlichkeit als Weisheit bekannt. Dabei geht es um die grenzenlose Freiheit für das Kapital, das die arbeitenden Menschen in einer unfreien Arbeitswelt zu vermehren haben. Der Begriff liberal kommt aus dem Lateinischen und bedeutet freidenkend, freiheitlich gesinnt, vorurteilslos. Der Liberalismus versteht sich als freiheitliche und freisinnige Welt-, Staats- und Wirtschaftsanschauung. Beim Neoliberalismus handelt es sich um eine wirtschaftspolitische Ausrichtung des Liberalismus mit freier Wettbewerbsordnung möglichst ohne staatliche oder sonstige einschränkende Eingriffe.

Was sich auf den ersten Blick recht positiv, offen, liberal, tolerant und freiheitlich darstellt, bedeutet jedoch nichts anders, als alle gesellschaftlichen Bereiche von kühlen, rationalen, rein mathematischen und wirtschaftlichen Aspekten dominieren zu lassen.

Selbst in einer gesunden Wirtschaftsordnung gäbe es immer Bereiche - wie soziale oder Bereiche des Gemeinwohles, etwa den Umweltschutz

-, die nach wirtschaftlichen Gesichtspunkten als unrentabel eingestuft werden müssen. Umso schärfer trifft ein ungeregelter Markt in einer kranken Wirtschaftsordnung. Es kann kein freier Markt existieren, wenn ein Marktteilnehmer (die Kapitaleinkommensgruppe) die Bedingungen für alle anderen Marktteilnehmer diktieren kann und sich daher frei am Stand bedienen darf. Das Geldmonopol unterbindet jede Freiheit!

So bleibt für die Mehrheit nicht einmal genug zum Überleben. Marktwirtschaft ist eben nicht gleichsam Kapitalismus! Doch anstatt bei wachsenden sozialen Spannungen Bedenken aufkommen zu lassen, verweist man auf die herrschende wissenschaftliche Ökonomie. Wer im rationalen Zahlengefecht der Wirtschaftsdaten gefangen ist, kann sich nur wenig emotionale Spielräume erlauben. So kämpft man als Wirtschaftsprüfer, Buchhalter, Finanzexperte, als Broker, Analyst, Portfoliomanager oder Steuerberater kühl und sachlich um eine makellose Zahlenbilanz.

Aber auch als selbstständiger Unternehmer, als Boss eines Großunternehmens oder Manager eines weltweit agierenden Konzerns müssen Sie spätestens am abgelaufenen Geschäftsjahr oder der Jahreshauptversammlung den Gläubigern und Aktionären bestätigen, dass Sie eine makellose Trefferquote vorweisen können.

Bedauerliche Kollateralschäden, wie gemobbte, erkrankte oder freigesetzte Mitarbeiter, Naturkatastrophen, BSE, Umweltschäden oder gar Menschenopfer, finden beim modernen Shareholder-Value keinerlei Beachtung. Diese erscheinen in keinem Bericht. Entscheidend ist die Bilanz, die genaue Zahl mit zwei Stellen hinterm Komma.

Wer als Unternehmer etwas Menschlichkeit und Anteilnahme am Mitmenschen erhalten kann, sieht sich daher im Zuge der „Sachzwänge" beim immer mehr eskalierenden Kampf um schwindende Marktanteile früher oder später ins Hintertreffen geraten. Wer Bedenken hat, wird von der Marktmaschinerie gnadenlos überrollt. In diesem System kann langfristig gesehen nur der „intelligenteste", abgestumpfteste, skrupel- und gewissenloseste Rechenautomat gewinnen. Aus diesem Grunde sind geistesarme „Machertypen", gewissenlose „Manager" und rücksichtslose Antreiber in unserer Gesellschaft besonders „erfolgreich". Jeder normaldenkende Mensch würde dagegen ins Grübeln geraten, Gewissensbisse und schlaflose Nächte bekommen. Wer unter diesen Bedingungen mehr Markt fordert, muss große Scheuklappen aufweisen und wissen, dass er damit viele Menschen ins Elend und in noch Schlimmeres treibt. Gewalt ist scheinbar wieder voll im Trend. *Sozial gleich asozial (Hartz IV ist erst der Anfang)*

Früher zeigten Politiker sämtlicher Parteien ganz stolz auf die Errungenschaften der sozialen Marktwirtschaft, auch wenn sie sich mit fremden Federn schmückten, denn die Leistungen dafür erbrachten die arbeitenden Menschen und nicht die Politiker.

Das hohe Wirtschaftswachstum - und weniger die Systemkonkurrenz zum sozialistischen Lager - machte eine gute soziale Absicherung möglich. Doch nun, da die immensen Kapitaleinkünfte immer größere Stücke des erbrachten Kuchens verschlingen, muss man den einstigen Stolz ganz liberal als Makel umformulieren. Kapitaleinkünfte haben ja vor allem Vorfahrt, gerade vor Sozialeinkünften. Anders gesagt sollen Sozialeinkünfte in Renditen verwandelt werden, denn die Löhne der Arbeitenden erhöhen sich deshalb nicht. Dabei werden die Wunschträume aller Unternehmer geschickt aufgegriffen, sie wären befreit von jeglicher Art der Steuer und könnten zusätzlich auch noch die Löhne erheblich mindern. So verweist man ständig auf die angeblich zu hohen Arbeitskosten in Deutschland. Wie können aber die Arbeitskosten zu hoch sein, wenn die Exportraten weltmeisterliche Ergebnisse erbringen?

Wenn Sie immer mehr Produkte aus dem heimischen Garten ins Ausland exportieren würden, sind dann etwa Ihre Kosten für die Herstellung dieser Produkte zu hoch? Die Arbeitskosten sind also nicht zu hoch, sondern die Kapitalkosten - besser gesagt die Renditeerwartungen sind es! Ziel der Propaganda um die angeblich zu hohen Arbeitskosten ist es also, die Löhne der Arbeitnehmer im Sinne der Kapitalerträge auf breiter Front zu kürzen. Doch dann können auch Arbeitnehmer immer weniger bei den heimischen Arbeitgebern, sprich Firmen, Dienstleistungen oder Produkte nachfragen. Und so beschert eine Verbesserung der „internationalen Wettbewerbsfähigkeit" dem Mittelstand, also dem Bäcker um die Ecke, dem Friseur von nebenan, dem Klempner oder Autoreparateur, der Physiotherapeuten oder dem freiberuflichen Fortbildner, vor allem weniger Umsätze.

Nutzen tut diese Entwicklung vor allem international agierenden Großkonzernen und Firmenketten, die den nationalen Mittelstand an den Rand drängen. Da kann der heimische Bäcker so tüchtig und fleißig sein, wie er will. Sobald ihm eine „Fruit Cake Corporation" aus Schanghai Konkurrenz macht, kann er seine Waren nicht mehr verkaufen. Dann landet er selbst im angeprangerten sozialen Netz.

Die Propaganda im Sinne der maximalen Kapitalrendite wird von Interessengruppen über die Medien geführt. Die „Initiative Neue Soziale Marktwirtschaft" (Chancen für alle) ist eine von vom Arbeitgeberverband Gesamtmetall jährlich mit rund 10 Mio. Euro finanzierte und von der Werbeagentur „Scholz und Friends" koordinierte Kampagne, die durch eine Inszenierung medienwirksamer Events und Durchdringung der Medien Stimmung für „unternehmens-freundliche Wirtschaftsreformen" machen soll. Dabei kann man auf ein Netzwerk aus Prominenten, Wissenschaftlern und Journalisten zurückgreifen.

Diese Personen werden in den Medien platziert, indem sie z. B. in Talkshows, wie Sabine Christiansen, (Heute ist es Anne Will oder Günter Jauch), auftreten. Das sorgt dafür, dass die entsprechenden Thesen und Themen - ohne dass Sie diese als gelenkt erkennen können - verbreitet werden. Entgegen der Suggestion einer „sozialen Marktwirtschaft" dringt aus allen Poren dieser Initiative der Ruf nach absoluter Deregulierung, koste es, was es wolle.

Zu den eindringlichsten Forderungen zählt z. B. die Ausdehnung von Ein-Euro-Jobs auf die private Wirtschaft. Die verquere, aber bekannte Logik ist natürlich, dass alles, was (unausgesprochen) unsozial ist, letztendlich sozial ist. Man erinnert sich unweigerlich an Orwells Roman 1984 , wo Krieg gleich Frieden und Hass gleich Liebe sind. Das ist bewährtes liberales Doppeldenk. Nach altbekannter neoliberaler Unlogik sollen soziale Systeme durch ihren Abbau erst erhaltensfähig werden.

Würde man den INSM-Ideen folgen, schaffte man am besten alles Soziale komplett ab, um es zu erhalten. Neben dieser Initiative gibt es zudem eine Vielzahl neoliberaler Kampagnen unter Namen wie: „Deutschland packt's an", „Berlinpolis", „Aufbruch jetzt!", „Stiftung liberales Netzwerk", „Projekt Neue Wege" oder „Reforminitiative". Außerdem kürt man jedes Jahr medienwirksam den „Reformer des Jahres". Diese Initiative behauptet mit Hinweis auf ein Standort-Ranking der Bertelsmann-Stiftung, dass Deutschland in seiner wirtschaftlichen Entwicklung zum Entwicklungsland mutiert sei. Sie wissen ja mittlerweile, dass uns die Bananenpflücker beim Wachstum bereits überholt haben. Und genau diese Stiftung verlangt eine Abschaffung der Arbeitslosenversicherung bis zum Jahre 2014 und eine Halbierung der Sozialhilfe! Die Effekte auf dem Arbeitsmarkt würden sicherlich durchgreifend sein!

Insgesamt geht es bei Kampagnen solcher Stimmungsmacher (sogenannte think tanks), der „Initiative Neue Soziale Marktwirtschaft" wie auch „Du bist Deutschland" oder „Bürgerkonvent" um eine Umerziehung der Massen im Sinne der neoliberalen neuen Freiheit, also im Interesse von Finanzeliten. Anders ausgedrückt wird das Soziale an der Marktwirtschaft über die gekauften Medien als unsozial umdefiniert. Und damit Sie als gutgläubiger Medienkonsument keinen Verdacht schöpfen, wird diese Veränderung zu Ihren Ungunsten als positive Neuerung und daher als Fortschritt verkauft. Es wird also eine „moderne" „Neue Soziale Marktwirtschaft" kreiert. Mit dem Begriff des „Neuen" an der sozialen Marktwirtschaft wird die bisherige Sozialordnung als alt, also unmodern etikettiert. Und so wird beispielsweise die alte Ludwig-Erhard-Formel vom „Wohlstand für alle" in einen neuen Slogan „Chancen für alle" umgewandelt.

Mit dem Abbau von Sozialleistungen bekommen Sie nämlich als anständiger Werteschaffender endlich die Chance, in Zukunft zu jedem noch so niedrigen Lohn Ihre Arbeitskraft anbieten zu müssen. Die Höhe der Arbeitslosenunterstützung und Sozialhilfe bestimmte bisher die Mindesthöhe des unteren Lohnniveaus, denn es lohnt sich ja nicht, unter dieser Grenze arbeiten zu gehen. Wenn es weniger Lohn als Sozialunterstützung gibt, kann man auch gleich zu Hause bleiben. Doch dieses Niveau muss im Sinne der Kapitalmaximierung gesenkt werden.

Wenn es weniger zu verteilen gibt, dann logischerweise nicht für die Finanzinvestoren, sondern für Sie als Arbeitender! Daher sagt man Ihnen auch, dass letztlich „sozial ist, was Arbeitsplätze schafft". Das hört sich doch für proletarische Ohren richtig gut an, nicht wahr ? Toll ja, „sozial ist, was Arbeitsplätze schafft". Lassen Sie sich diesen Satz einmal richtig auf der Zunge zergehen. Tja, damit ließe sich sogar Kinderarbeit wieder einführen! Aber Moment mal, wir sind ja vorerst beim modernen Sklaventum für Erwachsene. Arbeit zu jedem auch noch so niedrigen Lohn, darum geht es natürlich. Das ist doch wirklich sozial, insbesondere für unsere Renditejäger! Und damit Sie als Schuftender Ihrer baldigen Lohnsenkung auch zustimmen werden, redet man Ihnen ganz aus dem Hertzen und sagt, dass das System der sozialen Sicherheit die Leistungsfähigkeit der Steuerzahler bei Weitem überfordere. Ihre Leistungsfähigkeit bewegt sich ja schon lange am Ende der Fahnenstange, nicht wahr. Aber darum geht es gar nicht, denn Sie sollen in Zukunft sogar noch mehr, wenn auch für einen geringeren Lohn schuften. Mit diesem Slogan werden Sie irregeführt, denn es sollen Arbeitgeber, Arbeitnehmer und Arbeitslose gegeneinander ausgespielt werden.

So leuchtet es auch völlig ein, dass deutsche Arbeitslose auch endlich geringstbezahlte Jobs von ausländischen „Gastarbeitern" übernehmen sollten. Dabei haben z. B. polnische Erntehelfer zuhause halb so hohe Lebenshaltungskosten als deutsche Arbeitskräfte. Dadurch ist die Motivation natürlich doppelt so hoch! Das wird in den Medien aber zumeist verschweigen.

Was Sie bei der Propaganda nicht ahnen: Sie werden auch recht bald dazugehören, nämlich wenn Sie selbst von Arbeitslosigkeit betroffen sind. Dann zieht die „Ausrede", ausländische Arbeiter würden Ihnen die Arbeit wegnehmen, nicht mehr. Sie werden es ihnen gleichtun müssen, und zwar zum gleichen Lohn! Na, das ist doch eine freudige Botschaft, oder? Sie bekommen als Arbeitsloser also endlich eine Arbeit! Und wenn das Geld zum Leben von einer Arbeitsstelle nicht ausreicht, dann dürfen Sie ganz dem amerikanischen working poor: „Der Präsident schuf hunderttausend neue Jobs und ich habe drei davon!", so richtig den Workaholic herauslassen. Da haben Sie nicht nur einen, sondern gleich mehrere schöne Jobs an der Backe! Eine Siebzigstundenwoche, um gerade so über die Runden zu kommen, das ist doch was!

So wird die Arbeitslosenquote nachhaltig gesengt, denn wenn Sie keine Arbeitslosenunterstützung mehr erhalten, sind Sie auch nicht arbeitslos! Damit können Sie Ihr Recht auf Arbeit so richtig verwirklichen! Und weil eben jeder seines eigenen Glückes Schmied ist, haben nach einer Studie des US-Landwirtschaftsministeriums im nationalen Durchschnitt zirka 12 Prozent der Amerikaner gelegentlich mit Hunger zu kämpfen.

Arbeiten und trotzdem in Armut leben, das nennt sich also Eigenverantwortung und Freiheit! Nun aber keine Panik, denn zusätzlich zum Hungerlohn bekommen Sie - quasi als Übergangslösung - einen ganz hartzlich kombinierten Zuschuss vom Staat, denn die Reformen in Ihrer Geldbörse können Ihnen leider nur scheibchenweise serviert werden. Sie sind halt zu verwöhnt und Politiker wollen ja noch die nächste Wahl gewinnen. Doch bevor Sie auch nur einen Cent des Arbeitslosengeldes II (wie dieses hartzliche Almosen verschleiernd genannt wird) erhalten, müssen Sie zeigen, was man Ihnen noch alles so abknöpfen könnte. Dafür müssen Sie leider vorm Amtsschimmel die „Hosen" herunterlassen und sich beim Antrag für das hartzliche Almosen völlig nackig ausziehen und sämtliche Besitztümer, die Sie im Laufe Ihres harten Arbeitslebens angesammelt haben, exakt angeben. Es könnte ja sein, man findet bei der Leibensvisite noch das eine oder andere interessante wertvolle Besitzstück, das Sie scheinbar in krimineller Absicht verbergen wollten. Das geht natürlich nicht, denn Ehrlichkeit muss schon sein!

Und weil man Ihnen nicht trauen kann, hat man auch von höchster Stelle ein neues Gesetz erlassen, nämlich das „Gesetz zur Förderung der Steuerehrlichkeit". Sie als hartzlicher Almosenempfänger besitzen ja auch unendlich viele Möglichkeiten zur Steuerhinterziehung. Durch diese Regelung können Finanz-, Arbeits-, Bafög-, Sozialämter und Wohngeldstellen die Stammdaten - also Kontonummer, Inhaber, Bevollmächtigte und Eröffnungsdatum - aller Bankkonten in Deutschland abfragen. Bislang war dies nur der Steuerfahndung und der Bundesanstalt für Finanzdienstleistungsaufsicht (BaFin) erlaubt. Tja, auch ein Bankgeheimnis sollte man sich leisten können, oder haben Sie etwa ein Konto im Ausland? Na, sehen Sie. Aber auch die paar Kröten auf dem inländischen Konto sind doch viel zu viel.

Zur Bewilligung eines hartzlichen Zuschlages sollten Sie nämlich als Voraussetzung einen Großteil Ihrer materiellen Sicherheiten verjubeln. Ihre Arbeitsmoral muss eben trotz eines erheblichen Lohnabschlages gestärkt werden, und das geht am besten, wenn Sie mit dem Rücken zur Wand stehen und finanziell nicht mehr ein noch aus wissen! Größere Ersparnisse oder gar Besitztümer würden Ihnen nur unnötige Sicherheit verschaffen, also her damit! Auch wird Ihnen vorgeschrieben, wo und mit wem Sie zusammen lieben, Leben und wohnen dürfen. Schließlich könnte man dem netten Partner auch noch in die Taschen schauen. Ja haben Sie je gehört, dass sich Sklaven ihre Behausung selbst aussuchen dürfen?

Hartz IV, so wie es 2005 eingeführt wurde, ist natürlich erst der Anfang. Damit Ihre Motivation auch für die schlechtbezahlteste Arbeit und unter den miesesten Arbeitsbedingungen steigt, wird der hartzliche Zuschuss mit der Zeit immer weiter gesenkt.* Das geht per Salamitaktik, Schritt für Schritt. Dafür benutzt man die bereits allseits bewährte Methode – die Sie schon kennen -, indem man verschiedene Gruppierungen gegeneinander ausspielt. So wird man Ihnen sicherlich recht bald mitteilen, dass man bestimmten Gruppen, so vielleicht Jugendlichen, die noch bei den Eltern leben, die hartzliche Zuwendung kürzen müsse. Dafür findet man sicherlich gute Gründe, wie z. B. dass diese bisher nichts in die Arbeitslosenversicherung eingezahlt hätten, oder so ähnlich. Wie man diese Kürzungen begründet, ist im Grunde einerlei.

Ist dieser Deal ohne größere Proteste aus der Masse gelungen, nimmt man sich die nächste Gruppe vor - und so weiter und so fort. Letztlich werden so immer größere Teile der Bevölkerung enteignet, unmündig gemacht und für einen Hungerlohn versklavt.

Was sagen Sie? Das ist gemein!? Sie brauchen doch den Antrag bei der Arbeitsagentur nicht zu stellen. Niemand, nein, wirklich niemand wird dazu gezwungen. Wenn Sie nicht wie eine Weihnachtsgans ausgenommen werden möchten und für ein Almosen malochen wollen, dann gehen Sie doch ein wenig bei schönem Wetter in der Fußgängerzone spazieren und bitten Sie die Mitmenschen um eine Spende oder genießen Sie die herrliche Natur unseres Landes und ernähren Sie sich von Früchten des Waldes. Essensreste aus Mülltonnen und Flaschen aus Papierkörben zu angeln soll ja auch eine interessante Beschäftigung sein. Und da sagen Sie noch, es gäbe keine Arbeit?!

Wenn Ihnen das nicht ausreicht, können Sie eine schöne warme Suppenküche besuchen, die von besonders reichen Philanthropen mit ein paar Penunzen unterstützt wird. Und bedanken Sie sich schön brav bei den Herrschaften ? Na also, da ist es doch besser, Sie bekommen als richtiger hartzlicher Arbeitssklave Kost und Logis frei und können sich noch einen ganzen Euro fürs Benzingeld dazuverdienen. Schließlich müssen Sie es noch bis zur Arbeitsstelle schaffen.

Es mutet fast wie früher in der Sklaverei an, da hatten die Sklaven auch Kost und Logis frei und sonst nichts an Besitz - damit sie nicht davonlaufen. Die Geschichte wiederholt sich. Copyright: 2006 Detlef Ouart, Verbreitung mit Quellenangabe erwünscht!*

Eine Wahlkampfveranstaltung, die fast wahr sein könnte . Der Spitzenkandidat der Weißen Malocherpartei (kurz „Die Unschuldigen") Hans-Herrmann Ochsentreiber weiß sehr genau, dass der Ausdruck seiner Stimme, die Körperhaltung am Rednerpult, der Blickkontakt zum Publikum und eine Seriosität ausstrahlende Kleidung viel gewichtiger sind, als die von ihm in seiner Rede vorgebrachten Inhalte. Das liegt daran, dass sich die fünf großen Malocherparteien und deren Kandidaten vor allem durch die jeweiligen Namen und Farben der Fahnen, Logos, Luftballons und Winkelemente unterscheiden. Um sich dennoch hervorzutun, hatte er bereits im Vorfeld seines Wahlkampfes ausgiebige Unterrichtsstunden am Institut für Schauspielkunst erhalten. Gleichzeitig setzte eine Promotionsagentur Gerüchte über eine geschäftige und entbehrungsreiche Vergangenheit des in Wirklichkeit arbeitsscheuen und daher leicht korrumpierbaren Sunnyboys in die Welt.

Wer im Lande der Arbeitssklaven nicht fleißig im Hamsterrad strampelt, macht sich verdächtig, als Terrorist die Ziele des 7. Wachsdummsparteitages untergraben zu wollen. Solch ein schweres Vergehen wird mit einer Trainingsmaßnahme in einem Erziehungslager der Arbeitsaussichtspolizei bestraft. Deshalb sind ein gutes Führungszeugnis und arbeitsames Image unabdingbar.

„Wer nicht arbeitet, soll auch nicht essen!", so steht es als oberste Richtlinie in allen Parteiprogrammen sämtlicher Malocherparteien geschrieben. Andere Parteien haben übrigens kaum eine Chance gewählt zu werden, denn diese versprechen den Arbeitssklaven viel zu wenig Sklavenarbeit. Was aber konkret „Arbeit" und was konkret „Essen" bedeuten, wird nirgends in den Parteiprogrammen ausgeführt.

Arbeit ist im Lande der Arbeitssklaven etwas absolut Heiliges, und deshalb ist es völlig gleichgültig, um welche Arbeit es sich handelt und auch zu welchem Zwecke diese ausgeführt wird. „Arbeiten, koste es, was es wolle" - nur das zählt!

Tja, und übers Essen macht sich schon lange niemand mehr Gedanken. Nun, nach einer vierjährigen Wachstumsphase stehen für Millionen von Arbeitssklaven vier weitere arbeitsreiche Jahre an, und daher dürfen sie sich aussuchen, ob sie zukünftig von einer gelben, grünen, roten, schwarzen oder weißen Malocherpartei oder von einer gescheckten Malocherparteikoalition die Peitsche gezeigt bekommen.

Ja, eine Wahlfreiheit zwischen den verschiedenen Farben gehört zu den Grundsätzen der demokratischen Arbeitsgesellschaft, wird diese doch im Lande der Arbeitssklaven besonders großgeschrieben. Äußerlichkeiten sind ja soo wichtig! Da jedoch die Wachstumsraten der Produktivität wieder einmal nicht den expotentiellen Forderungen der Wachsdummsaufsichts-behörde entsprechen, müssen - wie immer - alle vier Jahre die Arbeitsnormen auf sämtlichen Wirtschaftsgebieten angehoben werden. Dieses kundzutun gehört im Wahlkampf bereits zum festen Ritual. Ein Prominenter, der berühmte Schauspieler der Fernsehserie „Schlechte Zeiten, ganz schlechte Zeiten für Arbeitssklaven" Hans-Werner Unsinn kündigt im Workingstadion bei maximaler Lautstärke der Beschallungsanlage den Spitzenkandidaten vor über einhunderttausend anwesenden Arbeitssklaven an: „Sehr geehrte Dumpfbacken und leichtgläubige Schwachköpfe! Begrüßen wir gemeinsam den Spitzenkandidaten der Weißen Malocherpartei, Heeeerrn Haaaans-Heeeeerrmann Ooooochsentreeeeeeeiiiiiber!!!"

Grandioser Beifall erschallt und einige von der Partei gestellte Gruppen von Arbeitssklaven rufen begeistert „Ochsentreiber, Ochsentreiber, er lebe hoch, hoch, hoch!" Der Spitzenkandidat der Weißen Malocherpartei (kurz „Die Unschuldigen") Hans-Herrmann Ochsentreiber betritt die Bühne, begibt sich ans Rednerpult und beginnt seine Wahlrede: „Räusper! Werte Parteifreunde, Ideologen und Ideologinnen; werte Vorbeter und gedankenlose Nachsager! Wieder sind vier wachstumsreiche Jahre vergangen, und ich möchte als Erstes den Millionen Arbeitssklaven danken, den vielen fleißigen und unermüdlichen Marionetten des Systems, die bereits seit Jahrzehnten ihr Leben und ihre Arbeitskraft für Zinsen, Renditen und Dividenden einiger weniger reicher Geldsäcke opfern. Das macht mich stolz. Ja, ich kann mit Hochmut verkünden: Hinter mir stehen Millionen und Milliarden! Und es werden immer mehr!"

Spontaner Beifall wird von einigen ausgesuchten Anklatschern der Partei entfacht. Die Mehrheit klatscht mit. „Eine Danksagung zu Beginn meiner Rede ist bereits zu einer guten Tradition geworden, denn auch fleißige Arbeitssklaven brauchen hin und wieder eine kleine Streicheleinheit. Das ist wichtig, damit sie die kommenden Erhöhungen der Arbeitsnormen besser verkraften. Deshalb nochmals Danke, danke, danke liebe Dumpfbacken!" Beifall. „Werte Arbeitssklaven, mir ist schon klar, Sie können sich für meine heuchlerischen Worte leider nichts Neues kaufen, aber dafür gibt es ja auf dieser Veranstaltung immerhin Zuckerwatte und bunte Brause unseres Hauptsponsors der „Weißzucker AG" gratis!" Stürmischer Beifall entbrannt und freudig wird das Lied „Mit Weißzucker ist alles in Butter ?" aus dem neuesten Werbespot des Zucker-Multis angestimmt. „Räusper. Werte Arbeitssklaven, kein guter Betrug kommt ohne eine Vision aus. Und bei dieser großen Vision geht es logischerweise um etwas Wichtigeres und viel Bedeutenderes als ein lächerliches kleines Sklavenleben wie das ihrige. So haben es erfolgreiche Ideologen schon immer getan. Darum lassen Sie mich etwas von ?Verantwortung für unser Land', einer ?europäischen Einigung', ?transatlantischer Partnerschaft', von ?sozialer Marktwirtschaft', ?Kinder-, Jugend- und Familienpolitik' und eine ?heuchlerische Verpflichtung, dem Wohlergehen des Volkes zu dienen' schwafeln. Das hört sich gut an und lenkt davon ab, dass auch die gutgemeintesten Ideale gegen eine ausreichende Anzahl von Geldscheinen nicht die Spur einer Chance besitzen. Ja, auch

Politiker möchten teure Anzüge tragen, dicke Schlitten fahren, hin und wieder ihre Fraktionskollegen vor Neid erblassen lassen.

Vor allem aber geht es darum, rechtzeitig das eigene Schäfchen ins Trockene zu bringen. Darf ich das mal so sagen: Ihr seht, ich bin einer von euch, werte Arbeitssklaven!" Angeklatschter Szenenapplaus. „Aber auch genügend Idealisten braucht eine Partei. Je mehr es davon gibt und je weniger diese Dummköpfe an Pinkepinke für sich beanspruchen, desto mehr bleibt für mich übrig. Deshalb bedanken wir uns alle bei den Tausenden in den hinteren Reihen unserer Partei, den Träumern, die immer noch an Weihnachtsmänner und edle Samariter glauben." Beifall. „So mancher mag davon träumen, es allen gezeigt zu haben und irgendwann genau wie ich im A1 vorzufahren und die Blicke der Neider auf sich zu ziehen.

Aber glücklicherweise sind die meisten viel zu idealistisch und deshalb zu wenig korrupt. Ja, diese Fantasten glauben immer noch an Gerechtigkeit oder so etwas. So schaffen sie es natürlich niemals bis an die Spitze. Wer so hoch kommt wie ich, meine werten Arbeitssklaven, der kennt keinerlei menschliche Werte mehr, der kennt nur noch Zahlen. Ja, wir brauchen doch Wachsdumm in den Geldbeuteln einiger weniger, Wachsdumm um jeden Preis! Dafür heißt es, alles unterzuordnen, koste es, was es wolle! Und wenn ab und zu einige Schwächlinge über die Klinge springen, was soll's?! Es gibt doch wirklich genug davon. Für diesen Zweck können wir keinen Euro mehr ausgeben, denn das reduziert das Wachsdumm in den Geldsäcken einiger weniger, und das darf es niemals.

Für soziale Fantasien gibt es immer noch viele idealistische Träumer, die sich ehrenamtlich darum kümmern können. Für ihre aufopferungsvolle unentgeltliche schwere Arbeit sei Ihnen ganz hartzlich gedankt! Ha, vielleicht gibt es ja mal ein Verdienstkreuz am Bande, ha, ha, ha! Blech und Zwirn sind nicht so teuer! Ha, ha, ha!" Beifall. „Werte Arbeitssklaven, doch nun genug der heuchlerischen Schleimerein, denn ich bin aus einem viel wichtigeren Grund zu Ihnen gekommen. Wie Sie aus den gleichgeschalteten Medien bereits erfahren haben, ist das Wirtschaftswachsdumm leider wieder hinter den Erwartungen der Imperialen Wachsdummsfördergesellschaft (kurz IWF) zurückgeblieben." Erhoben wird der Zeigefinger. „Das sehen diese netten Damen und Herren aber wirklich nicht gerne! Ohne ein Wachsdumm in den Brieftaschen dieser ehrenwerten Herrschaften wird es wirklich eng mit der Existenzberechtigung von Ihnen, werte Arbeitssklaven. Das muss ich Ihnen leider so ungeschminkt mitteilen.

Aber ich habe wie immer eine kolossale Lösung für dieses Dilemma parat. Nämlich unser tolles „Reformprogramm", das ich Ihnen nun vorstellen möchte!" Beifall gefolgt von gespannter Ruhe. „Unser Reformprogramm ist im Grunde ganz einfach gestrickt, sodass dieses Konzept sogar auf einen Bierdeckel passen würde. Es geht so: „Was jemanden an Kohle mehr zugeschoben wird, wird einem anderen genommen." So einfach ist das! Werte Arbeitssklaven, damit es Ihnen irgendwann wieder etwas besser gehen könnte, müssen Sie leider, natürlich nur vorrübergehend, die Gürtel etwas enger stellen. Um genau zu sein, wird Ihnen der Lohn nur um ganze 10 Prozent gekürzt. Und damit Sie keine Zeit für Protestaktionen, Unterschriftensammlungen oder ähnlichen Unfug verschwenden können, wird Ihnen gleichzeitig die Arbeitszeit um genau diesen Wert verlängert, also ebenfalls um 10 Prozent. Meine werten Arbeitssklaven, Sie bekommen also noch mehr Arbeit aufgebrummt!" Stürmischer Beifall. „Danke, danke! Werte Arbeitssklaven, ich muss jedoch schauen, ob den netten Damen und Herren der Wachsdummsfördergesellschaft der so ergaunerte Mehrwert von 20 Prozent wirklich ausreicht. Ich kann Ihnen das nicht versprechen, denn die Herrschaften haben so ihre Ansprüche.

Letztens haben wir uns wieder konspirativ zu einem Meinungsaustausch getroffen, wo einer von den Herrschaften den Wunsch geäußert hat, sich eine neue Südseeinsel kaufen zu wollen. Die Währungen schmieren bald ab, da muss man halt vorsorgen. Nun ja, vielleicht reicht es dafür." Vereinzelte Pfiffe aus der Menge. „Werte Arbeitssklaven, Sie sollten schon etwas mehr Flexibilität zeigen, denn um diesen Schwindel durchzusetzen, bekomme ich nur 10 Prozent mehr zu meinen schmalen Diäten zugesteckt. Das ist im Vergleich zu einer Südseeinsel wirklich nicht besonders viel." Vereinzelte Buhrufe aus der Menge. „Werte Arbeitssklaven, um Sie von diesem unerhörten Betrug abzulenken, lassen Sie mich nun auf den politischen Gegner zeigen. Der Kampf um die hochdotierten Posten im Parlament ist ziemlich hart, denn alle Politiker labern ja mehr oder weniger das gleiche wirre Zeug wie ich - brubbel, brubbel." Unmerklich wird die Lautstärke der Beschallungsanlage auf das Maximum verstärkt. „Ja, war es nicht der Spitzenkandidat der derzeitig mitregierenden Roten Malocherpartei (kurz „Die idealistischen Langschläfer") Hans-Friedrich Achtundsechziger, der kürzlich forderte, Sie sollten nur ganze 8 Prozent länger malochen und das für sage und schreibe nur 8 Prozent weniger Lohn?! Meine werten Arbeitssklaven, das ist doch wirklich unerhört!!! Solche Schlafmützen können wir hier nicht gebrauchen! Wo bleibt denn da die Arbeit?!!" Buhrufe und Pfiffe. „Meine werten Arbeitssklaven, dieses macht ganz deutlich: Die Zeit ist reif für den Wechsel!" Applaus. „Als politische Gegner beharken sich Regierung und Opposition vor Ihnen, liebes Publikum, zwar aufs Schärfste, aber hinter den Kulissen sind wir uns zumeist schnell einig. Mein Gott, wir kennen uns doch schon soo viele Jahre aus soo vielen Arbeitssitzungen und Debatten, in denen wir gemeinsam abgegammelt haben. Ja, und erst die vielen Feste und Feiern, wenn wieder eine Diätenerhöhung beschlossen wurde. Was haben wir da miteinander gesoffen und gejohlt, und wer so alles mit wem fraktionsübergreifend ins Bett gestiegen ist, erzähle ich hier lieber nicht ?"

Peinlich berührtes Gelächter von einigen alten Jungfern. „Aber wenn's um hochdotierte Posten geht, meine werten Damen und Herren, dann ist Schluss mit lustig. Da sind wir kämpferisch und unnachgiebig! Liebe Dumpfbacken, der Wechsel muss gelingen, denn meine Villa auf Teneriffa braucht unbedingt ein neues Dach, und das ist ziemlich teuer. Dieses zu erneuern schafft doch Arbeit, Wachsdumm und Beschäftigung!" Beifall. „Ein Wechsel ist schon deshalb wichtig, damit Sie das falsche Gefühl bekommen, wieder einmal Unheil abgewendet zu haben, währenddessen ein neues auf Sie wartet. Regierung und Opposition exerzieren ja ständig einen „Staffellauf der Sauereien". Was die Opposition aufs Heftigste bei der Regierung bekämpft, ist genau das, was sie mit der Machtübernahme umso dreister fortführt. Ja, es geht auch gar nicht anders, denn sämtliche Parteien sind der Wachsdummsfördergesellschaft Rechenschaft schuldig.

Meine werten Arbeitssklaven, damit einige wenige völlig leistungslos horrende Renditen und Zinsen kassieren können, muss dafür der Mehrheit - also Ihnen - immer weniger verbleiben. Anders funktioniert diese Ökonomie nun leider nicht. Damit Sie nichts davon bemerken, werde ich als zusätzliches Ablenkungsmanöver auf einige Sündenböcke zeigen. So läuft es immer. Da gibt es doch tatsächlich noch Sklaven, die verdienen für ihre Sklavenarbeit viel zu viel." Buhrufe und Pfeifkonzert aus der Menge. „Solche Besserverdiener schmälern doch die Profite der Finanzinvestoren. Sie sollten sich mit Ihren Lohnforderungen an dem orientieren, was Schuhputzer in Bangladesh bekommen. Mehr können wir uns leider nicht mehr leisten! Und noch etwas: Da gibt es doch tatsächlich Faulpelze unter uns, die nicht arbeiten, aber trotzdem Geld kassieren wollen. Das sind die sogenannten Arbeitslosen und auch Rentner und Behinderte. Solch eine Ehre gebührt aber nur den reichen Geldsäcken, denen Sie werte Arbeitstiere sind und die Zinsen und Renditen erarbeiten müssen. Und wenn Letztere zu gering ausfallen, können wir uns derartigen Luxus, wie Arbeitslosenunterstützung und Renten, sowieso nicht mehr leisten. Diese Wahrheit muss mal gesagt werden. Ja, wozu denn auch Urlaub und Renten, denn Sie wollen doch alle Arbeit und Beschäftigung! Oder etwa nicht?" Beifall. „Daher müssen wir solche leistungslosen Zuwendungen radikal kürzen, um den Leistungsanreiz für diese Faulpelze zu verstärken.

Für billigen Fusel, Fernsehgeräte und Zuckerwatte unseres Hauptsponsors reicht auch ein Hungerlohn völlig aus, meine lieben Konsumidioten." Beifall. „Werte Arbeitssklaven. Wenn's uns allen schlechter geht, geht's einigen wenigen immer besser. Es gibt nämlich noch eine viel wichtigere Mission, weshalb ich hier spreche." Gespannte Ruhe, in der man eine Stecknadel hätte fallen hören können. „Da draußen bedrohen fundamentalistische Fanatiker unsere Welt, Despoten brechen das Völkerrecht und bereichern sich auf Kosten der Allgemeinheit. Rechte von Arbeitenden gehen verloren, Zensur und Geheimhaltung überall, Hunger und Armut treiben Millionen in den Tod, Gewalt und Folter sind an der Tagesordnung - und, ja, es gibt wieder Arbeitslager. Diese Diktatoren bedrohen unsere freiheitlich-demokratische Sklavenordnung. Es ist der reinste Terror! So viel Ungerechtigkeit muss unbedingt bekämpft werden. Wir müssen also für eine gute und edle Sache etwas, nun ja also sozusagen, gleichsam, gewissermaßen, nicht so ganz Schönes unternehmen.

So war es doch schon immer in der Geschichte, oder haben Sie jemals einen Kriegstreiber sagen hören, er würde für das Böse und Verächtliche eintreten?!" Gelächter aus der Masse. „Na, sehen Sie, werte Dumpfbacken! Und darum frage ich euch: Müssen wir alle noch optimistischer, zuversichtlicher und daher härter und länger arbeiten und obendrein weniger verdienen, damit wir mehr Wachsdumm in die Geldsäcke einiger weniger bekommen?" Die Massen rufen begeistert: „Ja!!!" „Müssen wir alle noch mehr Konsumschrott, billige Schnäppchen und Schnäpschen konsumieren, damit wir mehr Wachsdumm in die Geldsäcke einiger weniger bekommen?" Die Massen rufen begeistert: „Ja!!!" „Müssen wir uns alle weniger gesunde Lebensmittel, aber dafür billiges Fastfood einpfeifen, damit wir mehr Wachsdumm in die Geldsäcke einiger weniger bekommen?" Die Massen rufen begeistert: „Ja!!!" „Müssen wir mehr Friedenskämpfer in die Wüsten der Welt schicken, damit wir mehr Wachsdumm in die Geldsäcke einiger weniger bekommen?" Die

Massen rufen begeistert: „Ja!!!" „Sehr geehrte Arbeitssklaven und werte Konsumidioten, ich danke Ihnen! Bitte geben Sie mir und der Weißen Malocherpartei Ihre Stimme! Ich bin mir ganz sicher, wir werden den Kampf gegen das Böse, für Freiheit, Gleichheit und Gerechtigkeit gewinnen!" Stürmischer Beifall entbrannte und eine Band spielte das Lied „Mit Weißzucker ist alles in Butter ?" aus dem neusten Werbespot des Hauptsponsors an. Begeistert strömen die Massen zu den Verkaufszelten. Ein schöner Abend geht zu Ende. * Die Reform des Geldsystems** *

Wir leben in einem gesellschaftlichen Monopolyspiel und wir alle können uns zu den Verlierern zählen. Nur eine Minderheit gewinnt dabei und ist deshalb bestrebt, das Spiel am Laufen zu halten. Zu Beginn des Spiels hat jeder scheinbar gleiche Chancen, gewinnbringendes Kapital zu erwerben. Doch einige besitzen bereits die besten Stücke, Parkstraße und Schlossallee. Daher steht der Ausgang des Spieles längst fest, nur nicht, wann es genau beendet wird. Wer viel Kapital angesammelt hat, gewinnt ständig mehr dazu, mit dem er wiederum immer mehr Kapital anhäufen kann. Das steigert sich ins Unermessliche. Die anderen Spieler verlieren nach und nach ihr Kapital und können nur versuchen, den drohenden Bankrott durch harte Arbeit zeitlich hinauszuschieben.

Doch Leistungen lassen sich nicht unendlich steigern, und so gewinnt mit jeder Runde die Kapitalvermehrungsseite immer mehr. Das hat zur Folge, dass den arbeitenden Spielern mit der Zeit das Geld ausgeht. Aber auch Schulden lassen sich nicht unendlich vermehren, womit das Spiel nach einem Währungsschnitt von vorn beginnt. Doch die Ausgangsbedingungen für die nächste Runde sind sehr ungleich. Für die Mehrheit beginnt es mit den Kleidern auf dem Leibe und für eine Minderheit als Grundstücks- und Fabrikbesitzer, also mit Parkstraße und Schlossallee. So ist auch der nächste Ausgang wieder vorprogrammiert. Kein Wunder also, dass dieses Spiel von den Systemgewinnern heiliggesprochen wird!

Wenn aber das Spiel für die Allgemeinheit immer den gleichen unheilvollen Ausgang nimmt und man dies nicht länger hinnehmen möchte, muss man die Spielregeln verändern. Was kann man tun? Reformen, Reformen und nochmals Reformen! Sicherlich können Sie dieses Wort schon nicht mehr hören – und das zu Recht. Was unsere Politiker nämlich als Reformen bezeichnen, ist bestenfalls ein Herumdoktern an den Symptomen.

Der Verschuldungs- und Investitionszwang, der durch das Zinssystem verursacht wird, ist der Tumor im Fleisch der Gesellschaft. Anfangs unbemerkt und klein entwickelt er sich im Laufe der Jahrzehnte zu einem gefährlichen Geschwür. Man kann ihn lange Zeit ignorieren, verdrängen und so tun, als sei alles in Ordnung. Doch irgendwann werden lebenswichtige Organe angegriffen, gerät das gesellschaftliche Leben immer mehr aus den Fugen, gibt es trotz hoher Produktivität immer mehr Arbeitslosigkeit und Armut. Dann gibt es die unzweifelhafte Diagnose: Krebs!

Doch was tun die Ärzte, unsere Politiker? Sie ignorieren den Tumor, schnippeln ein wenig hier und dort herum und verordnen Diät - anstatt die Ursachen zu benennen und zu beseitigen. Nur eine Reform des Wirtschafts- und Finanzsystems kann eine Lösung sein! Und diese Lösung kann nur so aussehen, dass sich Geld nicht aus sich selbst vermehren darf. Nein, umgekehrt wird ein Schuh daraus, denn die Geldmenge muss dem Wirtschaftsvolumen, also dem Wert der erarbeiteten Güter und Dienstleistungen, angepasst werden! Es muss also sichergestellt sein, dass die Menge des in Umlauf befindlichen Geldes der Menge des in der Realwirtschaft benötigten Geldes stets möglichst nahe kommt. Das kann man mit einer sogenannten Umlaufgebühr - wie sie von der Freiwirtschaft gefordert wird - erreichen. /"Nichts ist mächtiger als eine Idee zur richtigen Zeit." (Victor Hugo, französischer Schriftsteller)/ Die Freiwirtschaft Die Idee einer Umlaufgebühr (auch Liquiditätsabgabe genannt) geht auf den deutsch-argentinischen Kaufmann Silvio Gesell (1862 - 1930) zurück. Bei diesem Konzept spielt die erkannte Überlegenheit des Geldes gegenüber den mit ihm zu tauschenden Gütern eine entscheidende Rolle. Während Güter aufgrund von Alterung, Verderb, Mode und Lagerkosten unter Angebotszwang stehen, kann das Geld warten.

Während Arbeitseinkommen immer notwendig sind, um das eigene Überleben zu sichern, können Investitionen warten, bis die Höhe für Verzinsung oder Renditen ein akzeptables Niveau erreicht haben. Wenn Sie die Wahl hätten zwischen Geld im Wert von 1 Mill. Euro oder Kartoffeln, Kleidern, Radiergummis, Autos, Computers etc. im gleichen Wert, dann würden Sie sich bestimmt für das Geld entscheiden. Diese Überlegenheit des Geldes schlägt sich im Grundzins als Preis für die Geldüberlassung nieder. Selbst in Zeiten schwacher Konjunkturlagen und reichlicher Geldausstattung ist das Geld in der Lage, durch Zurückhaltung und künstliche Verknappung des Geldangebotes einen positiven Zins zu verlangen. Eine Liquiditätsabgabe oder Umlaufgebühr würde diesen Vorteil neutralisieren und so ein marktgerechtes Absinken der Zinsen gegen null ermöglichen.

Erste erfolgreiche Versuche mit Freigeld gab es - aus der Not geboren - kurz vor dem 2. Weltkrieg in einem österreichischen Städtchen, was als Wunder von Wörgl in die Geschichte einging. In der Zeit des sogenannten Freigeldes verschwanden Arbeitslosigkeit und Geldmangel. Leider wurde dieser Versuch durch den Staat mit Hinweis auf das Geldmonopol unterbunden. Wahrscheinlich wurde dies von den Finanzeliten als Konkurrenz zum Zinsgeld erkannt und daher verboten. Die sogenannte Freiwirtschaft stellt eine Wirtschaftstheorie dar, die auf den Ideen Silvio Gesells basiert. Danach wird der Zins- und Zinseszins-Mechanismus als ungerechter und die Wirtschaft lähmender Umverteilungsprozess der Geldvermögen erkannt. Silvio Gesell entwickelte seine Theorie zu Beginn des 20. Jahrhunderts. Er veröffentlichte seine wichtigsten Thesen erstmals im Jahre 1916 in seinem Werk „Die natürliche Wirtschaftsordnung". Eine Aufarbeitung dieser Theorie hat der Wirtschaftsanalytiker Helmut Creutz vorgenommen, indem er die Überlegungen Gesells anhand von Datenmaterial der Deutschen Bundesbank, des Statistischen Bundesamts und ähnlicher Institutionen für die heutige Zeit konkretisiert hat. Damit werden Entwicklungen in Deutschland, die Geldpolitik der EZB und auch globale Veränderungen erklärbar. Dieses hat er in seinem Standardwerk „Das Geld-Syndrom" auf allgemeinverständliche Art und Weise dargelegt. Bewegungen, wie die „Initiative für natürliche Wirtschaftsordnung", „Christen für gerechte Wirtschaftsordnung" e. V. und die „Humanwirtschaft", treten für diese Lösung in der Öffentlichkeit ein. Sie können unter den Stichworten: Freiwirtschaft, Humanwirtschaft und natürliche Wirtschaftsordnung im Internet viele Informationen finden. Regionalwährungen Ich möchte jedoch aus dieser meiner Meinung nach wichtigen Freiwirtschaftstheorie kein Dogma erheben. Eine Theorie ist so viel wert, wie sie sich in der Praxis erprobt. Anstatt also uralte Schriften zu zitieren und diese nachzubeten, sollten wir selber unser Gehirn gebrauchen, nachdenken und auch eigene Ideen einbringen. Das Problem ist erkannt und nun gilt es, Lösungen zu schaffen. Eine wichtige Funktion erfüllen hierbei bereits die immer mehr aufkommenden sogenannten Regionalwährungen. Diese sollen die Symptome der Geldhortung in den herkömmlichen Währungen aufheben. Regionalgelder, wie „Chiemgauer", „Berliner", „Lausitzer" oder „Urstromtaler", gelten nur in den Regionen, für die sie konzipiert sind. Sie ergänzen den Euro um ein regionales Zahlungsmittel. Dabei geht es vor allem darum, eine ungedeckte Nachfrage in der Region, die durch einen gestörten Geldumlauf entsteht, zu decken.

So werden Waren und Dienstleistungen der Region mit dem Geld der Region bezahlt, weswegen Wertschöpfung und Überschüsse in der Region verbleiben, was die Nachfrage wiederum stärkt. Wenn Sie Ihr Geld einem regionalen Anbieter überlassen, kann er es wieder in regionale Unternehmungen investieren, und es nutzt Ihnen persönlich mehr, als wenn es über einen multinationalen Großkonzern in die entlegenste Ecke der Welt transferiert wird.

Durch eine positive Entwicklung regionaler Kreisläufe ist es außerdem möglich, sich besser vor den Unwägbarkeiten globaler Finanzspekulation zu schützen und einen Ausweg aus der Globalisierungsfalle zu finden. Diese können als Rettungsanker für einen drohenden Zusammenbruch der herkömmlichen Währungen dienen. Je mehr diese Währungen durch Geldhortung ihre Funktion als Tauschmittel einbüßen und dadurch die aufkommende Wirtschaftskrise verstärken, desto wichtiger werden alternative Tauschmittel, wie Regionalwährungen.

Ermutigend ist, dass auch immer mehr Politiker regionale Tauschmittel unterstützen. Allerdings bleibt abzuwarten, inwieweit Ökonomen und Spitzenpolitiker frühere Fehler und Irrtümer eingestehen und der Macht des Großkapitals zu wiederstehen wagen. Weitergehende Informationen zu Regionalwährungen finden Sie unter anderem im Buch „Regionalwährungen - Neue Wege zu nachhaltigem Wohlstand" von Margrit Kennedy und Bernard A. Lietaer sowie im Internet auf der Seite des Regionalgeldnetzwerkes. Arbeitszeiten halbieren statt verlängern!

Sie würden also in Zukunft kaum noch Zinsen für Ihr Geld erhalten. Das hört sich nicht sehr attraktiv an. Aber dafür müssen Sie auch nicht mehr die Zinsen und Renditen anderer erwirtschaften, die sich auf das Vielfache belaufen. Sie können also weiterhin Geld ansparen, nur vermehrt es sich nicht mehr auf wundervolle Art und Weise. Inflation oder Deflation würde entfallen, denn eine Zentralbank würde die Geldmenge entsprechend des Güter- und Dienstleistungsangebotes steuern. Der „freiwirtschaftliche Euro" hätte also in zwanzig Jahren immer noch die gleiche Kaufkraft wie heute. Geld muss in Zukunft ohne einen Bonus (außer Bearbeitungsgebühr und Risikoaufschlag, was der Allgemeinheit zugutekommt) zur Verfügung gestellt werden! Dann ist jedes Jahr genügend Geld für Naturschutz, Kindergärten, Renten, Löhne, Vereinsleben, Kultur, Studium, Ausbildung, Forschung, Soziales ? vorhanden.

Besonders positiv würde sich der entfallene Zwang zum Wirtschaftswachstum auswirken. Ob die Wirtschaft wächst oder, schrumpft wäre eine Frage der gesellschaftlichen Gegebenheiten, aber kein Muss, um das System am Leben zu erhalten. Würde beispielsweise die Bevölkerungszahl wachsen, müsste natürlich auch mehr produziert werden, würde diese schrumpfen, weniger.

Damit würden viele weitere Zwänge wegfallen: 1. Automatisierung, Standardisierung und Rationalisierung der Arbeit, Innovationen und neue Technologien könnte man nutzen, um im breiten Umfang die Arbeitszeiten zu verkürzen. 2. Man könnte die verbleibende Arbeitszeit mit etwas Kreativität auf mehr Schultern aufteilen und Arbeitslosigkeit dadurch drastisch verringern. 3. Menschen, die täglich weniger Stunden arbeiten, erbringen mehr Leistung, da diese weniger gestresst und ausgelaugt sind und dadurch intensiver und kreativer arbeiten. Durch die resultierenden Produktivitätssteigerungen könnte man weiter die Arbeitszeiten herabsetzen. 4. Man könnte langlebige Gebrauchsgüter statt billigem und kurzlebigem Kram herstellen. 5. Reparaturleistungen und Erneuerungen wegen vorzeitigem Verschleiß würden weniger notwendig. 6. Materielle Rohstoffe, die gewonnen, veredelt und recyclet, aber auch transportiert werden müssen, würden weniger gebraucht. 7. Groß- und Einzelhandel, Logistik- und Transportunternehmen würden weniger in Anspruch genommen. 8. Man könnte den Verkehr und Straßenbau drastisch minimieren. 9. Werbung und Marketing könnten sich auf das Notwendige konzentrieren. 10. Man müsste weniger in die Bauindustrie investieren, denn Häuser und Infrastruktur könnten Jahrhunderte überdauern und länger benutzt werden. 11. Der Leistungsdruck würde reduziert und die Menschen wären dadurch weniger krankheitsanfällig. Aus diesem Grunde müsste man sich weniger mit negativen Symptomen, wie Krankheiten und Unfällen, auseinandersetzen. 12. Umweltschutz und Symptombekämpfung wären weniger notwendig. 13. Soziale Dienste würden weniger beansprucht, denn die Menschen würden sich mehr einander zuwenden, schon allein weil die Zeit vorhanden wäre. 14. Die Vereinbarkeit von Familie und Beruf wäre endlich gewährleistet, denn Kinder und Eltern sollten trotz Arbeit vor allem Zeit miteinander verbringen. Dadurch würde immer weniger Betreuungspersonal benötig bzw. hätten diese auch genügend Zeit für ihre eigenen Familien. 15. Urlaub und Tourismusindustrie müssten nicht als Wirtschaftsfaktor und als Ausgleich für eine unbefriedigende Alltagswelt herhalten. 16. Man könnte die Bürokratie auf Kernaufgaben reduzieren. 17.

Wenn der Laden fast von selbst läuft, könnte man die meisten Politiker, die sich heute ohnehin nur mit Symptombekämpfung beschäftigen, einfach einsparen. 18. Je mehr Menschen Zeit zum Nachdenken und Forschen hätten, desto mehr könnten sie sich mit kreativen Dingen befassen, insbesondere damit, wie man immer mehr notwendige, aber stupide und schwere Arbeit einsparen könnte.

Das wäre eine tolle Expotentialfunktion! Dadurch, dass immer mehr Menschen jenseits der Alltagserfordernisse Zeit zum Nachdenken hatten, daraus ist doch unsere Hochkultur, das Land der Dichter und Denker, Technologien und Wissenschaft erst entstanden. Wie wäre es mit dem nächsten Quantensprung! Wenn jeder einzelne Punkt nur eine Arbeitszeitersparnis von 3 Prozent erbringen würde, hätten wir durch vielfältige Synergieeffekte problemlos die Möglichkeit, eine Zwanzig-Stunden-Arbeitswoche als Normalfall einzuführen. Langlebigere Produkte erwirkten z. B. weniger Transportverkehr, dadurch weniger Straßenbau, weniger Autobau, dadurch eine Entlastung der Umwelt und weniger notwendiger Umweltschutz, aber auch weniger Erkrankungen bei Menschen, weniger Krankenkassen, niedrigere Arbeitzeiten bei Helfern und Ärzten, weniger Apotheken, Arzneimittel, Krankenhäuser etc. Außerdem weniger Werbung gleich weniger Handel und weniger Verbrauch an Rohstoffen, die gewonnen, veredelt und recyclet werden müssen; damit weniger Verkehr, weniger Straßen- und Autobau ? Wahrscheinlich wären die Arbeitszeiten für viele Menschen sogar noch geringer als zwanzig Stunden pro Woche.

Jeder könnte sich wahrscheinlich aussuchen, wie viel und wie lange er arbeiten möchte. Bei über 300 Mrd. Euro Zinszahlungen pro Jahr könnte Gesamtdeutschland tatsächlich alle sieben Jahre ein volles Sabbatjahr einlegen! Denn nach sieben Jahren würden die eingesparten Zinszahlungen etwa die Höhe des gesamten Bruttoinlandsproduktes (etwa 2.200 Mrd. Euro 2005) eines Jahres ausmachen! Stellen Sie sich mal vor, alle arbeitenden Menschen könnten theoretisch ein Jahr lang völlig aus dem Berufsleben aussteigen! Eine Zwanzig-Stunden-Arbeitswoche ist also keine Utopie, oder meinen Sie etwa, eine Arbeitsgemeinschaft „Deutschland", die sich Hochtechnologiestandort und Industrienation nennt, könnte das gesellschaftliche Leben nicht wenigstens so organisieren, wie es der anfangs bereits erwähnte Selbstversorger Gerhard Schönauer mit seiner Vier-Stunden-Tagesarbeit und einigen Monaten Urlaub hinbekommt?! Die positiven Folgen einer Geldreform wären für die Menschen und die

Gesellschaft insgesamt nicht abzuschätzen!

Die Zeit ist reif für den Wechsel! Geld allein macht nicht glücklich, das wissen sogar viele Reiche. Was nutzt denn auch das größte Vermögen, wenn man sich selbst nicht wertschätzen kann? Geld kann kein Eigenwertproblem lösen, darum reicht es zu dessen Behebung niemals aus - egal welcher Gesellschaftsschicht man angehört.

Sie können sich also noch so hocharbeiten und die tollste Karriere hinlegen, wenn Sie sich ständig an denen, die noch mehr besitzen orientieren, werden Sie niemals zufrieden sein. So mancher denkt, er wäre glücklicher, hätte er doch endlich seine erste Million. Doch was tut er, wenn er diese tatsächlich hätte? Er strebt nach der nächsten. Und mit dem Streben nach dem Geld vergeht sein Leben. Geld allein macht nicht glücklich, aber ohne Geld kann man seine Grundbedürfnisse nicht stillen.

Geld ist nötig, um Leistung gegen Ware und Ware gegen Leistung tauschen zu können.

(Das ist einfach totaler Schwachsinn vom Detlef. Geld hat noch nie etwas gemacht. Denn Leistung ist nicht Geld. Und Leistung ist sowieso das Primat der LeistungsHalbaffen mit UniversitätsDiplomen. Geld wird NIE,NIE,NIE, etwas machen, außer TotalVerblödung aufrechthalten. W.Schorat Mittwoch, 2. Oktober 2013)

Unser Geld ist jedoch zum großen Teil zu einem System der Umverteilung von Arbeitswerten verkommen. Wie viel der Arbeit ist aber wirklich für ein Endprodukt nötig? Diejenigen, die keinen anderen Ausweg aus dieser Problematik sehen als Arbeit, Arbeit und noch mehr Arbeit, für die gibt es auch mit einer freiwirtschaftlichen oder auch sonst gearteten Lösung kaum Hoffnung.

Aber warum lieben sie nur diese Arbeit so sehr? Ist es eine innere Lehre, vor der sie fliehen? Ist es Langeweile? Ist es die Angst, nicht gebraucht zu werden? Ist es Unselbstständigkeit? Ist es Fantasielosigkeit? Sind es ideologische Scheuklappen? Deutschland kann mittlerweile mit seiner Produktivität halb Europa mit Waren und Dienstleistungen eindecken. Wir sind nicht umsonst Exportweltmeister! Die Konsumtempel sind randvoll, auch mit unnützem Kram. Es macht also keinen Sinn, die Produktivität weiter zu steigern und Arbeitszeiten zu verlängern. Was bringt zudem die neueste Innovation, wenn andererseits das Geld für gesunde Lebensmittel nicht ausreicht? Was macht der neueste Computer für einen Sinn, wenn man immer weniger Zeit für sich findet?

Sind wir denn alle Sklaven, Sklaven durch die Werbung manipulierter Bedürfnisse? Arbeit wird es immer geben und immer brauchen, denn es gibt auch stets unbefriedigte natürliche Bedürfnisse. Maschinen helfen uns dabei, mit zunehmend weniger Arbeit immer mehr produzieren zu können, um diese Bedürfnisse damit zu befriedigen. Aber die Grundfrage ist doch, was ab einer gewissen Stufe des gemeinschaftlichen wie persönlichen Wohlstandes wichtiger ist: die Erfüllung aller materialistischen Wünsche? Oder ist ab einem gewissen Punkt etwas anderes viel wichtiger: die Freiheit! Um diese Freiheit zu erlangen, müssen wir die Scheuklappen (auch ideologische), die uns tagtäglich über die Massenmedien aufgelegt werden, ablegen. Lassen wir uns nicht verulken: Geld arbeitet nicht! Die Menschen arbeiten! Aber die Menschen müssen nicht immer mehr und härter arbeiten, damit es ihnen nicht schlechter geht! Lassen wir uns auch nicht im Verteilungskampf gegeneinander ausspielen.

Menschen sind einerseits egoistische, andererseits aber auch soziale Wesen. Darum lasst uns gemeinsam für eine Gesellschaft ohne Leistungszwang und Profitstreben eintreten! Wir haben alle gemeinsam dasselbe Ziel: Arbeitslose wie Arbeitende; Unternehmer wie Angestellte; Innländer wie Ausländer; Menschen, die etwas Bestehendes erhalten wollen, wie Menschen, die etwas Neues etablieren möchten; Soziale wie Liberale; Rentner wie Jugendliche; Kinderlose wie Familien; Studierte wie Unstudierte; Theoretiker wie Praktiker usw. Alle sind wichtig! Es geht nicht um einen Kampf von Arm gegen Reich, sondern darum zu verhindern, dass die Armen immer zahlreicher werden! Auch die Reichen müssen erkennen, dass es sich in einer Gesellschaft mit großen sozialen Ungerechtigkeiten nicht gut leben lässt. Niemanden muss etwas weggenommen werden! Es kommt nur nichts mehr „automatisch" dazu.

Mit diesem System droht ein Bürgerkrieg oder Schlimmeres! Was gibt es Wichtigeres, als dies zu verhindern?! Darum reden wir mit unseren Bekannten, Verwandten und Arbeitskollegen über dieses Thema. Machen wir es publik! Nehmen wir unser Recht auf demokratische Mitbestimmung ernst und stellen wir unsere Politiker zur Rede. Eine Politik ohne Alternativen gibt es nur in Diktaturen! Daher zeigen wir den Politikern diese Alternativen auf. Und wenn dies zu wenig fruchtet, so vereinigen wir uns alle zu einer Volksbewegung, die nicht zu übersehen und nicht zu überhören ist! Fordern wir gemeinsam Gerechtigkeit ein! Gehen wir gemeinsam neue Wege! Weiterführende Informationen (Wirtschaft und Finanzen) * * ZITAT ENDE

Sooo das war mal etwas zum Thema Geld und Kapitalismus Muus und alles wegen 50 Dollar für ein Pfund Spinat in New York. Deswegen nochmal ihr Lohnsklaven ihr getäuschten verkauften versklavten an die GeldGeilKartelle: EMPÖRT EUCH INTENSIVER

Mittwoch, 2. Oktober 2013

Ein deutscher Schriftsteller Ilija Trojanow wurde die Einreise in die USA verweigert weil er ein Unterzeichner von vielen war, die eine Untersuchung von Merkel zur NSA Spionage wollte. Ist das nicht wunderbar, die pleite USA pleite gemacht durch die Bankerfamilien und FED Überfälle mit Geldinflationen pleite gemacht durch die Goldman Sachs Demokratie und pleite gemacht durch Überfälle Kriege auf andere Völker um an Öl und Gas und anderes zu kommen im Namen der Demokratieverständnisse der USA Raubtiere. Pleite gemacht wegen einem Ignoranzhaufen, Vollidioten, die sich Amerikaner nennen und ein Klan durchgeknallte SteakVollidioten sind die GuantanamoBibeln vermarkten und FolterBibeln und beide als der Himmel zur USA Demokratie global preisen, mit ihrem Hohepriester dem Bräsidenden und der Goldman Sachs Heiligen. Das ist die Bipolare USA mit einem Staat im Staat einem SpionageMonster. Mein Gott, Gott wie krank sind diese Raubtiere da und was haben die aus dem ehemals schönen WinnetuLand gemacht, eine Fläche von Revolverhelden, FrackingBetrüger und Goldsucher vereint in Goldman Sachs Religionen und wilden Schießerei Demokratien die sie der Menschheit vermarkten durch Überfälle. EMPÖRT EUCH INTENSIVER.

Oder wäre es besser an dieser Orgie der Lügen, Betrügereien, Versklavungen, Ausbeutungen, Täuschungen, kurzum von dem was Jesus als: Pappi vergibt ihnen denn sie wissen nicht was sie tun, bezeichnete, wäre es besser daran teil zu nehmen. NEIN, NEIN,NEIN.

Verblödung und Ausbeutung: Ich habe vor einigen Tagen in der Zeitschrift Tattva Viveka mit dem Thema Sekten, einen Bericht gelesen, eine Äußerung gelesen, das Adolf Hitler die Kirchensteuer eingeführt hatte, und zwar als Dank dafür das die Katholische Kirche und die Evangelische Kirche ihn unterstützt haben…Die Kirchensteuer muss sofort entfernt werden. Das muss bis zum Europagericht gehen. EMPÖRT EUCH INTENSIVER

Aber, aber, es sieht so aus, als ob die Menschen heute blöder sind als vor 100-200 Jahren. Das goldene Kalb aus Auto, TV, Urlaub ,Bankkonto, usw. zu haben bedeutet nicht, im Geringsten innerlich ent-wickelt zu sein. Die Kräfte die euch bis jetzt auf der Erde „Durch Besitzgier" durch „GeldGier" geleitet haben, nachdem ihr mitmachen müsst-und ihr macht bloß mit-das sind die Kräfte die die Weltherrschaft wollen die Jesus verneinte."Mein Reich ist Nicht von dieser Welt". Diese Besitz Goldman Sachs-Rothschild-BörsenKraft der Banken und Landbesitzer lassen kein IOTA spirituelle ent-wicklung zu. Zumindest in der Öffentlichkeit der politischen Parteien und Arbeitgeberverbände und täusch und Trickorganisationen mit Falschetiketten zum anlocken. Das wird diffamiert und als verrückt oder falsch und so weiter dargestellt und sogar kriminalisiert. So wie die Atomkraftgegner kriminalisiert wurden und ins Gefängnis gebracht wurden, damals und aber heute sogar die Kanzlerin die Seidenhöschen voll hat und gut diktatorisch, die Atomkraftwerke abschaltet, höchstpersönlich.

Aber Jesus, Buddha, wurden nicht durch Demokratie, Politik, Besitz, und Wirtschaft gesponsert oder als Geldsystem und Wirtschafssystemvasallen in Industrieverbänden für die dann dementsprechende Politik gezüchtet. Wie Kohl im Chemie Verband oder andere Politiker der FDP die wech, wech, wech, ist mit ihren Denklügenbaronen, oder auch anderen Politiker die dann für die Pharmaindustrie Politik machen oder die Fleischindustrie. Das ist ja mittlerweile alles ein Betrugssystem geworden wo die Steuern der Bevölkerungen als GeldGeilZiel für die Industrien das Ziel sind. EMPÖRT EUCH INTENSIVER.VIEL INTENSIVER. So wie die damals DDR Bevölkerung.

Also Jesus und Buddha wurden nicht durch diese enorm demokratische Politik der Betrüger gesponsert, wie heute, nein, damit sie das goldene Kalb rühmen. Im Gegenteil, sie kamen her um aufzuzeigen dass das golden Kalb zu eurem Untergang führen wird und nicht umsonst war Jesus bei den Armen, so wie heute, die Kirchen nicht bei den Armen sind, sondern bei den Goldman Sachs Heiligen und der Vatikan ist als Staat und Hauptsekte also das GoldenKalbZentrum schlecht hin. Da dort Unmengen an Reichtümer für die senilen Wachsgesichter der Arschficker und Kinderschänder Liebe Gottes und Liebe Jesus Heuchler und sogar Stellvertreter Gottes auf Erden Liebesgesellschaft, Mein Gott muss da Gott ein Vollidiot sein die Papstseuche als seine Stellvertreter zu haben und zu wollen. Muss Gott da ein Betrüger Ausbeuter Mörder und Satanist sein. Wenn das seine Stellvertreter Gottes auf Erden sein sollen. Aber ich vermute mal ganz schüchtern und ängstlich: Das haben die sich einfach damals als die Bevölkerung noch blöder war als heute selber ausgedacht. Also Jesus war hier wegen der Vatikan Goldman

Sachs Situation damals wie heute.

Das goldene Kalb wird alles zerstören und zerstört schon sehr, sehr, sehr, viel auf der Erde. Denn das falsche hat sich das richtig falsche System aufgebaut und sogar die Militärs und Polizei in seinem Gehirnwäsche Bann immer an der Seite gegen euch armen, armen, Menschlein. EMPÖRT EUCH INTENSIVER

Diese Kräfte sind ausschließlich blinde dumme ignorante Kräfte mit Bildung, Doktortitel, Philosophengelabbber, oder DiplomDiplom. Ihr seht ja wie ihr von einer gemachten Krise in eine andere gemachte Krise geschleudert werdet. Ihr taumelt nur so vor euch her. Aber der Vatikan lebt in Saus und Brausefässern voller flüssigem Gold global verteilt und mit Ländereien die ja euch Gläubigen gehören müssten. Oder seid ihr bloße Seelen die sich freikaufen müssen.

Wie eure erkämpfen „Sicherheiten" in der Arbeitswelt, Löhne usw., wieder ausgehöhlt wurde und weiter gebohrt wird, sind die Vasallen des Satans, also der Lüge, auch laut Jesus, zu euren Idolen geworden. Ihr wollt doch alle das gleiche in Saus und Brause leben. Und die göttliche Schöpfung ist ja ein überquellen von Reichtum und vorhanden sein. Aber alles wird in New York herangegiert herangelogen heranbetrogen oder in der City of London heranbetrogen herangelogen herangemordet. Mit den beiden großen Kartellfamilien Rockyfäller und RothSchildlaus, und ihren Anhängsel Mitmachern global.

Die abgrundtiefen stupiden Kräfte der Habgier lässt euch keine Zeit für spirituelle Ziele über die ihr bloß lacht und gelacht werden soll , wie man das euch schön erzählt durch die besitzgesteuerten Medien und auch der staatlichen Medien die genau so ignorant geblieben sind. Aber das Lachen wird euch ganz allmählich vergehen, auch den Milliardären, auch denen die weit weg alleine sich tagtäglich Blowjobs und Busenverschönerungen machen lassen. Es wird zerfallen und die Ersten werden die Letzten sein. Das ist der Kreislauf der erschafften Dinge der sterblichen Welten.

Die Wölfe werden den Schafen gegenüberstehen, was schon heute immer mehr und mehr sichtbar wird. Auch im Zweiparteiensystem oder zwei Parteien die einigermaßen gewählt werden von den 50-70 % Wahlbeteiligten und dann davon 20-40 % Stimmenanteile bekommen. Also alles Minderheitenregierungen aber das reicht für die Lüge immer, wie ja erlebt wird. Die Wölfe werden also den Schafen gegenüberstehen und ihre Systemwaffen einsetzen da sie, sie, ausschließlich für sich selbst organisiert haben. Aber wer Besitz haben will in Gottes Schöpfung der wird besessen. Soooo, das wars erst mal wieder für heute. Die Sonne scheint leuchtend und ich werde einen schönen Spaziergang im Luchswald machen und einige Steinpilze suchen für ein schönes Abendessen. Ich esse bloß einmal am Tag. Aber Guuuuuuut.

Samstag, 5. Oktober 2013
Ich möchte dieses Büchlein nun bald beenden um an anderen Projekten arbeiten zu können. Der Wulst der Empörungen die Intensiver sein müssen ist gigantisch auf der Erde geworden. Das liegt unter anderem an der Bösartigkeit noch sehr, sehr, sehr, vieler Menschen auf der Erde. Und zwar in den Positionen im Vordergrund der Öffentlichkeit aber vor allem im Hintergrund der Öffentlichkeit. Erst durch das Aufmerksam machen und Hinweisen oder Hinschauen und Mitdenken kann die menschliche Situation die heute eindeutig eine Versklavung und Verblödung, eben genau darum, weil die im Hintergrund und im Vordergrund, nämlich noch Menschen Entscheidungen treffen die von Sklaven und Blöden gemacht werden. Denn ein Milliardär oder Mullah oder Papst oder EZB Scheff der sieht ja was aus den Jahre und Jahrzehnte und Jahrhunderten durch deren Entscheidungen geworden ist und werden wird.
Ich mache euch darauf aufmerksam das zum Beispiel die jetzige Bank und Wirtschaft und Politik und Religionswirklichkeit mit den Effekten auf die Menschheit ohne jetzt im Detail genau darauf einzugehen, um ein vielfaches übler ist , als alles was es an Verschwörungstheorien gibt.
Die menschengemachte Realität des Geldsatans und des Spionagesatans und des Besitzsatans und des Lügensatans, und des Ausbeutungssatans, und des Naturvergiftungssatans, und des Chemiesatans und des Pharmasatans, und des Börsensatans, sowie des Wallstreetsatans als auch des LondonCitysatans, und des Satans im Russlandsatanssystem als auch Chinas Satansystem oder Japansatansysten als auch des Saudisatansysteme und der anhängenden Sunniten oder Schiiten Atomspaltung, das alleine ist mit Lichtjahrenabstand viel, viel, übler als jede Verschwörungstheorie.
Hier ist nochmal was Hessel ziemlich allgemein gehalten in seiner kleinen Schrift erwähnte.
Hessel machte insbesondere in Hinsicht auf die aktuelle Finanzkrise und deren Folgen aufmerksam , und rief zum politischen Widerstand auf, und positioniert sich gegen den Finanzkapitalismus und für den Pazifismus.

EMPÖRT EUCH INTENSIVER, denn die Finanzkrise ist ja kein Lebewesen, sondern sie ist von Menschen erschaffen worden, die das Geld der Menschheit kontrollieren wollen. Siehe Goldman Sachs siehe die US FED und deren Privatbesitzer siehe alle Banker Global die an der Finanzkrise beteiligt waren und die GeldGeilen Dummen Politiker die Öffentliche Gelder einfach verzockten bei den Goldman Sachs RockyFeller RothSchild Kartellen. Die unermesslich gigantisch sind. Und wer das Geld kontrolliert, kontrolliert die dummen, dummen, dummen, Menschen und Staaten und deren dummen, dummen, dummen, Politiker global. Weil die noch an Geld glauben und nicht an sich selbst. Die Menschen glauben nicht an sich selbst weil sie sich zu sehr dem Staatsglauben verschrieben haben. Aber da es kein Lebewesen Staat gibt, muss es unweigerlich zu einer Zerstörung dieses IgnoranzGlaubens kommen, denn solange der Glaube, egal an was, vorherrscht wird die Gruppe der Gläubigen abgezockt werden von den Nichtgläubigen den Besitzenden Geldgeil Trilliotrillyardären oder Vatikan-staaaaaaatsdienern.

 Er schrieb für den Sozialstaat   und die Verpflichtung auf die Menschenrechte, wie sie in die von ihm mitverfasste Allgemeine Erklärung der Menschenrechte der Vereinten Nationen von 1948 eingeflossen sind, die aber heute gefährdet seien. Was ja auch stimmt. Denn die Geldmacht also die Ignoranz hat ja immense Zerstörungen unter der GlobalMenschlichen Gemeinschaft geschaffen. Alleine schon deswegen weil ununterbrochen Produkte geschaffen werden die völlig überflüssig sind und zudem zerstörerisch gefährlich, aber wegen der Profite, die die Investoren damit erhoffen produziert werden. Monsanto, oder ElektroSmogProdukte, oder Pharmaprodukte oder Chemieprodukte. EMPÖRT EUCH INTENSIVER

 Hessel nennt viele Beispiele für eine verfehlte Politik, so die Diskriminierung von Ausländern, den Sozialabbau, insbesondere bei der Alterssicherung, den Konzentrationsprozess bei der Presse und ihre gefährdete Unabhängigkeit, den beschränkten Zugang zur Bildung sowie die Entwicklungspolitik vor dem Hintergrund der globalen Wirtschaftskrise und die Umweltpolitik im Hinblick auf das Erdklima. Und hier ist was schon in vielen Schriften inklusive der Bibel über die Entwicklung der menschlichen Situation geschrieben wurde. Der Glaube an das Goldene Kalb verbreitet durch die Ignoranz der Staatspolitik oder verbreitet durch die Ignoranz der Universitäten, oder verbreitet durch die Ignoranz der Medienstatisten wird die Menschen an den Rand des Ruins bringen. Weil das die Lüge ist. Und nicht die Liebe. Und egal welche Reiche zuvor auf der Erde Macht und Geld und Militärreich waren von Atlantis bis Ägypten bis Rom bis dem englischen Empire bis zur Sowjetunion oder die nun zerfallenden korrupte verlogene verseuchte USA Weltmacht, sie alle lebten nicht die Liebe. Und da immer mehr Menschenmengen größere Menschenmengen bewusster werden und befreit von den GeldGeilHerrsch und Meinungsbildungsstrukturen denken, und zu Einsichten kommen, das ist nicht die Liebe, umso schneller werden diese Nationen der Kriegsprodukte und Geldanhäufungen und Betrugspolitiken und Lügensysteme zerfallen. Am schnellsten ist ja das größte Betrugs und Ausbeut und Lügenreich der Neuzeit zerfallen das EMPIRE Englands. Und Ruck Zuck war auch das Gewalt und Lügenreich der Sowjetunion am Arsch und ist es heute noch mit seinen korrupten Politikern und verlogenen Rechtssystemen und Richtern und so weiter. Dort herrscht auch die Gewalt und nicht die Liebe.

Und das der Zugang zur Bildung total geldabhängig gemacht wird auf leisen Sohlen so ganz sachte unauffällig also die Elite sich eine Umgebung bauen will und gebaut hat, wo sie unter sich für ein Glas Wasser oder Schampussy 50 Dollar sowie 50 Dollar oder 50 Euro für ein Pfund Spinat bezahlen, ist deren Untergang schon vorprogrammiert. Man könnte tatenlos zusehen oder aber EMPÖRT EUCH INTENSIVER denn damit vermindert ihr euer zukünftiges Leiden, das der Elite einer Elite egal in was in Geld in Mode in Physik in Biologie in Politik in Geisteswissenschaften in Börsenidiotien in Religion und so weiter, egal ist. Mehr als egal ist.

Aber es wird geheuchelt bis das Nichtliebe System zusammenfällt. Und sie hoffen dann darauf dass es wieder mit den gleichen Zerstörern aufgebaut wird und mit dem gleichen Glauben an die Lüge Geld. Weil all das ja von Lügnern aufgebaut wurde. Denn ihr müsst verstehen. Die Evolution des Menschen aus seiner Vergangenheit heraus kann ja gar keine Heiligen Liebenden oder Menschenschätzenden Menschen zum Vorschein gebracht haben, weil ihre Evolution aus dem RaubTier heraus ja noch lange nicht beendet ist. All das ist das RaubTier hier auf der Erde in seiner Langsam-keitsgeschwindigkeit einer erfrorenen Gletscherrasensgeschwindigkeit. Das ist ein langer Weg. Und deswegen ja auch die Wiedergeburt. Oder denkt ihr etwa Gott das Göttliche ist ein Sadist und lässt euch einfach so leiden und eure Wünsche und Träume unerfüllt. Das wird über die Widergeburten verwirklicht. Aber sowas darf man ja im politisch korrekten inkorrekten gar nicht erwähnen. Das ist ja unwissenschaftlich .Ho. Ho. Ho. Aber scheiß was auf das wissenschaftliche, es hat euch an den Rand des Ruins gebracht mit seinen materialistischen Ignoranzvasallen.

Wer genau hinsehe, werde viele weitere Anlässe zur Empörung finden, schrieb er, was ja auch stimmt. Ich nehme mal folgendes Hinschauen: Religion und Sekten. Was gleich von vorneherein klar gemacht werden muss ist: Jede Religionsgruppe egal welcher Glaubensrichtung ist nämlich eine Sekte. Bloß manche haben mehr und manche weniger MitGlieder und MitMösen. Die christlichen Gruppierungen mit dem GodkalbSitz im Staat Vatikan sind sogar eine Religion und eine Staatssekte. Aber auch die Moslems oder die Buddhisten und alle anderen alle sind Sekten. Denn nur eine Religionsgruppe auf der Erde der Alle Menschen Angehören würden, wäre keine Sekte. Aber diese Sektenhetze von den GeldGeilReligionen den Zentren des Goldenen Kalb Anbetens im Namen ihrer Heiligen wie Jesus oder Buddha oder Laotse oder Mohammed, die sogar noch intensiv mit töten beschäftigt sind, also nicht mal das verwirklicht haben, diese Sektendiffamierungen gegen Andersgläubige, zbs. in der BRD, durch die Sektenbeauftragten der katholischen oder Evangelischen Kirche, die zbs. gegen Menschen, religiöse Gruppen vorgehen, die davon ausgehen, dass sie wiedergeboren werden. Obwohl doch ihr ÜberHeld Jesus im Neuen Testament mehrmals erwähnt das er wiedergeboren war, zbs. ich war schon bevor „"und so weiter. Aber diese Sektenbeauftragten Religionsgruppen von Evangelisch und Katholisch, die haben von Adolfo della Hitler als Geschenk für ihre Unterstützung für seine Politik die Kirchensteuer bekommen. Und die muss abgeschafft werden diese Hitlersteuer. Wie auch alle zweispurigen Hitlerautobahnen zu drei und vierspurigen ausgebaut werden müssen. Also so durchgeknallt sind die gegenseitigen Bekämpfungen in Wirtschaft Politik Wissenschaft und Bankerfamilien als auch den Globalkartellen der Goldenen Goldman Sachs Kälber in Monsterformaten. Wer genau hinsehe, werde viele weitere Anlässe zur Empörung finden, schrieb er, was ja auch stimmt.

Das Buch fordert den Leser zu einer engagierten Lebenshaltung auf, zu gewaltloser Revolte und zivilem Ungehorsam und proklamiert, dass jedermann einen Grund zum Widerstand habe." Wenn auch die Komplexität der gesellschaftlichen Strukturen und Beziehungen keine einfachen Erklärungen erlaube, so sei doch „das Schlimmste, was man sich und der Welt antun" könne, die Gleichgültigkeit gegenüber den politischen Verhältnissen.

Der Finanzkapitalismus, der durch Lobbyisten den Staat beherrsche, bedrohe die Werte der Zivilisation, und die Unterschiede zwischen Arm und Reich seien in der Welt noch nie so groß gewesen wie in dieser Zeit. Was ja auch stimmt. Und deswegen sind ja auch ein Grundeinkommen ohne wenn und aber mehr als Notwendig. Als Übergang aus einer GeldSenilSituation der menschlichen Selbstversklavung und Totalverblödung durch den Glaube an das Geld.

Alterung der Bevölkerung, steigende Gesundheitskosten, die Migration und Engpässe bei der Infrastruktur, die Zersiedelung der Landschaft, die Übersteuerung durch das politische System, die zunehmende Individualisierung und eine sinkende Akzeptanz für eine marktwirtschaftliche und offene Ordnung. Wobei letzteres hauptsächlich das Neoliberale Sinkflug Denken war, das sich selbst zerstört.

Wo keine Liebe vorhanden ist, ist Zerstörung vorhanden. Das ist ganz einfach. Goldman Sachs wird sich selbst zerstören. Die Kartelle werden sich selbst zerstören und so weiter. Länder werden sich selbst zerstören das ist gut sichtbar in den USA die politisch aus Halbaffen besteht, und aus der amerikanischen Bevölkerung Halbunteraffen machen wollen und schon gut hinbekommen haben in ihrer Militär und Polizei und GoldKalb Lügen und Ausbeutungen und Kriegen für ihre Giga Gier der Überreichen. Aber das sind meistens sehr langsame Prozesse deswegen: EMPÖRT EUCH INTENSIVER, damit das Leiden nicht zu groß wird und verkürzt wird.

Die Behauptung, die Kosten für eine allgemeine soziale Sicherung wären zu hoch, sei falsch, da sie verkennne, dass der Wohlstand heute „so viel größer ist als zur Zeit der Befreiung, als Europa in Trümmern lag. Das stimmt auch nicht. Bloß für das Goldene Kalb denken ist jeder Mensch zu viel an Kosten. Und zwar jeder Mensch wurde mathematisch erfasst und als Kostenfaktor degradiert. So ÜberMegaBlödeBöse sind Mathematiker auf der Gehaltsliste des Goldenen Kalbes von Goldysachs und RockyFella RothSchildLaus Denker.

Aus der Gier der Habgier kann nie, also nie, also nochmal, Nie ,Nie, Nie, etwas Gutes für die Ent-Faltung und Ent-Wicklung kommen, außer Verwicklung in Leid und Abhängigkeit und Verblödung und Zerstörung. Und zwar der Bevölkerungen. Denn die das erschaffen haben besitzen ja weiterhin die Ländereien und die Goldreserven und DiamantenBerge und was sie sonst noch so sammeln für den Himmel auf Erden. Und ihr müsst zusehen wie der Arsch weiches Toilettenpapier bekommt. Und von denen wird sich keiner an die spart Wasser und spart Energie und Spart dies und jenes halten, nein, denn damit versklavt man euch doch, nämlich an den Glauben des Mangels. Aber die Göttliche Schöpfung ist mehr als Überfülle. Bloß die Besitzenden des Geldglaubens und des Landes und der Immobilien, die haben solch eine Angst also Habgier also Gier das für euch Garnichts mehr übrig bleibt außer Angst vor dem Leben und dem Tod.

Die Philosophie Hegels, die die Geschichte optimistisch als eine Abfolge von Fortschritten zum Besseren hin auffasst, ist ja Nett. Aber um Lichtjahre weiter und besser als Hegel ist das Werk von dem Dänen Martinus der in seinen Büchern der Livets Bog Reihe mehr als überweit und klarer als Hegel den Fortschritt zum Besseren als Evolution darstellt. Wobei der Mensch in seiner Göttlichen Individuation den Fortschritt zum besseren erlebt.

Und dass die Empörung eine folgenlose Form der Auflehnung und nur von kurzer Dauer sei. Was auch stimmt. Empörung ist der komfortable Couchpotatoblick des Bürgertums. Mehr nicht. Deswegen: EMPÖRT EUCH INTENSIVER. Denn in einem geschlossenen Weltbild oder in einem abgeschotteten Europa ist unweigerlich die Zerstörung mit eingebaut. Menschengemachte Grenzen sind das falsche. Der Planet Erde hat keine Grenzen.

Sooo das wars für heute mal wieder. Grau und Regen draußen ohne Wind.

Dienstag, 8. Oktober 2013

„Bedingungsloses Grundeinkommen in der Schweiz Sehnsucht nach einem Schlaraffenland. Womöglich können die Schweizer in ferner Zukunft die Füße hochlegen. Für immer. Zumindest, wenn sie Lust dazu haben. Denn wenn alles kommt wie geplant, dann entscheidet das Volk, ob es in dem Land ein Grundeinkommen für jeden gibt. Das soll dann nicht nur fürs Dasein reichen, sondern auch für die Teilnahme am öffentlichen Leben. Egal ob er arbeitet oder nicht. Das las ich in der Schweizer NZZ vor einigen Tagen.

In Bern wollen sie heute feiern - die Frauen und Männer, die anderthalb Jahre lang im ganzen Land Unterschriften gesammelt haben. Wenn es nach ihnen geht, soll spätestens 2050 kein Schweizer Bürger mehr arbeiten müssen. Bis dahin soll der Bund für ein bedingungsloses Grundeinkommen sorgen, das jedem ein menschenwürdiges Dasein und die Teilnahme am öffentlichen Leben ermöglicht. Rund 126.000 Menschen haben diese Forderung unterschrieben. Am heutigen Freitag werden die Listen bei der Bundeskanzlei eingereicht.

Jetzt muss sich der Schweizer Bundesrat mit der Idee befassen, die das

Verständnis von Arbeit und Einkommen revolutionieren könnte: Wenn alle Formalien eingehalten wurden, stimmen die Bürger in zwei oder drei Jahren über das bedingungslose Grundeinkommen ab.

Die Anhänger der Idee freuen sich schon jetzt. So wie Götz Werner. Der Gründer der Drogeriemarkt-Kette dm ist der wohl bekannteste Grundeinkommens-Fürsprecher im deutschsprachigen Raum. Er half, der Schweizer Volksinitiative den Weg zu bereiten - und hofft, dass nun dieses Thema Eingang in die öffentliche Debatte findet.

Gesellschaft wird auf den Kopf gestellt

Es ist nicht einfach sich vorzustellen, wie sich die Gesellschaft verändert, wenn jeder so viel Geld bekommt, wie er für ein bescheidenes Leben braucht. Im Gespräch sind 2500 Schweizer Franken, etwas über 2000 Euro. Und „was die Menschen nicht denken können, können sie auch nicht ins Gesetz schreiben", sagt der Unternehmer. Aber wenn es überhaupt eine Gesellschaft gebe, die dafür bereit sei - dann am ehesten die Schweizer.

Werner persönlich erwartet nicht weniger als einen Paradigmenwechsel. So wie damals, als die Menschheit erkannte, dass die Erde keine Scheibe ist. Heute gingen die Leute arbeiten, um ein Einkommen zu erhalten, sagt er. Deshalb verrichteten Menschen Arbeit, die längst Roboter übernehmen könnten. Dabei wären laut Werner genügend andere wichtige Aufgaben da. Doch für die Pflege der kranken Mutter, die Erziehung der Kinder und das Engagement im Sportverein würden höchstens Aufwandsentschädigungen gezahlt. „Mit dem Grundeinkommen werden wir plötzlich begreifen, dass wir ein Einkommen brauchen, um arbeiten zu können. Nicht andersherum", sagt Werner.

Das Thema Grundeinkommen führt auch in Deutschland zu manch erhitzten Diskussionen. Fast in jedem politischen Lager finden sich Menschen, die für die Idee brennen und andere, die sich massiv dagegen wehren. Manche Linke denken, ein Grundeinkommen für Reiche sei herausgeworfenes Geld. Bei den Liberalen kritisieren andere die Einladung in die soziale Hängematte. Andererseits käme gerade die vielen Unternehmern gelegen: Wo eine Gesellschaft die Schwachen auffängt, müssen Firmen weniger Rücksicht nehmen.

Entschiedene Gegner des Grundeinkommens sind die Gewerkschaften. Bei Verdi heißt es zum Beispiel: „Staatliche Hilfeleistungen müssen Bedürftige erhalten, nicht die gesamte Bevölkerung." Die Gewerkschafter befürchten eine „unkontrollierbare Dumpingwirkung" auf die Arbeitseinkommen.

Wie ist das Grundeinkommen finanzierbar?

Eine der schwierigsten Fragen dabei bleibt, ob und wie das Grundeinkommen zu finanzieren ist. Dazu gibt es verschiedene Modelle und jedes hat Befürworter und Gegner. Ein Teil des Geldes könnte etwa durch den Wegfall von Kindergeld, Sozialhilfe, Bafög und ähnlichen Leistungen zur Verfügung stehen. Doch das reicht bei weitem nicht aus. Und wie der Rest aufgebracht werden könnte, ist unklar. Götz Werner ficht das nicht an: „Wer will, findet Wege, wer nicht will, findet Gründe." Für ihn ist das Grundeinkommen eine Idee, die eben noch weitergedacht werden muss.

Er empfiehlt beispielsweise, künftig nur noch eine einzige Steuer zu erheben, eine Art Mehrwertsteuer. Diese würde drastisch steigen, auf etwa 50 Prozent. Andere Steuerarten könnten dafür wegfallen, Deutschland würde enorm an Verwaltungskosten sparen.

Ansonsten kommen Experten durchaus zu unterschiedlichen Ergebnissen, was die Finanzierung des Grundeinkommens anbelangt. Einige halten es für unbezahlbar, andere wie der Grünen-Politiker Wolfgang Strengmann-Kuhn und Wissenschaftler des Hamburgischen Weltwirtschaftsinstitut sagen, es sei unter Umständen machbar.

In der Schweiz könnte das Grundeinkommen den Staat Schätzungen zufolge 200 Milliarden Franken kosten. Diese Summe entspräche fast einem Drittel des Bruttoinlandsprodukts. Befürworter schlagen vor, dass aus Sozialversicherungen etwa 70 Milliarden Franken eingesetzt werden könnten.

Noch ein weiter Weg zum Grundeinkommen

Welche Auswirkungen der Freifahrtschein für ein mögliches Leben auf dem Sofa hätte, ist unklar. Viele Szenarien sind denkbar. Von einer antriebslosen Gesellschaft, die international den Anschluss verpasst, bis hin zu einer Oase des blühenden bürgerschaftlichen Engagements. Erste Erfahrungen gibt es lediglich aus Pilotprojekten, wie sie beispielsweise in Brasilien und Namibia durchgeführt werden.

Bis das Grundeinkommen in der Schweiz Wirklichkeit werden könnte, sind noch einige Hürden zu nehmen - viele Kampagnen scheitern. Rund 400 Volksinitiativen wurden seit Ende des 19. Jahrhunderts gestartet. Abgestimmt haben die Schweizer am Ende nicht mal über die Hälfte von ihnen und nur 20 wurden angenommen. Die einen scheiterten an Formalien oder am notwendigen Ständemehr, also der für eine Verfassungsänderung notwendigen Mehrheit der Kantone. Anderen fehlte schlicht die

Zustimmung in der Bevölkerung. Doch bisher stehen die Vorzeichen gut für die Initiatoren: Noch nie zuvor hatte eine Volksinitiative so schnell die 100.000 Unterschriften für die Abstimmung zusammen." Zitat Ende.

Solange der Mensch noch unter der FickTief Ficktion Geld ausgebeutet wird, plädiere ich ja für ein Bedingungsloses Einkommen von 4-5000 Euro Monatlich. Geld ist sowieso eine FickTion ein Glaube und damit unrealistisch eine Phobie ein Glaubensgerüst das ausschließlich dazu dient andere Menschen Lebewesen auszubeuten und zu verblöden. Der Glaube an das Geld ist identisch mit dem Glauben den der Vatikan und seine GoldKalbvasallen verbreiten damit die Gläubigen ihnen ein sehr gutes ausbeuterisches Leben gewähren. Das ist alles Betrug und Lügen. EMPÖRT EUCH INTENSIVER

Ich selbst bin sozusagen ein Bauernopfer des Glaubens der anderen. Denn ich gehörte zu der Generation die auf einmal mit 40 zu alt war für die Industrie und das war eine ausgedachte Strategie der industriellen mit ihren Glaubensvasallen in der Politik. Und so wurde ich trotz Mehrsprachigkeit und internationaler Tätigkeit in unterschiedlichen Firmen einfach kaltgestellt als zu alt und unvermittelbar. Und nun habe ich eine KotzKopfRente und muss sogar Grundsicherung nehmen. Was mich alles nicht stört. Ich kann nur über den Totalschwachsinn der Systeme dieser schwachsinnigen ausgebeuteten Menschen als Demokraten oder Katholiken oder Koliken oder protestlosen Protestanten schmunzeln. Nämlich wie unbeschreiblich blöde das alles ist, solange ihr Gläubige bleibt.

Deswegen ist ein bedingungsloses Grundeinkommen mehr als demokratisch oder politisch oder religiös. Es ist dein Grundrecht und zwar ohne Rechtsstaatlichkeit der durchgeknallten Rechtsanwälte die auch bloß eine Berufsgruppe sind die sich in den Vordergrund gesponsert haben und nun das Recht beanspruchen, was längst ein Unrecht geworden ist, weil es ja auch gar nicht anders sein kann . Denn ein Rechtstaat ist automatisch ein Unrechtstaat weil es kein Liebestaat ist. Ein bedingungsloses Grundeinkommen kommt aber einem Liebestaat einer Liebesbevölkerung schon ein Fitzelchen näher. EMPÖRT EUCH INTENSIVER.

Ihr seid sowieso bloß die auszubeutenden Mengen, das „Volk" wird heutzutage sogar noch geschrieben. So depressiv denken die Menschen noch, euch als das Volk zu bezeichnen. Dabei seid ihr das Göttliche. Die Vatikanglaubensmafia würde euch das nicht ins Ohr flüstern. Da müsst ihr dumme dumpfe Gläubige bleiben im Sinne der Borgia Mafia und der

Kriminalgeschichte des Christentums von Deschner, sehr gut beschrieben. Aber die Glaubensmafia in Religion im Vatikan oder bei den Mullahs ist identisch das gleiche, bloß das die erst im Mittelalter des Glaubenswahnsinns sind, was wir in Europa schon hinter uns haben. Aber die sind ja auch 600 Jahre hinterherhinkend weil Mohammed ja 600 Jahre nach Jesus die Bühne betrat.

 Jedenfalls Bildung muss total kostenlos sein bis zur Uniausbildung wobei eine Uniausbildung längst sein glorifizierendes Glaubensbild im Arsch hat. Denn Spinösitäten im Köpfle gibt es genug aber 99,99% des Lebens wird von den Handwerkern geleistet den Berufen. Akademiker müssen schwer abgewertet werden oder aber Berufe schwer aufgewertet. Am besten ist es wenn beides gleichwertig ist was ja auch der Wahrheit und der echten Realität entspricht. Denn Glaube vom Vatikan oder Glaube an das Geld ist beides eine virtuelle Welt. Mehr nicht. Die auf der InternetHighway der Fantasie gezüchtet wird, und am Leben gehalten wird. Mehr ist das nicht.

 Es darf also keine Elite geben. Die FDP und ihr beklopptes Denken insbesondere ihres Dumpfglaubens an die Freiheit des Individuums, was ja sowie so frei ist, dazu ist eine politische Menschenfängerpartei nicht notwendig, mit ihren Dumm und Blödschwätzern, die sich selbst zur Elite dünkten. Bloß weil die Halbäffchen dachten das sie mit Worten und Begriffen, Gedanken formulieren können, die dann nicht der Realität oder der Wahrheit zu entsprechen hätten. Dummschwätzer sind Lügner und die Lüge ist keine Liebe und alles was keine Liebe ist wird zerstört werden. So ist das nun mal.

 Es darf also keine Elite geben. Denn das Höchste Niveau die höchste Ebene von der dann in der Politik und Wirtschaft immer gelabert wird, um die Bevölkerung glaubensmäßig an diesen Schwachsinn zu binden, diese höchste Ebene dieses höchste Niveau ist nämlich „Kein Niveau" Weil es sowas nirgendwo gibt. Aber als Glaubensschema aufgebaut wurde, wird, um in der Religion im Feudalismus bei Königen bei Kaisern in der Diktatur und in der Demokratie, euch still zu blöden. Wer von höchster Ebene labert der betrügt und beutet aus und will ausbeuten und andere für blöde abzocken. Deswegen auch ein bedingungsloses Grundeinkommen. EMPÖRT EUCH INTENSIVER

 Das virtuelle Produkt Glaube wird also im Internet der Phantasie vermarktet um Menschen zu verblöden und auszubeuten. Der Vatikan ist eine gigantische Lug und Betrugsmafia. Da hilft auch ein jetziger südamerikanischer Papst nichts. Aber die nun zur Blödheit und Dummheit konditionierten katholischen und evangelischen und moslemischen Gläubigen die sind nun tief in den Sumpf dieser Glaubensprodukte verdunkelt. Und das sind Schwierigkeiten für die gesamte Menschheit auf der Erde in Bezug zur Evolution und Befreiung damit sowohl die Erde als auch die Pflanzen und Meere und Menschen ein Leben ohne Ausbeutung Vergewaltigung ohne Strategien die geldbezogen sind und von ELITEN im GELD und GLAUBE und POLITIK und WIRTSCHAFT eingefädelt wurde , nämlich genau so eingefädelt wie damals unter den Feudallandbesitzern, die Erstanfickung dem Großgrundbesitzer zustand. Das sind alles Zustände von abgrundtief tiefenverblödeten Raubtiermenschen die zurzeit noch auf der Erde sind. EMPÖRT EUCH INTENSIVER

 Aus Gott kann nur Gott kommen. Und wenn es Gott nicht gäbe kein Problem, dann würde aber aus dem Nichts kein ETWAS entstanden sein. Da es aber ein NICHTS gar nicht gibt, außer in der deutschen Sprache, die ja bloß die Sprache ist und nicht die Wahrheit, dürfte ja dann auch keine Existenz vorhanden sein. Also dasjenige das diese Existenz geschaffen hat ist schon ganz schön beeindruckend. Aber wenn du GLÄUBIGER an das Falsche also an Geld oder Katholizismus oder Papst, nur einmal erfahren würdest, nur eine Millisekunde, wer und was du in Wahrheit selber bist, würde sofort sämtlicher Glaube an die Religionen oder Geld ad Acta gelegt werden können. Und genau deswegen müsst ihr Gläubige bleiben damit ihr unter anderem nicht erfahren sollt wer und was du in dem menschlichen Körper bist. Ach ja, hatte Jesus nicht mal gejodelt: der menschliche Körper ist der Tempel Gottes und Gott lebt in diesem Tempel. Und wer ist dann du der da in und mit der zukünftigen Leiche, deinem Körper lebt und macht und tut. EMPÖRT EUCH INTENSIVER

 Aus Gott kann nur Gott kommen, sage ich dazu. Empört euch intensiver und schafft das Glaubensprodukt GELD ab. Das kollektive Glaubenskoma der Religionsmafia ist das gleiche wie das kollektive Glaubenskoma an das Geld. Beides ist eine Giga, Giga, Lüge. Denn Gott ist ja Kein Glaube. Und du bist ja auch kein Glaube. Du bist ja keine Fick tief Ficktion. Warum aber, bietet euch die Staatsfirma Vatikan wohl bloß den Glauben an. Damit sie, immer die Hüter des Glaubens zwischen euch und Gott sind, mit dem ihr ausgebeutet werdet. Die Kirchensteuer von Hitler als Geschenk für die Unterstützung der Protestanten und Katholikenscheffs muss weg. Und genau so wie der Glaube als Tauschmittel benutzt wird, wird der Glaube an das Geld als Tauschmittel zwischen die Gläubigen geschoben mit dem sie ausgebeutet werden. Denn nochmal: Geld wird nie etwas machen. Denn redet mal zu dem Geld oder den Diamanten oder dem Gold und sagt ihr er soll das Auto konstruieren oder die Lebensmittel anpflanzen und die A380 Maschine fliegen. Alles, aber auch alles, für ewig solange es Menschen auf der Erde und woanders gibt, wird von Menschen gemacht. Und deswegen ist ein Glaube das Werkzeug der Lügner und Betrüger um euch auf immer als Ausbeutobjekte zu versklaven, damit wenige ein Leben in durchgeknalltem Luxus leben könne, was total zerstörerisch ist. New York in seiner Übergigagier verbraucht an einem Tag so viel Energie wie ganz Afrika. EMPÖRT EUCH INTENSIVER. Und deswegen ist ein bedingungsloses Grundeinkommen das natürliche Recht eines jeden Menschen auf der Erde. Denn der Großteil der Menschen wird als Sklaven für die Besitzenden geboren. Weil die ja alles unter sich aufgeteilt haben. Aber, seid wachsam selber keine Besitzenden zu werden oder sein zu wollen. Denn wer besitzt der wird besessen. Und Besessen zu sein vom Besitz ist ein sehr, sehr, ekliges Lebensgefühl und ein ewiger Kampf gegen den anderen.

Mittwoch, 9. Oktober 2013

Energiewende-Konzerne müssen ran. Massive Umverteilung von Verbrauchern und kleineren und mittleren Gewerbe zu Großkonzernen. Privilegien für Großkonzerne bei Energiepreisen. Die Energiewende ist sozial und bezahlbar wenn alle Energiebezieher ihren gerechten Beitrag leisten. Verbraucher und Mittelstand müssen fette Energiekosten Erhöhungen zahlen. Keine Alimentierungsprogramme für die Elektro und Atomkonzerne und deren Manager mit Millionengehältern. Wenn die Energiewende von den Verbrauchern bezahlt wird dann müssen auch die Energiekonzerne dem Verbraucher gehören, basta. www.murks-nein-danke.de unter www.duckduckgo.com

Zu Nixon Zeiten versuchten dessen Verbrecherbanden ja die US Bürger auszuspionieren indem in den TV und Radiogeräten Abhörgeräte eingebaut werden sollten ohne das die USBürger das wussten. Das war ja der Hauptgrund weswegen Nixon platt gemacht wurde. Das waren ja Hochkriminelle ELITEN. Und sind es noch heute. Aber heute ist die USA ja der Himmel für die NSA Spionage geworden die global spioniert mit der Möglichkeit auch über die Xbox einen direkten Zugang zu den Abläufen im Wohnzimmer oder Toiletten zu bekommen. Was ja die Gläubigen dieser Virtuellen FickTief Ficktion nicht stört in ihrem NICHTS Dilemma. Denn sie sind ja sowieso gezüchtete Produkte dieser Industriellen Eliten und Bankeliten und unbeschreiblich, unbeschreiblich, senilen politischen ELITEN der USA.

Gewinnstreben ist die Maxime auch der deutschen Durchknallregierungen. Die Hüter der Sozialspaltungen für das Geldkartell ihrer Industrie und Bankeneliten.

Denn trotz Finanzkrise die ja eine Bankkrise ist also der Verbrecherlugbetru gsmanager also Familienväter und Mütter, trotz der Bankenkrise der

Abzockdoppeltabzockkrise, haben die einen wachsenden Reichtum an Geld bekommen, der bei den Managern und Aktionären angekommen ist. und Unmengen von Steuergeldern für diese Verbrecherbanken abgegeben wurde. Das ist ein Rechtsstaaaaat der immer ein Unrechstaaaaat ist. Das sind Rechtsanwälte.

Die Kluft zwischen ARM und REICH wird giganter, und gigantischer wird aber auch die Einsicht das die Bevölkerungen ausschließlich zum Ausbau der industriellen und religiösen Strategien da sind, als Ausbeutobjekte herangezüchtet, in dem Glauben das wäre Gerechtigkeit oder Wahrheit oder dazu gäbe es keine Alternative..

Wer so was sagt wie: Dazu gäbe es keine Alternative, da weiß man sofort das ist Diktatur.das ist die Diktatur des Raubmenschen und der Raubmensch ist der Nazi der Faschissst. Denn das ist der Raubmensch ein Faschissst der andere Lebensformen für sich tötet oder versklavt oder ganze Horden an Arbeitssklaven über Jahrhunderte herangezüchtet hat, über die Horden die Klans die Familien die Besitzenden die Kaiser die Könige die Besitzenden die Prinzen die Landbesitzer die Kirchenverbrecher die Landbesitzer bis hin zu der Jetztzeit mit dem Arbeitspersonal für den Staat der eine reine Firma ist für die Banken und die Industriellen.

Und ihr seid in Wahrheit herangezüchtetes Personal für die Besitzenden. Egal ob ihr Doktor oder Professuren habt die ja mit zu den Vorlügner der Besitzenden gehören. Man denke nur an den vollidiot Graf Lambsdorff und seine Familien oder der jetzige vorzeige Kotzbrocken der seinen Doktortitel wunderbar erlogen hatte und das Darlingkind der deutschen Politikkkker war, weil er sooo gut Lügen und Betrügen konnte, Karl-Theodor-zu-Guttenberg. So wie das Roundup-Herbizid Unkrautvernichtungsmittel das Global und in deutschen Gärten gesprüht wird, das ja auch eine Lüge ist, die mit Wahrheitslügen beschmückt werden und die Erde verlügt also zerstört. Genauso so vergiftet das Lügen der Besitzenden GeldEliten also der Durchgeknallten die Erde und die Menschheit und Tierheit und Pflanzenheit und das Wasser und die Luft. Das macht die Lüge der Ausbeutung für mehr Kontrolle und mehr Geld. Und mit Doktortitel und Professuren und Diplomen. Und das Rechtsystem ist mit verantwortlich für diese Lügen und Korruptionen und Betrugspolitik im Namen der industriellen. Denn die Konzerne nutzen ja das Rechtssystem den RechtsApparat und deren herangezüchteten Vasallen strategisch, damit Kleinbetriebe nicht an Saatgut kommen, oder Bankenbetrug zur Finanzkrise stilisiert wird. Denn es ist immer die gleiche Methode ein Konzern eine Bank ein Betrieb nimmt sich Rechte heraus. Wenn sie finanziell gut gestellt sind haben sie sowieso Rechtsanwälte die für sie arbeiten. Denn das Ziel beim Rechtsstreit ist ja nicht ein gerechtes Urteil sondern es geht ja darum den Prozess solange in die Länge zu ziehen, bis dem Schwächere die Luft ausgeht. Und Rechtsanwälte sind ja Taktiker die hauptsächlich daran interessiert sind lange den Prozess aufrecht zu halten, denn er verdient ja daran. So ist das Gelddenken der Geldroboter auf der Erde geworden. Sie sind Gift für die Gesellschaft für die Natur für die Erde. Deswegen ist dieses System der Rechtsanwälte und der damit kooperierenden Industriellen ein Hauptgrund auch für die Korruption und das die Verbraucher, Bürger, Menschen, unweigerlich immer zahlen müssen, sei es in der Finanzkrise die ein Verbrechersystem der Bankiers war oder der Energiewende wo Umlagen nun so dargestellt werden das die Verbraucher sie zahlen müssen. Obwohl es ja den Privatfirmen gehört. Energiekonzerne müssen global verstaatlicht werden sofort. EMPÖRT EUCH INTENSIVER

 Geld ist zwar bloß Geld wird aber als Macht vermarktet. Wenn Geld aber Garnichts kann, wie kann dann Geld Macht sein. Deswegen ist der Spruch" Geld ist Macht und Gesundheit ist Allmacht" ziemlich perfide. Die Demokratie der griechischen Eliten, die Arbeitssklaven intensiv ist, die würde diesen Spruch sofort als Wahrheit unter ihr Fußvolk dem griechischen werfen. Oder schönes Beispiel Karl Theodor zu Guttenberg-verlogen-verheuchelt-versiffter Adel der Demokratie als Lug und Betrug der Menschheit anbot. Und das den Lug Betrug sehr effektiv medienmäßig rüberbrachte. Deswegen waren doch die Politiker so von ihm „Überzeugt„denn das ist ja ihr ideal, Lüg Betrug Täuschungen Taktiken Verschleierungen überzeugen medienmäßig rüber zu bringen. Und die Medien die sich darauf stürzen also ignorante dumpfe verlogene blinde mediengläubige Journalisten, die gehören zu dem gleichen System. Nämlich so darzustellen als ob ihre Position ihre Worte und Gedanken das einzig wahre wären und bestimmend für die

Menschheit sind. Aber dazu gehört mehr Wahrhaftigkeit und Liebe. Doch Journalisten sind bloß Menschen wie der Furz im Wind mehr nicht, so ist ihre innere Entwicklung, eine starke Verwickelung.

Oder der IWF gegründet von Königen die zuvor den Bestand der Tiere zerschossen haben und nun mit Großkonzernen und Monsantovergewaltigungen der Natur gemeinsame Sache machen. Das ist das gleiche wie bei der Bankenmafia mit ihrer Finanzkrisendarstellung, zuerst alles zusammenschießen und dann den IWF gründen und so tun als ob sie wahre Lebensschützer wären. Das ist identisch die gleiche Ausbeutmentalität der Besitzenden die sich noch immer nicht lossagen können vom ausbeuten lügen und versklaven. Unterstützt nicht den IWF der gehört zur Bankenmafia der Königs und Kaisermafia Global. Das ist das gleiche System wie „Alle Gesunden zu Kranke machen" der FaschistenMediziner. Denn das passt genau zu der Pharmamafia die ja ausschließlich Geld machen will.

Geld sollen sie bekommen. Lasst sie uns einpferchen und dann zum Abendbrot und Frühstück viel, sehr viel, Geld geben. Und dann wird ja gesehen werden. Denn das Geld hat ja auch die Neo-Nikotinoide zum Vorschein gebracht, dieses Nervengift, das nun die Insektenwelt und Tierwelt inklusive Menschenwelt vergiftet. Alles wegen des Geldes und das weigern diese Nervengifte zu verbieten alles wegen des Geldes. Was sind das für Verbrecherbanden in Politik Wirtschaft und europäischer Kommission. Denn ein Nervengift zerstört alles an organischem Leben, alles, auch dich du Halbaffe. EMPÖRT EUCH INTENSIVER.

Denn alles Gesunde sollen zu Kranken gemacht werden. Und das ist Bayer, BASF, Monsanto, und Syngenta, nämlich Gesundes zu Kranken machen. Das ist Totalfaschissmus, in seiner unpolitischen Verdrängungsform über den Weg der Gifte und Nervengasen und anderen Chemikalien, das ist alles lasst uns „Gesunde zu Kranken" machen.

Montag, 14. Oktober 2013
EMPÖRT EUCH INTENSIVER wegen der Limburger Bischof Senilen. EMPÖRT EUCH INTENSIVER wegen der Senilen Opas der VatikanMafia des GlaubensDummschwätzens. Denn Bischöfe sind Vasallen der VollBlutVolksVerblödung. Sie sind Verblöder der Gesellschaft. Sie Verblöden die Gläubigen, die echten Gläubigen kann man ja nicht verblöden. Sie verblöden die armseligen angstvollen Looser und TraurigkeitsAnbeter. Denn wenn ich diese Gestalten der Gläubigen vor dem Limburger Dom

sehe, dann sehe ich das „Belügt und Betrügt und Verblödet mich Bitte, Bitte, Bitte" denn ich Glaube und will auf ewig blöde bleiben.

Ich hatte auf anderen TV Regionalprogrammen Interviews mit Kardinälen und Bischöfen gesehen wo auch andere Gläubige in anderen Städten wegen der Verschwendungssucht und FalschwissensArroganz unter Angriffen, verbalen Flehangriffen der Dummen Gläubigen vor der Kamera Rede und Antwort standen. Und was sah ich da. Ich sah Lügengesichter Scheinheiligkeitsgesichter und AntiJesusFratzen. Und wer bis heute 2013 immer noch nicht verstanden und erkannt hat, dass der Glaube an die katholische Kirche oder an deren Lehre eine Täuschung und ein Geschäftsprogram ist, der muss dann eben Leiden und als Verblödeter Mensch dastehen. Nochmal: Der Vatikan ist eine Firma und ein Staat. Der Vatikan ist der größte reichste Männerverein auf der Erde. Die Hitler Kirchensteuer muss aberkannt werden. Der Vatikan die katholische Kirche basiert auf Lügen Mord Betrug heucheln. Gott ist nicht so unermesslich Blöde sowas als die Stellvertreter Gottes auf der Erde haben zu wollen. Hier ist nochmal etwas zu dem Vatikan mit seinen Zweigstellen in der Bundesrepublik und deren Sündengeldeintreiber der Hitler Kirchensteuer: Zitat Anfang

„Bischöfe zocken ab!

Ein Schauspiel der besonderen Art lässt sich mehrmals im Jahr im Kloster Himmelspforten bei Würzburg beobachten: wenn die katholischen Bischöfe in ihren schwarzen Luxuslimousinen heran-rauschen, sich das Tor öffnet und der Chauffeur drinnen den Schlag aufhält. Die Konferenz der katholischen Bischöfe kann beginnen. Die neugierig-frommen Zaungäste draußen vor dem Tor ahnen mit Sicherheit nicht, dass die ganze Vorstellung auf ihre Kosten statt-findet.

Denn die Gehälter der Bischöfe und Landesbischöfe zahlt in den meisten Bundesländern der Staat. Die Kirchenfürsten, die so gerne repräsentieren und die gerne zu politischen und sozialen Problemen ihre Meinung künden,

verheimlichen vor dem Volk, dass sie selbst ein politisches und soziales Problem darstellen: 14 Milliarden Euro zahlt der Staat jedes Jahr an die Kirche. 14 Milliarden Euro aus dem allgemeinen Steuertopf! Zusätzlich zu den Kirchensteuern! Und zusätzlich zu den kirchlichen Sozialleistungen, die der Staat fast vollständig übernimmt. 14 Milliarden Euro auch aus den Steuern von Moslems, Atheisten, Freidenkern, Andersgläubigen, aus der Kirche Ausgetretenen. Mit diesem Geld zahlt der Staat Jahr für Jahr die Ausbildung der Theologen, den Religionsunterricht an staatlichen Schulen, die Militärseelsorge und vieles mehr ".

Die Kirchen berufen sich zur Rechtfertigung dieser Privilegien auf Enteignungen ihres Vermögens, die 200 Jahre oder länger zurückliegen - und verschweigen dabei tunlichst, dass dieses Vermögen im Laufe der Geschichte meist auf kriminelle Weise zustande kam: Durch Urkundenfälschungen, Erbschleicherei, Ausbeutung kirchlicher Untertanen, Hexenprozesse oder Zinswucher. *

Angesichts leerer Staatskassen und Sozialabbaumaßnahmen wie Hartz IV ist es ein ungeheuerlicher Skandal, dass die Politiker zwar immer vom »Sparen« und vom dringend notwendigen »Abbau der Subventionen« sprechen, sich an das Goldene Kalb Kirche jedoch bis heute nicht herantrauen. Dies ist ein Diebstahl am Steuerzahler durch Staat und Kirche. Die Regierung verlangt - vom Volk immer größere Einsparungen - damit sie die Milliardensubventionen an die Kirchen weiter zahlen kann? Aber nicht nur die Kirchenmanager dürfen keine Banditensubventionen mehr bekommen, sondern sämtliche Big Business Firmen und vor allen Dingen Konzerne die ins sogenannte Ausland abziehen nachdem sie hier Alles Steuerlich und Subventionsmäßig Abgezockt haben dürfen keine Subventionen mehr bekommen. Nur noch der kleine Mittelstand darf subventioniert werden und der Einzelmensch oder mal das PrimitivWort benutzt der Bürger.

Die Kirche: das reichste Unternehmen der Republik
Fakt 1.Experten schätzen das Gesamtvermögen der Kirche allein in Deutschland auf fast eine halbe Billion Euro.
Fakt 2 Die Kirche ist der größte Grundbesitzer der westlichen Welt. In Deutschland ist die Kirche mit 8,25 Milliarden qm größter Grundbesitzer (entspricht gut der Hälfte des Bundeslandes Schleswig-Holstein)
Fakt 3 Der Vatikan ist größter Immobilienbesitzer. In Rom sind schon fast 1/3 aller Häuser im Besitz des Vatikans. In anderen Städten Italiens und auch Deutschlands sollen die Besitzverhältnisse ähnlich sein.
Fakt 4 Der Goldschatz des Vatikans wird hinter demjenigen der USA als der zweitgrößte der Welt beziffert: 3.500.000.000 Euro

Fakt 5   Der Gesamtbesitz des Vatikans an Aktien und anderen Kapitalbeteiligungen hat sich bereits im Jahr 1958 (!) auf etwa 50 Milliarden DM belaufen. Die Zahl dürfte heute auf weit über hundert Milliarden Euro angewachsen sein.

Fakt 6 Der Vatikan ist heute der größte religiöse Wirtschaftskonzern der Welt und engagiert sich in zahllosen Unternehmen in den Bereichen Immobilien, Plastik, Elektronik, Stahl, Zement

Fakt 7 Der Vatikan besitzt eine Reihe der einflussreichsten römischen Banken und ist in Europa, Nord- und Südamerika an einer überwältigenden Fülle mächtiger Industrieunternehmen beteiligt.

Der Staat könnte Jahr für Jahr 14 Milliarden Euro einsparen! Damit könnte die Staatsverschuldung getilgt und einem weiteren Sozialabbau Einhalt geboten werden.

* Siehe hierzu: „Der Reichtum der Kirche ist Blutgeld", kostenlose Broschüre, zu erhalten über die Redaktion : E-Mail: info@das-weisse-pferd.com oder www.reich-der-reichen.de oder www.steinadler-schwefelgeruch.de

16,5 Milliarden neu verteilt!

Die gesamte Arbeitslosenhilfe betrug im Jahr 2003 für ganz Deutschland 16,5 Milliarden Euro. Würde der Staat an die Kirchen keine Subventionen mehr zahlen, dann könnte z.B. auch die Arbeitslosenhilfe weitergezahlt werden. Oder was meinen Sie, was der Staat mit dem eingesparten Geld anfangen sollte? Schreiben Sie uns!

Eminenzen fahren S-Klasse der sie unterhaltende Steuerzahler fährt S-Bahn

Was verdient ein Bischof

Bei 7.500 Euro geht es los; Erzbischöfe oder Kardinäle bekommen bis über 11,500 Euro monatlich -: in den meisten Bundesländern vom Staat! Außerdem wohnen sie meist mietfrei in Kirchenpalästen und verfügen über Dienstkarossen mit Chauffeur. Die Eminenzen fahren S-Klasse, der sie unterhaltende Steuerzahler fährt S-Bahn...

Landesbischof Johannes Friedrich, - München

ca. 11.500,00 Euro Monatsgehalt, von unseren Steuergeldern bezahlt.
Zusatzleistungen: - Dienstwohnung - Dienstwagen
Lebt im Herrschaftssitz in einem Münchner Nobelvierte/ am Englischen Garten
.Kardinal Joachim Meisner Köln
11.243,00 Euro Monatsgehalt, von unseren Steuergeldern bezahlt.
Zusatzleistungen: Dienstwohnung Dienstwagen, Hauspersonal

Zum Vergleich

Du sollst keine Reichtümer anhäufen, die von Motten zerfressen werden.. Jesus von Nazareth
Leichter geht ein Kamel durch ein Nadelöhr als ein Reicher in das Reich Gottes. Jesus von Nazareth

Zahlt lieber an die Arbeitslosen
Die gesamte Arbeitslosenhilfe betrug im Jahr 2003 für ganz Deutschland 16,5 Milliarden Euro. Würde der Staat an die Kirche keine Subventionen mehr zahlen, dann könnte zbs. auch die Arbeitslosenhilfe weiter gezahlt werden. Oder was meinen sie, was der Staat mit dem eingesparten Geld anfangen sollte?
Schreiben sie uns!
Von unseren Steuern Bischöfe zocken ab

Beispiel Bayern: Bischofsgehalt vom Steuerzahler

Kardinal Friedrich Wetter und seine sechs bayerischen Amtskollegen beziehen ihr komplettes Gehalt vom Steuerzahler.

Bayern zahlt Jahr für Jahr aus der Staatskasse:
655.000 Euro für die Gehälter von sieben Bischöfen und Erzbischöfen
99.000 Euro Zulagen für 12 Weihbischöfe
737.000 Euro Gehälter für 14 Dignitäre
3.914.000 Euro für 42 Domvikare
Selbst Weihrauch wird vom Staat bezahlt!
Insgesamt kassieren die beiden großen Kirchen in Bayern vom Staat

85.932.000 Euro jährlich.

In anderen Bundesländern ist es ähnlich ... Insgesamt kassieren die Kirchen jedes Jahr bundesweit fast 500.000.000 Euro vom Staat - aufgrund alter und uralter Rechts-Titel!

Zum Vergleich:
Dies alles will ich dir geben, wenn du niederfällst und mich anbetest. Satan zu Jesus

Von wegen :sozial:
Baut eine örtliche Kirchengemeinde einen neuen Kindergarten, so bezahlt sie z.B. 1/3 des Grundstücks. 1/3 zahlt die Gemeinde und 1/3 zahlt das Bundesland. Die Kirche wird jedoch alleiniger Eigentümer. So wächst der Grund und Immobilienbesitz der Kirche kontinuierlich. Den Löwenanteil des Unterhalts der kirchlichen Kindergärten und Krankenhäuser zahlen Gemeinde und Staat. In Baden-Württemberg beträgt der Anteil der Kirche an der Finanzierung ihrer Kindergärten ganze 7%. Ein Skandal !

Direkte Subventionen (unvollständig)

Konfession. Religionsunterricht.............	2,45 Mrd. Euro
Ausbildung der Theologen.................	0,62 Mrd. Euro
Ersparnis durch staatl. Einzug der Kirchensteuer	1,00 Mrd. Euro
Denkmalpflege	0,04 Mrd. Euro
Militärseelsorge	0,03 Mrd. Euro
Zahlungen der Bundesländer.......	0,72 Mrd. Euro
Zahlungen der Kommunen (geschätzt)	2,50 Mrd. Euro
(v.a. Baubereich, Geschenke, Kultur)	
Baulast-Verpflichtungen.....................	0,05 Mrd. Euro
Zuschüsse an Missionswerke u.a...........	0,19 Mrd. Euro
Sonstiges, Z.B. Orden, Medien, Kirchentage	0,30 Mrd. Euro
Direkte Subventionen	ca. 7,9 Mrd. Euro

Staatliche Subventionen an die Kirchen insgesamt 14,15 Mrd. Euro
Anmerkung zur Tabelle: Die nebenstehende Tabelle wurde uns freundlicherweise von den Initiatoren der Plakataktion "Spart euch die

Kirche!" (vgl. Artikel S.26) zur Verfügung gestellt.

In der hier angegebenen Zahl von 14,15 Milliarden Euro sind die staatlichen Subventionen für kirchliche Sozialleistungen (noch einmal ca. 10.Mrd. Euro jährlich) nicht enthalten. Wie man im oberen Teil der Tabelle sieht, besteht ein Teil der ermittelten Zahl aus Einnahmen, die sich der Staat entgehen lässt. Aufgrund der mangelnden Transparenz von kirchlichen und staatlichen Stellen sind die vorliegenden Zahlen zum Teil Schätzungen, die jedoch von erfahrenen Experten (siehe „Quellen") aufgrund jahrelanger Recherchen gemacht wurden.

Quellen: C. Frerk, «Finanzen und Vermögen der Kirchen in Deutschland«, G. Rampp, Bund für Geistesfreiheit Augsburg; entnommen aus: »Spart euch die Kirche! «, www. spart - euch - die- kirche. de

Die milliardenschweren Subventionen des Staates an die Kirchen
Verzicht auf Staatseinnahmen
Absetzbarkeit der Kirchensteuer...3,50 Mrd. Euro
Befreiung von Zinsabschlags- und Kapitalertragssteuer ....1,40 Mrd. Euro
Befreiung von der Umsatzsteuer ....1,20 Mrd. Euro
Sonstige Befreiungen ....0,15 Mrd. Euro

Verzicht auf Einnahmen insg. ca. 6,25 Mrd. Euro

Interview mit Gerhard Rampp vom Bund für Geistesfreiheit
Was man beim Kirchenaustritt sparen kann:
„ Das gibt eine beachtliche Rente"

Wir sprachen mit Gerhard Rampp, Gymnasiallehrer und Kirchenexperte beim Bund für Geistesfreiheit Augsburg (www.bfgaugsburg.de).

Frage: Auf einer Veranstaltung zum Katholikentag in Ulm sagten Sie neulich, dass ein Kirchenmitglied in Wirklichkeit den dreifachen Betrag der Kirchensteuer entrichtet, ein aus der Kirche Ausgetretener immerhin noch den zweifachen. Wie ist das zu verstehen?

Gerhard Rampp: Der überwiegende Teil der Zuwendungen für den internen Betrieb der Kirchen - also ohne die Zuschüsse zu Kindergärten,

Krankenhäusern etc. in kirchlicher Trägerschaft - kommt nicht aus Kirchensteuermitteln, sondern aus direkten und indirekten Subventionen der öffentlichen Hand und damit der Steuerzahler. Den gut 8 Milliarden Euro Kirchensteuereinnahmen stehen rund doppelt so hohe staatliche und kommunale Subventionen für die Kirchen gegenüber. Die ersteren tragen nur die Kirchensteuerzahler, die zweiten alle - auch die, welche keiner Kirche angehören.

Dann ist also der Austritt aus der Kirche nur ein Drittel der Lösung - aber sicher auch nicht zu vernachlässigen. .Was kann der Durchschnittsbürger denn durch den Kirchenaustritt sparen?
Das kommt darauf an, ob er ein zu versteuerndes Einkommen hat. Selbst wenn dies nicht zutrifft, wird ein Kirchenmitglied künftig mit einem erhöhten Kirchgeld konfrontiert werden, das jährlich zwischen 50 und 500 Euro ausmachen dürfte. (Die Einzelheiten sind je nach Bundesland unterschiedlich geregelt.)

Kirchenaustritt lohnt sich!

Wer ein Einkommen zu versteuern hat, zahlt durchschnittlich 500 Euro Kirchensteuern im Jahr - natürlich mit großen Abweichungen nach oben und unten. Aber schon beim Durchschnittsbetrag macht das in 40 Arbeitsjahren einschließlich Zinsen einen Gesamtbetrag zwischen 100.000 und 150.000 Euro aus. Allein aus den Zinsen dieses angesparten Vermögens ergibt sich eine beachtliche Altersrente, was umso wichtiger wird, als die gesetzliche Rente künftig deutlich niedriger ausfallen wird. Überdies werden künftig auch Rentner kirchensteuerpflichtig werden.

Wie beurteilen Sie die Tatsache, dass der Staat in den meisten Bundesländern die Gehälter der Bischöfe bezahlt?

Dies ist ein Relikt aus den Zeiten der Verbindung von Thron und Altar, das in einer Demokratie fehl am Platze ist. Offiziell begründet die katholische Kirche dieses Privileg mit den Enteignungen bei der Säkularisation von 1803 und die evangelische mit Vermögensverlusten in der Reformationszeit (durch die Katholiken, wohlgemerkt, nicht durch den säkularen Staat!). Aber erstens sind diese Verluste durch die bisherigen 200-jährigen Zahlungen längst ausgeglichen und zweitens haben sich die Kirchen ungleich größere Vermögenswerte durch die Enteignung von Opfern der Inquisition und der Hexenverfolgungen sowie durch Erbschleicherei (mit Versprechungen für einen Platz im Himmel) angeeignet, ohne dass sie dafür je eine Entschädigung geleistet hätten. Aus diesen Gründen sind die gesamten sog. „Konkordatsleistungen" ersatzlos zu streichen.

Sie befassen sich mit dem Thema „Kirche und Geld" schon seit vielen Jahren. Spüren Sie, dass die Menschen für dieses Thema aufgeschlossener werden?

Ja und nein. Einerseits setzte schon nach 1968 ein Prozess des Nachdenkens ein, der mit der Kirchensteuerdiskussion nach 1990 und den jetzt deutlich sinkenden Realeinkommen neue Nahrung erhalten hat. Viele Menschen müssen jetzt sparen und begreifen nun den monatlichen Kirchensteuerbeitrag als Luxus, für den sie kaum eine Gegenleistung haben. Andererseits erschöpft sich bei den meisten Menschen das Engagement mit dem Austritt aus der Kirche. Kaum jemand sieht die Notwendigkeit, ein politisches oder religiös-weltanschauliches Gegengewicht zu den Kirchen zu unterstützen. Und kaum jemand weiß, dass die Staatsverschuldung heute um ein Drittel geringer wäre, wenn der hochverschuldete Staat nicht seit Jahrzehnten die reichsten Organisationen in Deutschland, nämlich die Kirchen, mit Milliardenbeträgen unterstützen würde.

Herr Rampp, wir danken Ihnen für dieses Gespräch!"

Zitat Ende

EMPÖRT EUCH INTENSIVER nicht nur über diese Betrügen und Ausbeuten durch die BetrugsVatikanSeuche. Nein, auch das was zurzeit abläuft wegen der EnergieWende. Strompreise an der Energiebörse sind bis zu 38% gefallen, wegen der Energieeinspeisung der alternativen Energien. Aber diese Strompreisreduzierung wird nicht an die Menschen weiter gegeben. Das ist Offizieller Betrug der Politik mit ihren Kumpanen in der Energiewirtschaft. Denn diese 38% die andere Stromanbieter nun produzieren gleichen die Energiefirmen wie EoN oder RWE oder Vattenfall und so weiter einfach durch eine Betrugspackung mit dem Strompreiszuschlag aus, nein, sie erhöhen sogar die Belastungen der Bevölkerung. EMPÖRT EUCH INTENSIVER gegen diese Faschistenpolitiker und Betrugsmanager der Energiekonzerne.

Für die Privatwirtschaft darf es keine Cent mehr an Subventionen geben. Und jede politische Partei die das noch unterstützt wegen menschlicher Ignoranz und Dummschwätzerdenken oder Vorteilsdenken wegen späterer Positionen bei diesen Energiekonzernen oder Konzernen überhaupt, jede politische Partei muss platt gewählt werden so wie die bekloppten Halbaffen von der FDP. Aber von Halbaffen kann man ja auch bloß solche Resultate erwarten. Vergebt ihnen denn sie wissen nicht was sie tun und wissen doch was sie tun direkt aus ihrer Bösartigkeit und Dummheit heraus.

An euch Energiekunden rufe ich zu: Kündigt alle eure Verträge bei Vattenfall. Oder kauft kein Benzin mehr bei BP. Und absolut wichtig trinkt keine Tasse Kaffee mehr bei Starbucks Steuerbetrüger. Oder wechselt von Google zu www.duckduchgo.com. Also man nimmt sich eine Firma raus und kündigt sämtlichen Kontakt zu diesen Firmen. Am besten koordiniert, über das Internet und andere Geldgesteuerte Medien. Das wird exzellente Wirkung hinterlassen da sie die Vasallen des Satans des Geldes sind. EMPÖRT EUCH INTENSIVER

Zitat Anfang
Reich, mächtig, unbekannt
28. August 2013
Öffentliche Banken wie Weltbank, EIB, KfW und EBRD haben hehre Aufträge - denen sie nicht immer gerecht werden. Geld für Klimakiller, Steuervermeider und Umweltzerstörer: es gibt viel zu tun bei den öffentlichen Banken. Eine urgewald-taz-Beilage erklärt Hintergründe, Probleme und Lösungsansätze.
Öffentliches Geld im Öffentlichen Interesse?
Zur Rolle öffentlicher Banken
Seite I: Banken und die Energiewende Seite II: Banken und Großkonzerne Seite IV: Forderungen Hrsg. urgewald e.V. q August 2013

Reich, mächtig, unbekannt Die Weltbank, in den 80er Jahren der Inbegriff des Bösen, präsentiert sich heute als Finanzinstitution, die ihre Lektion gelernt hat und nun ganz darauf ausgerichtet ist, Armut zu bekämpfen. Dabei gehören Privatisierung und Investorenfreundlichkeit zu ihrem bevorzugten Instrumentarium, ebenso die „Einbeziehung der Privatwirtschaft":
Die knappen öffentlichen Mittel für Entwicklung und Klimaschutz sollen

durch die Beteiligung privater Akteure aufgestockt werden, denen dafür günstige Bedingungen geschaffen werden. Club der Geldgeber. Neben der Weltbank (die im Finanzjahr 2012 insgesamt 52,6 Milliarden US Dollar an Krediten, Darlehen, Beteiligungen und Garantien vergab) gibt es weitere öffentliche Banken, die viel Geld mit politischem Auftrag vergeben, aber den wenigsten Menschen bekannt sind: Etwa die Europäische Bank für Wiederaufbau und Entwicklung (EBWE, auch EBRD vom englischen Namen), die 1991 ihre Arbeit aufnahm, um den Ländern des Ostblocks Demokratie und Marktwirtschaft zu bringen (jährliche Kredite über etwa 9 Mrd. Euro). Oder die Europäische Investitionsbank (EIB), die Hausbank Europas, die seit ihrer Gründung das Zusammenwachsen Europas mit großen Infrastrukturprojekten fördert (jährliche Kredite in Höhe von 50-60 Mrd. Euro).

Bekannter ist die deutsche Kreditanstalt für Wiederaufbau (KfW), die in Deutschland Mittelstand, Erneuerbare Energien und Energieeffizienz fördert, aber auch Exporte deutscher Unternehmen und Entwicklungsprojekte (2012 Kredite über 73 Mrd. Euro). Die Bundesregierung sitzt in den Verwaltungsräten dieser Banken, mit jeweils bedeutenden Stimmanteilen. Das heißt aber nicht, dass sie in den Banken die eigene Politik z.B. zur Energiewende hochhalten würde: Kredite, um ukrainische Atomkraftwerke länger laufen zu lassen, oder für griechische, slowenische und südafrikanische Kohlekraftwerke – alles ist mit deutscher Unterstützung möglich (s.u.). Und von all diesen Banken ist die KfW die intransparenteste: Weltbank, EBWE und EIB veröffentlichen vorab Informationen zu Projekten, die sie unterstützen wollen, die KfW jedoch nicht.

Mehr Transparenz und Kontrolle scheinen bei der KfW nicht auf der politischen Agenda zu stehen. Zeit, dass sich dies ändert

Öffentliche Banken: Unterstützer oder Verhinderer der Energiewende?

Öffentliche Banken könnten eine Vorreiterrolle bei der Bekämpfung des Klimawandels und dem umweltfreundlichen Umbau der Energieversorgung spielen. Sie könnten damit klare Marktsignale senden, etwa indem auf Erneuerbare Energien und Energieeffizienz fokussiert und kein Geld mehr für Kohle- und Atomkraftwerke vergeben würde. Dies hätte über das eigene überschaubare Verleihvolumen hinaus eine bedeutende Signalwirkung auf Privatbanken, die Finanzierungen oft gemeinsam mit öffentlichen Banken machen. Öffentliche Finanzinstitutionen könnten gezielt die Entwicklung hin zu einer kohlenstoffarmen Energieversorgung und Wirtschaft finanzieren. So zumindest die Theorie. In der Praxis bewegen sich die öffentlichen Banken zwar in den letzten Jahren, indem sie mehr in den Bereichen Erneuerbare und Effizienz finanzieren, aber von klimaschädlichen Projekten lassen sie ihre Finger leider nicht: Kohlesünden Die EIB zum Beispiel vergab zwischen 2007 und 2011 etwa 62 Mrd. Euro im Energiesektor, davon ein Drittel (19 Mrd.) für fossile Energieprojekte – 2 Mrd. Euro allein für neun Kohleprojekte in Deutschland, Griechenland, Italien, Slowenien, Rumänien und Polen. Bei der EBWE flossen zwischen 2006 und 2011 fast die Hälfte der Kredite im Energiebereich in fossile Energien, darunter immer wieder in besonders klimaschädliche Braunkohlekraftwerke, etwa in Rumänien, Polen und Slowenien oder in Kohleminen wie Kolubara in Serbien sowie Ukhaa Khudag in der mongolischen Wüste Gobi.

Die Weltbank vergab 2010 einen Kredit über 3,7 Milliarden US-Dollar für das gigantische südafrikanische Kohlekraftwerk Medupi, das eine Leistung von 4800 MW haben soll. Das Kraftwerk solle den Energiehunger des SchwellenLandes stillen, so die Weltbank. Der Widerstand in Südafrika jedoch war groß, da die Strompreise ungerecht sind und neue Kohleminen für das Kraftwerk Gesundheitsprobleme und Wasserknappheit mit sich bringen.

Die KfW ist vor allem als Bank bekannt, die Erneuerbare und Energieeffizienz unterstützt. Auch sie hat allerdings immer wieder Kohlekraftwerke, -Minen und -infrastruktur unterstützt. Nach eigenen Angaben hat sie in den Jahren 2006 bis 2012 insgesamt 2 Milliarden Euro für den Bau und die Modernisierung von Kohlekraftwerken vergeben, etwa in Deutschland, Chile, Südafrika (Medupi, s.o.), Indien und Thailand. Zudem hat sie den Ausbau von Kohlehäfen in Australien und Kohleminen in Serbien und Mazedonien mitfinanziert. Aktuell verhandelt sie mit dem griechischen Energiekonzern PPC über einen Kredit für den Bau des Braunkohlekraftwerks Ptolemeida V

Am Bedarf vorbei

Solche Finanzierungen verkennen die Zeichen der Zeit: die EU plant in ihrer Energie Roadmap CO_2Emissionsreduktionen von 80-95% bis 2050. Die Internationale Energieagentur - nicht gerade ein progressiver Akteur warnt, dass alle neue Energieinfrastruktur nach 2017 kohlenstofffrei sein muss, wenn die globale Temperaturerhöhung auf zwei Grad Celsius begrenzt werden soll. Da Kraftwerke für Jahrzehnte gebaut werden, gehen Kohlekraftwerks-Neubauten schon jetzt in die falsche Richtung, weil sie einen CO2-intensiven Energiepfad festlegen

Laufzeitverlängerung als Sicherheitserhöhung?

Die Förderung von Kohlekraftwerken ist nicht der einzige Bereich, wo die öffentlichen Banken einer Energiewende im Weg stehen. Die EBWE z.B. darf zwar im Atombereich nur finanzieren, wenn dies der Sicherheitserhöhung dient. Wie dies interpretiert werden kann, zeigt jedoch die Ukraine: Dort dient ein Sicherheitsverbesserungs-Programm für die Atomreaktoren dazu, die Laufzeit von 12 alten AKW über ihre geplante Abschaltung hinaus zu verlängern. Die EBWE hat dieses Programm im März 2013 mit über 300 Millionen Euro unterstützt – mit der Zustimmung des deutschen Verwaltun gsratsmitglieds.
„Der abgeschaltete Reaktor Süd-Ukraine 1 kann dank des Kredites wieder in Betrieb genommen werden – tolle Sicherheitsverbesserung!" klagt Iryna Holovko vom Umweltnetzwerk CEE Bankwatch Network

Vorsichtig positiver Aufbruch bei Kohle...

Weltbank, EIB sowie EBWE überarbeiten diesen Sommer ihre Energierichtlinien. Dabei gibt es einige vorsichtig positive Schritte in die richtige Richtung: die Weltbank sagt, dass sie Kohlekraftwerke nur noch in seltenen Ausnahmen finanzieren will. Wie stark sie dieses Hintertürchen nutzt, wird sich an einem Braunkohlekraftwerk im Kosovo zeigen, über dessen Finanzierung Umweltaktivisten und Weltbank seit Jahren streiten.
Die EIB versucht sich an einem technischen Ausschluss von Kohlefinanzierung, indem sie eine Obergrenze für den CO2-Ausstoss pro erzeugter kWh festlegt. Dieser schließt Kohlekraftwerke ohne Kohlenstoffabscheidung (CCS), oder Biomasse-Zufeuerung und Kraft-Wärme-Kopplung aus. Auch die EIB hat Ausnahmen von dieser Regel festgelegt, diese jedoch relativ präzise umrissen. Über diesen positiven Ansatz bei Kohle hinaus gibt sich die EIB jedoch bewusst „technologisch neutral" und schließt weder Atom, noch Schiefergasfinanzierungen aus aber:
Die Rückkehr der Großstaudämme
Zudem öffnen beide, Weltbank und EIB, die Tür weit für die Finanzierung

von Großstaudämmen, die wegen der schwerwiegenden ökologischen und sozialen Probleme seit Jahrzehnten umstritten sind. Da Strom aus Großstaudämmen oft eher der Bergbauindustrie als lokaler Bevölkerung zugute kommt und wie andere Großkraftwerke auf zentrale Stromnetze angewiesen ist, sind diese Kraftwerke keine Hilfe für eine Energiewende zur lokalen und dezentralen Energieversorgung.

Die EBWE ist in ihrem Entwurf für eine neue Energierichtlinie am wenigsten ambitioniert. Sie erwartet nur, dass Kraftwerke für Kohlenstoffabscheidung bereit sein müssen. Damit lassen sich selbst dreckige Braunkohlekraftwerke noch finanzieren. Auch Öl- und Schiefergasfinanzierungen sind nach wie vor möglich. So geht keine Energiewende.

Als Land, das sich seine Energiewende auf die Fahnen schreibt, muss die Bundesregierung diese Energiewende auch in den öffentlichen Banken vorwärts bringen: indem sie klar gegen Atom- und Kohlefinanzierungen stimmt. Zudem sollte sie zuhause mit der KfW beginnen, indem sie dort Kohlefinanzierung ausschließt".

Warum werfen Öffentliche Banken Grosskonzernen ihr Geld hinterher?

Welt Bank

Gigantomanie in Guinea

In Westafrika unterstützt die Weltbank das gigantischste Bergbauprojekt Afrikas aller Zeiten. Unter dem Simandou Gebirge in Guinea befinden sich Eisenerzvorkommen, die zu den größten der Welt gehören. Die Gesamtprojektkosten werden auf 10 Mrd. US $ geschätzt. Bei voller Produktion werden 95 Millionen Tonnen Eisenerz pro Jahr erwartet. Nutznießer der Weltbankfinanzierung ist Simfer S.A., ein Unternehmen, das zu fünf Prozent der Weltbanktochter IFC gehört und zu 95 Prozent Simfer Jersey Limited. Dieses Unternehmen setzt sich aus dem Bergbaugigant Rio Tinto und einem Konsortium unter Führung der Aluminium Corporation of China (Chalco) zusammen. Simfer Jersey Limited ist, wie der Name vermuten lässt, im Steuerparadies Jersey registriert. Guinea hat Jahrzehnte politischer Unruhen hinter sich und ist nach wie vor politisch sehr instabil. Massive Korruption, schlimme Menschenrechtsverletzungen und das Fehlen demokratischer Rechte gehören zur Tagesordnung und lassen befürchten, dass der Reichtum aus dem Rohstoffabbau der extrem armen Bevölkerung des Landes nicht zugute kommen wird. Im Gegenteil, sie wird einen hohen Preis in Form von massiven Umweltschäden zahlen. Die Risiken für die Lebensgrundlage der Kleinbauern im Projektgebiet, das sich mit der dazugehörigen Infrastruktur über 700km ausdehnt, sind enorm.

Wenn – wie vorhersehbar - rivalisierende Machtgruppen um die Einnahmen aus dem exportierten Eisenerz kämpfen, wird der Weg zu demokratischen Reformen verbaut und die Möglichkeit von bewaffneten Konflikten wächst weiter. Unter den gegebenen politischen Bedingungen wird der Ressourcenfluch, der schon so viel unermessliches Leid in anderen afrikanischen Ländern verursacht hat, auch Guinea heimsuchen. Damit ignoriert die Weltbank die Feststellungen ihrer eigenen „Extractive Industries Review" (EIR), deren Ergebnisse vor knapp zehn Jahren diskutiert wurden. Die EIR stellte fest, dass extraktive Industrien (wie Ölförderung oder Bergbau) nur dann eine Chance haben, zur Armutsreduzierung beizutragen und schwerstwiegende Umweltzerstörung zu vermeiden, wenn vor Beginn des Abbaus Rechtssicherheit herrscht.

Ebenso müssen starke Institutionen existieren, die ökologische und soziale Folgen des Abbaus genauso managen können wie die Einnahmen aus dem Bergbau oder der Ölförderung. Aber das Simandou Projekt stellt nicht nur hohe Risiken für die Bevölkerung dar: Das Projekt soll in einem Waldgebiet realisiert werden, wo die Biodiversität besonders groß ist. Seltene Schimpansenarten leben in den Wäldern der Simandou Gebirgskette, ihr Lebensraum wird durch das Projekt zerstört, was ihre Überlebenschancen radikal infrage stellt.

Die   im Januar 2013 in   Kraft getretenen Umweltstandards des Privatsektorarms der Weltbank (International Finance Corporation, IFC) erlauben, dass IFC-finanzierte „Entwicklungsprojekte" kritische Ökosysteme zerstören, solange anderswo ein „Ausgleichsgebiet" (etwa ein Naturschutzgebiet) als Kompensation eingerichtet wird, so genannte „Off-Sets." In Guinea soll diese Off-Set Regelung zum Tragen kommen.

Dabei ist die Implementierung von Off-Sets wissenschaftlich umstritten: wie weit sie funktionieren können, um bedrohte Arten zu retten, ist unklar und erst recht gibt es keine Beweise dafür, dass Off-Sets in Entwicklungsländern langfristig effektiv umgesetzt werden können: Transparente Regierungsführung, ein funktionierendes Justizsystem und effektive Institutionen sind fundamentale Vorbedingungen für das mögliche Funktionieren eines Off-Sets. Keine dieser Bedingungen ist in Guinea gegeben. Widerstand gegen das Projekt im Verwaltungsrat durch die Deutschen? Fehlanzeige!

Die Situation in Guinea ist ein Beispiel für einen Trend in anderen ressourcenreichen Ländern Afrikas. Die Weltbank erwartet in diesem Jahrzehnt in Afrika 400 Prozent mehr Investitionen im Bergbau im Vergleich zum vorhergehenden Jahrzehnt. Sie will daran teilhaben und ihre Investitionen im extraktiven Sektor verstärken. Bislang erlaubt nur IFC, dass beim Bau von Projekten besonders geschützte Ökosysteme und die in ihnen lebenden bedrohten Arten zerstört werden – sofern diese mit einer Off-Set Strategie kompensiert werden. Die Teile der Weltbank, die Kredite an den öffentlichen Sektor vergeben, dürfen dies bisher nicht. Aber das soll sich ändern. Zurzeit werden die Sozial- und Umweltstandards für Kredite an den öffentlichen Sektor überarbeitet. Die Weltbank tendiert dazu, die Politikrichtlinien ihrer Privatsektortochter IFC übernehmen zu wollen.

Damit würden auch Weltbankkredite an den öffentlichen Sektor möglich, die unwiderrufliche Zerstörung von Artenvielfalt im Namen von Entwicklungsprojekten erlauben, solange es einen Plan für Ausgleichsmaßnahmen gibt.

Mit Hilfe der Weltbank können sich dann weitere Bergbauprojekte in Gebieten ausbreiten, denen nicht nur jegliche Grundlage fehlt, dass solche Investitionen die Armut reduzieren, sondern die auch zur Ausrottung kritisch bedrohter Arten führen – wie die Schimpansen von Simandou.

Als Investitionsbank ist die EIB auf die Finanzierung großer Infrastrukturprojekte in den Bereichen Energie, Transport und natürliche Ressourcen spezialisiert. Sie schätzt Projekte, die umfangreiche Investitionen benötigen.

Sie vergab 2005 einen Kredit über 48 Mio. Euro an Mopani Copper Mine (MCM), ein Bergbau-Konsortium im so genannten "Kupfergürtel" von Sambia, dessen Hauptanteilseigner der Schweizer Rohstoffriese Glencore ist. Ein Kunde, der ihr im Jahr 2011 vor allem Ärger brachte.

Die MCM-Mine sorgte nicht nur für schwerwiegende Umweltprobleme und entließ viele Arbeiter. Zusätzlich zeigte eine externe Steuerprüfung wie MCM seine Gewinne am sambischen Staat vorbei zu seinem Mutterkonzern in der Schweiz transferierte. Die Steuerprüfung war so brisant, dass sie zunächst unter Verschluss gehalten wurde. Sie wurde jedoch Entwicklung sorganisationen zugespielt, die den Fall in die Presse brachten, wo er für so viel Empörung sorgte, dass sich die EIB von ihrem Kunden distanzierte und erklärte, Glencore künftig keine Darlehn mehr zu geben. Sie untersuchte den Fall intern, weigert sich jedoch bisher, den Untersuchungsbericht zu veröffentlichen. Sie hält aber daran fest, Glencore nicht mehr mit Geld zu versorgen.

Neben solchen prominenten Einzelfällen dienen auch ganze Initiativen eher Großkonzernen als Menschen. So im Fall der „Projektanleihen", mit denen künftig große Infrastrukturvorhaben in Europa finanziert werden sollen. Dabei nutzen Kommission und Europäische Investitionsbank öffentliche Gelder, um die Projektrisiken für Unternehmen zu verringern. Denn Projektfirmen oder Projektkonsortien können ihre Schulden in höherrangige und nachrangige Tranchen teilen. Sollte es zu Zahlungsschwierigkeiten kommen, müssen die nachrangigen Tranchen erst später bedient werden. Die EIB übernimmt die nachrangigen Tranchen und verbessert damit die Kreditqualität und das Rating der höherrangigen Anleihen, die eher zurückgezahlt und somit eine sicherere Anleihe werden: Wird zum Beispiel eine Autobahn ausgebaut und bis zu 30 Prozent der dabei anfallenden Schulden (so viel kann die EIB übernehmen) können später bezahlt werden, verringert dies für die Kreditgeber der restlichen 70 Prozent das Risiko. Geht jedoch etwas schief, etwa, weil Maut-Gebühren niedriger ausfallen als erwartet, oder weil die Bau- und Konstruktionskosten steigen, trägt vor allem die öffentliche Bank das Risiko. Ein klassischer Fall von „Risiken sozialisieren und Gewinne privatisieren."

Diese Projektanleihen sollen nun in einer Pilotphase getestet werden. Die ersten Pilotprojekte sind ausgewählt worden: Dabei handelt es sich unter anderem um die Netzanbindung von Offshore-Windparks in Großbritannien und Deutschland, Gasspeicheranlagen in Italien und Spanien sowie den Bau von Autobahnen in Belgien, der Slowakei und Deutschland. In Deutschland sollen 65 km Autobahn zwischen Hamburg und Neumünster von vier- auf sechs-, bis achtspurig ausgebaut werden.

Generell sollen die mit Projektanleihen geförderten Baumaßnahmen vorrangigen EU-Zielen in den Bereichen Transport, Energie sowie Informations- und Kommunikationstechnologie dienen, der Schwerpunkt liegt auf Transport. Dabei geht es im Wesentlichen um Pläne aus den 90er Jahren, die Hochgeschwindigkeitszug-Korridore und Autobahnen für den Gütertransport vorsehen. Die Pläne folgen der Vision von Europa als Schlüsselfigur im globalen Handel, was nicht mehr unbedingt der Realität entspricht. An den Bedürfnissen z.B. für Verbesserungen im lokalen Transportsystem für die Millionen täglichen Bahnpendler gehen sie vorbei.

Projektanleihen helfen durch die Umverteilung von Risiken nicht nur Baufirmen, die z.B. eine Autobahn ausbauen wollen. Sie machen

Infrastruktur auch zu einer für den Finanz- und Kapitalmarkt interessanten Anlageklasse. Da eine öffentliche Bank größere Risiken übernimmt, werden Infrastrukturprojekte für institutionelle Anleger wie Pensionsfonds und Investitionsfonds sowie Gemeinden, Unternehmen und Privatbanken eine interessante Anlage. Als Ende Juli die ersten Anleihen unter der Initiative auf den Markt kamen, war das Interesse der Anleger groß.

Auf die Gefahren einer solchen Entwicklung weist Elena Gerebizza von der italienischen Organisation Re:Common hin: „Die Krise 2008 hat gezeigt, dass die Märkte Risiken nicht managen können: am Ende rettete öffentliche Intervention das Finanzsystem und die Kosten dafür trägt die Öffentlichkeit bis heute. Warum sollen wir nun schon wieder für die neuen Risiken verantwortlich sein, während die Gewinne wieder beim Privatsektor verbleiben!?"

Forderungen an die nächste BundesreGierung
1. Energie
1.1 Kohle ausschließen
Bei Weltbank und EIB, die in ihren Energierichtlinien verschiedene Varianten von „Kohleausschluss" festgeschrieben haben, müssen die deutschen Vertreter im Verwaltungsrat aufpassen, dass die möglichen Hintertürchen nicht genutzt werden und gegen die Finanzierung von Kohleprojekten stimmen - inklusive Infrastruktur für Kohleverbrennung wie Kohlebergbau oder Schienen von Kohleminen zu Häfen wie auch Kohlehäfen. Bei der EIB muss sich die Bundesregierung für eine baldige Verschärfung des technischen Werts für CO_2-Ausstoß pro erzeugter kWh einsetzen.

Bei der EBWE, die einen Entwurf für ihre Energierichtlinie vorgelegt hat, muss die Bundesregierung die Kommentierungsphase bis zum 30. September und die nachfolgenden Verhandlungen nutzen, um einen klareren Ausschluss für Kohlefinanzierung zu erreichen.

Bei der KfW, die keine Energierichtlinie hat, muss die Bundesregierung zukünftige Kohlefinanzierung (inklusive Infrastruktur für Kohleverbrennung wie Kohlebergbau oder Schienen von Kohleminen zu Häfen wie auch Kohlehäfen) ausschließen. Im Gesamtvolumen der Bank wäre dies ein eher kleiner Schritt, fürs Klima jedoch ein großer.
1.2 Fossile beenden
Kohle ist der schlimmste Klimakiller, aber auch die anderen Fossilen (Öl und Gas) tragen zum Klimawandel bei. Die Bundesregierung muss sich deshalb in

allen öffentlichen Banken dafür einsetzen, dass ein klares Ausstiegsszenario für fossile Brennstoffe vereinbart wird.

Schiefergasfinanzierung wird weder von der EIB noch von der EBWE ausgeschlossen, die Weltbankgruppe äußert sich nicht dazu. Die Bundesregierung muss sich in allen öffentlichen Banken dafür einsetzen, dass keine Projekte finanziert werden, die der Schiefergasnutzung dienen. Denn diese Methode birgt durch das Fracking, bei dem mit einem Wasser-Chemikalien-Gemisch das Gestein aufgebrochen wird, um an das Gas zu gelangen, bisher unbekannte und ungeprüfte Umweltrisiken

1.3 Atom ausschließen

EIB und EBWE können beide Atomprojekte finanzieren. Die EBWE zwar nur für „Sicherheitsverbesserungen", aber das Beispiel Ukraine hat gezeigt, dass dies der Laufzeitverlängerung dienen kann. Die Bundesregierung muss bei internationalen Finanzinstitutionen gegen die Kreditvergabe für Atomprojekte stimmen. Die Praxis der KfW, keine Atomkraft zu fördern, muss in den Richtlinien der Bank verankert werden.

1.4 Erneuerbare und Energieeffizienz

Alle öffentlichen Banken sind enthusiastisch pro Erneuerbare und Energieeffizienz. Die KfW ist in diesem Bereich schon sehr aktiv und erfahren. Die Bundesregierung muss diese positiven Erfahrungen und Erfolgsbedingungen bei den internationalen öffentlichen Banken einbringen, damit deren gute Absichten umgesetzt werden können.

Unter der Rubrik „Erneuerbare" ermöglichen öffentliche Banken die Förderung von Großstaudämmen. Diese haben massive ökologische und soziale Auswirkungen. Die Bundesregierung muss in allen Banken Staudam mprojekteablehnen, die nicht den Kriterien der Weltstaudammkommission entsprechen, oder zu Zwangsumsiedlungen führen

2. Transparenz

Hier hat die KfW dringenden Nachholbedarf und hinkt weit hinter den anderen öffentlichen Banken her. Die nächste Bundesregierung muss dies ändern und dafür sorgen, dass die KfW wie andere öffentliche Banken bekannt macht, welche Geschäfte sie finanziert.

Alle öffentlichen Banken müssen ihre Transparenz zu Finanzintermediären verbessern, wenn sie große Kredite z.B. an andere Banken geben, die das Geld in kleineren Portionen ausgeben. Diese Praxis ist gängig, um Geld breiter zu streuen. Wie das Geld weiter verteilt wird, wie die Vergabe geprüft wird und wer davon profitiert, dazu gibt es wenig Informationen.

Die Bundesregierung muss sich in den Banken dafür einsetzen, dass die Transparenz in diesem wichtigen Bereich verbessert wird.

3. Beschwerdemechanismus

Die KfW muss einen Beschwerdemechanismus einrichten, an den sich Menschen wenden können, die Probleme mit Projekten haben, die von der KfW finanziert werden. Auch in diesem Punkt hinkt die KfW den anderen öffentlichen Banken hinterher. Dafür könnte entweder der Beschwerdemechanismus genutzt werden, den das Entwicklungsministerium gerade einrichtet, sofern er auch für Geschäfte der IPEX-Bank oder DEG genutzt werden kann, oder die Bankengruppe erhält einen eigenen Mechanismus

4. Steuervermeidung

Internationale und deutsche Politiker blasen immer wieder zum Kampf gegen Steuervermeidung durch Großunternehmen und reiche Individuen. Die öffentlichen Banken bieten dabei einen guten Ansatzpunkt, indem Kunden von der Finanzierung ausgeschlossen werden, die Schattenfinanzplätze und Tochterunternehmen in Steuerparadiesen nutzen. Die einfachste Gelegenheit bietet die EBWE, die in diesem Jahr ihre Richtlinie zu Schattenfinanzplätzen überarbeitet. Aber auch in den anderen Banken muss die Bundesregierung das Thema auf die Tagesordnung bringen und klare Regeln gegen Steuervermeidung fordern.

5. Zusätzlicher Nutzen und Profiteure Alle öffentlichen Banken haben den Auftrag, dass ihre Beteiligung einen zusätzlichen Nutzen bringen soll. Dies muss in den Verwaltungsräten intensiver überprüft und die Kriterien für den „zusätzlichen Nutzen" geschärft werden, damit nicht Großkonzerne finanziert werden oder Branchen wie die Öl- und Kohleindustrie, die leicht anderweitig Geld bekommen können. Öffentliches Geld muss für nötigere und sinnvollere Projekte eingesetzt werden.

6. Biodiversität

Die Bundesregierung muss die Banken dazu anhalten, bei der Umweltprüfung Fragen der Biodiversität einzubeziehen. Für Projekte mit schwerwiegenden und unumkehrbaren Biodiversität-Auswirkungen dürfen keine Kredite vergeben werden. Ausgleichsmaßnahmen, so genannte Off-Sets, dürfen nicht genutzt werden, wenn diese die Zerstörung von bedrohten Ökosystemen ermöglichen.

7. Menschenrechte

Staaten sind verpflichtet, die Menschenrechte zu achten, zu schützen und zu gewährleisten. Dies gilt auch bei der Vergabe von öffentlichen Geldern. Die

Bundesregierung muss sich deshalb dafür einsetzen, dass Projekte vor der Finanzierung auf ihre möglichen menschenrechtlichen Folgen untersucht werden. Projekte, bei denen bestehende Risiken durch entsprechende Vorsorgemaßnahmen nicht ausgeschlossen werden können, dürfen nicht finanziert werden.

V.i.S.d.P.: Regine Richter, urgewald e.V., Marienstr. 19/20, 10117 Berlin
Diese Veröffentlichung wurde mit finanzieller Unterstützung der Europäischen Union erstellt. Der Inhalt liegt in der alleinigen Verantwortung von urgewald und stellt unter keinen Umständen die Position der Europäischen Union dar.

Zitat Ende

Ich höre mit dem wesentlich umfassenderen Bericht unter www.urgewald.de auf. EMPÖRT EUCH INTENSIVER

Aber auch hier ist klar sichtbar: Die Geldwirtschaft und Politik verschachern die Erde unter sich und benutzen die Steuergelder für den Ausbau ihrer privatunternehmen also die Bereicherung der Familien an der Masse der globalen Menschen geht knallhart weiter. Wie lange wollt ihr euch das noch gefallen lassen. Ich rufe euch dazu auf nur politische Parteien zu wählen die Banken und Energiekonzerne und weitere lebenswichtige Unternehmen wie Chemie und Lebensmittelkonzerne verstaaaaaatlichen und enteignen. Denn solange Geld im Glaubenssystem der Menschen vorhanden ist wird es Betrug Lügen Morden Kungeleien und schlimmeres geben. Lasst euch nicht von den paar besitzenden Familien für blöde als Sklaven als Ausbeutobjekte weiterhin ausbluten verblöden und abzocken. EMPÖRT EUCH INTENSIVER GLOBAL ALS MENSCHHEIT.

Noch zum Schluss für heute folgendes: Erzbischof Robert Zollitsch hat seine Kritik am amtierenden Limburger Bischof Franz-Peter Tebartz-van Elst bekräftigt. Es gebe in dem Fall ein „gewaltiges Glaubwürdigkeitsproblem"
Diese Aussage „Glaubwürdigkeitsproblem" ist der KnackWurstPunkt. Denn Glaubwürdigkeit ist eine völlig unbedeutende Aussage oder Seinszustand. Da ja Glaube ein Hirngespinst und nicht die Wahrheit ist. Damit mit solchen Aussagen will die KirchenSekte die Priester und Kardinäle und Päpste und Mullahs und Bischöfe ja weiterhin den Glauben

also die Dumpfheit die Unklarheit die Unwissenheit aufrechterhalten. Denn nochmal: Die Glaubwürdigkeit ist aber auch total unbedeutend. Es zählt nur die Wahrhaftigkeit. Und nicht das Tohuwabohu der Phantasien der Kirchenfabriken global. Alle Gläubigen auf der Erde haben ganz schwer ein an der Birne. Da Glaube ja bloß eine Annahme eine Phantasie eine Hoffnung und so weiter ist und keine Wahrheit, außer als Glaubenswahrheit.

Die in den Kirchen die brauchen PsychoANALytik und spirituelle Therapie. Denn der Glaube bezieht sich ausschließlich als Glaube an Gott. Aber dazwischen liegen die Firmenreligionen der Vatikan der viel braucht oder genauer dessen Mitbewohner die Bischöfe die Kardinäle die FurieKurie und der ganze Staatstaab das sind alles Steuergelder. Aber zwischen dem Glaube an Gott da liegt das Menschliche Leben der Sekten wie Katholiken oder Sunniten oder Protestanten oder Buddhisten. Das sind alles Glaubenssekten. Und das ist alles Geschäft da ja Religionen Vollblutgeschäftemacher sind. Das sind alles Organisationen die auf Dominanz aus sind oder darauf aus waren. Somit muss unterschieden werden an deinen privaten Glaube zu Gott und dem Geschäft der Religionsmafia die mächtig, mächtig abzocken und wie der Vatikan unermessliche messbare Schätze und Besitztümer hat und nie was davon abgeben will. Aber da ihr ja die Katholiken seid oder Protestanten oder Sunniten müsste euch das ja auch in Wahrheit mit gehören die Ländereien die Besitztümer und warum verlangt ihr das nicht ein. Ihr wollt von dem Reichtum der Goldschätze und Ländereien nun euren Teil haben. Dann werdet ihr schon sehen dass ihr deren Feinde seid nämlich bloß zum Glaube und Abzocken.

Das ist das gleiche mit Staat. Wo ist das Stück Land das jedem deutschen gehört und zwar kostenlos auf der Bundesrepublik. Und wem gehört der Reisepass oder Personal-Ausweis und vieles mehr. Das gehört euch dann auf einmal nicht und das dürft ihr dann nicht tun und sagen und denken und wollen. Weil Staat bloß eine Idee ist die sich einige Menschen erfantasiert haben und aber die Kontrolle und das sagen für sich beanspruchen. Genauso blöde ist das mit den Steuergeldern die zum Steuern sind der Bevölkerungen. Mit diesen Steuergeldern werdet ihr aber von Politikern und Richter und Anwälte malträtiert und sogar noch mit mehr Belastungen belastet und sogar entmündigt und als das Volk abgewertet oder Bürger, abgewertet. EMPÖRT EUCH INTENSIVER

Dienstag, 15. Oktober 2013

„Das ist eine kleine Geschichte über vier Kollegen namens JEDER, JEMAND, IRGENDJEMAND und NIEMAND. Es ging darum, eine wichtige Arbeit zu erledigen und JEDER war sicher, dass sich JEMAND darum kümmert. IRGENDJEMAND hätte es tun können, aber NIEMAND tat es.JEMAND wurde wütend, weil es JEDER'S Arbeit war. Jeder dachte, IRGENDJEMAND könnte es machen, aber NIEMAND wusste, dass JEDER es tun würde.Schließlich beschuldigte JEDER JEMAND, weil NIEMAND tat, was IRGENDJEMAND hätte tun können."

Unsere Kultur hält viel von der Höhe ihrer Bildung. Viele betrachten unser Bildungssystem als vorbildlich und die Zahl der Abiturentinnen und Studierenden gilt als ein Maß des Fortschritts. Da ist ja auch was stimmiges drannnnn. Es ist aber so ähnlich wie mit dem Glaube. Bildung ist auch Glaube auch wenn ich zur Universität gehe und eine akademische Bildung absolviert habe. Das bedeutet aber nicht dass ich vom inneren Raubmenschen zum Menschen Akademisiert bin oder Diplomiert bin. Oder Gedoktort oder Proffesurt wurde. Der Titel und das abgespeicherte auf der Festplatte der Gehirnzellen, machen aus mir absolut keinen besseren Raubmenschen. Die gleiche Ignoranz ist weiterhin vorhanden. Bloß der Kopf ist voller mit Gewohnheiten die aber genau das Gegenteil vom dem sind was du wirklich bist über dein Raubtier Sein hinaus. Und das was du wirklich bist ist nicht das du denkst du weißt wer und was du wirklich bist sondern das du es erfährt erlebt. Und nicht als Erlebnis des Lebens im tagtäglichen tun und machen sondern als das spirituelle Wesen das du in Wahrheit bist die göttliche Seele das unsterbliche ewige unbeschreiblich glückselige und mehr als das viel mehr als das.

Denn die ganze Bildung und Ausbildung ist eine Begrenzung doch du bist Entgrenzung. Aber da das Materielle nun mal verdichtetes Licht und Töne ist, ist es so wie es hier auf der Erde ist mit all seinen Licht und Schatten varianten. Aber unsere hochgebildete Zivilisation in Europa und Amerika und Russland oder China oder Afrika und Südamerika, hat ein derart brisantes Lager und Vorkommen an Giftmaterialien und Vernichtungswaffen und wer hat das gemacht. Ingenieure Doktoren Professoren Diplomträger. Genau so ist es mit dem Vatikan und den Bischöfen und Kardinälen die sind in Wahrheit innerlich alle noch trotz Titel und Pomp und Würdenträger wilde unzivilisierte Heuchler und Betrüger geblieben unfähig mehr Wahrheit zu leben und auch zu erleben. Und woher kommt das alles diese Angst diese Waffen diese Gifte diese Zerstörung diese Lügen und Ausbeutungen der

Bevölkerungen auf der Erde dieses raffen der wenigen die unfähig sind über ihren immensen engen inneren Horizont hinauszublicken oder auch hinausblicken zu wollen, Angst und Aggressionen. Aber Angst ist der Katalysator der Aggressionen aus denen dann diese Gifte dieses Nichtteilen dieses Nichtgönnen dieser Lobbybetrügen diese heuchlerische rückratlose Politik der Politiker entsteht.

Alleine diese Morde in unermesslichen Zahlen an den Mitbewohner den Tieren ist unvorstellbar grausam und trübe und absolut primitiv und deswegen ist die Höhe eines Bildungssystem nichts wert solange so viel gemordet und gefressen wird das Horden von Rinder Kühe Schweine Hühner Puten Fische und was sonst noch aufzufressen ist, gehalten wird.

Und das ist alles Gewohnheit. Und wegen dieser Gewohnheitsenergie die euch benebelt könnt ihr auch nie erkennen was und wer ihr wirklich seid. Aber ihr Kämpft um eure Rechte um Land und SportMedaillen um Rechte gegen die Immobilenmafia oder gegen Krebs gegen Hunger gegen Hochwasser und Drogen. Aber Hauptsache kämpfen. Und Kampf erzeugt bekanntlich wiederstand. Aber auch der Verlust der anderen die in diesen Kämpfen unterliegen. Und so wird der Kreislauf aufrechterhalten wenn nicht Abstand zu dem Kreislauf der Wiederkehr eingebaut wird indem erkannt wird und gesagt wird nein, jetzt nicht mehr, jetzt kein Kampf mehr. Jetzt Einsicht und kein Glaube. Und aber das Verhalten daran ausrichten das Kämpfen und Töten der anderen Lebewesen inklusive der Erde, abzugeben aufzuhören. Und Kampf lenkt ja auch die Aufmerksamkeit auf das negative. Wie soll es da verschwinden.

Aber die Menschen wünschen ja dass es verschwindet. Das Negative das zerstörerische, zumindest während ihrer Lebensspanne so wenig als nur möglich davon leben zu müssen. Also die Spirale die Wiederkehr der Negativität in Politik Wirtschaft und Wissenschaft also in den Menschen denn es gibt keine Politik oder Wirtschaft oder Wissenschaft das sind bloß Pariser die über den Inhalt die Menschen gezogen werden, es gibt aber Menschen. Und der Mensch macht alles und Geld hat noch nie etwas gemacht. Aber verlogene unwache haben viel zu lange in Politik Wirtschaft und Religionen Pariser benutzt also Begriffe benutzt die voller Lügen und ausbeuten und Verdummung sind wie Glaubwürdigkeit. Oder EEG-Umlage, Steuern von Verbrecherkartellen sind und der Lobbymafia mit Politikignoranz ausgehandelt-einfach so-Einfach so sollt ihr der Privatwirtschaft das Leben verschönern den Managern die monströsen Gehälter bezahlen, einfach so.

Weil sie Politiker und Lobbyisten sich das ausgedacht haben, das ist doch Diktatur das ist kriminell das ist faschistisch.

Die industriellen zocken euch ab. Diese Demokratiekotze ist eine subtile Subtilverbrecher Gruppe. So ist der Mensch zurzeit noch so primitiv. Das machiavellische Machtdenken setzt die Logik der Vernunft aus. zbs. mit der EEG Zulage der Subvention. Der erfolgreiche Buchautor Neil Donald Walsch mit seine Gesprächen über Gott schrieb mal folgendes:

„1. Gott hat nie aufgehört, mit den Menschen direkt zu• kommunizieren. Gott hat von Anfang an mit und durch Menschen kommuniziert. Und das tut Gott auch heute.

2. Jedes menschliche Wesen ist ebenso außergewöhnlich, so besonders, wie jedes andere menschliche Wesen, das je lebte, gegenwärtig lebt oder je leben wird. Ihr seid alle Boten. Jeder und jede von euch. Jeden Tag tragt ihr dem Leben eine Botschaft über das Leben zu. Jede Stunde. Jeden Augenblick.

3. Kein Weg zu Gott ist direkter als ein anderer. Keine Religion ist die einzig wahre Religion«, kein Volk ist das »auserwählte Volk«, und kein Prophet ist der größte Prophet«.

4. Gott hat nichts nötig. Gott braucht nichts, um glücklich zu sein. Gott ist die Glückseligkeit selbst. Deshalb verlangt Gott von nichts und niemandem im Universum irgendetwas.

5. Gott ist nicht ein einzigartiges Superwesen, das irgendwo im Universum oder außerhalb davon lebt, das die gleichen emotionalen Bedürfnisse hat und demselben emotionalen Aufruhr unterworfen ist wie die Menschen. Das, Was Gott Ist, kann in keiner Weise gekränkt oder verletzt oder beschädigt werden, und hat es deshalb auch nicht nötig, zu bestrafen oder sich zu rächen.

6. Alle Dinge sind Ein Ding. Es gibt nur Ein Ding, und alle Dinge sind Teil des Einen Dings Das Ist.

7. So etwas wie Richtig und Falsch gibt es nicht. Es gibt nur je nachdem, was zu sein, zu tun oder zu haben ihr bestrebt seid, das Was Funktioniert und Was Nicht Funktioniert.

8. Ihr seid nicht euer Körper. Wer Ihr Seid ist grenzenlos und ohne Ende.

9. Ihr könnt nicht sterben, und ihr werdet nie zu ewiger Verdammnis verurteilt werden."

So, genau diese Aussage: So etwas wie Richtig und Falsch gibt es nicht. Es gibt nur je nachdem, was zu sein, zu tun oder zu haben ihr bestrebt seid, das

Was Funktioniert und Was Nicht Funktioniert.

Diese Aussage müsst ihr euch mal richtig vergegenwärtigen. Denn euer Gehorsam hat euch blind und taub gemacht. Deswegen nochmal: EMPÖRT EUCH INTENSIVER.

Und genau das macht die Politik und Wirtschaft und Religion also diese Menschen nämlich das was Funktioniert und was Nicht Funktioniert. Und machbares ist Macht die sich eine Dreck um die Menschen kümmert wie ja erlebt und gesehen werden kann. Ihr seid bloßes Abzockvieh mit Bürger angeredet der Höflichkeit wegen.

Glauben bedeutet Unwissenheit Nichtwissen. Deswegen sind Gläubige Unwissenden. Denn wer Glaubt hat sein selbständiges Denken und damit Einsicht und damit Erkenntnis und Logik vernachlässigt und kann dadurch von den „Glaubenshütern" überwacht und ausgebeutet werden. So wie jetzt die Katholiken- Protestanten oder Muslime.

Der Glaube von dem Jesus redete ist etwas anderes. Denn Jesus war ja kein Geschäftsmann oder berufsreligiöser-Politiker-Staatsmachtvatikan. Jesus baute ja keine Firma gegen Konkurrenten und Weltmarktpreisen auf, und wollte auch nicht Gold-Geld-Immobilien und Machtpositionen. Pharisäer also Kardinäle, Bischöfe, Päpste, Mullahs, Priester, das waren alles Menschen und sind Menschen die ihren Berufen des Lebensinhalts wegen nachgehen und sogar zur Universität gehen um dort in Wort und Gestik ausgebildet zu werden damit sie euch benebeln können, professionell, das ist ja alles marktwirtschaftliche Religionen, Geschäfte. Also total wert und sinnloses gemache und Totalverblödung. Wie lange wurde die Bibel in Latein gehalten. Und wie lange sollt ihr Gläubige bleiben. Sehr, sehr lange bis ihr absterbt.

Geistliche sind auch keine Geistliche sondern Menschen. Und die sind zurzeit noch unwahrhaftig und habgierig machiavellische und ignorant. Denn Machiavelli ist ja Vollblutignoranz das ist Totalverblödung für die Habgierigen und Totalbekloppten Herrschenden.

Geistliche sind auch keine Würdenträger. Sie sind eher Würdeverschleierer und Geschäftemacher und Menschenmanager. Also Herumkommandierer und Befehlegeber. Und dafür zahlt ihr noch ihr dummen dumme dummen Schäfchen oder Gläubigen. Damit man euch bevormundet und sagt wo der spinöse Zirkus ins Niemandsland hingehen soll. Aber bloß nicht zu euch selber wehe dem das wäre ja Freiheit und Liebe und Wahrhaftigkeit. Und in der Geschäftswelt lebt und tobt sich das RaubTier Mensch zurzeit am vollkommensten aus. Das sind die Früchte an denen ihr sie erkennen könnt.

Zweiteilung in Geld und nicht Geld in Land und nicht Land in Arm und Reich in Kontrolle und Nichtkontrolle und so weiter.

Und der Papst aus Südamerika ist nicht der Staat Vatikan und der damit verbundenen erlogene ermordeten ertäuschten und erheuchelten Reichtümer der katholischen Vatikanfirma. Der Papst wenn er Jesus ähnlich werden würde alleine bloß vom Verhalten her, er würde ermordet werden, von der FurieKurie im Vatikan. Das ist der VatikanStaat und die Pisshöfe Bischöfe KardinäleBanker, das sind Geschäftemacher und in der Geschäftswelt tobt sich das RaubTier Mensch zurzeit am vollkommensten aus.

Denn der Vatikan Staat baut ja auf Lügen auf, auf Mutmaßungen, Annahmen eben auf Glaube und Lügen und wird Liebe und Wahrhaftigkeit gar nicht dulden können. Aber „Glaubwürdigkeit" Ja, denn damit wird ja Blödheit aufrecht erhalten.

Und wer seid ihr. Von den Banken werdet ihr international abgezockt also die Goldman Sachs Strategie. betrogen und machavellisch erlogen erfantasiert. Von der Politik auch. Obama blaah blahh der spioniert und kämpft für die Banken und für Guantánamo. Er ist bloß eloquent in seiner Verhaltensweise aber er muss ganz ohne Zweifel ein Produkt der amerikanischen Misere ihres Vollblut Verblödungskapitalismus sein, wenn er das nicht wäre würde er nie Präsident geworden sein, er muss für das überfallen anderer Länder sein damit Amerika seine Gier also die Besitzenden ihre Gier erfüllen können. Und das reicht erst mal zum Thema Amerika das sowieso platt gehen wird. Alles was nicht Liebe ist wird zerstört werden und das geht immer schneller. Die kausalen Zusammenhänge werden beschleunigt. Damit sofort der Fehler das falsche erkannt werden kann, nicht erst Jahrhundert oder Jahrtausend später wenn's zu spät ist.

Ihr werdet also auch von der Industrie abgezockt vergiftet durch Giftfraaß und vergiftet durch Chemiefraß und sollt alle zu Kranken gemacht werden. damit die Pharmaindustrie noch mehr Gewinne machen kann denn das ist die Strategie krank und gesund machen und alles dafür selber herstellen und verkooofen.

Ihr werdet   von der Industrie in Energiekosten ausgebeutet und Benzinkosten, und ihr werdet von der Immobilienmafia abgezockt so dass ihr schon die Hälfte eurer erkämpften und wieder geminderten Löhne dafür ausgeben müsst. Und ihr werdet von der Religionsmafia den Pisshöfe Bischöfen und Kardinälen und Priestern betrogen und als Abzockvieh gehalten als Abzocksteuervieh gehalten. Abzockvieh, Betrugsvieh, was seid ihr. EMPÖRT EUCH INTENSIVER.

Geld schafft Armut. Menschen schaffen Armut. Weil Geld ein Teil ist. und nicht das Ganze. Und wer das Teil besitzt hat Spaltung also Explosion also Zerstörung also Krieg erschaffen. Und das passiert auf der Erde jetzt Dienstag, 15. Oktober 2013. Aber auch die Möglichkeit den leuchtenden Alltag der Menschen auf der ganzen Erde friedlicher gesünder lebensfroher zu gestalten ist auch jetzt vorhanden abseits der Besitzenden die ganz einfach ausgetrocknet werden können wenn man das will und die nicht kooperieren wollen.

Man ist standhaft und arbeitet einfach nicht mehr egal wo ein Sitzstreik global bezogen auf das Geld und die Besitzer und dann zeigen das hat nun ein Ende. Nichts geht mehr. Da ja alles ohne Geld geht. Dessen müsst ihr euch aber auch total bewusst werden, Geld hat noch nie eine Arbeit gemacht. Alle Tätigkeiten wurde von Anfang der Uhrzeit bis jetzt ausschließlich von Menschen gemacht und nicht von Geld. Und Geld hat auch keinen Tauschwert. Denn Geld kann sich untereinander nicht tauschen auch das macht der Mensch also Geld ist eine Totalverblödung der menschlichen Situation auf der Erde. Und wird unweigerlich zu Mord und mehr als das führen wenn wir nicht konsequente durchsetzter von Klarheit und Wahrhaftigkeit in den wichtigen Positionen haben oder solche Themen sofort in den politischen Parteien global übernommen werden. Ein Leben ohne Geld.

Dann gäbe es keine Flüchtlinge keine Waffen keine Atombomben mehr und keine Armut weil alles was gebraucht wird dann von Menschen gemacht werden kann Denn JEDER wird dann JEMAND und IRGENDJEMAND kostenlose Hilfe und Bereicherung anbieten können. Und der Andrang die globale Armut zu befriedigen würde monströs aufregend sein. Und es würde eine schöpferische kreative Explosion geben. Denn Überbevölkerung ist eine Lüge. Nur die Reichen die unermesslichen Habgierigen, entwickel ein Szenario wie Überbevölkerung. Sie arbeiten aber intensiv an Unterbevölkerung durch Gifte, Armut, hohe Preise, schlechte Nahrungsmittel in Zweiklassenformat sie arbeiten intensiv daran die Dritte Welt mit Sterilität der Pharmamafia zu beliefern damit Frauen keine Kinder mehr bekommen und anderen Methoden Armut zu erzeugen und damit das absterben der sogenannten Überbevölkerung der dritten Welt. Und schließlich beschuldigte JEDER JEMAND, weil NIEMAND tat, was IRGENDJEMAND hätte tun können. Und das bist du.

So ich will ein Ende mit diesem Büchlein machen. Dieses Buch ist bloß ein Ausschnitt der zerstörerischen menschlichen Eigenschaften und Taten. Es ist ja bekannt wie satanisch durchgeknallt Postenmäßig es bisher schon war. Alleine die Waffenarsenale und die durchgeknallte amerikanische Bevölkerung mit ihren Waffenphobienängsten, in den Händen von wenigen, alleine schon die Giftarsenale der senilen Wissenschaftsroboter also Menschen, für das Geldgeil System Syndikat. Die Liste wird fast endlos von den dumpfen verlogenen Machenschaften der Reichen Superreichen und den Vasallen in Industrie Staat und Wissenschaft und Religion.

Es gibt aber auch das schöne liebende liebenswerte unter den Menschen. Ich hoffe das wächst denn die geldgesteuerten Medien blicken ja ausschließlich auf Kampf und Murks und nicht auf das Liebenswerte, damit können die nun, mit dieser aufgebauten Gewohnheitssicht Garnichts anfangen. Das wäre störend weil sie nun sogar selber negativ durch die Überdosis geworden sind durch die Nähe, denn das färbt ab. Ich hoffe das Gute und Liebende wächst und glaube einfach mal dass es das tut. Aber EMPÖRT EUCH INTENSIVER. Sonst werdet ihr vernichtet werden durch die Geldmachtroboter und Lügner und Betrüger. Das wars für heute.

Mittwoch, 16. Oktober 2013

Ich habe mal in Berlin lebend eine Postkarte gefunden die war total weiß mit einem schwarzen Text darauf: „Man kann gar nicht so viel fressen wie man kotzen möchte". Und genau solche Eindrücke hinterlässt die Menschheit sehr oft wenn ich in Politik und Wirtschaft und Religion und Wissenschaft schaue und mitgeteilt bekomme durch die Ideologisch und Geld gesteuerte Presse und deren MitarbeiterJournalisten. Die USA sind GeldPleite. Oder die USA führen Kriege gegen Diktatoren die sie zuvor schwer unterstützt haben. Also es ist ja immer die Politische Regierung nicht die USA die ist größer als die Menschen die Politiker. Oder England ist immer sofort dabei in den Krieg zu ziehen wenn die USA dazu auffordern weil beide die gleichen Geldkartelle und Wirtschaftskartelle haben. In diesen beiden Ländern England und USA da gibt es sehr viele politische-wirtschaftliche Banken GeldGeil Familien die Kriege führen, Morden, zerstören, ausspionieren, betrügen, lügen, aber das als sehr gut vermarkten und leben. Lennons „Give Peace a Chance" hat da keine Bedeutung.

Gestern Abend sah ich ein TV Program von einem Schriftstelle in den USA der die Mordaufträge von dem Professor für Verfassungsrecht in seinem Buch veröffentlichte, der amerikanische Investigativ-Autor, Jeremy Scahill. Und das ist Obama oder OHblahblah. Dieser Mensch gibt Aufträge an eine geheime amerikanische Mörderbande die JSOC. Joint Special Operations Command   www.socom.mil/pages/jointspecialoperationscommand. aspx. Das ist sozusagen die SS der US-Regierung. Hier ist was Wikipedia dazu schreibt: Das JSOC wurde 1980 gegründet, um als teilstreitkräfte-übergreifende Kommandoeinrichtung die auf Terrorismusbekämpfung, Geiselbefreiung und „Close Quarter Battle", ausgerichteten Spezialeinheiten der US-Streitkräfte einheitlich zu führen, zu koordinieren, auszubilden, zu versorgen und auszurüsten.

Das JSOC bildet im Bedarfsfall sogenannte „Special Missions Units", kleine temporär und missionsabhängig zusammengestellte Teams, die sich aus der Delta Force und der Naval Special Warfare Development Group rekrutieren. Neben den schon genannten Primäraufgaben werden sie auch für nachrichtendienstliche Aufträge, Aufklärung in feindlichem Gebiet und (seltener) für direkte Angriffsoperationen eingesetzt.

1998 gab das US-Verteidigungsministerium offiziell zu, es verfüge über verdeckte Spezialeinsatzkommandos, die in der Lage seien, jeder terroristischen Bedrohung (auch im Falle des Einsatzes von Massenvernicht ungswaffen) adäquat zu begegnen".

Von dieser Einheit macht nun der Professor für Verfassungsrecht also ein Wirrnissverkäufer ein typischer Christ, Gebrauch von und lässt sehr oft politische und andere Gegner global ermorden. Verstehen kann ich das alles sehr gut dieser Machtkämpfe der Ignoranz untereinander im Bezug Wirtschaft Geld Profite Religionen und Einfluss. Das ist alles ausschließlich zu einem Machtbrei geworden in dem Zirkus des Lebens auf der Erde. Weitere Informationen unter: https://de.wikipedia.org/wiki/United-States-Joint-Special-Operations-Command.

Das ist wunderbare Demokratie und Macht mehr nicht. Eine Nation die Macht will auf der Erde ist dazu verdammt kriminell zu werden und eine SS-Force zu haben. Denn, alles was auf Macht auf der Erde aus ist, ist dem Untergang geweiht und wird zerstört werde. Und deswegen wird die USA von innen heraus von ihren eigenen bösartigen und habgierigen Eliten zerstört werden. Man braucht bloß in Ruhe zuzuschauen. Die USA sind jetzt schon in der Weltöffentlichkeit am Arsch. Deren Präsident sitzt vor dem Fernseher und schaut sich gemeinsam mit seinen „Engeren-Kreis-Politiker und Militärs" die Stürmung und Erschießung von Osama Bin Lädchen an. Und der Gesichtsausdruck, der ist so fasziniert so mitgerissen, das gesehen werden kann, die USA Menschen werden von Blinden geführt. Und in diesem Falle ist es Obama der eloquente Blender mitgerissen von einer Nation die sich der Gier und Weltmachtorgie im Militär und Habgier hingegeben haben. Die USA sind am Arsch um es sehr schön metaphorisch sogar noch liebevoll zu formulieren. Denn die Liebenden Kräfte in den USA haben es nicht geschafft über das primitiv und Dumpfbewusstsein der Kollektivgesellschaft der USA hinaus Einfluss zu bekommen. Sie sind eine mehr als Minderheit in den USA und deswegen sind die USA am Arsch. Wer will noch die Führung solcher politischen Regierungen die in Mord Ausbeutung Bankerfamilien Ausbeutungen und Schuldenmengen die ÜberGigagroß sind Ratschläge oder besser Rat ohne Schläge haben. Nur Vollidiotien die innerlich noch unter dem Entwicklungsniveau der politischen und wirtschaftlichen unterbelichteten Eliten stehen. Wie die Völker in den muslimischen Ländern Pakistan Iran Irak Oman Saudi-Arabien und dergleichen. Die sowieso 600 Jahre weniger Bewusstseinsentfaltung erlebt haben wegen ihres Mohammed.

Aber dieser Professor für Verfassungsrecht Obama, der benutz also diese SS-der USA die JSOC, was ja typisch für Staaten ist die auf stupide dumme Weltmacht und Stärke militärischer aus sind, das sie eine SS brauchen für ihre Innenleben innwendige Bösartigkeit die sie leben müssen weil sie sich diesen Kräften geöffnet haben und nun selbst die Opfer dieser Einstellungen und Systeme geworden sind. Die USA gehen unweigerlich unter und werden ein bedeutungsloser Staat wenn die lebensfördernden Kräfte in den USA nicht gewinnen. Zumindest an Einfluss gewinnen.

Und diese SS der USA die JSOC die sind ganz stark mit den Gedankengut der Transhumanisten verbunden. Jeremy Scahill http://dirtywars.org/the-book der über diese US Regierung schreibt in seinem neuen Buch, zeigt wie ein US Präsiden einfach Mordbefehle gibt. Wer aber will ein Mordauftragsgeben als Führungsperson oder als Demokrat oder als Christ. Das ist also alles „man kann gar nicht so viel kotzen wie man fressen möchte". Und diese Elite-SS-der USA die sind ganz stark mit den neuesten Waffen und Mord Instrumenten bestückt die sehr stark in die Richtung des Transhumanismus geht. Und der Transhumanismus in den USA glaubt, also diese durchgeknallten Vollblutmaterialisten diese Vollblutignoranz, das die nächste Stufe der Evolution der Menschheit die Verschmelzung des

Menschen mit Technologie sein wird, und eine neue Rasse von Cyborgs soll den Homo sapiens ablösen und das Leben im Universum auf eine neuen Stufe heben. Das ist die USA, wenn ich das so sehe, sich da ein neues Atlantis aufbauen will oder anders da sind viele Atlanter wiedergeboren die das Ziel verwirklichen wollen. Die USA als das Neue Atlantis. Nun gut kein Problem für mich aber stupid. Denn in diesen SS-Truppen der JSOC, werden schon die größten Möglichkeiten dieser Technologie ausprobiert.

Diese Durchgeknallte Denkerei der Vollblutmaterialisten in den USA, aber auch die EU mischt da mächtig mit, denn sie hat eine Milliarde Euro dafür bereit gestellt das Gehirn nachzubauen mit seinen Fähigkeiten. Also Science FIcktiefFiction lässt grüßen. Und wer braucht den Schrott doch bloß die Industriellen Besitzer die sogenannten GeldEliten da sie dort Gigaprofite erwarten und Zukunftsvisionen des Totalgrößenwahns verwirklichen können die im Materialismus Muus ein Muss sind, denn sonst käme der Tod zu schnell und den wollen die Transhumanisten sogar aufheben durch die Verbindung Mensch-Maschine so durchgeknallt und verrückt sind deren Phantasien. Und das ist alles Total Schizophrenie oder TotalBipolarität.

An den Universitäten wird von der „technologischen Singularität" geredet, dem Zeitpunkt, an welchem Maschinen so intelligent sind wie Menschen und beide zu einer neuen Spezies verschmelzen. Das gesamte Wissen der Menschheit, insbesondere Gentechnik, Nanotechnologie, Neurologie, und Kybernetik, wird sich im Punkt der Singularität zur Geburt der neuen Über-Spezies vereinen.

Das ist wie der Übermensch, die Herrenrasse, also VollBlutFaschismus. In der Zeitschrift Tattva Viveka Ausgabe 59 steht:" Die Singularität ist eine Zukunft, in der das Tempo des technologischen Wandel so schnell und weitreichend voranschreitet, dass die menschliche Existenz auf diesem Planeten irreversibel verändert wird. Wir werden die Macht unserer Gehirne, all die Kenntnisse, Fähigkeiten und persönlichen Macken, die uns zu Menschen machen, mit unserer Computer-Macht kombinieren, um auf eine Art zu denken, zu kommunizieren, und zu erschaffen, wie wir uns heute noch nicht vorstellen können.

Diese Verschmelzung von Mensch und Maschine, mit der plötzlichen Explosion der Maschinen-Intelligenz, wird, im Verbund mit rasend schneller Innovation in den Bereichen der Gen-Forschung sowie der Nanotechnologie, zu einer Welt führen, wo es keine Unterscheidung mehr zwischen dem biologischen und dem mechanischen leben oder zwischen physischer und virtueller Realität gibt. Diese technologischen Revolutionen werden es uns ermöglichen, unsere gebrechlichen Körper mit all ihren Einschränkungen zu überwinden. Krankheit wie wir sie kennen, wird ausgerottet. Die menschliche Existenz wird einen Quantensprung in der Evolution durchlaufen. Wir werden in der Lage sein zu leben, solange wir wollen". Das sagte der Vordenker des Transhumanismus Ray Kurzweil www.singularity.com /KurzweilFuturist.pdf

Also das ist die USA, da haben die spirituellen Kräfte kaum eine Chance und das religiöse ist sowieso eine Farce ebenso das politische Establishment. Es herrscht ausschließlich das machbare und das ist von Geld abhängig weil die noch so dumm dumpf und ignorant sind. Denn die USA ist ja jetzt schon ein Polizeistaat und eine von Geheimdiensten und Militär kontrolliertes Land das ein auf Senildemokratie macht.

Aber was ist schon Demokratie, ein System das die Geldeliten für sich ausgedacht haben ,damals in G-String Land Griechenland um ihre Besitztümer und Reichtümer auszuweiten und große Bevölkerungsmengen sehr subtil zu kontrollieren. Demokratie ist ein Ausbeutsystem der Besitzenden. Und Jesus hatte nie eine Demokratie ausgerufen, weder noch steht da etwas im alten und neuen Testament von den Propheten und sonstigen Zeitreisenden die Infos weitergaben. Aber es steht viel darin dass das Mannas angeboten wurde und das ein König der Bevölkerung Leiden zufügen wird und sie mit schwere beladen wird. Und Präsidenten sind metaphorisch Könige im einem MachtGierSystem wie die USA oder Russland oder China und anderen Ländern. EMPÖRT EUCH INTENSIVER. Ich werde für heute aufhören.

Donnerstag, 17. Oktober 2013
Ich will nochmal etwas zu dem Thema „GLAUBE" und „Glaubwürdigkeit" schreiben, weil da weiterhin das Thema die Situation der Firma Kirche mit ihren Täusch und Ansprüchen aus dem Mittelalter akut ist.

Jesus oder Gott hat nicht gesagt du sollst an Päpsten glauben, oder an Bischöfe, Kardinäle, Priester, Pastoren, Politiker, Banker, Psychologen, Ärzte, Chemiker, Mathematiker, Polizisten, Soldaten, Richter, Anwälte, Bäcker, Metzger, Rennfahrer, Sportler, Fondsmanager, Mörder, Nonnen, Mönche, und alle anderen die sich mit einem Beruf bezeichnen. Sondern der Mensch glaubt wenn er schon noch glauben muss ausschließlich an Gott an das Göttliche. Und nicht an Menschen. Denn Menschen sind noch in der Evolution vom Raubtier zum Raubmenschen zum Menschen und können deswegen nicht Glaubwürdig sein, weil sie noch viel zu sehr verstrickt sind in den Illusionen und Wünschen und Gedanken und Fantasien ihres Gemüts oder Mentals und ihrer weiterhin Gebundenheit an diesen sterblichen Körper mit all seinen Fallgruben. Und deswegen ist die Firma Kirche und der Staat Vatikan, und mit dem Glaube an diese Kirche und den Staat, und ihre Mitarbeiter, die Priester, Päpste, Mönche, Kardinäle, Bischöfe, ein Betrugsunternehmen, indem ihr nämlich an sie und ihre Angestellten glauben sollt, die für euch „Glaubwürdig, was mit „Wahrhaftig" gleichgesetzt wird, sein sollen.

Und genauso mit Glauben verhaftet also mit Wünschen , Hoffnungen, Fantasien, ist der Glaube der Internationalen sogenannten Eliten, die alle ohne Ausnahme, Vollblutmaterialisten sind, die nicht durch das Nadelöhr passen, wie die Kardinäle, Bischöfe, Päpste, die den Transhumanismus vorantreiben. Und diese internationalen Eliten sind sowohl die GeldEliten, als auch die Denkeliten, die den SciensFicktiefFicktionen die Untersetzung geben. Und was sind schon informierte Intellektuelle die den unaufhaltsamen Siegeszug der Transhumanisten belabern oder bezweifeln oder kritisieren. Der GeldUnadel die Milliardäre haben schon längst ein Monströses Geschäft gewittert und unterstützen diese Durchgeknallte Philosophie unaufhaltsam, weil es da Maschinen zu bauen gibt.

Auch obwohl global über die Gefahren dieser Transhumanismus Orgie gelabert wird. Das sind Intellektuelle nämlich Labertanten und Laberonkels. Aber die Masse der Menschen wird erst damit konfrontiert wenn diese Produkte wieder mal auf dem Markt sind und das Geschäft läuft. Nochmal: In der Geschäftswelt tobt sich das RaubTier Mensch zurzeit am vollkommensten aus mit all seinen üblen Eigenschaften.

Hier ist nochmal etwas aus der Zeitschrift Tattva Viveka Ausgabe 59: „Die Frage, welche Spezies diesen Planeten dominiert, wird die globale Politik in diesem Jahrhundert diktieren. Angesichts der Geschwindigkeit, mit der sich jene Technologie entwickelt, welche die Entstehung von „ Artilects"- künstliche Intelligenzen möglich machen, ist es unwahrscheinlich, dass die Menschheit in der Lage sein wird, Artilects zu konstruieren, die geistige Fähigkeiten besitzen, welche buchstäblich Billionen über Billionen, mal über dem menschlichen Niveau liegen. Die Menschheit wird sich dann entscheiden müssen, ob sie die Nr.2 Spezies auf dem Planeten werden möchte oder nicht, schreibt Hugo de Garis im Forbes Magazin- einem angesehenen amerikanischen Wirtschaftsmagazin. www.forbes.

com/2009/06/18/cosmist-terran-cyborgist-opinions-contributors-artificial-intelligence-09-hugo-de-garis.html

Die Singularity University www.singularityu.com, so etwas wie das ideologische Hauptquartier der heterogenen Bewegung, liegt im Silicon Valley direkt zwischen Google und der NASA. Das spiegelt in etwa wieder wo die Bewegung gesellschaftlich steht. Die Transhumanisten reiten auf der Welle des unerschütterten Glaubens an Fortschritt und Technologie. Ihre Ideen begeistern Entscheidungsträger in Universitäten und Konzernen. Längst forscht man weltweit im Sinne der Transhumanisten. Und jedes Jahr rückt die Bewegung ihren Zielen näher. Jetzt sind wir schon so nahe wie die meisten Menschen kaum ahnen würden.

Transhumanismus, die logische Fortführung der Evolution?

Im Weltbild der Transhumanisten ist der Schritt vom Menschen zur künstlichen Intelligenz nichts weiter als die logische Fortführung der Evolution. Eine Seele gibt es für die Transhumanisten nicht, nur Nervensignale und Gene. Einen Gott auch nicht – »zumindest noch nicht! « wie Ray Kurzweil gern zu sagen pflegt.

Evolution ist für die Transhumanisten nicht die Evolution von Leben oder Bewusstsein, sondern von Information und ihrer Verarbeitung. Die Information hat sich von Atomen über DNA zu Memen in Computern weiterentwickelt. Der Mensch sei nur eine organische Maschine, ein Vehikel für Information. Und nun sei der Zeitpunkt gekommen, an dem die Information ein besseres Vehikel findet: den Cyborg. Nachdem die Materie in Form des Menschen intelligent geworden ist, soll nun eine neue Form von Intelligenz und Bewusstsein entstehen, die künstliche Intelligenz, hervorgebracht durch den Menschen, der mit dieser neuen Form zu einem neuen Wesen verschmelzen wird. Technologie wird lernen, die Mechanismen der Natur zu verwenden, aber unendlich effizienter, schneller und ohne die schwächliche Zerbrechlichkeit organischer Lebewesen.

Der Mensch, so glaubt der Transhumanismus, ist die erste Spezies, welche die Evolution der eigenen Spezies selbst in die Hand nimmt und steuert und damit millionenfach beschleunigt.

Evolution wirkt indirekt: Sie erschafft eine Fähigkeit und verwendet dann diese Fähigkeit, um zur nächsten Evolutionsstufe voranzuschreiten.

Epoche 1: Physik und Chemie – Information über atomare Strukturen.

Epoche 2: Biologie – Information über die DNA.

Epoche 3: Gehirn – Information über die neuronalen Strukturen.

Epoche 4: Technologie – Information über Hardware und Softwareprogramme.

Epoche 5: Verschmelzung von Technologie und menschlicher Intelligenz die Methoden der Biologie (einschließlich der menschlichen Intelligenz) werden in die (exponentiell wachsenden) menschlichen Technologien integriert.

Epoche 6: Das Universum erwacht – die materiellen und energetischen Strukturen im Universum werden mit Wissen und intelligenten Prozessen gesättigt. Die DNA entwickelt sich. Das Gehirn entwickelt sich. Die Technologie entwickelt sich. Die Technologie meistert die biologischen Methoden (einschließlich der menschlichen Intelligenz). Die extrem erweiterte (vorwiegend nicht-biologische) menschliche Intelligenz verbreitet sich im Universum. (Hier kann wunderbar gesehen werden in was für schwarzen Löchern diese Materialisten noch leben, innerlich. Das Universum erwacht, was für einen gigantischen Megaschwachsinn dieser Halbäffchen da in den USA. Oder die materiellen und energetischen Strukturen im Universum werden mit Wissen und Intelligenten Prozessen gesättigt. Aber auch total verrückte Ignorante unterbelichtete Phantasten ohne jegliche spirituelle meditative Erfahrungen und Einsichten, das ist genau das, was das Militär und die Demagogen in den USA und Global wollen und auch bekommen. Wolfgang Schorat 17.10.2013 09:54:46)

Der Siegeszug der Technik

Derzeit verdoppelt sich die Rechenleistung von Computern alle 18 Monate. In etwa 6 Jahren werden Computer dem menschlichen Gehirn an Rechenpower weit überlegen sein. Im Jahre 2050 wird man ein Gerät, das die Rechenpower aller menschlichen Gehirne übertrifft, für den Preis einer Waschmaschine erwerben können, macht Kurzweil die Entwicklung plastisch. Rechenpower ist freilich noch lange keine Intelligenz, aber allein die Möglichkeit alarmiert weltweit die Wissenschaft: Roboter und Computer übernehmen immer größere Bereiche unseres Lebens. Ob in der Fertigung, im Operationssaal oder beim Militär, Roboter sind allgegenwärtig. Wie viel Macht dürfen Computer haben? Wie weit darf man noch gehen bei militärischen Drohnen und intelligenten Waffensystemen, die immer mehr »Entscheidungen« übernehmen sollen. Wie soll man auch in diesem Kontext mit dem möglichen Aufkommen von künstlicher Intelligenz umgehen? Welche Rechte haben intelligente Computer? Weltweit gibt es hochkarätige

Konferenzen zu diesen Themen – denn all diese Fragen werden vielleicht schon in wenigen Jahren aktuell.

Die Frage, ob eine Maschine überhaupt im menschlichen Sinne »intelligent« sein kann, ist dabei an sich eine, die tiefe philosophische Fragen aufwirft. Gotthard Günther wies dies schon 1963 mit dem Argument zurück, dass die Sprache der Maschinen von Menschen geschaffen ist und damit um eine logische Dimension unter der Sprache des Menschen liegt. Das Maschinenbewusstsein könne niemals seinen eigenen Schöpfungsprozess hintersteigen, meint Günther. Es spiegele sich in diesem Verhältnis zwischen Mensch und Maschine das Verhältnis von Mensch zu Gott: Auch der Mensch sei mit der ihm eigenen Logik nicht in der Lage, seinen eigenen Schöpfungsprozess zu verstehen. (Selbstverständlich kann der Mensch seinen eigenen Schöpfungsprozess verstehen. Sowohl mit Logik aber hauptsächlich durch Meditation und Selbsterfahrung. Wolfgang Schorat17.10.2013 09:59:29)

Allerdings hat Günther seine Rechnung dabei vielleicht ohne die neurologischen Schaltkreise gemacht, mit welchen das Gehirn des Menschen nachgebaut werden soll – oder den Bio-Computern, die etwa die Gehirne von Ratten als Hardware verwenden. Ob solche Rechner in Zukunft noch mit Algorithmen funktionieren oder ganz anders, das weiß heute niemand.

Die Vision der Transhumanisten

Aber künstliche Intelligenz ist ohnehin nur ein Baustein. Es ist die Fusion von Kybernetik, Neurologie, Robotik, Nano-Technologie und Gentechnik zu einem übergeordneten Ziel, welche die Vision der Transhumanisten wahr werden lassen soll. Eine solche Entwicklung wäre aus Sicht des Transhumanismus in vier groben Schritten zu denken:

1. Technologie wird zum alltäglichen menschlichen Begleiter. Nach Computern und Smartphones werden Hausroboter zur Normalität. Die Technologie rückt immer näher an den Menschen heran. Intelligente Maschinen und die Kommunikation mit Robotern und künstlicher Intelligenz (z.B. Kundenberatung) werden immer normaler.

2. Gleichzeitig wird der Mensch beginnen, Technologie direkt in seinen Körper einzubauen und Schnittstellen zwischen dem Gehirn und Computern zu schaffen. Dies wird seine Fähigkeiten drastisch erweitern. Schon dann werden faktisch zwei Rassen auf der Erde existieren: Solche Menschen, die Zugang zu der neuen Technologie haben und sich damit zum Mensch 2.0 up-daten, und der Homo sapiens, welcher der neuen Rasse hoffnungslos

unterlegen sein wird. Der Cyberspace und die Realität verwischen, da die Computer-Gehirn-Schnittstelle Reize simuliert, als würden sie tatsächlich erlebt.

3. Der neue Mensch 2.0 besteht irgendwann zu gleichen Teilen aus organischen und technischen Elementen. Das Leben des Menschen wird drastisch verlängert. Seine Fähigkeiten steigern sich ins Unermessliche. Zuletzt wird es möglich, ein organisches Gehirn in einen Cyborg zu verpflanzen, wodurch der Mensch nach dem Glauben der Transhumanisten den Körper wechseln kann und damit unsterblich wird.

4. Dann gelingt es, eine künstliche 1:1-Kopie eines menschlichen Gehirns zu er-zeugen. Es wird möglich, den gesamten Inhalt des Gehirns und seine Struktur in einen Computer zu laden. Dieser Algorithmus lebt dann als »intelligente Software« im Cyberspace oder in einem Cyborg-Avatar. Der digitalisierte »Mensch« kann beliebig die Körper wechseln. Es gibt keinen Unterschied mehr zwischen Realität und Cyberspace. Der Mensch kann mit seinem Bewusstsein in den Cyberspace reisen und dort Welten erschaffen und beherrschen. Der Mensch hört auf zu existieren, Evolution geschieht durch gezielte Schöpfung neuer Intelligenzen.

Einzelheiten dieser Vision sind Ray Kurzweils Aufsatz: »Reinventing Humanity - The future of Machine-Human Intelligence«, www.singuianty. com/KurzweilFuturist.pdf, oder auch der Web-Seite www.2045.com zu entnehmen.

Exponentielle Beschleunigung

Wie kommt es, dass kaum jemand diesen Plan ernst nimmt, während uns vielleicht gerade mal 20 Jahre von seiner Umsetzung trennen? Ray Kurzweil erklärt es: Es liegt daran, dass kaum jemand versteht, was ex-potentielles Wachstum bedeutet.

»Wie ist es möglich, dass wir so nah vor diesem enormen Wandel stehen und ihn nicht sehen können? Die Antwort ist die Beschleunigung der technologischen Innovation. Wenn sie in die Zukunft denken, berücksichtigen nur wenige Menschen die Tatsache, dass der menschliche wissenschaftliche Fortschritt exponentiell verläuft.

In anderen Worten, das 20. Jahrhundert hat sich allmählich beschleunigt bis zum heutigen Tempo des Fortschritts. Die gesamten Leistungen des letzten Jahrhunderts entsprechen nur etwa 20 Jahren Fortschritt in der Geschwindigkeit des Jahres 2000. Nun machen wir gerade nochmal >20 Jahre< dieses Fortschritts in nur noch 14 Jahren (bis 2014), und dann das gleiche wieder in nur sieben Jahren. Wir werden im 21. Jahrhundert nicht 100 Jahre technologischen Fortschritts erleben, wir werden 20.000 Jahre Fortschritt bezeugen (am heutigen Fortschritt gemessen), oder Fortschritt, der etwa 1000 mal größer ist als das, was das gesamte zwanzigste Jahrhundert erreicht hat.«

Dabei ist anzumerken, dass das 20. Jahrhundert uns von Pferdewagen zu Magnetschwebebahnen und von Dampfmaschinen zu Smartphones gebracht hat — eine unvorstellbare Entwicklung. Das, was nun kommt, wird 1000 Mal schneller sein. Ab einem bestimmten Punkt, so glauben einige Wissenschaftler, wird der Fortschritt so schnell sein, dass das menschliche Gehirn ihn nicht mehr begreifen kann. Nur die optimierten Menschen werden mit diesem Tempo noch Schritt halten können.

Forschen für die Maschinen-Götter

Forschungsmittel für diesen Plan lassen sich leicht besorgen. Gerade erst hat die EU den größten jemals für ein Forschungsprojekt verteilten EU-Etat von 1 Mrd. Euro an Steuergeldern in das transhumanistische »Human Brain Project« gesteckt - einer der wichtigsten Bausteine: die Simulation eines kompletten menschlichen Gehirns als Computerschaltkreis durch die Nachbildung der neuronalen Struktur des menschlichen Gehirns. In etwa 10 bis 20 Jahren soll das menschliche Gehirn fertig sein. Die reine Rechenpower von Computern hat die des Gehirns bis dahin vielleicht bereits um das Millionenfache überflügelt.

Die Robotik, insbesondere die Prothetik soll herausfinden, wie man Maschinen direkt an Nerven anschließen kann, um den Menschen mit künstlichen Gliedmaßen und Sinnesorganen zu erweitern. Forschungsgelder gibt es dafür von Medizin und Militär in Milliardenhöhe. Die Technik ist bereits so gut wie ausgereift. Schon heute laufen Menschen mir Beinprothesen schneller als »normale« Menschen.

Die Entwicklung von Haushalts-Robotern' schreitet ebenfalls schnell voran.

Die Kurzweil-Kurve: Nach Ray Kurzweil wird die Technologie weiter exponentiell wachsen. Im Jahr 2050 werden wir in der Lage sein, ein Gerät mit der Computerleistung der gesamten Menschheit zum Preis eines Kühlschranks zu kaufen. Die technologische Entwicklung wird einen Singularitätspunkt erreichen. Das ist ein Ereignishorizont, über den man nicht hinaus blicken kann. Von da ab wird die künstliche Intelligenz die natürliche menschliche Intelligenz übersteigen und wir werden nicht mehr in der Lage sein, der künstlichen Intelligenz zu folgen.

Schon bald sollen sie in Altenheimen als Haushalts-Hilfe und als Spielkameraden für Kinder zum Einsatz kommen. IBM hat prognostiziert, dass solche Roboter in bereits fünf Jahren fühlen, sehen, hören, schmecken und riechen können.

Andere Bereiche der Robotik befassen sich mit Bio-Hybrid-Systemen.

Hier werden Zellen mit elektronischen Schaltkreisen verbunden - der erste Schritt zum halb lebendigen Cyborg-Roboter.

Die Neurologie soll helfen, das Gehirn zu verstehen und ein Gehirn-Computer-Interface zu bauen." Ein solches gibt es bereits, es wurde an Tieren erfolgreich getestet und wird nun erstmals in Menschen verpflanzt. »In Zukunft wird man sein Hirn durch Gehirnimplantate an sogenannte Mind-Machine-Interfaces wie an einen PC anschließen können und damit Maschinen steuern. So werden wir auch innerhalb kürzester Zeit Wissen downloaden können. Niemand weiß, was das dann für ein Wissen sein wird, ob es überhaupt ein Wissen im bisherigen Sinne sein wird und was dabei mit dem >Ich< des Menschen geschieht. «, erklärt Dr. Dr. Dr. Roland Bendikter.

Die Nanotechnologie macht immer kleinere Schaltkreise möglich - und Roboter, die so klein sind, dass sie in der menschlichen Blutbahn leben können. Ray Kurzweil fasst die Entwicklung wie folgt zusammen:

»Die Revolution der Nanotechnologie wird uns ermöglichen, unseren Körper und unser Gehirn Molekül für Molekül neu zu gestalten - weit über die Grenzen der Biologie hinaus. Der Einsatz von künstlicher Intelligenz innerhalb unseres biologischen Systems wird für die Menschheit einen evolutionären Sprung nach vorne markieren, aber es bedeutet auch, dass wir mehr >Maschine< sein werden als >Mensch<. Milliarden von Nanobots werden durch die Blutbahnen in Körper und Gehirn reisen. Sie werden Krankheitserreger zerstören, DNA-Fehler korrigieren, Giftstoffe beseitigen und viele andere Aufgaben erfüllen, die unser körperliches Wohlbefinden steigern. Ab dem Ergebnis werden wir in der Lage sein, auf unbestimmte Zeit zu leben ohne zu altern.

Trotz des wunderbaren Zukunftspotenzials der Medizin wird Unsterblichkeit nur erreicht werden, wenn wir unsere biologischen Körper vollkommen ablegen. Während wir uns in Richtung einer Software-basierten Existenz bewegen werden, gewinnen wir die Fähigkeit »Backups« von uns anzulegen (Speicherung der Muster unseres Wissen, unserer Fähigkeiten und Persönlichkeit in einer digitalen Form), wodurch wir virtuelle Unsterblichkeit erlangen. Dank Nanotechnologie werden wir einen Körper haben, den wir allein durch unseren Willen nicht nur verändern, sondern in völlig neue Formen verwandeln können. Wir werden um 2020 in der Lage sein, unsere Körper in full-immersion Virtual-Reality- Umgebungen so zu verändern und etwa um 2040 auch in der physischen Realität. «

8. www.welt.de/wissenschaft/arti-clel 1944864/Science-Fiction-haeh-im-Altenheim-Einzug.html
9. youtu.be/wXkfrBJqVcQ
10.spiegel.de/wissenschaft/technik/hybrid-roboter-ze!len-kommunizieren~mit-elektronischen- bauteilen-a-870202.html
11. www.extremtech.com/extremc/l49879-brown-university-creates-first-wireless-implanted-brain-computer-interface
12. EnlightenNext Magazin, Frühling 2013

»Die Konsumenten werden um den Chip betteln«

Doch werden die Menschen bereit sein, diesen Weg mitzugehen? Dessen ist man sich sicher, nicht zuletzt, weil viele dieser Entwicklungen eng mit der Einführung von Entertainment-Elektronik verbunden sein werden. Diese langsame Gewöhnung der Menschen an Technologie hat schon jetzt die Akzeptanz gegenüber neuen Technologien enorm gesteigert und auch konservative Zweifler in begeisterte Smartphone-Nutzer verwandelt.

Die Smartphones waren der erste Schritt in dieser Entwicklung. Nun wird die Augmented Reality folgen: Geräte, welche die Technologie noch näher an den Körper bringen und die Grenze zwischen Technik und Mensch langsam verwischen. Googles Glasses oder diverse Startups mit Augmented-Reality- Kontaktlinsen, sind solche Technologien, welche zum Beispiel das natürliche Sichtfeld des Menschen mit digitalen Anzeigen überlagern. Der Computerbildschirm ist dann kein Ding mehr, sondern bereits integraler Bestandteil unserer Wahrnehmung.

Der nächste Schritt sind dann die Implantate. Noch scheint kaum vorstellbar, dass in naher Zukunft - und wir reden von vielleicht fünf Jahren - Menschen es zulassen werden, dass Computerteile in ihren Körper transplantiert werden. In der hervorragenden Arte-Dokumentation »Welt ohne Menschen -Transhumanismus: Chance oder Albtraum?« kann ein transhumanistischer Vordenker darüber nur lachen: »Die Menschen würden wie für das iPhone und die Playstation vor den Läden kampieren und darum betteln, ein

Implantat zu bekommen«, sagt er voraus: »Menschen sind verrückt nach solchem Zeug.«

Ein anderer Bereich, in welchem Implantate längst akzeptierte Realität sind, ist die Medizin: Herzschrittmacher, moderne Prothesen, Hörimplantate und neuerdings auch Implantate zur medizinischen Überwachung von Patienten sind längst Alltag. Von da bis zur Computer-Hirn-Schnittstelle ist es dann nicht mehr weit. Und spätestens damit ist der Bann gebrochen.

Der Krieg der Spezies

Unvermeidbare Folge einer solchen Entwicklung wäre, dass die Menschheit sich schon bald in zwei oder mehr Spezies aufteilen würde: Die normalen Menschen und die Menschen 2.0. Es wird vor allem die Elite sein, die über den Zugang zu den neuen Technologien verfügt und durch diese technischen Erweiterungen den gewöhnlichen Menschen in Intelligenz, Sinnesorganen, Körperkraft, Lebensdauer und Macht um ein Vielfaches überlegen sein werden. Eine Herrenrasse ist geboren - und eine Arbeiter-Rasse, die in der Gesellschaft keine signifikante Rolle mehr spielen wird.

Hugo de Garis postuliert in seinem bereits zitierten Aufsatz »The Coming Artilect War«, dass sich die Menschheit schon vor dieser Entwicklung auch ideologisch in drei Gruppen zerteilen wird: Die Cosmisten wollen Maschinen-Götter erschaffen, die Terraner kämpfen für eine Erhaltung der Natürlichkeit und des Homo Sapiens und als dritte Gruppe sieht er die Cyborgisten oder Transhumanisten, die hoffen, sich selbst in Gott-Maschinen zu verwandeln. Sein Szenario für die nahe Zukunft ist nicht rosig:

»Stellen Sie sich eine Welt vor, in der die Cyborgs sich zunehmend verbreiten. Eine junge Mutter, die gerade entbunden hat, kann nun wählen, dem neugeborenen Baby-Gehirn ein Körnchen artilectischen Salzes hinzuzufügen — die Umwandlung in einen Artilect (Artifical Intellect). Es steckt so viel Rechenleistung in diesem Sandkorn, dass sie ihr Baby effektiv >getötet< hat. Es ist nun kein Mensch mehr, sondern ein Artilect in menschlicher Verkleidung. Stellen Sie sich vor, wie ältere Eltern beobachten müssen, wie ihre erwachsenen Kinder sich in Cyborgs verwandeln, so sehr, dass ihre Kinder nicht mehr menschlich sind. Die Eltern werden fühlen, sie hätten ihre Kinder verloren. Der Aufstieg der Artilects und der Cyborgs wird zutiefst verstörend auf die menschliche Kultur wirken, und tiefe Entfremdung und Hass hervorrufen. Kurzweil behauptet, wenn überhaupt ein Krieg zwischen den Terranern und den anderen Gruppen stattfindet, dann wäre es eine schnelle, ungleiche Schlacht. Die weitaus überlegene Intelligenz der

Artilects würde die Terraner schnell besiegen. «

Das ist sicher eine drastische und ziemlich futuristische Sichtweise, aber nicht wenige Menschen teilen im Kern ähnliche Befürchtungen. Das Zeitfenster für den Menschen, diese Entwicklung zu stoppen, ist nicht groß. William Joy, Mitgründer von Sun Microsystems und Gegner des Transhumanismus, schreibt in seinem Aufsatz »Why The Future Doesn't Need Us«:

»Seit ich in die Entwicklung neuer Technologien involviert bin, hat ihre ethische Dimension mich besorgt, aber es war erst im Herbst des Jahres 1998, dass mir schreckhaft bewusst wurde, wie groß die Gefahren sind, vor denen wir im 21. Jahrhundert stehen. Gewöhnt an das Leben mit fast routinemäßigen wissenschaftlichen Durchbrüchen haben wir noch nicht begriffen, dass die größten Technologien des 21. Jahrhunderts, Robotik, Gentechnik und Nanotechnologie, eine andere Bedrohung darstellen als die Technologien, die vor ihnen kamen. Insbesondere Roboter, gentechnische Organismen und Nanobots haben einen gefährlichen Verstärkungsfaktor: Sie können sich selbst replizieren.

Die Unfähigkeit, die Folgen unserer Erfindungen zu verstehen, während wir noch in der Entrückung von Entdeckung und Innovation schwelgen, scheint ein häufiger Fehler von Wissenschaftlern und Technologen zu sein.

Wir werden in dieses neue Jahrhundert geschleudert ohne Plan, ohne Kontrolle und ohne Bremsen. Sind wir schon zu weit gegangen, um den Kurs noch zu ändern? Ich glaube nicht, aber wir versuchen es ja auch gar nicht noch nicht -und die letzte Chance, um die Kontrolle wieder zu erlangen, nähert sich sehr schnell. «^

Roland Benedikter teilt ähnliche Befürchtungen:

»Durch die Verschmelzung von menschlichem Bewusstsein mit Technologie verändert sich sowohl die Technologie als auch der Mensch. Und die Frage ist, ob dabei die Technologie menschlicher oder der Mensch technischer wird. Diese Frage ist keine rein philosophische mehr.

Die Technik bleibt nicht länger draußen und damit das Objekt des Menschen. Sondern sie dringt in seinen Körper ein, verbindet sich mit ihm, wird zu einem Teil seines Subjekts. Das ist das Neue, das es so bisher in der Geschichte noch nicht gab. Ich bin sehr skeptisch gegenüber der Geschwindigkeit und der Art und Weise, wie das geschieht. Ich bin für Fortschritt, aber ich befürchte, dass ein Großteil der heutigen Transhumanisten eigentlich keine Ahnung hat, was er mit dem Menschen eigentlich tut.*

Die Metaphysik des Transhumanismus

Dass es sich beim Transhumanismus dabei nicht ausschließlich um reine Wissenschaft, sondern strukturell fast eher um eine fanatische Religion handelt, trägt nicht unbedingt zur Beruhigung bei. Lauscht man Visionären wie Ray Kurzweil - die durchaus auch innerhalb der transhumanistischen Bewegung umstritten sind - so entsteht der Eindruck, es geht um weit mehr als Fortschritt. Es geht um die Entstehung der Gott-Menschen, die In den Cyber-Himmel aufsteigen, wo sie als allmächtige und unsterbliche Götter leben, Universen erschaffen, sich mühelos durch Raum und Zeit bewegen und weder natürlichen noch ewigen Gesetzen unterworfen sind - Karma, Wiedergeburt, Sünde und Ethik gelten für diese Wesen nicht mehr, sie haben sich vom natürlichen Fluss des Universums abgekoppelt.

So tun sich für den Transhumanismus auch in spiritueller Hinsicht verschiedene Deutungsmöglichkeiten auf. Der Transhumanismus erscheint als der Triumph der Materie über Gott, der luziferische Weg zur Erleuchtung, Beweis für die All-macht des menschlichen Egos, das sich Gott ebenbürtig macht. Es ist die Verkehrung aller spirituellen Verheißungen in den reinsten technokratischen Materialismus. Das Fleisch ist überwunden, Allwissenheit und das ewige Leben erreicht, der Geist befreit ,aber nicht als aufgestiegene Seele, sondern als Programm in einer Maschine.

Der Transhumanismus ist die materialistisch-mechanistische Antithese zur traditionellen Spiritualität, mit all ihren Komponenten. Zum Beispiel glaubt Kurzweil, dass durch die Verschmelzung von Mensch und Maschine letztlich die ganze Materie des Universums zu Bewusstsein erwachen wird. »Das Erwachen des Universums« nennt er diese Phase seiner Evolutionstheorie, in welcher »[die] Muster von Energie und Materie im Universum durchdrungen werden von intelligenten Prozessen und Wissen. « Der Mensch trage durch seine Verwandlung zum Cyborg das Bewusstsein in die Materie hinein und erwecke damit das ganze Universum. Er wird durch diesen Schritt nicht nur gottgleich, sondern auch zum Erlöser der gesamten Schöpfung.

Solche Thesen werden auch in der New-Age-Bewegung zum Teil aufgenommen. Wozu hätte der Mensch wohl sein technologisches Wissen erlangt, wenn nicht, um selbst Herr seiner Evolution zu werden und den Menschen in eine neue Spezies zu verwandeln? Und könnte es nicht der Auftrag des Menschen sein, Bewusstsein in die Materie zu bringen? Warum sollte die Erweiterung des Bewusstseins nicht auch die Technologie mit einbeziehen? Ist dies nicht die ultimative Inkarnation der Seele in Materie, die ultimative Transzendenz? Der Transhumanismus bietet hier reichlich

Stoff zu philosophischer Kontemplation.

Der Irrtum der Transhumanisten

Dass der Mensch sich mithilfe Technischer Updates, Gentechnik und anderer Techniken selbst in eine neue Spezies verwandeln wird, steht wohl nicht mehr in Frage. In wenigen Jahren, wohl kaum mehr als 20, werden wahrscheinlich zwei Spezies auf diesem Planeten wohnen.

Die offene Frage freilich bleibt, ob es wirkliche künstliche Intelligenz jemals geben kann. Was passiert, wenn man ein künstliches Gehirn einschaltet, das weiß niemand. Kurzweil glaubt, es würde lernen wie ein kleines Kind vorausgesetzt, man simuliert äußere Reize. Aber wird es denken? Wird es ein Ich haben? Ist das menschliche Ich, ist Intelligenz wirklich nur ein Epiphänomen neuronaler Schaltkreise? Und wenn man den Gehirninhalt eines Menschen auf zehn Roboter überträgt, wer ist dann der angeblich unsterbliche Mensch? Für die Transhumanisten ist unser Selbst nur Information - ihnen reicht die Unsterblichkeit als Software.

Dahinter verbirgt sich nicht weniger als die Frage nach der menschlichen Seele. Nicht nur für Mystiker, auch für viele Hirnforscher ist die Vorstellung, das »Ich« des Menschen wäre nicht mehr als sein Gehirn, ein verrückter Irrtum. Künstliches Bewusstsein scheint ihnen sowohl aus wissenschaftlicher als auch aus spiritueller Sicht eine Unmöglichkeit zu sein. Eine Form von Intelligenz mag denkbar sein, jedoch wird es wohl eine deterministische bleiben, reine Berechnung, ohne das Raten und Vermuten, ohne Ideen, ohne Intuition und plötzliche Einfalle. Oder vermag die neuronale Struktur eines Kunst-Gehirns und digitale DNA doch das Bewusstseinsfeld des Universums anzuzapfen? Lassen sich digitale Seelen erzeugen? Immer wieder führen uns diese Fragen an die zentralen spirituellen Kontemplation: Was ist Bewusstsein? Was ist eine Seele? Was ist das Ich?

Für mich persönlich zeigt sich der Transhumanismus als eine Form von Wahnsinn, angetrieben von Allmachtsphantasien und der Angst vor dem Tod. Der Transhumanismus, daran glaube ich, wird an der Realität scheitern, dass er in seinem materialistisch-mechanischem Weltbild nicht begreifen kann, was das Leben, was Bewusstsein wirklich ist. Dieses Leben, das trotz allen Fortschritts für unsere Wissenschaft nämlich noch immer ein völliges Rätsel ist, dieses Leben, das der Entropie trotzt und immer komplexere, bewusstere Formen annimmt. Der Transhumanismus ist die ultimative Sackgasse des Materialismus.

Aber schon jetzt hat er Millionen von Anhängern und nur wenige Menschen setzen sich wirklich damit auseinander, wie unmittelbar und zeitnah uns viele dieser Entwicklungen schon bald betreffen werden. Ebenso selbstverständlich wie das Smartphone werden auch alle zukünftigen Entwicklungen in die Normalität übergehen. Bald werden Eltern konservativ sein, wenn sie ihren Kindern zu Weihnachten nicht das neueste Implantat einsetzen lassen.

Es ist meine Hoffnung, dass der Mensch entweder rechtzeitig geistig reift, um diese Entwicklung noch zu beenden, oder aber dass andere Faktoren, wie Umwelt oder Wirtschaft, sie glücklicherweise unmöglich machen. Vielleicht ist der Transhumanismus das letzte Aufbäumen des Materialismus, vielleicht werden ja gerade die Erkenntnisse aus diesem wahnwitzigen Versuch ein neues Kapitel aufschlagen. Vermutlich ist dies die Hoffnung von Menschen wie dem Dalai Lama, der sich auch für den Transhumanismus einsetzt, weil er glaubt, dass die Erforschung dieser Ideen uns einem tieferen, wissenschaftlichen Verständnis unserer wahren Natur näher bringen werden.

Ich jedenfalls bin ein Terraner, ich glaube an das organische, natürliche Leben, und es braucht nicht mehr als den Weg von meinem Laptop in den Garten, um mich zu überzeugen, dass ich dort etwas spüre, was dem Transhumanismus ganz hoffnungslos fehlt.   ©

Internet: www.2045.com 17www.2045.com/dialogue/29Sl9.html

Zum Autor: David Rotter, geb. 1981, ist Musiker, Autor und Redakteur des Online-Magazins Sein.de. Zusammen mit seiner Lebensgefährtin betreibt er außerdem den Blog   den-weg-gehen.de.

Artikel zum Thema in früheren Ausgaben

TV 01: Marcus Schmieke - Bewusst-sein und Herr Müller. Gehirn und Bewusstsein

TV 04: Mitya Perus - Analogie zwischen Quantenphysik und neuronalen Prozessen

TV 13: Dr. Fred Alan Wolf - Quantensprung ins Bewusstsein

TV 14-17: Prof. Dipl. Chem. Waltraud Wagner - Energie, Information und Form

TV 17: Ronald Engert - Das Bewusstsein der Maschinen

TV 20: Dr. Peter Gariaev - Der wellengenetische Code. Die Morphologie des Lebens

TV 22: Dr. Ulrich Warnke - Was ist Leben? Diesseits und jenseits der Raum-Zeit-Netze

TV 39: Dr. Hans Höhl - Bewusste Materie. Wie entsteht Leben?

TV 50: Prof. Dr. Claudia von Werihof - Mutter Erde oder Tod

TV 55: Dr. Andreas Freund -Transzendenzoffene Wissenschaft

Weitere Beiträge zum Thema finden Sie im Internet unter: www.tattva.de/ artikelsuche/

Ende des Zitats. Aber: EMPÖRT EUCH INTENSIVER zu einer Maschine gemacht zu werden. Und alles wegen ANGST und Unwissenheit sich selbst zu erkennen. So das wars mal wieder für heute. ADIOS

Freitag, 18. Oktober 2013

Gestern war wieder so ein EMPÖRT EUCH INTENSIVER Tag. In den TV Talkshows wurde fast überall das Thema Kirche, Geld, Betrug, und vieles mehr besprochen. Dabei fiel mir auf das die Belastungen durch die Firma Kirche, und die Belastungen durch die Firmensubventionen aufhören müssen. Es war auch der Tag des Bunds der Steuerzahler mit seinem Jährlichen Bericht und in der Zeit Online sah ich dann die Statistik welche Firma welcher Bereich wie viel an Subventionen bekommt. Auffallend war das Ökologische und Biologische weniger bekamen. Das muss aufhören. Ihr dürft keine politische Partei mehr wählen die nicht den Subventionsabbau für Konventionelle Landwirtschaft und den Subventionsabbau für Energiefirmen wie EoN Wattamfallen RWE und alle anderen Abzock und Verteuerungsmafia-strukturen, in ihrer Parteiprogrammierung haben. Subventionen müssen total aufhören solange es noch Geldwirtschaft gibt, denn ohne Ausnahme alle Unternehmen wollen Banken sein und nichts anderes.

Ihr seid kein Eigentum der Firma BRD. Auch wenn ihr alle einen Personal-Ausweis haben müsst. Als Personal für diese Firma. Und wenn es eine Firma schon ist dann, dann, übernimmt diese Firma und enteignet diese Firma so dass sie Wirklich euch gehört, und nicht den verlogenen Steuereintreiber der Vatikanbetrugsmaschinerie oder den Globalindustriellen. Und der politischen Fakirsekten der CDU oder der SPD oder den Grünen und Linken.

Ihr seid keine Linken keine Christen keine CDUler keine Amerikaner keine Hindus keine Buddhisten keine Ärzte Keine Professoren keine Ingenieure ihr seid keine Politiker keine Kaiser oder Astronauten. Ihr seid kein Glaube kein Titel kein Beruf. Ihr seid keine Religion keine Dompteure der Blödheit im Glauben. Denn wenn ihr Christen wäret dann wärt ihr ja ein Glaube, dann währt ihr ja Unwissenheit dann währt ihr ja Ignoranz. Dann währt ihr ja Nichtwissende. Denn der Glaube ist die damit verbundene Angst vor Ungewissheit und Unsicherheit und somit seid ihr dann Vertreter der Angst. Aber das hat Jesus nie gesagt dass ihr die Unwissenheit seid, sonder ihr seid die Söhne und Töchter Gottes. Und die lassen sich nicht abzocken betrügen ausbeuten besteuern, von den Pharisäern.

In den Talkshows und TV Programmen war gestern stark das Thema die Kirche und deren Mitarbeiter die Priester die Kardinäle die Bischöfe der Papst. Und auf dem Gabriele TV Sender Sophia TV und Die Neue Zeit TV, war das Thema Erbschleicherei der Priester der katholischen Kirche und was für Reichtümer die sich durch falsche Testamente und Betrügereien anderer Art erschlichen haben. Auch das Thema das die katholische Kirche alle Ländereien und Werte von den Hexenverbrennungen und Kriegen und Morde die sie angefacht hat, alles was an Werte dann anfiel das gehörte sofort der katholischen Kirche. Die Inquisitionen wenn der Verurteilte geköpft geviertelt gehängt verbrannt und so weiter wurde dann wurde ihm sein Vermögen abgenommen und es ging zur Kirche. So ist die Kirche zu einem Kochtopf der Lüge des Morden und Betrügens geworden, im Namen Gottes natürlich, nämlich genau so durchgeknallt wie heute die Islamisten in ihrer inneren Verwickelung die irgendwann male eine Ent-wicklung wird, wenn vieles ermordet ist.

Bei der Anne Will Talk-Show waren Kirchen-Würdenträger, so verlogen nennen die sich, die sollen ja geistlich sein, und die anderen ja weltlich, was auch ein Totalbetrug eine Lüge und Menschenverblödung, Global, ist. Und da saß der Kirchenvertreter mit einem Doktortitel mit seiner kleinen Rattenfratze und hörte sich von dem Spiegel oder Sternredakteur an, der sich mit der Kirche und ihrem Reichtum sehr lange beschäftigt hatte, und erzählte dann von den immensen Mengen an Steuergeldern die die Kirche vom Staat bekommt-was übrigens aufhören muss-das Hitlerkirchensteu-ereintreiben muss aufhören-jedenfalls, dieser Kirchenvertreter dem wurde gesagt das die Kirche von Verträgen aus dem Mittelalter noch heute die Menschen in der Firma BRD steuerlich abzockt. Menschen, das müsst ihr euch mal reinziehen, wir zahlen Steuern aus dem Mittelalter als die Kirchen eine Bande von Mördern, Betrügern und Fanatiker war, was sie heute noch genau so ist, denn sie haben ja den Stellvertreter Gottes auf Erden, der eine Verbrecherorganisation ein Betrugsunternehmen eine Mafiastruktur und ein Megagoldschatz und Immobilienwerte in gigantische Höhe verwaltet. Was muss das wohl für ein Gott sein der sowas als Stellvertreter braucht. Eine Lug und Betrug und Heuchelmännergruppe volle Schwuler lutsch den Schwanz vom Jüngling ab vom Priester oder Kardinal, und fick ihn in den Arsch Mit-Glieder und ohne Mit-Mösen aber, das gibt es bei den Protestanten ohne Proteste. Was muss das für ein verrückter durchgeknallter Gott sein, dieser Katholiken Vatikangott global, der Kindesmissbrauch und Naziverneinung und Kreuzzüge und nun den ganzen Schrott der ans Tageslicht kommt, hat.

Jedenfalls dieser schlitzohrige lächelnde Kirchenvertreter bei Anne Will am gestrigen Abendprogramm also am 17.10.13 falls das einer überprüfen will welches Personal dabei war. der hörte sich das alles an was von den Journalisten erwähnt wurde ohne aber auch nur die geringste Einsicht zu zeigen, denn er war eins und ist eins mit dem Verein seit Jahrhunderten und länger, weil die Menschen diese Betrugsstruktur der Kirchen so unterstützen das sie sich damit ein Leben in Saus und Megabraus machen könne. Und ich hatte ja schon auf den Seiten zuvor gezeigt was die Kirchen für immense Mengen an Steuergeld bekommen neben der Kirchensteuer.

Das muss aufhören ihr müsst aus der Kirche austreten. Aber die armseligen Gestalten die ich dann in den TV Interviews sah die vor dem Limburger Dom standen und anderen Kirchen die interviewt wurden, zu dem Thema, die waren so miserabel unsicher so ängstlich so angstvoll ihre Gedanken auszusprechen, was gut gesehen werden konnte. Nein, das wird so leicht keine Veränderung sein, außer es wird übers Internet und anderweitig weiterhin öffentlicher Druck auf diese Kirchen und Strukturen ausgeübt politisch, das diese Vereine keine Subventionen mehr bekommen. Auch bei Beckmann war das Thema Kirche Verschwendung Steuergelder.

EMPÖRT EUCH INTENSIVER den ihr seid nicht das Eigentum der Kirchen ihr seid auch nicht das Eigentum der Firma Staat und ihr seid auch kein Eigentum von Rechtsanwälten und deren Denken in einem sogenannten Rechtstaat. Da werden dann die verfassungsbegrenzten in ihrem inneren Horizont im Achteck springen weil sie nämlich die Grenze im Gehirn nicht sprengen können es aber tun durch bösartige Taten. Verfassungsschutz ist immer national völkisch und begrenzter innerer Lebensraum im Denken und fantasieren. Die Worte in der Verfassung aber nicht. Die sind zumindest etwas wertvoll. Aber der Verfassungsschutz das ist subtil faschissstisch. Global in jedem Land. Übel ist er in den USA. ganz, ganz übel in Russland und noch übler in China und durchgeknallt ist er in Saudi Arabien oder Oman und dieser Staaten den Golfstaaten. Saudi-Arabien, dieses pseudo-islamische-

Frauenhasser-Regime. Diese menschenverachtende Diktatur der Ignoranten Wirren Irren. Wo die Taliban erfunden wurden, und jetzt Afghanistan und Pakistan ermorden wollen. Wo al-Qaida herkommt mit seiner Mördertruppe, natürlich weil Gott es so will. Da scheiß ich was auf Gott wenn das Göttliche wirklich so wäre, was ja bloß der Irrsinn der Nichtdenkenden und Fanatiker ist, kurzum ohne Liebe Menschen ,Halbaffen auf der Evolutionsleiter.

 Oder die Hassprediger die haben es in Saudiländchen sehr gut. Aber auch da hängt der Gottessegen sehr schief da es nun mal die beiden atomistischen Moslemgruppen gibt, Schiiten und Sunniten. Wie die Katholiken und die Protestanten und die machen jetzt ihr Mittelalter durch. Da sind ja noch Sklavenhalter in den Regierungspositionen. Wisst ihr dass viele Emire Scheichs in den USA Steckbrieflich gesucht werden wegen Sklavenhaltung. Und dahin, also dahin hat der Schweitzer Blatter die Fußball WM hingezockt wegen der fetten Bankkonten der SklavenÖlscheichs. Das ist ein Mafiaverein Geldgötzenverein die Fifa. Fußballer vereinigt euch und geht aus der Fifa raus und formt eure eigene Organisation und vermarktet euch selber solange es noch Geldglaube gibt. So durchgeknallt ist das menschliche Leben auf der Erde mit solchen durchgeknallten verrückten innerlich abgrundtief primitiven Raubmenschen geblieben. Soo das wars erst mal wieder für heute. Schönen Tag noch. Adios.

Sonntag, 20. Oktober 2013
„Hessel kritisierte in der Schrift mit Vehemenz zahlreiche Aspekte gegenwärtiger politischer Entwicklung, insbesondere in Hinsicht auf die aktuelle Finanzkrise und deren Folgen, und rief zum politischen Widerstand auf"„gegen den Finanzkapitalismus und für den Pazifismus"
„Er stellt fest, dass der von der französischen Republik nach dem Zweiten Weltkrieg gefundene Gründungskonsens eines Sozialstaates und die Verpflichtung auf die Menschenrechte, wie sie in die von ihm mitverfasste Allgemeine Erklärung der Menschenrechte der Vereinten Nationen von 1948 eingeflossen sind, heute gefährdet seien, und ruft dazu auf, diesen Werten wieder Geltung zu verschaffen".
„Hessel nennt viele Beispiele für eine verfehlte Politik, so die Diskriminierung von Ausländern, den Sozialabbau, insbesondere bei der Alterssicherung, den Konzentrationsprozess bei der Presse und ihre gefährdete Unabhängigkeit, den beschränkten Zugang zur Bildung sowie die Entwicklungspolitik vor dem Hintergrund der globalen Wirtschaftskrise und die Umweltpolitik im

Hinblick auf das Erdklima"

„Das Buch fordert den Leser zu einer engagierten Lebenshaltung auf, zu gewaltloser Revolte und zivilem Ungehorsam und proklamiert, dass jedermann einen Grund zum Widerstand habe. „Das Grundmotiv der Résistance war die Empörung." Wenn auch die Komplexität der gesellschaftlichen Strukturen und Beziehungen keine einfachen Erklärungen erlaube, so sei doch „das Schlimmste, was man sich und der Welt antun" könne, die Gleichgültigkeit gegenüber den politischen Verhältnissen"

„Der Finanzkapitalismus, der durch Lobbyisten den Staat beherrsche, bedrohe die Werte der Zivilisation, und die Unterschiede zwischen Arm und Reich seien in der Welt noch nie so groß gewesen wie in dieser Zeit. Die Behauptung, die Kosten für eine allgemeine soziale Sicherung wären zu hoch, sei falsch, da sie verkennne, dass der Wohlstand heute „so viel größer ist als zur Zeit der Befreiung, als Europa in Trümmern lag."
„sowie auf die Philosophie Hegels, die die Geschichte optimistisch als eine Abfolge von Fortschritten zum Besseren hin auffasst".

(Hierzu kann ich folgende Information weiterleiten. Es gibt viel, sehr viel, viel besseres als Hegel, weil Hegel zwar richtig dachte also Evolution erkannte, und zwar als Fortschritt zum besseren, aber Fortschritt geht eben auch als Evolution zum schlechteren. Und das bedeutet einen Umweg machen, weil Evolution unaufhaltsam ist. Aber dazu bedarf es der Beteiligung von allen Menschen. Bloß zurzeit ist ja ausschließlich die Gruppe der Geschäftemacher und Banker die treibenden Kraft hinter der Entwicklung und das ist einfach viel, viel, viel, zu viel Ver-wicklung und zu wenig Ent-wicklung. Und deswegen empfehle ich Martinus zu lesen-Seine Livets Bog Bücher, " Das Dritte Testament. Martinus ist deswegen Richtungsweisend weil ihm das wovon er schreibt und berichtet selbst gesehen und erlebt hat, und zwar die Schau in die Göttliche Schöpfung. Und das haben zurzeit sehr wenige bekommen. Deswegen ist eine spirituelle Ausrichtung der menschlichen Gesellschaften unabdingbar. Hier sind die kostenlosen Bücher zum Lesen findbar: www.martinus.dk oder zum Kaufen unter: www.martinus-verlag. de.Also Martinus ist mit Lichtjahren Abstand zu jedem Philosophen und Denker vorzuziehen, mit Lichtjahren und er müsste in allen Schulen Global und Universitäten gelehrt werden. Wolfgang Schorat20.10.2013 10:19:25)

„Das Manifest endet mit dem Appell: „Neues schaffen heißt, Widerstand leisten. Widerstand leisten heißt, Neues schaffen."

Soooo, vor einigen Tagen sah ich einen Bericht auf TV24 über Amerikas Firepower und seine Neuesten Waffensysteme. Und es ist eindeutig erkennbar das Starwars Grüßt mit seiner Philosophie der Transhumanisten. Aber Amerika wird an dieser Technologie zu Grunde gehen. Da es ausschließlich um Macht geht. Und Macht ist teuer und machterhalt ist sehr viel teurer. Aber die USA sind GeldPleite. Die Dumpfen Stumpfen Ignoranten Amerikanischen Tiefschlafbürger die Hambürger sind aber auch Total eine Beute der Fed-Banker-Familien und der Rockefeller-Rothschildkartelle und anderer Wirtschafskartelle. Und hauptsächlich besteht die US-Industrie aus militärischer Industrie. Aber wen wollen die Überfallen. Welches Land wollen die Übernehmen. Und auf wen wollen die ihre Bomben abwerfen. Und für was wollen die ihre 2Milliarden pro Stück Tarnkappenbomber benutzen. Mit einer gleichzeitigen 40 Ziele angesteuerten Laser und sattelitengesteuerten Bombenabwurftechnologie. Wohl für die Bösen Außerirdischen. Also die USA werden auf jeden Fall abgewrackt werden wenn die so weiter machen.

Die Bush Regierung eine Weiterführung der zu vorigen korrupten kriminellen Regierungen der USA wie die Nixon Regierung und anderer Regierungen, diese Regierung von Bush, mit Fett Chänie, mit Bumsfeld, und Rice, die hatte ja eine Diktatur aufgebaut im politischen Bereich. Denn eine Diktatur besteht ja nicht aus einem Diktator sonder aus viele Diktatoren. Und die Bushregierung war also der Nährboden für die US-Diktatur und dem daraus entstehenden Denken bis hin zur Konventionellen Tee-Partei bei den Republikanern. Das ist Vollblutdiktatur. Also Amerika ist subtil und latent immer eine Diktatur gewesen insbesondere als Weltmacht auch wenn es nun bloß eine Militärische Weltmacht ist. Das einzige was sie haben. Und Guantánamo und das foltern und die Söldnertruppe Blackwater eine wunderbare Kopie der Deutschen SS Einheiten. Ist das nicht wunderbar das zu sehen. Aber auch England hat dieser MörderSS-ElitenTruppen die für die englischen Industriellen global Kontrahenten oder Gegner für ihr WirtschaftsLordtum ermorden wie in vielen Büchern nachzulesen von Engländern die zu dieser Truppe gehörten.

Und was hat das durchgeknallte Israel mit seiner Killergruppe dem Mossad und seiner Militärregierung. Nix besseres. Also es sind die Raubtiere mit menschlichen Körper unter sich. Aber auf der Erde sind sehr viele Wesen inkarniert die von ganz anderen Welten kommen und keine Raub-Tiere mehr sind, schon sehr lange nicht mehr, wegen ihres guten Vorlebens. Und diese spirituellen Gruppierungen und Menschen die sind einfach noch in der Minderheit aber auch in der Öffentlichkeit auf Distanz gehalten. Ich erinnere nur mal an die Meisterin Ching Hai. Die ja international sehr viele Auszeichnungen bekommen hat sowohl von der UN oder anderen politischen Organisationen und in einigen US Bundesstaaten gibt es sogar einen Ching Hai Day. Und diese Frau hatte also mit all diesen internationalen Auszeichnungen eine TV Plattform aufgebaut und schon bald wuchs diese TV Plattform, denn es kamen immer mehr Informationen Global zum Vorschein die auf den Medienkontrollierten TV Sendern was Hessel ja auch anprangert-„ den Konzentrationsprozess bei der Presse und ihre gefährdete Unabhängigkeit",-und zwar von der GeldPolitik und dem dazugehörigen Lobbyismus dieser Besitzenden Familien. Denn es sind immer Familien die Macht ausüben und zwar über den Geldreichtum den sie Durch Euch-EMPÖRT EUCH INTENSIVER-erreicht haben.-Denn die Besitzenden sind ja nicht diejenigen die diese Technologien und Nobelpreise und Innovationen selbst gemacht haben-Die sind ja innerlich Blöde geblieben und kennen bloß Gelddenken und Machtansprüche in ihrer verinnerlichten Ignoranz die aber auf die Bevölkerungen abgewälzt wird durch die Früchte die wir nun erleben. Und somit müsst ihr Notgedrungen Blöde bleiben. Dumpf Stupide mit Doktortitel und Diplomen. Es gibt eine Internetplattform die heißt: www.novelite.de, das ist ein Online Projekt „Deutschland braucht keine Machtmenschen, sondern Lösungsorientierte Vorreiter, die die Welt zu einem besseren Ort machen. sagen zumindest die Initiatoren von Novelite. Auf dieser Internetplattform wird diese neue „Elite oder Pioniere" in Kurzvideos vorgestellt. Menschen aus unterschiedlichen Lebensbereichen, die durch ihr Engagement den gesellschaftlichen Wandel in Richtung Nachhaltigkeit vorantreiben. Novelite ist ein Projekt der gemeinnützigen Stiftung „ Identity Foundation" die zum Eliteverständnis der Deutschen forscht. Was bedeutet Elite? Sich auf Kosten anderer bereichern und die Verantwortung nur als Deckmäntelchen nutzen? Oder doch Vorbildfunktion und gelebte Verantwortung? Gar Paradigmenwechsel? Novelite soll eine Art „Bypass-Demokratie" sein. Novelite.de ist Teil eines Forschungsprojekts der Identity Foundation, einer gemeinnützigen Stiftung für Philosophie aus Düsseldorf.

Laut einer Studie der Identity Foundation glauben nur noch 10 bis 20

Prozent aller Deutschen, dass die Eliten aus Politik und Wirtschaft in der Lage sind, für die großen Herausforderungen der Gegenwart konstruktive Lösungen zu entwickeln. Doch aus der Mitte der Gesellschaft formiert sich bereits eine neue Bewegung. Mehr als die Hälfte der Bevölkerung meint: Wir alle können Vorreiter des notwendigen Wandels sein, wenn wir gemeinsam anpacken und Grenzen überschreiten. Ich hoffe bloß das diese Stiftung nicht bloß eine weitere Falle ist die zur Bertelsmannstiftung oder anderen Geldmachtorganisationen gehört einer Bankerfamilien oder einem Rockefellerkonsortium oder Rothschilddilemma.

Jedenfalls was ich zuvor von dieser Meisterin Ching Hai erzählte, da passierte auf einmal folgendes. Nun meldeten sich Unmengen an Wissenschaftler mit Unmengen an Informationen zu dem was in den Medien noch nie gezeigt wurde. Mit Kalkulationen, Berechnungen, aufzeigen von Zusammenhängen, von Töten der Tiere mit der Zerstörung von Wäldern Urwäldern wegen der Rinderfarmen oder dem Abroden wegen der dafür benötigten Sojaanbauweise und alles konventionelle Vergiftete Gigaflächen mit Zerstörung. Und es wurden internationale Kongresse abgehalten und eine riesige Plattform über das TV und als auch Internet hatte sich in eignen Jahren aufgebaut. Wohlbemerkt diese Frau hat den World Peace Award bekommen, und hier sind erst mal einige Infos zu ihrer Tätigkeit sie stiftete unter anderen im Mai 2006 den Shining World Leadership Award (Auszeichnung für hervorragende weltweite Führung) Seither hat sie auch weitere prestigeträchtige Auszeichnungen ins Leben gerufen, etwa den Shining World Compassion Award (Auszeichnung für hervorragendes weltweites Mitgefühl), die Shining World Hero und Heroine Awards (Auszeichnungen für hervorragendes weltweites heldenhaftes Handeln), den Shining World Honesty Award (Auszeichnung für hervorragende weltweite Redlichkeit), den Shining World Protection Award (Auszeichnung für hervorragende weltweite Schutzmaßnahmen), den Shining World Intellligence Award (Auszeichnung für hervorragende weltweite Aufklärung) sowie den Shining World Invention Award (Auszeichnung für hervorragende weltweite Erfindungen). Diese Ehrentitel werden Einzelpersonen, Nationen und Organisationen verliehen – etwa Dr. Janez Drnovšek, dem zweiten Ministerpräsidenten der Republik Slowenien, Dr. Jane Goodall oder „Save the Children" –, deren vorbildliche Arbeit maßgeblich dazu beigetragen hat, die harmonische Ordnung, Schönheit und Nachhaltigkeit unserer Erde zu fördern.

Die Höchste Meisterin Ching Hai zählt zu den namhaften Wegbereitern in unserer Gesellschaft, die weise und couragiert ihre Sorge über den Klimawandel äußern. Tatsächlich spricht sie seit mehr als 20 Jahren darüber, die Umwelt zu schützen. Sie rief die Kampagnen „Alternativ leben" und „SOS Globale Erwärmung" ins Leben, um eine wohlwollende Lebensweise ohne tierische Produkte zu fördern. „Lebe Vegan, schütze die Umwelt, um den Planeten zu retten!" ist jetzt ein wohlbekanntes Motto, das von der Höchsten Meisterin Ching Hai stammt.

http://direkter-kontakt-mit-gott.org/presse/pressemappe/

Im Geist des Dienens verkörpert die Höchste Meisterin Ching Hai die Tugend der auf aufrichtiger Liebe und Freundschaft basierenden Zusammenarbeit.

Die Höchste Meisterin Ching Hai hat unserer Welt viel gegeben, spirituell und materiell. Obwohl sie nicht auf Dank aus ist, haben Repräsentanten von Regierungen und privaten Organisationen der Höchsten Meisterin Ching Hai in Anerkennung ihrer selbstlosen Zuwendungen weltweit bei zahlreichen Anlässen angesehene Auszeichnungen verliehen. Darunter waren der Gusi-Friedenspreis (2006), First-place Silver bei den 27. jährlichen Telly Awards (2006), Los Angeles Music Week Anerkennungsurkunde (2002), die Auszeichnung für weltweite spirituelle Führung (1994) und die humanitäre Auszeichnung für Weltbürger (1994). Zusätzlich wurden der 22. Februar und der 25. Oktober durch Regierungsbeamte der Vereinigten Staaten als „Tag der Höchsten Meisterin Ching Hai" ausgerufen. Ihre engagierte Hilfe für die Welt hält bis heute an und Millionen von Staatsführern und anderen Menschen sind dafür voller Dankbarkeit.

Sooo, was wollte ich hiermit sagen: Und dann wurde in einer Gemeinschaftsaktion das TV Program beendet. Man schaltete einfach ihre Sendekanäle auf diversen Satteliten ab. Und ich überprüfte das und es waren ausschließlich Europäische Satteliten. Und die haben ja einen Besitzer die GeldElite. Und die GeldElite ist aber auch Total dagegen das ihr euch spirituell weiterbildet. Also es kann gesehen werden ich habe die Ching Hai als Einzelbeispiel genommen aber in Wahrheit sind es ja die Erdbevölkerung die in GeldGeiselhaft genommen wurden und damit in materialistische Geiselhaft der primitiven RaubTierMenschen. Denn ihr werdet ja durch den Billigfraaaaaß vergiftet die konventionelle Landwirtschaft verarmt durch die Chemiebesitzer ausgebeutet und die Erde zerstört. Ihr werdet ja steuerlich ausgebeutet in den USA Europa Russland China Indien Afrika durch die Kriegsindustriebesitzer. Immer, immer größeren Steuerausgaben in Rüstung und der damit zusammenhängenden Forschung die Subventioniert wird.das muss aufhören. Denn sonst wird die Guantánamo Politik zu einer Guantánamo Demokratie also einer Diktatur der totalverblödeten Sogenannten Eliten des Geldes und des Besitzes.

Und Monsanto, Guantánamo, BushFolterungen, das ist alles altbekanntes Tun von durchgeknallten verrückten Besitzenden die keine innere spirituelle Entwicklung gemacht haben. Es ist sozusagen IG-Farben lässt grüßen in den USA in Russland, in China, und auch Europa hat subtil diese gleichen Besitzenden des Rockefeller-Rothschildklans und seiner immensen Größen. Dazu kommt noch der von der gleichen Macht getriebene Russische Geld Klan in Justiz und Politik und Wirtschaft. Das sind global alles die gleichen Ziele. Also Europa wie man ja sieht ist von einer Berlusconi Fratze, Komik, nicht weit entfernt. Wenn nicht EMPÖRT EUCH INTENSIVER geschieht.

Denn das läuft ja alles außerhalb der Medienberichterstattungen ab. Der Lobbydiktaturen. Also der Familien die das Geld haben die aber innerlich unermesslich arm geblieben sind. Jesus hatte ja schon darauf hingewiesen und es ist ja schon seit Jahrtausenden benannter Bestandteil des menschlichen Wissens sei es Laotse Buddha Mahavier, Jesus, und die Vorbuddhas und Vormeister die schon immer auf der Erde waren und darauf hingewiesen haben. Und am Ende werden sie, die Schafe und Wölfe gegenüberstehen. Und die atomistische Spaltung ist ja heute immer mehr präsent. In Politik und Religionsfabriken und Industrie mit konventionell und Bio.

Also Darth Vader schlägt zurück indem er erfolgreiche Plattformen im Internet und insbesondere TV einfach abschaltet. Und wie zu Nazi Zeiten einfach durch lügen diskreditiert denn dieses WOT Forum fürs Internet ist längst zu einem Lug und Betrugsmachtkampf Organ verkommen wo Webseiten einfach als gefährlich dargestellt werden. Hier ist noch eine den GeldAdel Dorn im Auge Internetplattform: http://www.youtube.com/watch?feature=player_embedded&v=OibqdwHyZxk

Das ist das was Foster Gamble herausgefunden hat. Und es zeigt wunderbar das verlogene materialistische System der GeldGläubigen Ignoranz auf der Erde. Dort wird wunderbar aufgezeigt wie eine GeldElite alles besitzt auf der Erde. Und wie die Menschheit von der Geldelite ausgebeutet und am wichtigsten. VERBLÖDET wird. EMPÖRT EUCH INTENSIVER.VIEL INTENSIVER. Aber das Internet ist nicht so leicht platt zu machen. Und deswegen gibt es viele gute Informationen unter FOSTER GAMBLE. Aber dieser Spirituelle wachsamere Teil der US Bevölkerung der fehlt in der Öffentlichkeit. Ist der Großteil der US Bevölkerung zu Hambürgern anstatt Bürgern Mutiert. Wohl ja. Denn da kommt nicht viel aus den USA außer der Geldmacht und Militärmacht Anspruch und der durchgeknallten Senatoren der RepublikanerTeesäufer.

 Soo in den USA ist das gleiche System weitergeführt worden das die IG-Farben dort aufgebaut hat aber nun unter einem anderen Namen existiert. Denn offiziell ist die IG-Farben ja Insolvenz und abgewickelt und nichtexistent. Aber dazu empfehle ich die Recherchen von Edward Griffin mit seinen Büchern: Eine Welt ohne Krebs und Die Kreatur von Jekyll Island. Da werdet ihr erlesen können was aus IG-Farben wirklich gemacht wurde. Aber die USA sind heute wunderbar erkennbar an ihren Früchten dass dort eine Kopie eine Weiterführung der Faschissmus der IG-Farben aufgebaut wurde. Was übrigens in jedem auf Macht und Weltmacht ausgerichtetem Land der Erde identisch aufgebaut ist. Die industriellen und Bankerfamilien teilen sich die Landfläche untereinander auf und besetzen den öffentlichen Raum mit ihrer Geldmacht und deren Produkten und dann wenn die Gelddiktatur also die Menschendiktatur der industriellen und Intellektuellen wie sie sich selbst nennen, zu viel wird, dann wird allmählich bis hin zu einer sogenannten Demokratie ein politische System aufgebaut indem es in Wahrheit gar keine anderen Wahlmöglichkeiten mehr gibt, weil diese wenigen die Ländereien besitzen und die Arbeitsplätze haben die gebraucht sind um bis in die Ewigkeit ihre Firmendiktaturen weiter zu führen mit ihrem Bankwesen und den Lohnsklaven und Giftsklaven.
 Und aus dieser immer größer werdenden Polarisierung weil es ja wenigen als sogenannter Besitz gehört, entsteht dann immer mehr Armut Zerstörung und Ungleichgewicht, weil in Wahrheit alle Menschen den Reichtum der Erde haben aber wenige es haben wollen und haben. Und das ist geistiger spiritueller materialistischer Krieg bis zur Totalzerstörung. Und daraus sind die Flüchtlinge entstanden, denn Afrika ist ja genau so ausgebeutet und vergewaltigt worden durch deren eigene Häuptlinge und deren Kolonialisten genauso wie die Iraner schon zweimal von den Engländern und Amerikanern überfallen und bombardiert wurden wegen des Öls. Und kein Wunder das im Iran die Uhren anders ticken zu Amerika und England.
 Jedenfalls, es gibt mehr Öl als uns vorgelogen wird damit die Preise steigen denn ihr seid bloß Abzockvieh mehr nicht, ihr seid Arbeitssklaven, ihr seid

das Personal-mit Ausweis für eine Firma die sich Staat denkt aber eine Firma zum abzocken ist mehr nicht. Was alleine in dem von Politikdiktatoren beherrschten Alberta an Ölsand gefördert wird das reicht alleine für 200 Jahre für den Ölverbrauch von heute. Und so werden Sklaven hergestellt. Bei den Saudies und dem Oman und den Ölstaaten ist das noch ganz selbstverständlich, die sind noch so, da sie ja sogar nicht mal eine politische Vielfalt haben, das sind ja noch Scheine Scheichs, mehr nicht, also Totaldiktatoren und die sind Sklavenhändler und halter. Aber in den GeldDemokratien geht das in die gleiche Richtung sehr subtil, bis es nichts mehr zum ausquetschen gibt.

Aber die Afrikanischen Flüchtlinge die nun immer mehr nach der Festung Europa, und wenn es eine Festung bleiben will wird es auch sehr schnell zerstört werden, diese afrikanischen Flüchtlinge die millionen hunderte millionen und Afrika fickt sich ja Hoch damit, diese Flüchtlinge das kann ziemlich einfach durch Geld gelöst werden. Denn Geld ist ja in all seinen Facetten ein Glaubenssystem also Fiktion. Und Fiktionen können mir nichts dir nichts geändert werden da sie keine Basis in der Materie der komprimierten Realität von Licht und Ton haben.

Es wird einfach der UN-WORLDO erfunden. Eine Weltwährung. Und damit kann dann den Afrikanern Asiaten Südamerikanern und so weiter ein bedingungsloses Einkommen überwiesen werden. Damit wird dann das Flüchtlingsvorkommen global beendet werden. Auf ganz einfache unspektakuläre Weise. Geld macht sowieso nichts kann nichts und kann deswegen schon alleine in unbekannte Dimensionen erhöht werden. Selbst der Glaube an die Inflation ist ja bloß ein Glaube. Dieser Glaube ist ja bloß eingeführt worden damit die Herrschklassen auf ewig das Reichtumsmonopol für sich behalten können und wenn viel zu viele Geld haben wollen und Firmen gründen und ihrer Fantasie der kreativen freien Raum lassen, dann sagen die einfach es ist zu viel Geld im Umlauf und das hat keinen Wert mehr und weniger und weniger. Was bloß ein Fickt Euch Tief Glaube ist eine Lüge um euch zu kontrollieren. Und dann in der Inflation scheisst ihr euch in die Hosen übergebt euch und macht viele Selbstmorde weil ja nun kein Geld mehr ist. Und Ihr seid dann sozusagen gar nicht mehr vorhanden-Oder doch? Und dann werden eure Errungenschaften von den Geldkontrolleuren aufgekauft weil die zu vor auch ihre Aktienpakete verkauft haben und so seid ihr weiterhin am Arsch. Aber die Software auf der Festplatte des Gehirns ist veraltet bei diesen ElitenSS-Verrückten Global.

Deren Glaubenssysteme sind veraltet und sehr primitiv. Was auch nicht anders sein kann denn die Ersten werden die Letzten sein. Wie Jesus schon vordachte, für eure Festplatten.

Also die Flüchtlinge bekommen in Afrika schon das Geld auf ihr Konto überwiesen. Und alle bekommen gleich Bargeldkarten. Keine Kreditkarten. Und anstelle von verantwortungsvollen Afrikapolitikern Politik, die ja mit zu dem FlüchtlingsTzunami beigetragen haben, die ja offensichtlich unfähig sind, wäre es besser SozialComputer- Drohen-Roboter-in die Positionen zu bringen, die heute unverantwortliche Politiker Afrikas inne haben. Die dann konsequent Entscheidungen für die Grund und Höheren Bedürfnisse treffen und mit dem UN-WORLDO ist das dann machbar. Solange Menschen Raub-Menschen noch den Glauben an das Geld auf ihrer Festplatte gespeichert haben also ihrem Mental, Gehirn, und das nicht löschen können, müssen also neue Gewohnheiten langsam aufgebaut werden. Und damit für die Unmengen an Geld kein Baum gefällt werden muss, sofort Barkarten ausgeben. Da ja Geld sowieso Fickt Euch Tief Ficktion ist.

Geld ist ja ein Zwangssystem geworden wie ja auch das demokratische System ein Zwangssystem ist und auch das Arbeitssystem ein Zwangssystem ist. Also ein Betrugssystem. Denn so wurde die Industrie ja aufgebaut und das hat sich bis heute aufrechterhalten. Es ist also ein Ausbeutsystem Demokratie. Und solange der Geldglaube aufrechterhalten werden soll, ist es ein Zwangssystem. eine Zwangsdemokratie, wegen des Geldes . aber wegen dieser Menschen die das Geld das Land besitzen. Die Firmen. Und das wegen ihrer inneren Primitivität. Raub-das ist die Primitivität. Töten das ist die Primitivität. Und deswegen auch ein bedingungsloses Grundeinkommen. Und ich fordere nochmal mindestens 5000 Euro pro Mensch pro Monat. So das wars erst mal wieder. Das war meine Sonntagspredigt für euch. Zur Entspannung werde ich etwas Mozart und Bach und Joe Bonamassa hören. Exzellenter Gitarrist. EMPÖRT EUCH INTENSIVER.

22. Oktober 2013

Hier sind einige Auszüge und Strategien wie man diesem Systemaufbau der Demokraten und Reichen und Besitzenden da sie GeldGläubige sind das Wasser abgraben kann:

Der Lösungsvorschlag des Films www.thrivemovement.com   ist die friedliche nicht-Kooperation mit dem Plan der Eliten. Da die Elite nur ein Prozent der Bevölkerung ausmacht, ist sie für jeden einzelnen Punkt ihres

Planes auf die Kooperation der Bevölkerung angewiesen. Dies sieht Foster Gamble in dem Film www.thrivemovement.com als die eigentliche Schwachstelle, die es auszunutzen gilt.

Indem wir verstehen, wie das System funktioniert und dann aufhören, ein Teil davon zu sein, wird der Plan insgesamt untergraben. Dazu sei nicht einmal offener Widerstand nötig, nur Integrität im eigenen Handeln. Der erste Schritt bestehe also darin, möglichst vielen Bereichen des Systems die Unterstützung zu entziehen. Das beginnt bei Bank und Stromanbieter und setzt sich durch alle Bereiche des Lebens fort. Einer breiten Kooperation von Menschen hat eine Machtelite langfristig nichts entgegenzusetzen, ist sich Foster Gamble sicher. Voraussetzung wäre jedoch, dass die gesellschaftliche Zensur dieser Themen gebrochen wird und die Menschheit sich ihrer Lage bewusst wird.

Sowohl in der Problembeschreibung als auch der Lösung, greift der Film etwas kurz. Die Welt, so wird suggeriert, wäre ein Paradies, gäbe es nur die böse Elite nicht und endlich freie Energie. Einerseits wird die Schuld also „denen da oben" in die Schuhe geschoben, anderseits Technik als Lösung unserer Probleme propagiert. Dass es in Wirklichkeit vielmehr an erster Stelle um einen Bewusstseinswandel geht, kann man zwar zwischen den Zeilen herauslesen, aber es wird leider nicht wirklich darauf Bezug genommen. Aber dieses predigen vom Bewusstseinswandel ist so ähnlich wie der Nachtwandler als Mondsüchtiger. Die Besitzenden sind sowohl übel als auch nichtübel. Aber wenn die Goldmann Sachs Bibel gelesen wird, dann ist eindeutig erkennbar. Die Besitzenden sind sich voll bewusst was sie da machen und damit dann auch verantwortlich. Obwohl ich da Bewusst also Bewusstsein doch mit Abstrichen sehe denn da sie keine spirituelle Entwicklung gemacht haben können sie auch nicht sehr viel Bewusstsein haben und sein. Sie sind aber materialistische gegenwärtig und sich ihrer Besitzereigenschaften die ja nun bindet bewusst da sie ja das Dilemma erleben. Denn nochmal:„ Besitz bindet und zwar sehr stark". Und da sage ich gleich:"Werdet niemals Besitzende" denn das ist ein negatives Lebensgefühl. Wer besitzen will wird besessen.

Und es ist ja nun bekannt geworden das 147 Firmen im Wesentlichen die Weltwirtschaft kontrollieren. Dies ist nicht die Theorie von „Verschwörungstheoretikern", sondern das Ergebnis einer hochkomplexen Analyse von drei Systemtheoretikern der ETH Zürich. Sie untersuchte die Verbindungen der 43.000 größten internationalen Konzerne und kam dabei zu dem Schluss, dass eine verhältnismäßig kleine Gruppe von Unternehmen - größtenteils Banken - Macht über das gesamte System hat.

„Die Realität ist so komplex", meint James Glattfelder, einer der Autoren. „Wir müssen von dogmatischem Glauben loskommen - sei es nun der an Verschwörungstheorien oder an freie Marktwirtschaft. Unsere Analyse basiert auf der Wirklichkeit."

Wie ich schon schreib: Verschwörungstheorien sind PippiFax gegenüber dem was sich die menschliche Elitenrealität aufgebaut hat.

Netzwerk von Macht und Einfluss

Aus einer Fülle von 37 Millionen Unternehmen wurden zunächst die 43.000 größten transnationalen Konzerne isoliert. Dann wurde analysiert, wie diese über Anteilseigner miteinander verwoben sind, und welche Konzerne welche anderen über Netzwerke von Teilhabern beeinflussen können. Daraus ergab sich ein Kern von 1318 Konzernen mit sich überschneidenden Eigentümern, die nicht nur selbst 20 Prozent des Weltumsatzes erwirtschafteten, sondern sich auch kollektiv im Besitz des Großteils der weltweiten Real-Industrie befand - die weitere 60 Prozent des weltweiten Umsatzes ausmacht.

Als die Besitzverhältnisse dieser 1300 Unternehmen dann weiter entworren wurden, zeigte sich ein zentraler Kern von 147 noch enger verwobenen Konzernen, die alle jeweils anteilig den anderen Mitgliedern dieses „Super-Netzwerkes" gehörten und Kontrolle über 40 Prozent des gesamten Netzwerkes hatten.

„Effektiv kann ein Prozent der Unternehmen 40 Prozent des gesamten Netzwerkes kontrollieren", erklärt Glattfelder. Die meisten der Unternehmen sind Finanzinstitute.

(Das ist also um ein vielfaches mehr was die deutschen damals mit der IG-Farben aufgebaut haben. Es ist aber in dem Sinne weitergeführt worden. FaschissMuuus. W. Schorat)

Eine geplante Verschwörung zur Beherrschung der Welt sei das Ganze aber wohl eher nicht, meinen die Autoren - solche Strukturen seien natürlich und bilden sich von selbst, sofern dies nicht unterbunden wird - dass haben andere Simulationen bereits gezeigt. Dies ist denn auch eine der Schlussfolgerungen der Autoren: Die Kartellgesetze sollten sehr viel strenger sein. Denn es sei eine notwendige Folge des gegenwärtigen Systemdesigns, dass sich nach einiger Zeit der Großteil des Reichtums sich in den Händen von einem Prozent der Menschen konzentriert.

Wenn es also eine Verschwörung gibt, dann hat diese mit dem Design des Systems selbst zu tun. (Das System ist eine bloße Weiterführung des IG-FarbenKartells, da IG-Farben ja nie zerstört wurde sondern bloß in die Schweiz transferiert wurde. Dazu mehr in den Büchern von Edward Griffin" Die Kreatur von Jekyll Island". Wolfgang Schorat)

Umstritten ist, ob die Besitzverhältnisse auch direkt Machtverhältnisse ausdrücken. Yaneer Bar-Yam, vom New England Complex Systems Institute (NECSI) etwa gab zu bedenken, dass Anteile an einer Firma zu halten nicht unbedingt bedeute, das Verhalten dieser Firma direkt kontrollieren zu können. Wie viel Einfluss möglich sein, müsse erst noch erforscht werden.

Auch das Team der Züricher Analyse stellt in Frage, ob ein Netzwerk von 147 Konzernen in der Lage ist, gezielt und einvernehmlich politische Interessen zu verfolgen, oder ob diese Zahl letztlich zu groß für eine „Verschwörung" ist.

Mehr infos unter: http://www.sein.de/gesellschaft/neue-wirtschaft/2011/das-kapitalistische-netzwerk-das-die-welt-regiert.html

Oder: http://www.thrivemovement.com/ Und in diesem Netzwerk der FirmenGiganten hat die VatikanMafiaBank und Katholische Kirche viele Anteile.

Die Kirchensteuer geht auf die Enteignung von Kirchenbesitz durch im Jahr 1803 zurück. Die damaligen deutschen Staaten wurden so für den Verlust linksrheinischen Gebiets (an Frankreich/Napoleon) entschädigt. Dafür übernahmen sie die Verpflichtung die Kirchen finanziell zu entschädigen. Noch heute werden Bischöfe direkt vom Staat bezahlt.

1919 wird die Kirchensteuer in der Weimarer Reichsverfassung verankert. In Artikel 137, Absatz 6 heißt es: „Die Religionsgesellschaften, welche Körperschaften des öffentlichen Rechtes sind, sind berechtigt, auf Grund der bürgerlichen Steuerlisten nach Maßgabe der landesrechtlichen Bestimmungen Steuern zu erheben." Das Reichskonkordat von 1933 zwischen Hitler und dem Hl. Stuhl sicherte der katholischen Kirche weiterhin das Recht auf Erhebung von Kirchensteuern zu (Schlussprotokoll zu Artikel 13).

„Kirchensteuer (Deutschland)

Die Kirchensteuer ist eine Steuer, die Religionsgemeinschaften von ihren Mitgliedern zur Finanzierung der Ausgaben der Gemeinschaft erheben. In der Bundesrepublik Deutschland wird die Kirchenlohnsteuer von den Finanzämtern der jeweiligen Länder eingezogen, die dafür eine

Aufwandsentschädigung einbehalten. Nach Art. 140 des Grundgesetzes (GG) in Verbindung mit Art. 137 der Weimarer Verfassung sind diejenigen Religions- und Weltanschauungsgemeinschaften, die eine Körperschaft des öffentlichen Rechts sind, berechtigt, Steuern zu erheben.

Die Bemessungsgrundlagen für die Kirchensteuern sind die Einkommensteuer bzw. Lohnsteuer (Kircheneinkommensteuer, Kirchenlohnsteuer) und die Grundsteuer A (Kirchengrundsteuer). Rechtlich möglich ist auch die Erhebung der Kirchensteuer als Zuschlag zur Vermögensteuer sowie zum Solidaritätszuschlag; die Kirchen in Deutschland haben auf diese beiden Möglichkeiten bisher verzichtet. Das Kirchgeld in glaubensverschiedener Ehe, ebenfalls eine Kirchensteuer, knüpft an den „Lebensführungsaufwand" einer Ehe an. In einigen Bundesländern wird eine Mindestbetrags-Kirchensteuer eingezogen. Die Höhe der Kirchensteuer wird von den Kirchenleitungen festgesetzt. Rechtskraft erhalten die kirchlichen Festsetzungen durch die Zustimmung der jeweiligen Landesparlamente zu ihren Kirchensteuergesetzen.

Die Kirchensteuer ihrer Mitglieder macht den größten Teil der Einnahmen der Kirchen aus, im Fall des Kölner Erzbistums waren dies im Jahr 2011 etwa 79 Prozent, was 706 Mio. Euro entspricht. Der staatliche Steuereinzug für Religions- und Weltanschauungsgemeinschaften ist eine deutsche Besonderheit; er ist nicht durch das Grundgesetz, sondern nur in Landesgesetzen geregelt.

Im Folgenden ist nur von der Kirchensteuer die Rede, die an die Lohn- und Einkommensteuer anknüpft (Annexsteuer)."

„Der Vatikan, die Kirchensteuer & das 3. Reich

Heute im Personalwesen-Unterricht machten wir einen kurzen Ausflug in „die Geschichte". Und zwar erklärte unser Lehrer uns die Anfänge der Kirchensteuer, die seiner Meinung nach etwa so aussieht: 1935 schrieb der damalige Papst einen Brief zu Händen Adolf Hitlers, in dem er seine Sorgen über die Menschenrechtsverletzungen im damaligen deutschen Reich kund tat. Worauf es zu einem Treffen der beiden kam, in dem ein Vertrag abgeschlossen wurde, in dem sich der Vatikan zu stillschweigen bezüglich der Geheimdienstinformationen die sie wohl hatten verpflichtete, im Gegenzug führte Adolf Hitler die Kirchensteuer ein.

Vorausgesetzt, das dass alles so stimmt, stelle ich mir die Frage mit welchem Recht in Deutschland (und Österreich) heute noch die Kirchensteuer erhoben wird."

„1919 wird die Kirchensteuer in der Weimarer Reichsverfassung verankert. In Artikel 137, Absatz 6 heißt es: „Die Religionsgesellschaften, welche Körperschaften des öffentlichen Rechtes sind, sind berechtigt, auf Grund der bürgerlichen Steuerlisten nach Maßgabe der landesrechtlichen Bestimmungen Steuern zu erheben." Diese Steuern wurden vom Staat eingezogen und den Kirchen weitergeleitet, während im nationalsozialistischen Deutschland die Bestrebungen eher dahin gehen, die Religion zu unterdrücken und somit wird 1943 die Kirchensteuer wieder von der Kirche selber eingetrieben, z.B. in Bayern richteten die Kirchen eigene Kirchensteuerämter ein. 1939 werden in Österreich, das zu diesem Zeitpunkt wieder zu einem Teil des nun nationalsozialistischen Deutschen Reiches geworden war, Kirchenbeiträge als privatrechtliche Pflichtleistungen geordnet. Das Grundgesetz der Bundesrepublik Deutschland übernimmt 1949 in seinem Artikel 140 die Weimarer Regelung. Es heißt dort: „Die Bestimmungen der Artikel 136, 137, 138, 139 und 141 der deutschen Verfassung vom 11. August 1919 sind Bestandteil dieses Grundgesetzes."

„Der Vatikan, die Kirchensteuer & das 3. Reich
1. Tut mir Leid, da hat Dir Dein Lehrer leider jede Menge Bullshit erzählt.
Die Kirchensteuer wurde bereits Ende des 19ten Jahrhunderts eingeführt. In der Verfassung der Weimarer Republik von 1919 wurde die Kirchensteuer schließlich etabliert um eine TRENNUNG von Staat und Religion zu schaffen. Gleiches wurde im Grundgesetz der von 1949 ebenfalls noch ‚mal erwähnt.
War also nix mit Drittes Reich und ‚nem geheimen Pakt zwischen dem Papst und Hitler.
2. Das habe ich schon ‚mal in einem anderen Thread geschrieben:Die Kirchensteuer wird nur von den Mitgliedern der Religionsgemeinschaften gezahlt, welche Ihr angehören. Wer diesen Religionsgemeinschaften nicht angehört oder aus der Kirche austritt zahlt auch keine Kirchensteuer.
Keiner wird zur Zahlung der Kirchensteuer gezwungen, sie wird auch nicht vom Staat „eingetrieben".
Sie wird lediglich mit den Einkommensteuern/Lohnsteuern aus Gründen der Vereinfachung eingezogen. (Und zwar Vereinfachung für die Kardinäle. Bischöfe, also ist da Staat und Kirche nicht getrennt und das muss aufhören. W.Schorat)

An dieser Stelle muss ich mich doch schwer fragen, wie jemand, der so einen absolut unbegründeten Scheiß verbreitet überhaupt noch das Amt eines Lehrers ausüben darf.

Leute, die derartige Volksverhetzung betreiben haben in einem derartigen Amt nichts verloren!"   Ende der Zitate.

Sooo, das waren einige Auszüge aus Internetseiten zum Thema Kirchensteuer. Denn gestern Abend 20.10.13 war in der Günter Jauch QuasselSchow die Kirche und ihr Reichtum mit der Kirchensteuer das Thema. Und da wuchsen mir dann die MilliardenMengen aus den Ohren heraus die alleine die Deutsche Katholische Kirche hat.

Aber der GiftGasHammer war ja nun das die doch tatsächlich auf EWIG diesen Vertrag haben von 1803 also vor mehr als 200 Jahren, auf den die weiterhin Steuergelder von der deutschen Bevölkerung einziehen. Was sind da für Bekloppte abgrundtief ausbeuterische Banditen die Katholiken. Ja die Katholiken denn stillschweigend wird das ja von den Katholiken akzeptiert, dass aus dem Deutschen Bruttosozialsteuertöpfchen diese Geschäftemacher Gelder bekommen. Das ist inakzeptabel und ich musste zusehen wie Jesu im Himmel anfing zu kotzen als er das sah und hörte. Ich denke der Kotz schon seit der Gründung der Römisch Katholischen Kirche. Und das kann ich sehr gut verstehen und er hat mein Mitgefühl.

Ungefähr 180 Milliarden Euro hat die katholische Kirche in Deutschland. Und da fehlten noch einige viele andere Einnahme Quellen die gar nicht mit einbezogen waren. Wie lange will diese Firma die deutsche Bevölkerung noch ausbeuten verblöden und abzocken. Welche politische Partei und welches Internetforum geht da wohlwollend gegen diesen Wahnsinn dieser Abzockerei auf die Barrikaden. Wählt keine Partei mehr die nicht in ihrem Wahlprogramm hat diesen Napoleon Wahnsinnsvertrag zu nullifizieren. Oder es fällt mir da jetzt ein: Ich will mein Geld zurück haben und klage das beim Weltgericht Europagericht ein. Das sind ja Steuergelder nicht die Kirchensteuer. Die von den Sektenmitgliedern und Sektenmitmösen eingezogen wird. Dieser 1803 Vertrag das sind einfach Steuern Gelder die sie aus dem deutschen Steuerpott noch hinzubekommen. Die Katholische Kirche muss von sich aus alleine darauf verzichten und auch nicht diese Abfindungssumme überhaupt in Erwägung ziehen von zwanzig Jahressummen um etwa TrilliardenBillionTrillionen Cent.

So werde ich als Mensch also ausgetrocknet. Das soll dann Demokratie und Freiheit und Liebe sein. Das soll der Hirte Gottes sein sogar der Stellvertreter Gottes auf Erden.

Dienstag, 22. Oktober 2013

Der Mensch ein Geschöpf Gottes im Kreislauf der Evolution auf der Erde. Und nun kommt immer mehr sein geistiger und tatsächlicher Geisteszustand zutage durch die Wachsamkeit der Menschen. Aber der Mensch ist ein spirituelles Wesen mit einem menschlichen Körper. Und dieser Körper ist die Bindung an all seine jeweiligen Skandale, Morde, Lügen, Betrügen, Kriege, Falschheiten und Liebe. Denn über den Körper wird Evolution gemacht. Mit dem Körper wird Evolution gemacht.

Es ist eine enorme Menge an Informationen erreichbar heutzutage und wird mitgeteilt. So wie der Mensch sich gerne darstellt oder dargestellt wird ist er fast immer nicht. Die Bundesrepublik ist drittgrößter Waffenproduzent. Das ist einfach ein Mordsgeschäft. Aber bloß für wenige, den Familienbesitzern dieser Waffenfirmen. In den USA dem größten und durchgeknalltesten Waffenproduzenten die eindeutig auf Starwars abzielen oder den Versuch machen das neue Atlantis aufzubauen mit all seinen Geschwüren und Leiden. In den USA ist die Kriegsindustrie die größte Industriesparte. Das zeigt schon wie innerlich arm die sind. Und wie unintelligent die noch sind . Und wie Unweise die sind. Und wie wenig Vernunft die noch haben. Das gleiche ist mit Russland. Da hält auch eine Minderheit die Kriegsindustrie für sich aufrecht. Oder China. Da ist der Parteikader diese Familien, der Besitzer Chinas. Und so wird dann eine Demokratie aufgebaut. Zuerst wird gemordet das die Wände wackeln zu der Zeit als die Menschen noch Totalraubtiere waren. Und sie mit Keulen und in Familienklans umherzogen und pro Tag einen Neandertaler und einen Wollmammut fraaaßen. Dann formten sich größere Gruppen die dann das Ländle unter sich aufteilten und bis zum Umfallen gegen andere Gruppen anderer Halbaffensorten CroMagnumChamPussy Neandertaler oder Berlusconis kämpften. Dann formten sie Interessengruppen um mehr Kraft gegen andere Interessengruppen zu haben und um die zu keulen. Bis sie Großgrundbesitzer. Prinzen, Könige, und Kaiser hatten. Dann kamen die Glaubensbrüder und segneten fast das alles ab weil sie etwas mehr verlogene Glaubensvernunft hatten und eigneten sich dann die Ländereien an im Namen Gottes und Jesus. Mit viel Betrug, Urkundenfälschung, Morde, und anderen Interessengruppen und erdachten sich den Papst den Vatikan die Staaten wo die beteiligten ihre Grenzen bis zum letzten Blutstropfen erkämpften und ihre Grenzen per Urinierstreifen mitteilten. Dann war also das Land aufgeteilt in Besitzer und die Bevölkerung musste dafür zahlen damit diese Ausbeuter Lügner Mörder nun ein Leben in Saus und Braus und dem Erstanfick jeder Braut sich zugestanden. Natürlich im Namen Gottes. Weil Gott das so wollte. Genau so wie nun die noch im innerlichen Mittelalter lebenden Moslems. Die sind genau dort erst innerlich angelangt die Gläubigen und Fanatiker das ist identisch zum Aufbau des Christentums das ein Mördertum ist.

Als nun diese Glaubensbrüder zu viel Habgier erlangt hatten zu viel Betrug zu viel Ausbeutung formte sich dann Wiederstand und Kaiser und Könige mussten abgehängt werden zum vermodern. Aber sie hatten ja noch das Land und auch die Kirchen sie hatten ja noch das Land und die Besitztümer und das Geld. Zwar war ein Mittelstand entstanden durch die Handwerkergilden aber die zukünftigen Großindustriellen waren im Samen schon vorhanden.

Als dann die politischen Mächte entstanden und die Kaiser und Königreiche in Europa flachgelegt wurden war ja schon in England das Schwerindustriezeitalter hochgeschossen worden und England wurde eine Weltmacht durch ermorden ausplündern Überfälle auf Indien China und dem Iran und andere wiederstandunfähige Länder auch in Afrika.

Und nach dem gleichen Schema wird überall auf der Erde die sogenannte Demokratie aufgebaut. Demokratie erscheint erst wenn es eine Besitzergruppe in den Ländern gibt die das Land schon unter sich aufgeteilt hat so wie es damals in Griechenland der Fall war. Das wird in China genau so sein wenn alles wirtschaftlich totalkontrolliert sein wird, dann wird der ChinaGorilla der Bevölkerung die Demokratie kostenlos schenken. Genau so wird es in Russland werden. Die Russen werden in einigen Jahrzehnten spätestens die Demokratie haben.

Aber, wenn das dann so weit ist, ist es für die Bevölkerung schon zu spät, sie werden nämlich die Arbeitssklaven der Besitzenden zuvor herrschenden Familien werden. Und das ist heutzutage Demokratie. Und im Vatikan dem Himmel der Hölle da herrscht Totaldiktatur Gottes natürlich was denn sonst. Deren Furien Kurien sind weiterhin in den Fußtapfen der Borgiabenebelung gefangen und zum Untergang verurteil nämlich durch ihr eigenes Tun.

Und dieses eigene Tun der Besitzenden wird auch ihr eigener Untergang werden. Da brauche ich bloß schön sitzen bleiben und zu schauen. Sie werden alles selber zerstören weil sie keine Liebe leben können sondern ausschließlich Interessengemeinschaften sind. Und jeder will alleine der größte sein und werden.

Und so ist die USA Demokratie dieser Irrenhausverein unfähig

Streubombenkonventionen zu unterzeichnen. Genauso so China und Russland nicht. Und das ist alles Familienbesitz wohlbemerkt der da verteidigt wird von den angeblichen Regierungen. Denn die Re-Gieren ja bloß die Habgier der Habgierfamilen die diese Industrien besitzen. So unermesslich armselig sind diese Völker noch beherrscht von diesen primitiven Familien Strukturen und ihrer Politiker.

Und dann, da sie ja, wenn die Demokratie da ist, ja den Hauptbesitzanteil in Industrie und Land haben mit den korrupten Religionen zusammen da die Religionen ja auch eine Mördergruppe war und noch ist. Der neue Papst im Vatikan der muss ja aufpassen der könnte ermordet werden weil der zu sehr die Worte Jesus in den Mund nimmt und im Kopf hat. Das kann zum kopfabschneiden führen da im Vatikan. Denn das Borgia Syndrom lebt da noch tagtäglich weiter. Nicht umsonst ist die Vatikanbank die korrupteste Bank auf der Erde. Und wenn also diese Besitzerverhältnisse in den Demokratien auf Volltouren sind, dann werden sie noch über den Ausbeutmechanismus der Subventionen, eines der erfolgreichsten Ausbeutsysteme auf der Erde, rein demokratisch und rechtstaatlich natürlich, total ausgebeutet, aber rechtlich sauber. HoHoHo.

Und diese Subventionen bekommt ja auch die Verbrechergruppe Religionskirche im Vatikan und die Katholiken und auch protestlosen Protestanten. Und diese Ausbeutung der Bevölkerungen geht seit dieser Zeit wo sich die Menschen als Keulengruppen im Neandertal bei Mettmann zusammentrafen weiter, bloß nun in einem viel, viel, viel, gigantischerem Ausmaß.

So das fällt zuerst nicht so auf, aber da die Spaltung ja von Tag zu Tag von Woche zu Woche und von Monat zu Monat und Jahr zu Jahr und Jahrzehnt zu Jahrzehnt immer intensiver wird, ist das nicht mehr übersehbar. Die Schafe werden den Wölfen gegenüberstehen. Das wird jetzt noch mit Sozialstillhaltegeldern abgemildert. Kann aber nicht geheilt werden. Der Bruch ist zu offensichtlich und die senilen Geldeliten müssen in Angst leben, denn das wird sich die Weltbevölkerung nicht gefallen lassen. Entweder über dem politischen Weg wird Vernunft gemacht oder aber über den politischen Weg wird Unvernunft gemacht. Aber zurzeit wird es noch sehr lange eine Unvernunftvernunft sein.

Und so zockt also die katholische Kirche der Vatikan die deutsche Bevölkerung in einem unbeschreiblich hohen brutalen primitivo Maße ab mit jährlichen 500 Millionen und mehr neben oder zusätzlich der Kirchensteuer und neben den Steuergeldern die die deutsche Bevölkerung noch für die Senilgehälter dieser Lüg und Betrugsgruppe Kardinäle, Bischöfe und Priesterpuffs zahlen muss. Das muss ein Ende haben oder es wird christlicher Talibankrieg gegen diese senile Männergruppe in Röcken geführt werden, der auf der gleichen Stufe wie der Durchknallkrieg im Islam sein wird.

Napoleonische Gesetze haben keinen Cent wert für mich. Ich spreche als Ich hier und nicht als Gruppe oder Deutscher, denn Ich bin Ich, das göttliche Ich. Und es gibt keine Verträge auf „ewig" alleine schon weil es keine Ewigkeit für das erschaffene in seiner Form gibt. Dann könnten auch die Italiener kommen und wollen England und Deutschland wiederhaben und die Mongolen könnten bis Wien alles zurückhaben wollen. Oder die Byzantiner und Ägypter Israel zurückhaben wollen und so weiter und so weiter. Oder England könnte Indien und Afrika wieder zurückverlangen. Ewigkeit gibt es nur in den ewigen Himmel der göttlichen Schöpfung. Und somit ist der Vertrag zur Entschädigung nach dem napoleonischen Krieg rein technisch schon falsch und eine garataikalische Irreführung und somit ungültig und ich verlange alle Gelder vom Vatikan und der katholischen Kirche zurück die mir steuerlich in meiner Lebenszeit abgezogen wurden. Und ich verlange das im Namen aller Geschädigten zurück von der katholischen Kirche. Dieser auf „ewig" gemachte Betrugsvertrag ist Betrug und ich pisse auf diesen Gott dieser Jesus Karikatur dieser Satansbetrugskirche und deren Mit-Glieder und Mit-Mösen. Denn die sind in ihrem Tiefschlafdilemma ja mitverantwortlich für diese Ausbeutung des deutschen Steuertopfs. Aber auch die politischen Parteien. Ich piss auf diese Heuchler und Betrüger und Recht- Pharisäer-der Katholiken Koliken. Den Ausbeutern im Namen Gottes . Den Gott sollen sie selber schlucken und abficken. Aber nicht mich.

Jesus war doch kein Katholik oder Protestant. Beides ist doch Spaltung. Auch Katholischeißmuus ist doch Spaltung. Genauso wie Mohammed kein Shiite oder Sunnite war. Oder Wahhabit. Auch das ist Spaltung also Zerstörung. Also herrschen durch Spaltung also Atomexplosionen. Alle sind das falsche irre Gedankengänge mit Früchten wie sie doch global gesehen werden im Blutbad Islam Jihad Talibanterror oder der kindesmissbrauch oder Vatikanmafiabank und der ganze Giga Kriminalgeschichte des Christentums und Moslemtums. Auch die Buddhisten sind gespalten und haben viel und machen viele platt.

Jesus war kein Christ und schon gar kein Katholik oder Protestant. Mohammed war kein Moslem und Buddha war kein Buddhist. Religionen sind der Irrsinn des noch zum Raubmensch gehörenden Irrsinns.

Gläubige verhindern und blockieren die Evolution des Menschen auf der Erde. Und die „Glaubenswächter" also die „Glaubwürdigkeitsvertreter" Kardinäle, Bischöfe, Priester, wissen das, aber sie schwimmen im Geld der Vollidioten der Gläubigen an Katholizismus oder Protestantismus und das gleiche ist mit all den Spalt-Pilzen anderer Religionen. Das sind alles Sekten. Funzeln im Darth Vader Imperium der GeldGötzenAnbeter.

Die „Glaubenshüter" sie blockieren die Entwicklung der Menschheit global. Sie sind mitverantwortlich dafür dass ein Kollektiefschlaf aufrechterhalten wird. Weil sie selbst verlogen blöde und pharisäerisch sind. Jesus war kein Katholik, Jesus war kein Papst oder Protestant.

Und diese katholische Kirche diese Demokratiesenilheit, dieser Vatikan, diese Politik diese Politiker sie sind ja mit verantwortlich dafür das es in Deutschland finanziell knapper wird obwohl Unmengen an Geld vorhanden ist, es aber schön weitergeleitet wird an andere Interessengruppe die sich das Land ja schon von Jahrhunderten aufgeteilt haben. Die Landbesitzer Könige Prinzen Grafen die von und zus. und die Kirchen und die Industriellen, die Bankerfamilien.. und die haben sich die Subventionen ausgedacht. Die Kirche bekommt also Unmengen an Milliarden Gelder aus der deutschen Bevölkerung neben den Unmengen an Kirchensteuern. Um euch zu steuern damit. Seht ihr nicht den Wahnsinn, den ihr da unterstützt ihr bezahlt sozusagen eure Ausbeuter mit euren schwer erarbeitetem und Ausbeutlöhnen. Und die Industrie darf da sie Privatbesitz ist keinen einzigen Pfennig oder D-Mark mehr Steuergelder bekommen. Das muss alles für das Wohl der in Deutschland lebenden Bevölkerung vernünftig und wahrhaftig ausgegeben werden und zwar nicht als Almosen vermarktet wie bei Sozialgeldern Hartz IV und Grundsicherung. Denn das gesamte Geld gehört doch euch selber. Wie lange wollt ihr noch so Unterblöde bleiben. Ihr bezahlt eure Ausbeuter und Peiniger in Wirtschaft und Politik und Religionen. Das ist Krankhaft senil und „Total Glaubwürdig" weil es Total bekloppt ist und den Geisteszustand der deutschen Bevölkerung zeigt. Ein Tiefschlaf.

Nicht nur die Fabrik das Unternehmen katholische Kirche oder Protestantische Kirche bekommt ja Unmengen an Geldern als Subventionen. Die Industrie bekommt gigantische Mengen. Und das ist alles Privatbesitz. Der Fred Grimm der eine Kolumne in der Zeitschrift Schrot& Korn hat, der hatte mal einen Artikel geschrieben und hier ist er: „Märchenstunde? Nicht mit mir!

Während ich diese Zeilen schreibe, pfeift draußen der Herbstwind durch die Straßen. Die letzten Blätter fallen. Und jene Blätter, die man lesen kann, berichten von Stromausfällen, die in diesem Winter drohen würden: Bereits das zweite Märchen, das uns in diesem Jahr zum Thema Energiewende erzählt wird.

Das erste geht ungefähr so: Weil wir uns nach der Katastrophe von Fukushima von den Öko-Spinnern haben einreden lassen, dass wir unsere AKWs abschalten müssen, wurde die Energiewende beschlossen. Die Garantiepreise für erneuerbare Energie aus Wind oder Sonne haben nun leider die Kosten so hochgetrieben, dass Strom für den Normalbürger zum Luxus geworden ist. Also sollten wir den Ausbau der Öko-Energie endlich stoppen, denn sonst muss die arme Hartz-IV-Großmutter erfrieren oder die alleinerziehende Mutter auf die Lichterkette am Weihnachtsbaum verzichten.

Liebe Leser, ich weiß nicht, wie es Ihnen geht, aber ich bekomme von dieser Propaganda so richtig schlechte Laune. Denn tatsächlich scheint es den Energiekonzernen und ihren Verbündeten in Medien und Politik gelungen zu sein, die öffentliche Diskussion so zu steuern, dass alle nur noch über Stromrechnungen und „Energieengpässe" reden, statt die Fakten sauber zu sortieren und den Klimaschädlingen, Luftverpestern und Kostentreibern endlich den Garaus zu machen. Haben Sie eine grobe Idee, wie viel Geld uns Steuerzahler die Förderung von Kohle und Atomenergie seit 1970 gekostet hat? 10 Milliarden vielleicht? 100 Milliarden? Nein, wir sprechen von über 600 Milliarden Euro - doppelt so viel wie der Bundeshaushalt für das Jahr 2013 umfasst.

Mit diesen Steuermilliarden sind die Preise für Atom- und Kohlestrom künstlich niedrig gehalten worden. Also lassen Sie sich bitte nicht von den Profiteuren dieser Drecks Strom-Subventionen erzählen, ausgerechnet die zukunftsträchtige Öko-Energie würde die Kosten treiben.

Und wer zahlt mal wieder?

Wir erleben gerade einen ziemlich plumpen Verteilungskampf von oben. RWE, E.ON & Co. fürchten nichts mehr als den rasanten Ausbau dezentraler, alternativer Energien, der ihre Marktanteile bedroht. Zusätzlich lassen sich ausgerechnet jene Unternehmen, die seit Jahren Anstrengungen zur energieeffizienteren Produktion tunlichst vermeiden, von der Öko-Zulage befreien. Nur ein Viertel des Stroms wird in Deutschland von privaten Haushalten verbraucht.

Aber wenn es nach der deutschen Industrie geht, sollen Sie, ja Sie, liebe Leser, möglichst die ganze Rechnung dafür übernehmen. Ich könnte jetzt noch stundenlang so weiter schimpfen - bitte verzeihen Sie mir den Ausbruch -, aber wir dürfen denen das doch jetzt nicht durchgehen lassen, oder? Ich wünsche Ihnen ein frohes Fest - und zur Weihnachtszeit ein paar Märchen, die ein bisschen weniger dreist sind als die von der Energiewende! <Ende Zitat>

Also über 600 Milliarden Euro alleine für diese Privatfamilien dieser Energiekonzerne. Wie lange wollt ihr das noch mitmachen. Ich habe mal nachgeschaut was ich an Stromkosten zahlte als ich 2000 in diese Wohnung zog. Das waren 4 Cent. Und heute ist es fast das 10Fache. Und zu diesen 600 Milliarden an Subventionen haben diese Energiekonzerne diese Familienbesitze dieser Konzerne ja noch unermessliche Profite gemacht. Subventionen sind TotalAusbeutung der Bevölkerungen über ihre Köpfe hinweg, weil sie Gläubige geblieben sind. Und die Abgrundtief besitzlosen stumpfen dummen Politiker aller Parteien lassen sich auf sowas ein. Solch eine Ausbeutung. Es wurde errechnet wenn die Subventionen wegfallen würden wäre nicht mehr als 7% an Abgaben nötig. Zur Hölle mit Subventionsnehmer zur Hölle mit dieser Politik zur Hölle mit dieser Abzockerei. Zur Hölle mit diesem Kapitalismus dieser Verbrecherbanden. Wählt keine Partei mehr die den Totalsubventionsabbau nicht in ihrem Programm hat. Ja es sind Märchenstunden Lumenstunden Betrugsstunden die euch erzählt werden ganz legal ganz von Rechtsanwälten ausgetüftelte Monsterverträge des Betruges. Eine Demokratie ist eine Betrugsgemeinschaft eine Verbrechervereinigung der Besitzenden. Und diese Besitzenden, insbesondere die Senilpartei FDP mit ihren Dummmschwätzer Jungprofessoren die sooo unermesslich blöde sind mit Doktortitel die belabern die Bevölkerung mit dem „Ewigen Mantra der Privatisierung" und nennend es die Freiheit des Individuums. Die wissen nicht mal was und wer das Individuum ist. Denn wenn sie das bloß ansatzweise wüssten wären sie gar nicht in der Lage so senil zu denken und dummzuschwätzen. Gut das die Deutschen den Schund dieser Betrugsberufspolitiker abgewählt haben hoffentlich für immer. Aus einer FDP kann nur schaden für die Menschen kommen.

Diese initiative dieser Höllenruf zur Privatisierung ist doch eine Strategie der GoldmannsachsBibelanhänger der GeldGötzenAnbeter des GoldenenKalbClubs.

Ihr habt euch von den KlanHalbAffen befreit. Von den LandesPissBischöfen. Von den Prinzen. Ihr habt euch von den Königen befreit die euch aber immer noch abzocken durch Subventionen auch EU Subventionen. Die Großmutter Queeeen die bekommt Steuergelder das arme Schwein aus England. Und alle anderen Königsfamilien auch. Aber ihr habt euch zumindest von der Leibeigenschaft dieser Verbrecherbanden befreit doch sie Ködern euch heute auch mit Scheinverbänden und Falschgruppen die ausschließlich subversive Bestrebungen haben ihren Reichtum durch Steuerabzockgelder auszuweiten. Das muss aufhören. Die dürfen keinen Pfennig mehr bekommen keinen Euro. Ihr habt euch also aus der Leibeigenschaft befreit.

Aber ihr habt euch noch nicht von den industriellen Faschisten befreit. Auch nicht von den Agrarfaschissten. Oder den Chemiefaschissten. Auch nicht von den Ignoranzpolitiker. Auch noch nicht von den Lebensmittelfaschisten wie Nestle, Unilever, oder den Monsanto Faschisten. Ihr habt euch noch nicht von den Bankerfamilenfaschissten befreit.

Ihr habt euch noch nicht von den Saustallindustriellen befreit die immer größere Sauställe in Deutschland bauen wollen. Sollen sie nach Saudi Arabien damit gehe diese Fliegenden Holländer nach Mekka und den Wahnsinn des Meteoriten anbeten wie diese senilen Meteoritenanbeter in Mekka. Obwohl die Gläubigen natürlich dort eine religiöse Wichtigkeit zelebrieren, was ja ihr Ding ist. Dort sollen die fliegenden Holländer und brausenden Dänen ihre Megamastanlagen bauen und sich das von den Sklavenhaltenden Scheichs und Emiren subventionieren lassen. Meinen Segen haben sie dafür.

Sollen sie doch ein Patent auf Schweine Megamast im Oman und Saudi-Arabien mit Monsanto und ihrer korrupten KommissionsLobby beim saudischen König machen. Diese Monsantokriminellen die ja in den USA die Richter aus ihrer eigenen Firma stellen und Senatspolitiker auf der Gehaltsliste haben und für diese Faschistenfirma sogar die Rechtsprechung schreiben. Soll doch Dupont/Pioneer und Syngenta ebenso wie die deutschen Firmen KWS und Bayer Crop Science, ihre schweinischen Patente den Saudies anbieten und Sandkörner patentieren lassen. Dort können sie dann in der Wüste diese Sorten von chemieangepassten Pflanzensorten für die Schweinezüchtung im großen Maßstab anpflanzen und ihre Agrarchemie und Schweinezuchtchemie dort furzen und kotzen lassen. Die Saudies machen doch alles fürs Geld denn mehr haben die ja bald nicht wenn das Öl weggesoffen ist. Ende für heute. Mir reicht's langsam dieses gemotze und genörgel und der Blick auf das gekotze der besitzenden Industriellen und

Geldgeilen Goldkalbanbeter.

Mittwoch, 23. Oktober 2013
Ich will Schluss mit dieser EMPÖRUNG machen, weil mein Leben nicht aus DauerEmpörung besteht. Das ist nicht aushaltbar und sehr anstrengend. Hier sind noch einige Gedanken dir mir kamen gestern und heute Morgen beim meditieren und einiges was sich hier vor meinem Computer angesammelt hat. Dann ist aber Ende damit.

Herrschen ist die Methode der Teilung. Der Spaltung. England teilte den mittleren Osten auf und verhinderte damit ein Großarabien und dafür haben wir nun die Länder die es dort gibt. Deutschland wurde zweigeteilt Vietnam auch. Korea auch. Das waren alles Entscheidungen die von Außenstehenden diesen Völkern zugefügt wurden. Darauf sind diese Halbaffen dann auch noch stolz und nenne sich eine Weltmacht. Ja eine Weltmacht der senilen durchgeknallten Primitivraubmenschen mehr nicht. Und die USA und Russland und Chinas Regierungen haben ausschließlich solche Menschen in dieser primitiven Erscheinung. England auch. Und von den Moslemstaaten will ich erst gar nicht viel schreiben man sieht ja in welcher inneren Verfassung die noch im Schlamm ihrer Unfähigkeiten stecken. Die haben sehr viel zu tun, um da, raus zu kommen. Das war auch ein langer Weg hier in Europa und trotzdem ist da noch dieser Ausbeutbetrug der Industriellen und Bankerfamilien und sogar Königsfamilien die Subventioniert werden aus dem Steuerpott den sie alle plündern damit ausschließlich sie Einkommen haben bis über die Ewigkeit hinaus. Das muss ein Ende haben.

Die Kirchensenilen-Vatikan-teilten die Schöpfung in Gott und Welt und erlogen sich sogar das die Menschen weltlich wären und die Kirche außerweltlich und deren Mitarbeiter auch sie sollen also geistlich sein. Das ist Totallüge und Teilen um zu herrschen. Und ihre senilen Bischöfe und Kardinäle sollen und sind dann die Vermittler zwischen dieser Teilung die sie sich ausgedacht haben. Das ist Betrug an der Menschheit und Völkerverhetzung und viele übles mehr. Also ein typisches herrschen, durch Teilen der typischen superblöden Katholiken. Sie sollten also auf ewig von der Abzockfirma Katholische Kirche anhängig sein, wie totes Fleisch zum auffressen, abgehängt wird, was eine typische Raubtierfresserei ist. Und damit werden aber auch das selbständige Denken und die Einsicht durch diese Glaubensverblödung behindert. Also eine Entwicklungsblockade wurde eingebaut zum ewigen abzocken wie der Vertrag von 1803 auf ewig sein sollte. Also ein Wachstumshemmer wurde eingebaut.

Aber das gleiche ist es mit dem Geld. Herrschen durch teilen. Denn die Menschheit wird durch Geld gespalten. Weil Geld dazwischen geschaltet wurde. Zwischen dem Menschen und seine Taten zu anderen Menschen oder mit anderen Menschen oder Lebewesen. Und das führt unweigerlich zur Atomexplosion der Teilung. Also Zerstörung. Ob nun als Atombombe oder als Religion oder Politik oder Staaten oder Mensch. Aber die Wahrheit wird euch frei machen. Und katholisch sein ist Unwahrheit. Aber auch andere Gläubige egal an was du glaubst das ist Unwahrheit. Und das ist Zerstörung nämlich genau so wie es sich auf der Erde darstellt. Mit all seinen Konflikten und Ausbeutungen Lügen, Täuschungen, Abzockereien, und Geheimhaltungen. Also die SpaltpilzVergiftung . Oleeeeeeeee.

Es ist die gleiche Bösartigkeit von Familien die auf Macht aus sind In den USA, England, China, Russland, Deutschland, Fronkreich, und alle anderen, bloß mit unterschiedlicher Wachsamkeit der Bevölkerungen.

Die US Hambürger sind total am Arsch, mit ihrem Weltmacht Trip des Militarismus Schwachsinns. Die China Allesfresser auch, so wie sie zurzeit da stehen. In England ist das Pub Bürgertum ziemlich benebelt. In Russland ist eine wachsamere Opposition im Würgegriff der Lügen des Geldbesitzapparatschinkens. In Frankreich ist es so lala mehr nicht. Die Deutschen sind lethargisch und anästhetisiert durch das Manko des Glaubens. Der Vernunfterweiterung abwürgt. In Rom im Vatikansaustall kannst du eine Heiligsprechung oder Seligsprechung schon ab 150 000 Euro bekommen. Der Vatikan ist eine Verbrecher GMBH.

Die amerikanische Hambürgergesellschaft lässt das angeblich kalt dass die NSA sie und alle anderen ausspioniert dieser Banditenverein. Das sagen zumindest die geldgesteuerten Medien der USA. Das zeigt die Amerikaner sind eins mit dem Apparatschick geworden also Machtgeil und unaufrichtig unklar. In England ist es das gleiche kein Aufschrei wegen Spionage weltweit. Also sind die Hambürger der USA und England schon viel zu sehr Eins mit dem Guantanamosystem Verbrechersystem, von Goldman Sachs-FED-Militär-Politik.

Der Verblödungsrespekt gegenüber den Unglaubwürdigen Lila Rot Schwarz Kleiderträgern in der Kirche muss aufhören. Pisst sie an.

Danksagung an alle die Menschengruppen die das Leben Vegetarisch Waffenlos und Geldlos Zinslos und Biodemeterisch machen und machen wollen. Danksagung an die Weisen und Heiligen die vor mir waren, die für die Wahrheit, nicht das töten, draufgegangen sind, gevierteilt ,verbrannt wurden zbs, von einem der vielen GoldkalbZentren wie Vatikan. Danksagung an alle diese Arbeitenden die an den Kassen der Süperreichhandelskonzerne sitzen und die Waren durchschleusen und Danksagung an die Tierschützer oder Biobauern. Danksagung an die Pioniere der Alternativbewegungen in Lebensmittel Politik und Wirtschaft. Danksagung an die Freiwilligen in Katastrophen und Nichtkatastrophen. Danksagung an diejenigen die durch Rohkost den Chemiefraß bloßstellen und gesund sind. Danksagung an diejenigen die dafür unterschrieben haben diese kapitalistische Individualisierung der Wasserprivatisierung zu stoppen. Danksagung an Gruppen wie Urgewald oder andere Internetgruppen des Wiederstandes und Aufrufs zu mehr Gerechtigkeit für die 99% der Weltbevölkerung. Danksagung für die Aufklärung durch Gruppen gegen die Machenschaften der Bankerfamilien im Dauerbetrug und Dauerausbeutung. Danksagung an diejenigen die darauf hinweisen wo und wann massive Korruption und Plünderung natürlicher Ressourcen durch das Big Agribusiness, die die Regenwälder verbrennen, wegen ihrer Soja Fleischhorden für den Vergiftung konventionelle Landwirtschaftkompotttt. Danksagung an den Investigativen Journalisten der auf Intrigen Geldwäscher Mafiaverbindungen des Großkonzerns Vatikan der ausschließlich Privatinteressen vertritt aufzeigt. Danke für die kleinen Gruppen im Islam die noch ISLAM HEISST FRIEDEN leben und können. Aber auch Danksagung das ich nicht solchen abschneide Gott habe der mir die Vorhaut abscheidet. Das muss wohl ein Evolutionsfehler gewesen sein als er die Vorhaut erschuf. Verdammt nochmal dann kann Gott also doch nur ein Biochemiker oder Monsatointrigant sein oder? Danksagung an alle die darauf aufmerksam machen dass der Staat also Menschen, nicht länger Beute der Parteien und Industriellen sein darf. Der Einfluss in Politik Justiz und Gesellschaft muss ausgeglichen werden. Danksagung an alle die für bessere Bildungspolitik und aber auch Bildung kämpfen. Und bessere Demokratie auch wenn sie ein Werkzeug der Besitzenden ist weil der Mensch bis jetzt noch zu sehr unter dem Nebel der Glaubenslehren steht. Danksagung an alle die die Energiewende mitgestalten und freie Energie proklamieren. Aber auch die Verstaatlichung der Ausbeuterenergiekonzerne und Banken verlangen. Danksagung an alle die das Militär global verbieten wollen. Danksagung an die, die mit UmFAIRteilen und Reiche mehr besteuern Ringen. Danksagung an alle die darauf aufmerksam gemacht haben dass die USA Offenheit genau so

blöde ist wie die Putinoffenheit. Die USA Offenheit hat Goldman Sachs Demokratieverbrecher. Sie hat NSA Militärdiktatur Monsantofaschismus und waffensenile durchgeknallte Hambürger immer noch. Sie hat Frackingverbrecher Republikaner Irre oder Teapartie Senile. Russische Offenheit hat Sacharow Bombendemokratie und Gulagdemokratie für alle die nicht mit Putin übereinstimmen und so weiter. Danke an diejenigen die darauf aufmerksam gemacht haben. Und die chinesische Offenheit, tja die, die will gleich die ganze Erde auffressen. Danke an diejenigen die nochmal aufmerksam gemacht haben was es wirklich bedeutete einen „VEGGIE DAY" in öffentlichen Kantinen einzuführen. Den angesichts der verehrenden ethischen Lage und Ökobilanz der Fleischproduktion, ist das eine sehr gute Idee der Grünen gewesen. Und das hier ist was Fred Grimm dazu im
Schrot& Korn schreibt:
Mein Bauch gehört mir
Es gibt Dinge, die vergisst man bereits, noch während sie passieren. Die meisten Wahlkämpfe zum Beispiel, vor allem die für den Bundestag. Das wäre auch in diesem Jahr sicher nicht anders gewesen, hätte sich nicht einige Tage lang am so genannten „Veggie Day" das geballte deutsche Volks empfinden entzündet. Die Bild-Zeitung hatte einen Passus im grünen Wahlprogramm entdeckt, nach dem öffentliche Kantinen mehr vegetarische und Vegane Gerichte anbieten sollten. Und vielleicht wäre ja ein komplett fleischfreier Tag in der Woche angesichts der verheerenden ethischen und ökologischen Bilanz der Fleischproduktion keine schlechte Idee. Dieser harmlose Vorschlag verwandelte sich im Wortfleischwolf der Bild in die Schlagzeile „Grüne wollen uns das Fleisch verbieten."
Die spontanen Reaktionen lassen erahnen, dass regelmäßiger Fleischkonsum dem Urteilsvermögen offenbar doch mehr schadet als bislang angenommen: Jörg Behlen, ein FDP-Politiker aus Hessen, beschimpfte die Grünen als „öko- Faschistidioten" und „linke SA". Sein für notorische Fleischeslust berüchtigter Parteifreund Rainer Brüderle jammerte: „Was kommt als nächstes: Jute-Day, Bike-Day, Green-Shirt-Day?" Auch die Ex-Grüne Angelika Beer weinte mit: „Irgendwann dürfen wir gar nichts mehr essen!" Die Wahlbürger meldeten sich vor allem im Netz zu Wort. Ihre hysterischen Reaktionen legten den Verdacht nahe, die Grünen hätten zusätzlich zum Fleischverzicht auch noch Tempo 15 auf allen Autobahnen, die sofortige Entmannung aller zeugungsfähigen Deutschen sowie ein Verbot der Fußball-Bundesliga gefordert.

Wenn's um die Wurst geht, ist die Freiheit bedroht

Man könnte die Pseudodebatte um den „Veggie Day" als die unverhüllte Wahlkampfhetze abtun, die sie war. Aber ich frage mich dennoch, warum schon die bloße Erwähnung an sich nicht unvernünftiger Vorschläge wie die eines fleischfreien Tages so viele Menschen in einen geistigen Ausnahmezustand zu versetzen scheint. Es sind ja nicht nur die „Veggie Days". Dass man im Winter auch bei Raumtemperaturen von 18, 19 Grad überleben (und nebenbei viel Energie sparen) könnte, gehört ebenso in diese Reihe wie etwa die Idee autofreier Innenstädte. Es sind Themen wie diese, bei denen viele Menschen ihre persönliche Freiheit bedroht sehen - und nicht etwa durch Niedriglöhne, den wachsenden Druck am Arbeitsplatz, fehlende Kita-Plätze, vergammelte Schulen und eine verrottete Infrastruktur, für die genau das Geld fehlt, das für die Rettung der Banken und absurde Steuergeschenke verschleudert wird. Aus ihrer Hysterie wider den „Veggie Day" spricht wohl die tiefe Ohnmacht vieler Menschen, die ihre wahren Bevormunder gar nicht mehr orten können. Vielleicht muss man doch wieder öfter über Themen reden, bei denen es um viel mehr geht als nur um die Wurst. <Zitat Ende>

Danke für solche Berichterstattung.

Danke an die Menschen die sich Wissenschaftler nennen und die Erforschung von Schlafmitteln machten in denen sie erkannten dass mit Schlafmitteln das Sterberisiko um das Dreifache anstieg, selbst wenn sie das Mittel bloß 18-mal oder weniger im Jahr einnahmen. Danksagung an diejenigen die darauf aufmerksam machten das Gerätehersteller Billigprodukte für die Geldlosen produzieren die dann nur noch einen Tag nach der Garantie halten. Damit weiterhin die Geldlosen noch effektiver ausgebeutet werden können. Danksagung an diejenigen die herausfanden dass der Polyurethanschaum in Kühlgeräten infolge der Alterung die Kühlung mit wachsenden Energiekosten belastet weil er alt und eben ein Schrott Produkt ist.

Ende mit der Danksagung für heute. Morgen geht's weiter. Bald kann ich mit diesem Buch aufhören und etwas entspannteres Tun. Oleeee

Montag, 28. Oktober 2013

Ho, Ho, Ho, nun schauen die bornierten deutschen Politiker blöde herum und sind auf einmal selber in den Arsch geschaut und ihre Händies werden abgezockt von der amerikanischen GeldElite den wenigen besitzenden

BankerFamilien global. Das muss aufhören das eine WirtschaftsElite Globalspionage macht und hauptsächlich Wirtschaft und Geldspionage macht und militärische Auskundschaft und anderen Schrott in ihrem immensen ignoranten GeldGeilKöpchen hat. Denn die NSA das ist ja der verlängerte Arm der Amerikanischen wenigen Besitzenden denen die Geldkontrolle und Wirtschaftkontrolle gehört. Der amerikanischen Bevölkerung kann man ja da keinen Vorwurf machen außer man kotzt sie etwas an wegen ihrer HamBürger Einstellung die alles akzeptiert was Geld bringt diese Halbäffchen.

 Aber den Bevölkerungen kann man global nicht allzu viel vorkotzen weil man ja sowieso gar nicht so viel fressen kann wie man kotzen möchte. Und dann noch diese 99% Fleischfresser dieser Mordbande aus historischen Entwicklungsgründen , die keine Evolution machen wollen, sonder so bleiben wollen wie sie sind, eben HÄMBÜRGER anstatt Menschen die, du sollst nicht töten leben oder Menschen die du sollst nicht lügen leben .

 Bloß diese beiden evolutionären Enthaltungen zu verwirklichen ist der 1% die nicht durch das Nadelöhr flutschen kann gar nicht möglich weil die ja selber die ganzen Fleischfirmen besitzen die Rinderfarmen die MordHungerMörderbanden die gar nicht erkennen das sie damit Vollblutraubtiere bleiben und bleiben sollen, die Bevölkerungen, denn damit bleibt die Affinität zum Raubtierreich aufrechterhalten und Evolution ist fast unmöglich und nur mit äußersten Leidensgeschichten und Zerstörungen möglich.

 Das ist Faschismus das Leben der Raubmenschen global. Das ist aber auch nicht verwerflich weil sie so geschaffen wurden aber Evolution machen müssen. Sonst gibt es keine Belohnung im Himmelreich Gottes von dem die auch sehr viel labern. Aber nur labern mehr nicht. Die sind noch unermesslich dumpf wie der Mief in den Viehställen so dumpf, dass sie die Software der 10 Gebote nicht runterladen in ihr System und leben.

 Und nun glotzen die bornierten deutschen Politiker verrann die Dummmschwätzer der europäischen und internationalen Ausstrahlungen, wie der deutsche Innenminister eher Innenmist, Friedrichs oder Profalla del Ballabballa, und das mit Doktortitel und der ganze scheinheilig Selbstbetrug der äußerst Schein Heilig ist, da er sich das auch gut bezahlen lässt, und das ganze schwarze Vatikan Glaubenszirkus Regierungskoller Syndrom. Da stottern sie plötzlich der Bevölkerung sowas von Unter Freunden, mein Jöttchen als ob es sowas unter der GeldElite den 100% Faschisten Global gäbe.

Da gibt es nur Gewinne machen egal wie und gewinnen egal wie und mit was. Das weiß doch jedes Buntbärschchen und jeder Giraffe im Zoo der Eitelkeiten durchgeknallter Dummschwätzer von Freundschaft und dergleichen schwadronischen drakonischen Murks in der politischen Dummschwätzerei der Bevölkerungen die ununterbrochen verblödet werden. Damit die 1% unbehelligt so weiter machen können, abzocken, ausbeuten, betrügen, gewinnen, egal wie und mit was. hauptsächlich sind ja Banker also deren Familien global diejenigen die die größten Anteile an den weltweit führenden Industriefirmen und anderen Unternehmen besitzen.

Politiker sind wirklich intensivste bornierte Menschen die nicht mal so weinig Rückgrat haben das auszusprechen und anzusprechen was gefährlich ist was geheim gehalten wird, wie der Flötenspieler, den die USA Eliten, das Militär, und OHhhBlahblahh, der Professor, als US Präsident, der für die als Verräter gilt, aber der Menschheit einen GigaService geleistet hat und das bundesdeutsche Verdienstkreuz erhalten müsste, der Snowden. Aber nein, bornierte Professoren und Doktoren sind eben nicht davor geschützt blöde zu sein, weil Intelligenz und Intellekt überhaupt gar nicht mit der Abspeicherung auf der Festplatte zu tun haben im SenilModus von: Wissen ist Macht. Was ja falsch ist und deswegen ja auch keine Freude und Erleichterung und Schönheit zum Vorschein kommen kann, alleine schon wegen des Fehlers dieser Einsicht und Aussage.

Und die deutsche politische Landschaft ist immer noch mit zu vielen blöden Altlastengedanken gegenüber der amerikanischen Militär und Wirtschaft und GeldElite belastet. Da ist nichts mehr wieder gut zu machen zu diesen Eliten des Betruges und der Ausbeutungen global. Da ist eher was zu zerstören als Wiedergutmachung gegenüber diesen Verbrechereliten global. Der Zweite Weltkrieg ist längst vorbei und auch die Israelis können mich mal kreuzweise diese Soldatenpolitikkker im Betrugsmodus der Vergewaltigungen und Kriminalität, da am Arsch ihrer armseligen Israelischen 7 Meter Wallwelt-MauerWelt. Diese armen Seelen die überhaupt gar nicht verstanden haben sondern nur in den Reflexen von Gewalt und Rache leben müssen, weil sie solche Niedrigfrequenz PolitikerElite haben und GeldElite global.

Also die deutschen Politiker sind bornierte Spießbürger mit Doktor und Professortitel. Es wir Zeit wir bekommen mehr weniger totalbezogene Wahrheitsmenschen in der Politik die den Geheimmisthaufen offenlegen und ansprechen damit diese Rattenlöcher der GeldEliten aufgelöst werden können. Denn damit verstecken sie ihre Geheimabzockereien und Geheimkonten und Geheimstrategien und Geheimbordelle des Geldes global, auch für ihre geheimem militärischen Ziele, drohnengebunden und senil wie nun mal das GeldGlaubensGebäude und deren Anbeter des goldenen Kalbes schon immer gewesen sind. Die Vollblutignoranz des 1000%tigen Materialismus.

Denn wenn von den Politiker in Smaltalkschows gesagt wird das Wissen Macht ist dann weiß ich, das die alle bloß auf Macht aus sind und mehr nicht. Denn das ist ja immer noch ihr Ignoranz Glaubenskostüm des Königreichs der Totalverblödungen. Und das labern die der Bevölkerung weiterhin ein. Solch einen überquatsch. Und die USA und China und Russland, die sind alle auf Macht aus und nicht auf Wahrheit oder sogar Liebe. Deren Intellektuelle sagen sogar es gäbe keine Wahrheit. So dumm sind die noch so blöde und das mit massenhaften Doktortitel und Professuren als Täuschungsversicherung sich selber gegenüber und der Öffentlichkeit den Menschen.

Diese USA Elite und China Elite und Russland Elite wie sie genannt werden die sind nicht auf Recht sondern auf Macht aus die wollen die Menschen beherrschen wirtschaftlich politisch und materiell, als auch militärisch, finanziell sowieso, da sie ja die Kontrolle über das Geld haben, so wie eben der durchgeknallte Lügner und Betrüger und Ausbeuter Rotschild es gewollt hatte die Kontrolle über das Geld, dann ist es mir kotegal wer an der Regierung und was an der Regierung ist. Und so ist es heute auch gestaltet worden. Genauso. Und die NSA ist ein GigaWirtschaftsSpionage-Haus ein Irrenhaus für die Bereicherung der USA GeldElite um wirtschaftliche Spionage zu machen und politische und andere Primitivkotze die solche billigen Mentalitäten mit Titel und Universitätsausbildung nun mal können. Das sind ganz ärmliche innere Gestalten auf der Lohnliste des Lügens und Betrügens.

Das Wissen Macht ist sieht man ja nun noch etwas besser und das ganze dumme Glaubenssystem dieser Raubtiermenschen zeigt seine evolutionäre Kleingeisterei indem einfach ausgebeutet zerstört vergiftet bekriegt und benebelt wird, global. Auf Kosten der Bevölkerungen der 99%. Und das Firmen in den Büros der Ämter sitzen, und ihre eigene Gesetze schreiben ist so. Und auch das die Reichen immer den sogenannten fickt euch tief Staat ficktief als Idee bauten für ihre eigen Zwecke und die Mitbewohner die Menschen mehr ein Nebenprodukt dieser Bereicherung der Besitzenden geblieben sind, ist ja auch klar.

Mieten bis zum Himmel, Energiepreis bis zur Hölle und Löhne bis zum Arsch der Welt. Das ist das Goldman Sachs Evolutionschema. Die Evolution des GeldGeilGlaubensschemas der Besitzer der Banker. Wenn Wissen ist Macht immer noch das Credo ist, dann ist auch nicht viel zu erwarten sonder es muss sich alles erkämpft werden in dieser täusch und Lügensuppe eines sogenannten Staates, den es nicht gibt um das mal klar zu machen. Du wirst nirgendwo irgendwo irgendwie irgendwann einen Staat finden. Aber dumme Gläubige die sowas glauben. und indoktriniert sind.

Aber du wirst überall Menschen finden und nur das zählt nichts anderes. Solange sie noch Raubmenschen also Materialisten sind die dumme dumpfe Glaubensüberzeugungen haben. In der NZZ Internetausgabe las ich am 25.10.13 sehr viele Überschriften wo Schweizer Banker und Banken in kriminelle Aktivitäten verwickelt sind und sogar an die USA ausgeliefert werden weil sie international gesucht werden wegen Steuerbetrugs der USA GeldGeilen 1% Bevölkerung. Die Schweiz ist ja sowieso der Speicherplatz für die Globale GeldElite des Betruges und Ausbeutens und Ermordens in Gletschergeschwindigkeit oder rasanter Abfolge durch Vergiftung der Erde und Nahrungsmittel die minderwertiges und nichtnahrhaftes sind sondern für den Körper eine Belastung sind anstatt Steigerung seiner Effektivität. Und man kann anhand der Überschriften dieser GeldGeilZeitung der Schweizer Geldsenilen sehen wie die Schweizer Banker eine Gruppe krimineller Abzocker und Geldsenilen armseligen Betrüger geblieben sind die aber ein hohes Ansehen haben weil sie ihre Villen an den höchsten Plätzen bauen können und in den Penthäusern der höchsten Türme wohnen deswegen sehr hohes Ansehen haben weil man hochschauen muss aber mehr auch nicht.

Diese korrupten verlogenen Banditenfamilien der Banker der Schweiz und Amerikas und Chinas und Deutschland und Fronkreich und England und Jerusalems und Tokios und Moskaus und dergleichen SenilElitenFamilien der Banker. Und diese Geldgeilbankereliten die fast alles Globale an Wirtschaft und Industrie und Staatsmilitär besitzen anhand der Firmen die diese Gifte und militärischen Ausrüstungen produzieren, das sind alles durchgeknallte dumme dooofe primitive wirre Irre. Das sind schizophrene kontrollier Wirre, das nennen die Weltmacht. Die sind pervers, abgefuckt die NSA – BankerFamilien, FBI, Homeland, Ängste der Superreichen armseligen Krüppel im Geiste. Weg mit dieser miserablen Plattform für menschliche Evolution des Untergangs, weg damit, mit diesem Vollidioten des Geldglauben und des Militarismus und seiner Vasallen den Politiker und deren dazugehörigen Dumpfbackenparteien. Weg damit. Pisst sie an. Kotzt sie an .Und die Schweiz ist der Verbrecherhimmel für diese globalen Cloud Ablageplätze für diese Fehlentwicklung im Tierreich des Menschen. Weg mit dem Himmelreich der Banker in der Schweiz und USA und anderen Himmelreichen für die Reichen. Weg damit. Aber solange der Mensch noch an Geld glaubt und das es nötig ist um etwas zu gestalten und zu machen und zu schaffen wird es noch sehr viel selbstverblödete Leiden geben, an dem sich die Geld ist Macht Reichen laben werden an eurer Ignoranz . Es ist so wie im von Bankern gemachten Finanzkräsch, dort wird auch Gewinn gemacht mit den fallenden Verlusten der Aktien, Genau so ist es mit euch,mit euch wird Gewinn gemach solange ihr einfach blöde bleibende wollt und seid. Basta. Oleeeeee.

Und deswegen bedanke ich mich und danke denen, die wie die NSAVollidioten dafür sorgen das die Blöden im Tiefschlaf für 2 Minuten die Augen aufmachen und die Politiker für 5 Minuten nicht gähnend herum quatschen. Denn NSA zeigt was eine Elite in den USA sich so aufgebaut hat um der Weltbevölkerung den Stinkefinger nicht bloß zu zeigen sondern den auch in den Arsch zu stecken, daran zu riechen und Anal-Lysen zu stellen. Danke der NSA für Guantanamo Folter und ihrer Unfähigkeit Guerilla platt zu machen auch nicht mit Drohnen oder Tarnkappenschrott. Danke dafür das global gezeigt wird wie BipolarShizzo eine Geldmachtelite ist, die sich Weltmacht oder Superpower nennt und nennen lässt, und die ganz abgrundtief Primitivismus von Raubmenschen und Fleischfresser im Jack Daniels Rausch geblieben sind.

Danksagung an die Verlogenheit der Deutschen Bank Scheff's die weiterhin Verbrecherunternehmen wie die indische Coal India mit Geld unterstützen und deren indischen Unterbelichtungsscheff Anshu Jain. Da sieht man schon wie tief gesunken die Deutsche Bank ist, solche primitiven Menschen als Führungspersonal global zu haben. Sowas primitiv gebliebenes. Danksagung an Urgewald die das aufklären www.urgewald.de.

Aber auch Danksagung an die wenigen Politiker die zumindest ein klein wenig Rückgrat haben. Auch wenn es medizinisch gestärkt werden muss. Aber man sieht ja auch selbst die Politiker die vollgefressen wir USA HamBürger aussehen und einem Rondell alle Ehren machen, selbst diese Fettklötze haben kein Rückgrat wohl eher ein Haribo macht Kinder froh Rückgrat.

Danksagung auch an die StrompreisMafiaRegierung-EEG-Zulage die sich die Industrie selber ausgedacht hat. Mit den CDU-FDP-Faschisten mit Merkel und FDP. Das ist eine Ausbeutorganisation für die Industriellen. Aber wenn schon Firmen in den Ämter sitzen und ihre eigene Gesetzgebung schreiben, kann doch die Bevölkerung ausschlich bloß als Abzockvieh gehalten werden. Danke an eure immense Totalverblödung ihr deutsche Bevölkerung ihr Französische Bevölkerung ihr Englische Bevölkerung ihr USA Hambürger und so weiter, ihr werdet doch bloß gemolken und als das auch gezüchtet für die Strategien der besitzenden Industriellen und BankerFamilien. Wie lange wollt ihr noch so unterbelichtet bleiben. Ihr Abzockvieh global.

Danksagung an diese FickTief Ficktive deutsch amerikanistische Freundschaft der IG-Farben-Amerika Kontrolle von zweiten Weltkrieg. Die nun IG Farben umfangreich vergrößert hat mit dem USA Militär Kapital im Sinne einer Goldman Sachs Demokratie der 1% senilen. Danke an die McDonald´s Fraaaaßkochkünste der Monsanto Antilebensfaschismuss Gifte global. Danke an die USA Frackingdemokratie der Geldelite von USA Totalverblödung im Credo der „Wissen ist Macht" Ignoranz. Danke an die KriegsDemokratie des Lügensenats der NSA Demokratie der USA Wirrnisse dieses im Arsch der Welt Schauspiels dieser USA BankerFamilien die das alles mitfinanzieren und wollen und Hauptsache es bringt Geld Evolution, die zu Devolution bei denen in den USA führen wird. Denn alle sogenannten SüperDüperPowers sind immer schneller untergegangen worden. Die letzte, die Sowjets, das ging Ruck Zuck und die Deutschen das ging Ruck Zuck und das große Englische Empire das ging noch schneller und übriggeblieben sind aber die Totalbekloppten die das finanziert haben und die Lords und Fjords und anderen tiefbekloppten Überbleibsel einer alten senilen Weltbild Gruppe ohne Liebe.

Danksagung an die Intensivierung der deutschen TV Programme mit Mord ist Sport Einbildung. Wo rund um die Uhr auf jedem TV Sender Morde produziert werden von durchgeknallten Schriftstellern die ganz schwer ein an der Birne haben müssen auch die ProgramScheff's, die müssen alle ganz schwer ein an der Raubtierbirne haben, diese Fleischfresser Eliten und das haben sie auch. Denn es geht gar nicht anders. Wer noch vom töten lebt, kann gar nicht anders denken und fantasieren. Der ist noch Opfer seines eigenen Verhaltens. Ein RaubTier. Und was kann man schon lebensförderndes von einem Raubmenschen erwarten. Nichts . Die sind so. Ignorant, dumpf und auf töten aus um zu leben. So immens blöde sind die noch hier im Universum Gottes. Hier im Universum Gottes , Hier im Universum Gottes.

Hier im Universum Gottes.

Hier im Universum Gottes da geht es um Pfründe um Gewinne um Marktanteile und nicht um Nicht töten und vegetarisches Leben ohne zu töten und den damit verbundene Möglichkeiten einer Evolution. Da wird selbst in der Demeter Landwirtschaft noch Gigablöde argumentiert, tiert, tiert, tiert, das mit ihrem Wissen, also dem Demeter Wissen, ohne tierischen Mist nicht langfristig nachhaltig angebaut werden kann, weil die Bodenfruchtbarkeit anders nicht erhalten werden kann. So müssen wir Argumentiren sage die Demeter Landwirte. Deren Fleischlose Produkte ich schätze und von bester Qualität sind. Aber es geht einfach besser und das ist eben der Nachteil wenn ihr Vorjodler Rudolf Steiner wohl nicht von vegetarischem Leben gepredigt hat. So liest sich das zumindest für mich. Wir brauchen Viehhaltung für die Erde sagen die sogar.

Wie armselig das ist und unwach. Dreifelderwirtschaft braucht das nicht und organischer Dünger auf pflanzlicher Basis reicht voll-kommen und nicht bloß halb-kommen. Das Leben ohne tierische Produkte wird das Ziel sein. Oder meint ihr etwa das Universum Gottes braucht Tierprodukte. Nur die Raubtiere brauchen Tierprodukte um das ganz präzise zu formulieren. Die Vegetarier aber nicht. Und die Evolution des Menschen die geht weg vom töten hin zum nicht töten. Aber das versuchen die GeldEliten zu verhindern, weil sie da den Menschen als RaubTier besser verblöden können und ausbeuten können und abzocken können. Und an Was? Kann Ich das RaubTier im Menschen mal so formuliert, erkennen!? Natürlich am Fleischfressen und dem damit verbundene töten anderer Tiere und den dazugehörigen unermesslichen Leid. Da sind Indianer auch keine Vorbilder mehr. Die sind bloß Geschöpfe die dort in der Natur ihr Leben machen mussten aber zumindest teilweise eine Achtung vor den Tieren noch hatten. Aber untereinander schlugen sie sich auch die Köpfe ein und brachten sich gegenseitig auch um. Auch die Indianer müssen Evolution machen. Außer sie wolle so bleiben wie sie sind.

Jajaja die deutsche Politiker sind borniert und tragen das auf die deutsche Bevölkerung. Brauchen wir solche bornierten Menschen. Gibt es da nichts Schöneres in der Deutschen, Englischen, Französischen, Amerikanischen Russischen, Chinesischen, Südafrikanischen, Indischen, Argentinischen und Schweizer Bevölkerung. Ist das alles bloß dieser immens primitive Schrott dieser BankerFamilien international und deren Firmenbesitzer und SchrottDumpfBacken Generäle, global. Der MilitärMafia.

Dienstag, 29. Oktober 2013

Ahhh, bald ist dieser Schrieb beendet. Ahhhh, weg von dieser menschlichen Wirrniss der GeldEitelkeiten und der Primitiven Seinszustände der Politischen Industrievasallen, global. Wenn Wissen noch Macht ist und Geld noch Macht ist, dann ist die menschliche Gesellschaft hoffnungslos noch verblödet und selbstzerstörerisch. Ihr braucht meditative Transformation der Industrie. www.meditative-transformation-der-industrie.de .

Nur Menschen und Gruppen und Völker und Nationen und Gemeinschaften die eine spirituelle Entwicklung bewusst einleiten werden eine längere zerstör freie und lebensbejahende Menschheit leben können, frei von materialistischen totalverblöden ihrer sogenannten Geldgeber Banker und Wissenschaftler Eliten wie sie gerne genannt werden, um zu benebeln.

Was kann diese materialistische Bildung schon bringen. Biologie-Habgier und Materialismusgrenzen. Chemie-Habgier und Materialismusgrenzen. Anwälte-Arbeitsgruppen Selbstbereicherung und Berufsgruppen Benebelung der Bevölkerung, die in dem sogenannten Rechtsystem nun deren Arbeitsregeln unterworfen sind. Und Anwälte sind keine Heiligen sondern sehr viel mehr Geldgeile Strategen die sich in der Bevölkerung sogar einen Recht-Staat aufgebaut haben. Der immer ein Unrecht-Staat seien wird. weil Anwälte einfach in ihrer Evolution noch viel zu ignorant sind.

Denn man muss immer auf den Menschen schauen nicht auf eine Berufsbezeichnung. Und was ist der noch für ein Mensch in dem Laufweg der Evolution. Richter-Richter sind um überhaupt in ihrer Position verweilen zu können total abhängig von der Vernunft- sobald ein Richter die Vernunft verlässt ist er ein Faschissst ein Betrüger und Diktator. Aber Richter im Materialismus haben sehr schwer bedingte Vernunft, weil sie noch selbst Raubmenschen geblieben sind und die können noch keine erweiterte Vernunft haben. Hier zählt also wer mehr Vernunft hat ,wessen Vernuftsradius also erweiterter ist, hat mehr Recht in einem Rechtstaat. Das ist wunderbar nachlesbar in den PDF Dokumenten von der Webseite von http://www. neudeutschland.org/ wo der Peter Fitzek gegen die Deutschen Richter argumentiert die total im Glaube an die BRD und deren Rechtsprechung verhaftet sind und damit grenzwertige Vernunft haben und keine Universalvernunft. Auf der Webseite kann gesehen werden wie man ein Königreich in Deutschland gründet oder einen neuen Staat in Deutschland gründet und Eigenes Geld hat und Krankenkassen die Gesundheitskassen sind und sogar eigene Nummernschilder für das Auto und viele mehrt schon sozusagen „Ervernuftet" hat, weil Peter Fitzek einfach eine umfassendere Vernunft anwenden kann.

Und so sind Menschen also im Glaube verhaftet egal was auch ist an Systemen die sie sich die GeldEliten ausgedacht haben. Es ist alles ausschließlich ein Glaubenssystem und keine Universalvernunft. Und damit zum Scheitern verurteilt wenn nicht der Glaube aufgegeben wird an das materialistische Dilemma der RaubmenschEliten global. Das auf eine Totalkontrolle und Ausbeutung der gesamtem Menschheit auf der Erde aus ist. Und dafür ist die göttliche Schöpfung nicht gemacht worden. Nicht für Arschlöscher des Glaubens im Materialismus Muus.

Also Das KriegsTrauma des zweiten Weltkriegs muss beendet werden durch die AstralPolitik der Besatzer Rechte im Deckmantel der Freundschaften von USA und England Politik und WirtschaftsEliten. Das muss einfach in Deutschland beendet werden denn diese Angstbesessenen Politiker sind Vasallen der Ignoranz der materialistischen Vollblutignoranz der 1% eine Goldman Sachs Dämon Demokratie.

An der HandyAbhörKontrolle der europäischen Politiker denen die Bevölkerungen in Wahrheit einen Arsch wert sind, nur wenn es not-wendig wird,wird ein Fünkchen an Reparatur gemacht ansonsten schwimmen die alle im Sumpf der selbstgestalteten Wirtschaftssysteme die dann demokratisch genannt werden aber subtil ausbeuterisch und subtil faschistisch sind und auch sein wollen, denn sie wollen alle Macht, Macht, Macht.

Und nun habe sie den Salat ihrer Selbstverblödung durch den Glauben den sie vertraten. Die USA haben schon immer versucht die Reichen die Besitzer die Ausbeuter der USA Bevölkerung und der Erdbevölkerung, die Menschheit total auszubluten und zu kontrollieren. Die Handys der USA Hersteller sind schon so konzipiert das sie leicht dafür genutzt werden können um die Bevölkerungen auszuspionieren und abzuhören und orten. Das war bewusst so gemacht und ist nicht vom Himmel gefallen. Als ich in Kanada lebte war die Nixon Watergate Affäre. Heute haben wir die HandyAffäre das Handygate. Beide, die Watergate und Handygate Affäre sind das gleiche USA System und deren Wirtschaftselite die ja die NSA für sich selber aufgebaut haben. Das hat ja nicht die USA Bevölkerung gemacht. Die sollen in Waffen Whisky Steak und Fickrausch bleiben und Sport noch hinzu. Das sind sie auch, die Narren der Erde.

Damals hatte der Goldman Nixon Klan mit der Watergate Affäre diese echte

Verbrechergruppe politisch wie wirtschaftlich, da ist ja kein Unterschied mehr, die hatten damals vor in den TV's der USA Abhörgeräte einzubauen. Das war Watergate .Und heute ist das ja per Handy perfekt gelungen. Denn es ist total egal wer politisch in Positionen ist, denn : Gebt mir die Kontrolle über das Geld –und ich scheiß was drauf wer die Politik führt, sie werden mir den Arsch lecken, die Politiker und das ist genau verwirklicht worden, weil es immer schon so war bis runter zu den Königen Kaisern und mit Keulen bewaffneten Neandertalerscheffs ohne Handys.

Und deswegen ist spirituelle Entwicklung mehr als überfällig. Mehr als überfällig und das wird öffentlich genauso verteufelt wie es öffentlich verteufelt wird das Vitamin B 17 aus der Natur in Pflanzen die nicht vom Menschen wie sie sagen veredelt wurden also natürliche Pflanzen, oder in Aprikosenkernen anwesendes B17 das verteufelt wird weil es Krebs heilt weil es zu den Blausäure Stoffen gehört aber nicht der tödlichen und so weiter, aber weil es eben in der Natur frei erhältlich ist und die GeldSenilBetrugsEliten sich ein System aufgebaut haben, das sich dann sogar rechtsstaatlich nennt in deren Glaubeshimmel aber total Unrechtstaatlich ist, denn das natürlich ist das rechtmäßige nicht das synthetische,..also und ebenso ist es das Jod, das von der Synthetikmafia der Arzeneimittelhersteller verteufelt wird, das auch ein Naturprodukt ist und auch unter anderem Krebszellen abtötet und vieles mehr, das total aus der Bevölkerung entfernt wird durch deren Betrugssysteme politisch wirtschaftlich, so dass es Menschen schwer wird sich selbst zu reinigen und zu heilen, all das ist das Eliten Verbrechersystem der GeldEliten global. Und Handygate wie heute ist bloß das Tröpfchen das auftaucht, da ist garantiert viel, viel, viel, mehr an Blutbadphilosophie vorhanden was an die Öffentlichkeit kommen muss. Oleeeee.

WaterGate Handygate die amerikanische ElitenSeuche.

Soo nun zum Endspurt dieses Schriebs. Wie kann man diese VerbrecherEliten empfindlich stören und zum Umdenken einladen, HoHoHo. Ganz einfach. Diese Menschen sind geldsüchtig und machtsüchtig und herrschsüchtig und unrechtssüchtig und betrugssüchtig und korruptionssüchtig. Und wie kann man solch eine üble Entwicklung nun brüchig machen Sand in das Getriebe schütten durch Verzicht und Interneteinigkeit und Koordination.

Kauft keine Produkte mehr sage ich mal von Esso für einen Monat. Keiner geht mehr dort tanken und schon werdet ihr Benzinpreise haben die drastisch sinken werden. Danach macht das mit Aral und danach mit BP und Shell. Und die Benzinpreise werden noch drastischer senken.

Geht nicht mehr Kaffee trinken bei den Steuerbetrügern Starbucks die den amerikanischen Albtraum der Menschheit vorlebend, Einfach kein Kaffee mehr bei Starbucks für einen Monat trinken und schon wird Starbucks volle Steuern zahlen und ihr habt genug Zeit zu erkennen das deren Gesöff bloß ein Benebelungstrunk ist um euch anzulocken damit die euch ausbeuten können was sie ja schon Jahrzehnte machen.

Kündigt all eure Konten bei der Deutschen Bank und geht zu einer BioBank. Und tut das auch mit anderen Banken Schweitzer Banken UBS und Englischen Banken und so weiter kündigt eure Konten da übers Internet gemeinschaftlich international koordiniert, denn diese Banken sind die reinsten Verbrecherunternehmen geworden die Produkte und Verfahren finanziell unterstützen die die Erde zerstöre und euch abzocken und krank machen. Macht einfach die Banken pleite durch Liebesentzug denn Liebe für Firmen sind zwecklose Zweckgemeinschaften der Vollblutillusionen.

Oder die Ausbreitung dieser Fleischmafia die die Umgebung verseuchen mit Gülle und Stinkeluft und Billigprodukte in Deutschland erstellen weil hier Ausbeutlöhnen gezahlt werden können aber in ihren eigenen Länder wie Dänemark oder Holland das nicht möglich ist. Zum Beispiel kauft keine Produkte mehr von Danisch Crown einem der weltweit größten Schlachthöfe der Erde, da wird gemordet bis euch das Blut zum Halse steht. Und schon wird dieser Konzern die Bundesrepublik verlassen und versuchen in die Sahara zu gehen, diese Vollidioten.

Es ist nicht Amerika das das Freihandelsabkommen mit der EU haben will das Zollfreiheit garantiert , sondern der USA Goldman Sachs Bush-Vanderbildt und Rockefeller Industrieklan der das Zollfreiheitsabkommen haben will damit diese Betrugsausbeutungsirren der Watergate und Handygateaufbauer weiterhin im noch größeren Maße ausbeuten vergiften betrügen und verblöden können.

Das gleiche mit zu viel und zu hohen Mieten. Es muss wohl wieder die Wohnungsbesetzung kommen und die Streiks einfach keine Miete mehr zu zahlen. Über das Internet koordiniert wird eine Stadt auserkoren und die Mieter zahlen einfach keine Miete mehr, alle, der größtmögliche Teil. Und das wird bestreikt diese Ausbeutung und Versklavung der Landbesitzer muss ein Ende haben. Kein Tier auf der Erde zahlt Miete um zu schlafen und um zu leben. Das muss aufhören. Durch gezielte Aktionen, globale, eine Stadt nach der anderen wird abgegrast streikend nicht mehr die Mieten zahlen. und das öffentlich machen und Politiksenile wachsam machen.

Oder Militär und Religionen und Fifa dürfen keine eigene Gerichtsbarkeit mehr haben. Das muss alles unter Bundes und Euro und Weltrecht fallen aber nicht in Berufsgruppen und das Kirchenrecht muss ad Acta gelegt werden denn diese Halbaffen sind zu korrupt und verlogen und in einem Rechtstaat darf es keinen andreren Rechtstaat geben. Kirchenrecht muss beendet werden. Nochmal es darf keinen Rechtstaat im Rechtstaat geben. Alles ist sowieso rechtsfrei der Rest ist 100% Glaube also ziemlicher Irrsinn.

Und so können viele ausbeuterische Bereiche und Unternehmen platt gemacht werden solange der Mensch noch so ignorant ist und von der Geldelite an die GeldGlaubensBibel geknebelt wird. Das ist alles purer Wahnsinn und Bipolarität in der menschlichen Evolution auf der Erde im Universum Gottes.

Es gibt zurzeit keine Alternative zu BioProdukten Biolandwirtschaft und Biodiversität auch nicht zu Pflanzlichen Heilmitteln wie Vitamin B17 in natürlichen Blättern der Pflanzen wie Löwenzahn und all das was in Löwenzahnumgebung wächst. Oder in den Kernen von Obst und Aprikosenkerne haben sehr viel Vitamin B17 das gegen Krebszellen und überhaupt Entzündungen wirkt weil es die Zellen abtötet. Es gibt keine Alternative zu Jod das sowohl äußerlich als auch innerlich eingenommen werden kann in höheren Dosen und sehr stark Keime und kranke Zellen abtötet. Das wird bloß der breiten Bevölkerung als das falsche erlogen weil ausschließlich finanzielle Interessen in dieser Industriedemokratie sozusagen verstaatlicht wurden. Aber das ist Totalbetrug an der Menschheit. In Deutschland ist die Jodaufklärung total verhindert worden und Jod wird sogar schlecht geredet von der Pharmamafia. Aber vergesst nicht wenn es in der gesamten Pharmamafia die von den IG-Farben und Rockefellers und Rothschildmegaklans aufgebaut wurde ja die haben sogar das Medizinsystem mit der Ausbildung der Ärzte an Universitäten so ausgebaut das ausschließlich ihre Produkte Absatz finden, genau deswegen ist das System so aufgebaut worden, also wenn diese industriellen und BankerFamilien ein einziges Krebsprodukt und Aidsprodukt hätten das echt heilen würde und somit beenden würde dann würde das zuvor vom Markt genommen werden, weil ja kein Gewinn mehr gemacht werden kann. Und allein schon deswegen ist die Synthetikpharmamafia niemals bereit wirklich echt zu heilen, weil sie ja dann kein Geld verdienen können, weswegen die ausschließlich im Geschäft sind. Ihr werdet also als Versuchskaninchen gezüchtet für die Krankheitsprodukte der Pharmamafia. Oleeee.

Der ungarische Szent György, Mediziner, Biochemiker, Nobelpreisträger, (Mensch)schreibt in seinen Lebenserinnerungen, wie unter allen Umständen wenn immer er nichts wusste wie man heilt er immer Jod gab und das heilte auch wenn er nicht wusste weshalb und wie. Unter der Internetseite www. IodineResearch.com gibt es gute Informationen über das was über Jod wirklich gewusst ist und wie hilfreich dieser Naturstoff ist. Oder in der Zeitschrift „Natürlich Leben" Heft 5/2013 da ist ein Bericht über Jod. Unter der Adresse: www.BFGeV.de ist der Artikel wohl nachlesbar.

Auch der Konz der inzwischen verstorben ist, der schrieb sehr viel das wir Menschen von einer großen Betrugsgesellschaft umgeben sind, eben die GeldEliten die ausbeuterisch global diese Betrugsgesellschaft gegen die anderen dich, mich, ihn, er, sie, es, aufgebaut haben und das mit der Ignoranz der Politiker und Parteien. Auch er schrieb viel von der Heuchelei der Ärzte die ja bloß Produkte der Industriellen sind die damals das System in ihrem Sinne aufgebaut habe damit sie Absatzprodukte/Märkte haben .

Oder die Menschen Vergiftung durch die Chemie den Chemiefraß und dann das anbieten von Chemie von den Erzeugern dieser Krankheiten diesen Kreislauf haben die sich wunderbar aufgebaut und als Rechtsstaatlichkeit abzeichnen lassen. Das ist alles Betrug an der Menschheit. Pharmafabrikanten-Mafia nennt er sie. Das ist so aufgebaut das der Mensch seine Verstand nicht benutzen soll sondern der Verstand benutz ihn. Das ist ein ganz subtiles System das aufgebaut wurde durch Glauben daran. Glaube setzt den Verstand und die dazugehörige Vernunft aus und zwar ganz bewusst wird das benutzt in der Kontrolle über Menschen.

Glaubt lieber dem durchgeknallten Limburger Pisshof dann erreicht ihr das Himmelreich Gottes. Glaubt lieber der deutschen oder Schweitzer USB Bank dann erreicht ihr das Himmelreich Gottes. Glaubt lieber der USA dann erreicht ihr das Himmelreich Gottes. Aber Jesus hat vom Himmelreich Gottes geredet und nicht von Firmen oder Politik oder Wissenschaftler oder Ärzten oder Physikern oder Schauspielern und so weiter.

Es gäbe noch viel, viel, viel, viel, mehr weil so viel an Betrug von den Besitzenden aufgebaut wurde. Ihr seid bloß das Abzockvieh erkennt das besser. Ihr seid bloß das Glaubensvieh und die Besitzenden entwickeln das an was ihr glauben sollt. Noch einen schönen Tag im aufwachen zur menschliche Situation als HamBürger.

Zitate Anfang

Die Europäische Kommission ist selbständige Verletzung des freien Kapitalverkehrs darstelle, die repressive wahhabitische Glaubenslehre. als multifaktoriell, wobei die verschiedenen Faktoren sich gegenseitig beeinflussen können. Ho.Ho.Ho.Ho.

Das 21. Jahrhundert ist das Zeitalter von Amerika und China. Europa wird wohl auf der Strecke bleiben, obwohl es eine theoretische Chance auf Supermacht Nummer drei hat. Laut dem Stockholm International Peace Institute ist der chinesische Rüstungsexport zwischen 2008 und 2012 um 162 Prozent gestiegen. Auf der Liste der größten Rüstungsexporteure liegt China nun auf dem fünften Platz Es wäre ein Leichtes, dieses Potenzial in echte politische Macht zu verwandeln, indem Europa konsequent eine gemeinsame Finanz- und Außenpolitik fährt.

Ein gemeinsamer Nenner des Widerstands gegen Rohstoffförderungs projekte liegt jedoch in Befürchtungen der Bevölkerung über heimliche Absprachen zwischen internationalen Konzernen und hoher Politik. Diese führten dazu, dass einige wenige absahnten, den betroffenen Regionen aber die Großprojekte mehr Probleme als Vorteile brächten.

Am Anfang stand das Gebot: Wir wollen keine Staatsparteien und keine staatsfinanzierten Parteien! Dieses Gebot haben die Parteien gemeinsam übergangen, indem sie ein System der Wahlkampf-Kostenerstattung erfunden haben, als ob dies keine staatliche Finanzierung der Parteien wäre.

Zusätzlich haben die Parteien parteinahe, aber doch staatsfinanzierte Stiftungen erfunden, als ob diese nicht doch Think Tanks der Parteien wären, also machtwirksame Instrumente. Von der gesonderten Finanzierung der Fraktionsarbeit erst gar nicht zu reden. Schließlich bekommen die Parteien auf „kleinere" Spenden noch einen staatlichen Zuschlag.

Von der ursprünglichen Idee, dass freie Parteien sich staatsfrei allein aus Mitgliedsbeiträgen und Spenden finanzieren sollten, ist ein Witz übrig geblieben: Aus diesen Quellen stammen gerade einmal 15 Prozent der Mittel, über die Parteien verfügen.

Doch allein aufgrund des jüngsten Wahlergebnisses erhält die Union etwas über 12,5 Millionen Euro an Wahlkampf-Kostenerstattung, was das relative Gewicht selbst einer großen Einzelspende relativiert. Neben der früher viel größeren steuerlichen Begünstigung auch großer Spenden lag eine Wurzel der alten Partei-Spendenskandale in der rechtswidrigen Verschleierung der Geldströme, und daran waren anfangs nicht nur die Unionsparteien beteiligt.

Das eigentliche Ärgernis unserer Parteienfinanzierung liegt aber in folgendem Umstand: Die Parteien bekommen immer mehr Geld, aber immer weniger Bürger gehen wählen. Offenbar ist dies ein kontraproduktives System.

Fortschritt ist für Weicheier
Von Thomas Winkler 21. Oktober 2013 um 08:00 Uhr

Wer Motörhead will, bekommt Motörhead. Das neue Album "Aftershock" belegt amtlich: Nach 38 Jahren sind sie noch immer unter den Marktführern in der metallverarbeitenden Industrie.

Also bekommt man von Motörhead, was man von Motörhead erwarten darf: Flott vorwärts geprügelte Rocksongs wie Heartbreaker, das in seiner Aufgeräumtheit fast mit Ace of Spades, dem größten Hit der Band, mithalten kann. Der Lost Woman Blues schunkelt streng im klassischen Blues-Schema, um sich dann im letzten Drittel doch noch in ein böse zuckendes Metal-Tier zu verwandeln. Dazu Texte, in denen es um Alkohol, Frauen und Krieg geht, also ausschließlich um Themen, die Männer in ihrer Freizeit beschäftigen. Die singt Lemmy mit seiner amtlich beglaubigten Kindermörderstimme, als müsse er Hartholz raspeln.

Seien wir ehrlich: Weiterentwicklung ist doch was für Weicheier, die keinen Whiskey zum Frühstück vertragen.

Zitate Ende

Wolfgang Schorat 29.10.2013 10:47:19

Montag, 4. November 2013

Kann es unter Raubmenschen überhaupt Freundschaft geben. Denn der Stand der Evolution der Menschen auf der Erde ist ja hauptsächlich von den 1% die als Elite bezeichnet wird hochgezockt worden oder Hochgemordet worden. In einer Elite die noch das Weltbild das wissenschaftliche Weltbild vertritt dass das Universum ein Zerfallsprodukt ist, kann Totalbekloppheit nur das Resultat sein. Und damit ist dieser evolutionäre Seinszustand dieser Elite wesentlich gefährlicher für die Sicherheit und das überleben der Menschen auf der Erde als alle Ansammlungen der Atomaren Kriegskunst, weil die gesamte Menschheit ja so zum Spaltprodukt abgewirtschaftet wird.

also zerstört wird inklusive der Erde.

Diese geistige Finsternis der Elite in Wissenschaft und Religion sowieso, weil da bloß auf Glaube abgezockt wird um sich in Macht und Reichtum zu suhlen aber dafür bloß blöde labern und winken und Frauenkostüme anziehen und schon ist der Popelpöbel im siebten Himmel der Totalverblödung. Das funktioniert aber immer noch. Aber diese geistige Sonnenfinsternis der Eliten egal in was, ist schon gigamäßig kotzig am Arsch der Einsichten angekommen und muss egal wie oder wann scheitern, wenn da nicht, die Basis anständig auf den Tisch kloppt und intelligent lächelt oder abwählt.

Die geistige Sonnenfinsternis der Wissenschaftler mit ihrem Bereich Militär und Spionage und Landwirtschaft mit Chemie und Kunstdünger das ist schon geistige Sonnenfinsternis der Extraklasse global. Und in den USA und Russland und China ist das ja zum Elitenvolkssport geworden. Datt isss sozusajen elitäres jeistiges komasaufen der Eliten in Wissenschaft und Militär und Kultur aber auch Politik und Religion. Und weshalb is datt sooo wohl..

Die Praxis is ja die Hölle des Theoretikers. Und nun ist die politische Praxis der deutschen Theoretikerpolitiker und anderer europäischer als auch amerikanischer in der Hölle gelandet. Da die Realität der Praxis jedweder Theorie von Freundschaft und all datt Zeuchs eben unter einer Eliten die Hölle is. Datt wussten die Platten deutschen Politikkkker die Kikkker der Nation ja nett. Schau, schau, schau. Watt da jelogen wurde. geheuchelt und betrogen um selber in diese Position zu kommen. Und nochmal an die deutschen Politiker in hochdeutsch: Wer heutzutage in eine politische Position kommt muss total in Übereinstimmung mit den Zielen der Raubtiereliten sein, sonst wird das nämlich nichts. Und von der ignoranten Warte aus, wird dann die Öffentlichkeit in Show und Interviews und Wissenschaft und anderen heidenmäßigen Veröffentlichungen vorgelogen mit den Aussagen wie: Sein zu dürfen-oder mitmachen zu dürfen-oder diese Formulierung wird immer öfter in TV Interviews verwendet auch von sogenannten Wissenschaftlern insbesondre der jüngeren Ignoranzgeneration von Wissenschaftlern. Ein Kniefall vor den golden Kalb System. Dabei ist deren wissenschaftliches Spaltpilz Weltbild ja eine total ignorantes, weil es den Zufall beschwört. Aber, ja aber, das ist total unwissenschaftlich und somit ein Aberglaube. Und deswegen sind auch so viele alte und neue Wissenschaftler ziemlich blöde egal ob mit Doktor oder Professor und Diplomslip, das nützt Garnichts um die eigen Unwissenheit zu verschleiern. So die Totalverblödung die weitergegeben wird zeigt sich nun in den abwertenden ausweichenden ignoranten Einstellungen der deutschen Politiker zu E. Snowden und seiner Entlarvung sozusagen zum Thema: Die Praxis ist die Hölle des Theoretikers. Es ist ein Armutszeugnis der schwächen und deren dummen Denkvorgänge in Bezug zu Macht gegenüber der USA. Denn Macht ist ja zuerst ein Glaube der Inneren Armut. Der inneren Armut oder geistigen Sonnenfinsternis der Materialisten global. Also der Raubmenschen. Wohlbemerkt Raub. Raub. Raub. Und was rauben sie alles von euch Menschen und Tieren und Pflanzen und Wasser und Erde. Alles was sie könne und was ihr weiterhin zulasst. Aber da deren Macht keine wirkliche Macht ist sondern bloß Lichtloser Schein mit vielen Scheinen, ist es einfach diese materialistische geistige Sonnenfinsternis Macht global zu beenden. Wenn ihr das überhaupt wollt und nicht selber noch in geistiger Sonnenfinsternis lebt. Dann müsst ihr weiterhin leiden bis ihr etwas mehr aufwacht und das wird auch passieren, eventuell.

Also dieNSARaubtierseuchederVollblutMaterialistendesGarkeinWeltbildes, da geht es eindeutig um politische Macht und Wirtschaftsspionage unter anderem. Denn, Ist Angela Merkel ein Terrorist? Sind 60 oder 70 Millionen spanische und französische Bürger Terroristen? Oder 80 Millionen Deutsche oder 1,3 Milliarden Chinesen oder Inder und Afrikaner und Südamerikaner. Wohl nein. Das ist die Evolution der Raubtiermenschen des materialistischen Weltbildes, das in allen Universitäten gelehrt wird und den dementsprechenden Ignoranten Nachwuchs schafft der unweigerlich gefährlicher ist als alle Atombomben zusammen genommen und fertig zum zünden ist. Weil das materialistische Weltbild der Naturwissenschaftler und Politikkkker und der 1% Eliten global unweigerlich zur Zerstörung der Menschheit auf der Erde führen wird wegen ihrer inneren Ignoranz und der damit verbunden Bösartigkeit.

Denn vergesst nicht die USA haben in den letzten Jahrzehnten sehr viele Überfallkriege inszeniert um an Öl und andere Stoffe zu kommen aber unter dem Vorwand Demokratie zu bringen. Bloß Demokratie kann man ja nicht einfach bringen. Sie entsteht. Und zwar erst wenn eine Nation geistig dafür erreichbar ist.

Die USA haben bloß leid Chaos und Zerstörung in den Ländern hinterlassen weil sie enorme Raubtiere geblieben sind und ich hoffe in den USA gibt es genügend Nichtraubtiere die ein Gegengewicht zum Vorschein bringen, sonst wird den Amerikanern ihre ganze Rüstung und NSA Ignoranz Garnichts nützen, denn die Schöpfung Gottes lässt sich nicht verblöden und ausrauben und verbluten oder als Kriegsschauplatz in dieser Zeit, verarschen.

Spionage abhören Ausspionieren das ist die Gruppe der herrschenden wollenden. Das ist die Elite des Geldes das ist Totalignoranz und somit ein Untergang für die 99%. Also seid wachsam. Das ist die Gruppe der 1% der Geld-Gold-Irren.

Das Irrenhaus der USA-Russland-China-Politik, und Wirtschaftsfamilien, der BankerFamilien, die global um Vormacht konkurrieren, muss abgetrocknet werden. Sonst wird die 99% ausgetrocknet. Lasst euch nicht für deren Ängste Bösartigkeit Lügen Betrügen Heucheln, ausbeuten, weiterhin total verblöden. Seit bloß 50% blöde. Das wäre schon Erleichterung. Übernehmt alle Firmen und Banken global, enteignet sie und dann schafft das Geld ab. Denn die zukünftige Leiche diese Ignoranten Egos, herrscht. Die geistige Sonnenfinsternis herrscht zurzeit auf der Erde.

Zitate:

US-Abhöraktionen in Genf - Politiker fordern eine Reaktion

Nachdem am Montag bekannt wurde, dass die US-Geheimdienste in Genf eine Abhörstation betreiben, fordern Politiker eine Reaktion. Der Präsident der Außenpolitischen Kommission des Ständerats will es nicht bei symbolischen Maßnahmen bewenden lassen. Nun müssten die anderen Staaten unweigerlich auf eigene, unabhängige IT-Lösungen setzen. Dies nicht aus Gründen des marktwirtschaftlichen Wettbewerbs, sondern als «sicherheitspolitisches Instrument».

CNBC – Business Insights

Ein schlechter Tag für Europas Banken

Börsen & Märkte Heute, 12:09

Edmund Salvesen, Aktienanalytiker bei Brewin Dolphin, kommentiert die Ergebnisse europäischer Banken. Die Geschäftszahlen der UBS findet er überraschend, die von Lloyds und Royal Bank of Scotland enttäuschend.

„Spionage unter Freunden geht nicht? Deutschland muss lernen, wie Beziehungen zwischen Staaten funktionieren: Partner, wenn es vorteilhaft ist – Konkurrenten immer."

Eric T. Hansen schreibt: Um es wieder in Erinnerung zu rufen: Ein Mensch verfolgt Ideale, liebt und leidet und schließt Freundschaften. Ein Staat nicht. Ein Staat hat die Aufgabe, die Interessen und den Wohlstand der eigenen Bevölkerung zu wahren, vor allem in Konkurrenz zu anderen Staaten. Das hat nichts mit Freundschaft zu tun.

Staaten – vor allem erfolgreiche wie Deutschland und die USA – sind wie Bill Gates und Steve Jobs: Partner, wenn es vorteilhaft ist, Konkurrenten immer. Und Konkurrenten nehmen einander sehr genau ins Visier

Die Amerikaner sind NICHT der CIA/CFR/NSA!

Wenn wir uns die Manöver der Geheimdienste näher anschauen, dann wissen wir ja auch wer in sie involviert ist:

Seit 1966 gehört jeder CIA Director zum Council on Foreign Relations, CFR. Die CFR/CIA Direktoren sind; Richard Helms (1966-73 Johnson), James R. Schlesinger (1973 Nixon), William E. Colby (1973-1976 Nixon), George Bush (1976-1977 Ford), Adm Stansfield Turner (1977-1981 Carter), William J. Casey (1981-1987 Reagan), William H. Webster (1987-1991 Reagan), Robert M. Gates (1991-1993 Bush), R. James Woolsey (1993- Clinton), und John Deutch, der Woolsey as CFR member ersetzt hat, Clinton's CIA Director.

Wir müssten also von dieser CFR - Angehörigkeit schließen auf die Gründungsmitglieder des CFR: Hier also einige Namen von der Gründerliste des CFR: Jacob Schiff, Averell Harriman, Frank Vanderlipp, Nelson Aldrich, Bernard Baruch, J. P. Morgan, John D. Rockefeller.

Jetzt wissen wir also, WEM die Geheimdienste unter anderem verpflichtet sind. Und das ist sicher nur 0.3% der Amerikaner.

Das sind nicht DIE Amerikaner. Unter den Amerikanern sind sicher 95% der Bevölkerung unsere Freunde, wenn nicht sogar mehr. Die lästigen restlichen Prozent tun der guten Freundschaft keinen Abbruch.

Deshalb: Schließung sämtlicher US-Einrichtungen der Geheimdienste und Streitkräfte in Deutschland, Neuausrichtung der deutschen Sicherheitsbehörden, um auf US-Bedrohungen adäquat zu reagieren, Neubewertung und ggf. Beendung der Zusammenarbeit der Geheimdienste, der Streitkräfte und der Rüstungsindustrien beider Länder.

Gesetze sind zu achten.

Eine Verfassung hat einen Geist, der zu respektieren ist.

Spitzfindigen Juristen, die die Ausnahme zur Regel erheben gehören geteert und gefedert. Dann haben wir alle ein besseres Leben - bis auf die Juristen.

Beendet der NSA-Skandal die deutsch-amerikanische Freundschaft? Diese Frage mag nunmehr in den Vordergrund rücken. Selbst von deutschen Politikern werden die verbalen Kanonen in Stellung gebracht.

Der schwülstige „Freundschaft"-Begriff im Zusammenhang mit den US ist aber eine einseitig deutsche Wortschöpfung. Sie soll die deutsche Sehnsucht nach Augenhöhe unterstreichen und - in gleichem Zusammenhang - vorauseilende Unterwürfigkeit erklären. Jeder, der zuvor an diesem „Freundschaft"-Raster kratzte - sei es verbal oder politisch - wurde mit dem Schimpfwort des „Anti-Amerikanismus" abgewatscht. Wir kennen das zur Genüge - erst kürzlich noch durch unseren Innenminister Friedrich höchst selbst.

Ex-US-Botschafter Kornblum hat es jüngst bei Jauch brutal auf den Punkt gebracht: „Partnerschaft ja, Freundschaft nein". Eine klare und unmissverständliche Ansage an die Realität der US-Deutschen Beziehungen. Denn die wahren Freunde Amerikas sind andere: Großbritannien, Kanada, Australien und Neuseeland.

So viel späte Wahrheit kann hilfreich sein, wenn man sie auf deutscher Seite endlich verinnerlicht. Denn so haben die Amerikaner immer geredet. Wir haben nur nie zugehört.

Somit kann nicht enden, was es nie gab: „Freundschaft". Je eher sich das auch in unseren deutschen Politiker-Köpfen durchsetzt, desto besser für uns alle.

Hansen hat Recht mit der Beziehung zwischen Staaten. Diese gehen manchmal einen gemeinsamen Weg, weil sie gemeinsame Interessen verfolgen. Dies ist nicht mehr als ein Zweckbündnis auf Zeit. (ist aber auch echter primitiver Raubtierkapitalismus. Doch die Evolution geht andere Wege als die Raubtieramerikaner oder Chinesen oder Russen oder Engländer es gerne hätten, glücklicherweise. W. Schorat 04.11.2013 17:02:13)

Dies bedeutet aber auch, dass sich die Wege trennen, wenn die gemeinsamen Interessen nicht mehr gegeben sind. Und meiner Meinung ist das jetzt der Fall. Die Interessen der USA schneiden sich mit denen von Deutschland nur noch teilweise. Wir haben z.B. kein Interesse uns mit Russland oder China anzulegen. Für die USA ist es hingegen überlebenswichtig, die Chinesen zu schwächen.

Auch in Nahost haben die Europäer andere Interessen als die USA. Als die Sanktionen z.B. gegen den Iran eingeführt wurden, haben EU-Länder wie Griechenland oder Italien von einem Tag auf den anderen 30% mehr für ihr Öl bezahlt. Mitten in der Wirtschaftskrise.

Den USA war das egal. Kaufen sie doch ewig schon kein Öl mehr von den Mullahs.

Wo Herr Hansen nicht Recht hat ist das angeblich nötige militärische Engagement. Denn dies ist unterm Strich extrem dumm. Kriege führen ist doch nicht nötig um sich vorteilhaft zu entwickeln für eine Nation. Dies ist imperialistisches Denken der 80er!

Eben immer so, wie man es gerade braucht Herr Hansen.

Dann gibt es doch eigentlich nur eine Konsequenz. Snowden nach Deutschland holen und auspacken lassen. Die amerikanischen Spione verfolgen und vor Gericht ziehen. Keine Stationen des amerikanisches Militärs mehr in Deutschland, die können gerne von nun an nonstop ihre Verletzten in die USA fliegen. Keine Sonderrechte und Abhöranlagen auf deutschem Staatsgebiet, Aufbau eigener Netzinfrastruktur. Und so weiter..

Ich glaube kaum, dass es Amerika schmecken würde, wenn wir die von ihnen genannte Haltung einnehmen würden. Amerika ist kein Freund und muss beobachtet werden. Dennoch wird es so kommen, da die USA alles dafür tun unwichtig und rückradlos zu werden.

Es ist wirklich erstaunlich das völlig verzogene Selbstverständnis einer scheidenden Großmacht Live und in Farbe zu erleben. Geschichte zum anfassen. Genial.

„Das deutsche Volk ist so stolz darauf, dass es seit 1949 nicht mehr versucht, die Welt in Schutt und Asche zu legen, dass es glaubt, in den Augen Amerikas etwas Besonderes zu sein."

Ja genau deswegen glauben wir etwas Besonderes zu sein. Entschuldigung aber wer hat ihnen eigentlich ins Hirn gesch****? Dieser Satz ist so daneben dass sogar Sie, Herr Hansen sich dafür noch schämen sollten.

Sind wir kein souveräner Staat. Liest eigentlich kein Zeit Mitarbeiter die Beiträge seine Kollegen? Vor nen paar Tagen wurde doch erklärt dass die Überwachung der USA vollkommen legal, ihm Einklang mit den deutschen Gesetzen ist.

Recht hat der Autor aber, jetzt wäre die Chance da. Wir haben:

1. Anti USA Stimmung

2. Bald eine große Koalition

Beides sind Bedingungen um Änderungen im Grundgesetzt vollziehen zu können und Deutschland endlich eine richtige Verfassung zu geben sowie unsere Souveränität sicherzustellen.

Putin hat übrigens das gleiche gesagt wie der Autor. EU und Deutschland müssen lernen Außenpolitik FÜR Innenpolitik zu betreiben, nicht andersherum.

„Ein Staat hat die Aufgabe, die Interessen und den Wohlstand der eigenen Bevölkerung zu wahren, vor allem in Konkurrenz zu anderen Staaten."

Ich habe nicht das Gefühl, dass noch irgendeiner unserer Politiker wirklich so denkt. Das wird uns langfristig auch eine Menge Wohlstand kosten. Ich bin dafür, dass wir uns nur noch um die Angelegenheiten kümmern, die uns etwas angehen. Wir müssen nicht Seelsorger und Weihnachtsmann der ganzen Welt spielen.

Und jetzt dürfen die moralisch Empörten über diesen Beitrag herziehen und mir bösartigem Egoisten erklären, dass ich dafür verantwortlich bin, dass es Menschen am anderen Ende der Welt gut geht.

Das Zeitalter des transatlantischen Hansen Blablas.

Ich find es schade, dass dieses Weltbild immer noch so in den Köpfen rumschwirrt.

So wird man nie die Weltprobleme lösen, wenn man immer nur an sich denkt. Die Träumereien von einer geeinten Menschheit, die zu neuen Welten aufbricht, werden dann auch Träumereien bleiben. Mit ihrem Weltbild werden sich die Staaten noch auf ewig bekämpfen.

Sie haben aber recht, vielleicht sehen viele Deutsche das zu ideal. Wäre ja auch zu schön, wenn jeder Mensch das tun und lassen kann, was er will, ohne dabei beobachtet zu werden.

Deshalb müssen nun aber auch Konsequenzen von deutscher Seite folgen. Mindestens: Kündigung aller Datenabkommen, Einstellung der Verhandlungen über ein Freihandelsabkommen und den Baustopp des Spionagezentrums in Hessen. Weitere Schritte wären die mittelfristige Schließung aller US-Militäreinrichtungen, Gegenspionage im Sinne von Obama ausspionieren, Spione in Deutschland enttarnen und vor Gericht stellen.

Das wäre dann Machtpolitik, wie sie im Buche steht. Traut sich nur leider kein deutscher Politiker ran.

„Ein Staat hat die Aufgabe, die Interessen und den Wohlstand der eigenen Bevölkerung zu wahren, vor allem in Konkurrenz zu anderen Staaten."

Dieser Kernsatz signalisiert die Unterschiede im Selbstverständnis der USA gegenüber Europa. Klar steht auch Deutschland in Konkurrenz mit anderen Staaten, aber eben nicht „vor allem". Wir sind in Europa gewohnt, dass eben auch das Miteinander das gemeinsame Wohlergehen stärkt. Für die USA scheinen, laut Herrn Hansen, die „anderen" nur zu stören.

Nein danke, wir benötigen nicht die „besondere Zuneigung" Amerika, weil wir es geschafft haben, die Welt einmal nicht in den vergangenen Jahren in „Schutt" und Asche" zu legen (das besorgen die Amis ja seitdem in einigen

Teilen höchst persönlich ....); ein mehr der weniger gleichberechtigter Partner, den man nicht als RESPEKTIERT, reicht völlig.

„Ernst zu nehmende GEGNER"? „Wir Amis dagegen gehen grundsätzlich davon aus." Und auf diese Paranoia sind Sie stolz? Mag es in der Politik keine „Freunde" geben, mit dieser „Wer nicht für uns ist, ist gegen uns"-Politik graben sich die USA auf längere Sicht ihr eigenes Grab. Vielleicht, sehr geehrter Herr Hansen, sollten Sie sich einmal mit Geschichte beschäftigen da gibt es erschreckende, immer wiederkehrende Beispiele. Dass der Begriff „Freundschaft" eine Täuschung war. Aber er wurde von Politikern (übrigens auch amerikanischen) unters Volk gebracht. UND von den Medien. Ich kenne keinen in meinem Bekanntenkreis, der das Wort jemals ohne Ironie in den Mund genommen hätte.

Aber die heilsame Desillusionierung ist eine Sache. Eine andere ist das, was jenseits der zwischenstaatlichen Empörung geschieht: Die Perfektionierung von Systemen, mit der eine Minderheit die Mehrheit überwacht. Das ist der wirkliche Skandal, weil es unsere Freiheit und Würde und die Idee des Rechtsstaates angreift, hier wie dort. Eigentlich müssten Hundertausende Bürger dagegen auf die Straße gehen und sich schützend vor die Demokratie (oder was davon übrig ist) stellen. Stattdessen verlassen wir uns auf Politiker, die offensichtlich überfordert, naiv, gleichgültig oder Schlimmeres sind.

Ob dies Frau Merkel, die 10 Jahre von NSA observiert wurde, erkennt ist fraglich. Ich möchte nicht in ihrer Haut stecken. Identitätsdiebstahl, Mobbing alles denkbar.

Der Zusammenfluss verschiedener massenhaft gespeicherter Daten kann derzeit nur von der NSA ausgewertet werden. Damit verfügt sie über eine allein beherrschende Macht. Dies will uns Snowden verdeutlichen.

Stern-Online: Wenn niemand etwas davon geahnt hat, weder die Kanzlerin, ihr Kanzleramtsminister Ronald Pofalla noch Innenminister Friedrich, müssten sie wegen Inkompetenz ihren Posten räumen. Wenn sie das alles wussten, aber dem Wähler verschwiegen, haben sie sich daran mitschuldig gemacht, das Grundgesetz auszuhebeln. So oder so: Die noch amtierende schwarz-gelbe Regierung steht im NSA-Skandal nackt auf der Bühne. Sie hat ihre Glaubwürdigkeit verspielt. <ZITATE ENDE>

Mohammed soll gesagt haben: „In der Uneinigkeit meiner Gemeinde liegt göttliche Barmherzigkeit."

Der göttliche Text ist menschlich, aber das Internet der Dinge, ist ein System der allmählichen Entmündigung. Und die NSA die den 1% der Goldman-Sachs-Plutokraken gehört, die wollen ja sogar das ihr euch Internetmäßig Transparent zeigt, das ist nicht mehr der amerikanische „Im Bad im Nationwide, ZZ-Top Urwald", nein, das ist ausspionieren um Macht über euch zu haben. Und man will Macht über andere haben um sie auszubeuten und zu verblöden sie sozusagen Internetmäßig in die Steinzeit bomben.

Soo das wars erst mal mit den Zitaten.

Ende für heute. Have a Nice Starbucks Coffee ohne Steuern zu zahlen für die 1% der US-Goldy Goldy Sachs Politikkkker.

Dienstag, 5. November 2013

Das menschliche Tun global mitgeteilt über die unterschiedlichen Medienwege, ist schon beeindruckend. Gigantisch wie viel Morden, Betrügen, Lügen, Täuschen von diesen Medienzensoren in den Vordergrund gespült werden. Denn das ist ihr Ziel ausschließlich das Übelste zu verwerten. Das Gute Liebende das wäre für das Mental des Raubmenschens einschläfernd, da wird das Raubtierego schläfrig und zeigt sich gelangweilt. Es will Aktion und Spannung und Zoff oder auch Zott.

Ich hatte mal in München gelebt und darüber habe ich auch ein Buch geschrieben mit dem Titel: Modernes amerikanisches Management in München. Dort erlebte ich die kriminellen Aktivitäten amerikanischer Managerirrer, und musste zuletzt mit Europas größter Privatdektei aus London zusammenarbeiten. Aber ich lernte auch die Denkweisen der Redakteure von Stern und Spiegel in München kennen, wo eindeutig Artikel genommen wurden die das Übelste was gerade angeboten wurde veröffentlichten. Mit dem Liebenden können Raubmenschen noch gar nicht viel anfangen. Das ist für sie so als ob das was Abstraktes wäre, sogar außerirdisches fremdes. Und dementsprechend sind ja auch die Aussagen der bornierten Politikersekten unterschiedlicher Parteistrategen, die sich in den Vordergrund geredet haben aber innerlich nicht mal 1% in Übereinstimmung mit ihren Worten sein können. Die Sophisten regieren und Sophisten sind ja jene die denken es gäbe keine Wahrheit, sie bezeichnen sich also selber als die Lüge. Und das ist Politik heute global. EMPÖRT EUCH INTENSIVER

Edward Snowden wird deshalb von der US-Militär-Goldman – Sachs-Regierung als Krimineller bezeichnet, weil nämlich die US-Regierung genau das ist, Kriminell, und das darf Edward Snowden nicht preisgeben. Aber Ich sehe das ja Guantanamo, Foltergefängnisse, WikiLeaks Berichte, Krieg in Irak mit dem Chaos heute und so weiter und so weiter. In England ist nun sogar vom britischen PrimeBeafMinister verlautet worden das dem englische Journalismus verboten wurde wird, mehr von Snowden zu veröffentlichen. Und das englische Kriegs-Geld-System-ist ja der Aufbau des US-Geld-Systems. Und die europäische Kommission ist das RaubTier das diese Geld-Banker-Interessen dieser beiden US-England-Bankerinteressen und der dranhängenden Wirtschafszweige total undemokratisch in Europa ausführt.

Es ist also gar nicht so einfach mit seinen Gedanken und Vorstellungen einer Liebenderen Gemeinsamkeit Verbündete zu finden, wenn man hier so wie ich, alleine, vor dem Computer sitzt und dieses Buch schreibt, mit dem Wissen was da im ganz, ganz, ganz, ganz, großen Maßstab schon gemacht und noch gemacht werden soll und was sich dazu noch dadurch ergeben wird. Wobei die 99% sozusagen am Arsch sind verarscht sind durch diese, seitdem es Lebensformen auf der Erde gibt, Tatsachen. Und trotzdem wird das RaubTier Mensch irgendwann mal zum Menschen. Das materialisieren einer frischen Spezies ist ein Kinderspiel konzipiert aus den höheren Welten in denen die Einzelteile erarbeitet werden.

Die Raubtiergemeinschaft der Raubtiermenschen auf der Erde könnte aber auch wenn sie das Gleichgewicht sowohl global in der Natur als auch das Gleichgewicht gesellschaftlich nicht schafft, kosmisch ausgelöscht werden, weil das Experiment Raubmensch auf der Erde am Arsch der Welt landete. Das Menschen habgierig sind ist etwas ganz natürliches, das sie bösartig sind auch, auch das sie Lügen Betrügen und der ganze Moralmist der dazu aufgewirbelt wird.

Gier ist eine kosmische Schaffensenergie ohne Licht., aber die Gier hat ihren Sinn in der Evolution. Man kann ja schließlich keine Perlen vor die Säue werfen. Na gut man kann schon aber was bringt das schon. Also erst wenn die menschliche Sau erkennt was eine Perle für eine Schönheit hat, im metaphorischen formuliert, macht es auch Sinn Gier zu entschleunigen. Und es ist ja schon viel mehr Licht auf die Erde gekommen. Aber die Erde wird immer, außer sie selber würde transparenter werden, was aber nicht ihr Weg ist, eher kälter, ein Planet bleiben der ziemlich dunkel ist. Und somit ist die Erde bloß eine Durchgangsstation auf dem Weg woanders hin und zwar zu den höheren Welten. Aber dahin kommt man nur wenn man das RaubTier innerlich transzendiert hat und zum wahren Menschen geworden ist, und der wahre Mensch ist das Ebenbild Gottes auf der Erde. So der Körper des

Menschen wird verfeinert werden er muss sozusagen die dicke Haut des Neandertaler Goldschatzes ablegen was er ja bis heute auch gemacht hat. Aber die von der Angst getriebenen 1% Armseligen haben sich nun selber verblödet sogar mit Doktortitel und Professorenhütchen Tütchen.

Anfang Zitat
„NSA-Affäre Friedrich will Snowden kein Asyl in Deutschland gewähren Auch der designierte FDP-Vorsitzende Christian Lindner sprach dem früheren US-Geheimdienstmitarbeiter diesen Status ab: Ihm Asyl zu gewähren, wäre „das Kündigungsschreiben für die transatlantische Partnerschaft", sagte Lindner der Berliner Zeitung. (Die FDP Halbirren mit ProfTitel,durchgeknallte wirre Irre Menschheitsverblöder,denn was kann das schon für eine Partnerschaft sein,außer das der Partner Anschafft,sich prostituiert für den sogenannten Partner,du FDP Irrenanstalt Lindnerchen,du Gossenfurz der Ignoranz)
Sorgen um transatlantisches Bündnis
Dagegen versuchte nach Kanzlerin Angela Merkel (CDU) auch Außenminister Guido Westerwelle (FDP), die Spannungen, die der NSA-Abhörskandal im deutsch-amerikanischen Verhältnis ausgelöst hat, zu entschärfen und warnte vor den Folgen einer Aufnahme Snowdens. „Bei allem Ärger, eine gute Partnerschaft mit den USA ist unersetzbar", sagte der FDP-Politiker Spiegel online. „Auf beiden Seiten des Atlantiks müssen wir jetzt darauf achten, das Verhältnis nicht dauerhaft zu beschädigen." Auch Regierungssprecher Steffen Seibert hatte erklärt, das transatlantische Bündnis bleibe für Deutschland von überragender Bedeutung." Ende Zitat
Hier kann wunderbar gesehen werden welche Vollblutignoranz die unter Dauerwellendruck stehenden Doktoren und Professoren und Diplomträger stehenden Politiker haben. Die können gar nicht mehr einen inneren Horizont haben der zumindest 5 Zentimeter über ihr Gesichtsfeld liegt. Nein der Horizont liegt innerhalb ihres schmalen Schädels und das ist Armut geistige Armut und totale geistige Sonnenfinsternis. Also die FDP Vortänzer der Vollblutignoranz die haben ja nun wirklich seit Genscher keinen Buddhabauch mehr zum Vorschein gebracht. Und dieser Patrik Lindner der ist so borniert dieser Halbaffe im Denken und sophistischen Worturwald, das der gar nicht merkt und UNI mäßig wohl nie wusste das Worte purer Schwachsinn sind wenn sie aneinander gereiht werden und Wirkung zeigen sollen. Worte aus dem Hirn sind Abstraktionen ohne Liebe das soll ja wissenschaftlich sein. Also der Patrik Lindner der verblödet jetzt

schon wieder die zukünftige Irrenanstalt genannt FDP.

Seibert sabbert so als ob er da auf der Bank sitzend die Zuschauer im Zoo der Politik eine Banane zuwirft. Aber in der Menschwerdung geht es genau darum Stinkbomben zu werfen und Sand in das Getriebe der Ausbeut und Kriegspolitik und falscher Freundschaften zu bringen, damit mehr Klarheit zum Vorschein kommt. Denn Amerika kann gar nicht ohne die Europäer sogar nicht mal ohne Deutschland das kleine Ländchen auf der Erde.

Es sind doch bloß Worte von Politiker zu Politikkkker denn die Bevölkerungen haben doch das was die 1% der Giergesellschaftsbesitzer besitzen, gar nicht konzipiert, das wurde doch in deren Wirtschaft und Banketagen mit ihren gekauften politischen Systemen ausgedacht.

Die Bevölkerungen sind doch ausschließlich weiterhin das Fußvolk der Moderne zum Handy kooofen zum Internetschwooofen zum Starbucks Fuck You Kaffeetrinken oder zum Eliten Universität ausbilden.

Die Elite des Geldes ist nicht die USA auch nicht Europa England oder Deutschland und deren Bevölkerungen. So Lindners Wurstkopfaussagen sind sogar noch blöder geworden als er schon während der Regierungszeit andere Bevölkerungsschichten angepisst hatte. Arme FDPler.

Es geht doch genau darum den Filz zu entfilzen damit Licht da rein kommt. Und dieser bodenlose hirnlose Megaschwachsinn der immer von Politikern gelabert wird ,von wegen wenn dies und   jenes und solches dann ist Deutschland dann ist die USA dann ist China dann ist England dann ist Fronkreich, das ist blöde unbewusstes Geschwafel von den dementsprechenden Gemütern dieser Raubtiermenschen. Man kann da einfach auch wunderbar zusehen wie jetzt in dieser Edward Snowden Zeit, also der deutsche Innenminister und andere Politiker der CDU und SPD überhaupt Politiker sich noch nicht davon befreit haben den religiösen Denkstrukturen zu entledigen. Die labern unbeschreiblich oft von ICH GLAUBE. Das ist ja nicht ein Funke Bewusstsein das ist Tiefschlaf im Kopf. Tiefschlaf im Gehirn. Die sagen also andauernd ich weiß nicht könnte sein es ist wohl auch unwahr aber hauptsächlich weiß ich es nicht. Das ist doch Glaube. Mehr nicht, und die Gläubigen sollen das doch auch weiterhin so formulieren und denken, denn dadurch suggerieren sie ihrem Bewusstsein das sie dumpfe unwissenden bleiben wollen und es wird kein weiterer Lichtstrahl zur Erleuchtung zum Vorschein gebracht. Kein Weckruf.

Wenn wegen Asyl für Snowden die politische militärische Goldman Sachs Sekte nun mit den bekloppten Krauts nichts mehr zu tun haben will, kein

Problem. Dann hatte die Zusammenarbeit sowieso ihr Ende erreicht und etwas Besseres wird erscheinen. Für beide Seiten wünsche ich mal so. Also das ist wirklich Raubtiermenschen in ihrer Totalblödheit die aber die Menschheit führen wollen. Das kann ja nur zum Arsch der Welt führen. Und was ist schon ein Barack Obama der von durchgeknallten Schwedischen Dynamitpreisgeldern öffentlich ausgezeichnet wurde, wert, da er sich ja größtenteils als Baracke Ohhblahblah präsentiert. Eloquenz im Wort und Verhalten ist bloß höfisches Getue mehr nicht. Mit einem Lächeln im Arsch kannst du heute viel erreichen. Ist Ohhblahblah die Baracke nicht ein Mensch der Politiker werden wollte aber für die afrikanische Urgemeinde mal eine Bedeutung hatte. Die Hautfarbe ist bloß Pigmentierung obwohl das ja leichter gesagt wird als es zu erleben ist, und ich möchte nicht in Russland leben. Aber womöglich kommt der russische Egotrip also die zukünftige Leiche herrscht doch noch irgendwo hin. In das Grab auf jeden Fall.

Es ist halt das Zeitalter der Spaltung des Atoms und seiner Spaltungsgedanken global. Es ist also das Zeitalter der lebenden Toten also der zukünftigen Leichen die heutzutage denken regieren und Schätze für das Grab anhäufen. Das kann ja noch was werden. Deshalb ist ja damals auch der Grieche am Tage mit einer Lampe herumgelaufen und hat nach Menschen gesucht. Die sind nämlich noch nicht in der Mehrzahl vorhanden auf der Erde. Es regieren noch die Raubtiere die Raubmenschen.

Aber wer Bio kauft ist sicher. Aber der Filz zwischen Politik und Konzerne der muss durchleuchtet werden. Denn über das Essen ist das RaubTier Mensch sehr stark beeinflussbar. Und vergesst nicht die Schlechtkost Firmen wie Nestle und Unilever und die anderen Kunstfraaßtüten der Erde. Die sitzen mit ihren Konzernaffen mit am Verhandlungstisch der Politik und in den USA dort ist Konzernpolitik Regierungspolitik. Das ist in Deutschland aber auch so und England auch und Fronkreich auch und in China auch und Russland und so weiter auch. Und so führen die Firmen ihre eigenen Prüfungen durch die sie zuvor selbst geschrieben haben und werden dafür noch mit Steuergeldern bezahlt und subventioniert. Und die Ergebnisse erfahren nur die Behörden, sie bleiben der Öffentlichkeit verborgen weil das alles Betrug am gesunden Leben ist.

Wer Bio kauft ist sicher.

Und aus dieser Bionatur sind unsere gesamten Vorfahren entstanden nicht aus dieser Monsanto Bayer BASF Kotze dieser Gruppe von IG-Farben-Fanatikern gegen das menschliche und pflanzliche Leben und das ist

Faschissmus pur, Faschismus bloß verlagert. Aber wenn zum Beispiel die Staaten einen totalitären Goldman Sachs Monsanto Staat haben würden, würd es sofort Vollblutfaschismus in dem Land etabliert werden. Weil diese Menschen diese Firma das ja schon leben. Gegen den Rest der Bevölkerungen und Natur. Es fehlt ihnen nur wie in den Jahrhunderten und Jahrzehnten zuvor die totale Einflussnahme eines Politikers oder Gruppen von Politikkkker die Firmenfaschismus wie er in den USA gelebt wird politisch total anbetungswürdig vermarkten und die USA ist dafür prädestiniert so blöde wurden die bisher schon von diesen Firmen gezüchtet im Sinne der IG-FarbenMethodik.

Heute ist es ein weitverzweigtes Bankenkonglomerat das diese Form des Faschismus über den Weg der Suchtmittelnahrung und Schlechtkostnahrung und Vergiftung der Pflanzen und Umgebung praktiziert. Ihr müsst euch bewusst werden das Töten Faschismus ist. Der Begriff Faschismus ist bloß ein anderes Wort für RaubTier das tötet und zwar seine Gegner. Und das tut Monsanto Bayer BASF und die anderen Giftunternehmen. Ganz abgesehen von der Militärindustrie. Die aber alle von Familien unterstützt werden denen diese Firmen gehören auszuschließenden denen gehören die BankerFamilien. Also Geld. Ihr könnt es drehen wie ihr wollt. Geld muss aus der Gier der Raubtiermenschen verschwinden. Weil es kontrolliert und gehortet werden kann, in einem irrwitzigen Glaubensinferno der Vollblutunbewusstheit des gebildeten kulturellen gepflegten Menschens HoohOho.

Wer Bio kauft ist sicher.

EMPÖRT EUCH INTENSIVER

Ausschließlich Biolandwirtschaft muss weiterhin etabliert werden. Unsere Vorfahren wären sonst gar nicht in der Lage gewesen bis heute das alles aufgebaut zu haben. Eben weil sie physisch gesund waren abgesehen von den Krankheiten wenn Raubtiere sich zu Menschen entwickeln in ihrer damit dranhängenden Vollblutignoranz.

Aber es gibt ja schon diese Experimentelle Evolution eines Biochemikers aus Berlin. Der hat nun also zum ersten Mal neue Lebensformen gezüchtet. Und die Industrie ist schon sehr geil darauf diese neuen Bakterien und was es dann sonst noch geben wird für ihre Schlechtfraaßprodukte zu verwenden. Olleeee.

Manager wo sind die nächsten Milliarden die Berge von Gold die Gewinne in Mount Everest Bergen. Wo sind die Gigabillionäre die alles Geld an sich gezogen haben.

Weitere Zitate:

Das Prinzip

Die gerichtete In-vivo-Evolution – optimiert, robust, ohne Gentechnik

Die von durakult entwickelte gerichtete In-vivo-Evolution ermöglicht es, Mikroorganismen für Produktionsprozesse in der Lebensmittel- und Chemie-Industrie zu optimieren.

Dieses einzigartige, patentierte natürliche Züchtungsverfahren ist völlig frei von Gentechnik. Die Mikroorganismen passen sich schrittweise während einer Langzeitkultivierung durch

- horizontalen Gentransfer im Biofilm
- Mutagenese
- natürliche Mutationen

an den von Ihnen gewünschten Parameter an.

Es setzen sich die Mikroorganismen durch, die am besten an die gewünschten Umweltbedingungen angepasst sind – und das sind die Anforderungen unserer Kunden. Nur diese Zellen werden von durakult geerntet und als robuste Spezialisten in die Produktionszweige unserer Kunden reintegriert.

Experimentelle Evolution anno Darwin

Charles Darwin (1809 bis 1882) glaubte, nur die Zuchtwahl durch den Menschen – etwa für neue Haustier-Rassen – beobachten zu können, nicht aber die natürliche Evolution, weil die sich zu langsam vollzöge. Doch schon zu seinen Lebzeiten wurde er widerlegt – von Reverend William Henry Dallinger (1839 bis 1909), der zugleich Priester der englischen Methodistischen Kirche und Präsident der Royal Microscopic Society war. Er untersuchte als einer der Ersten den Lebenszyklus einzelliger Organismen unter dem Mikroskop. Und er baute eine trickreiche Apparatur, in der er einzellige Organismen in einem Wasserbad hitzetolerant züchtete. Am Ende des Experiments lebten sie in einer 70 Grad Celsius heißen Nährlösung. Darwin fand die Resultate, über die Dallinger ihn unterrichtete, „extrem interessant".

Experimentelle Evolution

Experimentelle Evolution von Biokatalysatoren, Stoffwechselwegen und Organismen in vivo

Zur experimentellen Evolution von Organismen, Zellen und Enzymen werden überwiegend ex vivo Techniken eingesetzt. Dabei wird mit molekularbiologischen Methoden die Information für Proteinmoleküle aus einem Organismus isoliert, im Reagenzglas chemisch verändert und dann wieder in einen Organismus eingebracht, wo sie für die Produktion veränderter Proteine sorgen kann. So entstandene Varianten werden isoliert und mit mikrobiologischen oder enzymatischen Analysen für gewünschte Änderungen gescreent. In vitro Ansätze sind durch die Kombinatorik zu erzeugender Variationen limitiert. Hoher Arbeits- und Kostenaufwand für die molekularbiologischen Arbeiten und die Konstruktion und Durchführung funktioneller Screens sind weitere kritische Faktoren.

Wir haben eine automatisierte Kulturtechnologie entwickelt, welche die Proliferation von Zellen in Suspension unter strikt kontrollierten selektiven Bedingungen über unbegrenzte Zeiträume erlaubt (Marlière, Mutzel: Pat. DE29821682U1 und internationale Patente). Unsere Vorrichtung ist ein „Fluidics Device" von ähnlicher Komplexität wie ein DNA- oder Peptid-Synthesizer. Ihre Funktionsweise stellt sicher, dass (i) eine Population von Zellen in Suspension zu jedem Zeitpunkt erhalten bleibt und (ii) residente, adaptiv statische Zellen, die in irgendeinem Teil der Apparatur verbleiben oder an Oberflächen haften, vollständig zerstört werden. Statische Varianten waren bislang das prinzipielle Hindernis der permanenten Proliferation von Zellen in Chemostaten oder Turbidostaten. Dies wird durch unser Verfahren vollständig ausgeschlossen.

Wir können ein Regime konstanter Zelldichte (Turbidostat) über unbegrenzte Zeiträume (Jahre) aufrechterhalten und unter strikt kontrollierten selektiven Bedingungen die Wachstumsrate von Zellen erhöhen. Als evolvierendes genetisches Material können gesamte Genome von Organismen, isolierte Teile von Genomen auf Vektoren, gentechnisch veränderte Versionen natürlicher Gene, synthetische Gene oder kombinatorische Sequenzbibliotheken verwendet werden. Beispiele für Anwendungen sind die Isolierung, Anreicherung und Verbesserung natürlicher Varianten oder gentechnisch erzeugter Stämme, die ein chemisches Produkt (z.B. ein Zwischenprodukt chemischer Synthese oder ein Umweltgift) metabolisieren können, die gerichtete Verbesserung von Enzymen oder Stoffwechselwegen oder die Adaptation von Zellen an physikalische, chemische oder biologische Stresssituationen (de Crécy-Lagard, Bellalou, Mutzel, Marlière: BMC Biotechnology 2001,1 :10).

Im Gegensatz zu klassischen Chemostat- oder Turbidostatexperimenten (bei denen residente Subpopulationen unbekannter Eigenschaften und von Enzymen oder Stoffwechselwegen oder die Adaptation von Zellen an physikalische, chemische oder biologische Stresssituationen (de Crécy-Lagard, Bellalou, Mutzel, Marlière: BMC Biotechnology 2001,1 :10).

Im Gegensatz zu klassischen Chemostat- oder Turbidostatexperimenten (bei denen residente Subpopulationen unbekannter Eigenschaften und Größe selektioniert und konserviert werden) oder zur seriellen Subkultur (bei der Populationen evolvierender Zellen periodisch durch lag-, logarithmische und stationäre Phasen sowie in jedem Zyklus durch einen „Flaschenhals" kleiner Individuenzahlen gehen) sind Adaptationsprozesse in kontinuierlichen Kulturen großer Populationen homogen suspendierter Zellen mathematisch vollständig und exakt beschreibbar und genetische Veränderungen können mit prinzipiell beliebiger Genauigkeit analysiert werden.

In der 3sat-Sendung „scobel" vom 24. November 2011 (http://www.3sat.de/page/?source=/scobel/158528/index.html) gibt es dazu auch Stellungnahmen von Prof. Mutzel.

Wer Bio kauft ist sicher.

EMPÖRT EUCH INTENSIVER

Experimentelle chemische Evolution eines Bakteriums gelungen

3. Juli 2011, 15:22

Forscher züchteten Escherichia coli mit 5-Chloruracil anstatt Thymin im Erbgut.

Einem internationalen Team von Forschern ist es gelungen, einen Mikroorganismus zu erschaffen, in dessen Erbinformation ein grundlegender Baustein durch ein synthetisches Element ausgetauscht wurde. Während die Wissenschaftler die drei Basen Adenin (A), Cytosin (C) und Guanin (G) in der DNA von Escherichia-coli-Bakterien beibehielten, ersetzten sie den vierten Baustein Thymin (T) durch 5-Chloruracil, einem synthetischen, für andere Organismen giftigen Baustein.

Experimentelle Evolution

An den von Rupert Mutzel von der Freien Universität Berlin und Philippe Marlière von dem US-amerikanischen Biotechnologie-Unternehmen Heurisko koordinierten Arbeiten waren Wissenschaftler des französischen

Commissariat à l'énergie atomique et aux énergies alternatives (CEA) und der Katholieke Universiteit Leuven (Belgien) beteiligt. Schlüssel für das Experiment war ein von Mutzel und Marlière entwickeltes Verfahren zur experimentellen Evolution von Organismen unter strikt kontrollierten und hoch selektiven Bedingungen.

Dabei wurden große Populationen von Zellen über viele Generationen in Gegenwart von gerade noch tolerierten Mengen einer toxischen Substanz - hier 5-Chloruracil - gezüchtet. Die Konzentration der Substanz wurde automatisch immer dann erhöht, wenn genetische Varianten auftauchten, die größere Mengen davon tolerierten. Mit diesem Verfahren wurden Escherichia-coli-Bakterien, die gentechnisch so verändert waren, dass sie die natürliche Base Thymin nicht mehr herstellen konnten im Lauf von etwa 1.000 Generationen daran angepasst, als Ersatz für Thymin ausschließlich Chloruracil zu verwenden.

Wie die anschließende Analyse der evolvierten Genome zeigte, kam es während des Anpassungsprozesses zu vielfältigen Veränderungen in der DNS der Bakterien. Welchen Beitrag einzelne dieser Mutationen zur Anpassung an das Chlorderivat liefern, soll in Folgearbeiten untersucht werden.

Nutzen und Gefahr der synthetischen Biologie

Von Eingriffen in die grundlegende Chemie lebender Systeme erhoffen sich die Wissenschaftler neue Erkenntnisse für die Grundlagenforschung. Derzeit werden Chancen und Risiken der „synthetischen Biologie" lebhaft diskutiert. Diese junge Disziplin in den Lebenswissenschaften setzt sich zum Ziel, nicht in der Natur vorkommende Organismen zu erzeugen, deren Stoffwechsel zum Beispiel für die Erschließung alternativer Energiequellen oder die Herstellung von Wirkstoffen angepasst ist. Eine absichtliche oder unabsichtliche Freisetzung solcher synthetischer Organismen könnte - ähnlich wie es bei gentechnisch veränderten Organismen befürchtet wird - natürliche Lebensformen gefährden, sei es durch direkte Konkurrenz oder durch Übertragung von „synthetischem" Erbmaterial.

Wie bei der Nukleartechnologie wird auch diese neue biologische Technologie der physikalischen Eindämmung keinen hundertprozentigen Schutz vor Freisetzung bieten können. Dagegen könnten synthetische

Organismen, die wie die jetzt beschriebenen experimentell evolvierten Bakterien zu ihrer Vermehrung auf Substanzen angewiesen sind, die in der natürlichen Umwelt nicht vorkommen oder deren Erbmaterial natürlich nicht vorkommende Bausteine enthält, nicht mit natürlichen Organismen konkurrieren. Sie könnten auch keine Gene mit diesen austauschen, sie würden in Abwesenheit der nicht in der Natur vorkommenden Substanzen, der Xenobiotika, zugrunde gehen. (red)

Zitat Ende

Wer Bio kauft ist sicher.

EMPÖRT EUCH INTENSIVER

Mittwoch, 6. November 2013

Ich hoffe dein Tiefschlaf war erholsam, denn der Deutsche Bundestag hat heute beschlossen Banken auszuspionieren und die Pharma Mafia auszuspionieren, und auch die Psychiatrischen Kliniken und Irrenanstaltsbereiche, der Bundestag hat auch beschlossen die Energiekonzerne abzuhören und auszuspionieren, als auch die Chinesische kommunistische Partei mit ihren Millionären und Industriellen Besitzern, sogar die Saudies sollen nun ausspioniert werden, als Tüpfelchen auf den Euro hat man auch beschlossen die USA Politiker abzuhorchen und deren plutokratische Elite der Rothschildkartelle und deren Familienbesitzer als auch der Rockefellersysteme und deren Besitzer. Tatsächlich soll nun auch die Oma Queen in England abgehorcht werden ob sie etwaige Herzbeschwerden haben könnte deswegen überwacht man deswegen auch gleich die englischen Politiker und deren Lords und Lädies.

Und wegen der Mutation von Barack Obama zu Baracke Ohblahbla, was ja kein Weltwunder ist, wenn man bedenkt solch ein Mensch unterstützt das Recht Amerikas andere Länder zu überfallen um seine Energiegier zu befriedigen oder nimmt sich das Recht rechtsfreie Flächen zu schaffen damit die Eliten im Militärpolitik und Lebensmittelhorros dort wie im KZ Faschismus wüten können also das RaubTier lässt grüßen.

Aber man hat nun verstanden wenn also ein Präsident und jeder Präsiden mutiert egal in welchem Land, in diesem Falle also OHhblahblah, der in seinen sophistischen eloquenten Reden global von dem amerikanischen Volk redet, oder Chinesischen oder Englischen, oder Französischen, dann stimmt das nicht, das ist unwahr, denn es wird ausschließlich von den 1% geredet der Banker-Industriellen. Man hat nun verstanden dass sowas verboten werden muss und es im UN Rat der OhnMächtigen vorgetragen. Es muss verboten werden in solchen Plattitüden zu reden solchen platten Reifen zu labern. Denn es gibt keinen Politiker global, der ein Volk oder die Menschheit vertritt. Politiker sind ausschließlich Industrieorgane. Das muss beendet werden. Das stand heute nicht in der Bild am Montag oder der Zeit Online weder noch in den englischen Medien oder Chinesischen und russischen. Aber dafür stand das in den Medien:

Zitat Anfang

Der größte Unterschied zu den USA ist: Deutschland und Rumänien erinnern sich noch daran, dass es schreckliche Konsequenzen hat, wenn sich Geheimdienste gegen das eigene Volk richten. Die NSA dagegen glaubt immer noch, ein Gottesgeschenk an die Menschheit zu sein.

Wenn die Deutschen wissen wollen, ob der deutsche Geheimdienst seinerseits andere Staatsoberhäupter ausspioniert, sollten sie den BND-Präsidenten Gerhard Schindler fragen. Aber man sollte nicht vergessen, ihn vorher an einen Lügendetektor anzuschließen. Spione lügen so beiläufig, wie andere Menschen atmen.

Zitat Ende

Nur Bio ist sicher und Demeter ist besser noch besser ist Demeter Vegetarisch.

EMPÖRT EUCH INTENSIVER

Zitat Anfang

NSA Empörung ist kein Machtersatz

Vergleicht man die Guillaume-Spionageaffäre von 1974 mit dem NSA-Skandal, zeigt sich: Der Aufschrei ist heute weit größer – wegen des Machtgefälles zu den USA. von Josef Joffe

Dies darf man von der Causa NSA nicht sagen. So begrenzt der Schaden, so gewaltig der Aufschrei. Weil der Horch-und-Guck-Wahn unter Freunden abläuft? Jeder Staat will, ja muss, herausfinden, was die lieben Freunde, die auch Rivalen sind, so vorhaben.

Überdies müsste der britische GCHQ und französische DGSE auch einiges abbekommen, denn sie stehen der NSA beim Scannen des weltweiten Digitalverkehrs nur wenig nach. Weil wir so enttäuscht von Obama sind, der sich wie ein europäischer Sozialdemokrat gab? Jetzt kreidet ihm CDU-Fraktionschef Kauder „Weltmachtgehabe" an, als wäre er ein Wiedergänger von George W. Bush.

Vielleicht liegt hier der Schlüssel zum Verständnis. Früher, im Kalten Krieg, brauchte (West-) Deutschland die Amerikaner aus einsichtigen strategischen Gründen, der Bedarf ist inzwischen gen Null gesunken. Geblieben ist aber ein quälendes Machtgefälle, und Macht signalisiert seinem Besitzer: Wir machen es, weil wir es können.

Normalerweise versuchen die Schwächeren, halbwegs auf Augenhöhe zu kommen. Die Deutschen, obwohl viertgrößte Wirtschaftsmacht, wollen nicht so richtig – verständlich angesichts des Gebrannten-Kind-Syndroms aus zwei Weltkriegen.

Aber Empörung ist kein Machtersatz. Man kann auch klein anfangen: mit der sträflich vernachlässigten Technik, die Handys abschirmt und digitales Ausspähen zumindest erschwert. Abwehr ist besser als Aufwallung. Dann lässt es sich auch gelassener mit den USA reden.

Kinder dürfen schreien, Erwachsene müssen Waffengleichheit herstellen. Auch im Umgang mit Freunden ist Respekt das beste Unterpfand.

(Es ist schon enorm zu lesen was Menschen so denken. Also das was Jesus auf die Erde brachte hat unter der sogenannten gebildeten Bevölkerung überhaupt keine Bedeutung und das gleiche ist ja bei den Religionsmanagern vom Vatikan angefangen. Das ist alles bloß benutzt um die Gier zu befriedigend. Das sind alles noch ungemein dumpfe Raubtiere geblieben. W.Schorat)

NSA-Überwachung.

Französische Ministerin will USA in Wirtschaftsspionage übertrumpfen

Da gegen Wirtschaftsspionage wenig zu machen sei, hat die französische

Handelsministerin zum Gegenangriff aufgerufen. Frankreich müsse einfach besser als die USA sein.

„Wirtschaftsspionage ist eine Realität", sagte die Ministerin. „Da nützt kein Jammern. Ich denke, wir müssen besser sein und besser organisiert." Bricq stellte klar, dass sie das Ausspähen von Regierungschefs befreundeter Länder nicht entschuldigen wolle. Wirtschafts-Informationen zu sammeln, sei aber Teil von Handelskämpfen. „Wir müssen besser sein als die Deutschen, die Briten und die Amerikaner", sagte die Ministerin.

Trotz der mutmaßlichen Abhöraktion des US-Geheimdienstes NSA gebe es keinen Grund, die Verhandlungen über ein transatlantisches Wirtschaftsabkommen mit den USA abzubrechen. Ihr sei kein EU-Land bekannt, das dies wolle. Die EU müsse ihren Datenschutz aber verstärken. Dazu gehörten Einschränkungen beim Austausch von in Europa gesammelten Daten mit nicht-europäischen Staaten durch beispielsweise Facebook oder Google.

Berichte, dass die USA massenhaft Telefonate und E-Mails ihrer europäischen Partner ausgespäht haben, haben zu diplomatischen Verwerfungen geführt. Frankreich bestellte den US-Botschafter ein. Nachdem bekannt wurde, dass auch das Handy von Bundeskanzlerin Angela Merkel überwacht wurde, tat dies auch Deutschland.

US-Geheimdienste USA weist Vorwurf der Wirtschaftsspionage zurück

US-Präsident Barack Obama hat mitteilen lassen, dass US-Geheimdienste lediglich zu Sicherheitszwecken genutzt würden. Die NSA spioniere nicht aus Wirtschaftsgründen.

Die US-Regierung hat sich gegen den Vorwurf gewehrt, sie würde ihre Geheimdienste zur Wirtschaftsspionage einsetzen. „Wir nutzen unsere Geheimdienstfähigkeiten zu Sicherheitszwecken", sagte der Sprecher von US-Präsident Barack Obama, Jay Carney. Auf Einzelheiten der Abhöraktionen des US-Geheimdienstes ging er allerdings nicht ein.

NSA-Skandal Großbritannien steht den USA bei

Die Snowden-Unterlagen zeigen: Auch der britische Geheimdienst bespitzelt europäische Verbündete. Die Geheimdienstkontrolleure im Parlament begrüßen das. von Matthias Thibaut

Beim EU-Gipfel vergangene Woche sah der britische Premierminister David Cameron ziemlich unentspannt aus, als über den Abhörskandal und die Aktivitäten der amerikanischen Geheimdienste gesprochen wurde. Wieder einmal waren die EU-Mitgliedschaft und die enge Partnerschaft mit den USA nicht so einfach zu vereinen. Nicht nur war Cameron wohl der Einzige, der versuchte, die Aktivitäten der amerikanischen Geheimdienste ein bisschen zu verteidigen. Er wollte auch nicht sagen, ob er vielleicht selbst Niederschriften der von den USA mitgeschnittenen Daten der deutschen Bundeskanzlerin gelesen hatte.

Zu den Fundamenten der britischen Sicherheitspolitik gehört bekanntlich die enge Zusammenarbeit zwischen dem Geheimdienst der Insel und dem der USA. Einige Fachleute gehen davon aus, dass im britischen Yorkshire am Militärstützpunkt Men with Hill NSA-Antennen stehen. Das Londoner Verteidigungsministerium bestätigt, dass man über alle Aktivitäten an dem Stützpunkt „voll informiert" sei. Das würde Cameron zum Mitwisser machen.

Noch ungemütlicher wurde die Situation für Cameron, nachdem aus Snowden-Dokumenten bekannt wurde, dass Großbritannien in Sizilien Glasfaserkabel angezapft haben soll. „Unvorstellbar und unakzeptabel", beschwerte sich der italienische Ministerpräsident Enrico Letta. Kritiker sagen, solche Aktivitäten Großbritanniens seien unvereinbar mit Geist und Buchstabe der EU-Verträge, die Staaten zur „loyalen" Zusammenarbeit verpflichteten. Die Briten fürchten bleibenden Schaden im Verhältnis mit den USA. Sie warnen, das Freihandelsabkommen mit den USA stehe auf dem Spiel, das Cameron mit Vehemenz anstrebt.

Die Briten stehen in der Geheimdienstdebatte den Amerikanern wohl näher als den Europäern. Seit Edward Snowden Details über die Aktivitäten der NSA und der britischen Abhörzentrale GCHQ publik machte und die Briten als Hauptakteur bei der Überwachung der transatlantischen Glasfaserkabel identifiziert wurden, hat eine massive Kampagne gegen den Guardian begonnen, der die Unterlagen Snowdens veröffentlichte. Direkt und indirekt setzte die Regierung die Zeitung unter Druck – unter anderem durch die symbolische Zerstörung eines Computers. Der britische Geheimdienstchef Andrew Parker warf den Journalisten indirekt vor, die Sicherheit des Landes gefährdet und Terroristen geholfen zu haben.

Mitglieder des Geheimdienstausschusses des britischen Parlaments, de facto der entscheidende Kontrolleur der Geheimdienste, verteidigten die USA: Ohne die Chance, E-Mails und andere Kommunikationen abzugreifen, hätten die Geheimdienste nicht jedes größere Terrorkomplott seit dem Londoner Anschlag von 2005 verhindern können, sagte der Vorsitzende des Ausschusses, Malcolm Rifkind vergangene Woche in einer Debatte zur Frage, „Ist Großbritannien ein Überwachungsstaat?".

US Atomwaffen sollen in Deutschland modernisiert werden

Die Aufrüstungspläne der US-Regierung sind umfangreicher als bisher bekannt. Einem Bericht zufolge werden auch in Deutschland stationierte Sprengköpfe überarbeitet.

USA wollen Deutschlands Industrie nicht mehr ausspionieren

Die USA gehen in der Spionage-Affäre in kleinen Schritten auf Deutschland zu. Frank-Walter Steinmeier sieht das Verhältnis zum Land in tiefster Krise seit Irak-Krieg.

Späte Abrechnung

Die US-Justiz holt sich im Zuge der Krisenaufarbeitung 13 Milliarden Dollar von JP Morgan. Ist bald auch die Deutsche Bank an der Reihe?

Als die Bosse von Amerikas Großbanken Anfang Oktober zu einem Treffen ins Weiße Haus kamen, fand Jamie Dimon sein Namenskärtchen an einem Platz in der Ecke – weitab von seinem Stammplatz bei vergangenen Zusammenkünften gleich gegenüber von Präsident Barack Obama. Auch sonst spürt Dimon, Vorstandschef von Amerikas größter Bank JPMorgan Chase, dass er seinen Status als Lieblingsbanker Washingtons eingebüßt hat. Im Zuge der Aufarbeitung der jüngsten Finanzkrise hat Obamas

Justizminister in monatelangen Geheimverhandlungen mit Dimon einen Vergleich erzwungen: Für irreführende Praktiken im Hypothekengeschäft soll J. P. Morgan 13 Milliarden Dollar bezahlen, allein neun Milliarden Dollar als Strafe. Die restlichen vier Milliarden sind für Hilfsprogramme für notleidende Hausbesitzer vorgesehen.

Die Summe setzt neue Maßstäbe. Noch nie hat ein einzelnes Unternehmen in den USA so viel gezahlt, um von einem Gerichtsverfahren verschont zu bleiben. Zum Vergleich: Von BP verlangte das Justizministerium eine Strafe von 4,5 Milliarden Dollar, nachdem die Ölplattform Deepwater Horizon im April 2010 explodiert war, was zur bisher größten Ölkatastrophe in der See geführt hatte.

Die Wall Street reagierte entsprechend entsetzt. Die Aufseher schlügen auf JP Morgan ein wie auf eine Piñata, empörten sich etwa Moderatoren des Börsensenders CNBC. Eine Piñata ist eine Papiermascheefigur, auf die bei mexikanischen Festen so lange eingedroschen wird, bis sie platzt und die Süßigkeiten in ihrem Bauch frei werden. Jim Cramer, ein ehemaliger Hedgefonds-Manager und Anleger-Guru, sprach gar von einem Dschihad gegen die Bank. Das Wall Street Journal kommentierte die „Morgan-Abzocke" mit der Empfehlung, statt die Bank zu verfolgen, lieber den einst für Regulierung zuständigen Senator Barney Frank ins Gefängnis zu schicken.

Schlussendlich könnten sich die 13 Milliarden Dollar aber als guter Deal für Dimon und seine Bank erweisen. JP Morgan könnte damit die meisten seiner seit der Finanzkrise schwelenden Verfahren beilegen. Die Rechtsstreitigkeiten drücken seit Längerem auf den Aktienkurs der Bank, weil Anleger Ungewissheit über die Zukunft nicht mögen. Das brachte Dimon auch Kritik von Großaktionären ein. Finanziell kann JP Morgan die Strafe ohnehin verkraften, in der Finanzbranche nennen sie Dimons Institut „Geldmaschine". Der Gewinn der Bank betrug im vergangenen Jahr mehr als 21 Milliarden Dollar, die Strafe entspricht gerade mal dem Gewinn von etwa einem halben Jahr. Zudem hat Dimon bereits Rücklagen über 23 Milliarden Dollar bilden lassen.

Für Justizminister Eric Holder ist der Vergleich ein wichtiger Erfolg, zumal er unter Druck geraten war, nachdem er im Frühjahr ein unglückliches Eigentor geschossen hatte: Obamas oberster Strafverfolger hatte öffentlich eingestanden, die Großbanken seien durch ihre enorme Bedeutung für die gesamte Wirtschaft für seine Behörde praktisch unangreifbar. Schnell machte die Formel „too big to jail" – zu groß, um im Knast zu landen – die Runde. Die Äußerungen des Ministers beschädigten die Glaubwürdigkeit der Justiz bei der Aufklärung der Hypothekenkrise.

Der Einigungsprozess dauerte nicht nur wegen Differenzen über die Höhe der Vergleichssumme so lange. Die Bank wollte vor allem verhindern, ein Schuldanerkenntnis zu unterschreiben. Ein solches Geständnis könnte nämlich für die Bank teure Folgen haben, es kann privaten Klägern bei ihren Schadenersatzklagen helfen. In früheren Vergleichsfällen waren die Aufseher bereit, gegen Geldzahlung auf ein Schuldanerkenntnis des betreffenden Unternehmens zu verzichten. Doch bei JP Morgan blieben sie bisher offenbar hart. (Bei Redaktionsschluss der ZEIT war der Vergleich noch nicht in allen Details abgesegnet.) Zudem wollen sich die Behörden die Möglichkeit offenhalten, einzelne Mitarbeiter von JP Morgan auch nach dem Vergleich strafrechtlich zur Verantwortung zu ziehen. Für das Justizministerium sei es wichtig, nicht als zu nachgiebig wahrgenommen zu werden, sagt Urska Velikonja, Professorin an der Emory University und Expertin für Wertpapierbetrug: „Der Vergleich soll eine klare Botschaft an die Öffentlichkeit und an die Branche schicken."

In der Bankenbranche kam die Botschaft auf jeden Fall an. Schließlich haben noch mehr als ein Dutzend weiterer Banken Rechnungen aus dem Hypothekendebakel offen. Ein zentrales Verfahren, das die Branche beschäftigt, ist die Klage der Federal Housing Finance Agency (FHFA), der obersten Aufsicht der öffentlich-rechtlichen Hypothekenaufkäufer Fannie Mae und Freddie Mac. Die beiden Institute hatten massenweise Hypotheken von Banken erworben und sie gegenüber Investoren weltweit garantiert. Weil viele Kredite platzten, mussten die Institute im Sommer 2008 mit 190 Milliarden Dollar Steuergeld gerettet werden. Die FHFA hat 2011 gegen 18 Banken den Vorwurf erhoben, Fannie und Freddie über die Qualität dieser Kredite getäuscht zu haben – und zeigte den betroffenen Instituten im

Juli, dass sie es ernst meint mit der Forderung nach Konsequenzen: Die Schweizer UBS einigte sich damals mit der FHFA auf einen Vergleich über knapp 900 Millionen Dollar. Die Summe fiel höher aus, als viele Beobachter erwartet hatten.

Nun ist die Frage, wer als Nächstes dran ist. Laut einem Bericht der Financial Times könnte es den JP-Morgan-Rivalen Bank of America treffen, es soll um eine Vergleichssumme von sechs Milliarden Dollar gehen. Auch die Deutsche Bank dürfte einen Vergleich anstreben, um sich der juristischen Altlasten zu entledigen, erwartet Peter Henning, Experte für Wirtschaftskriminalität und früher selbst Strafverfolger beim Justizministerium. „JP Morgan wird das Vorbild sein", sagt Henning.

Wie ein potenzieller Vergleich für die Deutsche Bank aussehen könnte, darüber gibt es nur Vermutungen. „Im Milliardenbereich" dürfte er liegen, erwartet angesichts der Aktivitäten der Bank im Hypothekenbereich zumindest die Expertin Velikonja. Eine Sprecherin der Deutschen Bank in New York wollte dazu keine Stellung nehmen. Auf jeden Fall hat die Bank ihre Rückstellungen für Rechtsstreitigkeiten bereits im Frühjahr um 600 Millionen Dollar erhöht, laut Financial Times, die sich auf Insider beruft – vor allem wegen der US-Hypothekenpapiere. Insgesamt meldete die Bank damit im ersten Halbjahr Rückstellungen in Höhe von drei Milliarden Euro.

(Ist es nicht wunderbar wie Verbrecherbankorganisationen die unermessliches Leid unter die Menschen gebracht haben und bringen sich einfach mit Geld freikaufen können. Was lerne ich daraus-die Löhne müssen mindestens verzehnfacht werden für den Fall der Fälle und damit könnten dann auch die Gefängnisse entfallen. W.Schorat)

JP Morgan Jamie Dimon rettet seinen Thron
Wegen dubioser und riskanter Geschäfte geriet der JP-Morgan-Chef in die Kritik. Er überstand das Misstrauensvotum der Aktionäre. Wer beschränkt nun die Macht der Bank?
Der größte Ablass aller Zeiten
Die US-Regierung treibt die Banken in immer teurere Vergleiche. Jüngstes

Beispiel: der bevorstehende Milliardendeal mit JP Morgan. Dabei gilt das Recht des Stärkeren.

Bald würde Goldman-Sachs - diesmal mit Hilfe einer Demokraten-Regierung noch einen weiteren Konkurrenten loswerden.

Wer aus der Obama-Administration kam nochmal von Goldman-Sachs?

<Zitate Ende>

EMPÖRT EUCH INTENSIVER

Denn wenn ihr das nicht macht werdet ihr weiterhin die Lohnsklaven der 1% bleiben. Und das ganze Sparen sollen spart Wasser Energie Heizung und so weiter das interessiert doch wohl keinen Plutokraten. Das ist ausschließlich das Armutszeugnis eurer Politiker und deren Wirtschaftsfilzereien mit Gigasubventionen. Wenn nicht zuvor eure Vorfahren sich mehr als empört hätten würde heute noch die Baracke OHblahblah oder der englische Schaumschläger britische Premierminister David Cameron eure Tochter anflicken weil das Leibeigentum noch herrschen würde; denn die hätten nie und genauso ist das heute die werden nie etwas an ihrer Situation ändern wollen; die wollen euch doch alle abficken. Und das ihr mehr für Wasserkosten Mieten und Land und Energie zahlen müsst; ist der verdienst der Plutokraken der 1%. Das müsst ihr klar erkennen und der mitmachenden Politiker die aber für euch da sein sollten, aber so ist das mit dem Glaube und Vertrauen da ist man ver-lassen W.Schorat

EMPÖRT EUCH INTENSIVER

NUR BIO ist sicher und Demeter ist besser noch besser ist die Tierhaltungslose Dreifelder Wirtschaft. Die ist am saubersten.

Zitat Anfang

Während Wettbewerb zwischen Unternehmen zu gesamtwirtschaftlich wünschenswerten Resultaten führt, ist Wettbewerb zwischen Staaten unproduktiv, ja sogar schädlich. Der Grund dafür ist simpel: Wenn Unternehmen konkurrieren, entstehen neue Produkte und effizientere Produktionsverfahren – mithin neue Quellen des Wohlstands. Stehen Staaten in Konkurrenz zueinander, wird Wohlstand verringert.

Wettbewerb ist was für Unternehmen, nicht für Staaten

Das liegt in der Natur des Wettbewerbs. Wo dieser herrscht, muss Scheitern möglich sein. Gescheiterte Unternehmen verschwinden vom Markt. Die Konkurrenz kann die Kunden übernehmen und zusätzliche Arbeitsplätze schaffen. Gescheiterte Staaten bleiben, und vor allem die Menschen, die in ihnen leben. Sie werden fortan mit deutlich vermindertem Wohlstand leben müssen. Mehr noch, um politische Destabilisierung zu vermeiden, werden sie womöglich sogar durch die übrigen Staaten finanziell alimentiert werden müssen.

Das macht deutlich, dass es keine strahlenden „Sieger" im Standortwettbewerb geben kann. Denn die Gewinner müssen mit hoher Wahrscheinlichkeit die Verlierer finanziell unterstützen, was im privatwirtschaftlichen Wettbewerb wohl kaum je der Fall sein dürfte.

Aus Sicht der Befürworter eines Standortwettbewerbs bleibt dennoch ein Gewinn. Er besteht in einer relativ dynamischen Wirtschaftsentwicklung mit guter Beschäftigungslage, die sich vor allem aus Investitionen und Exporten hochrentabler Unternehmen ergeben, die durch niedrige Lohnkosten, geringe Regulierungsdichte und niedrige Steuersätze angelockt werden. Das klingt erst mal gut, dürfte sich aber als Scheinblüte erweisen.

Am Ende verlieren alle

Denn dieser Wettbewerb ist durch dauerhaften Druck gekennzeichnet. Um einen Wettbewerbsvorteil zu wahren, und die Unternehmen zu halten, müssen vor allem die Steuersätze permanent niedrig bleiben. Auf diese Weise erodiert auf Dauer auch die Einnahmebasis eines Gewinnerstaates. Das macht sich schleichend bemerkbar, etwa durch eine verfallende Infrastruktur, für die wegen der gesunkenen Staatseinnahmen kein Geld mehr ist. Die Chancen auf Wachstum und Beschäftigung sinken. Auch der vermeintliche Gewinner verliert.

All dies spielt sich gerade vor unseren Augen ab. Die Verliererstaaten wie Zypern, Griechenland, Spanien, Irland und andere taumeln mitsamt ihren gescheiterten „Geschäftsmodellen" in einen wirtschaftlichen Abgrund und müssen von den anderen Mitgliedstaaten gestützt werden. Die Gewinner wie Deutschland sonnen sich noch im vermeintlichen Erfolg. Ihre öffentliche Infrastruktur leidet jedoch, die öffentlichen Kassen sind leer. Jeder Bahn-Kunde weiß, wovon die Rede ist. So wird wirtschaftliche Zukunft auf dem Altar einer Ideologie verschenkt, die den Standortwettbewerb zum Leitmotiv wirtschaftspolitischen Handelns erhebt.

Richtig wäre es stattdessen, die Wirtschaftspolitik in Europa stärker zu koordinieren. Es braucht gemeinsame steuerpolitische Rahmenbedingungen für alle Mitgliedsstaaten und weniger Steuerwettbewerb. Den Wettbewerb sollte man getrost Unternehmen überlassen. Sonst gibt es am Ende nur Verlierer.

Gesellschaft Welt der Scheinheiligen

Wir leben in Zeiten des Geltungsdrangs und der Selbstüberschätzung. Der Soziologe Thomas Druyen hat ein Buch darüber geschrieben – und es den »Treuen und Anständigen« gewidmet. Ein Gespräch Von Hanns-Bruno Kammertöns

4. November 2012 20:04 Uhr

DIE ZEIT : Der katholische Bischof von Limburg hat unlängst großen Zorn auf sich gezogen, weil er als Geistlicher allzu sehr an materiellen Gütern hängt. Ihm wird Verschwendungssucht vorgeworfen wegen des pompösen Umbaus seines Bischofssitzes und zuletzt auch wegen eines Flugs nach Indien in der ersten Klasse. Hätte Franz-Peter Tebartz-van Elst gut in Ihr Buch gepasst?

Thomas Druyen ist Soziologe und lehrt Vermögenskultur an der Siegmund Freud Privat-Universität Wien. Aufsehen erregten seine Studien zu Reichtum und demografischem Wandel.

Thomas Druyen: Ich bin Wissenschaftler, kein Richter. Aber so viel sage ich schon: Wenn im Ruhrgebiet die Kirchen schließen, wenn das geistliche Leben verarmt und Seelsorge nicht mehr finanziert werden kann, dann sind solche Nachrichten wie aus Limburg schwer zu ertragen. Aber wir sollten uns nicht an einzelnen Beispielen festbeißen, denn die Scheinheiligkeit hat viel verheerendere Dimensionen.

ZEIT: Man hat den Eindruck, es herrsche Scheinheiligkeit, wohin man sieht. Seien es gedopte Sporthelden wie der siebenfache Tour-de-France-Sieger Lance Armstrong, sei es der zurückgetretene Verteidigungsminister zu Guttenberg mit seiner erschlichenen Promotion, sei es der gestrauchelte Bundespräsident Christian Wulff mit seinen dubiosen Kontakten zu reichen Gönnern...

Druyen: Die Beispiele können wir endlos fortführen. Aber entscheidend sind die vielen Arten von Scheinheiligkeit. Da ist erstens die individuelle und manipulative Vortäuschung falscher Tatsachen, das reicht von der Hochstapelei über Plagiate bis hin zum Amtsmissbrauch. Die zweite Stufe betrifft das vorsätzliche Erwecken eines falschen Anscheins. Ob Sie den operettenhaften amerikanischen Wahlkampf betrachten oder die strukturelle Folgenlosigkeit von zwei Billionen Dollar Entwicklungshilfe. In allen Fällen handelt es sich um interessengebundene und kollektive Scheinheiligkeit. Die dritte Stufe hat systemischen Charakter: die Verschuldungs- und Entschuldungsakrobatik der Banken, die Tatsache, dass Nahrungsmittel zu Spekulationsobjekten verkommen, überhaupt die gemeinhin akzeptierte, salonfähige Ungerechtigkeit, dass die Welt in eine Handvoll Profiteure und ein unübersehbares Heer von Almosenempfängern aufgeteilt ist.

ZEIT: Glauben Sie, dass ein Buch gegen all diese Missstände hilft?

Druyen: George Orwells Satz, dass in Zeiten, da Täuschung und Lüge allgegenwärtig sind, schon das Aussprechen der Wahrheit einen revolutionären Akt darstellt, hat mich beflügelt. Die Gier nach Selbstdarstellung und die pathologische Sucht, alles nur aus subjektiven und vorteilbringenden Perspektiven zu betrachten, haben mich abgestoßen. Insofern habe ich vor drei Jahren begonnen, erst einmal die eigenen Standpunkte und das eigene Verhalten zu hinterfragen. Das war der Ausgangspunkt meiner Überlegungen.

Feigheit. Aber wer sind die scheinheiligen Menschen? Man sollte mit den Aufräumarbeiten immer bei sich selbst beginnen.

ZEIT: Sie haben Ihr Buch den »Treuen und Authentischen« gewidmet. Hat diese moralische Elite eine Chance, die Scheinheiligkeit aus der Welt zu schaffen?

Druyen: Die Menschen, die ich meine, sind keine Elite, sondern stammen aus allen Milieus. Entscheidend wird sein, ob wir die Scheinheiligkeit in ihrem systemischen Ausmaß begreifen. Ob wir erkennen, dass wir scheinheiliges Verhalten, wenn es vorsätzlich instrumentalisiert wird, hart sanktionieren müssen. Banker und Politiker zum Beispiel müssen bei erwiesenem Fehlverhalten zur Rechenschaft gezogen werden. Symbolische Akte der bloßen Strafandrohung sind schon Teil einer Scheinheiligkeit, die uns nur Sand in die Augen streut.

ZEIT: Sind aufgeklärte Menschen vor Scheinheiligkeit besser geschützt?

Druyen: Wissen und Klugheit können hilfreich sein. Aber der weitgehende Verzicht auf Scheinheiligkeit ist viel eher eine Charakterfrage. Es gehören Mut und Nehmerqualitäten dazu, das Schwierige dem Einfachen vorzuziehen. Die Verführungskräfte des Scheinheiligen sind wie eine Hydra, die uns allgegenwärtig umschlingt. Die große Kunst des Neinsagens ist nur mühsam erlernbar. Stellen Sie sich einen Politiker vor, der aufsteht und tatsächlich versucht, die Wahrheit zu sagen. Eins ist gewiss: Momentan könnte er keine Wahl mehr gewinnen. Solange die Zustände so paradox sind, bleibt die Scheinheiligkeit ein giftiges Gebräu.

ZEIT: Ist überhaupt jemand frei von Scheinheiligkeit? Gibt es einen Namen, den Sie ruhigen Gewissens nennen können?

Druyen: Hier kann ich nur von Menschen sprechen, die mir begegnet sind. Es gibt Personen, die relativ frei davon zu sein scheinen. Ihnen allen ist gemeinsam, sehr zurückgezogen oder einfach zu leben. Es sind wenige. Der

Dalai Lama zum Beispiel wirkte auf mich authentisch. Frei von Scheinheiligkeit sind oftmals jene Menschen, die sich im Alltag auf bodenständige Weise behaupten. Menschen, die weitgehend unabhängig sind von der Meinung anderer.

ZEIT: Kann man die Scheinheiligkeit selber überwinden?

Druyen: Es ist ein steiniger und mühsamer Weg, der vom Einzelnen abhängt. Es wäre lächerlich, hier eine Handlungsanleitung zu geben. Aber mir persönlich hat sehr geholfen, mir bei allem Handeln eine alte Maxime vor Augen zu halten, die da lautet: gesagt, getan. Wer das beherzigt, findet im Meer der Möglichkeiten seine eigene Bahn.

Kirche Erster Klasse neben Gott
Der Bischof von Limburg bringt die Katholiken gegen sich auf. Ein Glück.
Von Christiane Florin
6. September 2013 12:31 Uhr
Ein katholischer Bischof bezieht seine Macht von oben, nicht von unten. Der Heilige Geist – unter Beihilfe des Vatikans – trifft die Personalentscheidung, kein Kirchenvolk wird dafür zur Wahlurne gerufen. Wer auserkoren ist, dient der göttlichen Wahrheit, nicht der weltlichen Mehrheit. Von außen betrachtet, ist dieses Demokratiedefizit ein Skandal, die meisten Katholiken aber haben sich damit arrangiert. Was andere scheinheilig nennen, nehmen sie als Schrulle hin. Katholischsein ist die Balance zwischen Liebe zur und Leiden an der Kirche.
Wird Limburg zur Stadt der Liebe? Franz-Peter Tebartz-van Elst ist jedenfalls der erste deutsche Bischof, der öffentlich dafür kämpft, gemocht zu werden. Seit Monaten steht er in der Kritik, weil sein Bischofshaus deutlich mehr kosten wird als geplant, weil er First Class nach Indien flog und weil er eine weihrauchgesättigte Frömmigkeit pflegt. Wegen des Verdachts einer eidesstattlichen Falschaussage zum Thema Erste-Klasse-Flug ermittelt zudem die Hamburger Staatsanwaltschaft gegen ihn.
Vor zwei Wochen bekundeten Gläubige in einem offenen Brief ihren Unmut

über den Bischof. Am vergangenen Wochenende demonstrierte Tebartz-van Elst, ebenfalls in einem öffentlichen Brief, Reue. „Manches, was über mich gesagt und geschrieben wurde, hat mich verletzt", formulierte er. „Anderes hat mich auch nachdenklich gemacht und dazu beigetragen, dass ich einige Entscheidungen mitunter in einem anderen Licht sehe." Dem Schreiben voraus ging ein Besuch im Vatikan, dort hatte ihm der Chef der Bischofskongregation volle Unterstützung zugesichert.

Rückendeckung durch den Vorgesetzten ist oft die letzte Stufe vor dem Rücktritt, aus dem Gestützten wird schnell der Gestürzte. Wie glaubhaft kann Reue sein, die der Hauch des Kalküls umgibt? Der arme Sünder hat sich nicht in den Staub geworfen, sondern trägt den Kopf immer noch so weit oben, dass er bis Rom sehen kann. Halbherzig wirkt der Kampf um die Herzen, wenn er mit Wörtern wie „mitunter" geführt wird. „Lassen sie uns aufeinander zugehen!", fleht der Bischof. Solche Zeilen richten sich nicht nur an die Gläubigen, sie signalisieren vor allem in Richtung Vatikan: Ich kann Dialog. Wenn's unbedingt sein muss. <ZITATE ENDE>

EMPÖRT EUCH INTENSIVER
NUR BIO ist sicher und Demeter ist besser noch besser ist die Tierhaltungslose Dreifelder Wirtschaft. Die ist am saubersten

Zitat Anfang
Auch die Demokratie bedarf der Rechtfertigung
Auch Volksherrschaft ist Herrschaft, darum muss die Demokratie sich argumentativ rechtfertigen können. Als verfasste – konstitutionelle – Demokratie kann sie dies leichter denn als ungebundene.
Zwei Aspekte werden bei einem oberflächlichen Verständnis der Demokratie gern übersehen, einerseits, dass auch sie der Rechtfertigung bedarf, andererseits, dass eine überzeugende Selbstrechtfertigung eher von einer qualifizierten, genauer: konstitutionellen Demokratie als von einer simplen Volksherrschaft zu erwarten ist: Wie die Macht des Monarchen in einer konstitutionellen Monarchie, so ist auch die des Volkes in einer «verfassten» Demokratie keine absolute Macht. Der

Rechtfertigung bedarf die Demokratie, weil auch sie auf die Kerngrammatik des Zusammenlebens, das Recht, nicht verzichtet. Jede Rechtsordnung enthält aber Zwangsmomente, deutlich sichtbar im Strafrecht und in den Steuergesetzen, vielerorts in einer Wehr- und Ersatzpflicht, nicht zuletzt in zahlreichen Form- und Prozessvorschriften. Ihretwegen hat auch die Demokratie einen Herrschaftscharakter. Offensichtlich fällt die Legitimation einer Herrschaft leichter, wenn diese von den Betroffenen selbst ausgeübt wird. Hinsichtlich der Rechtfertigung von Herrschaft gibt es zu ihr keine ernsthafte Alternative. Als Selbstorganisation des Zusammenlebens besitzt die Demokratie einen uneinholbaren Legitimationsvorsprung.

Drei Dimensionen

Der grundsätzliche Vorsprunglich nicht jede Kritik an der konkreten Demokratie aus, denn der Abstand zum Idealbild ist häufig allzu groß. So droht die Gefahr, dass sich eine Art von politischer Klasse herausbildet, die zu einer Eigenmacht neigt und dabei die Verantwortung gegenüber den Bürgern und den Dienst am Gemeinwohl vernachlässigt. Zudem sind vor allem junge Demokratien gegen Rückfälle in Autokratie, Korruption und Gewalt nicht gefeit.

Die neuere Demokratiekritik tritt jedoch gern mit einem überzogenen Anspruch auf. Die These, dass wir beispielsweise die Idee einer Herrschaft des Volkes hinter uns gelassen hätten, «um die Idee der Herrschaft selbst in Frage zu stellen», so Colin Crouch in seiner Abhandlung «Postdemokratie», hat zwar viel Applaus erfahren. Weil sie aber die genannten, für jede Rechtsordnung unvermeidlichen Zwangsmomente unterschlägt, läuft sie auf eine klare Fehldiagnose hinaus. Und wer behauptet, die Demokratie müsse neu entdeckt werden, verkennt, dass es zu deren klassischen drei Dimensionen schwerlich eine Alternative gibt. Abraham Lincolns Formel, wonach Demokratie «government of the people, by the people, and for the people» sei, bringt diese Aspekte auf den Punkt. In der ersten Dimension tritt das Volk, von dem alle Gewalt ausgeht, herrschaftskonstituierend auf, in der zweiten Dimension herrschaftsorganisierend und in der dritten herrschaftsnormierend.

Die dritte Dimension widerspricht nun einem schlichten

Demokratieverständnis. Sie bindet nämlich die pure Volksherrschaft an verbindliche Vorgaben. Durch sie wird aus der sozusagen rohen Demokratie die – in der Regel ja auch praktizierte – konstitutionelle Demokratie, und mit dieser Beschränkung der Volksherrschaft kommt eine Spannung in den Demokratiebegriff. Das schlichte Verständnis erlaubte nämlich eine absolutistische, von aller Einschränkung freie Volksherrschaft. Dagegen richtet sich schon die von den «Kirchenvätern» der politischen Philosophie, Platon und Aristoteles, bekannte Demokratiekritik. Jenes kompromisslose Veto gegen eine ungebundene Volksherrschaft setzt der großes Anwalt politischer Freiheit, John Stuart Mill, mit seiner Warnung vor einer «Tyrannei der Mehrheit» fort – und die konstitutionelle Demokratie erhebt diesen Einspruch zu ihrem Prinzip.

Die Herrschaftsnormierung kann allerdings sowohl bescheiden als auch anspruchsvoll verstanden werden. Bescheiden ist ein «kollektives» Verständnis, das die Demokratie, namentlich als Rechts- und Friedensordnung, nur an die Vorgabe knüpft, der Gesamtheit zu dienen. Anspruchsvoll hingegen ist ein «distributives» Verständnis, wonach die Volksherrschaft jedem Einzelnen zugutekommen solle. Die Verschärfung der Legitimations-anforderungen beginnt mit dem Rechtsstaat, der Rule of Law, und steigert sich zum Trio der Menschenrechte: den negativen Freiheitsrechten, den Abwehrrechten gegen Übergriffe seitens des Staates und auch der Bürger, den positiven Freiheitsrechten (Sozial-, eventuell auch Kulturrechten) und selbstverständlich den demokratischen Mitwirkungsrechten. – Häufig ist uns die Anerkennung solcher Verfassungsvorgaben wichtiger als die Frage nach Mehrheitsverhältnissen. Wenn beispielsweise irgendwo gegen korrupte Justiz, Einschränkung der Pressefreiheit oder Behinderung von Nichtregierungsorganisationen protestiert wird und wir diesen Protest von aussen unterstützen, so fragen wir nicht, ob die Mehrheit des Volkes dem Protest zustimmt oder ihn ablehnt. Wir sprechen zwar von Verletzungen demokratischer Prinzipien, berufen uns aber eher auf die Rechtsstaatlichkeit, also auf den konstitutionellen Anteil im Demokratiebegriff, als auf die schlichte Volksherrschaft.

Die Verfassungsvorgaben beginnen, nehmen wir als Beispiel die Schweiz, mit dem Zweck des Gemeinwesens (Artikel 2 der Bundesverfassung) und setzen sich in «Grundrechten» wie der Menschenwürde (Artikel 7), der Rechtsgleichheit (Artikel 8), dem Schutz vor Willkür (Artikel 9) und dem Recht auf Leben und persönliche Freiheit (Artikel 10) sowie in vielen weiteren Bestimmungen fort. Gibt es nun, wie etwa in Deutschland, ein Verfassungsgericht, so taucht freilich eine zur «Tyrannei der Mehrheit» gegenläufige Gefahr auf: dass die Macht in einem erheblichen Maß vom Volk und von seinen Repräsentanten zur Justiz abwandert, die dann ihrerseits Politik betreibt.

Herausforderungen

Eine weitere Schwierigkeit der zeitgenössischen Demokratien ergibt sich aus einer facettenreichen Entmachtung. Teils findet sie freiwillig statt, etwa durch den Beitritt zu internationalen Organisationen und durch die Übernahme eines immer dichter werdenden Völkerrechts. Teils geschieht dergleichen ein Souveränitätsverlust – durch die fast zwangsläufige Entwicklung von Abhängigkeiten, beispielsweise in der wachsenden Verflechtung des Finanz- und Wirtschaftswesens, aber auch in der Forschung, ohnehin in den Sphären von Kultur und Tourismus.

Das Projekt «Volksherrschaft»

Nicht nur Finanzkrise und drohende Staatspleiten strapazieren derzeit die demokratischen Gemeinwesen. Gefragt und infrage gestellt ist die Fähigkeit zur politischen Gestaltung der Lebensverhältnisse, zur demokratischen Selbstbestimmung, zur Selbstregierung aller, die das Gemeinwesen bilden. Mit der Demokratie als Regierungs- und als Lebensform verbindet sich indes noch immer ein Versprechen. Es hat – in anderen Weltgegenden – Aufbrüche beflügelt, die möglicherweise freilich andere Formen der Demokratie hervorbringen als die klassischen. – In dieser Situation mag es nützlich sein, an das Projekt «Volksherrschaft» zu erinnern. Wir tun dies in einer lockeren Folge von Essays, die grundsätzliche Fragen in den Blick nehmen. Heute kommt der Tübinger Philosoph Otfried Höffe zu Wort. – Die bisher erschienenen Beiträge finden sich unter: www.nzz.ch/dossiers/feuilleton.

Hier taucht nun für die konstitutionelle Demokratie eine neue Herausforderung auf: Sie muss ihre Prinzipien bewahren, ohne sich einer

Europäisierung und Globalisierung der Lebensverhältnisse zu verweigern. Nehmen wir als Beispiel die Europäische Union, so lässt sich schwerlich leugnen, dass sie diese Herausforderung noch nicht überzeugend bestanden hat. Zu Recht wird schon lange ein erhebliches Demokratiedefizit beklagt. Dabei denkt man freilich lediglich an institutionelle Defizite. Man moniert, dass die Gestaltung der Politik mehr und mehr den jeweiligen Staatsvölkern entzogen werde und in einen intergouvernemental organisierten Europäischen Rat abgewandert sei. Zugleich lässt man das vor allem von Deutschland in europäische Verfassungstexte eingebrachte Prinzip der Subsidiarität zum Lippenbekenntnis verkommen. Statt mit einem «Recht auf Differenz» den Reichtum Europas zu stärken, wird jene vieldimensionale Vielfalt, die immerhin vom Recht über die Politik bis hin zu den Mentalitäten reicht, leichtfertig aufs Spiel gesetzt. Wenn die Errungenschaften der konstitutionellen Demokratie nicht auf dem Altar der Europäisierung und der Globalisierung geopfert werden sollen, müssen die internationalen Beziehungen auf die eine oder andere Weise rechtsförmig gestaltet werden, ist ferner die Rechtsform an den Willen der Betroffenen, die Staatsvölker, zurückzubinden und sind dabei elementare Grundrechte anzuerkennen.

Gestufter Bürgerstatus

Die Rückbindung an die Staatsvölker ist schon deshalb geboten, weil diese bzw. die Einzelstaaten es sind, die immer noch über das höchste Maß an konstitutionell-demokratischer Legitimation verfügen. Es sind die Leistungen der Einzelstaaten, die mittelbar oder unmittelbar der qualifizierten Demokratie zugutekommen: Angefangen bei der Trennung von Staat und Gesellschaft, die wiederum der Autonomie der Individuen dient, über den verbreiteten materiellen Wohlstand und über die moderne Verwaltung bis zur Solidargemeinschaft in Form der gesetzlichen Sozialversicherungen ist jenes Fundament für Vertrauen, Kooperationsbereitschaft und Solidarität entstanden, das aus Untertanen veritable Bürger macht, also Personen, die sich füreinander verantwortlich fühlen.

Weder die Zukunft einer europäischen noch die einer globalen Ordnung dürfen daher zur Aufhebung des Einzelstaates führen. Und auf keinen Fall darf es zu zentralistischen Einheiten mit Allzuständigkeit kommen.

Legitimatorisch vertretbar sind lediglich Rechtsordnungen, die sich erstens föderal aus einzelstaatlichen Einheiten zusammenfinden und dabei zweitens dem Subsidiaritätsgedanken verpflichtet bleiben: Die Verantwortung für Aufgaben, die die Einzelstaaten zufriedenstellend lösen können, muss ihnen erhalten bleiben. Wegen der europäischen und der globalen Verflechtung können sie sich freilich schwerlich für europapolitisch und weltpolitisch autark halten. Deshalb legt sich ein erweiterter und zugleich gestufter Bürgerstatus nahe. Ob die Bürger primär Deutsche, Franzosen oder Italiener, Polen, Slowenen oder Tschechen sein wollen und sekundär Europabürger oder ob sie diese Priorität umkehren und das Europäer-Sein an die Spitze stellen, müssen sie im Laufe der nächsten Jahre oder wohl eher Jahrzehnte selber entscheiden. In gestufter Weise können sie aber jedenfalls beides sein, Bürger ihrer Einzelstaaten und Europabürger zugleich. Und darüber hinaus wiederum aber nicht stattdessen, außerdem nur subsidiär – können sie zu Bürgern einer sich entfaltenden Weltrechtsordnung, also zu Weltbürgern, werden.

Prof. Dr. Otfried Höffe leitet die Tübinger Forschungsstelle für Politische Philosophie. Neueste Buchpublikationen: «Ethik. Eine Einführung» (2013) und «Ist die Demokratie zukunftsfähig? Über moderne Politik» (2009), beide im Verlag C. H. Beck, München.

Zitat Ende

EMPÖRT EUCH INTENSIVER

NUR BIO ist sicher und Demeter ist besser noch besser ist die Tierhaltungslose Dreifelder Wirtschaft. Die ist am saubersten

Zitat Anfang

Alexanders Satz stammt aber nicht von ihm selbst. Er steht fast wörtlich so auf einer Liste, die der Fernsehsender Al-Dschasira am Mittwoch veröffentlicht hat. Demnach hat die NSA Antworten für ihre Angestellten erarbeitet, mit denen diese auf Medien- und Parlamentsanfragen reagieren sollten. Wann genau die NSA diese Liste herausgegeben haben soll, schreibt Al-Dschasira nicht. Der Bezug zu den Snowden-Enthüllungen scheint jedoch offensichtlich. So legt das Papier nahe, sollten NSA-Mitarbeiter ihre SpionageAktivitäten begründen.

„Auch Verbündete profitieren"

Unter der Überschrift „Markante Sätze, die nachhallen" findet sich eben jener Satz, den Keith Alexander vor US-Parlamentariern sagte. Andere Vorschläge lauten: „Unsere primäre Verantwortung ist die Verteidigung der Nation" - ein Versatzstück, das immer wieder in Äußerungen des NSA-Chefs auftaucht. So zum Beispiel am Dienstag, wieder vor dem Kongress: „Es ist viel wichtiger für dieses Land, dass wir diese Nation verteidigen und dafür Kritik einstecken, als dass wir ein Programm aufgeben, was dazu führen würde, dass diese Nation angegriffen würde." Auch Geheimdienstkoordinator James Clapper nutzt die Formel, zuletzt in einer Stellungnahme von vergangener Woche: „Die USA sammeln Informationen, um ihre Nation und ihre Interessen zu schützen und um ihre Verbündeten vor terroristischen Bedrohungen oder der Verbreitung von Massenvernichtungswaffen zu schützen." Hier taucht noch ein anderer Punkt auf, den Geheimdienstmitarbeiter laut NSA-Liste angeben sollen: „Auch die Verbündeten profitieren."

Al-Dschasira zufolge weist die NSA ihre Mitarbeiter außerdem an, die Recht- und Gesetzmäßigkeit ihrer Aktionen zu betonen. Das nahm sich Clapper zu Herzen, als er am Dienstag vor dem Kongress sprach: „Wir glauben, wir haben gesetzmäßig gehandelt." Die Liste legt den Mitarbeitern der NSA nahe, von dem „rechtmäßigen Weg" ihrer Arbeit zu sprechen, den „alle drei Säulen der Regierung" - also Parlament, Gerichte und Exekutive - beaufsichtigen würden. Schon kurz nach den ersten Snowden-Enthüllungen benutzt NSA-Chef Alexander diese Formeln, als er Ende Juni bei einer Informationstechnik-Konferenz auftritt: „Unsere Instrumente wurden von der Verwaltung, vom Kongress und von einem Geheimgericht genehmigt. Mit Hilfe dieser Behörden wurde eine außergewöhnliche Beaufsichtigung durch alle drei Säulen der Regierung erreicht."

„50 mögliche Terroranschläge verhindert"

Eine andere Empfehlung lautet „connecting the dots" („die Enden zusammenführen"): Die NSA und ihre Partner müssten sicherstellen, dass die Enden zusammengeführt würden - sonst würde die Nation wieder angegriffen, ähnlich wie am 11. September. Alexander baute auch das in seine Rede vor der Konferenz ein: „Meine primäre Verantwortung ist die Verteidigung dieses Landes. 2001 konnten die Geheimdienste die Enden nicht zusammenführen, weder im Inland noch im Ausland. Als Geheimdienst-Gemeinschaft sind wir jetzt dabei herauszufinden, wie wir diese Enden zusammenführen könnten."

Häufig sprachen NSA-Mitarbeiter von mehr als 50 geplanten Terroranschlägen, die die NSA-Aktivitäten verhindert hätten. Auch das steht exakt so in der Antwort-Liste: „Die Programme haben Geheimdienstarbeit ermöglicht, die dazu beigetragen hat, mehr als 50 mögliche Terroranschläge zu verhindern." In den folgenden Monaten lassen Alexander und weitere NSA-Mitarbeiter diese Zahl immer wieder fallen, und auch die Medien nehmen sie regelmäßig auf - obwohl die NSA sie nie belegt hat, wie das Investigativnetzwerk Pro Publica berichtet.

Zitat Ende

EMPÖRT EUCH INTENSIVER
NUR BIO ist sicher und Demeter ist besser noch besser ist die Tierhaltungslose Dreifelder Wirtschaft. Die ist am saubersten

Zitat Anfang
Online-Umfrage zu psychischer Krankheit Wie gut helfen Antidepressiva wirklich
Die Zahl der Verschreibungen steigt bei Antidepressiva schneller als bei fast jedem anderen Medikament. Gleichzeitig gibt es eine intensive Debatte über ihre Wirksamkeit. Haben Sie jemals Antidepressiva eingenommen oder verordnet bekommen? Teilen Sie mit uns Ihre Erfahrungen in einer Umfrage!
Von Mark Rice-Oxley, The Guardian
Antidepressiva retten Leben und helfen Millionen von Menschen, sagen viele Experten. Andere Fachleute halten das für völlig übertrieben. Unstrittig aber ist, dass überall auf der Welt die Einnahme von Antidepressiva schwunghaft ansteigt. In einigen Ländern hat sich die Zahl der Verschreibungen innerhalb

der vergangenen zehn Jahre mehr als verdoppelt. Schätzungsweise jeder zehnte Erwachsene in Europa greift zu den Pillen. In Großbritannien, so hat das staatliche Health and Social Care Information Centre herausgefunden, wurden allein im vergangenen Jahr mehr als 50 Millionen Rezepte für Antidepressiva ausgestellt - so viel wie noch nie und um 7,5 Prozent mehr als noch 2011.

Sechs Tageszeitungen in Europa - die Süddeutsche Zeitung (Deutschland), El Pais (Spanien), Le Monde (Frankreich), Gazeta Wyborcza (Polen), La Stampa (Italien) und die britische Tageszeitung The Guardian führen nun unter den Lesern eine Online-Umfrage zu den Erfahrungen durch, die Patienten und Ärzte mit der Einnahme und Verschreibung von Antidepressiva gemacht haben. Die Ergebnisse der Umfragen werden beim Guardian gesammelt, ausgewertet und Ihnen danach hier bei Süddeutsche.de präsentiert.

Zitat Ende

EMPÖRT EUCH INTENSIVER

NUR BIO ist sicher und Demeter ist besser noch besser ist die Tierhaltungslose Dreifelder Wirtschaft. Die ist am saubersten

Und das ist der Hauptgrund weswegen Menschen global mehr Antidepressiva bekommen. Diese Unternehmen die dafür sorgen dass der Wettbewerb rasanter wird und dass Gier intensiviert wird bis sie wohl den Status des schwarzen Lochs verwirklicht hat. Denn das ist Gier eine kosmische Energie.

Zitat Anfang

Die 25 machtvollsten Konzerne der Welt:

1. Barclays plc
2. Capital Group Companies Inc
3. FMR Corporation
4. AXA
5. State Street Corporation

6. JP Morgan Chase & Co

7. Legal & General Group plc

8. Vanguard Group Inc

9. UBS AG

10. Merrill Lynch & Co Inc

11. Wellington Management Co LLP

12. Deutsche Bank AG

13. Franklin Resources Inc

14. Credit Suisse Group

15. Walton Enterprises LLC

16. Bank of New York Mellon Corp

17. Natixis

18. Goldman Sachs Group Inc

19. T Rowe Price Group Inc

20. Legg Mason Inc

21. Morgan Stanley

22. Mitsubishi UFJ Financial Group Inc

23. Northern Trust Corporation

24. Société Générale

25. Bank of America Corporation

Studie „The network of global corporate control" von Stefania Vitali, James B. Glattfelder und Stefano Battiston (Und wo ist der größte Finanzverwalter BlackRock.Was ist das für eine Studie? W.Schorat 14.1.14)

Vielleicht ist die Hoffnung, die sich an „Liebe" knüpfen, auch nur einfach die letzte große Illusion...

siehe auch:

http://www.hh-violette.de/2011/10/das-netzwerk-des-kapitals/

Jesus und Marx seien an der selben Sache gescheitert - an ihrem Glauben an das Gute im Menschen."

Alles, was uns von unserer inneren Ent-Wicklung hin zur bedingungslosen Liebe ALLEN SEINS, ja auch der „verbrecherischen

Banker und Zocker" abhält, stützt das alte System.

„Das alte System zerbricht nicht, weil gegen es demonstriert wird. Demonstriert man gegen Habgier, steht man wofür genau auf der Straße? Für etwas anderes, als die Manifestation von Mangel?"

Habgier entsteht doch aus dem Gefühl zu wenig zu haben, nicht zu genügen. Genau dieses Gefühl reproduziert diese Gesellschaft doch permanent. Wie kann Liebe Habgier auflösen, müsste doch die Frage lauten, oder?

Das „Gute" - die bedingungslose Liebe - in jedem zu wecken, ist eine Aufgabe/ Aktion die jeder in sich selbst durchführen muss. Alles andere führt, wie in den letzten Jahrtausenden, zu keinem Systemwechsel.

Das alte System wird genau dann immer diffuser werden und schließlich verschwinden, wenn sich die Menschen davon schlicht und unspektakulär abwenden.

Findet man Regulative gegen die schlimmsten Auswüchse des kapitalistischen Systems, den spekulativen Handel mit Lebensmitteln, Rohstoffen und Geld? Oder - verzichtet man auf Geld als Äquivalent für Waren und Leistungen?

Der simple Warenaustausch stieß schon mit dem ausgehenden Steinzeitalter an seine Grenzen.

Nicht von ungefähr wurden rund um den Globus die verschiedensten „Währungen" eingeführt - ob Goldtaler oder Muschelgeld. Je komplexer die Strukturen der Zivilisation wurden, desto unverzichtbarer wurde ein abstraktes Tauschmittel - Geld.

Wenn die bedingungslose Liebe dann irgendwann die Herzen der übergroßen Mehrheit aller Menschen FRIEDLICH erobert hat, DANN ist die Zeit für die Verwirklichung von so etwas wie der Marx'schen Utopie vom Kommunismus gekommen.

Auf die einzig vollständig richtige Lösung - ein „Lebens ohne Geld" - wurde also schon mehrfach und völlig zu recht hier bei SEIN hingewiesen.

Wer diese Idee symbolisch unterstützen möchte, kann das hier tun: http://www.moneygoodbye.org/index.cgi?view=idea&country=de

Wer mehr über ernsthafte Kapitalismuskritik erfahren möchte, kann sich hier in die Thematik einlesen: www.exit-online.org

Steuerhinterziehung"Hoeneß, Symbolfigur der Oberschichtenkriminalität"

Audi, VW, Adidas, Telekom: Die Solidarität der Bayern-Aufsichtsräte mit Hoeneß stößt vielen sauer auf. SPD-Politiker Poß geißelt die Ignoranz der „hochmögenden Herren".

Ihr Präsident und Aufsichtsratschef muss vor Gericht und sich dort ab März der Steuerhinterziehung verantworten, doch die Verantwortlichen des FC Bayern stellen sich voll hinter ihn. Der Aufsichtsrat, hieß es am Montag in einer Mitteilung, sei „einvernehmlich" der Meinung, dass Uli Hoeneß an der Spitze des Kontrollgremiums bleiben soll. Diese Erklärung stößt in Teilen von Politik und Gesellschaft auf Empörung und Unverständnis.

So hat der SPD-Fraktionsvize Joachim Poß den Aufsichtsrat des Bundesliga-Vereins für seine Haltung kritisiert. „Die rechtsstaatliche und moralisch-ethische Ignoranz dieser Spitzenmanager schlägt dem Fass den Boden aus", sagte er dem Kölner Stadt-Anzeiger. „Ich habe jedenfalls andere rechtsstaatliche und moralische Vorstellungen als diese hochmögenden Herren. Das verschlägt einem schon gelegentlich die Sprache." Hoeneß sei zur „Symbolfigur der Oberschichtenkriminalität geworden – der Oberschichtenkriminalität mit Namen Steuerbetrug", fügte Poß hinzu.

Kritik am Votum des Aufsichtsrats kam auch von Transparency International. Es gehe um eine „moralische" Frage und darum, wie glaubwürdig ein Mensch für die Einhaltung von Regeln stehe, erklärte die Anti-Korruptions-Organisation. Auch Linken-Parteichef Bernd Riexinger forderte im Handelsblatt, Hoeneß sollte sein Amt als Aufsichtsratschef „mindestens" ruhen lassen.

Gutachten spricht Aufsichtsrat frei

Im Aufsichtsrat des Klubs sitzen unter anderem Audi-Chef Rupert Stadler, VW-Chef Martin Winterkorn, Adidas-Boss Herbert Hainer und der künftige Chef der Deutschen Telekom, Timotheus Höttges. Angesichts zu erwartender Debatten über die Diskrepanz zwischen den propagierten Ethik-Standards der Konzernchefs und ihrem Abstimmungsverhalten im FC-Bayern-Gremium haben sich die Kontrolleure nach Informationen der Süddeutschen Zeitung juristischen Beistand geholt. So kommen zwei Juristen in einem Gutachten zu dem Ergebnis, dass die Aufsichtsräte „ausschließlich den Interessen" des Vereins verpflichtet sind. Aus den Grundsätzen der Konzerne, so die beiden Rechtsexperten, dürfe man keine „Null-Toleranz-Politik" des FC Bayern gegen Hoeneß ableiten.

Der langjährige Bayern-Manager Hoeneß hatte Anfang des Jahres beim Finanzamt Selbstanzeige wegen Steuerhinterziehung erstattet. Der 61-Jährige soll über ein heimliches Konto in der Schweiz Steuern in Höhe von 3,2 Millionen Euro hinterzogen haben. Weil die Selbstanzeige nicht vollständig gewesen sein soll, leitete die Staatsanwaltschaft München II wegen des Verdachts der Steuerhinterziehung Ermittlungen gegen Hoeneß ein. Die entsprechende Anklage hat das Landgericht München nun in vollem Umfang zum Hauptverfahren zugelassen, ein Haftbefehl gegen Hoeneß war zuvor gegen Zahlung einer Kaution in Millionenhöhe außer Kraft gesetzt worden. Im Falle einer Verurteilung droht Hoeneß eine Haftstrafe.

Zitat Ende

EMPÖRT EUCH INTENSIVER
NUR BIO ist sicher und Demeter ist besser noch besser ist die Tierhaltungslose Dreifelder Wirtschaft. Die ist am saubersten

Donnerstag, 7. November 2013
Ich wollte gestern am 6. November schon ein EndPlädoyäääh schreiben so eine Art von Rundumblickwinkel auf die menschliche Situation und dann aufzeigen wie die Evolution wirkt und wohin es geht und so weiter. Aber als ich nochmal im Internet war fand ich folgendes:
Zitate Anfang
Monsanto EU Kommission erlaubt Import von Supergenmais
Der gentechnisch veränderte Mais Smartstax darf zukünftig in der EU an

Tiere verfüttert werden. Umweltschützer warnen vor unzureichenden Risikotests.

EU-Kommission Deutscher Bank droht Millionenstrafe wegen Zinsmanipulation

Die EU will Ermittlungen gegen mehrere Großbanken Berichten zufolge gegen eine Milliardenzahlung einstellen. Auch die Deutsche Bank soll Zinssätze manipuliert haben

Den Finanzkonzernen JPMorgan, HSBC und der französischen Crédit Agricole hingegen widerstrebe eine solche Vereinbarung.

Regierungen Demokratie auf dem Rückzug

Von wegen „The end of history": Die Demokratie als Regierungsform verliert weltweit an Rückhalt. Parallel hat der Einfluss der Militärs zugenommen

Neue Tonlage in NSA-Affäre Ströbele zwingt Regierung zum Nachdenken

Die Frage, ob denn die Krise jetzt beendet sei, beantwortet Ronald Pofalla nicht. Stattdessen: sieben dürre Sätze. Mehr ist von Kanzleramtsminister nach der Sondersitzung des Parlamentarischen Kontrollgremiums (PKGr) nicht zu hören. Kleinlaut wirkt der CDU-Mann und Chefaufseher über die Geheimdienste. Vor der Wahl hatte er in einem denkwürdigen Auftritt noch die ganze NSA-Affäre für beendet erklärt. Und das nur, weil es eine schriftliche Versicherung der Amerikaner gab, in der stand, die Deutschen müssten sich keine Sorgen machen. Der Spott im Netz war ihm danach sicher.

Jetzt ist alles anders. Die Amerikaner haben anscheinend das Handy von Pofallas Chefin abgehört. Seit Bundeskanzlerin Angela Merkel weiß, dass US-Geheimdienste jahrelang ihre Telefonate mitgehört haben, hat sich die Tonlage deutlich verändert.

(Hier kann wunderbar gesehen werden in welcher Welt die Politiker leben. In einer Welt der Plutokraten. Das muss aufhören oder sie werden gefedert werden und die Demokratie wird am Arsch der Welt sein W.Schorat.)

Thomas Oppermann, Parlamentarischer Geschäftsführer der SPD-Bundestagsfraktion, will zwar nicht mehr die Bundesregierung und vor allem Kanzlerin Angela Merkel direkt für den Schlamassel verantwortlich machen. Mit der Union sitzt die SPD ja derzeit in Koalitionsverhandlungen. Aber er macht deutlich, dass das neue Anti-Spionage-Abkommen keine Wischiwaschi-Verabredung werden dürfe. „Ich habe die klare Erwartung, dass dieses Abkommen ein rechtsverbindliches Abkommen ist." Vor allem soll darin nicht nur ein Spionageverbot für Regierungsstellen enthalten sein, sondern auch „Schranken der Überwachung von Bürgerinnen und Bürgern" sowie der Wirtschaft.

Ströbele widerspricht Friedrich: Ob Snowden Asyl oder eine Aufenthaltsgenehmigung in Deutschland bekomme, sei am Ende eine politische Entscheidung. Vor der scheue sich die Bundesregierung aus Sorge, die aktuelle Vertrauenskrise zwischen den USA und Deutschland noch weiter zu verschärfen. Ströbele weist auf ein weiteres Problem hin. Wenn es offizielle Gespräche der deutschen Regierung oder des Bundestages mit Snowden geben soll, dann ginge das nur mit ausdrücklicher Zustimmung der russischen Regierung sowie unter deren Bedingungen. Schon deshalb „bestehe ich darauf, dass Snowden nach Deutschland kommt oder ein ähnliches Land".

Übersättigt vom Treiben der Superreichen
Fasziniert, schon im Vorgriff, denkt man an die Intimität, die Allens New-York-Stories immer ausgezeichnet hat. Wie das jetzt passen würde! Madoff führte sein Betrugsgeschäft bekanntlich als Friends & Family-Betrieb: Spielbergs Stiftung hat Millionen bei ihm verloren, genau wie die Elie Wiesel Foundation oder die Women's Zionist Organization of America. Und wer könnte das nun besser (und böser und lustiger) beschreiben als Woody Allen - diesen gruselig-menschelnden, schaurig-schönen Familienaspekt?

Prinzipieller Fatalismus

Was außerdem zum Tragen kommt, ist Allens prinzipieller, wohl dokumentierter Fatalismus. Er trifft hier glücklich auf ein Publikum, das vom Treiben der Superreichen ohnehin die Schnauze voll hat. Wenn das Leben der oberen Zehntausend nicht prinzipiell auf Betrug basiert, dann mindestens auf aberwitzigem Selbstbetrug. Ist es nicht so?

Glaube als Käfig
Wie kann Glaube zum Käfig werden? Und wie können religiöse Überzeugungen Eltern dazu bringen, ihren Kindern Gewalt anzutun oder Gewalt an ihren Kindern zu dulden? Diese Fragen drängen sich einmal mehr auf, seit die brutalen Erziehungsmethoden der Zwölf Stämme ans Licht der Öffentlichkeit gebracht wurden.
(Das las ich zu einer Talkschow im TV. Da ging es um Sekten. Bloß was ja gar nicht mehr in den Radius der Wahrnehmung dieser Sektenexperten kommt, ist ja folgendes: was für Schandtaten passieren in der Sekte der Katholiken und Protestanten global. Die ganze PriesterSex Seuchen. Die Prügeleien in den Heimen Global. Der ganze Ausbeuthimmel der Angestellten für diese Sekten wie Katholiken und Protestanten. Die sind sogar so ignorant noch nicht mal zu erkennen dass ihre Glaubensgruppen Katholisch Protestantisch ja auch bloß Sekten sind. Und die sind sogar noch in Untersekten zerteilt. Und was da für eine Kriminalgeschichte des Christentums loderte und noch lodert. Also die Sektenexperten beider Glaubensrichtungen die wären gutes Futter für die Pharmamafia mit ihren Psychopharmakaprodukten. W.Schorat)

Da wir in einer Demokratie leben, wo das Recht der freien Meinungsfreiheit gilt, sind wir für die Veröffentlichung unserer freien Meinung nicht haftbar! Jeder hat das Recht auf Meinungsfreiheit und freie Meinungsäußerung. Dieses Recht schließt die Freiheit ein, Meinungen ungehindert anzuhängen sowie über Medien jeder Art und ohne Rücksicht auf Grenzen Informationen und Gedankengut zu suchen, zu empfangen und zu verbreiten.
(UN-Menschenrechtserklärung vom 10.12.1948, Artikel 19)

„Politische Dummheit kann man lernen,
man braucht nur deutsche Schulen zu besuchen.
Die Zukunft Deutschlands wird wahrscheinlich für den Rest des
Jahrhunderts von Außenstehenden entschieden werden.
Das einzige Volk, das dies nicht weiß, sind die Deutschen."
(Londoner Spectator, 16.11.1959)

Wem gehören Sie?

 Sie gehören einem R E G I S traturbesitzer.
Dem gehört IHR Auto, Ihr Name, der kein Familienname ist.
Er zwingt Sie im Lande d e u t s c h zu leben
Ein Türke wohnt im Staat türkisch, oder?
ein Grieche im Staat griechisch oder?
und ein (Personal) Deutscher im Gewerbebetrieb
(D&B DUN Nr 34161478) d e u t s c h.
Wollen Sie das wirklich weiter dulden?

d e u t s c h ist kein Staat, sondern ein Wortbestandteil
eines Gewerbetriebes: (D&B DUN Nr 34161478)
Verwaltung des vereinigten Wirtschaftsgebietes
Bundesrepublik deutsch Land (D&B DUN Nr 34161478)
Dieser Regis traturbesitzer ist ein Gewerbebetrieb
(D&B DUN Nr 34161478)
Bisher hat er sich mit Ihrer Hilfe europaweit
um ca 50 Billionen Euro verschuldet.
Wissen Sie, dass Sie unbewusst unbewusst sind? Sie wissen nicht, was Sie
nicht wissen, hören Sie damit auf!

Die Großen hören auf zu herrschen wenn die Kleinen aufhören zu kriechen
Friedrich Schiller

Artikel 146 Grundgesetz.

Dieses Grundgesetz, das nach Vollendung der Einheit und Freiheit Deutschlands für das gesamte deutsche Volk gilt, verliert seine Gültigkeit an dem Tage, an dem eine Verfassung in Kraft tritt, die von dem deutschen Volke in freier Entscheidung beschlossen worden ist.

Die Politiker entziehen dem deutschen Volk das Recht eine Verfassung zu erstellen und über diese per Volksentscheid abzustimmen!

Die Macht der Medien - Teil 2 Vortrag von T. Kasunic

Gesund durch Wissen

Volksverblödung durch die Medien.....

Georg Schramm über die gezielte systematische Volksverdummung durch die heutige Medienlandschaft. Das Publikum lacht und klatsch weiter über die Wahrheit .Wacht endlich auf es wäre an der Zeit. Wir waren immer ein Volk der Denker und Dichter. An diesen Satz denken die meisten Deutschen nicht mehr. Sollte das schon vergessen sein? Wie lange wollen wir noch schlafen!

Sind die Menschen in Deutschland wirklich so dumm?

Die BRD ist eine GmbH, nein zur NWO, nein zum Vertrag von Lissabon, Bundeslügen Republik Deutschland, nein zur Menschenverblödung, nein zur Wahl, nein zur BRD.

>Zitate Ende<

So also im Internet da wimmelt es nur so von Informationen. Also das mit dem Artikel 146 Grundgesetz das ist schon sehr Ignorant, diese Manipulation der Menschen. Das muss umgesetzt werden. Aber ich will nun den Endspurt machen für dieses Buch das sonst außer Rand und Band gerät, und eine Analyse schreiben im Sinne der Evolution und Wiedergeburt. Denn nur damit lassen sich diese Verhältnisse auf der Erde mit den immer durchgeknallteren Entwicklungen und Verwickelungen verstehen und als ganz einfach EntwicklungsChaos und EntwicklungsHarmonie bezeichnen und akzeptieren und somit dann alles wieder im Lot wäre. Denn die Perfektion existiert immer in der Zerstörung im Krieg in der Liebe oder im Tohuwabohu der menschlichen Situation die sie sich selbst geschaffen hat.

Samstag, 9. November 2013

Was ich in diesem nun doch sehr umfangreichen Buch zusammengeschrieben habe, ist ja bloß ein Fitzelchen von dem was auf der Erde wirklich abgeht. So wie der Mensch heute ist, und sich darstellt und darstellen soll, ist das schon krass, was er noch in Bezug zum Glauben macht. Alleine die Religionen denen er zugehört halten ihn in einer Art von Entwicklungsstarre und Denkdumpfheit und binden ihn an das was er da nun zu glauben hat. Und die ganzen Mördereien die nun noch auf der Erde sind wegen Glaube und das sie nicht mal wissen was Glaube ist. Aber die Menschen hätten doch nicht die Zehn Gebote bekommen die eine exzellente Software sind für seine Festplatte des Gehirns, damit er eine leichtere Evolution machen kann, wenn Glauben das Ende der Entwicklung wäre oder sein sollte.

Oder das was in der Gesellschaft der 1% Plutokraten abgeht. Was sich diese Finanzgruppen also Familien aufgebaut haben über die Jahrtausende und Jahrhunderte und die Gigaentwicklung der Technologie die nun zu einem Wegwerffluch geworden ist und einem Ausbeutfluch, weil die Geldindustrie die Industriellen die Banker Gewinne machen wollen egal wie und mit was.

Oder die armseligen Politiker ohne Rückgrat die bloße Vasallen des Geldes geworden sind ohne Visionen für die Zukunft ohne Idee wie man sich von Fesseln befreien kann was ja einfach ist. Aber das können die nicht weil die im Filz drin sind und deswegen nicht mehr über die Filzhorizonte schauen können und somit nichts Befreienderes sehen und anbieten können. Das sind alles beamtenmäßige Kulturgeschöpfe die labil und degeneriert sind und werden. Das ist das Dilemma einer Kapitalgesellschaft Demenz, weil keine spirituelle Entwicklung gemacht wird.

Aber nun kann ja glasklar gesehen werden, dass Banker, wie ja in der Züricher Uni Studie bewiesen wurde, die gesamte Industrie beherrschen wegen des Geldes. Also der Geldglaube ist nun das Mittelalter der Gegenwart, also heute November 2013.Und diese Banker Industriellen Global die überschütten die Menschheit mit Giften wegen Profite mit Waffen wegen Profite mit Chemikalien die die Erde zerstören wegen Profite mit Ausbeutung in Löhnen wegen Profite mit Geldknappheit in den Staaten wegen Profite mit Verschuldung der Öffentlichkeit global wegen Profite. Und die Liste würde sehr lang werden das jetzt alles aufzuschreiben. Und das ist alles Vollblutmaterialismus und die Menschen sind global indoktriniert das auch noch anzubeten. Aber es ist so geplant weil ja die Medien kontrolliert sind die Lebensmittel sind kontrolliert die Politik.

Eine 1% Plutokratenmenschheit Global trifft Entscheidungen die aber auch total undemokratisch sind obwohl ja die Demokratie auch bloß ein Machtwerkzeug der Plutokraten ist. Aber das ist immerhin ein Wirkfeld sich illusionsmäßig freier vorzukommen. Aber diese BankerPlutokraten und Adelsplutokraten und Industrieplutokraten und die Politikplutokraten das sind alles noch Wesen die ununterbrochen in dieser Vergangenheit dieser Bevormundung und Macht vor Recht Gedankenwelt leben, die der Menschheit nun Waffenarsenale hinterlassen hat die schlichtweg Senilität dieser Plutokratenbankerfamilien zeigt oder diese sogenannte Gesundheitsindustrieplutokraten das ist eine alte Strategie der Kontrolle und Einfluss haben wollen um Macht auszuüben was sich nun in unmöglichen Kosten für die Bevölkerungen an Steuergelder darstellt und alles wegen der Profite was wiederum der Glaube an das Geld ist.

Aber dieser Glaube ist senil.

Ich schreib's nochmal: Geld hat noch nie etwas gemacht: Es ist ein Schmiermittel der Illusionsverkäufer für eine Gläubige Gemeinde .Ihr Menschen habt ausschließlich alles vom Anfang bis jetzt ohne Geld geschaffen und erschaffen. Geld ist ein Mittel um euch in Versklavung und Abhängigkeit der Besitzenden Raubmenschen zu halten.

Das Plutokratensystem ist ein System das zuerst zerstört und dann dafür die Aufbaulösung anbietet. Und beides ist von ihm kontrolliert. Aber die Befreiung aus einem Kreislauf der Versklavung und Verblödung durch

Geld und Glaube ist einfach. Immer wenn der Zeitpunkt im Kreislauf der Wiedergeburten angekommen ist wieder das gleiche zu tun, wird diese Handlung nicht mehr vollzogen. Die Gewohnheit ist euer Nebel der euch Unbewusst bleiben lässt. Diese Berechnung wollen die Plutokraten in Wirtschaft und Politik und Finanzen aber haben von euch. Damit sie euch mathematisch ausrechnen können. Was ja nun Fakt ist. Es ist zu einer total materialistischen Verblödung geworden diese menschlichen Gesellschaften.

Die Bischöfe verblöden euch die Politiker mit ihren Lobbyfreunden die Geheimgesellschaften die OHHHblahblahhs Baracke. Die Politik verblödet euch und redet von euch als Bürger. Stimmt ja auch ihr Bürgt ja auch für deren Unfähigkeiten. Für deren Ängste. Aber die seelisch geistigen mentalen Abläufe die erscheinen wenn die Vasallen der Banker und Industrie sage ich mal durch die Entscheidungen der europäischen Kommission entstehen oder des Vatikansumpfs oder der FinanzPlutokraten, die sind eindeutig, das ist alles Ausbeutung und Unfähigkeit im großen, großen, Fressrausch der Raubmenschen die diese Plutokraten noch geblieben sind. Und das ist einfach nicht gut für die globale Menschheit. Der Mensch braucht spirituelle Unterstützung und Entwicklung aber keine Plutokratische Verwickelung in einen Geldglauben und Waffen oder Wissenschaftsglauben. Aber wem sage ich das es läuft sowieso so weiter bis der Kollaps erscheint.

Der Kollaps kam für Attila er kam für Schinkenkahn und sein Reich er kam für Alexander dem Eroberer und er kam für alle anderen auf Mord und Totschlag aufgebauten Reiche sei es nun Rom oder der Hitlerwahnsinn oder das Englische Empire das Ruck Zuck zerfiel oder dem Sowjettraum das auch ruck Zuck zerfiel oder nun der USA die hoffnungslos kontrolliert und verblödet sind und werden von ihrer herrschenden Giermaschinerie und Politik der Selbstverblödung. Alle auf Mord und Materialismus aufgebauten Gesellschaften und Gruppen fressen und morden sich selbst zu Tode ja sie lügen sich sogar zur Selbstvernichtung. Und das diese Menschen keine spirituelle Disziplin anwenden also der innere Zustand in dem die seelisch geistigen Vorgänge zur Ruhe kommen, dann ruht der

Sehende nämlich in seiner Wesensidentität, und wenn man das tut, gibt es kein morden ermorden oder ausbeuten mehr und alles was da heute an Wahn aufgebaut wurde und wird und sein soll, ohne da jetzt weiter drauf einzugehen, also weil er keine spirituelle Disziplin anwendet einen spirituellen Weg geht, sind seine ganzen inneren Zustände bestimmt durch die Identifizierung mit den seelisch geistigen Vorgängen.

Man kann den Plutokraten und Opfern der Plutokraten ja keinen Vorwurf machen. Die sind einfach noch eins mit ihren evolutionsmäßig entstandenen geistig seelischen Vorgängen ihren Phantasie und Denkvorgängen ihren Wünschen und Zielen. Und das ist daraus heute geworden. Ich schreibe dieses Buch auch nicht gegen sondern für die Menschen inklusive derer die ich schreibmäßig bloßstelle und erwähne aber diese Tatsachen sehen ja heute alle Menschen in einer modernen vernetzten Gesellschaft was China und anderen Krummsäbelkönigreiche weiterhin versuchen zu verhindern, wie sie es schon seit Anbeginn ihrer Machtverhältnisse versucht haben zu verhindern, deswegen hat auch der Mittlere Osten mit seinen Religionen diesen Entwicklungsstau. Die Menschen sind einfach noch so. Aber sie wurden auch so gesteuert und gezüchtet durch ihre ausbeutende herrschende Besitzerschicht und das muss aufhören. Eine spirituelle Ausrichtung der Schulen, Universitäten und Politik und Wirtschaft ist ein Muss für die Menschheit, wenn sie aus dieser Plutokratenpiraterie einigermaßen sauber rauskommen will. Wenn aber das materialistische Ignoranzweltbild weiterhin in der Öffentlichkeit Religion und Wissenschaft und Politik aufrechterhalten werden wird, wird es unweigerlich zu den Selbstzerstörexplosionen kommen. weil Materie auf Materie immer Explosion zum Vorschein bringt.

Eine Verlangsamung der geistig seelischen Prozesse ist nicht in Sicht genau das Gegenteil ist aber in Sicht eine Verschnellerung und somit eine geistige Umnachtung ohne wenn und aber. Und zwar in den Entscheidungen der Politiker der Wissenschaftler der Besitzenden.

Soo ich möchte zum Finale diese Buches kommen und habe dafür aus dem Buch von Martinus oder lass Martinus der einzige Mensch auf der Erde der eine totale kosmische Analyse gemacht hat weil Gott ihn ganz, ganz,

ganz, ganz, und noch weiter hoch und höher eine spirituelle Erfahrung hat machen lassen die ihn dazu befähigte als er wieder zurückkam ununterbrochen die gesamte Schöpfung des göttlichen Weltalls zu sehen zu durchschauen und in Beschreibung und Graphik darzustellen. Ich habe den folgenden Text unter www.martinus.dk aus dem Buch „ Das Dritte Testament" Band 5 hier eingefügt, und werde am Ende des Textes noch die Bergpredigt hinzufügen mit Angaben von wem ich das habe. Ich wünsche dem Leser einen ruhigen geistigen Seinszustand im Sinne des Yoga von Pantanjali also eine Verlangsamung der wählenden Bewegung des Denkens und ihr allmähliches „Zur-Ruhe" –Kommen. Denn diese Ruhe die in Wahrheit Endlos ist, ist eine der Eigenschaften deines Endlosen ewigen Wesens neben endloser Angstlosigkeit und endloser Glückseligkeit. Wolfgang Schorat

Zitat Anfang

Die Erdenmenschheit ist die unglücklichste Wesensgesellschaft auf der Erde

1627. Aber ganz abgesehen von dieser Degeneration des vom Tierreich ererbten Paarungssystems und damit vom Untergang der sogenannten „vollkommenen Ehe" zeigt sich die Degeneration auch in einer Flut von anderen Symptomen, nämlich in all den perversen, abnormen oder krankhaften sexuellen Zuständen, die mit allen Formen von Sadismus und Lustmord enden. In Anbetracht all dieser sexuellen Erscheinungen kann es nicht geleugnet werden, dass wir hier einer „Zeit der sexuellen Finsternis" gegenüberstehen, so wie wir uns auch in einer Zeit der physischen oder intellektuellen Finsternis befinden. Das tötende Prinzip mit Gemetzel und Verstümmelungen, mit Trauer und Unglück, Not und Elend, mit religiöser und politischer Intoleranz sowie der erwähnten sexuellen Degeneration bestätigen oder dokumentieren also, dass die Erdenmenschheit die finsterste oder unglücklichste Wesensgesellschaft auf der Erde ist. Die Tiere verfolgen und ermorden einander zwar auch, aber dies geschieht nur aufgrund eines natürlichen Selbsterhaltungstriebs. Die Raubtiere brauchen Fleisch, um zu leben. Aber die Menschen ermorden und töten nicht aufgrund ihrer Lebensbedingungen, sondern aus Ehrgeiz, Habsucht und Intoleranz. Für sie sind Verfolgung, Raub und Plünderung keine Lebensnotwendigkeit und kein Grund dazu, die Ellbogen zu gebrauchen und sich auf Kosten anderer vorzudrängen, kein Grund für Kriege und Kulturzerstörungen, für Rassenhass und Brotneid. Die Menschheit besitzt die ganze Erde, die wahrhaftig so überschwenglich reich und voll von kolossalen, Leben fördernden Möglichkeiten ist, dass die Erdenmenschheit, auch mit doppelt so vielen Individuen, sorglos und paradiesisch leben oder sich in einer Kulturepoche von phantastischen Höhen befinden könnte, anstatt in dem Keller- oder Schlammdasein, in dem sie heute als Invalide herumtastet.

Aufgrund der Kenntnis über die Finsternis hat der Erdenmensch alle Voraussetzungen dafür, Klarheit über die Weltstruktur zu gewinnen

1628. Für die große Mehrheit der heutigen Erdenmenschheit ist es deshalb eine vorherrschende Tatsache, dass das Leben finster und trist ist, ja so freudlos, dass es sogar Lebensüberdruss und Selbstmord fördert. Mitten in allem Tasten und Suchen nach geistigem Wissen hat die Erdenmenschheit also ein unerschütterliches Fundament oder einen Anhaltspunkt für ihr geistiges Suchen oder für ihre seelische Forschung bekommen. Dass die menschliche Mentalität in Finsternis kulminiert, ist also eine absolut handgreifliche Tatsache oder ein handgreifliches Wissen. Mit diesem Wissen als Ausgangspunkt hat der intellektuelle Erdenmensch alle Voraussetzungen dafür, rein intelligenzmäßig volle Klarheit über die Weltstruktur zu gewinnen. Das Leben oder die Natur berichtet nämlich dem intellektuellen Forscher alles über sich selbst. Und da dies ein detaillierter Bericht über die Natur der Finsternis, ihre Mission und ihren Platz im Weltplan ist, ist er gleichzeitig eine Erzählung vom Licht, vom Kreislauf und von der Weltordnung. Und ohne Verständnis für diesen Bericht des Lebens selbst ist eine wirkliche Erkenntnis der Struktur oder

Weltordnung des Lebens absolut unmöglich. Die größten Weisen, mit Christus an der Spitze, haben alle ihr Wissen von hier. Hier erlebt man den „heiligen Geist" oder das „höchste Feuer".

Weshalb die Religion nicht damit fortfahren kann, eine Moralbasis für die Erdenmenschen zu sein

1629. Da das „höchste Feuer" die verborgene Kraft hinter dem ganzen Weltplan ist, wird es hier notwendig, sein Zusammenwirken mit dem Licht anhand unserer Kenntnis über die Finsternis realistisch nachgewiesen zu bekommen. Durch alle vorigen Kapitel und Abschnitte im „Livets Bog" haben wir eine eingehende Kenntnis über die Finsternis in der Welt erhalten. Wir haben erfahren, dass das, was bedingt, dass alle Religionen im Rückgang sind und nicht weiterhin die Moralbasis für die Menschen sein können, deren fehlende Klarheit über die wahre Natur der Finsternis ist. Sie zeigen kein Wissen darüber, dass die Finsternis mit einer absolut unentbehrlichen und somit göttlichen Anordnung identisch ist, ohne die jegliches Erleben des Lebens oder jede Form von Wahrnehmung eine Unmöglichkeit wäre. Sie bezeichnen daher die Finsternis in der Welt als ein „Böses".

Weshalb die Religionen heute die Finsternis als das „Böse" bezeichnen

1630. Der Bericht über die Weltstruktur oder die Erzählung des Lebens selbst, wie in den überlieferten biblischen und anderen religiösen Schriften wiedergegeben, ist bis heute fast ausschließlich darauf eingestellt gewesen, Abscheu gegen die Finsternis zu wecken, anstatt Verständnis für sie zu schaffen. Daraus geht deutlich hervor, dass diese überlieferten religiösen Darlegungen zu einem bestimmten Abschnitt auf den Stufen der Entwicklungsleiter gehören. Auf diesen Stufen ist es also zugunsten der Weltordnung und für die Welterlösung, die hinter allen Religionen hervortritt, sehr angelegen, den Menschen die Abscheu vor der Finsternis einzuprägen.

Der Bericht über den Sündenfall in der Bibel zeigt, dass die Welterlösung und somit die Religionen dem Menschen nicht immer Abscheu gegen die Finsternis eingeprägt haben

1631. Es ist deutlich zu sehen, ganz abgesehen von der eigenen Sprache der Natur, dass es nicht immer wichtig war, den Menschen Abscheu gegen die Finsternis einzuprägen. Die „Bibel" selbst betont ja zwischen den Zeilen dem aufmerksamen Leser, dass gerade das Gegenteil einmal galt. Wenn man versteht, dass das, was mit dem Begriff „Schlange" in der „Bibel" ausgedrückt wird, eigentlich nichts Geringeres ist als das Welterlösungsprinzip selbst, ist es nicht schwierig zu sehen, dass „Evas Verführung" keine „Verführung" im eigentlichen Sinne des Wortes war, sondern eine „Anleitung". Zeigt das Gespräch der Schlange mit Eva nicht gerade, dass es hier um eine Darlegung der Dinge an sich, um eine Aufklärung des Mystischen geht? – Sagt die Schlange nicht zu Eva: „Hat Gott wirklich gesagt: Ihr dürft nicht von jedem Baum des Gartens essen?" Die Schlange war also an den Umständen Adams und Evas interessiert, d.h. an der Situation der Erdenmenschen. Da gab es also etwas, woran diese Menschheit interessiert war, nämlich daran, „vom Baum der Erkenntnis essen" zu können. Wenn dieses Verlangen im Inneren der Menschen nicht existiert hätte, wäre die „Verführung der Schlange" eine Unmöglichkeit gewesen. Die Menschen sehnten sich also nach einer neuen Lebensauffassung. Die alte Lebensauffassung war zu einer so gewohnheitsmäßigen Selbstverständlichkeit geworden, dass sie dem Denken oder dem Gefühl keine Nahrung mehr geben konnte. Die Menschen hungerten nach einer neuen Wesensart, nach einer neuen Moral. Aber es fehlte ihnen an Autorität oder Befugnis, die immer dann notwendig ist, wenn die Menschheit ihre Lebensauffassung und Wesensart ändert. Die Menschen konnten die Einzelheiten der Lage, in der sie sich befanden, nicht selber bewältigen oder klarlegen. Sie wussten etwas davon, dass sie den „Tod sterben" würden, wenn sie ihrem Hunger oder Begehren folgten und sich auf den „Genuss vom Baum der Erkenntnis" einließen. Diese Angst war eine Hemmung, eine Behinderung, eine Barriere zwischen ihnen und der neuen Wesensart, nach der sie hungerten. Und da die alte Wesensart völlig ausgelebt war, denn sonst hätte das Verlangen nach einer neuen unmöglich entstehen können, konnte sie keine Inspiration und kein Lebensglück mehr für sie bedeuten. Das Erscheinen der Schlange in dieser Situation der Menschheit kann deshalb nur eine göttliche Rettung oder Erlösung sein. Die Schlange befreite sowohl Adam als auch Eva von ihren Hemmungen. Diese Hemmung wird mit den Worten Evas an die Schlange näher angegeben: „Von den Früchten der Bäume im Garten dürfen wir essen; nur von den Früchten des Baumes, der in der Mitte des Gartens steht, hat Gott gesagt: Davon dürft ihr nicht essen, und daran dürft ihr nicht rühren, sonst werdet ihr sterben". Und diese Hemmung hebt die Schlange mit den Worten auf: „Nein, ihr werdet nicht sterben. Gott weiß vielmehr: Sobald ihr davon esst, gehen euch die Augen auf; ihr werdet wie Gott und erkennt Gut und Böse".

Dass diese Hemmung damit aufgehoben wurde, drücken die nachfolgenden Worte der Erzählung aus: „Da sah die Frau, dass es köstlich wäre, von dem Baum zu essen, dass der Baum eine Augenweide war und dazu verlockte, klug zu werden. Sie nahm von seinen Früchten und aß; sie gab auch ihrem Mann, der bei ihr war, und auch er aß." Dass sie zuerst mit ihrer neuen Wesensart glücklich waren, ist somit hier dokumentiert und wird ferner durch alle Formen von religiösem Kult bestätigt, die Menschenopfer, Mord und Totschlag als höchste Ideale hatten. Dass sie später entdeckten, dass sie „nackt" waren und sich mit „Feigenblättern" (der Lüge, Unwahrheit und Falschheit) bedeckten, um danach endgültig Gottes Erklärung und Aufklärung oder die Einweihung in die Finsternis empfangen zu müssen, ist ja nur eine vorzügliche Bestätigung der Wahrheit, die in den Worten der Schlange lag. Gott und die Schlange, d.h. Gott und die Welterlösung, repräsentieren also die intimste Zusammenarbeit. Adam und Eva begannen wirklich, den Unterschied zwischen „Gut" und „Böse" zu erkennen. Andernfalls gäbe es ja nichts, wovor man Angst haben müsste. Dann hätten sie die „Feigenblätter", um das „Böse" zu verdecken, nicht gebraucht. Das „Böse", das sie nicht kannten, konnten sie weder fürchten noch sich darüber schämen.

Die Erdenmenschheit hat seit langem die „Schlange" oder das Welterlösungsprinzip benötigt, um ins Licht geführt zu werden, wie sie auch einst dieses Prinzip benötigte, um in die Finsternis geführt zu werden

1632. Adams und Evas „Sündenfall" ist also nicht etwas, was es nur einmal in einer längst entschwundenen Vorzeit gab, sondern ist vielmehr ein symbolischer Ausdruck für die ganze Epoche, die ihre Kulmination gerade in den finsteren Erscheinungen hat, die heute so viele große Städte oder Kulturzentren der Welt in Ruinen gelegt und Millionen und aber Millionen von Menschen unglücklich gemacht haben. Dass die Menschen jetzt die Finsternis verfluchen und sie „Sündenfall" und „Götterdämmerung" oder „Hölle" nennen und anfangen, Humanität anzustreben, und sich deshalb in einem schwankenden Zustand zwischen Humanität und Nächstenliebe oder den Manifestationen des Hasses und des Krieges befinden, zeigt, dass sie die Kulmination der Finsternis überschritten haben. Man ist schon längst jener Wesensart satt geworden, nach der Adam und Eva seinerzeit so stark hungerten und zu der die Schlange ihnen verhalf. Man sehnt sich nach dem Gegenteil und begeht sehr oft Handlungen der Finsternis im Glauben, dass man damit Gerechtigkeit oder ein Dasein des Lichts schaffen könne. Und die Menschen haben schon längst von der Schlange (der Welterlösung) Gebrauch gemacht, so dass diese sie ins Licht führt, wie sie sie einmal in das Dasein der Finsternis führte.

Was dem Welterlösungsprinzip noch übrig bleibt, für die Erdenmenschheit zu tun

1633. Jetzt ist das Licht das Objekt der Sehnsucht oder des Hungers. Was die „Schlange" oder die Welterlösung für die Menschen jedoch noch zu besorgen hat, ist also das, diese Wesen die direkte Sprache des Lebens selbst zu lehren. Dies lässt sich jedoch nur so machen, dass man die höchste Identität und Lebensstruktur der Lebewesen als Wissenschaft offenbart. Diese Wissenschaft, die u. a. hier im „Livets Bog" manifestiert wird, hat die Aufgabe, den Menschen die eigene Aussage der Natur, die eigene Sprache des Lebens zu zeigen. Denn dadurch werden die Menschen selber imstande sein zu sehen, dass die Finsternis in der Welt nichts unbedingt „Böses", nichts „Teuflisches" ist, das gerächt oder gehasst werden soll, sondern etwas, das seine natürliche Mission bei der ewigen Aufrechterhaltung des Lebens hat. Wenn man es nicht lernt, die Mission der Finsternis zu verstehen, wird man niemals das Grundfazit des Lebens erleben können, nämlich dies, dass „alles sehr gut ist". Wenn man nicht versteht, dass stetiger Sonnenschein allein Wüsten schafft und nur in Verbindung mit Regen und trübem Wetter Fruchtbarkeit und damit Leben hervorbringt, kann man selbstverständlich auch nicht verstehen, dass der mentale Sonnenschein oder das Licht allein ebenso mentale Wüsten, Tod und Untergang schafft und dass auch hier Kontraste notwendig sind.

Die noch unentwickelten Kenntnisse der Erdenmenschen über „das höchste Feuer" und die Konsequenzen hiervon

1634. Aber das volle Verstehen von Licht und Finsternis liegt in der Kenntnis von dem hier im „Livets Bog" mehrfach erwähnten „Spiralkreislauf". Dieser wird vom Prinzip „das höchste Feuer" gefördert und aufrechterhalten. Dieses Feuer ist wiederum dasselbe wie das Hunger- und Sättigungsprinzip, dessen Auswirkung als „Sexualismus" kulminiert. „Sexualismus" ist wiederum dasselbe wie jedes Gefühl von Wohlbehagen oder Wollust, was wiederum dasselbe ist wie jede Form von Sättigungsgefühl, jede Form von Wohlbefinden. Dass die Menschen im täglichen Leben nur den Geschlechtsverkehr oder den Befruchtungsakt als Sexualismus auffassen, enthüllt nur ihren noch schlafenden oder kosmisch toten Zustand oder die große Unwissenheit von ihrem Ich selbst und dessen kosmischer Psyche.

„Das höchste Feuer" liegt also absolut allen existierenden Formen von Hunger und Sättigung zugrunde und kulminiert als Verlangen oder Hunger nach der Finsternis und der Sättigung an dieser Finsternis sowie als Hunger nach dem höchsten Licht und der Sättigung an diesem Licht. Diese zwei Begehren und ihre Sättigung umfassen die Vielfalt der Formen von Begehren des Universums, sowohl den normalen Hunger nach Nahrung und dessen Sättigung, die Begierde nach Reichtum, Position und Macht als auch das Verlangen, seinen Nächsten oder alles Lebende zu achten, zu ehren, zu lieben und zu dienen, sowie die Befriedigung dieser Begierden. Von diesem enormen Hunger- und Sättigungsprinzip, von diesem Ozean der Begierden und Befriedigungen fasst der Erdenmensch, wie bereits erwähnt, nur den Geschlechtstrieb und dessen Befriedigung als „Sexualismus" auf. Und es wird hier zu einer Selbstverständlichkeit, dass der Mensch somit ein unfertiges Wesen ist. Da er die Schöpfung seines ganzen Lebensschicksals mit seinem Willen dirigieren muss und da die Willensführung nur zu absolutem Glück führen kann, wenn sie mit den Weltgesetzen oder „Gottes Willen" (der Weltlogik) in Kontakt ist, und da er ins Unglück gerät, wenn dies nicht der Fall ist, ist es nicht so merkwürdig, dass der Erdenmensch mit seiner kosmischen Bewusstlosigkeit seinen Willen in Bezug auf den wahren großen Ozean der Sexualität außerhalb des besonderen Wesenszustands des männlichen und weiblichen Geschlechts nicht in Kontakt mit den Lebensgesetzen dirigieren kann. Er kann ja unmöglich seinen Willen nach einem Wissen dirigieren, das er nicht hat.

Der sexuelle Polzustand bewirkt das höchste Hervortreten sowohl des „kosmischen Todes" als auch des „kosmischen Bewusstseins" sowie aller Stadien dazwischen

1635. Der kleine Teil des wahren sexuellen Hauptprinzips, den das Fortpflanzungsprinzip des Erdenmenschen ausmacht, ist nur ein latenter Rest des „höchsten Feuers", der notwendigerweise im Lebewesen bewahrt werden musste, wenn dieses nicht total bewusstlos oder leblos sein und somit einen wahren oder absoluten Tod repräsentieren sollte. Wenn das sexuelle Feuer ganz gelöscht werden sollte, wie sollte es dann wieder angezündet werden? – Die kosmische Bewusstlosigkeit kann also nur zu dem Stadium absinken, das vom Zustand des männlichen und weiblichen Geschlechts repräsentiert wird. Mit der Kulmination des männlichen und weiblichen Geschlechtszustands oder des Ungleichgewichts der beiden sexuellen Pole im Lebewesen hat der kosmische Tod oder die Bewusstlosigkeit den Höhepunkt erreicht, während das Bewusstsein oder das Erleben des Lebens seine allerhöchste Entfaltung oder Kulmination im Gleichgewicht oder in der Ebenbürtigkeit der beiden Pole in diesem Wesen hat. Zwischen diesen beiden äußersten Polen kommen alle Formen des Lebenserlebens vor, sowohl die tierischen als auch die menschlichen, sowohl die primitiven als auch die intellektuellen, sowohl die unvollkommenen als auch die vollkommenen. Das Bewusstsein oder das Lebenserleben des Lebewesens ist also eine Bewegung von und zu diesen zwei äußersten Polen und wird damit eine Wanderung von Primitivität zu Intellektualität und von hier aus weiter zu Primitivität und dann zu Intellektualität und derart in alle Ewigkeit fortfahrend. Das Erleben des Lebens ist somit eine permanente Wanderung zwischen Unvollkommenheit und Vollkommenheit, eine Wanderung hin und zurück, von Finsternis zu Licht und von Licht zu Finsternis usw. Das Leben des Lebewesens wird daher zu Stadien in Licht und in Finsternis, zu Stadien mit Wissen und Unwissen, zu Stadien mit Bewusstsein und Bewusstlosigkeit.

Das sexuelle Polprinzip liegt allen Kreisläufen und den darin vorkommenden vier Jahreszeiten, d.h. Winter, Frühjahr, Sommer und Herbst und deren verschiedenen Variationen, zugrunde

1636. Da aber alles lebendig, alles Leben ist, muss sich diese Wanderung in Stadien von Finsternis zu Licht und von Licht zu Finsternis, von Unvollkommenheit zu Vollkommenheit und zurück wiederum in allem und jedem abspiegeln. Und ist dies nicht eine der allergrößten Tatsachen, die es gibt? – Liegt nicht eben diese Wanderung in Licht und Finsternis allem zugrunde, was „Kreislauf" heißt? – Was ist unser Erleben von „Tag und Nacht"? – Ist es nicht eine mentale Wanderung von Finsternis zu Licht, eine Passage von Nacht zu Tag durch die Zwischenstadien Morgen und Abend?

– Und macht das, was wir das „Jahr" nennen, nicht dieselbe Wanderung aus? – Ist unser Erlebnis davon nicht ebenfalls eine mentale Wanderung von Finsternis zu Licht, von Winter zu Sommer durch die Zwischenstadien Frühling und Herbst? – Und wie ist es mit unserem eigenen Erdenleben? – Ist es nicht auch ein Erleben der Wanderung von Nacht zu Tag, von Finsternis zu Licht, von Winter zu Sommer durch die Zwischenstadien Frühling und Herbst? – Ist die Kindheit nicht dasselbe wie die Nacht oder der Winter? – Ist das kleine zarte Kind nicht dasselbe wie der Baum im Wald, der im Winter keine Blätter trägt, aber genau wie dieser mit der Lebensquelle in sich. Ist das Erleben des Erwachsenenalters nicht dasselbe wie der Sommer des Kreislaufs des Erdenlebens? – Und sind die Jugend und das Alter nicht dasselbe wie die Zwischenstadien: Morgen und Abend, Frühling und Herbst zwischen dem Winter und Sommer dieses Kreislaufs?

Die Materie oder der Stoff ist auch den Gesetzen des Kreislaufs untergeordnet und befindet sich auf der Wanderung durch Stadien von festen, flüssigen, luftförmigen und strahlenförmigen Zuständen

1637. Aber nicht nur innerhalb der Lebensfunktionen des Lebewesens ist das Erleben des Daseins eine Wanderung zwischen den Kulminationen von Licht und Finsternis. Schauen wir uns die Materie an, dann sehen wir, dass jedes beliebige Ding zu jedem beliebigen Zeitpunkt ebenfalls die Wanderung zwischen den beiden großen Kontrasten repräsentiert. Der Wassertropfen trägt wechselweise dazu bei, schmutzige Pfützen und kristallklares Trinkwasser zu bilden, wie auch die ehemaligen Pfützen heute die schönen weißen Wolken, den blauen Himmel sowie die Morgen- und Abendröte bilden. Bezeichnen nicht alle anderen Materien ebenso jeweils Stadien in einem Kreislauf? – Sind nicht manche Materien fest, andere flüssig, wieder andere luftförmig und strahlenförmig? – Wechseln diese Stadien nicht ständig? – Beruht ihre Form nicht gerade auf der Temperatur? – Können nicht feste Stoffe flüssig, flüssige Stoffe luftförmig und luftförmige Stoffe strahlenförmig werden? – Und können bei Temperaturänderung nicht strahlenförmige Materien wiederum luftförmig, luftförmige flüssig und flüssige fest werden? – Verändert nicht eine außerordentlich starke Hitze die Dinge in Richtung eines strahlenförmigen Zustands? – Und verändert nicht ein entsprechend außerordentlich starker Kältegrad die Dinge in Richtung auf den festen Zustand? – Wie sollte die Erde ohne diese Einwirkung von Wärme und Kälte sonst entstanden sein? – Basiert die physische und geistige Veränderlichkeit der Wesen, ihre mentale Bewegung zwischen Licht und Finsternis oder kurzum alles Erleben des Lebens nicht gerade auf der Veränderlichkeit oder der Bewegung der Stoffe in Stadien zwischen Feuer und Kälte? –

Das „höchste Feuer" ist Gottes Wille und die Herzfunktion und das Atmen des Lebens selbst

1638. Wir sind also hier beim innersten Kernprinzip des Lebens, bei seiner Herzfunktion, bei seinem Puls angelangt. Ist diese Bewegung aller Dinge vom physischen Feuer zur physischen Kälte oder in den Stadien des mentalen Lichts und der mentalen Finsternis nicht das Atmen des Lebens an sich, sein Einatmen und Ausatmen? – Dass alles in Bewegung ist, der Verwandlung unterworfen und somit unmöglich in aller Ewigkeit in ein und derselben Situation verbleiben kann, ist also auf die Herzfunktion und Atmung des Lebens zurückzuführen. Dass Kriege angefangen werden, Kulturzentren zugrunde gehen, Menschenmassen gefoltert, verstümmelt und ermordet werden, und umgekehrt, dass Kultur, Humanität und Frieden, glückliche Schicksale, Harmonie und Freude geschaffen werden, das sind nur die Wirkungen der innersten Struktur und Strahlenkraft des Universums, der Herzfunktion und der Atmung des ewigen Lebens und des daraus folgenden „Willen Gottes". Das „höchste Feuer" ist also diese alles durchdringende Strahlenkraft, diese Herzfunktion, dieses ewige Atmen des Lebens, dieser Wille Gottes.

Die Weltstruktur repräsentiert eine hundertprozentige Logik, was wiederum dasselbe ist wie hundertprozentige Liebe

1639. Ob man diese innerste Struktur und Strahlenkraft des Lebens für eine tote oder lebendige Erscheinung hält, wird hier als völlig gleichgültig sichtbar, denn sie bestätigt als Tatsache, dass der Zufall eine Unmöglichkeit ist. Sie bestätigt einen ewig unveränderlichen, planmäßigen, schöpfenden und Leben aufrechterhaltenden Rhythmus, der gerade aus der Auslösung all der speziellen Bedingungen besteht, die dazu erforderlich sind, damit das über die Materie erhabene, ewig existierende „Etwas" das Leben erleben und nach seinem Willen dirigieren und damit sein Schicksal erschaffen, sich mit dem Leben und dem Licht oder sich mit dem Tod und der Finsternis vereinen kann. Wenn diese Weltstruktur in all ihren Einzelheiten jedoch eine Manifestation hundertprozentiger Logik ausmacht, d.h., hundertprozentig von Nutzen ist, bedeutet dies ja eine entsprechend hundertprozentige Manifestation wahrer „Weisheit". Aber hundertprozentig praktizierte Weisheit ist wiederum dasselbe wie „Liebe". Das Weltall zeigt sich also hier als etwas, das Liebe auf jedes Lebewesen ausstrahlt.

Die Funktionen des „höchsten Feuers" bestätigen die Existenz der Gottheit

1640. Aber kann es logisch sein, etwas, das durch einen ewigen Rhythmus, durch ein ewiges „Einatmen" und „Ausatmen" hundertprozentige Weisheit und Liebe manifestiert, als ein „totes" Ding, als eine blinde Naturkraft zu betrachten? – Müssen wir nicht, wenn wir normal sind, jede Erscheinung, die Weisheit und Liebe manifestiert, als ein „Lebewesen" anerkennen? – Sind nicht Weisheit und Liebe das allerhöchste Gegenteil von Zufall und Chaos? – Sollte man nicht glauben, dass es unserer eigenen Psyche wegen am besten wäre, dieses ewige Atmen, diesen ewigen Lebenskreislauf, diese Veränderlichkeit oder Wanderung aller Dinge zwischen den Kontrasten oder zwischen den äußersten Polen des Lichts und der Finsternis, diese Offenbarung von Weisheit und Liebe als eine Offenbarung der Gottheit zu betrachten. Wie soll man es auf die Dauer vermeiden können, zu dieser Auffassung zu kommen, wenn sie an sich ein tägliches Erlebnis ist? – Wie können Weisheit und Liebe Produkte des Zufalls sein? – Sind Weisheit und Liebe nicht gerade die hervorragendsten Kennzeichen des Lebens? – In dem Teil des Weltalls, in dem der Erdenmensch am klarsten sieht, kommt er nicht auf den Gedanken zu glauben, dass Weisheit und Liebe Produkte eines Steins, eines Minerals, eines Hauses oder einer Sammlung von Chemikalien oder anderen Formen von Materie wären. Ja, hier diskutiert er dies überhaupt nicht. Er weiß mit absoluter Sicherheit, dass Weisheit und Liebe nur als Lebensäußerungen eines Lebewesens offenbart oder manifestiert werden können. Warum sollten Weisheit und Liebe dann nicht gerade da dasselbe sein, wo diese Erscheinungen sichtbar werden, ohne dass wir den Urheber sehen? – Wenn das Universum durch den Kreislauf oder mit der Energieentfaltung in seiner Struktur genau die Lebensäußerungen eines sogar sehr vollkommenen Lebewesens auslöst, warum sollten wir es dann nicht eben als ein Lebewesen betrachten? – Jede andere Behauptung wird ja vom Kreislauf oder von der Energieauslösung um uns herum selbst widerlegt. Warum sich an eine Weltanschauung halten, die ohne logische Begründung ist, wenn wir in einer Welt oder einem Universum leben, uns bewegen und sind, das an sich durch seine Identität mit der Weisheit und Liebe nur als eine einzige große Lebensäußerung oder Offenbarung seiner selbst, als ein lebendiges, denkendes und handelndes Wesen existieren kann? – Die Analyse der Funktionen des „höchsten Feuers", des Kreislaufs oder der Wanderung in und zwischen den Kulminationen des Lichts und der Finsternis, die Wanderung zwischen Hunger und Sättigung, bestätigt also unerschütterlich die Existenz der Gottheit und macht alle Behauptungen über Zufälligkeiten zu Torheit oder Aberglauben, die wiederum die Symptome der Unwissenheit oder des kosmischen Todes sind.

Das Ich – der Raum – und die Zeit

1642. Wenn nun aber jede Bewegung, jede Kraftentfaltung also in Wirklichkeit absolut nur das Eine bezwecken kann, eine Reaktion auf Sinne zu verursachen, und Sinne wiederum nur das Zwischenglied zwischen dem göttlichen Etwas „X1" oder dem alles überlebenden, ewigen Ich sein können, wird dieses Ich also mittels der Sinne zur Tatsache. Diese Tatsache ist das Erleben unseres eigenen Lebens. Das Erleben des Lebens muss also notwendigerweise aus einem erlebenden Etwas und aus etwas, das erlebt werden kann, was wiederum heißt aus dem Ich bzw. der Materie, bestehen. Um jedoch erlebt werden zu können, muss die Materie Kontraste bilden. Dieses Bilden von Kontrasten ist als ein Kreislauf organisiert. Das Hauptprinzip des Kreislaufs ist „Verwandlung", was wiederum dasselbe ist wie „Bewegung" von einem Zustand zu einem anderen. Dabei entsteht eine Markierung des Abstandes zwischen zwei Punkten, nämlich der Zwischenraum zwischen dem Zustand, aus dem die Bewegung ausgeht oder den sie verlässt, und dem Zustand, dem sie entgegengeht. Dadurch erzeugt oder verursacht die Bewegung, außer den genannten zwei Zuständen, also auch eine „Ortsbestimmung". Aber eine Bewegung zwischen zwei Punkten kann sowohl langsam als auch schnell sein. Dadurch markiert sie den Zwischenraum zwischen verschiedenen Geschwindigkeiten. Diesen Zwischenraum nennen wir die „Zeit". Die „Zeit" ist also die Raumangabe für Geschwindigkeit. Wo keine Bewegung existiert, gibt es auch keine Markierung von Geschwindigkeit. Und da, wo keine Geschwindigkeit markiert wird, hört die „Zeit" auf, zugunsten der Offenbarung der – Ewigkeit. Und da, wo keine Bewegung existiert, kann auch keine Markierung zwischen zwei Punkten entstehen, wodurch jede Raumangabe aufhört. Aber da, wo es keine Raumangabe gibt, existiert der Raum nicht. Hier gibt es nur die – Unendlichkeit.

Das höchste „Etwas" in unserer Natur ist die „Ewigkeit" und die „Unendlichkeit", womit das Ich identisch ist

1643. Aber die „Ewigkeit" und die „Unendlichkeit" können ihrer Analyse nach nur ein und dieselbe Analyse haben, nämlich: „ein ‚Etwas', das ist". Wir befinden uns hier an der allerletzten Schanze der Analyse des Lebens oder der Weltstruktur. Alle anderen Erscheinungen haben wir umstellen, auflösen oder platzieren können, aber das hier genannte „Etwas" kann in keinerlei Form von Analyse beseitigt oder aufgelöst werden. Es ist und bleibt eine Realität, der keinerlei andere Analyse gegeben werden kann als gerade diese, dass es existiert. Aber wenn es also die allerletzte existierende Erscheinung oder Realität in der Weltstruktur ist, muss dieses „Etwas" mit dem „Etwas" identisch sein, das die Analyse vornehmen konnte; was sollte letzteres „Etwas" sonst sein. Wir haben ja, völlig in Kontakt mit den Gesetzen der Logik, alle anderen Dinge als untergeordnete Werkzeuge, Organe oder Sinne, mit denen dieses „Etwas" sich manifestierte, in Analysen beseitigen oder auflösen können. Und da wir nun auch diese Organe oder Werkzeuge beseitigt haben, sind wir hier bei dem „Etwas" angelangt, das die Werkzeuge, ja die Zeit und den Raum beseitigen konnte und sich dadurch als über Zeit und Raum erhaben entpuppte. Aber da, wo es keine „Zeit" gibt, existiert die „Ewigkeit". Und da, wo es keinen Raum gibt, existiert die „Unendlichkeit". Das höchste „Etwas" in unserer eigenen Natur ist also mit der „Ewigkeit" und der „Unendlichkeit" identisch. Diese „Ewigkeit" und „Unendlichkeit" machen die Grundanalyse unseres eigenen Ichs aus.

Alle Formen von Manifestation haben ihre Wurzel im maskulinen und femininen Pol des Ichs

1646. Infolge dieser zwei Pole wird die Urbegierde des Ichs zur Schaffenskraft, d.h. zur Fähigkeit, Behagen und Unbehagen zu empfinden. Und diese Fähigkeit ist also die innerste Struktur jeden Empfindens und jeder Schöpfung. Das ganze Lebenserleben dreht sich ausschließlich um Variationen beim Erleben von Behagen und Unbehagen. Die ganze Struktur des Universums mit allen Bewegungen, Energieformen und Materiearten ist ausschließlich dazu da, um Reaktionen in der innersten Wahrnehmungsstruktur des Ichs hervorzurufen, ebenso wie diese unmöglich existieren können, ohne dass sie in ihrer innersten Analyse ebenfalls auf das „maskuline" und „feminine" Prinzip in den Lebewesen zurückzuführen sind. Dies gilt für das Fallen des Staubkörnchens genauso wie für die Bewegung der Galaxien und der Himmelskörper durch den Raum. Dies gilt für die Funktionen einer Kraftmaschine genauso wie für den Puls des Lebewesens. Absolut alle Bewegungen, Stoffbildungen und Klimaverhältnisse und alles, was überhaupt erlebt oder wahrgenommen werden kann, wurzeln in den „maskulinen" und „femininen" Polen lebender Wesen und werden von diesen gefördert.

Die Bindung der Behagens- und Unbehagensempfindungen an das Ich machen das Lebewesen aus

1647. Alle Reaktionen sind Begierden und Befriedigung von Begierden, sind „Hunger-" und „Sättigungsprozesse". Da aber Hunger eine Empfindung von Unbehagen ist und Sättigung eine Empfindung von Behagen, werden also alle Reaktionen zu einem Spiel zwischen Behagen und Unbehagen. Da die Behagensempfindung eine Kontaktauslösung zwischen dem Ich und seinem Erleben des Lebens ist und deshalb als Wohlbehagen empfunden wird, während das Gefühl von Unbehagen eine Disharmonie zwischen dem Ich und dem genannten Erleben ist und als Schmerz empfunden wird, ist die Kulmination von Behagen oder Wohlbefinden die höchste Stufe im Erleben des Lebens, während die Kulmination von Unbehagen die niedrigste Stufe ist. Zwischen diesen zwei äußersten Polen liegen alle anderen Grade des Empfindens oder Erlebens von Behagen und Unbehagen. Und dieser Ozean von verschiedenen Erlebnissen von Behagen und Unbehagen in Verbindung mit einem Ich macht das Leben selbst oder das Lebewesen aus. Ohne diese Bindung gäbe es kein Leben und kein Lebewesen, sondern nur ein existierendes „Etwas, das ist". Aber hier müssen wir ja an die Dreieinigkeit der „X'1" erinnern, die bewirkt, dass das Ich in überhaupt keiner Situation außerhalb dieser Bindung existiert oder existieren kann. Wäre es ohne diese Bindung, wäre es ohne Leben. Wenn es aber ohne Leben wäre, hätte es keine Bewegungsfähigkeit. Wie sollte es dann aus der totalen Stille wieder in Gang kommen können? – Das ewige Sein des Lebewesens wird also auch hier als Tatsache sichtbar.

Das höchste Feuer und das Ich

1648. Da also die ganze Lebensfunktion von dem Schaffen oder Erreichen der Gefühle von Behagen oder Wohlbefinden handelt und da das Leben ohne diese keine Kulmination erreicht, wird es hier sichtbar, dass dieses Prinzip mit dem allgemeinen sexuellen Prinzip identisch ist. Was dieses Prinzip betrifft, so handelt es sich hier auch um das Erreichen der höchsten Empfindung von Wohlbehagen oder Wollust. Es besteht also kein Unterschied zwischen dem erdenmenschlichen Sexualprinzip und dem kosmischen Prinzip des Erlebens des Lebens an sich. Nur mit der rein äußeren Struktur, infolge der Verbindung mit dem leiblichen Fortpflanzungsprinzip, sondert sich die erdenmenschliche Sexualität vom Hauptprinzip als spezieller Einzelbereich ab. Das ganze Erleben des Lebens, ja die ganze Weltstruktur, ist also eine Frage des Gefühls von Wohlbehagen. Dieses Wohlbehagensgefühl ist seiner höchsten Instanz nach das „Himmelreich", ist die „Seligkeit", das Erleben der „Unsterblichkeit", das Erleben, „eins mit dem Vater" zu sein, und das Erleben, Herr über Zeit und Raum zu sein. Das Zufriedenstellen dieses höchsten Wohlbehagens des Lebens ist also dasselbe wie das „höchste Feuer". Dieses Zufriedenstellen oder dieses „Feuer" ist die mentale Wärmequelle des Ichs, ist sein Herd, seine Wiege, seine Grabstätte, seine Auferstehung und sein ewiges Sein.

Weshalb das ewige Lebenserleben durch ein „Unbehagensdasein" und ein „Behagensdasein" bedingt ist

1649. Damit aber diese Behagensempfindung oder der Zustand des Wohlbefindens zu Stande kommen konnte, musste ein Verlangen danach geschaffen werden, mittels dessen Befriedigung das Wohlbefinden erlebt werden konnte. Damit aber das Begehren ermöglicht werden konnte, musste das Wesen in einen Zustand von Unbehagen gebracht werden, in einen Zustand von Disharmonie oder solchen Gelegenheiten, die einen Gegensatz zum Wohlbefinden ausmachen. Wie sollte das Verlangen danach oder die Fähigkeit dazu, Wohlbefinden zu erleben, sonst entstehen? – Das Erleben des Lebens ist also von einem „Unbehagensdasein" und einem „Wohlbehagensdasein" abhängig, von einem mentalen „Dasein der Finsternis" und einem mentalen „Dasein des Lichts". Das ewige Lebewesen muss sich also, um ein permanentes oder ewiges Lebenserleben, eine Lebensform des Lichts, der Harmonie und Seligkeit aufrechterhalten zu können, einer Form des Lebenserlebens unterwerfen, die aus Tod und Finsternis, aus Disharmonie und Leid besteht. Es muss Unglück erleben, um Glück erkennen zu können. Das gleiche Prinzip bewirkt jede Relativität oder dies, dass etwas Erschaffenes nur im Verhältnis zu etwas anderem Erschaffenen erlebt oder wahrgenommen werden kann. Das Erleben des Lebens muss also notwendigerweise aus allen Kontrasten oder Tönen zwischen den äußersten Polen des Lichts und des Dunkels, des Wohlbehagens und des Unbehagens bestehen.

Der sexuelle Kreislauf der Wesen erstreckt sich über zwei Spiralkreisläufe

1650. Dank seiner zwei Polprinzipien ist das Lebewesen also imstande, die oben genannten Bedingungen für das Erleben des Lebens erfüllen zu können. Wir wissen schon aus früheren Analysen im „Livets Bog", wie sich das Erleben des Lebens für das Lebewesen zur Wanderung durch einen kosmischen Spiralkreislauf gestaltet. Wir wissen auch, dass diese Kreislaufwanderung dadurch verwirklicht wird, dass sich der eine Pol im Wesen zu einem gegebenen Zeitpunkt auf eine latente Funktion einschränkt und der andere somit das Bewusstsein tragen muss. Dabei entstehen die zwei Geschlechter, das „maskuline" und das „feminine". Wenn der maskuline Pol vorherrschend ist und das Bewusstsein trägt und der feminine latent ist, dann ist das Wesen ein „männliches" Geschlechtswesen. Wenn der feminine Pol dominiert und der maskuline Pol latent ist, ist das Wesen ein „weibliches" Geschlechtswesen. Wenn der maskuline Pol im Wesen seine Kulmination erreicht hat und der feminine Pol dementsprechend zur Mindestentfaltung zurückgebildet ist, beherrscht der zuerst genannte Pol die Führung des Willens und die ganze Wahrnehmung des Wesens, das dann hundertprozentig „maskulin" ist, und das Wesen tritt infolgedessen als ein dementsprechend hundertprozentig „männliches" Wesen hervor, während das Gegensätzliche der Fall ist, wenn sich der feminine Pol in seiner Kulmination befindet und der maskuline zurück zu einer Mindestentfaltung gebracht worden ist. Dann ist das Wesen ein hundertprozentig „weibliches" Wesen.

Da die Kulmination des „männlichen" Geschlechtszustands eine Sättigung dieses Zustands verursacht, entsteht gleichzeitig das Verlangen nach dem Gegenteil, also geschieht genau das, was in jeder anderen Situation, in der eine Sättigung eintritt, vorgeht. Die Sättigung des „maskulinen" Geschlechtszustands verursacht also das Verlangen nach dem „femininen" Geschlechtszustand. Dies bewirkt wiederum, dass der maskuline Pol zurückgehalten wird und der feminine Pol die Führung übernimmt. Und das ehemalige „männliche" Geschlechtswesen wird nun ein „weibliches". Das Gleiche ist natürlich der Fall, wenn der „weibliche" Geschlechtszustand im Wesen kulminiert. Nach dieser Kulmination wird auch hier das Verlangen nach dem Gegenteil hervorgerufen, wodurch der maskuline Pol zur Kulmination gebracht und der feminine Pol zur Mindestentfaltung zurückgeführt wird. Und das betreffende Wesen, das vorher ein „weibliches" Wesen war, tritt nun als ein „männliches" hervor. Für jedes der beiden Geschlechter gilt also, dass sie nach der Kulmination ihres Geschlechts, kraft ihres Begehrens, zum anderen Geschlecht übergehen. Diesen Geschlechtswechsel kann das Wesen jedoch nicht ebenso schnell vornehmen wie es die Erdenleben wechselt. Der genannte Geschlechtswechsel hat seinen eigenen Kreislauf, der sich, wie wir später auf dem Symbol Nr. 13* sehen werden, über zwei Spiralkreisläufe erstreckt. Jedes zweite Mal, wenn das Lebewesen es erlebt, ein Individuum im Tierreich des Spiralkreislaufs zu sein, ist es ein „männliches" Geschlechtswesen und jedes zweite Mal ein „weibliches" Geschlechtswesen usw. in alle Ewigkeit.

Der männliche und weibliche Geschlechtszustand im Erdenmenschen unter der Verwandlung in ein „neues Geschlecht"

1651. Der Geschlechtszustand der Wesen ist also nicht permanent. Da sich die zwei Pole, jeder für sich, in einem ewigen Rhythmus oder in ewiger Bewegung befinden, d.h., sich aus einem latenten in einen kulminierenden Zustand verwandeln und wieder zurück, können die Wesen unmöglich dabei bleiben, „männliche" und „weibliche" Geschlechtswesen zu sein. Um ein hundertprozentig „männliches" Geschlechtswesen zu sein, muss der maskuline Pol im Wesen kulminieren und der feminine in einem latenten Zustand sein, während das Gegenteil eine Voraussetzung dafür ist, dass es ein hundertprozentig „weibliches" Geschlechtswesen sein kann. Diese zwei Konstellationen der Pole im „männlichen" und „weiblichen" Geschlechtswesen sind nicht permanent, sondern verändern sich auf die Art und Weise, dass der kulminierende Pol allmählich stagniert und etwas an Kraft verliert, während der entgegengesetzte Pol, nach seiner Mindestentfaltung, so an Kraft zunimmt, dass die beiden Pole im Wesen zuletzt ebenbürtig werden. Mit diesem Zustand ist das Individuum nun zu einem Wesen geworden, dessen konträrer Pol im Sinnes- und Erlebenszustand, und der dadurch verursachten Lenkung des Willens, ebenso mitbestimmend geworden ist wie der reguläre, ursprüngliche Pol. Da dieselbe Entwicklung in der Struktur der beiden Geschlechter vorgeht, sodass die zwei Pole in jedem der Wesen ebenbürtig werden, hören der „männliche" und der „weibliche" Geschlechtszustand auf. Ein Wesen, in dem die zwei sexuellen Pole ebenbürtig sind, ist weder ein „Mann" noch eine „Frau". Und wir haben hier einen ganz neuen Wesenstyp vor uns. Der irdische Mann und die irdische Frau sind also kraft ihrer sexuellen Struktur auf dem Weg, einen ganz anderen Zustand zu erleben als jenen, den sie jetzt repräsentieren. Da aber die sexuellen Pole in beiden Wesen nach dieser Entwicklung ebenbürtig blühen, zeigen die erwähnten Wesen in diesem Zustand ein ganz „neues Geschlecht". Dass dieses „neue Geschlecht" seine eigenen besonderen Gesetze und Lebensbedingungen hat, ebenso wie das „männliche" und das „weibliche" Geschlecht die ihrigen hatten, ist klar. Nichts ist Chaos oder Zufall in der kosmischen Struktur des Lebens. Alle Erscheinungen in dieser Struktur haben ihre Leistungsfähigkeit. Aber dieses Leistungsvermögen kann nur ein Resultat von besonderen, erfüllten Bedingungen sein.

Das männliche und weibliche Geschlecht machen, jedes für sich, nur ein „Halbgeschlecht" aus. Weshalb diese beiden „Halbgeschlechter" sich im sexuellen Paarungsakt vereinen müssen

1652. Wir waren hier Zeuge dessen, dass „das höchste Feuer" mit drei Geschlechtern in Erscheinung tritt. Aber eigentlich bilden diese drei Geschlechter nicht mehr als zwei vollkommene Geschlechter. Das

„männliche" und das „weibliche" Geschlecht sind nämlich, jedes für sich, nur ein „Halbgeschlecht". Deshalb müssen diese zwei Geschlechter in einer Ehe oder einem Paarungszustand vereint werden. Beim Paarungsakt können sie einen gewissen elementaren, blitzartigen Schimmer von der Seligkeit des wahren Lebens oder einer höheren Daseinsform empfinden. Und nur während dieser Schimmer aufblitzt, machen sie zusammen ein „Ganzgeschlecht" aus. Und auf diese Weise erleben sie ein Augenblicks- oder Blitzerlebnis vom vollkommenen Erleben des Lebens. Dieses vollkommene Erleben des Lebens ist so stark, dass es für das Individuum die alles überragende Triebkraft in seinem täglichen Leben wird. Es ist ebenso absolut notwendig für sein mentales Gleichgewicht und seine Zufriedenheit, wie Essen und Trinken natürlich und notwendig für seinen physischen Körper oder Organismus sind. Da es aber so sparsam auftritt, dass es nur als ein Augenblicks- oder Blitzerlebnis erlebt werden kann, muss das Wesen die ganze Zeit, außer bei der Kulmination des sexuellen Aktes, ständig das Paradies oder die Seligkeit entbehren. Dieser Umstand wird noch realistischer kraft der außerordentlich harten Bedingungen, die erfüllt werden müssen, damit diese Blitzerlebnisse des Impulses des wahren Lebens oder dessen Seligkeit ermöglicht werden können. Als „Halbgeschlechtswesen" kann das Wesen das wahre Leben nur im sexuellen Kontakt mit einem „Halbgeschlechtswesen" konträrer Art, einem Wesen des sogenannten „anderen Geschlechts" empfinden.

Der Halbgeschlechtszustand der Wesen als tiefste Ursache allen mentalen Dunkels oder des sogenannten „Bösen" in der Welt

1653. Da sich das Individuum gleichzeitig inmitten einer Welt von „Halbgeschlechtswesen" seiner eigenen Art, dem sogenannten „eigenen Geschlecht", befindet, mit dem es die Seligkeitsblitze oder den Impuls des wahren Lebens nicht erleben kann, hat es kein sexuelles Interesse an diesen Wesen. Das hundertprozentige „Halbgeschlechtswesen" hat kein Talent für eine auf Sympathie oder Liebe gegründete Verbindung oder einen derartigen Kontakt mit Wesen seines eigenen Geschlechts. Es gibt in einem solchen Wesen kein Feuer, das hier die Instinkte zur Sehnsucht danach erwärmt, Liebkosungen mit diesen Wesen auszutauschen. Und da die genannten Wesen gleichzeitig Rivalen um Wesen des anderen Geschlechts sind, die ja eine Lebensbedingung für das Gleichgewicht ihrer Mentalität oder ihres Seelenlebens sind, werden sie, wie schon vorher im „Livets Bog" beschrieben, zu etwas Unangenehmen bzw. zu etwas, was das Leben der Wesen des eigenen Geschlechts erschwert. Die Wesen dieses Geschlechts werden einander deshalb im schlimmsten Falle als Todfeinde betrachten, als Wesen, die man am liebsten aus dem Wege geräumt hätte, damit man selber Alleinherrscher unter den Wesen des anderen Geschlechts sein kann. Diese mentale Einstellung zu den Wesen des eigenen Geschlechts ist die allererste Form vom sogenannten „Bösen", die heute unter dem Begriff „Eifersucht" bekannt ist. Diese „Eifersucht" ist also in Wirklichkeit ein „Selbsterhaltungstrieb". Der „Selbsterhaltungstrieb" ist wiederum der eigentliche Stamm vom „Baum der Erkenntnis". Er ist der Stamm, an dem alle Formen von Hass und somit alle Formen von Verfolgung und jedes Streben nach dem Leben anderer Wesen die Zweige sind. Jede Verfolgung des Nächsten hat also ihren Ursprung in der „Eifersucht" oder dem „Selbsterhaltungstrieb", gleichermaßen wie die Zweige eines Baumes vom Stamm ausgehen und die Nahrung für ihr Leben von ihm bekommen. Man kann auch sagen, dass der Selbsterhaltungstrieb und seine gesamte Vorstellungskonzentration, die „Selbstsucht" oder der „Egoismus", ein Fluss sind und dass alle verschiedenen Formen von Verfolgung des Nächsten oder Manifestationen von Lieblosigkeit die Nebenflüsse oder Bäche dieses Flusses sind. Und nie zuvor in der Geschichte der Erdenmenschheit sind diese Nebenflüsse, Flüsschen und Bäche der Selbstsucht mehr zur Tatsache geworden als gerade in unserer Zeit. Ist nicht das ganze menschliche Dasein auf der Erde gerade in der jetzigen Zeitepoche ein geradezu undurchdringliches Labyrinth dieser Verzweigungen der Selbstsucht? – Und wurde nicht gerade diese kulminierende Ausbreitung der Selbstsucht oder des Egoismus als „Hölle", als „Götterdämmerung" oder „Tag des jüngsten Gerichts" und ihre Zeitepoche als die „letzten Tage" angekündigt, wonach ein „neuer Himmel" und eine „neue Erde" offenbart werden und herrschen sollten? –

Wir sehen also hier, dass die ganze mentale Erscheinung und das heutige Schicksal des Erdenmenschen ihren Ursprung in dieser Aufteilung der Wesen in zwei Halbgeschlechtswesen haben, durch welche der Zugang zur Seligkeit oder zum Erleben des wahren Lebens mehr oder weniger auf Sklavenbindung und Ausrottung des eigenen Geschlechts basiert.

Die Notwendigkeit, einen Gegensatz oder Kontrast zum ewigen Dasein des Individuums zu schaffen

1654. Dass unter diesen Umständen viel Blut in der Welt fließen muss, ist klar. Ist es aber nicht genauso selbstverständlich für den intellektuell hochstehenden Menschen, dass diese Ordnung in der Weltstruktur unmöglich zu entbehren war? – Wie sollte das Lebewesen das Leben ausfindig machen oder überhaupt lebendig sein können, wenn es in der Weltstruktur nicht etwas gäbe, mit dessen Hilfe das eigene Leben markiert werden könnte? – Kann dies auf andere Art und Weise gemacht werden als eben mittels der Erschaffung seines Gegensatzes oder Kontrastes? – Die höchste Aufgabe in der Weltstruktur und somit im Lebewesen ist es also, zunächst einmal einen Gegensatz oder Kontrast zum absoluten Leben zu schaffen. Ein Gegensatz oder Kontrast zum wahren oder ewigen Lebenserlebnis kann jedoch nur ein unwirkliches oder zeitliches Erleben sein. Infolge der früheren kosmischen Analysen im „Livets Bog" wissen wir schon, dass das „Ich", seine „Schöpferkraft" und das hiermit erzeugte Resultat, das „Erschaffene", ewige Erscheinungen sind. Und da diese unzertrennlich sind und somit eine Einheit bilden, die das Lebewesen ausmacht, existiert dieses Wesen also ewig. Wie sollte aber diese Existenz zum ewigen Erlebnis desselben Wesens werden, wenn dieses Erlebnis nicht auf Gesetzen basieren würde, gegen die man verstoßen und das Leben dadurch so verringern kann, dass es dem Wesen ermöglicht wird, die Ewigkeit und die Unendlichkeit zu verstehen, die seine allerhöchste Identität sind.

Wie das Suchen des Individuums nach dem Erleben seiner eigenen ewigen Existenz zum „Selbsterhaltungstrieb" wurde

1655. Es ist also hier notwendig daran zu erinnern, dass, wenn das Lebewesen auch eine ewige Realität ist, dies gar nichts bedeutet, wenn es nicht gleichzeitig sein ewiges Sein zum Erlebnis machen könnte. Um das ewige Sein zum Erlebnis zu machen, muss das genannte Erlebnis jedoch geschaffen oder hervorgebracht werden. Aber das Hervorbringen kann nur durch Verlangen und Befriedigung des Verlangens oder durch Hunger und Sättigung stattfinden. Und wir wissen ja bereits, in welcher Weise die ganze Struktur des Lebewesens gerade auf Hunger und Sättigung basiert. Dieser Hunger und diese Sättigung werden also vom Urbegehren des Lebewesens, das seine Wurzel im „X2" oder im Oberbewusstsein hat, ausgelöst und verpflanzt sich hinunter in das Unterbewusstsein des Individuums, das wiederum aus dem Tages- und Nachtbewusstsein besteht. Da nun das Urbegehren im Wesen bedingt, dass das Lebewesen sein ewiges Dasein zu erleben begehrt, greift dieses Begehren vom Oberbewusstsein in das Unterbewusstsein über und wird im Tagesbewusstsein zu einem Verlangen danach, all die Erscheinungen, die einen Gegensatz zum ewigen Leben bilden, auszulösen. Damit eine solche Schaffung aber wirklich effektiv werden kann, muss das genannte Urbegehren zu einem Begehren umgeformt werden, dessen Erfüllung lebenswichtig ist. Auf diese Weise wurde das Suchen des Individuums nach seiner eigenen Existenz zunächst zum „Selbsterhaltungstrieb".

Die Entwicklung des Kontrastes, durch den das Individuum später seine eigene ewige kosmische Existenz markieren soll

1656. Da das Wesen aber ein ewiges, unvergängliches Individuum ist, ist der Selbsterhaltungstrieb kein Schutz der ewigen Existenz des Wesens. Er kann nur eine Tendenz dazu sein, etwas zu schützen, was untergehen, aufgelöst oder vernichtet werden kann. Das, was nicht zugrunde gehen kann, braucht keinen Schutz. Was ist es denn nun am Wesen, das zugrunde gehen kann und den Schutz oder den Selbsterhaltungstrieb verwirklicht? – Das, was am Lebewesen zugrunde gehen kann, wenn dies es nicht dank des Selbsterhaltungstriebs beschützt, ist seine bereits beginnende Kontrastbildung zu seinem eigenen ewigen Dasein. Es ist diese Kontrastbildung, die allmählich die Form der „Selbsterkenntnis" des Wesens annimmt. Und es ist wiederum diese Selbsterkenntnis, die das Tier aus seinem tierischen Zustand zum beginnenden erdenmenschlichen Dasein emporhebt. Aber diese Selbsterkenntnis ist keine Erkenntnis des ewigen Daseins des Wesens oder seiner Identität mit der Ewigkeit und der Unendlichkeit. Sie ist nur die Erkenntnis des Kontrastes dieser seiner wahren Identität. Sie ist nur eine Erkenntnis des physischen Körpers des Wesens und der damit zusammenhängenden physischen Erscheinungen. Dieser Körper und die damit verbundenen Erscheinungen werden also vom Wesen als identisch mit seinem eigenen wahren Selbst erkannt. Und die physische Welt wird als die einzige realistische Daseinsebene betrachtet. Da jedoch sowohl der Körper als auch die infolge dieses Körpers erlebten oder wahrgenommenen Erscheinungen keinesfalls etwas anderes als „erschaffene" Phänomene sein können, können sie mit dem wahren oder absolut ewigen Selbst des Wesens nicht identisch sein. Dieses kann nur etwas zum Ausdruck bringen, was dasselbe absolute Selbst nach und nach erzeugt oder erschaffen hat. Das Lebenserleben des Wesens wird dann zu der Illusion, dass es mit dem erschaffenen Körper identisch sei und dass es deshalb mit dessen Tod, Auflösung und Vernichtung selbst aufhören würde zu existieren. Und dort, wo dieses Erleben das alles beherrschende innerhalb des Selbsterhaltungstriebs des Wesens ist, hat das Wesen die Kulmination oder das Ziel der Schaffung des Kontrastes erreicht, durch den es nach und nach dazu imstande sein wird, sein eigenes ewiges Leben oder seine Identität mit der Ewigkeit und der Unendlichkeit markieren zu können. Aber die Erkenntnis dessen, eins mit dem physischen Körper zu sein, und dass diese Erkenntnis somit die vollständige Analyse des Lebewesens ausmacht, bedeutet also ein totes Ding als lebendig zu betrachten, bedeutet den Tod statt das Leben zu erkennen. Den Tod zu erkennen, ist jedoch dasselbe, wie den Kontrast des wahren Lebens zu erleben. Und damit ist die Kontrastschaffung vollendet. Das Individuum erlebt das Dunkel der Weltstruktur.

Was es heißt, ein kulminierendes „Halbgeschlechtswesen" zu sein

1657. Diese Schaffung des Kontrastes zum ewigen Leben und dessen eigentlichen Gesetzen war das Ziel der Verwandlung des Wesens in das „Halbgeschlechtswesen" durch das „höchste Feuer". Dieser „Halbgeschle chtszustand", d.h. das „männliche" und das „weibliche" Geschlecht, sind infolgedessen, jedes für sich, eine kosmische, organische Regulierung der Sinne, durch die das Individuum von den geistigen oder kosmischen Daseinsebenen und somit von seinem wahren freien Geisteszustand abgeschnitten ist. Ein kulminierendes „Halbgeschlechtswesen" zu sein, bedeutet also, ein Wesen zu sein, dessen Bewusstsein zu einem sehr latenten Stadium herab gebracht worden ist. In der Kulmination dieses Zustands kann das Wesen unmöglich kosmisch wahrnehmen. Es ist in dem Grad in physische Materie verwickelt und davon gebunden, dass es nicht nur das Bewusstsein seiner eigenen kosmischen Identität und Unsterblichkeit verloren hat und von sich selbst glaubt, ausschließlich eine vergängliche Materiekombination zu sein, vom Zusammenwirken zufälliger Kräfte gebildet, sondern es hat auch gewissermaßen seine Bewegungsfreiheit verloren. Die Bewegungsfreiheit, die es auf der physischen Ebene hat, ist als nichts zu betrachten im Vergleich zu jener, die dem Wesen auf der geistigen Ebene zur Verfügung steht. Auf der physischen Ebene ist das Wesen folglich permanent an den schweren physischen Körper gefesselt, der insbesondere in der Kulmination des „Halbgeschlechtswesens" eine Kombination von Stein und Wasser sowie einem geringen Teil Luft ist. Da Stein und Wasser ja die schwersten Formen der Materie sind, gehört ein Organismus, der im besonderen Ausmaß aus dieser Materie besteht, zu den schwersten des Universums. Wenn das Ich eines Wesens, sein Oberbewusstsein und seine geistigen Körper in einem solchen Körper inkarnieren, befindet es sich also in einer der einfachsten Formen von Bewegungsfreiheit, die ein Wesen haben kann. An diesen Halbgeschlechtszustand ist folglich auf allen Gebieten des Lebens eine Einschränkung geknüpft. Es ist nicht so merkwürdig, dass die kosmischen Erzählungen der „Bibel" die Wanderung des Wesens in diesen Zustand hinein als eine „Austreibung aus dem Paradies" oder als „den Tod sterben" bezeichnen.

Die Erdenmenschheit befindet sich in der „Todessphäre" des Universums oder des Spiralkreislaufs

1658. Da die Erdenmenschheit ausschließlich aus Wesen besteht, die gerade in den Organismen oder Körpern inkarniert sind, die hauptsächlich aus Stein, Wasser und Luft bestehen, gleichzeitig damit, dass sie sich ihres wahren unsterblichen oder kosmischen Zustands nicht tagesbewusst sind, sondern glauben, dass sie sterbliche Wesen und mit der Kombination von Stein, Wasser und Luft ihres Körpers eins sind, wird es hier sichtbar, dass diese Menschheit zurzeit die Todessphäre des Weltalls durchläuft. Dies wird noch mehr von der Tatsache bestätigt, dass die Wesen hier mehr oder weniger „Halbgeschlechtswesen" sind und deshalb in entsprechendem Grad nur physisches Tagesbewusstsein und somit keine realistische, kosmische Erlebensfähigkeit haben. Sie sind folglich als auf der kosmischen Ebene bewusstlose oder „tote" Wesen anzusehen. Die erwähnte Todessphäre macht somit eine Daseinszone oder einen Wohnsitz für Wesen aus, deren Bewusstsein ohne kosmisches Wissen ist, gleichzeitig damit, dass das physische oder materialistische Wissen geradezu bis zur Genialität hin blüht.

Inwiefern die „Halbwesen" auch intellektuell gesehen „Halbwesen" sind

1659. Da das ganze Universum oder Weltall jedoch aus einer kosmischen und einer physischen Sphäre besteht, die wiederum eine Geistessphäre bzw. eine Materiensphäre ausmachen, sind Wesen, die kein realistisches Wissen vom wahren „Geist" haben, sondern bei denen im Gegenteil das Wissen über die physische Materie blüht, infolgedessen im Bereich des wahren Lebens nur als „Halbwesen" zu bezeichnen. Sie leben in einer Welt, deren Struktur aus zwei großen ewigen Offenbarungsprinzipien besteht, nämlich einem äußeren, dem „Materienprinzip", und einem inneren, dem „Geistesprinzip", haben aber nur Sinne dafür, das „Materienprinzip" tagesbewusst zu erleben.

Der sexuelle Akt des kulminierenden Halbwesens ist eine kosmische Brücke, auf der es die „Todessphäre" durchläuft

1660. Damit diese „Todessphäre" das Individuum jedoch nicht dazu bringen soll, bewusstseinsmäßig völlig zum Stillstand zu kommen und dadurch an einen „toten Punkt" oder zu einem wirklichen, absoluten „Tod" zu gelangen, wodurch es dem Wesen nicht möglich wäre, wieder in Gang zu kommen, sind seine beschränkten geistigen Funktionen auf der Begegnung mit einem anderen „Halbgeschlechtswesen" von gegensätzlicher Art gegründet. Dadurch, dass es mit diesem Wesen „ein Fleisch" wird, d.h. sexuell in einem Liebesakt vereint ist, erleben die beiden Wesen einen Widerschein oder einen Blitz jenes Wohlbehagens, das ursprünglich die permanente kosmische Lebensempfindung des „Ganzgeschlechtswesens" ist. Dieser Akt ist folglich eine kosmische Brücke, auf der das Wesen die „Todessphäre" durchläuft. Im Bewusstsein des kulminierenden „Halbgeschlechtwesens" werden dieser Akt und das damit verbundene Augenblickserlebnis des „höchsten Feuers" oder das Empfinden von Wohlbehagen jedoch nur als ein physisches Behagen wahrgenommen. Dass der Akt dann, wenn er für beide Teile die Vollkommenheit erreicht, ein kosmisches Erlebnis, eine zeitweilige Erhabenheit über der materiellen Ebene, ja ein überphysisches Erlebnis ist, davon sind sie weit entfernt, es sich vorstellen zu können. Sie wissen noch gar nichts davon, dass dieser Akt, während dessen die zwei Wesen kraft ihrer kulminierenden Neigung zueinander sekunden- oder minutenlang zu „einem Fleisch" vereint sind, ein direktes Erlebnis des Grundtons des Universums, der alles überstrahlenden Liebe, Harmonie und Freude ist, was wiederum das Gleiche bedeutet wie das direkte Erleben der Nähe Gottes, indem der heilige Geist in Form von Seligkeit ihr Nervensystem durchströmt.

Wir haben nicht nur die Lösung des Mysteriums des „Mannes" und der „Frau" gefunden, sondern sind auch zu der Erkenntnis gekommen, dass vor dem göttlichen Gebot „Es werde Licht" ein dementsprechendes göttliches Gebot existiert hat, nämlich „Es werde Dunkel"

1663. Wir kamen also in unserer Analyse dahin, wo das Wesen vom

Kreislaufprinzip oder dem „ewigen Feuer" in ein „Halbgeschlechtswesen" verwandelt wurde, das gleichzeitig aufgrund der Einschränkung des Bewusstseins zu einem Genie darin wurde, gegen die Gesetze des Lebens zu verstoßen, und der größte Experte darin, den Kontrast zum Licht zu schaffen. Und auf diese Weise erfüllte das Wesen den göttlichen Zweck, die unbedingt lebenswichtige Reaktion der Finsternis zu verursachen, kraft welcher das Licht so markiert werden konnte, dass es der Wahrnehmung zugänglich wurde. Aber vorläufig ist dieses göttliche Genie, dieser Experte in der Erschaffung des Materials, dass das Licht markieren und somit dem Individuum die Möglichkeit verschaffen soll, sein ewiges Dasein zu erleben, sein eigenes ewiges Sein als eins mit der Gottheit, dem Beherrscher des Lebens, dem Schöpfer von Zeit und Raum, nur ein kosmisch gesehen „totes" Wesen. Es hat erlebt, den „Tod zu sterben". Es kulminiert im Genuss vom „Baum der Erkenntnis" und ist deshalb, wie die „Bibel" es ausdrückt, „aus dem Paradies vertrieben", vom „Baum des Lebens" verwiesen. Mit dem Fehlen des kosmischen Wissens und als Genie darin, den dunklen Kontrast zu schaffen, ist es klar, dass das Wesen dazu kam, jene Verheißung zu erfüllen, die Gott zu „Adam" und „Eva"(der Erdenmenschheit) aussprach und die darauf hinauslief, dass die Erde verdammt sein sollte. Es sollte viel Kummer und Leiden geben. Die Frau sollte ihre Kinder mit Schmerzen gebären, während die Verfügung über das tägliche Brot und den Lebensbedarf nur mit schweißtriefenden Anstrengungen möglich war. Und die göttliche Verheißung übertrieb nicht den Zugang zum Brot, denn das Leben wurde nicht nur schweißtriefend, sondern im allerhöchsten Grad bluttriefend. Es wurde zu einer Lebensbedingung zu töten, um zu leben. Damit war das göttliche Gebot „Es werde Dunkel" vollbracht. Dass dieses Erschaffen der Finsternis oder die Vollendung der göttlichen Weltstruktur in Wirklichkeit eine hundertprozentige Liebesmaßnahme ist, wird dem hochintellektuellen Forscher hier zu einer glänzenden, unerschütterlichen Tatsache. Hier haben wir die eigentliche Lösung des Mysteriums der Finsternis, sowie die Lösung des Mysteriums des „Mannes" und der „Frau" oder des „männlichen" und „weiblichen" Geschlechts an sich und dessen Prinzip und Mission. Wir sind zur unerschütterlichen Erkenntnis gekommen, dass der göttliche Wille in der

„Bibel" nicht nur mit dem Satz ausgedrückt wurde: „Es werde Licht", sondern dieser göttliche Wille muss schon zuvor das Gebot: „Es werde Dunkel" erteilt haben.

Weshalb die „Bibel" und die Religionen das göttliche Gebot von der Dunkelheit verschleiert und als das „Böse" bezeichnet und ihren Ursprung den „Teufel", „Satan" oder den „Bösen" genannt haben

1664. Da dieses Gebot jedoch jenseits der Zeitepoche und Mission der „Bibel" liegt, ist es in der „Bibel" als Wille eines anderen Ursprungs verschleiert, ja als Feindschaft eines gefallenen Engels gegen das göttliche Wesen. Hieraus folgen die Begriffe: „Teufel", „Satan" oder „der Böse". Eines der allergrößten tragenden kosmischen Prinzipien des Daseins hatte man nur die Fähigkeit als primitive erdenmenschliche Gesinnung aufzufassen. Hier hat man die Struktur des Universums im eigenen Abbild erschaffen und geglaubt, dass diese Struktur auf den gleichen niederen und primitiven und auf Unwissenheit gegründeten Traditionen wie das von Unglück, Krieg und Leiden erfüllte Dasein des Erdenmenschen basiere und dass die Gottheit der Feind der Finsternis sein und diese unbedingt hassen müsse. Man musste deshalb, wenn man die Gunst der Gottheit wünschte, ebenfalls ein Feind jeglicher Finsternis sein und das sogenannte „Böse" in der Welt hassen. Aber wie sollte der Erdenmensch, der kein „kosmisches Bewusstsein" hat, dieses kosmisch gesehen „tote" Wesen, das Dasein sonst auffassen können als mit Hilfe der Traditionen und Vorstellungen, die sich notwendigerweise in einer mentalen Struktur geltend machen mussten, wo jedes kosmische Wahrnehmen ausgeschlossen war? – Die einzige und höchste Lebensform, die es zum Modell hatte, war ja ausschließlich seine eigene. Und da diese Lebensform gerade in der Entfaltung von Rache und Hass oder Lieblosigkeit dem Nächsten gegenüber kulminierte und dem Individuum somit die Erfahrung der Unheil bringenden Natur dieser Daseinsart beibrachte, musste es dem Wesen zur Selbstverständlichkeit werden, dass es in der Welt an mentalem Licht fehlte. Die Erkenntnis dieses Mangels ist ein Beweis dafür, dass es schon begonnen hatte, den Befehl Gottes bezüglich der Erschaffung der Finsternis zu erfüllen. Dass die Menschen, von der Finsternis übersättigt, keinen Bedarf an einer „Bibel" hatten, die Dunkel und Licht in der kosmischen Weltstruktur gleichstellte, ist natürlich eine Selbstverständlichkeit. Es wurde zur Aufgabe der „Bibel": das letzte Gebot Gottes „Es werde Licht" zu stimulieren. Und deshalb sind alle leitenden Religionen der Welt seit Jahrtausenden nur darauf eingestellt gewesen, das Licht dadurch zu erschaffen, dass die Menschen dazu inspiriert wurden, das „Böse" zu hassen und das „Gute" zu lieben, d.h., die Finsternis zu hassen und das Licht anzubeten.

Weshalb die Religionen die Menschheit nicht erlösen können

1665. Da ein solcher mentaler Zustand das Individuum jedoch weiterhin zum Kampfwesen, zum Krieger, Totschläger oder Mörder macht, können die Religionen die Menschheit unmöglich erlösen, was kosmisch gesehen natürlich auch niemals ihre Aufgabe war. Sie sind nur als Brücke hinüber zu einer noch höher liegenden Einstellung zum Leben gedacht, die dem Individuum schließlich Zugang zu dem „Paradies" verschafft, aus dem es einmal „ausgetrieben" wurde. Doch haben die „Bibel" und die übrigen führenden religiösen Überlieferungen in der Welt es nicht vermeiden können, auf die Erschaffung der Finsternis in der Form der Erzählung über die „Schlange" und den „Sündenfall" hinweisen zu müssen, aber nur um den Untergang dieser Zeitepoche zu fördern. Wir sehen deshalb im Auftreten der religiösen Erzählungen und Traditionen zugunsten des Lichts das erste beginnende Werden einer mentalen Epoche in einer solchen Form, die das Individuum mit dem letzten Gebot Gottes in Kontakt bringen soll: „Es werde Licht". Und es sind die beginnenden Traditionen dieser Epoche in der erdenmenschlichen Gesinnung, die nach und nach als das „Gute" erkannt werden.

Wie man sehen kann, dass der Erdenmensch in der Vorzeit unter Anbetung der Erschaffung der Finsternis gelebt hat

1666. Dass die Erdenmenschheit jahrtausendelang unter den genau gegensätzlichen religiösen Traditionen und Vorschriften gelebt und die Erschaffung der Finsternis gepflegt hat, wird infolge der Genialität zur Tatsache, mit der die Erdenmenschheit gerade heute das Prinzip der Finsternis ausüben kann. Ohne diese tausend-, ja millionenjährige Tradition hätte die Menschheit heute keine solche geniale Fähigkeit gehabt, die Prinzipien der Finsternis auszulösen, wie es der Fall ist. Sie hätte keine so detaillierte „Hölle", mit all dem Jammer, „Heulen und Zähneknirschen", verursachen können, wie die irdische Kriegs- und Todessphäre es aufweist. Und sie wäre im entsprechenden Grad vom Zugang zur Epoche des Lichts und der Geisteswissenschaft abgeschnitten, zu der diese Menschheit jetzt infolge des Kreislaufs schon auf dem Weg ist.

Die Notwendigkeit, die sexuellen „Halbgeschlechtswesen" in „Ganzgeschlechtswesen" zu verwandeln

1667. In dieser beginnenden Lichtepoche der Menschheit, d.h. in dem Stadium, das heute in besonderem Ausmaß von den letzten großen Weltreligionen getragen wird, hassen die Wesen also die Finsternis oder das „Böse" und bekämpfen es mit starker Antipathie, Wut und Krieg. Die religiösen Sekten, Religionen und Gemeinschaften kämpfen untereinander und lösen eine stark entwickelte, gegenseitige Intoleranz aus. Jede von ihnen erhebt in großem Ausmaß Anspruch darauf, über das wahre Licht zu verfügen, während alle Andersdenkenden als Wesen der Finsternis, als „Heiden" und ihre Auffassung vom Licht als „Heidentum" betrachtet werden. Das Erleben der neuen Lichtepoche ist infolgedessen noch nicht weiter entwickelt, als dass es unter den Menschen zu einem neuen Objekt der gegenseitigen Intoleranz und Entrüstung, Wut oder tierischen Natur geworden ist. Aber wie sollten die Wesen auch millionenjährige Traditionen aufgeben können, nur weil sie anfangen in neuen Vorschriften geübt zu werden? – Und worauf gehen denn nun diese Vorschriften hinaus? – Ist es nicht gerade darauf, das Üben darin zu entwickeln, gegen seine Wut, seinen Jähzorn, seine Intoleranz und Selbstsucht, d.h. gegen diese millionenjährigen

Traditionen, anzukämpfen? – Aber versuchen die Menschen nicht in großem Ausmaß, ihr noch unfertiges Talent in diesen Bereichen unter dem Begriff „gerechte Entrüstung" oder „heiliger Zorn" zu verbergen? – Diese Begriffe sind also eine Art „Feigenblätter", mit denen man seine finstere oder tierische Natur verdeckt. Hat man nicht seine Mitmenschen im Namen des Lichts mit Inquisition und Kreuzzügen verfolgt, gefoltert und getötet unter dem Vorwand, dass es die höchste Moral wäre, diejenigen Menschen so zu verfolgen, die es wagten, anders zu denken und zu handeln als die Autoritäten der Religion oder der Kirche? – Jede solche Handlungsweise ist heidnisch und hat mit dem Christentum nichts zu tun, das von ihm offenbart wurde, der sagte: „Vater vergib ihnen, denn sie wissen nicht, was sie tun". Ist es nicht eine allgemeingültige Erfahrung unter denen, die damit begonnen haben, wirklich die tierischen Traditionen, Anlagen und Talente ernsthaft zu eliminieren, dass sie immer wieder, ebenso wie Paulus, ausrufen müssen: „Ich tue nicht das Gute, das ich will, sondern das Böse, das ich nicht will"? – Und so muss der Zustand natürlich auch sein, solange die organische Struktur der Wesen sie noch nicht im Ganzgeschlechtszustand gebunden hält und diese Wesen deshalb in entsprechendem Maße vom Prinzip der Finsternis abhängig macht. Und anders könnte es auch nie werden, wenn die Vorsehung es nicht gerade im Auge gehabt hätte, im Wesen eine organische Struktur zur Entwicklung der Epoche des Lichts niederzulegen. Wenn diese organische Funktion, die die Wesen in sexuelle Halbgeschlechtswesen verwandelte, d.h. in das „weibliche" und „männliche" Geschlecht, seine Entwicklung nicht fortsetzen und nun die Wesen dazu erschaffen würde, sexuelle Ganzgeschlechtswesen zu werden, würde das Licht niemals in der Welt scheinen können. Denn der Ganzgeschlechtszustand ist die alleinige organische Struktur, durch die das Licht erschaffen werden kann, wie auch der Halbgeschlechtszustand die alleinige organische Struktur ist, mit der die Finsternis erschaffen werden konnte. Vorschriften und Ideale allein nützen also gar nichts. Sie sind nur dort von Nutzen, wo die Verwandlung in Ganzgeschlechtswesen schon begonnen hat. Nur da, wo es ein Talent gibt, kann das Genie erschaffen werden.

Das „Halbgeschlechtswesen" kann die himmlische Welt nur als eine Sekunde von Wollustempfinden erleben

1668. Der Erdenmensch ist also ein Wesen, das sich aufgrund seines Halbgeschlechtszustandes in der Kulminationszone der Finsternis befindet. Er ist kraft der Entwicklung seines Selbsterhaltungstriebs in diese Zone gekommen, was wiederum bedeutet: kraft des Triebs sich selber zu beschützen. Zu diesem Behüten seiner selbst gehört auch das lebenswichtige Augenblickserlebnis vom Paradies oder dem göttlichen Lichtdasein, in dem das Wesen einmal lebte, bevor die Verwandlung der Pole begonnen hatte. Dieses blitzartige Erleben des Lichtdaseins ist der absolut letzte Rest des Erlebens des wahren Lebens und kann normalerweise nur im Paarungsakt oder dem „ein Fleisch sein" des Wesens mit einem Wesen des anderen Geschlechts stattfinden. Dieses göttliche Lichterlebnis erscheint also hier in einer unerhört herabgesetzten oder verringerten Form. Von dem, ein andauerndes Lichterlebnis zu sein, eine permanente selbstlose Liebesverbindung mit allen anderen Lebewesen, ist es nun nur ein kleiner schwacher Lichtblitz geworden, der – wenn er auch dazu ausreicht, den Körper in einem Rausch von Wohlbefinden während der Sekunden, in denen die Auslösung stattfindet, zu durchdringen – doch völlig ohne mentale Einzelheiten ist. Das Wesen hat hier keine intellektuelle, tagesbewusste Vorstellung von der Kernanalyse dieses Erlebnisses. Für das Wesen ist es ausschließlich eine lebenswichtige Befriedigung eines Verlangens ohne Details, das nur als „Wollustgefühl" wahrgenommen wird. Die himmlische Welt macht folglich hier in der Halbgeschlechtskulminiti-on des Wesens nur das „Wollustgefühl" eines kurzen Augenblicks aus. Nach jedem solchen Augenblickserlebnis von Wollustgefühl können Tage und Nächte vergehen, während derer das Individuum in der physischen Welt lebt und nur die Einzelheiten wach und tagesbewusst wahrnimmt, die das Zufriedenstellen der übrigen lebenswichtigen körperlichen Bedürfnisse, wie Nahrung, Schutz vor anderen Wesen und dem Klima, betrifft. Da diese Daseinsform in ihrer Kulmination ein hundertprozentiger Kampf auf Leben und Tod ist, wird das ganze Erleben des Lebens, mit Ausnahme des kurzen

Augenblicks, in dem das Wesen „ein Fleisch" mit einem Wesen des anderen Geschlechts ist, folglich eine absolut undurchdringliche Finsternis sein. Was das Lichterlebnis des Lebens betrifft (den Paarungsakt), so ist dieser beim Wesen kein waches, tagesbewusstes kosmisches Erleben im Detail. Das Lichterlebnis ist ganz einfach ein „Gefühl von Behagen", das mit dem Empfinden von Behagen beim Genuss einer guten Mahlzeit analog ist, nur außerordentlich vervielfältigt und verstärkt. Ein geringerer Grad der Fähigkeit, das Lichtdasein zu erleben, kann nicht existieren, denn dann wäre diese so schwach, dass sie die Fortsetzung des Kreislaufs nicht bedingen könnte. Eine totale Auslöschung würde dann stattfinden. Aber dieses Ausradieren kann also, dank der Gesetze des Kreislaufs, unmöglich stattfinden.

Die sexuellen Organe entstehen

1669. Dieses Lichterlebnis des Wesens oder diese Wahrnehmung der überirdischen Welt ist im Verhältnis zum Paradies an sich so spärlich, dass es nur mit einem kleinen Lichtstrahl zu vergleichen ist, der aus einem prachtvoll beleuchteten Festsaal durch eine kleine Ritze einer undichten Tür sickert. So weit ab vom Himmelreich, vom Paradies oder vollkommenen, totalen Erleben des Lebens ist das kulminierende Halbgeschlechtswesen. Es lebt im dunklen Raum außerhalb des strahlenden Festsaals des Paradieses oder des wahren Lebens. Und nur durch die kleine Ritze in der Tür, die in den Festsaal führt, hat es Zugang zum Licht. Es ist somit in Wirklichkeit vom Festsaal des Lebens oder der Kulmination des Lebenserlebens selbst ausgeschlossen. Aber dadurch, dass es mit einem Halbgeschlechtswesen gegensätzlicher Art „ein Fleisch" wird, hat es also Zugang zum spärlichen Lichtstrahl aus der Türritze des Festsaals. Dass es sich im Dunkeln an diesen kleinen Lichtstrahl klammert, ist gar nicht so verwunderlich. Es ist das einzige wirkliche Detail in der Dunkelheit, ihr einziger Kontrast, und das einzige Licht, kraft dessen die anderen sparsam vorkommenden Details im dunklen Raum erkennbar sind. Alle Details in diesem dunklen Raum, d.h. in der physischen Welt der kulminierenden Halbgeschlechtswesen, werden deshalb ausschließlich von diesem kleinen Lichtstrahl geprägt oder gefärbt.

Da dieses Licht durch die Ritze der Tür der Paarungsakt ist oder dies, „ein Fleisch" mit einem Halbgeschlechtswesen gegensätzlicher Art zu sein, wird die Welt des kulminierenden Halbgeschlechtswesens lediglich zu einer Paarungswelt. In dieser Welt dreht sich alles nur um die Fortpflanzung der Art, um die Ehe oder Paarung. Jeder Gedanke, Instinkt oder jede Ahnung geht ausschließlich darauf aus, an den lebenswichtigen Strahl aus der Türritze zu kommen. Wenn man ihn nicht erreichen kann, befindet man sich völlig im Dunkeln. Was sich auf der Wanderung hinab in die Finsternis, fort vom Paradies, folglich zuerst im Wesen entwickelte, waren Organe, die auf das paradiesische Licht reagieren und die überirdische Empfindung von Wohlbehagen auf das Erleben im physischen Körper übertragen konnten. Und durch die ständige Anziehung des Lichtstrahls aus dem Paradies in der Finsternis wurden jene Organe nach und nach aufgebaut, die heute als „Fortpflanzungs-" oder „Geschlechtsorgane" bezeichnet werden. Sie sind demnach die ersten Organe, mit deren Hilfe das Paradieslicht auf der physischen Ebene erlebt werden konnte.

Die sexuellen Organe sind das „Allerheiligste" am Lebewesen

1670. Da die sexuellen Organe die unmittelbaren Organe zum Erleben des Paradieslichts sind, machen sie das „Allerheiligste" am Lebewesen aus. Sie sind die Organe, mit deren Hilfe der Gottessohn die Gottheit direkt körperlich berühren kann. Ein größerer Kontakt mit dem Körper der Gottheit als den, der beim Paarungsakt der Wesen oder dem sexuellen Beischlaf stattfindet, existiert nicht. Er ist die direkte oder indirekte Auslösung bei jedem existierenden Erlebnis. Er ist die innerste reine Feuersäule, von welcher alle anderen Empfindungen als Flammen, Funken und Asche ausgehen. Dieses reine Feuer ist also der Grundstock aller anderen existierenden Empfindungen, an dem diese nur Zweige, Blätter und Blüten sein können. Es ist diese direkte Berührung mit dem Körper der Gottheit, die in den offenen Armen der jungen Liebenden lodert und sie zu „einem Fleisch" vereinigt. Sie ist die Wärme der Stimme, der Glanz des Auges, die Röte der Wange und das Lächeln der Lippen. Ihr sonniger Lichtschein sind die Elternfreude, die

Mutterliebe und der Vaterstolz. Ihr sprühendes Feuer kracht und knistert jedoch auch im wilden Gebrüll, Lärm und Gegröle des Dschungels. Es blitzt und flammt im Brunstkampf der Löwen und Tiger. Es ist der Lobgesang, der himmelan aus Tausenden beflügelten Kehlen an einem Frühlingsmorgen ertönt, wie es auch die farbenprächtige stille Sprache der Blumenwiese ist, die von Seligkeit im Zauber der lichten Sommernacht duftet und eine Ahnung von überirdischer Ruhe mit dem Lichtstreifen des silbernen Mondscheins auf dem blanken See hervorruft. Außerdem erzeugt es Gedanken über überirdische Erhabenheit und Schöpfung mit Hilfe der Sternteppiche und Sonnensysteme, die in ihren ewigen Kreisbahnen dahinsegeln. Es gibt also keine Form des Erlebens von Seligkeit, Wohlbefinden und Freude, die nicht ein Zweig, ein Blatt oder eine Blüte an diesem leuchtenden Stamm des „höchsten Feuers" ist, zugänglich gemacht durch die sexuellen Polorgane. Ohne dieses Feuer und diese Organe würde infolgedessen keinerlei Form von Glück oder Seligkeit existieren, weder im Himmel noch auf Erden.

Was die Gottheit dem Gottessohn bezüglich der Sexualorgane sagt

1671. Dass dieses Feuer übermächtige Dimensionen hat, wird zur Tatsache, weil die hier erwähnte Seligkeit nur aus dem besteht, was der spärliche Strahl aus dem Paradies durch die „Türritze" bewirkt. Wenn ein solcher kleiner Strahl so leuchten und das Totenreich mit so viel Freude, Wohlbefinden und überirdischer Kraft und Empfindung vom Himmel außerhalb des Paradieses füllen kann, wie muss es dann nicht innerhalb der Tür des Paradieses sein, wo das Lichtmeer vollständig ist und nicht ein scheinbar kleiner verirrter Strahl durch eine Türritze? – Sagt nicht die Gottheit hier zum Sohn, d.h. in diesem Fall zum Wesen im Tierreich: „Wach auf! – Wach auf! – Ich habe es dir ermöglicht, mich auf der irdischen Ebene leuchtend zu erleben. Trotz allem bin ich im Fleisch bei dir. Und wenn du auch andere Organe bekommen hast und deinen Nächsten zerreißen, zerfetzen und zerfleischen kannst, ja, selbst wenn es dir sogar zur Lebensbedingung geworden ist, sein Fleisch und Blut zu verzehren, und dein Körper deswegen notwendigerweise als vollkommene Mordwaffe oder Instrument zum Töten erschaffen sein muss, habe ich dir doch in diesem lebenzerstörenden Organismus oder dieser satanischen Höllenluft für deinen Geist Organe zur Kommunikation mit mir gelassen. Mitten in deiner mörderischen Reise durch die Hölle kannst du weiterhin Lichtblitze aus meinem überirdischen Reich hervorrufen. Und siehe da! So stark ist diese deine Fähigkeit, dass sie dich durch jederlei Form von Finsternis im Universum führen kann. Ja auch in Zonen und Sphären, wo du noch nicht intellektuell geworden bist, ja, wo du meine Existenz völlig verleugnest und den Glauben an mich für den größten Aberglauben des Lebens, für die Kulmination von Einfalt, Primitivität und Gutgläubigkeit hältst, bin ich die Wärme in deinem Blut. Dort, wo du deine ursprüngliche kosmische Identität als mein Sohn vergessen hast – und glaubst, du wärest ein sterbliches, vergängliches, erschaffenes Ding, dass du nur wie die Eintagsfliege einen kleinen Abschnitt der Ewigkeit, den das physische Alter deines jetzigen Körpers repräsentiert, gelebt hättest, und dass du deshalb glaubst, du wärest auf dem Weg zum Grab, zur Vernichtung oder Auflösung –, führe ich dich, kraft der himmlischen Organe in deinem irdischen Körper, erlöst durch die Nacht hindurch. Mit diesen Organen erhalte ich also deine Identität mit der Unsterblichkeit und meinem eigenen Fleisch und Blut aufrecht und garantiere dir mein eigenes ewiges Leben, mein eigenes ewiges Sein mit meinem eigenen höchsten Wohlbefinden durch Leben und Tod."

Die sexuelle Finsternissphäre konnte nicht verhindert werden, weder von geistlichen Behörden noch von Moralvorschriften

1673. Aber diese menschlichen Maßnahmen haben also den mächtigen Ausbruch von dunklen Kräften, die das heutige Schicksal der Menschheit prägen, keineswegs verhindern können. Wenn sie dies nicht konnten, wird es folglich als Gottes Wille sichtbar, dass diese Finsternis wirklich auftreten sollte. Es ist infolgedessen eine Auslösung von Kräften in Kontakt mit den übrigen Kraftauslösungen der Natur. Die ganze mentale Sphäre der Finsternis ist also eine Naturkraft, ein logisches Glied in der Weltstruktur selbst. Die Menschen können höchstens etwas in Richtung einer Art schwacher und unsicherer

Schutzvorkehrungen vornehmen. Die moralischen Maßnahmen und Verordnungen bezüglich der Sexualität, sind denn auch nur ein schwacher Deich, errichtet gegen eine Sturmflut, die auf unzähligen Gebieten den Deich durchdringt und zerschlägt. Aber warum sollte dieses „höchste Feuer" nicht ebenso gut seine dunklen Rauchwolken, seine Schlacke und Asche haben, wie alle anderen Formen von Feuer? – Feuer einzusperren, ohne eine Spur von Luft oder Abzug für den Rauch und die Asche, wäre dasselbe wie das Feuer auszulöschen. Und selbstverständlich war es niemals die Absicht der Vorsehung, dass die Menschen das „höchste Feuer" sollten löschen können. Was wäre wohl das Leben ohne dieses Feuer? – Das Leben kann doch nicht nur ein Gedankenprozess sein. Und von welchem Nutzen wäre dieser Gedankenprozess, wenn er nicht am Ende ein Empfinden von Behagen, einen Genuss oder eine Seligkeit, sowohl beim Wesen selbst wie in seiner Umgebung, hervorrufen sollte? – Dieser Genuss wäre völlig undenkbar, wenn das „höchste Feuer" nicht existierte. Alle Genüsse sind ja Zweige, Blätter und Blüten am Hauptstock des „höchsten Feuers". Die Situation ist deshalb so wohlweislich eingerichtet und die Macht des „höchsten Feuers" so überlegen, dass nicht einmal die Inquisition und andere Formen von Gewaltmaßnahmen im Namen einer vorgeschriebenen Moral das Feuer löschen konnten. Es hat den Gestank seiner stickigen Rauchwolken, seinen Staub und seine Schlacke weiterhin unter allen Gesellschaftsschichten, Völkern, Kulturen und Moralauffassungen verbreiten können. Ja, diese religiösen Moralauffassungen mit ihrem vorgeschriebenen Zölibat, ihrer Askese und anderen naturwidrigen Verboten haben sogar dazu beigetragen, das Böse zu verschlimmern statt es zu verhindern.

Die sexuelle Finsternissphäre ist eine Macht, die in einer weit tieferen Ursache verwurzelt ist als in der erdenmenschlichen Willensführung

1674. Die Existenz der finsteren sexuellen Sphäre ist demnach etwas, was der Menschheit nicht zum Vorwurf gemacht werden kann. Sie ist eine Macht, die von einer weitaus tieferen Ursache als der erdenmenschlichen Willensführung herrührt. Diese Willensführung steht dieser Sphäre ebenso machtlos gegenüber wie den gewaltigen Vulkanen und Erdbeben. Die finstere mentale Sphäre ist ein Glied in der Weltstruktur selbst, ebenso wie Vulkanausbrüche, Erdbeben, der Lauf der Sonne und der Sterne. Jede einzelne Erscheinung der Natur hat ihre Mission und ist ein Glied in der logischen Absicht und dem Plan, der den Entstehungsprozess der Erde gefördert hat. Von leuchtenden Nebeln an, durch flüssiges Feuer und gewaltig lärmende vulkanische Einöden hindurch bis zur beginnenden Bildung der Atmosphäre, bis zum Erschaffen von Meer und Land, bis zum beginnenden vegetabilischen Leben und dem Erscheinen vom heutigen Tier und Menschen hat sich diese Absicht als ein Wunder an künstlerischer Schöpfung erwiesen. So wie diese Stadien bei der Entstehung der Erde natürliche, unentbehrliche Glieder in der Vollendung des Ziels oder des Plans waren, der dazu nötig war, die Erde zu einem so prachtvollen Wohnsitz für irdischen Geist und irdische Kultur zu machen, wie sie es heute den Bedingungen nach sein könnte, ist auch die sexuelle Finsternis der Menschheit ein natürliches, unentbehrliches Glied in der Vollendung des Ziels oder des göttlichen Plans, der den Menschen zu einem vollkommenen Wesen als „Abbild Gottes" macht, das hoch über tierische, tötende und Unglück fördernde Traditionen erhaben ist. Wie die Erde ihre vulkanischen Traditionen haben musste, bevor sie die Stille und das Gleichgewicht unter ihren Kontinenten und Meeren erlangen konnte, so muss die Menschheit auch während ihrer Vervollkommnung ihre vulkanischen Traditionen durchleben, ehe sie Stabilität, Stille und Gleichgewicht unter den mentalen Kontinenten und Meeren erzielt, die erforderlich sind, damit ihr hoher Geist und ihre Kultur oder das wahre ewige Leben, d.h. die Liebe, in voller Kulmination blühen kann.

Das höchste Feuer ist die Ursache aller Kontraste oder das ewige Leben verwurzelt im Ich

1675. Die sexuelle Finsternis-Sphäre der Menschheit hat also ihre bestimmte Mission, ihren besonderen Zweck zu erfüllen. Das ganze Problem, die ganze Finsternis, ist eine Frage des Leidens, aber damit wird es gleichzeitig zu einer Frage des Gefühls, einer Frage des Erlebens von Behagen und Unbehagen. Da jedoch alle Empfindungen von Behagen und Unbehagen eine Frage des Gefühls sind, müssen wir hier zur sexuellen Struktur des Wesens, die ja der Hauptsitz des Gefühls ist, zurückkehren. Wir müssen also in die Struktur im Wesen eindringen, die seinen Gefühlszustand trägt, was wiederum heißt, die alle seine Wahrnehmungsfähigkeiten, ohne Ausnahme, trägt. Alle Erlebnisse, sowohl rein physische, leibliche, wie auch mentale oder geistige, sind ihrer tiefsten Analyse nach „Gefühl". Es wird immer deutlicher, wie außerordentlich beträchtlich das „höchste Feuer" in der Struktur des Wesens ist. Es ist das ewige Leben selbst, das im Ich direkt verwurzelt ist und mit dem es in seiner höchsten Instanz identisch ist. Es ist in seiner Eigenschaft als Bewusstsein die Strahlenglorie des Ichs, seine Wärme und sein Licht. Seine leuchtende Flamme kann niemals erlöschen, wenn ihre Erscheinung auch ein ewiges Zunehmen und Abnehmen ist, ein ewiger Rhythmus oder eine Bewegung zwischen zwei äußersten Polen von einer Mindestentfaltung bis zur Höchstentfaltung und wieder zurück. Das „höchste Feuer" ist der ewige kosmische Atem des Ichs. Von seiner Mindestentfaltung, wo es nur aus schwelendem Rauch und Funken besteht, wächst es bis zur größten Entfaltung heran, wo es ein funkelndes, strahlendes, klares und alles erleuchtendes Feuer ist, eine Sonne, die das Ich als „Abbild Gottes" zeigt. Von hier aus verringern sich die klare Flamme und die Wärme des Feuers, um zuletzt wieder nur eine kleine flackernde Flamme, eingehüllt und verdunkelt von Rauchwolken, Schlacke und Asche zu sein. Diese rhythmische Bewegung des „höchsten Feuers", seine geringste und größte Entfaltung, macht das Erleben des Lebens zu einem ewigen Kreislauf. Es ist diese rhythmische Struktur des „höchsten Feuers", die der Entstehung von Tag und Nacht, Sommer und Winter, Saat und Ernte, Gut und Böse, Kindheit und Erwachsenenalter, kurzum allen existierenden Kontrasten zugrunde liegt, dank der Wesen im Mikrokosmos, Zwischenkosmos und Makrokosmos. Wenn sich die Menschheit, wie wir gerade gesehen haben, in der Leidens- und Unglückssphäre, der Tötungs- und Todessphäre, der Fallgrube der Unwissenheit und Primitivität befindet, wie es eben der Fall ist, dann ist dies nur darauf zurückzuführen, dass diese Menschheit in ihrem kosmischen Kreislauf die Sphäre der Mindestentfaltung des „höchsten Feuers" passiert. Dort, wo sich das „höchste Feuer" am geringsten entfaltet, wird das Leben den Wesen also zur Finsternis, zu Leiden und Tod, zum „Tag des Jüngsten Gerichts" oder zur „Hölle".

Wenn die „Hölle" oder die Finsternissphäre des Lebens nicht existieren würde

1676. Der Begriff „Hölle", dieser Gegensatz zum „Paradies", hat in den Ohren des Erdenmenschen keinen guten Klang und dabei ist die „Hölle" nur das kulminierende Resultat der speziellen Organstruktur des „höchsten Feuers" im leiblichen Körper dieses Wesens. Die „Hölle" ist infolgedessen eine völlig natürliche Erscheinung, ebenso gut wie das „Paradies". Sie ist das Resultat des Lebenserlebens mit Hilfe der dazu besonders vorgesehenen Sinnesorgane und Kreisläufe, die ihren Ursprung im „höchsten Feuer" haben und davon getragen werden. Wenn die feminine und maskuline Polstruktur des Erdenmenschen anders gewesen wären, dann wären sein Denken und seine Willensführung auch andersartig. Und wir hätten die „Hölle" nie in der kulminierenden Form gesehen, in der wir sie jetzt kennengelernt haben. Die Hölle ist also die Kulmination der Wahrnehmung des „Halbgeschlechtswesens". Ohne den „Halbgeschlechtszustand" könnte das Lebewesen unmöglich in eine Situation gebracht werden, in der es zur Lebensbedingung wurde, mit einem „Halbgeschlechtswesen" des anderen Geschlechts „ein Fleisch" zu werden, und ohne diese Lebensbedingung hätten ja weder der Selbsterhaltungstrieb, die Eifersucht, das Rivalisieren mit Wesen des eigenen Geschlechts, kurzum, Hass oder Lieblosigkeit entstehen können. Die Wurzel allen heutigen „Übels" wäre folglich eine Unmöglichkeit. Damit wäre jedoch eine Menge absolut lebenswichtiger Erfahrungen für das Lebewesen unerreichbar. Die „Hölle" ist ja keine „Strafanstalt", die irgendwo gelegen ist. Sie ist keine Äußerung von Zorn einer Gottheit oder eine Strafe für ein verübtes Unrecht. Wie wir aus früheren Analysen schon wissen, kann kein Lebewesen Unrecht erleiden und auch kein Unrecht tun. Nur durch die Nebelschleier der Primitivität und des Aberglaubens können illusorische

Auffassungen dieser Art belebt werden. Dank des gleichen mentalen Nebeldunstes oder Aberglaubens wird die „Hölle" vom Erdenmenschen, ja sogar innerhalb der christlichen Weltreligion, „Verfluchung" genannt und als etwas „Teuflisches" oder „Satanisches" empfunden. Wenn aber die „Hölle", d.h. also alles, was unter den Begriff „mentale Finsternis" fällt, nicht existierte, wie würde wohl dann das, was mit dem Begriff „Bewusstsein" bezeichnet wird, aussehen? – Es gäbe überhaupt keine Möglichkeit, irgendetwas zu denken, es gäbe keine Möglichkeit, irgendwie die Intelligenz, die Intuition oder das Erinnerungsvermögen anzuwenden. Es gäbe keinerlei Möglichkeit, die Willensführung zu gebrauchen. Es gäbe überhaupt nichts für den Willen zu führen. Wenn jede mentale Finsternis aus dem Universum völlig entfernt würde, dann bliebe nur noch absolutes Licht zurück. Aber ein totales Licht gibt keine Kontraste, und der Lebenskünstler, d.h. das Ich im Lebewesen, wäre dann in der gleichen Lage wie ein Künstler, der nur eine Farbe hat. Ebenso wie ein solcher Künstler unmöglich ein Kunstwerk in Farben erzeugen kann, könnte ein Lebenskünstler unmöglich das Kunstwerk, das wir heute das „Lebewesen" nennen, erschaffen. Das Ich könnte sich ohne die „Hölle" keinesfalls selbst als „Lebewesen" erleben oder offenbaren. Das Lebenskunstwerk, das „Abbild Gottes", hätte niemals zu einer Realität werden können. Wenn man die „Hölle" oder die Finsternis aus irgendeinem Roman, einer Erzählung oder irgendeinem Märchen oder Schauspiel nähme, d.h. also, alle Schurken und deren finstere Taten aus der genannten literarischen Produktion entfernte, dann würde diese nur Sinnlosigkeit oder Chaos repräsentieren. Wie sollten die Wesen des Lichts oder die Helden dieser Dichtungen Helden sein können, wenn es weder finstere Taten noch Schufte gäbe? – Wie sollte der Mensch überhaupt von der „Weisheit" Besitz ergreifen können, wenn es keine Finsternis, keine Unmoral oder kein sogenanntes „Verbrechen" gäbe? – Die Weisheit ist ausschließlich das Erleben von Erfahrungen, das jede Tat der Finsternis letztendlich hervorruft. Die Weisheit ist eine Beschreibung der Wirkungen, die jedes Übertreten der Lebensgesetze verursacht. Jedes „heilige Buch", jede „Bibel", wäre völlig undenkbar, wenn die Finsternis nicht existierte. Wenn sich die Menschen nicht in der Finsternis befänden, könnten sie überhaupt keinem Licht entgegensehen, könnten sich nach keiner Befreiung sehnen und hätten nichts Schönes und Erhabenes, wofür sie leben könnten. Gäbe es keine Lieblosigkeit, wäre die Liebe gleichfalls undenkbar, denn nur anhand von Lieblosigkeit kann ja die Liebe offenbart werden. Ohne „Hölle" oder mentale Finsternissphäre des Lebens wäre jedes Erleben des Lebens eine Unmöglichkeit.

Was die „Hölle" oder die Finsternissphäre des Lebens in Wirklichkeit ist

1677. Die „Hölle" oder die Finsternis ist also in Verbindung mit dem „Licht" oder dem „Himmelreich" das Fundament des Lebens. Die „Hölle" ist die dunkle Farbe, mit der die Gottheit ihre überirdische Lichtflut in dem Ausmaß abblendet, dass sie der Wahrnehmung zugänglich gemacht wird. Diese Verschleierung des göttlichen Lichts wird zum Bewusstsein des Lebewesens. Diese Verschleierung des Lichts der Gottheit wird zu Nuancen in der Materie, wird zu den sieben Farben des Spektrums, wird zu Graden von Festigkeit und Luftförmigkeit der Materie zwischen den beiden äußersten Polen „Stein" und „Geist". Es ist die gleiche Verschleierung, die die Reiche und Jahreszeiten des Spiralkreislaufs hervorbringt, ebenso wie sie Kindheit und Mannesalter im Kreislauf des Erdenlebens, Winter und Sommer im Jahreskreislauf und Tag und Nacht im Tageskreislauf bildet. Wie sollte sich das Dasein wohl sonst ohne diese Verschleierung des alles überstrahlenden göttlichen Lichts gestalten? – Und wie sollte diese Verschleierung stattfinden können, wenn nicht eben durch den totalen Gegensatz zum himmlischen Licht? – Und was kann wohl der totale Gegensatz dieses Lichts anderes sein als eben die „Finsternis der Hölle"? – In Verbindung mit der Weltstruktur trägt diese Finsternis dazu bei, das Material zu bilden, mit dessen Hilfe die Gottheit in jegliches Wesen Bewusstsein, Erleben und Denkfähigkeit einbläst und es somit mit dem „Geist des Lebens" segnet, mit dem sie wünscht, alle existierenden Lebewesen zu dem Kunstwerk des Lebens zu machen, das sie mit ihrer Schöpfung beabsichtigte, nämlich zum „Menschen als Abbild Gottes". Die „Hölle" ist also keine Verfluchung, keine „Strafe" oder „Manifestation des Zornes" von Seiten der Vorsehung, sondern ein lebenswichtiger Faktor in der ewigen Schöpfungsstruktur des Universums.

Der Blick von den allerhöchsten Gipfeln oder vom eigenen Aussichtspunkt des Vaters

1678. Es ist möglich, dass es hier dem Leser oder Wahrheitssucher ein wenig schwindelt. Aber wir befinden uns hier auch auf dem allerhöchsten Gipfel des Lebens selbst. Es gibt keinen höheren Blick auf das Universum, die Ewigkeit und die Unendlichkeit als eben von dem Punkt aus, wo wir nun das ganze Weltall überblicken. Wir befinden uns auf dem eigenen Aussichtspunkt des Vaters. Hier wird das große Fazit „alles ist sehr gut", d.h. Gottes eigene Einstellung zum Leben, Universum oder Weltall, zur Tatsache. Hier ist das Individuum oder der Gottessohn von der Parteilichkeit für das Licht, die Religion oder Gottesauffassung befreit, die Wahnvorstellungen von der Finsternis, wie auch Unterschätzung und Empörung ihr gegenüber zur Folge hat. Hier erscheint die Finsternis oder die „Hölle" in ihrer wahren Mission als ein Segen, ohne den die göttliche Hand niemals den „Menschen als Abbild Gottes" erschaffen könnte. Die „Finsternis" ist infolgedessen in Wirklichkeit ein Segen, genau wie das Licht. Das Leben wäre ja genauso unmöglich ohne den Kontrast der Finsternis, wie es auch undenkbar ohne den Kontrast des Lichts sein würde. Auf diesem höchsten Aussichtspunkt des Lebens, auf dem wir uns hier befinden, sehen wir, dass es keinen Tod gibt. Es war die Vorstellung von Verdammnis, Tod und Untergang, die die Furcht vor der „Hölle" oder der Finsternis verursachte. Hier sehen wir jedoch, dass von allen, die auf den Schlachtfeldern oder von der Hand des Hasses „starben", sowie von allen, die aus anderen Gründen, z. B. an Krankheit oder Altersschwäche „starben", gar keiner „tot" ist. Das, was als der „Tod", die „Hölle" oder die Finsternis angesehen wurde, war nichts anderes als ein „Farbstoff", ein „Dekorationsmaterial", ein „dunkler Anstrich", den das unsterbliche Ich zusammen mit Gottes modellierender und malender Hand hinter den toten Körpern beim Formen seines Lebenskunstwerks: dem „Menschen als Abbild Gottes" benutzte. Die toten Körper, die Leichen in den Gräbern, sind nur Hobelspäne oder Abfallstoffe dieses göttlichen Schöpfungsprozesses, dieser göttlichen Umwandlung der Mentalität vom „Tier" in den „Menschen". Jenseits aller Reinkarnationen, jedes Untergangs der Organismen oder

Körper, existiert das ewige Ich mit seinem ebenso ewigen Oberbewusstsein. Hier existiert es als identisch mit der Ewigkeit selbst und kann die Zeit, den Raum, das Licht und das Dunkel als Material für sein kosmisches oder überirdisches Kolorit oder zum Erschaffen der Strahlenglorie des Lichts benutzen, in der es „eins mit dem Vater" ist und „den Weg, die Wahrheit und das Leben" ausmacht.

Das Lebewesen und der „Halbgeschlechtszustand"

1679. Aber all die irdische und überirdische Herrlichkeit dieser Welt wäre eine Unmöglichkeit ohne das „höchste Feuer". Und dieses „Feuer" hätte überhaupt keinen Wert, wenn es sich nicht als Kreislauf gestalten würde, wie auch dieser Kreislauf eine Unmöglichkeit wäre, wenn er nicht als ein Produkt der abwechselnden Halb- und Ganzgeschlechtsformung existierte. Da die Erdenmenschen gemeinsam mit sozusagen allen anderen Wesen auf der Erde „Halbgeschlechtswesen" sind, beherrscht dieser Geschlechtszustand ganz natürlich das Bewusstsein der irdischen Wesen. Das Bewusstsein oder die Lebenssphäre der Erdenmenschen repräsentiert also ein Stadium im kosmischen Kreislauf, das die „Halbgeschlechtssphäre" genannt werden kann. Die Wesen sind der Körperstruktur nach, wie schon erwähnt, vorläufig „Halbgeschlechtswesen". Diese organische Struktur bestimmt ihre Lebensauffassung, ihre Moral, ihre Sitten und Gebräuche. Die erwähnte Halbgeschlechtsstruktur bedingt, wie dem Leser schon bekannt ist, mit ihrer sexuellen Pol-Konstellation im Lebewesen eine Einschränkung des Lebenserlebens. Sie bringt die ursprüngliche kosmische Erlebensfähigkeit des Wesens zu einem latenten Zustand hinab, so dass das Wesen völlig außer Stand ist, sein Wissen über und seine Wahrnehmung von seinem eigenen unsterblichen und ewigen kosmischen Zustand und dem hiermit verbundenen übrigen Wissen über die wahre Struktur des Universums und der Gottheit zu bewahren. Aber eine solche organisierte, stufenweise Einschränkung des Lebenserlebens oder des Bewusstseins ist ja dasselbe wie „im Sterben zu liegen". Der „Halbgeschlechtszustand" fördert infolgedessen den „Tod". Ein „Halbgeschlechtswesen" zu sein, ist dasselbe wie das Erleben davon, „den Tod zu sterben" oder die biblische Verkündigung über die Nachwirkungen vom „Genuss vom Baum der Erkenntnis" zu erleben. Sagte Gott nicht eben zu den ursprünglichen Wesen im „Garten Eden", dass sie den „Tod sterben" sollten, weil sie vom „Baum der Erkenntnis" genossen hatten? – Aber glaubt man, dass sie eine „Strafe" erleiden sollten? – Sollte man glauben, dass es ein Racheakt von Seiten der Vorsehung war? – Sollte man glauben, dass die allliebevolle, alles durchdringende Gottheit in Affekt geraten war, in einen Zustand von Unausgeglichenheit wie ein hitziger Mensch, der über seinen Nächsten flucht und ihn verdammt oder seine Wut in noch drastischerer Art und Weise an seiner Umgebung auslässt? – Ja, es kann nicht geleugnet werden, dass man in großem Ausmaß innerhalb der Weltreligionen die Finsternissphäre der Wesen so auffasst. Man ist viel zu parteiisch zum Licht eingestellt, um die Finsternis gerecht, kalt und nüchtern beurteilen zu können. Man versteht folglich nicht, dass die Finsternis ein ebenso wichtiges Glied im Schöpfungsprozess ist wie das Licht und dass das Lebenserleben vollkommen unmöglich wäre, wenn die Finsternis nicht existierte. Man versteht deshalb nicht, dass die biblische Paradiesgeschichte eine okkulte Erzählung über Gottes Segen oder die Einweihung der Wesen im Paradies zum kommenden Erleben der physischen Welt oder der Winterzone des kosmischen Spiralkreislaufs enthält. Dieser Segen ist später als „Sündenfall" mit daraus folgender „Verfluchung" und „Strafe" von Seiten einer erzürnten und erbosten Gottheit aufgefasst worden. Aber wird uns nicht gerade von der Einweihung des „Halbgeschlechtszustands" im Bericht über Gottes Schöpfung von „Eva" oder der „Frau" erzählt? – Was ist das für eine Operation, die mit „Adam" vorgenommen wird? – Er verlor eine „Rippe", aus welcher die „Frau" entstand. Mit der „Frau" kamen der „Sündenfall", das „Vertreiben aus dem Paradies", die „Verfluchung der Erde" und das schmerzhafte Gebären der Kinder sowie überhaupt alle Formen von Leiden ins Dasein. Mit dieser Operation im Paradies wurde also der Weg in die Finsternis, in die kosmische Bewusstlosigkeit und der hieraus entstandenen „Todessphäre" oder „Hölle" geöffnet.

Adam und die anderen Wesen im Paradies waren „Ganzgeschlechtswesen

1680. Der Einfältige, der diese Operation im Paradies nur ganz buchstäblich auffassen kann, steht im Begriff, vom Erdboden zu verschwinden. Und es ist also nun an der Zeit, dass die göttliche, innerste Wahrheit, die der überlieferten biblischen Erzählung innewohnt, demjenigen offenbart wird, der „Ohren hat zum Hören" und der „Augen hat zum Sehen". Die Finsternis in der Welt begann also damit, dass es „für Adam nicht gut war, allein zu sein". Dort, wo „Adam" sich befand, gab es nur Licht und abermals Licht. Man wusste nichts von der Finsternis, vom Tod, vom „Bösen". Es existierte kein „Sündenfall". Es herrschte überall Frieden. Das Lamm lag bei dem Löwen, und die Tiere ließen sich von „Adam" streicheln. Es ist selbstverständlich, dass diese Erzählung auch symbolisch ist und nur ausdrücken kann, dass man im „Paradies" von allen tierischen Traditionen, allem Morden, von Überfall, Verfolgung, Furcht und Schauder und dem Kampf um das tägliche Brot befreit war. Wenn Löwen, Tiger oder andere Raubtiere nur dafür lebten, gestreichelt zu werden, anstatt die Tiere zu töten, deren Körper, Fleisch und Blut als Nahrung lebenswichtig für sie waren, dann könnten sie ja weder Tiger noch eine andere Form tötender und mörderischer Tiere sein. Nein, die biblische Erzählung zeigt also kurz und gut, dass Adams Umgangsgenossen im Paradies keine Tiere mit der Struktur sein konnten, die wir hier auf der Erde kennen. Aber mit welcher anderen Struktur waren sie dann ausgerüstet? – Ja, das müsste dann eine Struktur sein, die den tötenden Selbsterhaltungstrieb, von dem die Tiere hier auf der Erde beseelt sind, nicht bedingte. Aber die einzige Struktur, die das tötende Prinzip oder die tierischen Traditionen nicht fördert, ist der „Ganzgeschlechtszustand". Im Paradies herrschten Friede und Glück, weil die Wesen hier „Ganzgeschlechtswesen" waren. Und ein solches „Ganzgeschlechtswesen" lernen wir eben unter dem Begriff „Adam" kennen. Im Paradies gab es also keine „Evas". Erst nach Adams „Operation" entstand ja so ein Wesen. Aber wir erfahren doch, dass die anderen Wesen im Paradies, also Adams Mitwesen, keine Wesen waren, die die tierischen, tötenden Traditionen repräsentierten. Sie wurden zwar bei irdischen, tierischen Namen genannt; aber darüber hinaus haben sie mit den irdischen Tieren nichts gemeinsam. Sie unterscheiden sich von diesen dadurch, dass sie ein „Engelbewusstsein" haben. Sie können deshalb unmöglich mit einer anderen Struktur des höchsten Feuers ausgerüstet sein als mit der, die „Engelbewusstsein" verleiht, nämlich die „Ganzgeschlechtsstruktur".

Was die biblische Paradieserzählung hinter ihrer äußeren, buchstäblichen Form entschleiert

1681. Aber es ist nicht die Aufgabe der biblischen Erzählung, die vorirdische Zeit der Lebewesen im Paradies oder im Licht zu schildern. Sie hat nur Worte und Ausdrücke gebraucht, die die Bedürfnisse des Einfältigen befriedigen und dem Weisen enthüllt, der selbst „der Weg, die Wahrheit und das Leben" geworden ist, dass man sehr wohl über die innersten Zusammenhänge des Lebens, dessen sexuelle Veränderlichkeit und den ewigen Spiralkreislauf, der sich daraus ergibt, Bescheid wusste. Die biblische Erzählung über den Menschen beginnt also damit, zu verstehen zu geben, dass es einen „Garten Eden" gab, in dem die Wesen im Licht gemeinsam mit Gott lebten, dessen Stimme durch den Garten tönte. Und der allererste Schatten in diesem überirdischen oder himmlischen Licht war dieser, dass „es für Adam nicht gut war, allein zu sein". Hier gab es einen Schatten, eine kleine Andeutung von Dunkel. Das Lebewesen konnte hier, trotz der ganzen himmlischen Herrlichkeit, allmählich doch dazu kommen, sich nach etwas außerhalb des Lichts zu sehnen, was ein Kontrast zum Licht war. Es konnte anfangen, ein bisschen von einem Hunger zu empfinden, der im Paradies nicht befriedigt werden konnte. Die Finsternis kann ja im Paradies nicht erlebt werden. Aber dies entspricht gerade der schwachen Ahnung von der Sehnsucht nach dem Licht, nach dem Kontrast der Finsternis, die in der physischen Welt existiert. Hier in der Zone der Finsternis oder in der „Hölle", in der Sphäre des „Todes", empfinden die Wesen nach und nach auch einen Hunger, der mit den Traditionen des Tierreichs oder der Finsternis nicht zufriedengestellt werden kann.

Der „Adam" der Bibel

1682. Die biblische Erzählung über das „Paradies" ist in Wirklichkeit eine

Erzählung über eine Zone oder Daseinssphäre, in der die Wesen ein „Engelbewusstsein" hatten, d.h. ein Bewusstsein, das das Gesetz der Nächstenliebe als rein automatische Funktion völlig erfüllte. Es war demnach ein Bewusstseinszustand, in dem es dem Lebewesen eine unbedingte Selbstverständlichkeit war, seine Umwelt oder seinen Nächsten wie sich selbst zu lieben. Es war ein Bewusstseinszustand, in dem das, was wir als das „Böse" kennen, unbegreiflich war und überhaupt nicht manifestiert werden konnte. Aber ein Lebewesen, das eine so verwirklichte Äußerung von Nächstenliebe darstellt, dass diese Liebe das einzig Selbstverständliche im Dasein, in seiner ganzen Auffassung und Entfaltung ist, ist kein tierisches Wesen, ist kein Erdenmensch, sondern ein überirdisches oder himmlisches Wesen. Es ist ein „Engelwesen". Es ist ein solches „Engelwesen", das in der „Bibel" mit „Adam" bezeichnet wird. Adam ist also in Wirklichkeit weder ein Ausdruck für ein „männliches" noch für ein „weibliches" Geschlechtswesen. Adam war kein Wesen, das irgendwie Eifersucht oder Neid empfinden konnte. Das Wesen „Adam" repräsentiert eine Lebensepoche im Spiralkreislauf, die lange, bevor die „Ehe" entstand, existierte. Das biblische Paradies war eine Zone, die völlig außerhalb der Sphäre der Ehe lag.

Das biblische Paradies ist mit dem „Seligkeitsreich" identisch

1683. Das biblische Paradies ist also ein Ausdruck für das vorirdische Dasein. Es ist eine Lebensform, die dem Entstehen des physischen Lebens hier auf der irdischen, physischen Ebene vorausgeht. Und da wir die sechs Daseinsebenen des Spiralkreislaufs schon kennen, ist es nicht schwer herauszufinden, dass das biblische Paradies oder Adams erster Daseinsbereich ein Reich oder eine Daseinsebene ist, die wir als das „Seligkeitsreich" kennen. Es ist also die sechste Zone oder Sphäre des Spiralkreislaufs. Wir wissen auch, dass diese Sphäre auf der sechsten Grundenergie, nämlich der „Gedächtnisenergie", basiert. Die Einzelheiten des Seligkeitsreichs bestehen ausschließlich aus den Erinnerungen des Wesens, umgewandelt in „Goldkopien". Dieses Reich ist also die absolut eigene innere Welt des Individuums. Wie wir, was dieses Thema betrifft, schon aus früheren Analysen hier im „Livets Bog" wissen, ist diese Welt ausschließlich von Erinnerungen an Wesen und Dinge bevölkert, die das betreffende Individuum in der Außenwelt angetroffen und gekannt hat. Es hat hier gar keinen Umgang mit den wirklichen Lebewesen, die die Erinnerungen darstellen. Das tägliche Erleben im Seligkeitsreich ist also kein Erleben von neuen Wesen und Dingen, so wie es auf den fünf anderen Daseinsebenen im Kreislauf der Fall ist. Hier im Seligkeitsreich kann keinerlei Erleben stattfinden, das nicht ein Wiedererleben eines vom Wesen schon in der äußeren physischen und geistigen Welt erlebten Ereignisses ist. Es existiert deshalb hier im Seligkeitsreich nur die Zeit, die an die Erinnerungen des Wesens geknüpft ist, d.h. die Jahreszahlen oder Zeitangaben, während derer die Leben in der äußeren Welt erlebt wurden, die es nun als Erinnerung wiedererlebt.

Das Leben des Wesens im „Seligkeitsreich"

1684. Wenn das Lebewesen auch hier in vollkommener Einsamkeit lebt und von jedem bewussten Umgang mit jeglichem anderen Lebewesen abgeschnitten ist, ist es nicht imstande, diese Einsamkeit zu empfinden. Es vermisst den genannten Umgang überhaupt nicht, im Gegenteil, es ist eine überirdische, göttliche Ruhe, nur mit der eigenen inneren Welt zu verkehren oder in ihr zu verweilen. Die Fähigkeit, die äußere Welt zu vermissen, ist also außer Funktion gesetzt. Das Leben im Seligkeitsreich ist, wie auch auf den anderen Ebenen, damit identisch, ein Verlangen, einen Wunsch oder eine Sehnsucht zu befriedigen. Und solange diese Sehnsucht nicht zufriedengestellt ist, kann das Verlangen oder die Sehnsucht nach Erlebnissen in der äußeren Welt unmöglich vordringen. Womit beschäftigt sich das Wesen denn hier? – Es befindet sich buchstäblich auf Reisen in seinen „Erinnerungen" aus der äußeren physischen und geistigen Welt. Und hier im Seligkeitsreich gibt es die Eigentümlichkeit, dass alle Erinnerungen überirdisch hell sind. Alle Erinnerungen an finstere Ereignisse, welcher Art auch immer, ganz gleich, ob es Erinnerungen an einen Selbstmord oder Erinnerungen an Totschlag, Leiden und Kummer sind, die man anderen Wesen verursacht hat, erscheinen hier im Seligkeitsreich geläutert, bearbeitet und mit ihrer Identität als logisches Glied in Gottes großer Umwandlung der Wesen vom „Tier" in den „Menschen". Sie erscheinen als ein unentbehrliches, hundert Prozent nützliches und segensreiches Glied beim Erschaffen und Aufrechterhalten der Fähigkeit, die göttliche Allliebe zu spüren, die der Grundton des Universums ist. Demnach die Bezeichnung „Goldkopien". Nur auf der physischen Ebene und auf der Schwelle zur geistigen Welt kann jene Seite der Erinnerungen, die von finsterer Natur ist, ein „Fegefeuer", d.h. mentale Schrecken, Angst und Beben, „Heulen und Zähneknirschen" hervorrufen. Diese Seite der Erinnerungen ist also schon in der ersten Sphäre der geistigen Welt zurückgelassen worden. Das Leben im wahren Menschenreich, im Weisheitsreich und in der göttlichen Welt hat das Wesen also zwischen sich und diesen mentalen Erlebnissen von Finsternis.

Das Bild vom Lamm und vom Tiger, die süß nebeneinander schlafen, symbolisiert das Leben im „Seligkeitsreich"

1685. Das „Seligkeitsreich" ist also das letzte Reich oder die letzte Daseinsform im Spiralkreislauf, ehe das Wesen seine Verbindung mit der Inkarnation in der physischen Welt beginnt. Das letzte wache, tagesbewusste Dasein in der äußeren Welt erlebt das Individuum also in der göttlichen Welt oder im Intuitionsreich. Im Seligkeitsreich ist es, wie erwähnt, nur in seinen Erinnerungen wach und tagesbewusst. Und es kann von diesem Stadium im Kreislauf aus kein waches Tagesbewusstsein in der äußeren Welt erreichen; das kann es erst im Pflanzenreich. Hier zeigt sich das erste Morgengrauen einer Tagesbewusstseinstendenz in Form des Gedankenzustands oder der mentalen Fähigkeit, die „Ahnung" heißt, was uns auch schon aus früheren Analysen im „Livets Bog" bekannt ist. Wir haben also hier die absolute Lebenszone gefunden, die sich hinter der biblischen Bezeichnung der „Garten Eden" versteckt. Wir haben den Schauplatz des allerersten Anfangs der Erschaffung Gottes vom „Menschen als sein Abbild" gefunden. Wenn alle Erinnerungen hier als „Goldkopien" hervortreten und als göttliche Liebe oder als jene Markierung des Lebens erlebt werden, die es sichtbar werden lässt, dass „alles sehr gut ist", wird das Bild mit dem Lamm und dem Tiger, die sanft nebeneinander schlafen, ein glänzendes Symbol der überirdischen Harmonie, die hier unerschütterlich geltend ist.

Sooo ich mach hier einen Sprung im Buch von Martinus zu der jetzigen Situation.

Die geschlechtliche Unabhängigkeit des Welterlösers und seine Abweichung vom geschlechtsgebundenen Erdenmenschen

1714. Aus dem Obigen kann man also ersehen, dass die christliche Weltreligion eine Religion des „Mannes" und der „Frau" ist. Sie ist eine Religion, die noch das Eigentumsrecht beschützt. In der Struktur des Mannes und der Frau oder des männlichen und weiblichen Geschlechtswesens ist ja das Eigentumsrecht der wichtigste Kern ihres Lebensfundaments. Es muss jedoch hier gesagt werden, dass dies nicht auf den Urheber, den Welterlöser Jesus Christus, zurückzuführen ist, denn seine Wesensart sowie seine Anleitung ruhten ja ausschließlich auf diesem einen: „Du sollst Gott lieben über alle Dinge und deinen Nächsten wie dich selbst". Er erklärte, dass dies die „Erfüllung aller Gesetze" sei. Er selbst opferte sein Leben für die Geburt dieses Ideals. Es ist deutlich, dass es nicht sein Lebensglück war, zu besitzen oder das Eigentumsrecht über irgendein anderes Wesen zu haben. Er war nicht vom Geschlecht abhängig und konnte deshalb nicht vom männlichen oder weiblichen Geschlecht gesteuert werden. Aus dem gleichen Grund konnte er auch nicht parteiisch sein oder werden, weder gegenüber männlichen noch gegenüber weiblichen Geschlechtswesen. Die unreinen Tendenzen der Parteilichkeit konnten seine Lebensauffassung oder seine Wesensart nicht verfälschen. Das höchste Feuer in ihm forderte nicht, dass er mit einem Wesen des anderen Geschlechts eins sein sollte. Es forderte dagegen, eins mit allen Lebewesen zu sein, welche Forderung nur in einer einzigen Weise erfüllt werden kann, nämlich indem man sich selbst diesen Wesen hingibt. Sich diesen Wesen hinzugeben ist dasselbe, wie ausschließlich dafür zu leben, Glück und Segen für alles Lebende in der Welt zu schaffen. Aber ein solcher Wunsch kann sich unmöglich völlig in einer Bewusstseinsstruktur entwickeln und erfüllt werden, die gleichzeitig das Verlangen in sich birgt, ein Wesen des anderen Geschlechts zu besitzen und die hieraus folgenden Nebenwünsche nach den Vorteilen und materiellen Werten, mit denen ein solches begehrtes Wesen gereizt, gewonnen und besessen werden kann. Die lebenswichtige Parteilichkeit diesem Wesen gegenüber und die genannten Werte werden ein diametraler Gegensatz zu jener wahren Nächstenliebe sein, die den Welterlöser beseelte. Dieser Gegensatz wird unweigerlich eine permanente Quelle oder Ursache des Krieges zwischen dem betreffenden Wesen und seinen rivalisierenden Mitwesen des eigenen Geschlechts sein, die auch um das andere Geschlecht werben und in sich das Eigentumsrecht (die Tendenz zum Verlieben) gegenüber dem erwähnten Geschlecht als wichtigste Lebensquelle haben.

Weshalb das Reich des Welterlösers nicht von dieser Welt war

1715. Dass die Wesensart des Welterlösers von einer ganz anderen Geistes- oder Bewusstseinsstruktur war als die des allgemeinen Erdenmenschen, ist heute keine Hypothese mehr, sondern eine unerschütterliche Realität, die von der Tatsache untermauert und bestätigt wird, dass die Menschen seinen Lehrsätzen überhaupt nicht Folge leisteten. Es wurde ihnen bald klar, dass er nicht so war wie sie, sondern etwas ganz anderes, ja, nichts Geringeres als eine Gottheit mit einem Bewusstsein und einer Wesensart, die ein Mensch unmöglich praktizieren konnte. Man übertrug deshalb seine Wesensart auf etwas, was nur der fleischliche Sohn Gottes oder der Gottheit leisten konnte. Man konnte sich unmöglich vorstellen, dass man seinen Nächsten, d.h. jeden, unabhängig vom Geschlecht, „lieben" sollte. Und wie sollte dies irgendeinem Menschen möglich sein, in dessen Körper die Strahlen des höchsten Feuers, in Form eines speziellen Geschlechts, das Herz für ein besonderes Wesen des anderen Geschlechts klopfen und das Blut wallen und wärmen ließen? – Wie soll man mit einer anderen Liebe oder Sympathie lieben können als der, die organisch im eigenen Fleisch und Blut vom höchsten Feuer erzeugt wird? – Die Liebe ist kein Akt des Willens. Sie ist ein organisches Produkt wie Fleisch und Blut, wie Drüsensekrete, wie braune oder blaue Augen, wie das eigene blonde oder dunkle Haar. Wie sollte ein organisches Produkt, ein mentales Drüsensekret, das keine Möglichkeit hat, sich im Körper oder Organismus bilden zu können, seine Wirkungen in diesem Organismus auslösen? – Wie sollte der gewöhnliche Erdenmensch mit einer Sympathie oder Liebe lieben können, die noch keine organische Funktion geworden war? – Die sympathischen Anlagen des Erdenmenschen waren ja auf solchen einpoligen Organen basiert, die ausschließlich die Liebe zum Wesen des anderen Geschlechts fördern. Es musste deshalb bald zur Tatsache werden, dass der Erdenmensch zu Christi Zeiten und während der darauf folgenden Jahrhunderte nicht dazu erschaffen war, „seinen Nächsten wie sich selbst lieben" zu können. Dass der Welterlöser dies konnte, zeigt ja nur, dass es eine höhere Stufe für Sympathie und Liebesentfaltung gibt als die von der Einpoligkeit getragene Stufe, auf der sich die irdische Allgemeinheit befindet, eine Stufe, wo die reine Nächstenliebe ein ebenso lebenswichtiges Element ist, wie die Geschlechts- oder Eheliebe ein lebenswichtiges Element für den Erdenmenschen ist. Hier ist die Nächstenliebe ein ebenso realistisches, organisches Produkt, wie die Liebe des männlichen und weiblichen Geschlechtswesens es auf der Stufe des Erdenmenschen ist. Wir verstehen deshalb hier leicht die Worte des Welterlösers: „Mein Reich ist nicht von dieser Welt".

Christus gehörte zu einem anderen Geschlecht als den zwei irdischen

1716. Der Welterlöser war folglich von Natur aus ein ganz anderes Wesen als der allgemeine Erdenmensch. Für ihn persönlich war die Ehe kein begehrenswertes Lebensfundament. In ihm existierte ein viel größerer Hunger, nämlich der Hunger danach, seinen Nächsten lieben zu können, was in Wirklichkeit bedeutet: jeden. Es war keine Sehnsucht nach einem Wesen männlichen oder weiblichen Geschlechts. Es war nicht die Liebe eines Mannes oder einer Frau, die er hegte oder begehrte. Er war geistig oder mental gesehen kein „Mann" und keine „Frau", sondern hatte in sich eine harmonische Kombination der höheren Vereinigung der beiden Geschlechter in ein ganz anderes Geschlecht als die zwei irdischen. Aber dieses Geschlecht war nicht weniger ein organisches Produkt als diese zwei Geschlechter. Die Nächstenliebe war also ein genauso organischer Hunger in ihm, wie die eheliche Liebe ein organischer Hunger im Erdenmenschen war. Das höchste Feuer in ihm erfüllte ihn mit einer unauslöschlichen Sympathie oder Liebe zu allem und jedem. Darum sah er seinen himmlischen Vater in diesem Allen und Jeden.

Die Art und Weise, wie der Welterlöser Zärtlichkeit erweist

1717. Aber seinen Nächsten zu lieben und wahre Liebe für ihn zu schaffen, war nicht nur mit einem Streicheln der Wange, einem freundlichen Lächeln und liebevollen, verzeihenden Worten getan, kurzum, es war nicht mit gewöhnlichen Küssen und Liebkosungen getan. Solche sichtbaren Ausdrücke oder Äußerungen einer noch überirdischen Liebe hätten ja auch bei den noch stark männlich und weiblich geprägten Geschlechtswesen Verfolgung, Ärgernis und Hass ausgelöst, ohne dass etwas Gutes daraus werden konnte. Diese Auswirkungen des neuen Geschlechts, das noch nicht von dieser Welt war, konnten deshalb von den Bewohnern dieser Welt nicht verstanden oder toleriert werden. Aber der Welterlöser liebkoste auch in einer ganz anderen Art und Weise. Mit seinem reichen Vorrat an Weisheit oder der Flut aus seiner göttlichen kosmischen Quelle konnte er alle Lebewesen überschatten und umarmen und so ein absolutes Werkzeug für den Willen, die Kraft und den Geist seines Vaters sein und den „heiligen Geist" in Fleisch und Blut lebendig machen. Er konnte also ein heiliges Feuer sein, eine Flamme, die nach und nach den geliebten Nächsten aus der Finsternis heraus ins Licht, in den göttlichen, anhaltenden Frieden auf der Erde bringen konnte, selbst wenn er erst einmal von diesem Nächsten gehasst und verfolgt wurde. Er konnte also in einer Weise liebkosen, die noch völlig überirdisch war und deshalb nicht übertrumpft werden konnte. Ja, er war die Offenbarung der Kulmination der Liebe selbst. Mit dem Geist seines Vaters in seinem göttlichen Wesen liebkoste er alles und jeden. Er liebte seine Feinde und betete für die, die ihn hassten und verfolgten. Er offenbarte, dass der Weg zum ewigen Licht nur über die Liebe zu all denen, die uns nicht mögen, führt. Allein diese Liebe kann das Lebewesen eins mit seinem kosmischen Vater und Ursprung machen oder zum „Menschen als Abbild Gottes". Es war nicht so merkwürdig, dass er sagen konnte: „Ich und der Vater sind eins".

Das Mysterium der „Jungfrauengeburt" Jesu

1718. Wie kann es nun sein, dass ein Mensch so ganz anders ist als alle anderen Menschen auf der Erde? – Dass er „Gottes Sohn" war, dass er „vom heiligen Geist gezeugt" war und folglich als von einer „Jungfrau geboren" bezeichnet wurde, ohne einen physischen, körperlichen Vater zu haben, ist keine akzeptable Analyse, ist keine Wahrheit, wenn die Worte rein buchstäblich verstanden werden sollen. Es ist nur eine Hypothese, mit der die Nachwelt jenes Mysterium oder Rätsel erklären wollte, das die Psyche des Welterlösers an sich für diese Nachwelt war. Aber die Hypothese ruht auf keinem wissenschaftlichen Grund und hat deshalb längst ihre Macht über die auf Intelligenz oder Wissenschaft eingestellten Wesen verloren. Die überlieferte Erzählung ist nur eine primitive erdenmenschliche Vorstellung oder Auffassung. Was aber sagt die Wirklichkeit oder das Leben selbst zu diesem Thema, denn nur die Sprache des Lebens selbst kann die absolute Wahrheit sein. Kommt es in irgendeinem Fall unter den jetzigen zwei Milliarden Menschen der Erde vor, dass ein Individuum von einer Jungfrau geboren wird? – Ist es nicht eine genauso realistische Tatsache, dass jedes Kind, das zur Welt kommt, sich nur in einem Organismus befinden kann, der ein Produkt der Samenvereinigung eines männlichen und eines weiblichen Geschlechtswesens oder deren Vereinigung als ein Fleisch und Blut ist? – Nein, man hat so eine Erscheinung, so einen Verstoß gegen die Normalität, noch nie gesehen, ja, man kann sogar beweisen, dass eine solche Erscheinung unter den Wesen der Menschheit auf der irdischen Stufe vollkommen undenkbar wäre. Es ist richtig, dass es unter sowohl den Pflanzen wie auch den Insekten Lebensformen gibt, die selbstbefruchtend sind, und es ist möglich, dass man auf schreiend unnatürlicher, künstlicher Weise die Geschlechts- oder Fortpflanzungstätigkeit auf Abwege leiten und eine Art Organismus ohne einen Vater hervorbringen kann, aber was glaubt man, was das für ein Organismus werden würde? – Glaubt man, dass ein solcher Organismus ein Werkzeug für ein intellektuelles und vollkommen normales Wesen werden könne. Nein, ein Wesen, das sich eventuell durch ein solches Monstrum von einem leiblichen Körper manifestieren muss, durch ein solches Produkt der erdenmenschlichen Spekulation und des Sadismus, könnte niemals seinen wahren normalen Geist zeigen. Und weshalb soll die Geburt und Inkarnation des Welterlösers unbedingt darauf angewiesen sein, eine Abnormität zu sein? – Sollte es herrlicher, sollte es göttlicher sein, dass er keinen leiblichen Vater hatte? – Wenn ein männliches Geschlechtswesen mental nicht rein genug dazu wäre, Jesu Vater zu sein, wie kann dann ein weibliches Geschlechtswesen rein genug dazu sein, Jesu Mutter zu sein? – Ist die Frau reiner als der Mann? – Dann ist es doch merkwürdig, dass die Bibel besagt, dass „ein Mann das Haupt seiner Frau sein soll, ebenso wie Christus das Haupt der Gemeinde ist". Ist es nicht deutlich, dass das Postulat von der Jungfrauengeburt Jesu ein Produkt erdenmenschlicher Engstirnigkeit oder Ablehnung des Göttlichen im normalen Geschlechtsverhältnis zwischen Mann und Frau ist. Es ist die unreine Auffassung unreiner Seelen vom göttlichen Willen, was den Fortpflanzungs- oder Befruchtungsprozess der Erdenmenschheit betrifft. Aber hier muss man daran denken, dass diese Wesen guten Glaubens waren. Sie hatten keine Intellektualität, um die Lösung des Mysteriums „Jesus" anders zu verstehen oder aufzufassen.

Es gibt nichts in der Natur, was bekundet, dass der Befruchtungsakt zwischen einem männlichen und einem weiblichen Geschlechtswesen an sich unrein oder Sünde ist

1719. Wenn man dem oben genannten Mysterium auf den Grund gehen will, muss man sich hier wie überall, wo es darum geht, zur absoluten Wahrheit zu gelangen, dahin entwickeln, auf die eigene direkte Sprache der Natur zu hören. Und aus dieser Offenbarung, die einem diese Sprache schenkt, geht absolut nicht hervor, dass der Befruchtungsakt zwischen dem männlichen und weiblichen Geschlecht etwas „Sündiges", „Unreines" oder „Teuflisches" ist. Wenn die Natur den Menschen Augen zum Sehen, Füße zum Gehen und Hände zum Greifen gegeben hat, dann kann es nur „sündig" sein, diese Geschenke der Natur nicht im Dienste der Natur zu gebrauchen. Kann es „sündig" sein zu sehen, zu wandern, die Hände zu gebrauchen, wenn dies zugunsten des Lebens oder der Natur ist? – Es muss wohl einleuchtend sein, dass diese Gaben der Natur nicht gegeben wurden, um sie nicht zu gebrauchen und somit die Natur oder das Leben zu unterminieren. Wenn die Natur dem Individuum die Fähigkeit zu sehen geschenkt hat, dann nur deshalb, weil es damit eine größere Möglichkeit hat, das Leben zu behüten. Wenn die Natur demselben Individuum die Fähigkeit zu hören, zu empfinden und zu wandern geschenkt hat, dann doch auch nur deshalb, weil es dadurch leichter den Kontakt mit dem Leben bewahren kann. Und sollte man nicht glauben, dass dies auch den Händen gilt? – Sollte man nicht glauben, dass diese auch dem Individuum von der Natur geschenkt wurden, damit es die Natur schützen und bewahren kann? Und ist es nicht logisch, alle die anderen Organe, die zusammen den physischen Körper des Lebewesens bilden, als dafür vorgesehen aufzufassen, zugunsten des Lebens zu sein? – Sind Herz, Lunge, Leber und Drüsen usw. nicht alle Gaben aus der Hand der Natur, dank welcher das Individuum die Natur oder das Leben erleben, fördern und schützen kann? – Treten nicht Krankheit, Schmerz, Tod und Untergang überall da auf, wo diese Gaben der Natur nicht zugunsten des Lebens angewendet werden? – Sterben nicht Arme oder Hände ab, wenn sie an den Körper festgebunden sind und niemals bewegt oder gebraucht werden können? – Ist es nicht ebenso mit den Füßen? – Und hat man nicht erfahren, dass akkurat dasselbe mit dem Sehvermögen passiert? – Wenn man Wesen in dunkle Höhlen einsperrt, wo es keinerlei Licht gibt, dann werden sie allmählich blind. Man kommt folglich nicht um den Umstand herum, dass jedes Organ, das die Natur uns geschenkt hat, stirbt, wenn es nicht im Dienste der Natur gebraucht wird. Es stirbt also nicht nur, weil es nicht gebraucht wird, sondern es stirbt auch, wenn es gegen die Natur oder das Leben gebraucht wird. Wenn wir die Gaben der Natur, z. B. unseren eigenen Organismus und alles, was dazu gehört, dazu anwenden, das Leben zu sabotieren, dann sabotieren wir uns selbst. Wenn wir morden und töten oder das Leben daran hindern, sich zu entwickeln, dann fördern wir in erster Linie Unglück und Tod in unserem eigenen Schicksal. Dies sagt uns die Natur selbst, unabhängig von heiligen Büchern, Propheten und Weisen, unabhängig von Religiosität, Kirchgang und anderen Formen von Sekten und Kulten.

Wenn Jesus „Jungfrau-Geboren" wäre, würde dies eine Anschuldigung der Gottheit sein

1720. Wenn man lehrt, dass Jesus von einer Jungfrau geboren ist, bedeutet das also in Wirklichkeit, dass man lehrt, dass die Empfängnis der Jungfrau Maria auf eine andere Weise geschah als die von der Natur geschenkten. Es wird behauptet, dass sie durch den „heiligen Geist" schwanger wurde. Ist dieser „heilige Geist" nicht dasselbe wie die Natur? – Ist die Natur ihrem innersten Wesen nach nicht gerade dasselbe wie die Gottheit? – Die Natur hat also die Jungfrau Maria direkt befruchtet und damit bewiesen, dass männliche Geschlechtswesen völlig überflüssig wären, ja, dass eine Empfängnis in dieser Weise sogar bedingte, dass der Nachkomme grenzenlos erhöht wurde. Es war ja diese Empfängnis, die als Ursache dessen aufgefasst wurde, dass Jesus über gewöhnliche, sterbliche Menschen so hoch erhaben war, dass er der „eigene Sohn" Gottes oder der Natur war oder direkt „Gottes leiblicher" Sohn. Aber wenn die Natur die Wesen in dieser Weise befruchten und außerdem dadurch garantieren könnte, dass die Nachkommen oder Individuen göttlich werden, weshalb hat die Natur dann den männlichen Geschlechtszustand überhaupt eingeführt? – Es wäre ja dasselbe, wie das Leben zu sabotieren, wenn für alle anderen Wesen eine Befruchtung von männlichen Geschlechtswesen vorausgesetzt und diese Befruchtung die Wesen zu „Sündern" und primitiven Geschöpfen machen würde. Die Natur und somit die Gottheit handelt also übel und wider besseres Wissen, wenn sie alle anderen Wesen nicht auch zu Gottessöhnen macht, sondern zu Subjekten, Verbrechern, zu Räubern und Mördern und tötenden Ungeheuern dadurch, dass die Frauen von männlichen Geschlechtswesen befruchtet werden. Es ist damit eine Geißel für die Lebewesen, dass es männliche Geschlechtswesen gibt. Es sind also diese Wesen, welche die Gottlosigkeit, den Kummer und das Unglück, das Leiden und den Schmerz fördern, kurzum, die männlichen Geschlechtswesen sind die Teufel des Lebens und fördern die Hölle. Warum aber hat Gott alle dazu verurteilt, „Kinder" solcher Väter sein zu müssen. Warum konnten nicht alle so wie Jesus „von Jungfrauen geboren" werden, „Kinder Gottes" sein und ihn als Vater haben anstatt eines Vaters aus Fleisch und Blut? – Er lässt also Millionen und Abermillionen Wesen in Sünde, Elend und Gottlosigkeit geboren werden und verlangt, dass sie Christus nacheifern und so wie er sein sollen. Andernfalls werden sie zur ewigen Verdammnis in der Hölle verurteilt. Wozu dieser ganze Kreuzigungszustand mit Strafe, Verdammnis und Hölle, wenn all dies nur damit hätte vermieden werden können, dass Gott selbst die Frau befruchtet und das männliche Geschlechtswesen ausschaltet? – Haben wir uns nun nicht genug mit dem Problem „Jungfrauengeburt" beschäftigt? – Hat die intellektuelle Ermittlung uns hier nicht deutlich und unerschütterlich die Torheit, den Aberglauben und die Unwahrheit gezeigt, die in diesem Dogma über Jesus verborgen liegen? – Dieses Dogma oder die Behauptung verträgt es also nicht, intellektuell oder logisch untersucht zu werden, da diese Ermittlung sich dann, wie wir hier gesehen haben, als eine unumstößliche Anklage gegen die Gottheit erweisen muss. Nein, sollte man nicht glauben, es wäre besser zu der Erkenntnis zurückzukommen, dass der Befruchtungsakt zwischen Mann und Frau keine Sünde ist und dass es schöner und mehr mit den Gesetzen und den Prinzipen der Natur in Übereinstimmung ist, dass die Jungfrau Maria von einem Mann geschwängert wurde anstatt vom „heiligen Geist"? – Weshalb sollte es sündig oder abwertend sein, dass sie von Josef empfing, der doch der Vater ihrer anderen Kinder war? – Sollte man nicht glauben, dass die Geschlechtsorgane genauso wie die übrigen Organe nur göttlich sein können, wenn sie dazu gebraucht werden, Freude und Lebenslust zu erzeugen und nicht das Leben zu sabotieren? – Dort, wo sie Segen, Freude und Wohlbefinden bringen, erfüllen sie ja ihre Mission. Da fördern sie das Leben. Aber es kann doch von Josefs und Marias sexueller Verbindung miteinander nicht gesagt werden, dass sie dem Leben zum Fluch und Unglück wurde, im Gegenteil, die ganze Psyche und Wesensart des Welterlösers wurde zu einer Erscheinung, die zu hundert Prozent des erdenmenschlichen, vollkommenen Lebens selbst war. Konnte ein Wesen mehr gegen ein Fördern von Tod, Strafe, Leiden, Unrecht oder sogenannte „Sünde" sein als Jesus Christus? – Und hat er nicht mehr getan für das Vergegenwärtigen der Nächstenliebe in der Mentalität der Menschheit als irgendein anderes Wesen auf der Erde? – Zeigte er nicht, dass er keine Angst hatte, für seine nächstenliebende Wesensart mit seinem Leben einzustehen? – Bewies er nicht eben damit, dass er seinen Nächsten mehr liebte als sich selbst? – Glaubt man nicht, es wäre sündig, die ganze Anerkennung seiner Seelenstärke, diese seine Aufopferung, mit dem Postulat „Jungfrauengeburt" zu sabotieren oder zu erklären, dass er nur dank dieser Form von Geburt, kraft welcher er der leibliche Sohn der Gottheit selbst war, ohne weiteres als göttlich und mit großer Liebe auftreten konnte? – Und ist es nicht eben diese Auffassung, die Jesu Mission zu einem Ruhekissen für die Erdenmenschen gemacht hat, anstatt zum Vorbild für deren eigene Wesensart?

Jesu Liebe war keine „männliche" oder „weibliche" Geschlechtsliebe, die auf den einpoligen Organen basierte

1721. Man hat also konstatieren können, dass der Herr Jesus Christus von anderen Männern dadurch abwich, dass er nicht nach der Frau trachtete oder die Ehe anstrebte und deshalb auch nicht eifersüchtig wurde. Seine Liebe war nicht auf ein bestimmtes Geschlecht basiert. Ist der Apostel Johannes nicht in der Bibel eben als „der, den Jesus liebte" bezeichnet worden. Für Jesus war es also keine Sünde, ein Wesen des eigenen Geschlechts zu lieben. War es nicht gerade Peters Liebe zu Jesus, die den Meister dazu brachte, ihn „Petrus" zu nennen, was „Felsen" bedeutet? – Geschah es nicht später, dass Petrus auf die eindringliche und drei Mal wiederholte Frage des Meisters: „Simon, Sohn des Johannes, liebst du mich mehr als diese?" antwortete, dass Petrus ihn ebenso viele Male seiner Liebe mit der Antwort versicherte: „Herr, du weißt alle Dinge, du weißt, dass ich dich liebe". Aber jemanden zu lieben, ist ja dasselbe, wie Liebe zu ihm zu empfinden. Liebe zu ihm zu haben, ist wiederum dasselbe, wie ihn zu lieben. Folglich liebte Petrus Jesus.

Diese Liebe war keine gewöhnliche Höflichkeit, keine Art „Bildung" oder angelernter „guter Ton", mit dem man sein ansonsten unkultiviertes Wesen tarnen kann. Es war tatsächlich eine organische Liebe nach dem Maßstab „Du sollst deinen Nächsten lieben wie dich selbst". Es war keine spezielle, auf den Organen für Einpoligkeit basierende, männliche oder weibliche Geschlechtssympathie, von der hier die Rede war. Jesus sagt nicht, du sollst das andere Geschlecht lieben wie dich selbst, sondern er sagt dagegen ausdrücklich, dass es der Nächste ist, der auf diese hohe Art und Weise geliebt werden soll. Für ihn war dieser Nächste, also sowohl die männlichen als auch die weiblichen Geschlechtswesen, infolgedessen in Wirklichkeit eine Art „anderes Geschlecht". Dieses „andere Geschlecht" war ganz einfach das Lebewesen in Form von einem jeden, der in seine Wahrnehmungs- oder Auffassungssphäre kommen mochte. Es mochte ein beliebiges Lebewesen sein, das in einer gegebenen Situation eben buchstäblich, sowohl in der Zeit wie auch im Raum, am nächsten war, ganz unabhängig von Verwandtschaft, unabhängig von Rasse, Stand, Stufe oder Geist. Wahrhaftig, eine göttliche Liebe, eine Mentalität im „Abbild Gottes", eine Einstellung, die einer Gottheit würdig war. Kein Wunder, dass maskuline, einpolige geistliche Behörden später dieses Wesen und seine sonderbare und unfassbare Einstellung zur Liebe nur als etwas auffassen konnten, das jenseits jedes erdenmenschlichen Könnens und jeder erdenmenschlichen Wesensart lag, etwas, was nur von einer Gottheit oder einem Wesen, das direkt der Sohn der Gottheit war, geleistet werden konnte.

Weshalb der Glaube an Jesu „Jungfrauengeburt" und seine Identität als „Gottheit" oder „Gottessohn" in die Welt kam

1722. Da diese überirdische Wesensart, die einem Reich angehörte, das nicht von dieser Welt war, es nicht vermeiden konnte, zu einer Tatsache zu werden oder eine Realität zu sein, und da diese liebevolle oder göttliche Mentalität in einem Menschen aus Fleisch und Blut auftrat, musste sie ja der unwissenden Mitwelt zur Mystik werden. Die Gottheit musste auf die eine oder andere Weise direkt an diesem vermeintlichen Wunder beteiligt sein.

Ein Zimmergeselle, ein armer Handwerker ohne Belesenheit und Bildung, erzogen in einem fernen, abgelegenen kleinen Ort, weit von den großen Städten entfernt, tritt plötzlich in der Öffentlichkeit mit einer Mentalität auf, die eine Weisheit über jeden Verstand hinaus ausstrahlt, den toleranten Weisen der damaligen Zeit imponierte und Hass und Verfolgung unter den intoleranten Schriftgelehrten und geistlichen Behörden verursachte. Und da dieser Mann mit der großen Weisheit und der intellektuellen Autorität, mit der er sprach, mit bedeutender Kraft Gott als seinen Vater anführte und bezeichnete, kann es niemanden wundern, dass freundlich gesinnte oder tolerante Freunde und Behörden später darin eine Lösung des Weisheitsmysteriums mit dem ungelehrten, armen Handwerker vom Lande, aus den Bergen, sahen. Ja, Gott musste sein Vater sein. Maria musste von der Gottheit selbst auf unnatürliche Weise empfangen haben. Gottes Geist, d.h. Gottes Bewusstsein, musste sie überschattet haben. Dass Jesus, dieses erhabene, große moralische Genie, ein Sohn von Josef sein sollte, war also undenkbar. Nein, kein Geringerer als nur Gott selbst konnte Jesu Vater sein. Und mit dieser vermeintlichen Lösung des Mysteriums war man zufrieden. Dass diese Lösung verkehrt oder fehlerhaft sein könnte, konnte man absolut nicht einsehen. Und diese Lösung ist denn auch heute noch für Millionen der gläubigsten Menschen der christlichen Religion unerschütterlich. Und infolgedessen ruhte diese Auffassung erstmalig auf der Erkenntnis, dass der Welterlöser ein übernatürliches Wesen war, dessen Wesensart für Götter selbstverständlich, für Menschen aber unerreichbar war. Seine Wesensart wurde deshalb nicht das Modell oder das Ideal, das man anstrebte, sie wurde nicht das Vorbild für die menschliche Wesensart, das erforderlich ist, um einen Menschen von jener tierischen, selbstsüchtigen Wesensart zu befreien, die Krieg, Kummer, Leiden und Tod fördert. Die Menschen mussten deshalb unweigerlich der Götterdämmerung, der Abrechnung am Tag des Jüngsten Gerichts, entgegeneilen, die gerade über die Welt hinweg gegangen ist und deren Nachwirkungen die Menschheit auf der ganzen Erde noch martert und Millionen Menschen in Erniedrigung, Armut, Furcht und Unruhe oder in einem Dasein leben lässt, das der diametrale Gegensatz zum beständigen Frieden ist.

Jesu Leben und Hervortreten waren für „die Einweihung" oder „die große Geburt" die erforderliche Wesensart

1723. Was das Obige betrifft, ist dies in Wirklichkeit nur eine Erfüllung der Voraussage des Welterlösers bezüglich des „Tages des Jüngsten Gerichts" oder des „Ende der Tage", an dem alle mit jedem kriegen und die „Schafe" von den „Böcken" getrennt werden sollten. Der Welterlöser wusste also im Voraus, dass die Menschen überhaupt nicht nach seiner Wesensart leben konnten. Er wusste, dass der Unterschied zwischen seiner Auffassung und Ansicht vom Nächsten und der Ansicht der Menschen vom Nächsten nicht nur ein Unterschied des Willens war, sondern auch ein organischer Unterschied. Er wusste, dass er nicht so wie sie einen Hunger nach der Ehe hatte oder nach Anbetung eines Wesens des anderen Geschlechts, sondern dass er dagegen aus vollem Herzen alles Lebende auf eine solche Art und Weise liebte, dass er es unmöglich über das Herz bringen konnte, dass etwas leiden musste, sondern alles sollte allem zur Freude und zum Segen sein. Dieses Gefühl beherrschte ihn voll und ganz. Es war das Fundament seiner Mission, seines Lebens und seiner Wesensart. Und gerade dieser geistige Zustand, diese psychische Struktur ist es, die jenem Prozess zugrunde liegt, der in der religiösen Literatur „Einweihung" genannt wird und hier im „Livets Bog" die Bezeichnung die „große Geburt" bekommen hat. Diese psychische oder mentale Struktur ist das Resultat einer organischen Funktion, die eine völlig andere Auswirkung des höchsten Feuers ist als die eheliche Funktion. Dieser Sympathie- oder Liebeszustand ist ebenso fundamental wie der eheliche und ist keine menschliche Erfindung oder Idee. Er ist eine natürliche Realität, ein Resultat der Entwicklung, genauso wie das Sehen, Hören, Riechen, Schmecken, die künstlerische Begabung und andere Formen von mentalen oder bewusstseinsgelenkten Fähigkeiten und Anlagen.

Inwiefern „Gewissensbisse" eine Bestätigung dessen sind, dass die „Allliebe" nicht nur ein Akt des Willens, sondern auch ein organisches Produkt ist

1724. Dass es sich so verhält, wird dadurch zur Tatsache, dass diese

Nächstenliebe ebensowenig wie die eheliche ein Akt des Willens ist. Der Erdenmensch kann wirklich guten Willens sein, das Beste für alles und jeden zu empfinden, aber immer wieder kann er es nicht schaffen, diesen Wunsch zu praktizieren. Jedes Mal, wenn deshalb Disharmonie zwischen dem Willen und einem humanen Wunsch entsteht, findet eine Reaktion im Bewusstsein des Wesens statt, die wir „Gewissensbisse" nennen. Gewissensbisse sind also eine fundamentale Bestätigung dessen, dass das Gefühl der Allliebe ein organisches Produkt, ein Entwicklungsresultat ist und nicht einzig und allein ein Akt des Willens. Es gibt wohl keinen normalen Menschen, der Gewissensbisse anstrebt? – Kämpft der Mensch nicht mit dem schlechten Gewissen, um es loszuwerden? – Ja, hat es nicht manchmal Menschen zum Selbstmord getrieben? – Wenn die Entwicklung jedoch jeden Menschen zu dem Zustand führt, in dem die organische Struktur diese Liebe zum Nächsten im Wesen erzeugt, unabhängig vom Geschlecht, und diese Liebe letztendlich so stark wird, dass man ihre Gebote nicht übertreten kann, ohne Gewissensbisse zu bekommen, dann wird sie in zunehmendem Grade ausschlaggebend für die Handlungen des Wesens sein. Ebenso wird sie auch bestimmend für das Begehren des Wesens nach Weisheit, für sein Verlangen nach Aufklärung mittels der Intelligenz oder des Gehirns darüber, weshalb es diesen vom ehelichen abweichenden Liebeszustand hat. Es gibt sich in keiner einzigen Situation damit zufrieden, dass irgendetwas in der Natur oder im Leben um ihn herum als „böse" oder „teuflisch" im kosmischen Sinne beurteilt wird. Es empfindet in seinem Inneren, dass dies ein menschlicher Irrtum ist und dass das sogenannte „Böse" oder „Teuflische" den einen oder anderen höheren göttlichen Zweck im großen Weltplan erfüllen muss und deshalb weder zu absoluter Verdammnis, ewiger Qual, Tod noch zu Vernichtung führen kann. Es fühlt, dass es eine wirkliche Rechtfertigung für alle finsteren Erscheinungen geben muss, dank der diese mit der Allliebe in Kontakt sind und im großen Fazit „Alles ist sehr gut" aufgehen. In diesem seinem Liebeszustand kann das Wesen sich unmöglich mit irgendeinem anderen Fazit zufriedengeben. Und von nun ab wird seine ganze intellektuelle Kraft darauf eingestellt sein, dieses Fazit mit absolut wachem, tagesbewusstem Wissen bestätigt zu bekommen.

Inwiefern die „Allliebe" eine neue Wahrnehmungsdimension ist, die dem zugrunde liegt, dass die Wesen mit „kosmischem Bewusstsein" als „Messias" oder als „Welterlöser" in Erscheinung trete

1725. Aufgrund dieses mentalen Zustands, dieses mentalen Hungers, ist das Wesen also in seine letzte große dimensionale Phase eingetreten. Es hat in Wirklichkeit eine neue Wahrnehmungsfähigkeit bekommen. Während es früher mehr oder weniger mit dem Instinkt und dem Gehirn wahrnahm, nimmt es nun kraft des Herzens, d.h. mit seinem neuen Liebessinn, wahr. Der Grundton des Universums, die Allliebe, die in Wirklichkeit alle Erscheinungen beherrscht, ist eine Welt, ein Element, das von der Öffentlichkeit ebenso unbemerkt vorhanden ist, wie das Licht vom blinden Menschen unbemerkt vorhanden ist. Aber genauso wie die Anwesenheit des Lichts allmählich über Jahrtausende das Entstehen des Sehvermögens beim Lebewesen bewirkte, bewirkt auch der Grundton des Universums oder die Allliebe beim Lebewesen das Entstehen des Sinns der Allliebe. Es wird kraft dieses Sinns ausschließlich darauf eingestellt sein, alles im wahren Licht der Allliebe zu sehen. Dieser Zustand hat natürlich auch seinen Kreislauf und ist am Anfang nur eine Ahnung. Aber allmählich wird die Ahnung immer mehr zu Intuition und somit zu Weisheit. Diese Weisheit oder dieses Wissen wird dann mit Hilfe der Intelligenz auf der physischen Ebene in Worte und Ausdrücke gekleidet. Wenn es sich um geringer entwickelte oder primitive Wesen handelt, denen dieses kosmische Wissen oder diese Wahrheitserkenntnis vermittelt werden soll, dann wird sie in mentale Bilder oder Gleichnisse gekleidet, die der Erkenntnisfähigkeit dieser Wesen angepasst sind. Wenn es dagegen intellektuell entwickelte Wesen sind, denen dieses kosmische Wissen vermittelt werden soll, dann wird es in rein realistischen Analysen dargestellt. Diese Analysen sind es, die als „kosmische Analysen" bezeichnet werden. Nur mittels dieser Analysen kann die Lösung des Lebensmysteriums offenbart werden. Das Beseelen dieses Allliebesinns oder dieser Fähigkeit liegt dem Auftreten der Wesen als „Messias", Welterlöser und Weiser zugrunde.

Weshalb Jesu Wesensart als Modell für die erdenmenschliche Wesensart unmöglich wurde

1726. Den vorliegenden Analysen ist es nicht schwierig zu entnehmen, warum Jesus „eins mit dem Vater" war und weshalb er als „jungfraugeboren" und „vom heiligen Geist empfangen" oder direkt mit Gott als Vater aufgefasst wurde. Er war also ganz und gar von einer Sinnesdimension beseelt, die sowohl über der Instinkts- als auch über der Intelligenzfunktion liegt. Er offenbarte Weisheit mit Autorität, indem er aus seiner eigenen Erlebensfähigkeit heraus sprach, einer Form des Erlebens, die nicht von dieser Welt war, sondern die ihn in wacher, tagesbewusster Form im Kontakt mit dem Grundton des Universums wahrnehmen ließ, ihn über Zeit und Raum erhaben, ihn eins mit der Ewigkeit, der Unendlichkeit und somit eins mit der Unsterblichkeit und seinem ewigen Vater sein ließ. Es liegt auf der Hand, dass ein Mensch mit einer solchen Psyche als ein übernatürliches oder überirdisches Wesen betrachtet wurde, dem nachzuahmen es keinem Erdenmenschen auch nur im Geringsten einfallen konnte. Dass das Auftreten dieses Wesens von der Vorsehung dazu bestimmt sein sollte, ein Modell für das Auftreten jedes anderen Menschen zu sein, war unvorstellbar. Seinen Nächsten wie sich selbst lieben zu können, war ja für stark männlich und weiblich geprägte Geschlechtswesen eine organische Unmöglichkeit. Diese ihre organische Struktur konnte das Glück nur bei einer Verliebtheit oder mit dem Besitz eines Wesens oder mehrerer Wesen des anderen Geschlechts hervorrufen.

Der Weg der höheren Liebe und die erdenmenschliche Primitivität und mentale Unreinheit

1727. Man war also von Natur aus dazu erschaffen, nur seinen Ehepartner zu lieben. Diese Form der Sympathieauslösung war die einzig plausible für die noch stark einpolig geprägten Wesen. Und hier hatte man tausendjährige, unerschütterliche Traditionen und Gesetze, deren Übertretung die Todesstrafe für die Übertreter zur Folge hatte. Wie sollte eine wahre Sympathie oder Liebe außerhalb dessen, was dem rein männlichen und weiblichen Geschlecht entsprach, d.h. eine Liebe zwischen Wesen, die nicht einpolig waren, eine Liebe außerhalb des rein tierischen Gattenprinzips, von Menschen verstanden werden können, in denen das Eigentumsbegehren, das Besitzrecht auf Wesen des anderen Geschlechts als Selbsterhaltungstrieb und Lebensbedingung, von der von Eifersucht und Rivalität beherrschten Willensführung beschützt, als organisches Produkt existieren können? – Musste nicht Christus mit seiner freien und über der Einpoligkeit erhabenen allliebenden Einstellung, der Sympathie seines Herzens für alle Wesen, Männer wie Frauen, zu einem Wesen aus einer anderen Welt und der Repräsentant eines Reiches werden, das nicht von dieser Welt war? – Ja, ist es nicht sogar heute noch so, dass ein Mensch, wenn er eine intime Liebe zum Nächsten und somit zu Wesen des eigenen Geschlechts zeigt, mehr oder weniger den giftigsten Pfeilen der Verleumdung zum Opfer fällt? – Gibt es größere und willkommenere Sensationen für die Repräsentanten des Profanen und der Dummheit als jene, die die intimsten und heiligsten Sympathie- oder Liebesverhältnisse oder Verhältnisse, die seine (ihre) Sexualität betreffen, über alle Grenzen verbreiten? – Führt der erste Abschnitt des höheren Liebeswegs nicht durch den Dunst giftiger Klatschsucht und durch stinkenden mentalen Nebel? – Sie haben noch nicht entdeckt, dass der Mund kein „Mastdarm", kein Kanal zum Ausfluss von mentalen Exkrementen und stinkenden Dünsten sein soll. Sie haben noch nicht die Fähigkeit des entwickelten Menschen, mit Hilfe der kosmischen Chemie auf dunstlose, unmerkliche Weise diese seelischen Verwesungsstoffe und Giftpartikel zu eliminieren. Sind es nicht diese von menschlicher Dummheit, Naivität und Aberglaube, Neid und Eifersucht verursachten stinkenden mentalen Exkremente, welche die organische Entwicklung der hervorragendsten Eigenschaft des Lebens, der Nächstenliebe und somit der Liebe zum eigenen Geschlecht zu einem Mysterium gemacht haben, zu etwas „Teuflischem", zu etwas „Tierischem", zu etwas, was schlimmstenfalls mit nichts Geringerem als dem Tode bestraft werden müsse? – Ist es nicht dieser mentale Nebel des Aberglaubens und der Unwissenheit, der noch heute eine klamme und stickige Luft um die Wesen verbreitet, die von den anerkannten Traditionen und Vorstellungen der Herde darüber, wen man lieben darf, abweichen, und sie zu den willkommensten Objekten der üblen Nachrede und der Bosheit macht? – War es nicht die gleiche, von den Traditionen der Herde abweichende Liebe oder Sympathie zum Nächsten, ganz gleich ob männlichen und weiblichen Geschlechts, die Jesus ans Kreuz und andere auf den Scheiterhaufen, unter die Guillotine und an den Galgen brachte? – Nein, der Weg vorwärts in Jesu Fußspuren und mit ihm als Vorbild war nicht dasselbe, wie auf Rosen gebettet zu sein. Die Symptome dieses Weges werden noch heute, bald zweitausend Jahre später, nur als „Abnormität", „krankhafte Neigung", als „Verbrechen" u. dgl. m. aufgefasst. Und diese Auffassung des Liebesmysteriums im Erdenmenschen macht sich nicht zuletzt innerhalb der orthodoxesten Behörden, Autoritäten und unter den einfachen Leuten des Christentums selbst bemerkbar und hat somit diese Wesen in entsprechendem Grad zu Verfolgern der beginnenden Geburt der Nächstenliebe gemacht, die sie eigentlich ihrer Mission nach fördern sollten.

Weshalb die Worte, die Fazits und die Wesensart des Welterlösers immer aktueller werden

1728. Wir haben im Welterlöser einen Menschen, der den übrigen Individuen der Erdenmenschheit in der Entwicklung voraus ist. Diese seine höhere Entwicklung wurde also zur Realität durch seine Liebesfähigkeit, die von einer solchen Stärke war, dass sie als Kulmination von sympathischer Manifestation selbst bezeichnet werden muss, als die Kulmination davon, was an Wohlwollen jedem Mitwesen gegenüber überhaupt manifestiert werden kann. Aber es war nicht nur ein blindes sympathisches Empfinden ohne jegliche intellektuelle Begründung. Diese überwältigende Ganzgeschlechtsempfindung, dieses Gefühl für das Universum, die Ganzheit und das einzelne Individuum, war auch auf einem wachen, tagesbewussten, lebendigen Verständnis basiert. Dieses Verständnis war in der Natur selbst, in der Sprache des Lebens selbst, wissenschaftlich begründet. Deshalb sind die Worte und großen Fazite des Welterlösers unsterbliche Sätze, die bei näherer Bekanntschaft gewinnen und immer unerschütterlicher werden, je mehr die Intellektualität der Menschheit zunimmt. Ja, werden sie nicht in der heutigen Zeit, jetzt wo die Welt noch mitten im Krieg und vorübergehenden Waffenstillständen lebt, geradezu hundertprozentig aktuell? Wie soll die Welt aus der mentalen Krise und den darauf beruhenden Nachwirkungen, wie Krieg, Verstümmelung, Folter, Hunger, Armut und Freiheitsberaubung, Gottlosigkeit und Unmoral heraus kommen wenn nicht mittels der Fazite, die wie gewaltige Lichtwellen aus dem Mund und der Wesensart des Welterlösers hervorgingen? – Hungert nicht die gesamte Menschheit nach einem wahren Frieden? – Ist Friede, d.h. gegenseitiges Wohlwollen und Verzeihen unter den Wesen, nicht genau das, was in der Welt fehlt? – Ist dieser Mangel nicht am ganzen Unglück der Menschheit, an den Kriegen, dem Leid und Elend, schuld? –

Der wirkliche Weltfrieden ist eine mentale Temperaturfrage oder eine Frage der seelischen Kälte und Wärme

1729. Angesichts dieser ganzen Flut des Unglücks und der Leiden innerhalb der Sphäre der Menschheit kann es nicht als schmeichelnd betrachtet werden, jede höhere Form von Untersuchung der menschlichen Psyche zurückzuweisen. Unter einer höheren Form der Untersuchung ist hier eine Untersuchung von jenem Teil der menschlichen Psyche gemeint, der jenseits jeder allgemeinen und tausendjährigen Vorstellung von Moral, Sexualität oder sympathischen Anlagen oder vom Verhältnis zum Nächsten liegt. Dass diese höhere Untersuchung unvermeidlich werden muss, zeigt sich dadurch, dass der erwünschte höhere Kulturzustand, der das Fundament des wahren Friedens und der Harmonie unter den Wesen sein kann, an sich ausschließlich eine Frage des Verhältnisses zum Nächsten sein kann. Und das Verhältnis zum Nächsten kann wiederum nur ein Produkt der sympathischen Anlagen des Individuums und seiner hieraus entsprungenen mentalen oder seelischen Wärme oder Kälte sein. Der gesamte Weltfrieden und die wahre Harmonie innerhalb der Zone der Menschheit sind also ebenso eine Frage der seelischen Temperatur, wie die Üppigkeit und Fülle einer blühenden Pflanze eine Frage des Schaffens jener besonderen Temperatur sind, bei der die Pflanze gedeiht. Da die Verkrüpplung und der Misswuchs der gesamten Menschheit in Form von Krieg, Unglück und Leiden also nur auf die mentale Kälte zurückzuführen sind, handelt die Befreiung oder Erlösung alleinig darum, mehr mentale Wärme zu schaffen. Das Problem ist also dies, die mentale Temperatur herbeizuführen, welche die Menschheit weiter vorwärts zur Kulmination von Üppigkeit und Fülle, zur Nächstenliebe, bringen kann, sodass sie von allen einengenden Stagnationen und Hemmungen befreit werden kann, befreit von der mentalen Kälte in der Form von Machtsucht, Profitjagd und unschicklichem Ehrgeiz, d.h. jenen Eigenschaften, durch die sie heutzutage verkrüppelt wird.

Mentale Wüstengelände

1730. Der oben genannten Temperaturfrage schwach, schlapp und ablehnend gegenüberzustehen, ist gleichbedeutend mit Untergang. Dort, wo jedes Wachsen aufhört, breitet sich die Wüste aus. Fangen nicht gerade solche Tendenzen der Wüstenbildung an, sich in der menschlichen Mentalität oder Psyche abzuzeichnen? – Ist es nicht ein Verkrüppeln des mentalen Wachsens, jede Geistigkeit vollständig abzustreiten und das Vorhandensein eines ewig fortsetzenden, unsterblichen Ichs im Organismus eines jeden Lebewesens zu leugnen? – Zeigt sich nicht da ein ziemlich barsches mentales Wüstengelände, wo man uneingeschränkt an die tote Materie glaubt und der Meinung ist, das Lebewesen oder der „Schöpfer" sei ein Produkt des „Erschaffenen" und nicht umgekehrt? – Es kann ja niemals ein Ausdruck der mentalen Fruchtbarkeit oder der intellektuellen Einsicht sein zu glauben, dass das „Erschaffene" den „Schöpfer" erschafft, wie es auch nur die reine Unfruchtbarkeit oder der mentale Wüstenzustand sein kann, die Existenz des „Schöpfers" und somit die eigene zu bestreiten. Ja, ist nicht der ganze herrschende Unfriede, der „Krieg aller gegen jeden", die unerschütterliche Dokumentation eines alles beherrschenden mentalen Wüstenzustands? – Weshalb blüht kein Weltfriede innerhalb der erdenmenschlichen Sphäre? – Die Menschheit hat es längst erreicht, die Elemente zu beherrschen. Sie hat Millionen von Pferdekräften der Natur in ihren Dienst gestellt.

Sie muss in keinem Falle die schwere Arbeit selbst leisten. Sie kann mit Maschinen Berge, Felsen und Flüsse verlagern und nützliche Gegenstände millionenfach herstellen. Die Maschinen befreien die Menschen immer mehr von dem althergebrachten „Fluch": „Im Schweiße deines Angesichts sollst du dein Brot essen". Die menschliche Hand verfeinert sich immer mehr. Sie braucht nur auf Knöpfe zu drücken, dann stellen die Maschinen ganz nach Wunsch Kraft, Licht, Wärme und Kälte her. Riesige Beförderungsmittel bringen den Menschen über die Meere, über die Wolken hinweg und unter dem Wasser weiter. Ja, er kann sich in gewissen Fällen sogar mit dem Schall um die Wette von einem Ort zum anderen befördern. Wenn die Menschheit also so die Fähigkeit in sich hat, sich der Kräfte zu bemächtigen und die Elemente zu beherrschen, warum wird ihr mentaler Zustand, der allgemeine Glückszustand, dann nicht zur Kulmination des Gedeihens, der Gesundheit und der Freude? – Es mangelt ja nicht an Fähigkeit oder Kraft, die Materie dazu zu bringen, dem Willen zu gehorchen.

Weshalb wir nicht umhinkönnen, die sympathischen Anlagen oder die sexuelle Organstruktur des Wesens zu studiere

1731. Wenn die Menschheit die Materie dazu bringen kann, dem Willen zu gehorchen, dann wird es also zur Tatsache, dass mit dem Willen des Menschen etwas nicht stimmt. Der Wille, das Richtige zu tun, d.h. die Bedingungen zu erfüllen, die notwendig sind, damit der Weltfriede zur fruchtbaren mentalen Blüte in der Psyche der Menschheit werden kann, muss in Ordnung gebracht werden. Und so sind wir nun wieder bei den sympathischen Anlagen im einzelnen Individuum selbst angelangt. Der Wille wird ja von den sympathischen Anlagen diktiert und geleitet, die wiederum dasselbe sind wie das „höchste Feuer" und ihren Sitz in der sexuellen Organstruktur des Individuums haben und von ihr ausgelöst werden. Wohin auch immer wir unseren Suchscheinwerfer richten und wie wir ihn auch drehen, so können wir nicht umhin, diese Organstruktur zu studieren. Die Rettung der Menschheit oder der Frieden ist folglich nicht nur eine Frage der Technik und Kraft, welche Erscheinungen sie ja schon verschwenderisch genug besitzt, sondern sie ist auch im allerhöchsten Grade eine Frage der erwähnten sexuellen organischen Struktur, die, wie genannt, der Sitz des „höchsten Feuers" oder der mentalen Wärmequelle des Lebewesens ist. Hier kann die Forschung oder das Studium der mentalen Temperatur des Wesens ins Werk gesetzt werden. Infolgedessen wird es auch hier als Tatsache sichtbar, dass nicht Maß und Gewicht, Kenntnisse oder materialistisches Wissen über die physische Materie, sondern Geisteskenntnisse oder Wissen über die innerste Quelle und Ursache der mentalen Wärme das höchste oder einzig Notwendige für die Menschheit in ihrer gegenwärtigen Situation sind.

Wieso die Nächstenliebe das absolut notwendigste Objekt der menschlichen Forschung ist

1732. Wenn es also darum geht, die mentale Wärmequelle im Individuum zu entwickeln, was können wir dann Besseres tun, als uns vorläufig auf den Menschen einstellen, der ganz offenbar der Erdenmenschheit in der Entwicklung so weit voraus ist, dass er von der Vorsehung dazu ausersehen wurde, die Kulmination der mentalen Wärme dieser Menschheit zu offenbaren? – Wie schon erwähnt, ist es eine unerschütterliche Tatsache, dass die Liebe das Einzige ist, was der Misere oder dem Unfrieden und den Leiden der Menschheit, unter denen sie heute seufzt und stöhnt, Abhilfe schaffen kann. Es ist also eine Tatsache, dass wir wenigstens die Beschreibung eines Wesens haben, über dessen Wesensart sich seine Zeitgenossen zwar so sehr empörten, dass sie deren Vertreter an das Kreuz brachten. Diese Wesensart hat sich jedoch allmählich als so im Kontakt mit der Entwicklung und Wirklichkeit erwiesen, dass sie in der menschlichen Geschichte unsterblich wurde und dass ihr während beinahe zweier Jahrtausende die dankbare Huldigung und Lobpreisung von Millionen Menschen zukam. Kein König oder Kaiser hat jemals mit seiner Wesensart allein während eines so langen Zeitraums und über seinen physischen Tod hinaus auch nur annähernd eine solche Schar von treuen Anhängern erobern können. Dass dieses Wesen, das unter den primitivsten und ärmsten Verhältnissen und unter solchen Umständen geboren wurde, die Jahrhunderte lang andere Neugeborene als „uneheliche Kinder" gestempelt haben, wie er auch im Schweiße seines Angesichts so wie andere Handwerker arbeiten musste, sich nur mit seiner Wesensart allein eine solche Position schaffen konnte, macht es zur Tatsache, dass diese spezielle Wesensart etwas von unerhörter Bedeutung innerhalb der Menschheit war, ja, ein Licht war, das nicht verborgen werden konnte, ein Licht, das nicht gelöscht werden konnte. Da diese Wesensart in Sympathie, Vergebung und Verständnis des Nächsten gegenüber kulminierte und folglich absolute Liebe war, wurde schon allein damit dokumentiert, dass die „Nächstenliebe" der höchste Faktor in der Psyche des Lebewesens ist und deshalb in gleichem Ausmaß das höchste und notwendigste Objekt der menschlichen Forschung sein muss. Als eine Bestätigung hierfür kann außerdem noch hinzugefügt werden, dass alle die anderen großen Weisen der Welt ja auf die gleiche Art und Weise solche Wesen sind, die die meisten Anhänger gewonnen haben. Niemals hat ein moderner Diktator solch ein umfangreiches und tausendjähriges Reich mit Generationen von treuen Anhängern erobert wie die bedeutendsten Repräsentanten der Humanität oder Nächstenliebe oder die Welterlöser.

Die Menschheit kann keinen wirklichen Weltfrieden erwarten, solange sie eine Einheit ausmacht, die nur aus „Kriegszellen" besteht

1733. Es dürfte somit selbstverständlich sein, dass es für jeden modern denkenden, intellektuellen Menschen an der Zeit ist anzufangen zu verstehen, dass der Weltfriede nicht außerhalb seines eigenen Inneren und kraft der Politiker der Welt erschaffen wird, sodass er sich selbst nur hinsetzen und darauf warten kann, dass diese Wesen eines Tages das Problem gelöst haben. Es muss diesem Wesen auf das Bestimmteste empfohlen werden, diese vorgetäuschte Auffassung der eigenen Situation zurückzuweisen. Es muss dazu gebracht werden einzusehen, dass der wirklich wahre Friede etwas ist, was ausschließlich von ihm selbst in seinem eigenen Inneren erschaffen werden kann. Im gleichen Ausmaß, wie dieses Innere von den tierischen Tendenzen, d.h. von selbstsüchtigen Prinzipien, gesäubert ist, ist das Wesen zu einer Zelle im Weltfrieden geworden. Der

Weltfriede ist nämlich eine Einheit, die ausschließlich von solchen Zellen erbaut und aufrechterhalten sein kann, deren eigene Mentalität oder Psyche selbst absoluter Friede, absolute Selbstlosigkeit oder Nächstenliebe ist. Die Menschheit kann keinen wirklich unumschränkten Frieden erwarten, solange sie eine Einheit ausmacht, die aus Zellen (einzelnen Individuen) besteht, die selbst mehr oder weniger „Kriegszellen" sind und infolgedessen in entsprechendem Grad Zentren des Unfriedens und Verfolger des allgemeinen Glücks und der normalen Gesundheit des Nächsten sind. Solche Wesen sind „Dschungelzellen". Eine Einheit, in der diese Wesen Zellen sind, kann selbstverständlich nur zu einer „Dschungelsphäre" werden oder zu einer Kulmination der tierischen Prinzipien, die man die „Hölle", den „Jüngsten Tag" oder die „Götterdämmerung" genannt hat und die in besonderem Grad im gegenwärtigen Zeitalter ausgelöst werden.

Der Frieden, der dank des Aufrechterhaltens polizeilicher Macht und eines fortgeschrittenen Rechtswesens für Staaten und Individuen erschaffen wird, ist in Wirklichkeit kein Frieden. Er ist nur eine Art von Justiz, eine Art Dressur. Er wird deshalb auch nur als Zwang, als Freiheitsentziehung empfunden, solange das Wesen in seiner Mentalität nur von den selbstsüchtigen oder tierischen Begierden beseelt ist, deren Ausrottung oder Zügeln gerade das Objekt der Verfolgung und Aktivität der Polizeimacht und des Rechtswesens ist. Die friedliche, selbstlose Natur im Wesen macht unweigerlich alle juristischen Gesetze und jegliche Polizeimacht sowie Krieg und Militarismus völlig überflüssig. Der Weltfrieden kann also nur von Individuen geschaffen werden, die von selbstsüchtigen Tendenzen gereinigt sind, d.h. Wesen, die ausschließlich von der Auffassung beseelt sind, dass „ein jeder seinem Nächsten am nächsten ist". Wie könnte wohl ein Frieden auf eine andere Auffassung gegründet werden? – Die tierische Auffassung „ein jeder ist sich selbst am nächsten" ist ja vorherrschend und hat es mit ihren tausendjährigen Traditionen nun zur lebendigen Tatsache gemacht, dass sie nur Unfrieden, Krieg und Verfolgung verursachen kann. Kraft dieser Einstellung müssen Wesen immer andere Wesen fürchten. Aber wie sollen Wesen, die sich voreinander fürchten oder Angst haben, untereinander Frieden stiften können? –

Wieso „Christi Wiederkunft in den Wolken", der Friede oder die Erlösung der Menschheit ausschließlich darin liegt, dass das Individuum seine eigene Psyche, deren Zweck und Bestimmung, kennenlernt

1734. Aus dem, was wir hier erfahren haben, sehen wir, dass die Welterlöser und die größten Weisen unter den Menschen also keine fanatischen Toren waren, die am besten gekreuzigt oder hingerichtet werden sollten, sondern Wesen, die kraft dessen, dass ihr Bewusstsein oder ihre Mentalität von tierischen oder selbstsüchtigen Tendenzen befreit war, den Frieden selbst darstellten. Es ist leicht zu sehen, dass der Frieden, wenn die Menschen z. B. alle ebenso selbstlos wären wie Christus, eine alles dominierende Realität auf der Erde hätte werden müssen. Wir kommen folglich nicht um die Mentalität des Welterlösers herum, wenn wir es erreichen wollen, Frieden in unserem eigenen Inneren und somit auf der Erde zu schaffen. Er hatte recht, als er sagte: „Ich bin der Weg, die Wahrheit und das Leben; niemand kommt zum Vater denn durch mich". Dies bedeutet in Wirklichkeit, dass niemand „kosmisches Bewusstsein" bekommt, d.h. Unsterblichkeit erlebt oder eins mit dem Universum, der Unendlichkeit und Ewigkeit und somit „eins mit dem Vater" zu sein, ohne von der mentalen Einstellung und Auffassung beseelt zu sein, die das Bewusstsein und die Psyche des Welterlösers ausmachten. Wenn andere Menschen dank der Entwicklung diesen Bewusstseinszustand erreichen, erleben sie gerade das, was der Welterlöser als seine „Wiederkunft in den Wolken" prophezeit hat. Alle Menschen werden also kraft der Entwicklung eines Tages die „Wiederkunft Christi" erleben – nicht in Form eines Propheten oder Welterlösers aus Fleisch und Blut außerhalb ihrer selbst – sondern als eine Einweihung in das kosmische Bewusstsein oder die humane Psyche, in die der Welterlöser eingeweiht war und die sein Auftreten im Dienste der Welterlösung als Modell für die Erschaffung des „Menschen als Abbild Gottes" bedingte. So werden alle Menschen das Entstehen jenes Bewusstseins in sich selbst erleben, das schon längst in ihm entstanden war. Es ist also hier zur Tatsache geworden, dass die Erlösung und Zukunft der Menschheit ausschließlich darin liegen, dass der Mensch sich selbst, seine eigene Psyche, deren Ziel und Bestimmung kennenlernen wird.

Alle müssen nun ihre Forschung auf die Allliebe oder die Nächstenliebe richten

1735. Wir haben nun gesehen, dass dieses Ziel oder diese Bestimmung nur das Schaffen und Erreichen von Frieden sein kann, sowohl beim einzelnen Individuum, wie bei der gesamten Menschheit. Da der Friede ausschließlich in Nächstenliebe fundiert werden kann, ja, ausschließlich die Nächstenliebe selbst ist, müssen wir nun unseren Blick auf die innerste Quelle unseres tiefsten Bewusstseinsfaktors richten. Dass es sich gerade um das Verstehen und die Entwicklung der Liebe handelt, müsste jetzt jedem normal begabten, intellektuellen Menschen eine Selbstverständlichkeit sein, da es doch eine unerschütterliche Tatsache ist, dass es nichts gibt, wonach die Menschheit mehr hungert und was sie mehr braucht als gerade Sympathie oder Liebe. Und wo sollte diese Liebe wohl herkommen, wenn sich nicht jedes einzelne Individuum ans Werk machen und alles tun würde, was getan werden kann, um diese Liebe im eigenen Charakter zu entwickeln. Sie ist zurzeit weithin notwendiger als Schulunterricht, Universitätsausbildung und andere Formen der menschlichen Entwicklung. Diese Erweiterung des Bewusstseins oder dieses Aneignen von Wissen hat sich ja als etwas erwiesen, was die Menschheit überall da in den Krieg und zu Verstümmelung, Tod und Untergang führte, wo es an Nächstenliebe in der Psyche des Urhebers fehlte. Nur ein Tor oder ein unwissender Materialist kann jetzt der Liebeswissenschaft selbst entgegenwirken. Alle müssen daher jetzt den Blick auf die Allliebe, oder genauer gesagt auf die Nächstenliebe, richten.

Das Missverständnis und das Verfolgen der eigenen höchsten organischen Entwicklung der Menschheit

1736. Derjenige, der der Wissenschaft der Nächstenliebe und somit dem sexuellen Prinzip oder dem höchsten Feuer wirklich auf den Grund gehen will, muss sich nun über die üblichen tausendjährigen Traditionen und Vorstellungen bezüglich des genannten Prinzips oder des höchsten Feuers hinwegsetzen. Es muss zugegeben werden, dass dies keine leichte Sache ist. Kein einziger Bewusstseinsfaktor, überhaupt gar nichts in der menschlichen Psyche, ist im unsicheren Boden des Aberglaubens und Missverständnisses so infiltriert, verborgen und maskiert wie gerade der Zweig des höchsten Feuers, der sich in der Sexualität oder der sympathischen Veranlagung des Erdenmenschen äußert. Den großen Entwicklungs- oder Veränderungsprozess, den die Jahrtausende innerhalb der organischen Funktion mit sich geführt haben, hat man in einem so hohen Grade missverstanden und verfolgt, wie es überhaupt nur möglich ist, mit dem Resultat, dass die Menschheit heute faktisch dieser allerhöchsten und alles entscheidenden organischen Funktion völlig unwissend gegenübersteht. Noch schlimmer ist es, dass ein sehr großer Prozentanteil der Individuen der Menschheit in allerlei sexuellen Abnormitäten versumpft, ganz von unzähligen unglücklichen Verhältnissen, Abwertung, Scham, Schande und Selbstmorden abgesehen, die auch eine Folge der grenzenlosen Torheit und des Aberglaubens sind, dass die sexuelle organische Seite des Menschen etwas Abwertendes, etwas Schamhaftes sei, etwas sei, worüber man wirklich nicht sprechen kann, obwohl die Wirkungen des erwähnten organischen Prinzips heimlich im Gedanken- oder Bewusstseinsleben eines jeden normalen, geschlechtlich tauglichen Wesens anwesend sind. Es ist Jahrtausende hindurch zu einem Mysterium geworden, was darauf beruht, dass die Religionen und die Priesterschaft es auch als sündig betrachteten, sich mit diesem Problem zu beschäftigen, das, wie erwähnt, in jedermanns Gedanken oder Bewusstsein war, ohne dass man offen darüber sprechen oder sich dafür interessieren durfte. Aber da es ein Trieb war, der unmöglich zum Aufhören gebracht werden konnte, wie sehr man auch versuchte, in Zölibat und Askese zu leben, oder wie sehr man es auch als sündig betrachtete, sexuelle Gedanken im Kopf zu haben, musste er sich auf andere Weise als die natürliche freien Lauf schaffen. Und die Sphäre der Erdenmenschheit wurde in großem Ausmaß eine Zone der Entwicklung von Psychopathen, Sadisten, Lustmördern, Pyromanen und anderen Formen von Verirrungen in der sexuellen Entwicklung. Das sexuelle Leben ist heutzutage ein noch größeres Mysterium denn je zuvor. Es ist ein Wirrwarr von phantastischen Vorstellungen von Sünde, Gottlosigkeit, Schande und Scham, ganz davon abgesehen, dass die sympathischen Anlagen auch zur Prostitution geworden sind. Die schönste und edelste Organfunktion des Lebens, die Tätigkeit des Liebkosens, ist eine Handelsware geworden. Das Sodom, das man mit Gewalt, Macht und Todesstrafe bekämpfen wollte, kulminiert oder blüht heute mehr denn je zuvor in der Welt.

Trotz Verfolgung, Strafe, Verleumdung und Schande hat die sexuelle Entwicklung die Einsperrung tausendjähriger moralischer Vorstellungen durchbrochen

1737. Wo und von wem wird nun die sexuelle Organfunktion ihrer reinen Göttlichkeit nach bewertet und verwertet? – Ist diese Funktion innerhalb der Ehe makellos, wo sie in gewissem Ausmaß von den Wächtern der Moral, der Geistlichkeit, als Gottes Wille toleriert und anerkannt wird? – Nein, wir brauchen hier nicht den Kummer und die Leiden der Ehesphäre wiederholen, die wir schon in früheren Abschnitten des „Livets Bog" beschrieben haben und als „die Zone der unglücklichen Ehen" bezeichnen mussten. Keine Tatsache ist wohl so dominierend wie die, dass weder Kirche, Zuchthaus noch Entehrung diese Flucht des sexuellen Lebens aus all den üblichen tausendjährigen Gelassen oder Stauungen der Moralvorstellungen verhindern konnten. Das sexuelle Leben ist heute mit einem Fluss zu vergleichen, der die Dämme durchbrochen hat und aus seinem millionenjährigen Flussbett als physisches Befruchtungsorgan ausgebrochen ist. Alle menschlichen Versuche waren völlig außerstande, die sexuelle Entwicklung oder die Polverwandlung im Erdenmenschen mit Moralvorschriften, Freiheitsberaubung und Strafe sowie mit Schande – dem Erfolg von Klatsch und Verleumdung – zu hindern. All dieses bildete eine Zwangsjacke oder Mauer um die tausendjährigen, aber längst veralteten, sexuellen Dogmen herum. Ja, diese ganze Galerie von Widerstandskraft gegen die normale und offensichtliche Entwicklung des sexuellen Prinzips ist längst von der inneren psychischen Kraft, die die sexuelle Entwicklung im Menschen an sich ausmacht, aus ihren Rahmen gesprengt worden. Das sexuelle Leben durchbricht überall die Dämme der dogmatischen Moral. Keine menschliche Macht kann das verhindern. Es wird deshalb am klügsten sein, sich darauf einzustellen, dass dem göttlichen Willen hier Genüge getan werden muss.

Die Überdimensionierung des sexuellen Begehrens macht es zur Tatsache, dass der Zweck der sexuellen Funktion nicht allein die Fortpflanzung sein kann

1738. Was ist nun dieser göttliche Wille, und was geschieht vor unseren Augen in Form der vermeintlichen sexuellen Ausschweifungen? – Ja, hier müssen wir nun, ebenso wie im übrigen Teil unserer Forschung, uns der eigenen Sprache des Lebens selbst zuwenden. Es nützt nichts mehr, die Dogmen, die Bibel oder andere bekannte heilige Bücher zu studieren. Sie sind nur Moralbücher für einen begrenzten Abschnitt oder ein begrenztes Gebiet des höchsten Feuers, gerade für jenen Teil, dessen Aufgabe es ist, nur die Fortpflanzung zu fördern. Hier wird die Geschichte des sexuellen Lebens deshalb ausschließlich parteiisch zugunsten dieses Abschnitts geschildert. Angesichts der anderen Seiten dieses göttlichen Feuers müssen diese überlieferten Bücher und Moraltraditionen deshalb scheitern.

Was sagt nun die nüchterne Natur oder die eigene, direkte Sprache des Lebens selbst bezüglich des sexuellen Lebens des Erdenmenschen? – Die erste Tatsache ist also diese, dass die traditionellen Moralbegriffe bezüglich des sexuellen Lebens die Entwicklung dieses Lebens nicht mehr dämmen können. Immer mehr Menschen übertreten die traditionelle Moral. Keines der von Menschen aufgesetzten Moralgebote oder Hemmungen kann dieses Übertreten oder diese sogenannte „Ausschweifung" annähernd aufhalten. Die zweite große Tatsache ist die, dass die sexuelle Kraft in einem so kolossal überdimensionalen Zustand auftritt, dass der Teil dieser Kraft, der zur Fortpflanzung gebraucht wird, nur verschwindend gering ist. Wenn die Menschen darüber nachdenken würden, welch ein geringer Prozentsatz des gesamten Geschlechtsverkehrs eine Befruchtung zur Folge hat, dann wären sie außerordentlich erstaunt. Es kann unmöglich eine Übertreibung sein, wenn wir sagen, dass allein innerhalb der Ehe normalerweise nicht mehr als jeder fünfzigste Beischlaf, niedrig gerechnet, in Befruchtung resultiert. Ein Jahr hat 52 Wochen und es kann nicht unnatürlich sein, mit einer sexuellen Verbindung oder einem Geschlechtsverkehr pro Woche bei zwei normalen geschlechtlich tauglichen Ehegatten zu rechnen. Aber dieses Geschlechtsleben kann ja nur in einer Befruchtung oder einem Kind pro Jahr resultieren. Hier wird natürlich nicht mit Zwillingen, Drillingen, Vierlingen oder Fünflingen gerechnet, da diese zu den Ausnahmen gehören und deswegen bei einer allgemeingültigen Analyse nicht von Bedeutung sind. Wenn wir jedoch auch diese Ausnahmen mitzählten, so würde dies ja in keinem wesentlichen Ausmaße etwas an der Sachlage ändern. Dass die Befruchtung im Verhältnis zur Anzahl des Geschlechtsverkehrs innerhalb des Sexuallebens der Unverheirateten auch nur einer sehr geringen Zahl entspricht, wird dadurch zur Tatsache, dass Millionen und aber Millionen von Verhütungsmitteln hergestellt und angewendet werden. Der überdimensionale Zustand der sexuellen Organfunktion ist also hier deutlich. Aber zu welchem Nutzen ist diese überdimensionale sexuelle Kraft, die zur Befruchtung oder Fortpflanzung der Menschheit nicht gebraucht wird? – Was soll man zu den 98 Prozent allen Beischlafs in der Ehe sagen, die keine Befruchtung zur Folge haben? – Was sagt man zu den Millionen von Geschlechtsverkehren innerhalb der Sphäre der Unverheirateten, welche auch keine Befruchtung zur Folge haben? – Was mit dem außerordentlich hohen Prozentanteil der unfruchtbaren Geschlechtsakte, die innerhalb jener Ehen vorkommen, in denen es nur ein oder zwei Kinder gibt. Wenn wir mit einer Befruchtungsfähigkeit von 15 Jahren in einer solchen Ehe rechnen, dann müsste die Befruchtung in der Ehe mit einem Kind wie 1 zu 779 stehen und in der Ehe mit zwei Kindern wie 2 zu 780. Was hat diese riesige und überdimensionale Organfunktion oder Kraft für einen Sinn? – Sie kann nicht nur dazu da sein, die Befruchtung herbeizuführen, die ja nur eine verschwindend kleine Nebensache bei diesem kolossalen psychischen Prozess ist. Es wird dagegen hier zur Tatsache, dass diese Organfunktion oder Kraft in hohem Grade dazu da sein dürfte, auf die gleiche Weise einen Hunger zu stillen, wie den Hunger nach Nahrung, der im Individuum anwesend ist. Er fordert seine Befriedigung genauso wie dieser Hunger. Die sexuelle Organfunktion im Lebewesen ist also ein seelisches oder geistiges Pendant zum rein physischen Hunger- und Sättigungsprozess. Das höchste Feuer ist ein kosmisches Ernährungssystem.

Es ist ein Segen, dass der Geschlechtsverkehr nicht mehr in Befruchtung resultiert als es eben der Fall ist

1739. Ist es denn nicht ein Unglück oder eine Unannehmlichkeit für die Fortpflanzung der Menschheit, dass die sexuelle Organfunktion nicht nur die Befruchtung fördert, sondern auch eine andere Mission hat? – Nein, wie könnte es unter den jetzigen Verhältnissen in der Welt ein Unglück sein? – Werden nicht genug Menschen auf der Welt zu Krieg und Gaskammern, zu Not und Elend, zu Krankheit, Selbstmord und anderen Formen von viel zu frühem Tod geboren? – Wie glaubt man, dass die Welt aussehen würde, wenn auf jeden Geschlechtsverkehr eine Befruchtung folgte? – Glaubt man, es wäre zu ertragen, wenn sich die Menschen der Welt nur um zehn Mal verdoppelten, was, wie wir ja schon wissen, in gar keiner Weise annähernd die wirkliche Anzahl beträge, um die es sich handelt, wenn die sexuelle Auslösung der Menschen im Bereich des Möglichen eine Befruchtung zur Folge hätte? – Wäre es nicht eine Unannehmlichkeit statt eines Segens, wenn heute bei jeder Warteschlange auf jeden Anstehenden fünfzig neue Beteiligte kämen? – Müsste es dann nicht eine umso größere Anzahl geben, denen es an einer Wohnung oder Unterkunft, Nahrung, Kleidung und Arbeit usw. mangelt? – Es bedarf hier keines kosmischen Bewusstseins, um zu erkennen, dass es unter den gegenwärtigen Verhältnissen auf der Erde absolut kein Segen wäre, wenn eine größere Anzahl Paarungsakte, als es der Fall ist, eine Befruchtung zur Folge hätte. Es ist also ein Segen, dass dies nicht geschieht.

Die Kollision des überdimensionalen sexuellen Begehrens mit der autoritativen moralischen Auffassung und die hieraus folgenden

Konsequenzen

1740. Wir haben bereits bemerkt, dass die sexuelle Kraft im Menschen sich als ein Hunger äußert, der gesättigt werden muss. Nun ist der sexuelle Hunger zwar kein Hunger, der tödlich ist, wenn er nicht gesättigt oder befriedigt wird, so wie es beim gewöhnlichen Hunger nach Nahrung der Fall ist, aber das bedeutet natürlich nicht, dass die Stellungnahme des Wesens zu diesem Hunger völlig gleichgültig ist. Wir müssen deshalb diese überschüssige sexuelle Kraft studieren. Diese Kraft macht sich besonders beim fortgeschritten kultivierten oder intellektuellen Menschen geltend. Je weiter wir auf die Entwicklung zurückblicken, je weiter wir in das Tierreich hinunter kommen, umso geringer wird diese überschüssige Kraft, um zuletzt in Wirklichkeit nur genau die nötige Kraft dazu auszumachen, die Fortpflanzung garantieren zu können. Hier gibt es also keine überschüssige Kraft, zu der man Stellung nehmen oder die man als „sündig" oder „gottlos" bekämpfen muss. Nur beim Erdenmenschen ist die Sexualität ein außerordentlich großes, in Nebel und Mystik eingehülltes, Problem geworden. Dass dieser Nebel und diese Mystik oder Unwissenheit hinsichtlich der sexuellen organischen Struktur im Wesen eine Unmenge von äußerst verschiedenen Moralauffassungen bewirkt haben, ist eine Selbstverständlichkeit. Sie haben also bewirkt, dass das Haremsprinzip oder die Polygamie und die Polyandrie bei gewissen Völkern zur legalen Art und Weise wurden, um den überdimensionalen sexuellen Drang zu befriedigen. Dieses Prinzip wurde also zur Moral. Was die christliche Gemeinschaft betrifft, so wurde diese Methode geradezu als allerhöchste Form von Unmoral betrachtet. Ja, innerhalb des Christentums ist man in manchen Fällen sogar so weit gegangen, dass man Zölibat oder totale sexuelle Enthaltsamkeit von Priestern oder Verkündern und Ausübern der Religion verlangt hat. Vom übrigen Teil der Bevölkerung wurde der Segen der Kirche in der Form einer kirchlichen Hochzeit zwischen Mann und Frau verlangt, bevor der sexuelle Akt ausgeübt werden durfte. Und selbst innerhalb dieser Beschränkung gab es sogar Fälle, wo man es als sündig betrachtete, wenn zwei Ehegatten das Sexualleben nur des Genusses wegen ausübten und infolgedessen keine Befruchtung beabsichtigten. Das bedeutet also, dass ein Ehepaar im schlimmsten Fall riskieren kann, nur einmal im Jahr sexuelle Befriedigung erlangen zu dürfen. Dass junge, geschlechtsreife Menschen einander sexuelle Befriedigung oder sexuellen Genuss außerhalb der Ehe schenken, ist natürlich als die Kulmination von Gottlosigkeit selbst verbannt worden und als der beste Weg in die Verdammnis. Und es ist noch schlimmer, wenn die überschüssige sexuelle Kraft sich in Form eines Verlangens äußert, nicht nur ein Wesen des anderen Geschlechts zu liebkosen, sondern auch ein Wesen des eigenen Geschlechts, welche Sympathie in Reinkultur in Wirklichkeit der Erfüllung des Gesetzes der Nächstenliebe am nächsten liegt, dann wird man in manchen Ländern geradezu bestraft und somit als „Verbrecher" angesehen. Das bedeutet also, je mehr Sympathie und Zärtlichkeit man gegenüber Wesen des eigenen Geschlechts manifestiert, desto mehr wird man als ein „Verbrecher gegen die Sittlichkeit" betrachtet. Wie soll eine Religion, deren absolutes Grundgesetz und tragendes Fundament dies ist, „Du sollst deinen Nächsten lieben wie dich selbst", etwas anderes als ein Fiasko werden können, wenn sie sich ihren heiligen Dogmen und Lehrsätzen nach auf die Todesstrafe für jede Liebe beruft, die außerhalb der vom männlichen und weiblichen Geschlecht betonten liegt und jede Kulmination der Sympathie zwischen Wesen gleichen Geschlechts, oder besser gesagt, unabhängig vom Geschlecht, als einen Weg in die äußerste Finsternis betrachtet und diese Wesen außerdem als Parias, als „Verbrecher", als „abnorme" oder „kranke" Wesen verfolgt? –

Eine sexuelle Entwicklung, an die zu verstehen und zu tolerieren man sich absolut gewöhnen muss, wenn man es vermeiden will, ein Bekämpfer der Schöpfung des „Menschen als Abbild Gottes" zu werden

1741. Dass die sexuelle Begierde so stark ist, dass sie alle Vorurteile innerhalb der von der Kirche oder den autorisierten Moralwächtern aufgesetzten Einschränkung des sexuellen Lebens des „Mannes" und der „Frau" sprengt, ist eine offenbare Tatsache, aber dass Millionen Menschen mehr oder weniger die sexuelle Begierde als einen Hunger nach Liebkosung empfinden – nicht nur Wesen des anderen Geschlechts, sondern auch Wesen des eigenen Geschlechts gegenüber –, ist noch nicht so offensichtlich geworden. Wenn dieser erweiterte Hunger nach Zärtlichkeit der Allgemeinheit noch nicht im größeren Ausmaß zum Bewusstsein gekommen ist, dann ist das natürlich auf die verborgene Daseinsform und die Heimlichtuerei, die Furcht vor Scham und Schande, zurückzuführen, unter denen ein solcher innerer Zärtlichkeitshunger dem eigenen Geschlecht gegenüber, aufgrund des sexuellen Unvermögens und der Verfolgung von Seiten der Herde, existieren muss. Während der Zärtlichkeitshunger in Form des männlichen und weiblichen Geschlechtsbegehrens sehr wohl unverhohlen vorkommen kann und etwas ist, worüber man sich außerhalb der kirchlichen Kreise nicht zu schämen braucht, verhält es sich ganz anders, wenn er sich so äußert, dass man sich besonders vom eigenen Geschlecht angezogen fühlt. Dann drohen Kreuzigung, Schande, Verachtung, Hohn und Spott, obwohl diese organische Sympathie oder Anziehung in ihrem höchsten Hervortreten oder in Reinkultur eine Liebe ist, die sich als ganz anders im Kontakt damit erweist „seinen Nächsten zu lieben wie sich selbst" als die gewöhnliche männliche und weibliche Geschlechtsliebe. Diese letztgenannte Liebe ist nämlich überhaupt keine Liebe, sondern eine Kulmination von Eigentumsbegehren. Die Nächstenliebe kann unmöglich als ein speziell männliches oder weibliches Begehren existieren. Die Befriedigung dieser zwei Begehren kann nie und nimmer Nächstenliebe sein, sondern ist im Gegenteil ein hundertprozentiges Zufriedenstellen des Eigentumsbegehrens, d.h. des Hungers danach, ein Wesen des anderen Geschlechts zu besitzen. Sie wird dadurch zu einer ewigen Quelle der Konkurrenz um das andere Geschlecht, die notwendigerweise Eifersucht und ein daraus folgendes Rivalisieren und ein Verfolgen von Wesen des eigenen Geschlechts verursachen muss. Eine übertriebene Sympathie für das andere Geschlecht, sowie eine übertriebene Antipathie gegen das eigene, kann ja unmöglich etwas anderes werden oder sein als die Quelle jeder mentalen Finsternis in der Welt. Diese sexuelle Einstellung oder Form, die sexuelle Begierde zu empfinden, ist ebenso ein absolut organisches Produkt wie das Sehen, Hören und alle anderen Sinneswahrnehmungen. Aber auf die gleiche Weise wird auch die sexuelle

Empfindung in Form von Hunger danach, Wesen des eigenen Geschlechts zu liebkosen, zu einem unerschütterlichen organischen Produkt, und man muss sich daran gewöhnen zu verstehen, dass dieses sich in der Welt, ja in jedem beliebigen Menschen entwickelt. Jede Verfolgung dieser rein organischen Entwicklung der Nächstenliebe ist eine Verfolgung des höchsten Fundaments des Christentums. Es ist eine Sabotage an der Erschaffung des „Menschen als Abbild Gottes", woran die Vorsehung arbeitet.

Weshalb die stark maskulin und feminin geprägten, einpoligen Wesen Hass gegen die Entwicklung der höheren sympathischen Anlagen im Menschen hegen

1742. Wir sehen also, dass dieser überdimensionale sexuelle Drang innerhalb der Menschheit große Konflikte und Verwirrungen in der erdenmenschlichen Psyche schafft und somit eine entsprechende Verwirrung in ihrer Moralauffassung. Gleichzeitig damit, dass man lehrt, dass das höchste Ideal oder die höchste Erfüllung des Gesetzes des Lebens dies ist, „Du sollst deinen Nächsten lieben wie dich selbst", und dies weit und breit von Tausenden autorisierten und nicht autorisierten Kanzeln in der ganzen Welt verkündet, hegt man eine übertriebene Antipathie oder einen Verfolgungs- und Verleumdungsdrang gegen neue Tendenzen und Kräfte in der menschlichen Mentalität, die geradezu die Äußerung einer Entwicklung in Richtung einer zunehmenden Erweiterung der menschlichen sympathischen Anlagen ist. Es ist verständlich, dass diese Antipathie gegen eine größere oder höhere Entwicklung der Sympathie zwischen Wesen, abgesehen von den üblichen zwei Geschlechtern, in großem Ausmaß in stark robusten und primitiven maskulinen und femininen Wesen zugegen ist. Wie sollten solche Wesen, in denen das tierische vom männlichen und weiblichen Geschlecht geförderte Sympathievermögen fast noch in Reinkultur vorkommt und deren sympathische Fähigkeit deshalb nicht über das Stadium der höchsten Selbstverherrlichung hinaus gelangt, eine solche Form von Sympathie anders verstehen oder auffassen können, als dass sie Leben zerrüttend und schädlich sei? – Und sie haben ja von ihrem Stadium oder ihrer Stufe aus gesehen, ihrer eigenen organischen Struktur gemäß, ganz recht. Diese Sympathie zerstört das rohe „maskuline" und „feminine" Prinzip, das Hass und Rivalität um das Eigentumsrecht über das andere Geschlecht hervorruft, welcher Kampf wiederum der Stamm ist, an dem alle anderen Kämpfe um Macht oder Eigentumsrecht die Zweige sind. Dieser von der Einpoligkeit erzeugte Geschlechtskampf oder diese Antipathie gegen Wesen des eigenen Geschlechts ist die Wurzel allen Übels auf der Welt.

Was die Wesen des einpoligen Sexualismus im erdenmenschlichen Schicksal bewirken

1743. Es ist also die Einpoligkeit der Wesen, d.h. der männliche und weibliche Geschlechtszustand in Reinkultur, die den Krieg der Völker untereinander wie auch Mann gegen Mann fördert. Was sollte die Tendenz solcher Wesen daran hindern, auf Kosten anderer zu leben? – Was könnte solche Wesen dazu bringen, sozusagen ausschließlich dafür zu leben, anderen zu dienen? – Was sollte diese Wesen dazu bringen, ein gegen sie verübtes vermeintliches Unrecht zu verzeihen? – Eine Empfindung oder ein Gefühl kann ja unmöglich Einfluss auf ihre Gedanken und somit auf ihren Willen haben, wenn sie in ihrem Bewusstsein oder Wahrnehmungsbereich noch keine ausreichend entwickelten Organe dazu haben, diese Empfindung hervorrufen zu können. Diese Wesen, denen die Nächstenliebe fast noch ganz fehlt, sind der Grund dazu, dass man im täglichen Leben Türen zuschließen und Wertsachen in dicken gepanzerten Stahltresoren verwahren muss. Es sind diese Wesen, die bedingen, dass die Staaten ein Polizei- und Rechtswesen mit dazugehörigen Gefängnissen und Zuchthäusern in Gang halten müssen, wie es auch diese Wesen sind, die eine ständige Kriegsbereitschaft oder ein Militärwesen notwendig machen. Diese Wesen machen den Hauptteil der sogenannten „Verbrecher" oder der „Unterwelt" der Gesellschaft aus. Solche Wesen können gewissenlos Tod und Verstümmelung, Kummer und Unglück über alle Mitwesen, kurzum, über alles Lebende bringen, wenn sie nur glauben, einen persönlichen Vorteil davon zu haben.

Was den Erdenmenschen vom Tier unterscheidet

1744. Was würde es nützen, solche Wesen dazu aufzufordern, auf Kosten ihrer selbst anderen Lebewesen zu dienen? – Müsste das nicht in großem Ausmaß dasselbe sein, wie unvernünftige Tiere zu ermahnen und ihnen etwas vorzupredigen? – Ist diese Seite im Bewusstsein oder der Gesinnung dieser Wesen nicht gerade mit dem Teil ihrer Psyche identisch, der noch genau demselben Instinkt folgt, auf dem das Leben der Tiere basiert? – Dieser Instinkt ist besonders daran zu erkennen, dass er seinen Träger dazu bringt, sein Leben kraft absoluter Selbstsucht mit rücksichtsloser Ausnutzung aller eventueller Reserven der brutalen Macht und Überlegenheit an Schlauheit und Tarnungsfähigkeit zu fördern. Das ist eine ganz normale Lebensweise für Wesen, die keine andere Möglichkeit haben, ihre Selbsterhaltung zu fördern, d.h. für alle sogenannten „Tiere". Diese Wesen haben in keinem Bereich ihrer Psyche oder ihres Bewusstseins Talente irgendwelcher anderer Art zum Fördern der Aufrechterhaltung ihres Lebens. Sie würden hilflos zugrunde gehen, wären sie verhindert, ihrem tierischen Instinkt oder Selbsterhaltungstrieb zu folgen. Ganz anders sieht die Sache aus, wenn es um die Wesensart geht, der wir selbst angehören und die wir als „Menschen" bezeichnen. Diese Wesen haben nicht nur den tierischen Instinkt in ihrer Psyche, sondern sie haben auch ein beginnendes Talent für eine ganz andere Förderung ihres Lebens und ihrer Selbsterhaltung. Dieses Talent ist ein beginnendes Sympathiegefühl gemischt mit den ersten zarten Formen von Intellektualität. Das Auftreten dieser Mischung von Sympathie und Intellektualität, Intelligenz oder Verstand unterscheidet den Erdenmenschen vom „Tier" und macht ihn zu einer beginnenden völlig neuen Wesensart. Dass diese Wesensart deshalb eine gewisse Entwicklungsepoche haben muss, in der ihr Leben teils vom „tierischen" Instinkt und den hierauf basierenden Talenten gefördert wird und teils von der beginnenden „menschlichen" Tendenz und den darauf beruhenden Talenten, dürfte wohl dem entwickelten, nüchternen Forscher eine selbstverständliche Tatsache sein.

Die Blüte oder die Kulmination der tierischen Psyche als unglückliches Schicksal im erdenmenschlichen täglichen Leben

1745. Wie wir aus dem Vorstehenden ersehen, ist der Erdenmensch ein Zwischending zwischen „Tier" und „Mensch", und das nicht nur psychisch, sondern auch physisch. Es ist ja ein längst bestätigter Sachverhalt, dass dieses Wesen, was die Fortpflanzung betrifft, ein „Säugetier" ist. Die „tierische" Seite seiner Psyche ist, da wo sie sich am meisten bemerkbar macht, eine Kulmination der Mentalität des „Raubtiers". Wenn die Individuen Raubmorde begehen und Völkergruppen in Form von Nationen oder Staaten unterlegene oder kleinere Staaten oder Volksgruppen unterjochen oder erobern, dann ist die Identität oder Psyche dieser Raubmörder und unterdrückenden Staatsgewalt unverkennbar mit der des Raubtiers identisch. Bei einer näheren Betrachtung dieser von Machtbegierde erzeugten Eroberungslust zeigt es sich, dass diese nur als eine natürliche Gesinnung in den Wesen kulminieren kann, die im allerhöchsten Grade „männlich" oder „weiblich" betont sind. Das Gleiche kommt auch in Anbetracht der Ausübung des Geschäftsprinzips besonders zur Geltung. Der brutalste und rücksichtsloseste Geschäftsmann, dessen Gesinnung ausschließlich davon beseelt ist, andere auszubeuten, zugunsten der unersättlichen Begierde, seinen eigenen unangemessenen Wohlstand zu schaffen, wird immer psychisch fast hundertprozentig „maskulin" oder „männlich" betont sein. Wenn eine Frau vom gleichen rücksichtslosen geschäftlichen Raubbau beseelt ist, zeigt dies, dass sie gleichweise fast hundertprozentig „feminin" oder „weiblich" betont ist. Die „menschlichen" Fähigkeiten eines solchen Wesens sind sehr beschränkt. Es ist in allen höheren Geistesfähigkeiten unterlegen, ja, ist hier fast als Analphabet zu betrachten. Es ist beinahe jeglichen künstlerischen Talents entblößt und deshalb auf allen höheren „menschlichen" Gebieten oder in allen Interessesphären wie Bildkunst, Musik und Literatur unbegabt. Sein höchstes Interesse und seine Begabung gehen nur darauf aus, die glühende materielle Begierde oder den Bereicherungsdrang zu befriedigen. Ein solches Wesen ist in allem unerhört begabt, was sich auf Methoden bezieht, mittels welcher man mit Hilfe von Geld Geld zum Hecken bringt. Ja hier ist es ein Genie. Es ist die gleiche rücksichtslose Habgier, die ihrerseits den Machthunger verursacht. Das Besitzstreben wird am besten mit Hilfe überlegener Macht zufriedengestellt. Wir sehen diese Wesen deshalb auch von einer rücksichtslosen Politik beseelt, die in Wirklichkeit ausschließlich dem Zweck dient, ihrem Ausüber eine hundertprozentig diktatorische Autorität über alles und jeden zu schenken. Nichts weniger kann diese tierische Begierde, diesen materiellen Heißhunger befriedigen, der ebenso unkultiviert und rücksichtslos ist wie der Appetit des Raubtiers auf sein erlegtes Opfer. Hier sollten andere Tiere es am besten nicht versuchen, einen Bissen abzubekommen, auch wenn die erlegte Beute mehrfach das Quantum ausmacht, das zur Sättigung des Initiators nötig ist. Ja, sehen wir nicht, dass sogar ein zahmer Hund seinen Herrn angreifen kann, wenn dieser ihm gerade dann zu nahe kommt, wenn er dabei ist, einen besonders begehrenswerten Leckerbissen zu verschlingen? – Es ist längst zur unabweisbaren Tatsache geworden, dass es diese Gesinnung ist, die eine humane Regierungsform mit entsprechendem Polizei- und Rechtswesen, Zuchthäusern, Gefängnissen und Strafanstalten zu einer unerschütterlichen Lebensbedingung für die Aufrechterhaltung jeder wahren Kultur macht. Dass es Wesen oder Individuen mit der gleichen „tierischen" Psyche sind, die auch eine Wehrmacht mit all ihrer kostspieligen Mordmaschinerie und Freiheitsberaubung in Form von „Wehrpflicht" für einen so und so großen Prozentsatz der gesündesten und kräftigsten Jugend des Staates notwendig macht, dürfte wohl auch für jeden normal begabten Menschen eine Tatsache sein? – Dass dieses ganze, also auf „tierischem" Bewusstsein gegründete, notwendigerweise aufrechterhaltene Staatssystem bis zu einem gewissen Grade eine für die übrige Gesellschaft außerordentlich bedeutende Freiheitsberaubung in Form einer enormen Steuerlast ist, dürfte wohl auch als ein unerschütterlicher allgemeiner Sachverhalt vorausgesetzt werden?

Die tierische Psyche wird vom Erdenmenschen in demselben Ausmaß gefördert, wie dieser sexuell einpolig, d.h. ein „Mann" oder eine „Frau" in Reinkultur, ist

1746. Wie wir sehen, ist der enorm unglückliche mentale und physische Leidenszustand, der in großem Ausmaß die Menschheit beherrscht, ein Resultat der noch immer blühenden „tierischen" Natur im Erdenmenschen. Hier ist zu beachten, dass die Individuen, in denen die „tierische" Natur am meisten blüht oder floriert, jedes einzelne, sozusagen das sind, was man einen „Mann" oder eine „Frau" in Reinkultur nennt, oder mit anderen Worten, „Männer" sind, in denen der maskuline Pol alles dominiert, und „Frauen", in denen der feminine Pol in gleicher Weise alles beherrscht. Diese „Männer" sind folglich die ganz besonders speziellen „männlichen Wesen" und diese „Frauen" die ganz besonders speziellen „weiblichen Wesen", die es innerhalb der Erdenmenschheit gibt. Deshalb sehen wir auch diese Wesen, aufgrund ihrer „tierischen" Unersättlichkeit, mit einer Tendenz zum Neid und zur rasenden Eifersucht in Erscheinung treten. Diese Wesen unter den Erdenmenschen empfinden im größten Ausmaß das Eigentumsrecht am Ehegatten oder an der Gattin. Und wehe dem, der das Objekt dieses Besitzrechts anrührt, und sei es nur mit einem kleinen Lächeln oder einem Blick. Er wird bald merken, dass diese Wesen eifersüchtig und hasserfüllt alle Mitwesen des eigenen Geschlechts bewachen, damit diese in keinerlei Weise dazu kommen, den Wesen des anderen Geschlechts konkurrierende Freundlichkeit oder Dienste zu erweisen. In absolut keiner Bewusstseinsschicht und auf keiner Stufe der erdenmenschlichen Mentalität oder Psyche gibt es so viel explosiven Gedankenstoff oder flammende unkontrollierte Schwereenergie wie gerade in diesen „Männern" und „Frauen", die der Reinkultur des „männlichen" und „weiblichen" Geschlechtszustands am nächsten stehen. Es sind die Individuen aus dieser Bewusstseinsschicht, die kraft ihrer Fähigkeit, andere Wesen rücksichtslos zu überwinden und niederzutreten und sich aufgrund dieser Fähigkeit zu Herren und Diktatoren über alles und jeden zu machen, mitunter in Filmen, Romanen und Schauspielen bewundert und gepriesen und als Helden und „wahre Männer" bezeichnet werden. Und dieser Ausdruck trifft in Wirklichkeit besser zu, als die meisten es sich vorstellen, da so ein Wesen ja in größtem Ausmaß das Stadium des „wahren männlichen Wesens" repräsentiert. Dass das entsprechende „wahre Weib" ein Wesen sein muss, das im allerhöchsten Grad das Niedertrampeln und Versklaven von anderen

Menschen seitens des „wahren Mannes" bewundert und dies als Heldentat betrachtet, ja, dieses Wesen geradezu nicht bewundern kann, ohne dass es sich eben eine auf Abwertung und Unterdrückung anderer Menschen basierte Heldenglorie beschafft hat, ist selbstverständlich. Aber um eine solche Psyche bewundern zu können, muss es also ein gleichermaßen spezielles „weibliches" Wesen sein, wie der Held ein spezielles „männliches" Wesen ist. Sie muss, genau wie er, das eigene Geschlecht nicht ausstehen können. Sie muss die gleiche Machtgier und denselben Besitzerdrang haben wie er, denn sonst könnte sie seine Manifestationen nicht als „Heldentaten" bewundern. Man bewundert an anderen nicht das, was man selbst zum Überdruss satt hat. Das „richtige Weib" kann infolgedessen nur eine Frau sein, die im allerhöchsten Grad den oben beschriebenen „richtigen Mann" bewundert.

Wesen, deren Psyche nicht diejenige des „richtigen Mannes" oder der „richtigen Frau" ist

1747. Wir haben also hier einen kleinen Einblick in die Psyche des „richtigen Mannes" und der „richtigen Frau" gewonnen. Es ist im allerhöchsten Grad notwendig, dass wir diese Einsicht in unserem Bewusstsein festhalten, denn ohne diese Einsicht in die Reinkultur des sexuellen Polzustands des „Mannes" und der „Frau" können wir das erdenmenschliche Leben nicht gerecht beurteilen. Ja zeigen nicht die Religion und die Wissenschaft der Öffentlichkeit bereits eine bedeutende Verwirrung, was die sexuelle Struktur des Erdenmenschen betrifft? – Herrscht hier nicht in außerordentlich großem Ausmaß eine ungerechte Beurteilung? – Gibt es heute nicht nur allzu viele Erdenmenschen, die keine „richtigen Männer" und keine „richtigen Frauen", d.h. keine „richtig männliche Wesen" bzw. „richtig weibliche Wesen" sind? – Gibt es nicht eine außerordentlich große Anzahl von Menschen, die sich nicht daran beteiligen wollen, andere Menschen zu unterdrücken und zu versklaven? – Ja, die absolut nicht Herren über ihre Mitwesen sein möchten? Diese Menschen haben überhaupt keine Eroberungslust. Ihre ganze Psyche ist wider den ganzen „tierischen" Appetit auf Macht und Reichtum, ist wider die Lust, auf Kosten anderer und von der Arbeit und dem Wohl anderer zu leben. Sie möchten alle Formen von Gewalt, Brutalität und Mord abschaffen. Sie wünschen das gleiche Recht für alle Wesen. Sie wollen die Schwachen in der Gesellschaft davor schützen, dass diese der rücksichtslosen, egoistischen Unterdrückung und Ausnutzung von Seiten der Stärkeren preisgegeben werden. Diese Wesen empfinden eine starke Abneigung dagegen, Soldaten zu sein, und dagegen, Unterricht geben zu müssen und selbst darin unterrichtet zu werden, andere Wesen zu ermorden und den Besitz anderer zu zerstören. Ist nicht die gesamte Menschheit in Wirklichkeit von einer einzigen Sehnsucht nach dem „dauerhaften Frieden" durchdrungen, d.h. nach einem Dasein, in dem Harmonie herrscht, was wiederum dasselbe ist wie Sympathie und Freude unter allen und für alle? – Kann ein wahrer oder absoluter Frieden etwas anderes sein? – Ein Frieden, der nicht Sympathie für alles und jeden ist und Freude an allem und jedem, ist überhaupt kein Frieden. Er ist und kann nur mehr oder weniger ein Unruheherd sein. Wenn die Menschen also anfangen, sich der Humanität oder der Unterminierung von all den Kräften zu verschwören, die in besonderem Ausmaß die spezielle Psyche oder Heldenmentalität des „richtigen Mannes" und der „richtigen Frau" ausmachten, dann können sie ja selber weder „richtige Männer" noch „richtige Frauen" in einer solchen Reinkultur sein wie die erstgenannten, die nichts von Humanität oder Selbstlosigkeit wissen.

Weshalb der „Mann" oder die „Frau" in Reinkultur keine Kultur und keinen wirklichen Frieden in der Welt schaffen kann

1748. Sind diese humanistisch eingestellten Wesen dann abnorm? – Sind das Wesen, die auf Abwege geraten sind? – Sollten sie nicht eher „richtige Männer" und „richtige Frauen" statt „Humanisten" sein? – Ja, ist hier nicht ein großes Problem entstanden? – Wer kann diese Frage objektiv beantworten? – Es ist nicht zu leugnen, dass die Erdenmenschheit eine Psyche repräsentiert, die an zwei große Außenpole, nämlich die Inhumanität und die Humanität, grenzt. Und es ist dem entwickelten und ehrlichen Forscher ebenso offenbar, dass die Inhumanität die unterste und die Humanität die oberste Stufe des

Abschnitts jener Entwicklungsleiter ausmachen, die die Erdenmenschheit darstellt. Jede Energieauslösung oder Entwicklung hat also am Ende die Humanität zur Folge, d.h. wiederum, dass der erdenmenschliche Hunger nach Frieden gesättigt und der Wunsch, den Krieg abzuschaffen, der Wunsch nach geordneten Gesellschaftsverhältnissen erfüllt wird, damit die Kulturschöpfung und somit ein Aufblühen der Kunst, der Intellektualität oder des Geistes ungehemmt stattfinden kann. Die Entwicklung geht also absolut nicht in die Richtung, den Erdenmenschen zu einem „richtigen Mann" oder zu einer „richtigen Frau" zu machen. Diese Lebensform, die in Wirklichkeit ein Ideal der Wikinger ist, wird also allmählich zu einem immer mehr überholten Stadium der erdenmenschlichen Entwicklung. Da die Psyche der Erdenmenschen schon das Stadium des ursprünglichen, außerordentlich „männlichen" und „weiblichen" Geschlechtszustands in Reinkultur passiert hat, wird es also hier zur Tatsache, dass dieser Geschlechtszustand keinen Frieden schaffen und deshalb auch nicht das Zukunftsziel der Entwicklung sein kann. Die „maskuline" und „feminine" Natur gab es niemals in einer solchen Reinkultur wie bei den „Tieren". Innerhalb dieser Zone, die ja bis ganz in die erdenmenschliche Psyche hinein grenzt, haben die besonderen Manifestationen dieser Natur – wie die Fähigkeit zu hassen, zu rächen, zu verfolgen und zu ermorden, die Fähigkeit, Kultur abzubauen und zu zerstören, die Fähigkeit, Krieg zu führen, die Fähigkeit, andere Wesen zu unterdrücken und auf Kosten dieser Wesen zu leben – die größte und genialste Entfaltungsmöglichkeit. Keinerlei andere Fähigkeiten haben beim gewöhnlichen Erdenmenschen einen solchen Entfaltungszustand erreicht wie gerade diese, nämlich die Fähigkeiten des tötenden Prinzips. Diese Fähigkeiten kulminieren sogar bei jenen erdenmenschlichen Wesen, die noch als stark „maskulin" oder „feminin" in Erscheinung treten, d.h. also bei den besonders stark „einpolig" geprägten Wesen, den „richtigen Männern" und den „richtigen Frauen". Sie sind also zweifelsfrei die Helden des tötenden Prinzips. Sie haben keine Skrupel, andere zu ermorden, zu foltern und zu versklaven. Sie leben sehr gern auf großem Fuß vom Eroberten, von Diebesbeute, von geraubtem Gut, das als „Kriegsentschädigung" oder Ähnliches getarnt wird. Sie sehen mit großer Genugtuung, dass der „Feind" in

Armut und Elend gehalten wird, wenn sie ihn nicht gar ermorden möchten. Dass diese Analysen hier erörtert werden, geschieht natürlich nicht, um diese Wesen zu kritisieren. Wir möchten nur dem Mysterium des höchsten Feuers und den von diesem Feuer erzeugten verschiedenen Stadien der Entwicklung der sympathischen Anlagen der Wesen und den damit verbundenen, entsprechend unterschiedlichen Formen von Mentalität oder Psyche auf den Grund gehen. Wir müssen uns deshalb die bestimmten Äußerungen der erdenmenschlichen Sexualität oder deren Einwirkungen auf den Gedanken und die Willensführung nüchtern und unparteiisch ansehen. Unsere Analyse wurde hier also zum Ausdruck für den Sachverhalt, dass der „männliche" oder „weibliche" Geschlechtszustand oder dieser sexuell „einpolige" Zustand der Wesen, außer die Fortpflanzung der Art oder die Befruchtung und die hiermit verbundenen Augenblicke der Liebe zu fördern, unmöglich etwas anderes als Finsternis oder eine geniale Förderung der Manifestationen des Hasses oder des tötenden Prinzips verursachen konnte. Hier wird man mit übereiltem Pflichteifer die „einpolige" oder sogenannte „normale Sexualität" verteidigen wollen und anführen, dass die Erdenmenschen, die eben als „Männer" und „Frauen" hervortreten, große Kulturwerte in vielen unterschiedlichen Richtungen wie Kunst, Musik, Literatur, Wissenschaft, Moral usw. erschaffen haben, und das ist schon richtig, aber der besondere Ursprung und die Leitsterne bei der Schöpfung dieser Kulturwerte waren absolut nicht die vorher beschriebenen „richtigen Männer" oder „richtigen Frauen". Es waren nicht die besonders ausgesprochen „männlichen" und „weiblichen" Geschlechtswesen, die Geniales auf dem Gebiet der Kunst oder der höheren Intellektualität zu Stande gebracht haben. Aus dieser wahren Domäne des „einpoligen" Wesens innerhalb der Erdenmenschheit haben wir nur die großen Heerführer, Eroberer, Krieger und rücksichtslosen Diktatoren, die Unterdrücker der Völker und sogenannten „Gangster" kommen sehen. Es ist richtig, dass die bedeutenden Kulturexperten oder die Personen der intellektuellen Genies als „Männer" und „Frauen" in Erscheinung traten, aber dies beweist ja nicht, dass diese Wesen ausgeprägt „maskulin" oder „feminin" waren. Ihre besonders hohe, kulturelle Manifestation zeigt ja, dass sie vom robusten „maskulinen" und „femininen" oder „einpoligen"

Wesen abweichen, das in Wirklichkeit außer zugunsten der Selbstsucht oder des Egoismus nichts unternehmen kann. Die großen Selbstverehrer und inhumanen Unterdrücker sind nicht die bedeutendsten Kulturschöpfer der Menschheit. Wesen, die geniale Sklavenjäger sind und sich des Terrors bis ganz zum Sadismus bedienen, können unter keinen Umständen Friedens- oder Kulturstifter sein. Überall, wo diese Wesen an die Macht kommen oder etwas zu sagen haben, entsteht Heulen und Zähneknirschen. Hier fließt Blut in einer Atmosphäre von Freiheitsberaubung, Tränen und Niedertreten. So sieht der Erdenmensch in seinem offensichtlichsten oder kulminierenden „einpoligen" Zustand aus. So sehen der „Mann" und die „Frau" da aus, wo sie als hundertprozentig „männliches" bzw. „weibliches" Geschlechtswesen auftreten. Sollte man nicht glauben, dass es nun für den intellektuellen Erdenmensch von heute an der Zeit wäre, den Blick auf die sexuelle Struktur oder jenen Zweig des höchsten Feuers gerichtet zu bekommen, der im Verborgenen hinter dem irdischen „Mann" und der irdischen „Frau" steckt?

Weshalb die großen Humanisten und Kulturschöpfer keine einpoligen Wesen oder „Männer" und „Frauen" in Reinkultur sein können

1749. Es liegt auf der Hand, dass man im Allgemeinen den „Mann" und die „Frau" nicht so, wie oben beschrieben, betrachtet. Man sieht, dass sowohl „Männer" als auch „Frauen" bedeutende Kulturexperten und große Humanisten mit hervorragendem intellektuellem Wissen und Können waren. Ja sieht man nicht überall „Männer" und „Frauen" sowohl an der Spitze der kulturellen Schöpfungen oder Manifestationen als auch an der Spitze des berührten diktatorischen Unterdrückungsprinzips und dessen Blutvergießens und Terrors? Ja, das ist schon ganz richtig, es sieht so aus. Die „Männer" und „Frauen", die die kulturellen Schöpfungen und Manifestationen fördern, treten zwar auch in einer äußeren Form hervor, die als „männlich" und „weiblich" bezeichnet werden muss, aber sie müssen als „Männer" und „Frauen" einer anderen Art betrachtet werden. Sie haben nicht die gleiche Psyche wie der „Mann" und die „Frau" in Reinkultur. Sie machen infolgedessen alle, jeder für sich, von der Reinkultur des

„Mannes" und der „Frau" mehr oder weniger abweichende Wesen aus. Wenn sie aber von der Reinkultur des „Mannes" und der „Frau" abweichen, bedeutet das also, dass sie in entsprechendem Maße davon abweichen, ein „männliches" oder „weibliches" Wesen in Reinkultur zu sein. Sie haben sich als Wesen erwiesen, die ein größeres oder geringeres Maß an Sympathie oder Liebesempfindung gehabt haben, außer der rein ehelichen. Ja, diese neue Sympathiefähigkeit ist, was die am meisten fortgeschrittenen Wesen betrifft, sogar von einer solchen alles überschattenden Natur gewesen, dass sie die Ehesympathie aus der Psyche völlig beseitigt hat. Dadurch mussten sämtliche selbstsüchtigen oder egoistischen Sympathien in entsprechendem Grad aus ihrem Bewusstsein und ihrer Willensführung zugunsten dieser neuen sympathischen Anlage weichen. Das Objekt dieser Sympathiefähigkeit sind ganz einfach alle anderen Lebewesen. Die gleiche Fähigkeit kulminiert im Verhalten allen menschlichen Wesen gegenüber und ist in dieser höchsten Erscheinung vom Geschlecht unabhängig. Das größte Lebensglück in Reinkultur solcher Wesen kann deshalb unmöglich etwas anderes als dies sein, das Licht und das Glück für alle anderen Wesen zu fördern. Da, wo diese neue Sympathiefähigkeit kulminiert, kann das Wesen keine selbstsüchtigen oder „tierischen" und somit lieblosen Manifestationen fördern, ohne Gewissensbisse zu empfinden. Da Gewissensbisse das Gegenteil vom Glücklichsein sind, wird es also zur Tatsache, dass diese Wesen das Glück ausschließlich darin finden können, anderen zu dienen. Deshalb können diese Wesen ihr eigenes Geschlecht lieben, Jonathan konnte David lieben und Jesus den Johannes. Nicht die Ehe oder das Eigentumsrecht an einem anderen Wesen wird hier begehrt, selbst wenn Tendenzen in dieser Richtung in den niederen Anfangsstadien dieses neuen mentalen Zustands in gewissem Grad vorzufinden sind und dazu beitragen, die Auffassung vom neuen Geschlecht in den Augen der Außenstehenden zu verdrehen. Wenn man die Anwesenheit dieser hier geschilderten neuen sympathischen Veranlagung in Reinkultur im hoch entwickelten Menschen erkennt, dann versteht man Jesus besser, als er sich auf die Nächstenliebe in der Form des großartigen Gebots berief: „Du sollst deinen Nächsten lieben, wie dich selbst", und dass er in gleicher Weise seine Auffassung von sich selber mit den Worten ausdrücken musste: „Denn auch der Menschensohn ist nicht gekommen, um sich dienen zu lassen, sondern um zu dienen und sein Leben hinzugeben als Lösegeld für viele". Es ist auch einleuchtend, warum die größten Weisen oder die am höchsten entwickelten, kosmisch bewussten Wesen der Menschheit nicht in Ehen gebundene, sondern freie souveräne Wesen sind.

Die Kulmination der neuen Psyche im Mann und in der Frau wird in der Bibel durch die Heimkehr des „verlorenen Sohns" und als die Saat symbolisiert, durch die der Kopf der Schlange zertreten wird und alle Geschlechter der Erde gesegnet werden; die Verwandlung des Wesens, mit dem „Weg, der Wahrheit und dem Leben" eins zu sein

1750. Die neuen sympathischen Anlagen, die im Wesen zur Reinkultur entwickelt sind und die den hiermit verbundenen kosmischen Klarblick hervorrufen, beseitigen das ganze rein eheliche Talent aus dem Bewusstsein dieses Wesens. Ein solches Wesen ist in Wirklichkeit mit nichts weniger als der ganzen Menschheit „verheiratet". Das bedeutet wiederum, dass es so sympathisch mit allen Mitmenschen und übrigen Lebewesen verbunden ist, dass es Gewissensbisse bekäme, wenn es einige Wesen auf Kosten anderer favorisieren oder lieben würde. Die Lebewesen der ganzen Welt mit den Menschen an der Spitze, mit dem gemeinsamen Begriff der „Nächste" bezeichnet, sind das neue Liebesobjekt dieser Wesen. Dieses Objekt wird wiederum von den am meisten Fortgeschrittenen als eine gesamte Lebensäußerung oder eine Bekanntgabe des unsichtbaren Ichs eines allmächtigen Lebewesens wahrgenommen. Dieses Ich in Verbindung mit dieser Lebensäußerung wird wiederum zur allerhöchsten Wahrnehmung vom Urheber des Alls, dem allmächtigen Gott, dem ewigen Vater, an den man sich in allen Situationen mit seinem lebendigen, tagesbewussten Erleben wendet und den man mit Hilfe des Ausdrucks: „der du bist im Himmel" anspricht und anfleht. Diese gottessohnliche Entwicklung des Lebewesens wird im Gleichnis vom „verlorenen Sohn" beschrieben. Seine Heimkehr zum Vater ist dasselbe wie das Erleben des Individuums von „kosmischem

Bewusstsein" und dem hieraus folgenden wachen tagesbewussten Erleben der Gottheit und die Vereinigung mit ihr. Dieselbe gottessohnliche Entwicklung ist mit dem Sieg beschrieben, den die „Saat des Weibes" der Bibel nach damit erobern sollte, „den Kopf der Schlange zu zertreten", d.h. die „tierische" oder selbstsüchtige und somit nächstenfeindliche Natur im eigenen Wesen zu vernichten. Diese Vernichtung des „Kopfes der Schlange" oder des „tierischen" Prinzips sind die „Samen" des milden Abrahams, „in welchem alle Geschlechter der Erde gesegnet werden sollen". Das „Zertreten des Kopfes der Schlange" ist also kein brutaler Gewaltakt oder Krieg, sondern ein Prozess des Friedens, der auf den Worten der Nächstenliebe basiert, die Abraham zu Lot sprach: „Zwischen mir und dir, zwischen meinen und deinen Hirten soll es keinen Streit geben; wir sind doch Brüder. Liegt nicht das ganze Land vor dir? Trenn dich also von mir! Wenn du nach links willst, gehe ich nach rechts, wenn du nach rechts willst, gehe ich nach links". Es ist das Vollbringen dieses Prozesses, dieses mit Liebe den „Kopf der Schlange zu zertreten", das den großen Aufruf und den Willen der Gottheit erfüllt: „Lasst uns Menschen machen als unser Abbild, uns ähnlich". Gibt es ein Wesen, das noch mehr ein „Abbild Gottes" ist oder noch mehr sein kann als der Mensch, der von allen selbstsüchtigen und gegen andere Lebewesen feindlich und tödlich eingestellten Naturen befreit ist? – Leuchtet ein solches Wesen nicht nach allen Seiten? – Ist nicht ein solches Wesen „eins mit dem Vater" und „der Weg, die Wahrheit und das Leben"? –

Hinter der „männlichen" und „weiblichen" Körperform oder dem Organismus ist eine neue Psyche, mit einer weitaus höheren Erlebensform als der tierischen, in der Entwicklung begriffen

1751. Wie wir gesehen haben, ist innerhalb der Reihen der „Männer" und der „Frauen" allmählich eine ganz andere Psyche entstanden als die, die in Wirklichkeit „männlich" und „weiblich" oder „maskulin" und „feminin" in Reinkultur ist. Wo diese neue Psyche am weitesten gekommen ist und den Erdenmenschen ganz und gar beherrscht, hat dieser nichts anderes als das rein äußere physische, körperliche Prinzip mit dem robusten „Mann" oder

der „Frau" in Reinkultur gemeinsam. Aufgrund ihrer äußeren „femininen" und „maskulinen" Geschlechtsorgane, die von denen des „Mannes" und der „Frau" in Reinkultur noch nicht wesentlich abweichen, werden die Wesen von der Gesellschaft als „Männer" bzw. als „Frauen" aufgefasst und registriert, ganz unabhängig vom inneren psychischen Zustand dieser Wesen. Und so müssen diese Wesen ja vorläufig beurteilt werden, obwohl sie in ihrem inneren psychischen Bereich einen ganz anderen Wesenszustand darstellen. Da es hier auf der Erde noch keine Spezialkörper für den psychischen Zustand dieser Wesen gibt – so weit ist die Entwicklung der neuen sympathischen Anlagen noch nicht gekommen, selbst wenn es schon beginnende Konturen eines neuen Organismus gibt –, muss man sich im allerhöchsten Grade darauf einstellen, dass der erdenmenschliche „männliche" und „weibliche" Organismus nicht mehr von „Männern" und „Frauen" in Reinkultur getragen wird, sondern von Wesen, die in der Umwandlung zu einer weitaus höheren Daseinsform begriffen sind.

Die sexuelle Struktur der Wesen und deren hieran gebundenes Auftreten als männliches oder weibliches Geschlecht in Reinkultur ist nichts, was man will oder nicht will, sondern etwas, das man ist

1752. Man hat schon längst begonnen, die von der rein „männlich" und „weiblich" betonten Psyche abweichenden Personen zu bemerken, war aber natürlich nur dazu imstande, sie als „abnorm" aufzufassen, was ja recht einleuchtend ist. Außenstehende oder Wesen, die in diesem Umwandlungsprozess noch nicht so weit fortgeschritten sind, können ja unmöglich eine andere Auffassung haben, da ihnen die wahre kosmische oder hochintellektuelle Einsicht in den kosmischen Lebensplan selbst völlig fehlt. Sie können ja unmöglich etwas mit einem Wissen oder einer Kenntnis als Ausgangspunkt beurteilen, was sie nicht haben. Man hat es deshalb versucht, diese von der „tierischen Männlichkeit" und „Weiblichkeit" abweichenden Wesen mit Strafe und Verboten zu „heilen", da man in blinder Naivität glaubte, dass dieser Zustand der Wesen nur ein Akt des Willens sei. Man hat nicht verstanden, dass es ebenso töricht wäre, einen „Mann" zu strafen, weil er ein „Mann" ist, und eine „Frau", weil sie eine „Frau" ist, wie es natürlich auch genauso töricht ist, ein Wesen zu bestrafen, weil es mit einem anderen Geschlechtszustand hervortritt. Und ebenso töricht wäre es natürlich auch, solche Wesen zu verleumden, zu verhöhnen und zu verspotten. Ein Geschlechtszustand ist kein oberflächlicher Willensakt wie z. B. die Augen zu öffnen oder zu schließen oder aufzustehen oder sich hinzusetzen, zu laufen oder zu gehen. Die sexuelle Einstellung ist nicht irgendeine Partei, deren Mitglied man sein kann oder nicht, je nachdem, ob man es will oder nicht. Die sexuelle Natur ist nicht etwas, was man will, sie ist etwas, was man ist. Eine „Frau" ist eine „Frau" und ein „Mann" ist ein „Mann", ob man es nun will oder nicht. Ebenso ist ein Mensch primitiv oder hoch entwickelt, er mag es wollen oder nicht. Weshalb sollte es eine Ausnahme geben, was die Entwicklung der sympathischen Anlagen betrifft? – Hier gehört man selbstverständlich diesem oder jenem Grad von Entwicklung an, ob man es will oder nicht – glücklicherweise, denn wenn es nur auf den menschlichen Willen ankäme, gäbe es niemanden, der sich entwickelte, vor allem nicht in einem so durchgreifenden und tiefen Bewusstseinsfaktor wie dem sexuellen. Wer würde sich rein vernunftgemäß, freiwillig in eine Sphäre begeben, in der man als abnormes oder unnatürliches Wesen, als Paria betrachtet werden müsste und der Geringschätzung, dem Hohn und Spott, der Verleumdung, Verfolgung und Folter von Seiten der „tierischen" oder „maskulinen" und „femininen" Wesen ausgesetzt wäre. Dies ist ja schon immer das Los derjenigen Wesen gewesen, die der Herde voraus sind; nicht nur sexuell, sondern auch auf allen anderen Gebieten der Entwicklung der menschlichen Psyche und der damit verbundenen Verwandlung des Wesens vom „Tier" zum „Menschen".

Der wahre psychische Unterschied zwischen „Tier" und „Mensch"

1753. Bei diesem Durchnehmen der lebendigen Erfahrungen oder unerschütterlichen Tatsachen die menschlichen Psyche betreffend sind wir Zeuge dessen geworden, dass die betreffenden Wesen einem psychischen Verwandlungsprozess unterliegen und dass dieser Verwandlungsprozess dem zugrunde liegt, dass sie in stark zunehmendem Ausmaß anfangen, eine Wesensart zu werden, die vom Zustand des „Tieres" abweicht. Wir haben gesehen, dass die deutlichsten Zeichen oder Symptome dieser neuen Wesensart oder dieses psychischen Zustands in den sympathischen Anlagen des Wesens zu finden waren. Wir sahen, dass die kältesten, die brutalsten, die tötendsten und egoistischsten Bewusstseinstendenzen festen Fuß in den Wesen gefasst hatten, deren sexuelles Leben im größten Ausmaß „maskulin" und „feminin" geprägt war, d.h. also bei den Wesen, die gewissermaßen noch „Männer" und „Frauen" in Reinkultur waren. Aus dieser robusten und noch „tierisch" betonten oder – ganz von der Paarungssympathie abgesehen – wesensfeindlichen Einstellung zum Leben sahen wir, wie ein höheres Sympathievermögen sich zu entwickeln begann, das sich als versöhnlichere oder humanere Einstellung zwischen Wesen des gleichen Geschlechts auswirkte. Und da die größte Feindschaft zwischen den Wesen hier ihre Brutstätte oder sprudelnde Quellader hat, wurde es zur Tatsache, dass die neue psychische Entwicklung eben in die Richtung geht, diese Brutstätte oder dieses Zentrum der Nächstenfeindschaft – die Wurzel allen Übels in der Welt – in eine Brutstätte oder Quellader der Kulmination von Sympathie oder Liebe zwischen allen und zu allen zu verwandeln.

Wie sollte jedoch das „Tier" in Wirklichkeit in den „Menschen" verwandelt werden können, wenn nicht mittels der Verwandlung der sympathischen Anlagen? – Der Unterschied zwischen „Tier" und „Mensch" kann ja ausschließlich an den sympathischen Anlagen liegen. Überall, wo die tierischen Anlagen dominieren, d.h. im egoistischen oder selbstsüchtigen Bereich im Menschen, gibt es keinen Unterschied zwischen „Tier" und „Mensch". Das bedeutet also wiederum, dass der „Mensch" auf diesem Gebiet immer noch ein „Tier" ist. Nur da, wo es im Menschen Anlagen gibt, die sich als ein höheres Sympathiegefühl äußern – also als ein Empfinden von Liebe, das sich über das zur reinen Fortpflanzung Gehörende hinaus erstreckt und somit über den Ehepartner selbst und die Nachkommen, ja sogar bis über die Liebe des Individuums zu sich selbst, also sogar bis über den Selbsterhaltungstrieb, und was bedingt, dass man in bestimmten Situationen nicht davor zurückweicht, sein Leben zu opfern, wenn man andere damit aus einer drohenden Lebensgefahr retten kann – liegt der absolute Unterschied zwischen „Tier" und „Mensch". Auf einem solchen Gebiet repräsentiert der „Mensch" etwas, was das „Tier" durchaus nicht hat außer auf den Gebieten, die sich auf sein eigenes Glück beziehen, wie z. B. den Ehegatten und die Nachkommen. Hier ist das Tier dazu bereit, sein Leben im Kampf zu wagen. Über diese Art von Situationen hinaus ist es nicht die Natur des Tieres, das Leben für andere Wesen zu riskieren. Es ist richtig, dass zahme Tiere eine gewisse Form von Liebe zu ihrem Herrchen aufweisen können und dass ein zahmer Hund gern das Leben riskiert, um etwas zu retten, was sich auf die Menschen bezieht, die er gern hat, aber diese Liebe ist kein allgemein gültiger normaler Zustand beim Raubtier und kommt keineswegs da vor, wo dieses sich im freien und ursprünglichen, wilden Zustand im Dschungel befindet. Diese Sympathie des Tieres ist nur auf jahrelange Einmischung von menschlichem Sympathiestoff in seine Aura zurückzuführen. Dieser psychische Materiestoff hat sich nicht mit Hilfe der eigenen sympathischen Anlagen des Tieres entwickelt. Diese Sympathie ist ihm fertig vom Menschen übertragen worden. Eine solche Übertragung von Sympathiestoff geschieht, wenn man ein Tier „verhätschelt". Die Übertragung von menschlichem Aurastoff auf die Aura des Tieres kann so überwältigend und dominierend werden, dass die ursprünglichen und natürlichen Eigenschaften des Tieres fast außer Funktion gesetzt werden. Solch ein Tier könnte überhaupt nicht, oder nur sehr schwer, durchkommen, wenn es sich plötzlich selber überlassen wäre und Nahrung und Lebensmöglichkeiten herbeischaffen müsste. Die Anwesenheit dieses menschlichen Sympathiezustands im Tier wird u. a. dadurch zur Tatsache, dass das Tier, um in diesen Zustand kommen zu können, mit Wesen zusammen sein muss, in denen diese sympathische Aura oder Liebe schon existiert, also mit Menschen. Und da der Mensch das einzige Wesen ist, in dem diese Aura existiert, könnte diese niemals ohne das Beisammensein des Tieres mit dem Menschen im Tier entstehen. Die Sympathie, die unter den Wesen des eigenen Geschlechts der wilden Tierarten des Waldes unabhängig von Menschen entstehen kann, ist nur eine gewisse, aufgrund gemeinsamer Lebensgefahr aufrechterhaltene Toleranz – z. B. bei einem Waldbrand, einer

Überschwemmung oder einer anderen Naturkatastrophe –, die plötzlich verschwunden wäre, wenn die gemeinsame Lebensgefahr überstanden ist. Eine solche Toleranz hat nichts mit Liebe zu tun. Sie ist nur die Folge einer vorübergehenden, lebenswichtigen Notwendigkeit, eine Erweiterung des Herdenbewusstseins des Tieres, eine Art Verteidigungsmittel analog zu anderen vom Selbsterhaltungsinstinkt erzeugten Verteidigungsmitteln.

Die ersten Äußerungen der sympathischen Anlagen oder jener humanen Psyche, die den „Menschen" vom „Tier" unterscheidet

1754. Die Sympathie, die den „Menschen" vom „Tier" unterscheidet, ist also eine Erscheinung, die nichts mit dem Selbsterhaltungtrieb zu tun hat, im Gegenteil. Diese wahre Sympathie lässt ihren Träger nicht das Seine suchen. Sie veranlasst ihn dazu, sich gern selbst zu opfern, wenn er damit einige Wesen retten kann, was in diesem Fall bedeutet: jeden, der sich in Lebensgefahr oder einer unglücklichen Lage befindet. Sie ist ein ebenso beträchtlicher Gegensatz zur Natur des Tieres, wie der Tag ein Gegensatz zur Nacht ist. Das zeigt also, dass der „Mensch" ein Wesen ganz anderer Art ist als das „Tier" und eine andere Lebensbasis hat. Es ist zwar innerhalb der Erdenmenschheit noch nicht allgemein gültig, dass man im gegebenen Fall immer lieber selber leiden will, als dass andere leiden müssen, und dass man gern, um andere von Leiden zu befreien, selber sein Leben wagt, aber es kann nicht geleugnet werden, dass es in der Psyche des gewöhnlichen Erdenmenschen in dieser Hinsicht schon mehr oder weniger starke Tendenzen gibt, obwohl er noch nicht so weit gelangt ist, dass er gern für das Wohlergehen anderer sein eigenes Leben riskiert. Was sind philanthropische Erscheinungen? – Was sind all die vielen Hilfeleistungen, die sowohl von privaten als auch von öffentlichen Institutionen in Gang gesetzt werden, um armen und Not leidenden Menschen, u. a. den unglücklichen elternlosen Kindern und anderen Opfern des Krieges, zu helfen? – Was ist das öffentliche Krankenhauswesen und die hier geleistete ärztliche Hilfe? – Was sind Invaliden- und Altersrenten des Staates? – Und was ist der starke Anspruch der Öffentlichkeit darauf, diese noch beträchtlicher und absichernder zu machen, als sie es schon sind? – Was sind Polizei- und Rechtsschutz? – Was sind der unentgeltliche Schulunterricht und die Schulspeisung des Staates? – Was sind die gesetzlich vorgeschriebenen Hygiene- und Gesundheitsverhältnisse? – Was sind der Kern und die Kraft in den großen Weltreligionen? – Was sind die Energie und Kraft bei der weltweiten Errichtung von prachtvollen Kirchen und Tempeln? – Was sind die Kraft in und die Absicht mit all den vielen kulturellen Erscheinungen, die da existieren, wo der Krieg nicht rast und wo man deshalb sein Leben in Frieden leben kann? – Was ist die Absicht mit den großen Kraftmaschinen, den Elevatoren, dem elektrischen Licht, der Wasser- und Gasversorgung, der Zentralheizung, dem Anlegen von schönen öffentlichen Parks und Gärten, die mit genialen Kunstwerken geschmückt werden? – Was sind die Museen oder Kunstsammlungen des Staates, seine Akademien, Universitäten, Lehranstalten usw.? – Löst nicht jede einzelne all dieser Erscheinungen im Endfazit genau das Gegenteil zum tierischen oder selbstsüchtigen Prinzip aus? – Sind sie nicht alle Manifestationen, die unmöglich von tierischen Anlagen erschaffen und aufrechterhalten werden können, also von den Anlagen, die Antipathie oder Krieg, Verstümmelung und Tod verursachen? – Ist es nicht eine Tatsache, dass diese Erscheinungen unmöglich ein Resultat von Zorn, Krieg oder Hass sein können? – Ist es nicht leicht zu sehen, ja sogar ohne kosmisches Klarsehen, dass es eine weit mildere mentale Atmosphäre ist, die dem Auftreten dieser Erscheinungen zugrunde liegt, als die gewaltsame, tierische, deren egoistische Fußspuren unweigerlich aus Freiheitsberaubung, getarnter oder offener Sklaverei, Terror, Verstümmelung, Tod und Untergang bestehen? – Ist es nicht eine ebenso wirkliche Tatsache, dass sich die Menschen absolut lieber die mildere Atmosphäre wünschen als die gewaltsame, kriegerische? – Was ist denn sonst ihr jetziger ständiger Ruf nach einem dauerhaften Frieden? –

Alle egoistischen Unternehmungen, sowohl öffentliche wie private, münden letzten Endes in selbstlosen Erscheinungen

1755. Hier möchte man vielleicht einwenden, dass das Entstehen vieler der genannten Kulturveranstaltungen und Kulturwerte nicht auf eine besonders selbstlose Gesinnung zurückzuführen ist. Sie sind aus dem Geschäftsprinzip heraus geschaffen worden. Sie haben sich in weitem Umfang als Unternehmungen erwiesen, die zu Beruf und Verdienst werden konnten, und viele Personen oder Initiatoren solcher bedeutenden, Arbeit schaffenden oder gemeinnützigen Institutionen oder Unternehmen sind gerade dadurch unglaublich wohlhabend oder reich geworden, dass sie diese in Gang gesetzt haben. Ist es nicht eben der allgemeine Sachverhalt, dass es Unternehmen innerhalb der Industrie, der Fahrzeugfabrikation und Herstellung von anderen Kraftmaschinen gibt, die unter sehr bescheidenen und primitiven Verhältnissen anfingen und am Ende zu gigantischen Unternehmen mit Tausenden von Arbeitern geworden sind und ihre Stifter zu den reichsten Menschen der Welt gemacht haben? – War nicht gerade der Gedanke, diese Bereicherung zu erzielen, eher die Triebkraft dieser Urheber als dies, der Menschheit zu dienen? – Glaubt jemand, dass die Mitwesen dieser reichen Wesen im Allgemeinen, außerhalb persönlicher Freundschaft und einer Art Snobismus, gratis Anteil an den Gütern und aufgetürmten gigantischen Vermögen dieser umfangreichen Reichtumsquelle bekommen konnten? – Mussten nicht die Arbeiter solcher Unternehmen streiken oder viel Energie und Kampf ins Werk setzen, um einen so großen Teil von diesem riesigen Einkommen abzubekommen, dass sie wenigstens den erforderlichen täglichen Lebensbedarf decken konnten? – Basieren nicht alle diese großen Unternehmen hauptsächlich auf der Bereicherungsmöglichkeit? – Wer inszeniert sie aus rein menschenfreundlichen Gründen? – Leben nicht die Initiatoren solcher gigantischen Unternehmen in der Regel in großen Palästen mit Parks und Anlagen und mit einem Stab von Dienstpersonal? – Leben sie nicht sogar in einem verschwenderischen Genuss der Kulturgüter, ja zuweilen bis an die tödliche Schwelgerei, während ihre Arbeiter in Sklaverei, Armut und Elend verschmachten müssen, wenn diese es nicht nach und nach verstanden haben, sich durch Organisationen und Vereinigungen zu schützen? – Dies scheint nicht auf eine Sympathie hinzudeuten, die anders und von einer höheren Natur ist als die des Tieres.

Es ist ganz richtig, dass die rein oberflächliche Triebkraft dieser

Unternehmen in den meisten Fällen kein besonderes Maß an Selbstlosigkeit aufweist, sondern eben ein Produkt der Bereicherungsabsicht und des Selbsterhaltungstriebs der betreffenden vorgesetzten und unterstellten Wesen ist. Die wirkliche und wahre Analyse der Dinge ist jedoch nicht einzig und allein mit einer oberflächlichen lokalen Analyse abgetan. Es gibt ein noch höheres Gebiet, von dem aus das Leben betrachtet werden muss, um richtig und gerecht beurteilt werden zu können. Dieses höhere Gebiet ist der Platz und der Zweck der Dinge in der Gesamtheit. Und hier kann es wohl nicht geleugnet werden, dass ein Krankenhaus nicht einzig und allein deswegen erbaut wurde, um den Maurern und übrigen Handwerkern Arbeit zu schaffen, ebenso wie es auch nicht logisch sein kann anzunehmen, dass solche Institutionen nur errichtet wurden, um Ärzten und Krankenschwestern ein Auskommen zu verschaffen. Der Zweck eines Krankenhauses muss doch schließlich dieser sein, dass es eine Institution ist, mit deren Hilfe verletzten und kranken Menschen, falls möglich, zu Gesundheit und Bewegungsfähigkeit verholfen werden kann. Verhält es sich nicht genauso mit dem Bauen von Schulen und Lehranstalten? – Niemand glaubt wohl, dass diese nur errichtet wären, um ausschließlich den betreffenden Baumeistern und Handwerkern und später den Lehrern Existenzmöglichkeiten zu schaffen? – Der endgültige Zweck bei der Einrichtung dieser Erscheinungen muss wohl in höchstem Grade dieser sein, allgemeinen Zutritt zu Unterricht und Bildung zu schaffen. Das Gesetz- und Rechtswesen mit seiner Polizei hat doch auch einen höheren Zweck als nur eine Existenzmöglichkeit für die vorgesetzten und unterstellten Wesen dieser Staatsverwaltung zu sein. Ist die Absicht mit dieser Staatsverwaltung nicht gerade die, soweit wie möglich das Leben und das Menschenrecht der Wesen zu wahren und zu schützen? – Wenn wir uns die Regierungen in der Welt ansehen, dann kann wohl auch hier nicht gesagt werden, dass es deren höchster Zweck ist, eine Existenzmöglichkeit für Könige, Präsidenten, Minister und Parlamentsabgeordnete usw. zu schaffen? – Ist nicht der höchste und eigentliche Zweck aller Regierungen ohne Ausnahme der, geordnete und kulturelle Gesellschaftsverhältnisse zu schaffen? – Verhält es sich nicht genauso mit allen kulturellen Erscheinungen der modernen Gesellschaft?

– In welchem Ausmaß diese Institutionen und Erscheinungen, jede für sich, es erreichen oder dazu im Stande sind, ihren besonderen Zweck zu erfüllen, ist ausschließlich eine Frage der Entwicklung. Es kann jedoch nicht geleugnet werden, dass ihr gemeinsamer Zweck nur der ist, die Gesellschaftsverhältnisse zu verbessern. Ihr innerster und stärkster Lebenskern sind also Kräfte, die unausweichlich in Richtung von Humanität, Selbstlosigkeit oder Menschenliebe gehen. Ja, so deutlich wirken diese Kräfte sogar hinter den im Äußeren egoistischsten oder selbstsüchtigsten Unternehmungen, dass sie in den meisten Fällen diese sogar in eine mehr oder weniger humane Richtung lenken können. Ist es nicht zuweilen so, dass große Privatunternehmen, d.h. Geschäfte, die auf einem alles durchdringenden Raubbau basieren, mit ihrer wirtschaftlich überlegenen Macht viele kleinere Firmen oder Geschäftsunternehmen unter ihre ausplündernde Diktatur oder zu Bankrott und Untergang gebracht haben? – Und haben sie nicht dadurch, dass sie die angeeigneten Werte dieser Unternehmen als eigenes Privatvermögen angehäuft haben, es zu gigantischem Wachstum gebracht? – Und ist es dann nicht so geendet, dass dieser Gründer des gigantischen Vermögens am Lebensabend ganz oder teilweise diesen von der Gesellschaft geraubten Reichtum in der Form von erheblichen Kapitalien für kulturelle Zwecke an die Gesellschaft zurückgegeben hat? – Der Kreislauf macht sich auch hier geltend. Die auf egoistische Weise angeeigneten oder eroberten Werte werden immer irgendwie früher oder später zur Gesellschaft zurückkehren. Nichts kann auf die Dauer oder für immer Privateigentum bleiben, selbst wenn ein Besitz einige Generationen lang geerbt werden kann. Wir sehen folglich, wie private gigantische Vermögen in einem ständig ansteigenden Ausmaß zur Gesellschaft zurückfinden. Riesige Unternehmen mit Hunderten oder Tausenden von Arbeitern, die mit dem Zufriedenstellen der Trunksucht oder dem unnatürlichen Drang nach berauschenden Getränken spekulieren, haben geradezu Institutionen oder Fonds einrichten müssen, wodurch ein Teil des Millionenüberschusses des Unternehmens wieder in die Gesellschaft zurückfließt zur Unterstützung von Kunst und Wissenschaft und zu anderen kulturellen Zwecken. Was das Steuerwesen des Staates betrifft, so ist dieses ja auch eine Institution, die nicht nur deswegen entstanden ist, um ihrem

Personal ein Auskommen zu schaffen. Die Absicht mit dem Steuerwesen kann nur die sein, es zu einer Institution oder einem Werkzeug zu machen, durch das der Staat die Werte der Gesellschaft so regulieren kann, dass sie sich nicht in allzu großem Ausmaß als Privatvermögen auf Kosten dieser Gesellschaft anhäufen. Dass diese Regulierung des Vermögens oder der Werte durch das Steuerwesen noch nicht vollkommen ist, ja zuweilen sogar als unverschämt und ungerecht aufgefasst werden kann, ist ja auch eine Entwicklungsfrage, für die die Zeit und die Erfahrungen nach und nach Abhilfe schaffen werden.

Wie wir hier gesehen haben, deuten alle sowohl privaten als auch öffentlichen Maßnahmen und Unternehmungen in die humane Richtung, obwohl sie oberflächlich gesehen noch viel Besorgnis, Kummer und Leid verursachen und, wie schon erwähnt, in vielen Fällen sogar ungerecht zu sein scheinen. Es lässt sich infolgedessen nicht leugnen, dass hinter all diesen offiziellen und privaten Erscheinungen Kräfte am Werk sind, die im Grunde genommen absolut nicht „tierisch" oder selbstsüchtig sind und eben deshalb in selbstloser Weise dahin steuern, eine verbesserte Gesellschaftsordnung zu schaffen, völlig unabhängig davon, ob die privaten, religiösen und politischen Interessensphären, aus welchen sie stammen, eventuell an der Oberfläche in hohem Grade selbstsüchtig sind und, jede für sich, nur für das Erreichen der im Staat für sie selber günstigen materiellen Vorteile auf Kosten der anderen arbeiten. Selbst wenn alle verschiedenen Stifter der privaten, religiösen und politischen Vereinigungen also in ihrem Auftreten zu Selbstsucht oder Egoismus neigen – so wie die einzelnen Individuen untereinander auch in großem Ausmaß am liebsten nur für eigene Vorteile arbeiten –, offenbaren sich doch hinter ihrer gesamten Manifestation selbstlose Kräfte und entsprechende, von diesen Kräften geschaffene, privat und öffentlich mehr oder weniger uneigennützige Unternehmen und Institutionen.

Kräfte im Menschen, die nicht ausgeprägt „maskulin" oder „feminin" sind und deshalb nicht auf der Paarungssympathie basieren

1756. Es scheint, als ob die oben erwähnten selbstlosen Kräfte ohne einen nachweisbaren, erkennbaren, persönlichen Ursprung existierten. Sie sind Strahlen, die durch die menschliche Bewusstseinssphäre gehen und natürlich bis zu einem gewissen Grade von den Menschen selber stammen. Sie bewirken also, dass die selbstsüchtigen oder egoistischen Unternehmungen der Menschen in Richtung zur Selbstlosigkeit hingelenkt werden. Sie werden dadurch im Endfazit in höherem oder geringerem Ausmaß zu menschenfreundlichen Unternehmungen. Dies zeigt, dass von den Menschen in ihrem jetzigen kulturellen Stadium Kräfte ausgehen, die nicht speziell männlich oder weiblich betont sind. Sie sind nicht ausgesprochen maskulin oder feminin. Sie favorisieren weder das männliche noch das weiblich Geschlecht. Sie sind dagegen ausschließlich darauf eingestellt, alle Wesen zu beschützen, obwohl sie dabei natürlich vorläufig noch in erster Linie die Menschen im Auge haben. Aber es gibt doch Strafe auf Verwahrlosung und Misshandlung von Tieren, ebenso wie man sogar auch eine beschützende Hand über alle erschaffenen kulturellen Werte, wie geniale Kunstwerke der Literatur, der Musik und der Bildkunst usw., hält. Wie wir hier gesehen haben, findet in einem nicht geringen Maße in der Psyche der Menschheit eine Auslösung von Kräften in selbstloser Richtung statt. Wie schon erwähnt, stammen diese Kräfte bis zu einem gewissen Grade von den Menschen selber und beweisen, dass diese Wesen nicht nur egoistische Wesen sind, sondern dass sie aus ihrer Psyche mehr oder weniger Kräfte ausstrahlen, die nicht auf der Paarungssympathie, d.h. auf der Anbetung vom männlichen oder weiblichen Geschlecht, basieren.

Die Liebesmanifestation der Natur und der unfertige oder egoistische Zustand des Menschen

1757. Wenn wir uns die besagten Kräfte näher ansehen, wird es uns zur Tatsache, dass sie mit den schöpferischen Kräften analog sind, die in der Natur selbst liegen, wo diese von den Lebewesen unberührt ist. Ist die Umgestaltung der Erde selbst aus einer glühenden Feuermasse in ihren jetzigen üppigen Zustand als Wohnstätte für animalische Wesen infolgedessen nicht von selbstloser Natur? – Dass diese Wesen auf diesem Himmelskörper nicht glücklich leben, daran ist nicht der Erdball schuld. Daran sind dagegen ausschließlich die tierischen Naturen der Wesen selbst schuld, die deren Gedanken und Willenslenkung beherrschen. Die Erde hat ausreichend Nahrung zu bieten und kann Material genug für die Arbeitslust, die Findigkeit und das Können des Menschen zur Verfügung stellen. Es gibt Nahrung, Licht und Brennstoff genug, ja so verschwenderisch, dass niemand hungern, frieren oder arm sein und sich um das tägliche Auskommen Sorgen machen muss, nicht einmal, wenn man in den Polarregionen der Erde oder in ihren brennenden Wüsten wohnen möchte. Mit den Transportmitteln und Kraftmaschinen, die den Menschen nach und nach von Natur aus die Möglichkeit gegeben haben, schöpferisch tätig zu sein, und mit denen sie Millionen Pferdekräfte beherrschen, steht die ganze physische Materie der Menschheit zur Verfügung. Wenn diese Herrschaft über die Materie den Menschen kein Glück bringt, sondern Krieg und abermals Krieg, Kulturzusammenbrüche, Not, Elend, Invalidität, Leichen, Gräber und Ruinenhaufen, dann können die Ursache hiervon ausschließlich die in der Menschheit existierenden selbstsüchtigen oder egoistischen Kräfte sein, die übertriebene Eigentumsgier, der Nationalismus oder die übertriebene Vaterlandsliebe und törichte, egoistische Vorstellungen von Idealismus, Ehre oder dem Verhältnis zum Nächsten. Um diesen unfertigen Gemütszustand der Menschen und um die davon hervorgerufene Götterdämmerung oder Hölle herum leuchten und funkeln jedoch die schönsten Naturszenerien, das Morgen- und Abendrot, sagenhafte Sonnenaufgänge und Sonnenuntergänge in wahrhaft strahlenden Farborgien. Mit frostigen Herzen und mit Verbitterung im Gemüt wandern die Menschen zuweilen im wärmenden Licht der Sommersonne umher, atmen die balsamischen Blumendüfte der Wiesen ein und schauen hinauf in die weißen Sommerwolken, während ihre Wangen von den zarten Winden des gleichen Sommertags gestreichelt werden, ohne dass sie irgendetwas von dieser Flut von Liebkosungen von Seiten der Natur bemerken. Sie wandern an schönen, von der Sonne erwärmten Stränden mit weißen Dünen, Strandhafer und herrlichem Badeleben entlang und an anderen

Stränden mit exotischer Zauberei, Palmenhainen, braunen Menschen usw., sehen aber in vielen Fällen überhaupt nichts von diesen Offenbarungen der Natur, weil sie ganz davon in Anspruch genommen sind, andere Wesen und Dinge zu verurteilen, zu verleumden und zu kritisieren. Ihr Bewusstsein ist von Unzufriedenheit mit fast allem erfüllt. Sie sind unzufrieden mit dem Sonnenschein, mit dem Regenwetter, mit der Nacht und mit dem Tag, ganz abgesehen von der großen Menge von Mitwesen, die sie auch verachten. Sie glauben, dass das Leben ein zufälliges, brutales Spiel sei und dass sie unschuldige Märtyrer oder Opfer dieses vermeintlich bösen oder teuflischen Spiels seien. Sie vergessen vollkommen, dass es dies vermeintlich „böse" oder „teuflische" Spiel ist, das bewirkt hat und weiterhin bewirkt, dass sie Augen zum Sehen und Ohren zum Hören haben, ebenso wie das falsch verstandene Spiel auch bedingt, dass sie Herzen, Gehirne, Lungen und alle anderen Organe haben, mit denen sie empfinden, wahrnehmen und somit das Leben erleben können. Sie vergessen, dass es die gesamte Mission oder der Zweck dieser Organe ist, dem Individuum einen vollkommenen Organismus zu schenken, und dass dies, wenn das Individuum nicht selbst störend eingreift, bis zu einer solchen Vollkommenheit glückt, dass es überhaupt nichts von der unerhört komplizierten Zusammenarbeit der Hunderte von kleinen Organen dieses Organismus merkt. Das Individuum merkt überhaupt nicht, dass es einen solchen Organismus hat. Dieser ist an sich nicht störend, lästig oder schmerzend, sondern ist ein wunderbares Werkzeug im Dienste des Individuums. Wird dies nicht gerade dadurch zur Tatsache, dass er eine Gabe der Liebe aus der Hand der Natur ist, eine Ergänzung zu allen anderen genannten Werten des gleichen göttlichen Schöpfungswerks? – Die unerschütterliche Tatsache ist, dass alles in der Natur, was von den mehr oder weniger entwickelten Wesen unberührt oder unbeeinflusst ist, strahlend logisch und zweckmäßig ist und überall, ohne Ausnahme, den Aufbau eines für die Lebewesen liebevollen, göttlichen oder glücklichen Zwecks anstrebt, was immer schwieriger geleugnet werden kann, je mehr die Gesetze der Natur entdeckt, erforscht und erkannt werden. Dass dies nicht bestritten werden kann, wird dadurch deutlich, dass nichts in der Natur verloren geht, alles wird ausgenutzt, alles bringt Nutzen oder wird zum Vorteil und somit zur Freude und zum Segen für alle Lebewesen. Aber dadurch werden ja die Dinge zu Liebkosungen oder Liebesäußerungen.

Weshalb das Leben gerecht und der Grundton des Universums die Liebe ist

1758. Der Grundton des Universums wird also auch hier als Liebe bestätigt. Mitten in dieser Liebeszone des Universums haben die Lebewesen jedoch ihre eigene Sphäre oder Zone, wo sie selbst eingreifen und die Dinge mit ihrem Gefühl und Willen dirigieren und beeinflussen. Dass sie dann von dieser Einwirkung geprägt werden, liegt auf der Hand. Dass sie bei dieser Beeinflussung allmählich von ihrer ursprünglichen Bahn abweichen und aus dem Grundton des Universums in dem Ausmaß herausgerissen werden, in dem ihr Begehren und ihr Wille mit diesem nicht in Kontakt sind, ist genauso selbstverständlich. Dass damit in der Domäne der Wesen eine Bewusstseinssphäre oder eine Zone entsteht, wo der Gegensatz oder der Kontrast zur Liebe, nämlich die Lieblosigkeit, dominiert, was wiederum dasselbe ist wie mentale Finsternis, Hass, Brutalität, Mord und Totschlag, das muss auch zur Selbstverständlichkeit werden. Nur in dem vom Individuum selber erschaffenen Teil des Universums kann es also mentale Finsternis geben. Nur der eigene Bewusstseinsbereich des Individuums und die von ihm selber erschaffene äußere Disharmonie mit dem Grundton des Universums können das sogenannte „Böse", die „Götterdämmerung" oder die „Hölle" repräsentieren oder ausmachen. Und hier wird dieses „Böse" so lange dominieren, wie dieses Individuum diese Disharmonie mit dem Grundton des Universums verursacht oder aufrechterhält, ganz gleich, ob alle anderen Wesen sie längst überwunden haben und dadurch zu eingeweihten und vollkommenen Wesen geworden sind. Die anderen Lebewesen im Dasein sind also nicht an unserem eventuell unglücklichen Schicksal schuld, so wie wir natürlich auch nicht an ihrem eventuell unglücklichen Zustand schuld sein können. Alles, was in unserem Schicksal vom Grundton des Universums abweicht, kann ausschließlich von unserem eigenen Wesen und mit unserem eigenen Selbst oder Ich als tiefste Ursache gefördert werden. Ist das nicht göttlich? Kann das Leben gerechter sein? – Dass wir auf einem Himmelskörper und in einer Sphäre leben müssen, wo es gleich gesinnte Wesen gibt, leuchtende und liebevolle oder finstere und lieblose, mit denen wir leben müssen, je nachdem wie wir selbst diese Stadien repräsentieren, ist nur ein Glied in der üblichen logischen und praktischen Entfaltung der Natur. Gleich und Gleich gesellt sich gern, eben deswegen, weil man sich gegenseitig am besten versteht. Deshalb sehen wir, dass Gleichgesinnte sich zu einander hingezogen fühlen. Dass Wesen von gleicher Natur in derselben Sphäre unter Wesen der gleichen Art wie sie selber leben müssen, beweist folglich hier die große Liebe oder den Grundton der Natur. Es wäre nämlich äußerst lieblos, den liebevollen Wesen eine Wohnstätte unter Gewalttätern oder sogenannten „Banditen" anzubieten. Und da jedes „Übel" mit seiner Auslösung Schmerz und Leid und das hierdurch erzeugte unglückliche Schicksal verursacht, während das „Gute" oder die Liebe Licht und Seligkeit und das hierdurch erzeugte glückliche Schicksal oder den Kontakt mit dem Grundton des Universums auslöst, der dasselbe ist wie das „Abbild Gottes" und somit den Menschen eins mit diesem Bild macht, muss dies unweigerlich bewirken, dass kein einziges Lebewesen auf die Dauer in der Finsternis bleiben kann. Die Lebewesen werden durch Unglück und Leid das Licht entdecken und somit ihren geistigen und materiellen Kurs auf dieses Licht nehmen. Die Identität der gesamten Energiemanifestation des Universums als Allliebe wird also hier zur unerschütterlichen Tatsache. Sogar die Fehltritte der Menschen werden zu kosmischen Liebkosungen, da sich die Wesen dadurch entwickeln, neue Erfahrungen machen oder Belehrungen über die Größe und ewigen Fakten des Lebens erhalten und somit über sich selbst als identisch mit der Gottheit, der Unendlichkeit und der Ewigkeit.

Es ist der Wert der materiellen Dinge im Liebes- oder Paarungszustand, der im großen Ausmaß dem sogenannten „Bösen" in der Welt zugrunde liegt

1759. Wenn also das Universum eine einzige hundertprozentige Gerechtigkeits- und Liebesoffenbarung ist, dann ist es gar nicht so merkwürdig, dass der Lebenszustand der Wesen „männlichen" und „weiblichen" Geschlechts nicht die höchste existierende Form des Lebenserlebens der Wesen sein kann. Wir haben erkannt, dass der sexuell einpolige Zustand dieser Wesen gerade die organische Struktur bildet, kraft welcher für ihre besondere Form des Erlebens des Daseins eine Lebensbedingung geschaffen wird, eine Art Eigentumsrecht über ein Wesen des anderen Geschlechts auszuüben. Das Erleben der Kulmination dieser Lebensform ist ja der intime Kontakt zweier solcher konträr einpoliger Wesen während des Paarungsaktes. Dieser Paarungsakt ist also die normale höchste Empfindung von Wohlbefinden oder das Gefühl von Behagen der betreffenden Wesen. Er ist das Lebensfundament selbst, dem gegenüber alles andere, was die Funktionen und das Zusammenleben dieser beiden Geschlechter betrifft, nur eine Nebensache ist. Dieser Lebenszustand könnte überhaupt nicht existieren oder sich fortpflanzen, wenn die Struktur der Wesen nicht eben sexuell einpolig wäre. Zwei Formen von einpoligem Zustand sind also die Voraussetzung hierfür, nämlich der Zustand des männlichen und des weiblichen Geschlechts. Sie bedingen also, dass das Erleben des Lebens nur als ein Resultat des Zusammenspiels der beiden konträren sexuellen Partner in Kontakt miteinander existieren kann. Darum ist das Wesen weiblichen Geschlechts eine Lebensbedingung für das männliche, wie dieses Wesen natürlich auch eine Lebensbedingung für das Wesen weiblichen Geschlechts ist. Infolgedessen ist es also mittels des höchsten Feuers oder der sexuellen Struktur zur Lebensbedingung geworden, dass diese zwei Geschlechter einander begehren müssen. Dieses Begehren ist die Wurzel aller existierenden Formen von selbstsüchtigem Begehren oder Besitzstreben und dem hierdurch erzeugten Gefühl von „Eigentumsrecht". Das Verlangen danach, das Wesen des anderen Geschlechts zu besitzen, entwickelt folglich auch das Verlangen nach allem, was nützlich oder dazu beitragend sein kann, den Weg zum Erreichen dieses Ziels zu erleichtern. Alles, was den Verehrer oder Freier in ein vorteilhaftes Licht stellen kann, wie z. B. Macht, Reichtum oder Geld und Gut, und ihn in den Augen des sexuellen Partners begehrenswert macht, wird im schlimmsten Fall sogar mit Todesverachtung begehrt. Es ist der Wert dieser materiellen Dinge beim

Liebes- und Paarungszustand, der dem sogenannten „Bösen" in der Welt zugrunde liegt. Er ist die Ursache der blutigen Kriege, Terrorhandlungen oder Grausamkeiten gewesen, ganz von den Fällen abgesehen, in denen er sich schlimmstenfalls vollkommen abnorm zu unnatürlichen Begierden entwickelt hat, die ihren Träger mehr oder weniger zum „Geizhals" oder zu einem auf diesem Gebiet mehr oder weniger geisteskranken Wesen machen. Solche mehr oder weniger übertriebenen materialistischen Begierden und die entsprechende Furcht vor den gleichen Begierden bei anderen Wesen sind an dem Weltdrama schuld, das in diesem Jahrhundert, in dem dieses Werk entsteht, über die Welt hinweggeht und alle im Krieg mit allen sein lässt. Wenn es diese übertriebene Begierde unter den Wesen nicht gäbe, dann wären die Lebensbedingungen auf der Erde ganz hervorragend. Der Erdball würde dann als etwas des Wundervollsten erlebt werden, was man sich denken kann. Wenn alle Menschen der Welt als ein Volk vereinigt wären und gemeinsam alle Werte der Erde besäßen, wären alle Formen des gegenwärtigen modernen Rechtswesens völlig überflüssig. Dieses Rechtswesen ist ja nur ein Prinzip, mit dessen Hilfe man versucht, eine allzu aggressive, wikingerähnliche Ausplünderungsmoral und übertriebene Befriedigung – sowohl materieller wie auch sexueller Begehren, die noch als Triebe und Naturen in der größten Mehrzahl der Menschen auf der Erde existieren – in Schach zu halten.

Das absolute Friedensreich kann nicht einzig und allein eine diktatorische Macht oder Herrschaft sein oder dadurch erschaffen werden

1760. Aber die ganze Welt zu einem Volk, zu einer Nation zu vereinen, ist nicht mit Macht allein zu machen. Eine ausreichend starke Militärmacht kann natürlich die Staaten der ganzen Welt unter sich legen und die äußeren Manifestationen der Menschen ebenfalls zwangsweise unterdrücken, sodass alles im Äußeren eingeschränkt wird und nach Gutdünken des Diktators hervortritt, aber die innere Psyche des Wesens kann unmöglich durch Zwang verändert werden, sie kann nur eingesperrt werden. Was eingesperrt ist, wird jedoch ein einziges Interesse haben, nämlich sich zu befreien. Deswegen würde eine diktatorische Herrschaft in Wirklichkeit nur eine Dressur sein. Die Menschen werden wie ein Haufen Haustiere oder wie Tiere einer Menagerie in Käfigen gefangen gehalten. Aber es ist nicht der Sinn des Lebens, dass das Endfazit der Menschen ein Zirkus sein soll, in dem sie dressierte Tiere sind und von der knallenden Peitsche des Zirkusdirektors in Schach gehalten werden. Deshalb wäre die Vereinigung der Menschen zu einem Volk oder einem Staat kraft einer Diktatur nur dasselbe wie die Erschaffung eines vulkanischen Geländes, unter dem verheerende explosive Kräfte die darüber liegende dünne mentale Erdkruste zu sprengen drohen. Nur diejenigen Wesen können einer solchen Diktaturherrschaft huldigen, die mittels dieser Herrschaft bedeutendere materielle Positionen, mehr Macht und eine bessere Befriedigung ihres Bereicherungsdrangs, mehr Freiheit oder größeres Eigentumsrecht über materielle Werte erreichen können, ganz gleich ob dies auch immer auf Kosten des Nächsten geschehen möge. Vor uns haben wir also solche materialistischen, egoistischen Wesen, die sehr nahe an der hundertprozentigen Männlichkeit und entsprechenden Weiblichkeit stehen, also Wesen, denen das Motto „Jeder ist sich selbst am nächsten" das absolut höchste begreifliche Ideal ist. Innerhalb der Domäne solcher Wesen ist ein jeder, der sich nicht selber verteidigen kann, dazu verurteilt, ein Sklave der anderen zu sein. Wir sehen also, dass es mittels einer äußeren Machtkonstellation nicht möglich ist, das vollkommene Menschenreich, d.h. das wahre Friedensreich auf der Welt, zu erschaffen. Das wahre Friedensreich kann nicht in einer Atmosphäre wilder Tiere entstehen oder existieren, die in Käfigen und hinter Absperrungen gehalten werden müssen und vor denen man dauernd bewaffnet mit allen möglichen Mordwaffen und Vernichtungsmitteln auf der Hut sein muss. Man kann Zäune um die wilden Tiere im Dschungel ziehen, aber die Raubtiere werden deshalb nicht zu zahmen Lämmern oder wiederkäuenden, ungefährlichen Schafen. Wie wir hier sehen, kann es der Menschheit niemals gelingen, auf dem Wege der Dressur oder der rohen, brutalen Gewalt das ersehnte Friedensreich zu verwirklichen oder zur Realität zu machen, ganz gleich wie vermeintlich idealistisch dieser Weg auch zu sein scheint.

Keine materielle Machtüberlegenheit und geniale Waffenherstellung kann jemals dazu im Stande sein, den Krieg oder die Feindschaft zwischen den Völkern abzuschaffen

1761. Hier wird man vielleicht einwenden, dass die „Menschen" keine Tiere sind. Sie haben Intellektualität und Verstand und können dazu gebracht werden, die Situationen zu verstehen. Aber hier muss die Antwort unweigerlich die sein, dass solange die Menschen noch tötende, mörderische, plündernde und rächende Wesen in einem solchen Ausmaß sind, im Vergleich zu welchem die Fähigkeiten und Zustände der Tiere in dieser Hinsicht nur mikroskopisch sind, es leichter wäre, Frieden und Ruhe in einem Käfig mit wilden Tieren zu schaffen als in einem mit Erdenmenschen. Übrigens, hat irgendeine materielle Macht auf der Welt diese hassende, mörderische, plündernde, terrorisierende und räuberische Wesensart der Menschen dem Nächsten gegenüber aufhalten können? – Hat die Atombombe, diese Kulmination aller Höllenmaschinen, die Angst vor dem Krieg, die Aufrüstung und die Waffenfabrikation in der Welt stoppen können? – Nein, wir müssen alle in eine andere Richtung blicken, wenn wir dazu beitragen wollen, Frieden auf der Erde zu schaffen. Was die Welt nötig hat sind keine Käfige oder Einsperrungen, ist keine brutale Unterdrückung oder Ausnutzung der Schwachen von Seiten der starken und am besten bewaffneten Staaten, sind keine Paläste und kein ungeschultes Recht dazu, nach rücksichtslos egoistischem und zuweilen psychopathischem Belieben auf Kosten anderer zu leben.

Was man machen muss, wenn man es erreichen will, Frieden in der Welt zu schaffen

1762. Wie soll es dann jemals Frieden auf der Welt werden? – Ja, man muss also verstehen lernen, dass der Frieden auf dem hier geschilderten Weg unmöglich erzielt werden kann. Bestenfalls könnte man mit materieller Macht nur einen rechtlichen oder juristischen Schutz erzielen. Aber auch dieser wäre von der Psyche der juristischen Richter oder ihrer mentalen Einstellung zur wirklichen Wahrheit und von ihrem Verständnis hierfür abhängig. Aber solange sie noch mit Todesstrafen oder Morden als Mittel zur Abschaffung von Morden jonglieren, kann man nicht erwarten, dort die vollkommene Wahrheitserkenntnis oder Einsicht in das Gesetz des Lebens selbst und somit den wahren, gerechten Schutz zu finden. Das Ermorden durch Umbringen abschaffen zu wollen, ist ja dasselbe wie Unkraut zu vernichten, indem man Unkraut sät. Wesen mit einer solchen Einstellung zum Leben sind, kosmisch gesehen und was die Erkenntnis der wahren Lebensgesetze betrifft, noch schlafende Wesen. Da der Unfrieden in der Welt eben ein Angriff auf das Gesetz des Lebens ist, kann man ihn unmöglich dadurch entfernen, dass man dieses Gesetz aufs Neue angreift oder übertritt. Der Frieden ist ausschließlich ein Dasein, das darin besteht, das Leben nicht zu sabotieren, sondern zu fördern. Wenn man Frieden in der Welt erzielen will, dann muss man seinen Blick auf die mentalen oder psychischen Gebiete oder Bereiche richten, wo man sieht, dass die Gottheit oder das Leben selbst dabei ist, das Schaffen eines künftigen Weltfriedens oder das Wohlgefallen des Weihnachtsevangeliums unter den Menschen vorzubereiten.

Was beweist, dass der Erdenmensch kein „Tier" in Reinkultur ist

1763. Dieses Wohlgefallen oder dieser wahre Frieden unter den Menschen ist also nichts, was rein polizeilich angeordnet oder geschaffen werden kann. Wir kommen also hier darauf zurück, dass das ganze Friedensproblem der Menschheit eine Frage eines inneren Gefühls, einer sympathischen Veranlagung von einer Dimension und organischen Struktur ist, die von derjenigen abweichen muss, die sich bisher unter den hundertprozentigen Wesen der beiden Geschlechter geltend gemacht hat. Es ist sonnenklar, dass es unter Wesen, deren sympathische Veranlagung der Struktur nach genauso ist wie die der Tiere, unmöglich etwas anderes entstehen kann als eine entsprechende tierische Sympathie oder jenes mentale Verhältnis, das unter den Tieren eine Lebensbedingung ist und mit den Worten ausgedrückt werden kann: „Jeder ist sich selbst am nächsten". Der Selbsterhaltungstrieb musste das alles Überschattende sein. Ihm mussten alle anderen Rücksichtsnahmen weichen. Dieser alles überschattende Selbsterhaltungstrieb kulminiert oder gedeiht beim Menschen in einer regelrechten Selbstverehrung oder bewussten Selbstanbetung. Und das muss, aus einem gewissen Gesichtspunkt gesehen, als recht glänzend bezeichnet werden. Der Mensch ist dank seiner Intellektualität oder seines Geistesvermögens, das den Fähigkeiten des gewöhnlichen Tiers weit überlegen ist, dazu im Stande gewesen, sich Verteidigungs- und Angriffswaffen zu verschaffen, die tausend- und aber tausendmal effektiver sind als die üblichen Zähne, Klauen oder anderen Kampfmittel des Tiers. Er hat infolgedessen die tierischen Verhältnisse, Eigenschaften und Anlagen bis zur Genialität verbessern können. Er kann einen Gegner, ob dieser in der Luft, auf der Erde, auf dem Meer oder unter dem Wasser ist, mit Hilfe der Natur selbst oder den Millionen von Pferdekräften der Elemente ausrotten. Die Menschen haben ja auch, sowohl was Grenzen betrifft als auch wirtschaftlich und mental, alles nach dem Prinzip „der Stärkere hat Recht" eingerichtet. Sie haben die tierische Psyche zur Genialität gebracht. Das irdische Menschenreich ist das vollkommene, kulminierende Tierreich. Es übertrifft alle anderen tierischen Wesensarten auf der Erde. Warum sind die Menschen dann nicht zufrieden? – So sagenhaft oder genial begabte „Tiere" müssen doch in einem kulminierenden „Tierreich" glücklich werden? – Wenn die Menschen nichtsdestoweniger noch lange nicht glücklich sind und unmöglich im vollkommenen Tierreich glücklich werden können, dies aber wünschen, erhoffen und darum beten und für ein zukünftiges Friedensreich kämpfen – d.h. ein Reich, in dem nicht die tierischen Lebenseigenschaften die Wesen beherrschen, ein Reich, das nicht auf dem „Recht des Stärkeren" basiert, sondern auf Gerechtigkeit oder gleichem Recht für alle –, dann wird es hier zur Tatsache, dass der Mensch kein wahres Tier in Reinkultur mehr ist. Er ist rein psychisch bis zu einem gewissen Grad ein ganz anderes Wesen geworden, nämlich ein Wesen, das sympathischer und humaner eingestellt ist. „Gerechtigkeit statt Macht" und „gleiches Recht für alle" sind ja gerade Eigenschaften, die das Tier nicht kennt, außer im Bereich der Paarung oder Fortpflanzung und im Verhältnis zu seinen Nachkommen.

Zwei Sätze von Sympathie-Anlagen im Erdenmenschen

1764. Wenn im Menschen solche psychischen Tendenzen vorhanden sind, die in Richtung stärkerer Sympathie zwischen den Wesen untereinander und einer Sehnsucht nach gleichem Recht für alle und Sehnsucht nach Gerechtigkeit gehen, haben wir hier psychische Veranlagungen, die absolut nichts mit dem sexuell einpoligen Zustand der beiden Geschlechter zu tun haben. Was sich hier geltend macht, ist keine Paarungssympathie und kein Drang, die Nachkommen zu beschützen. Sich vorzustellen, dass diese Veranlagungen einzig und allein auf eine höher entwickelte Intelligenz zurückzuführen wären, ist die Kulmination von Aberglauben an sich. Es ist ein alles durchdringender Sachverhalt, dass das reine Intelligenzwesen ein mental gesehen sehr kaltes, egoistisches Wesen ist, das auf alle Art und Weise seine Intelligenz als ein Mittel gebraucht, um ausfindig machen zu können, wie es andere zu seinen Gunsten am besten ausnutzen oder wie es auf Kosten anderer leben kann. Wenn der intelligente Mensch das nicht tut, dann beweist das sogleich, dass es in seiner Psyche Anlagen gibt, die dieser Anwendung der Intelligenz entgegenwirken. Diese Anlagen können nur die vorher erwähnten beginnenden neuen Sympathie-Anlagen sein. Die Intelligenz an sich ist nur eine neutrale Fähigkeit, die genauso gut im Dienste der Selbstsucht bzw. der Selbstlosigkeit gebraucht werden kann, je nachdem, ob der Betreffende egoistisch oder selbstlos ist. Wie man die Probleme auch dreht und wendet, so kommt man doch nicht um die Tatsache herum, dass im Menschen eine beginnende Entwicklung von neuen psychischen Eigenschaften vorhanden ist, die das Individuum immer mehr dahin bringt, eine entsprechend anwachsende Sympathie für die Mitwesen zu empfinden. Diese zunehmende Sympathie kann absolut nicht auf den einpoligen Geschlechtszustand zurückgeführt werden, da dieser Zustand ja mit jeder Sympathie kollidiert, die außerhalb des Paarungszustands und der damit zusammenhängenden Erscheinungen liegt. Dass es deshalb im Erdenmenschen zweierlei sympathische Veranlagungen gibt, ist längst zu einer allgemeinen Tatsache geworden, selbst wenn man über die besondere Natur und Berechtigung der neuen Anlagen gewissermaßen gar nichts weiß. Von diesen zwei Arten Sympathie-Anlagen ist die eine allein die einpolige Sexualität oder der rein tierische männliche und weibliche Paarungstrieb, der die Fortpflanzung und den Fortbestand der Arten auf Grund des Selbsterhaltungstriebs fördert, während die andere Art jene Sympathie auslöst, die sich als absolute oder wahre Liebe äußert, d.h. als totale Selbstlosigkeit oder als Verlangen danach, „lieber selbst zu leiden, als dass andere leiden müssen", jene Sympathie, die bestimmt oder reguliert, was man „über das Herz bringen" kann, seinen Mitwesen oder seinem Nächsten an „Bösem" anzutun, jene Fähigkeit, die auch der Kapazität unseres Mitleidvermögens zugrunde liegt. Das ausgesprochen tierische Wesen, der Tiger oder das Raubtier, das von keinem Verkehr mit dem Menschen beeinflusst ist, kennt überhaupt kein Mitleid mit seinem Opfer. Das Gleiche gilt auch für den rohen maskulinen „richtigen Mann" und für das entsprechende weibliche Wesen. Hier existieren keine entwickelten sympathischen Anlagen oder psychischen Eigenschaften, außer dem Fortpflanzungsprozess. Wir haben also hier wieder bestätigt bekommen, dass wir, um das Rätsel der Zukunft des Erdenmenschen lösen zu können, bei den beginnenden Keimen der erscheinenden neuen Sympathie-Anlagen im Erdenmenschen verweilen und uns gründlich in deren Ursprung und Mission vertiefen müssen. Nur mit Hilfe dieses Studiums offenbart sich der besondere Unterschied zwischen dem Tier und dem vollkommenen Menschen. Nur durch die Kenntnis über die Struktur und Wirkungen dieser Anlagen wird das endgültige Ziel für den Erdenmenschen, nämlich der „Mensch als Abbild Gottes", zur Tatsache oder verwirklicht.

Der Unterschied zwischen „Tier" und „Mensch"

1765. Wir sind jetzt beim Studium der erdenmenschlichen Psyche so weit gelangt, dass wir sehen können, dass der irdische Mann und die irdische Frau mehr als einzig und allein männliche bzw. weibliche Wesen sind. Da ist etwas in ihrer Psyche, was das von Menschen unbeeinflusste wilde Tier nicht hat. Dieses „Etwas" ist um so deutlicher oder auffälliger, je höher das Wesen entwickelt ist, während es im entsprechend geringeren Grad vorhanden ist, je primitiver oder näher dem Stadium des Tieres dieses Wesen steht. Es ist gerade dieses „Etwas", das den Unterschied zwischen der Psyche des Tiers und der des Menschen kennzeichnet. Dieses „Etwas" bewirkt also, dass der Mensch eben ein „Mensch" und kein Tier ist. Der Unterschied zwischen „Mensch" und „Tier" basiert folglich nicht in besonderem Ausmaß auf dem Körperunterschied. Der erdenmenschliche Körper ist im Prinzip der gleiche wie der des Tiers. Hier kann nur von einem Gradunterschied und nicht von einem Artunterschied die Rede sein. Der Unterschied zwischen den zwei Wesensarten ist dagegen fast ausschließlich psychischer Art. Das vorher erwähnte „Etwas" ist also etwas rein Psychisches, d.h., es ist rein bewusstseinsbezogen. Während die Bewusstseinssphäre des Tiers nur den Selbsterhaltungstrieb mit dessen Paarungs- und Fortpflanzungsprozessen und den streng dazu gehörigen Erscheinungen umfasst, enthält die Bewusstseinssphäre des Erdenmenschen dagegen nicht nur diesen Paarungstrieb, der ja noch das Fundament für das Bestehen seiner Art ist, sondern sie umfasst auch den Beginn eines anderen Triebs, der im zunehmenden Grad beim Wesen den vom Tier ererbten Selbsterhaltungstrieb und die dazu gehörenden Erscheinungen unterminiert. Dieser neue Trieb ist ein diametraler Gegensatz zum Selbsterhaltungstrieb und wird diesen deshalb, wie erwähnt, ganz langsam nach und nach unterminieren. Dadurch wird der Erdenmensch zu einem Wesen, das sich vom Tier dadurch unterscheidet, dass es mit sich selbst in Konflikt gerät. Das Tier kann dagegen nicht mit sich selbst in Konflikt geraten. Es kann nur mit anderen Wesen in Konflikt kommen. Sein eigenes Wesen wird fundamental vom Instinkt gesteuert, der so entwickelt ist, dass er das Tier dazu bringt, hundertprozentig im Kontakt mit seinem Selbsterhaltungstrieb und seinen Lebensbedingungen zu leben. Wenn der fortgeschrittene Mensch so leben will, kommt er früher oder später in den seelischen Zustand oder die Krise, die wir „Gewissensbisse" nennen. Der Erdenmensch kann also vom Zustand des Tieres abweichen und anderen Gesetzen folgen als denen des Selbsterhaltungstriebs und des tierischen Instinkts. Diese neue Seite der Natur des Erdenmenschen unterscheidet ihn von jener Seite der Natur, die er sonst mit dem Tier gemeinsam hat.

Der einpolige Sexualismus ist die aus dem Tierreich ererbte Erscheinung im Menschen, die zuletzt untergehen wird

1766. Was hat der Erdenmensch nun mit dem Tier gemeinsam? – Ja, vor allem hat er das gleiche Fortpflanzungsprinzip wie das Tier. Dieses Prinzip basiert, wie wir bereits wissen, auf der Kulmination von Selbstsucht oder Egoismus, was wiederum völlig auf der besonderen einpoligen Sympathie-Veranlagung beruht, d.h. auf der speziellen gegenseitigen Konstellation des männlichen und weiblichen oder des maskulinen und femininen Prinzips im Wesen, was wiederum sein Hervortreten als spezielles männliches oder weibliches Geschlechtswesen bedingt. Da das Fortpflanzungsprinzip und der darauf basierte Selbsterhaltungstrieb einen felsenfesten Kern in der Psyche und Existenz des Tiers und deswegen der am schwersten aufzulösende ist, wird dieser Kern selbstverständlich das Allerletzte sein, was von all den Erscheinungen im Bewusstsein des Erdenmenschen, die dieser mit dem Tier gemeinsam hat, zugrunde geht. Und es liegt auf der Hand, dass dieser Kern nicht ohne weiteres zugrunde gehen kann, ehe ein neues Fortpflanzungsprinzip mit derart entwickelten Organen vorhanden ist, dass es tragfähig genug dazu ist, das Bestehen der neuen Art weiterhin zu fördern.

Weshalb der Mensch und nicht das Tier Gewissensbisse empfinden und Selbstmord begehen kann

1767. Da der irdische Mensch demzufolge zwei konträre Prozesse in sich schließt – einen, der die Natur des Tieres ruiniert, und einen, der den Gegensatz dieser Natur aufbaut, nämlich die „wahrhaft menschliche" –, ist dieses Wesen, wie bereits beschrieben, im Voraus dazu verurteilt, ein Wesen zu sein, das sich mehr oder weniger in Konflikt mit sich selber befindet, ganz abgesehen von dem Konflikt oder Kampf mit den Mitwesen, in dem es sich ständig befindet und den der restliche Teil der tierischen Psyche in seinem Bewusstsein weiterhin verursachen wird. Diese beginnende neue Erscheinung im Bewusstsein des Erdenmenschen ist also auf ein anwachsendes Sympathie-

oder Liebesvermögen und die hiervon erzeugte reine Selbstlosigkeit zurückzuführen, die dem wilden Tier gänzlich fehlt. Das völlig wilde Tier kann nur zu egoistischen Zwecken oder in solchen Fällen, die ein Glied in seinem Selbsterhaltungstrieb sind, schwache Sympathieäußerungen auslösen, wie z. B. beim Paarungsakt oder Fortpflanzungsprozess dem Partner oder den Nachkommen gegenüber. Es kennt kein Gesetz, das gebietet, dass es andere Wesen so lieben sollte, wie es sich selbst liebt. Es kennt nur das Gesetz, das bedingt, dass „sich ein jeder am nächsten ist". Es kann deshalb niemals begangene Handlungen bereuen, so wie es beim Menschen der Fall ist. Der gewöhnliche Kulturmensch lebt dagegen jeden Tag mehr oder weniger in Reue, Ärger und Verdruss über sich selbst und solche Handlungen, die er aufgrund seines tierischen Triebes begangen hat, die er jedoch aufgrund des Anwachsens seiner selbstlosen oder menschlichen Psyche unwürdig findet und deshalb hinterher in Wirklichkeit lieber ungetan gelassen hätte. Diese Unzufriedenheit mit sich selbst oder diesen Konflikt nennen wir „Gewissensbisse". Diese Gewissensbisse oder diese Unzufriedenheit des Individuums mit sich selbst, dieser Krieg gegen den tierischen Teil seiner Psyche, kann so alles beherrschend, so alles dominierend sein, dass er seinen Urheber zum Selbstmord bringen kann. Hier weicht der Mensch also auch vom Tier ab. Die Tiere begehen keinen Selbstmord. Sie planen in keinerlei Weise, sich selbst umzubringen. Sie können natürlich unabsichtlich zu Unglück und Leiden kommen, aber dann kämpfen sie dagegen an. Sie kapitulieren nicht oder werden zu Verrätern an ihrer eigenen physischen Existenz, indem sie sich von ihrem physischen Körper trennen.

Inwiefern der Erdenmensch eine vom „Tier" abweichende beginnende neue Wesensart ausmacht

1768. Der Erdenmensch unterscheidet sich also von den Tieren durch diesen Kampf mit sich selbst. Er ist in Wirklichkeit ein Wesen, in dem sich ein organischer Widerstand gegen diesen seinen tierischen Zustand entwickelt. Dass dieser Zustand, der nur für einen sehr geringen Prozentsatz der Individuen der gesamten Menschheit gilt, keine Abnormität ist, sondern im Gegenteil ein Verhältnis, das für alle ohne Ausnahme gilt, wird durch den Umstand zu einer unerschütterlichen Tatsache, dass dieses Verhältnis bedingt, dass der Erdenmensch kein „Tier" in Reinkultur mehr ist, sondern eben als „Erdenmensch" in Erscheinung tritt. Dieser Widerstand gegen den Egoismus ist ja ein Attentat auf den tierischen Selbsterhaltungstrieb oder eine langsam zerstörende Sabotage. Da dieser Selbsterhaltungstrieb ausschließlich kraft des Egoismus existieren kann, ist dieser psychische Zustand das wichtigste Schutzprinzip des Tieres und wird dadurch beim Tier zu einer göttlichen Vorkehrung oder Tugend. Da der Egoismus oder die Selbstsucht aber schließlich den Urheber überall da ins Unglück bringt, wo es sich um den Menschen handelt, und deshalb hier nur ein Fluch oder die Wurzel aller bitteren Erfahrungen dieses Wesens, seiner seelischen Krisen und außerdem der Kriegsverheerung der erdenmenschlichen Gesellschaft, ihrer Uneinigkeit und Kulturzerstörung sein kann, wird es auch dadurch zu einer unerschütterlichen Tatsache, dass der Erdenmensch kein „Tier" in Reinkultur mehr ist, sondern ein Wesen, das sich auf dem Weg zu einer anderen Daseinsform befindet, ein Wesen, das einem Verwandlungsprozess unterliegt, durch den sein tierischer Zustand nach und nach degeneriert und ein neues Wesen, der sogenannte „wahre, vollkommene Mensch", entsteht.

Was geschehen wird, wenn die Geisteswissenschaft gleich wie die materialistische Wissenschaft anerkannt wird

1769. Gleichzeitig damit, dass dieser Sachverhalt ebenso zur offiziellen Wissenschaft wird, wie das Wissen über die charakteristischen Reaktionen der Stoffe zu anerkannter Wissenschaft geworden ist, werden die Bedrängnisse und Leiden der Menschheit, ihre „Götterdämmerung", ihre „Hölle" oder der ständige Krieg „alle gegen jeden", sehr schnell zum Aufhören gebracht werden. Man wird dann so schnell wie möglich alle erdenklichen materiellen und psychischen Maßnahmen treffen, um jedermann diese erlösende oder befreiende Wissenschaft zu geben und sie jedem zu eigen zu machen, so wie man jetzt in Schulen und Lehranstalten bemüht ist, der Allgemeinheit die Möglichkeit zu geben, lesen, schreiben und rechnen zu können, und es ihr ermöglicht, Mitarbeiter bei jeder materialistischen, technischen und chemischen Schöpfung zu sein. Man wird sich dann darüber im Klaren sein, dass es mindestens ebenso wichtig ist, der Öffentlichkeit Kenntnis über das seelische Wissen und Können zu geben, und somit über die Vollkommenheit des Denkens und Verhaltens, wie sie in das materielle, handwerkliche, wissenschaftliche und künstlerische Können einzuführen. Was nützt es, ein großer Künstler, Wissenschaftler, Handwerker oder Geschäftsmann zu sein, wenn man im rein seelischen Zustand ein Invalide ist oder von Melancholie und Zorn heimgesucht wird, Gift und Galle über alle anderen speit oder sich in einer permanenten Rivalität um Wissen und Können oder um die Gunst eines anderen Menschen, um die Gunst der Gesellschaft, um die Sympathie oder Bewunderung der Mitwesen befindet? – Was nützt es, wenn man fast alle anderen im Leben an materialistischem Wissen und Können überragt, wenn Unzufriedenheit bis zum Lebensüberdruss und Selbstmord an der Seele nagen und einen martern? – Was nützt die gleiche Höhe von Genialität in materialistischer Schöpfung, wenn man von unglücklicher Liebe oder anderen Formen von mentalen und seelischen Störungen und den hierdurch erzeugten anderen Formen von psychischem oder seelischem Elend bis zum Nervenzusammenbruch erfüllt ist? – Ist es nicht gerade ein solches Elend, worunter sowohl die gesamte Menschheit als auch das einzelne Individuum leidet? – Hat die Gesellschaft nicht ein vorzügliches Wissen und Können? – Wird sie nicht von Individuen mit einer alles überstrahlenden Genialität in materialistischem, technischem und chemischem Wissen und Können repräsentiert, und trotzdem kulminiert diese Menschheit im Erleben der „Hölle", der „Götterdämmerung" oder des „Jüngsten Gerichts". Wie sollte dieses Leiden stattfinden können, wenn die Wesen den psychischen oder seelischen Kräften gegenüber ebenso wissenschaftlich eingestellt und überlegen wären, wie den materiellen oder physischen Kräften, Materien oder Energien gegenüber? –

Die materialistische Wissenschaft gefriert alles da zu Eis, wo sie jede religiöse oder geistige Einstellung ignoriert

1770. Es ist also an der Zeit, dass der materialistisch, wissenschaftlich eingestellte Mensch zu erkennen beginnt, dass es primitiv oder naiv ist, alles zu ignorieren, was die psychische, religiöse oder seelische Interessensphäre betrifft. Das gesamte materialistische Wissen gefriert überall da zu mentalem Eis, wo man jede religiöse oder geistige Haltung zum Leben und somit zur Gottheit, Gerechtigkeit und Liebe im Universum ignoriert. Der Materialismus, der heute als „Krieg aller gegen jeden" über das tägliche Leben der Erdenmenschheit hinweggeht, ist nichts weniger als die kalte Jahreszeit des mentalen oder psychischen Kreislaufs, sein Winter, seine Kälte und sein Frost. Dass das Lebensglück der Menschen an dieser Kälte und diesem Frost stirbt, ist wohl nicht so merkwürdig, wenn man mehr oder weniger das psychische, seelische oder geistige Feuer ignoriert, das das mentale Eis auftauen und das Frühjahr und den Sommer in der erdenmenschlichen Mentalität oder Gedankenwelt hervorbringen soll.

Das höchste Feuer und die von ihm ausgelöste Verwandlung des Organismus und des Lebenserlebens der Wesen

1771. Mit diesem Ignorieren würden die Erdenmenschen fortfahren, wenn der ewige Kreislauf in Form des „höchsten Feuers" nicht die Organverwandlung der Lebewesen fördern würde und somit ihr Erleben des Lebens an sich. Kein Zustand ist absolut verbleibend, keine erschaffene Erscheinung kann ewig währen. Alles ist der Verwandlung unterworfen, von den härtesten Steinen oder Mineralien bis zu den kaum wahrzunehmenden Nuancen der feinsten strahlenförmigen, psychischen Materien. An der Entwicklungsleiter sehen wir, wie alle Lebewesen vor uns einen außerordentlich großen Verwandlungsprozess durchgemacht haben. Weder die Pflanzen noch die Tiere der Vergangenheit sind von genau den gleichen Arten und sehen genauso aus wie die der Gegenwart. Die vielen verschiedenen Entwicklungsepochen zeigen uns, welche ungeheuer großen Verwandlungen sowohl mit den Materien als auch mit den Körper- oder Organismusformen hier vor sich gegangen sind, von da an, wo die allerersten zarten Formen von Leben sich hier auf dem Erdball zu zeigen begannen, bis zu unserer eigenen heutigen Existenz. Da die Organismen Werkzeuge für das Wahrnehmen oder das Erleben des Lebens sind, muss dieses Lebenserleben davon abhängen, wie die Struktur des Wahrnehmungswerkzeuges beschaffen ist und welche Kapazität es in der Eigenschaft als Werkzeug für dieses Erleben repräsentiert.

Die kosmische Todessphäre des Lebewesens

1772. Wir sehen denn auch auf dem langen Weg der Entwicklung eine Mannigfaltigkeit von unterschiedlichen Formen des Lebenserlebens. Ein jedes dieser Erlebnisse wird also durch die bestimmte physische Körper- oder Organismusart repräsentiert, mittels der es erlebt wird. Jede solche Art des Lebenserlebens macht eine Bewusstseinssphäre aus, die wiederum dasselbe wie eine Gedankensphäre ist. Eine Gedankensphäre ist also das Gleiche wie eine Lebensbildsphäre, da jeder Gedanke ein mentales oder psychisches Bild ist. Diese durch den Organismus oder Körper erlebte psychische Gedanken- oder Bildsphäre ist wieder dasselbe wie das Bewusstsein des Individuums. Und der hieraus folgende seelische Zustand, der seine Psyche ausmacht, ist wiederum dasselbe wie sein „Geist". Da diese Gedankenbilder falsche Vorstellungen wie auch Bilder von absolut unerschütterlichen Tatsachen sein können, ist das Bewusstsein in zwei Formen von Psychen einzuteilen. Da ein Teil der Psyche demzufolge unwirkliche oder falsche Vorstellungen enthält, deren Fundament also Aberglaube ist, müssen wir diese Form der Psyche das illusorische Lebenserleben des Individuums nennen. Seine ganze hierauf basierte Mentalität, seine Bewusstseinssphäre oder sein Lebensbildpanorama ist also illusorisch oder unwirklich. Ein Individuum mit einer solchen Psyche hat keinen Kontakt mit der Wahrheit. Diese ganze Seite seiner Mentalität oder Psyche wird eine Form von Lebenserleben darstellen, in der sein absolutes Wissen über sich selbst oder über die wahre, ewige oder unsterbliche und somit über Zeit und Raum erhabene Identität des Lebewesens in ihrem elementarsten Stadium ist. Das absolut wahre Bewusstsein des Lebewesens ist hier so schwach oder von so geringer Kapazität, dass es überhaupt nicht zum wachen Tagesbewusstsein des Individuums vordringen kann. Alles, was in diesem Tagesbewusstsein vorgeht, kann deshalb ausschließlich aus Erscheinungen bestehen, die sich auf den Selbsterhaltungstrieb beziehen. Andere Gedankenbilder oder Vorstellungen werden bestenfalls nur als nebulöse Formationen existieren. Sie sind genauso instabil wie die Konturen und Einzelheiten der Wolkenformationen am Himmel. In diesem Bewusstseinszustand oder in dieser Gedankensphäre ist das Erleben des Lebewesens in Wirklichkeit gar kein Lebenserleben sondern ein „Todeserleben". Zu leben und zu existieren, ohne irgend etwas von seiner über jede Zeit und jeden Raum erhabene und somit über jede Materie hervortretende ewige Existenz und erhabene Identität mit der Ewigkeit oder der Gottheit zu wissen, ist dasselbe wie, so weit sich diese Unwissenheit erstreckt, „tot" zu sein. Und wir sind hier also auch bei der einzigen Erscheinung im Universum und in der Ewigkeit angelangt, die als der „Tod" bezeichnet werden kann. Was kann wohl den „Tod" besser repräsentieren als die totale Unwissenheit über das wirkliche Leben und dessen fundamentale Fazits? – Und was kann das „Leben" besser repräsentieren als das wache, tagesbewusste, selbst erlebte absolute Wissen von der eigenen höchsten Identität als Herr des Lebens und somit als Herr über Zeit und Raum, d.h. als identisch mit der Ewigkeit und somit eins mit dem ewigen Vater oder der Gottheit des Weltalls zu sein? – Dass der erstgenannte Bewusstseinszustand existiert, ist ja seit langem zu einer allgemeinen Tatsache geworden, da alle Lebewesen in der irdischen Entwicklungssphäre, von den niedrigsten Tierarten an bis hinauf zum Erdenmenschen, gerade ihn repräsentieren. Ja, er kulminiert geradezu im hundertprozentig materialistischen Gottesleugner oder in demjenigen, der jede geistige oder über- und unterphysische Erscheinung oder Einzelheit abstreitet.

Die Unzugänglichkeit zum wahren kosmischen Wissen für Wesen, die vom tierischen Selbsterhaltungstrieb und von den hierhin gehörenden Vorstellungen über Eigentumsrecht, Nationalismus oder anderen Formen von Äußerungen des Egoismus beherrscht werden

1773. Nach der Kulmination in einem solchen Wesen, das nur Dinge anerkennt, die gewogen und gemessen werden können oder die innerhalb der zeit- und raumdimensionalen Wahrnehmung liegen, nimmt die erwähnte kosmische Todesepoche wieder ab, was sich auf die beginnende Entwicklung einer neuen Interessensphäre gründet. Objekte dieser neuen Interessensphäre sind eben alle psychischen, seelischen oder geistigen Einzelheiten des Lebewesens oder die Lösung des Lebensmysteriums selbst. Durch die Entwicklung oder das Heranreifen dieser neuen Bewusstseinssphäre bekommt das Individuum nach und nach die Fähigkeit, die Todesepoche des Lebenserlebnisses zu überblicken. Der Erdenmensch ebenso wie alle Tiere lebt also im wahren „Totenreich" des Daseins. Die Lebewesen sind hier gewissermaßen „tote" Wesen, was das Wissen über den Kosmos oder das Lebensmysterium betrifft. Das wahre Wissen über das wirkliche Leben ist also total unter dem irdischen, materialistischen Selbsterhaltungstrieb, dem Eigentumsrecht, dem Nationalismus und allen anderen Formen der tierischen Auswirkungen des Selbsterhaltungstriebs begraben.

Ohne die Nachtseite des Spiralkreislaufs zu erleben, wäre es unmöglich, das Leben zu erleben

1774. Diese ganze primitive irdische Lebensauffassung ist die Nachtseite des Lebens selbst. Sie stellt den Gegensatz zum Erleben von Vollkommenheit dar, der notwendigerweise oder absolut existieren und erlebt werden muss, damit es überhaupt möglich sein kann, die absolut wahre Vollkommenheit zu erleben. Das Lebewesen muss also notwendigerweise eine gewisse Form von Unwissenheit oder eine Art kosmischer Bewusstlosigkeit erleben, um Bewusstsein erleben zu können. Man kann unmöglich etwas erleben, von dem man den Gegensatz nicht erlebt hat. Um etwas erleben zu können, ist etwas erforderlich, mit dessen Hilfe das Objekt des Erlebens markiert werden kann, denn ohne diese Markierung wäre dieses Objekt völlig unsichtbar oder der Wahrnehmung oder dem Erleben unzugänglich. Jedes Ding kann nur kraft seines Gegensatzes erlebt werden. Wenn der kosmische Spiralkreislauf nicht in die verschiedenen, voneinander abweichenden Stadien eingeteilt wäre, die sich wiederum auf zwei Formen von Kontrasten konzentrieren, nämlich Licht und Dunkel, sowohl mental als auch physisch, dann könnte keinerlei Lebenserleben stattfinden. Der kosmische Spiralkreislauf lässt sich infolgedessen in zwei große Hauptzonen einteilen, nämlich in seine Nachtepoche und seine Tagesepoche, die, wie bereits erwähnt, im Prinzip dasselbe sind wie sein „Winter" und „Sommer" und wie die dazwischen liegenden Übergangsstadien, nämlich „Frühling" und „Herbst". Die Lebewesen befinden sich also in einem gigantischen Kreislauf, der im Prinzip den bekannten Kreisläufen entspricht, d.h. dem Tages- und Nachtkreislauf, dem Jahreskreislauf und dem Erdenlebenkreislauf, sowie dem Kreislauf der Materie, vom Blütenstadium zum Dungstadium und wieder zurück zum Blütenstadium und immer so weiter, oder dem Kreislauf des Wassers von der Schlammlache zum kristallklaren Trinkwasser oder der reinen Luft und wieder zurück zur Schlammlache und auf diese Weise fort. Die Aufrechterhaltung des Lebens gründet sich überall ausschließlich auf das Prinzip des Kreislaufs und dessen „Jahreszeiten". Wenn wir dies erkennen, ist es leicht zu verstehen, dass das irdische Leben von seinem Beginn auf der Erde an, weiter über Pflanzen und Tiere bis zum fortgeschritten entwickelten Erdenmenschen, die Nachtseite des Spiralkreislaufs und in dieser Nachtseite ein beginnendes Morgen- oder Frühlingsstadium repräsentiert. Dies wird zur Tatsache durch die totale Unwissenheit der Wesen über das wirkliche Leben im Kosmos, die Unwissenheit über ihre eigene Unsterblichkeit und Identität mit der Ewigkeit selbst und die hierauf beruhende alles umfassende Übertretung der Gesetze des Lebens oder die Kulmination von Erleben und Manifestieren des tötenden Prinzips und dessen Auswirkung von Kummer, Geschrei und Qual. Dass man hier ein inniges Verlangen nach der Vollkommenheit oder einem Land des Glücks hat und dass man in seinen Gedanken oder Träumen nach dem totalen Gegensatz jener dunklen Nachtseite des Lebenskreislaufs, in der man sich befindet, späht, dürfte selbstverständlich sein. Was wir hier vor uns haben, ist ja nur die Sehnsucht des „ausgeschlafenen" Wesens nach dem Morgengrauen oder der Ankunft des Tages.

Der Spiralkreislauf ist im Gegensatz zu den materiellen Kreisläufen kein "äußerer" sondern ein „innerer" Kreislauf

1775. Hier in diesem Kreislauf existiert nichts Äußeres, das verlassen wird, und nichts Äußeres, das ankommt, so wie in den materiellen Kreisläufen. Tag und Nacht, Morgen und Abend, Sommer und Winter und die anderen physischen Kreisläufe sind ja nur äußere Begebenheiten, in denen sich das Lebewesen befindet und die es deshalb nur als etwas Äußeres erleben kann. Der kosmische Spiralkreislauf dagegen ist etwas Inneres. Es ist eine Verwandlung der eigenen Struktur des Begehrens oder Wünschens des Lebewesens auf die Weise, dass Begehren oder Wünsche zugunsten des Entstehens von neuen Wünschen und Begierden gesättigt oder erfüllt werden. Das Lebewesen kann niemals ohne Begehren existieren. Eines seiner ewigen Prinzipien ist ja das Urbegehren, auf dem alle existierenden Formen der im täglichen Leben vorkommenden Begehren und Sehnsüchte und deren Befriedigung basieren.

Das Verhältnis des Erdenmenschen zum Essen und zur Sättigung vom „Baum der Erkenntnis" und vom „Baum des Lebens"

1776. Das irdische Lebewesen ist also ein Wesen, in dessen Innerem ursprünglich ein brennendes Verlangen nach dem Materialismus und der Unvollkommenheit oder nach jedem Gegensatz zu jener Form von Glück, Frieden und Freude existierte, die hier in der Finsternis längst begonnen hat, ein Objekt der Sehnsucht für die fortgeschrittenen und von der Finsternis gesättigten Erdenmenschen zu sein. Wir haben gesehen, wie die Sehnsucht nach der Finsternis in dem Bericht der Bibel über Adam und Eva symbolisiert und erzählt worden ist. Adam und Eva, die ursprünglich im Licht lebten, d.h. in der Lichtregion eines früheren Spiralkreislaufs, die aber nur an den Früchten des „Baumes der Erkenntnis" Genuss finden konnten. Sie waren also der Früchte des „Baumes des Lebens" satt. Andernfalls hätten die Früchte vom „Baum der Erkenntnis" für Adam und Eva kein Genuss werden können. Aufgrund dieses Genusses oder dieser Befriedigung des Begehrens wandert das Lebewesen aus der Sphäre der Lichtregion hinaus, durch deren Herbst hindurch und hinein in die Winterzone oder jene Zone, in der wir das materialistische, tötende und mordende irdische Tier und den entsprechenden Menschen finden. In dieser Zone, die einmal die Idealzone war mit ihrem „Walhalla" und ihren rächenden und tötenden Göttern, ihrer Mord- und Kriegsmoral, die jetzt als der moderne Krieg „aller gegen jeden" kulminiert oder als die Götterdämmerung, die im Augenblick die Menschen der Erde martert und deren Atmosphäre sie in Todesröcheln, Blut und Tränen einhüllt, entsteht im Innern des Wesens eine Sättigung an der Finsternis und jene „Ausgeschlafenheit", die es zum Genuss macht, am „Morgen" zu erwachen, d.h. der Überdruss an der Entfaltung des tötenden Prinzips und der innige und chronische Hunger nach Harmonie und Frieden, was in Wirklichkeit dasselbe ist wie der Hunger nach Liebe.

Das Hunger- und Sättigungsprinzip ist das Fundament der Kreisläufe und bewirkt, dass alles einer Verwandlung unterworfen sein muss

1777. Dieser Hunger ist also etwas, was innen im Bewusstsein des Individuums als Resultat seines übermäßig gesättigten Erlebens des Prinzips der Finsternis, des Winters oder der Nachtzone des Spiralkreislaufs entsteht. Was aber bewirkt, dass eine solche Sättigung eigentlich entstehen kann? – Ja, hierauf könnte man antworten, dass dies auf den Umstand zurückzuführen ist, dass man z. B. nichts mehr essen kann, wenn der Magen voll ist, bevor die Nahrung verdaut ist, was natürlich ganz richtig ist, und das gleiche Prinzip gilt gewissermaßen auch hier, aber es beantwortet die Frage nicht vollständig. Die Sättigung ist ein umfangreicheres Prinzip als einzig und allein ein Auffüllungsprinzip. Es ist richtig, dass der Hunger nach Nahrung durch Einnehmen von Nahrung zufriedengestellt werden kann, d.h. also durch ein Auffüllen des Magens, aber wenn das Individuum dabei bleibt, jedes Mal, wenn es Hunger hat, dasselbe Gericht zu sich zu nehmen, dann wird es zuletzt dieses Gericht verabscheuen, ja, geradezu Ekel davor empfinden. Dass es ursprünglich sein Leibgericht war, ändert nichts an diesem Prinzip, d.h. diese Sättigung und dieser Ekel werden sich dennoch unweigerlich einfinden. Und durch die Abscheu vor diesem Gericht entsteht ein unerschütterlicher Wunsch nach Veränderung der Kost oder das Verlangen nach einem anderen Gericht. Und so fängt dieselbe Geschichte wieder von vorn an, bis nicht nur die akute, sondern auch die chronische Sättigung und Abscheu vor demselben Gericht entstanden ist und die Sehnsucht nach neuen Gerichten abermals dominiert. Hier enthüllt sich also ein Prinzip, das eine andere Form der Sättigung zur Folge hat als die akute oder vorübergehende, nämlich die andauernde oder chronische Sättigung. Diese chronische Sättigung zeigt ein Prinzip, das nicht nur bedingt, dass das Individuum nicht in alle Ewigkeit bei demselben Gericht oder derselben Kost bleiben kann, es bedingt außerdem, dass das Individuum auch in keinerlei anderem Verhältnis im täglichen Leben in derselben Sphäre oder bei der gleichen Form des Erlebens des Lebens verbleiben kann. Alles muss allmählich unmodern werden, alles muss allmählich veralten und zugunsten neuer Erlebnisformen und Gedankensphären verlassen werden. Jede Veränderung der Lebensform, jede Verwandlung der Körperstruktur, die Erscheinung der Wesen in neuen Arten oder Rassen, die Verwandlung der Wesen vom Tier zum Menschen oder jener Verwandlungsprozess überhaupt, den wir Entwicklung nennen, wird also ausschließlich von diesem allem zu Grunde liegenden Hunger- und Sättigungsprinzip gefördert.

Wenn das höchste Feuer nicht existieren würde

1778. Was ist nun dieses mystische Prinzip? – In welchen Organen in der Leibes- und Körperstruktur hat dieses Prinzip seinen besonderen Sitz? – Ja, hier kommen wir wie so oft zuvor in unserem Studium des „Livets Bog" zu derselben Realität, d.h. zu demselben Fazit. Dieses Prinzip ist das „höchste Feuer", das seine Domäne in der sexuellen Struktur des Individuums hat und durch die beiden konträren Organe, nämlich den maskulinen und den femininen sexuellen Pol, ausgelöst wird. Wie der entwickelte Forscher hier sieht, ist es egal, wie auch immer wir unsere logische Gedankenkonzentration in den großen Labyrinthen, Details und Erscheinungen des Lebensmysteriums wenden und drehen, die Logik oder das vollkommene Denken, d.h. die vollkommene Klarlegung der großen Prinzipien und Gesetze des Lebens, führt uns absolut sicher und unerschütterlich immer wieder zu diesem großen alles überschattenden Prinzip, zu diesem alles erwärmenden und Leben spendenden Feuer. Dieses Feuer ist das innere Fundament des Lebens selbst, der Wesen und somit das innere Fundament der Gottheit. Auf diesem Feuer ruht der Wille der Gottheit, die Steuerung des Universums und damit absolut jegliches Erleben von Leben. Ohne dieses Feuer hätten wir niemals den Schein der Sonne und der Sterne sehen können, wir hätten weder das weiße Leichentuch des Winters noch die strahlenden Blumenteppiche und den tausendfachen Vogelchor des Sommers erlebt. Wir hätten nie in die Augen eines liebevollen Vaters und einer liebevollen Mutter geschaut, wie wir auch nie die Gelegenheit dazu bekommen hätten, unsere eigene innerste Herzenswärme in die Augen, Seelen und Sinne jener Wesen zu senden, die wir über alles auf der Erde lieben. Ohne das „höchste Feuer" hätten wir nie die Gelegenheit gehabt, die Größe des Universums, seine unermesslichen Entfernungen in Zeit und Raum, seine Kulmination als Wille Gottes in Liebe und unsere eigene Identität als eins mit diesem über Zeit und Raum erhabenen Ursprung der Liebe zu sehen.

Das höchste Feuer ist mittels der zwei sexuellen Pole das Fundament für das Licht und das Dunkel des Lebenserlebens

1779. Das höchste Feuer liegt also, mit seinem Zunehmen bis zur Lichtkulmination und seinem Abnehmen bis zur Dunkelkulmination, jeglichem Erleben von Leben zu Grunde. Zwischen diesen beiden Außenpunkten liegt jegliches existierende Bewusstseinsleben und alles, was überhaupt erlebt werden kann. Während der Passage zwischen den zwei Außenpunkten wird des Wesens Erleben des Lebens erschaffen, da aufgrund dieser Passage jenes Gegensatzverhältnis erschaffen wird, ohne das jedes Erlebnis völlig unmöglich wäre. Dieses Kontrastverhältnis wird automatisch mittels der Struktur des höchsten Feuers erschaffen. Da diese Struktur also die zwei großen konträren Kulminationen, d.h. die Dunkelheit und das Licht, erschaffen soll, die sich in all ihren Abschattungen wie Hunger und Sättigung, Gut und Böse, Hass und Liebe, Unzufriedenheit und Zufriedenheit, Kummer und Freude und Krieg und Frieden wiederholt, sowie in den leitenden Kreisläufen wie dem Stoffkreislauf, dem Tag- und Nachtkreislauf, dem Jahreskreislauf, dem Erdenlebenkreislauf und dem Spiralkreislauf, ist diese Struktur in zwei dementsprechende Sätze von Organfunktionen einzuteilen. Die Funktionen dieser zwei Sätze haben wir bereits als die „maskulinen" und die „femininen" Manifestationen kennen gelernt. Als Urorgan für diese zwei Sätze, die die Funktionen des Lebenserlebens bedingen, treten also die zwei entsprechenden sexuellen Pole in Erscheinung.

Aufgrund des höchsten Feuers, das der Hauptfaktor im „X2" oder Oberbewusstsein ist, kann das Lebenserleben des Wesens niemals aufhören

1780. Überall, wo sich das Leben offenbart, kann dies nur mittels des Zusammenspiels der Reaktionen dieser zwei Pole oder Urorgane vor sich gehen. Kein Leben oder Erleben von Leben kann deshalb offenbart werden, es sei denn kraft der untrennbaren Zusammenarbeit dieser zwei Organe. Deshalb wird ein jedes Lebewesen, das eben die absolut einzige Erscheinung ist, durch die die Manifestation und das Erleben des Lebens zur Entfaltung kommen kann, eine Kombination dieser zwei Pole sein, nämlich eine Kombination des „maskulinen" und des „femininen" Pols. Diese zwei Pole machen ein allerhöchstes ewiges Wahrnehmungsprinzip aus, das seinem Träger eine entsprechende ewige Möglichkeit garantiert, den Gegensatz oder Kontrast zu schaffen, auf dem jedes Erlebnis basiert. Das Wesen kann also nie in eine Situation kommen, in der sein Erleben des Lebens aufhört. Dieses Prinzip mit seinen zwei auslösenden Polen ist das Fundament des Oberbewusstseins des Individuums und hat seinen Sitz in dessen zweitem Prinzip, d.h. im „X2".

Das ausgeprägt männliche und das ausgeprägt weibliche Geschlechtswesen können ihr Dasein nur kraft Egoismus, Mord und Totschlag aufrechterhalten

1781. Hier auf der physischen Ebene, auf der der gewöhnliche Erdenmensch in der Kulminationszone der Finsternis lebt oder wo der dunkle Kontrast im Verhältnis zum Lichtkontrast völlig dominiert und deshalb den Tag des Jüngsten Gerichts, die Götterdämmerung, die Hölle mit dem Krieg „aller gegen jeden", den Tod in Gaskammern, Hinrichtungen, Sadismus, Folter, Verfolgung, Krankheiten und Geisteskrankheiten usw. hervorruft, kennen die Wesen die zwei Prinzipien und Pole nur als eine Struktur oder wechselseitige Konstellation, die die Lebewesen zum „männlichen" und „weiblichen" Geschlecht formt. Das ausgeprägt „männliche" und „weibliche" Geschlechtswesen repräsentiert also genau jene gegenseitige Konstellation dieser Pole, die die Grundlage für den Finsterniszustand, die Götterdämmerung oder die Hölle des Spiralkreislaufs und somit des Lebens ist. Da das Individuum in dieser Zone fast kosmisch bewusstlos ist (es kann nur zeit- und raumdimensionale Dinge oder Erscheinungen, die gemessen und gewogen werden können, wahrnehmen), ist es als ein kosmisch totes Wesen zu betrachten. Es repräsentiert den Tod oder jene Bewusstlosigkeit, die das „Essen vom Baum der Erkenntnis" eben zur Folge haben sollte. Der Erdenmensch in seinem materialistischen und abergläubischen oder den Geist verleugnenden Zustand repräsentiert also die Winterkälte des Spiralkreislaufs, d.h. den Kontrast oder Gegensatz zur Liebe. Seine sympathischen Anlagen erstrecken sich nur über den Bereich innerhalb des Fortpflanzungstriebs und werden dadurch zu einem Bestandteil des Selbsterhaltungstriebs. Diese Form von Sympathie kann in ihrem höchsten Zustand das Individuum nur dazu bringen, ausschließlich sich selbst zu dienen und ebenfalls sich nur dienen zu lassen oder auf Kosten anderer zu leben. Sie löst einen Widerstand oder eine Sabotage am Grundton des Universums oder des Lebens selbst aus. Da, wo ein solches Wesen das Leben in dieser Form aufrechterhalten soll, die für dieses Wesen sein Glück bedeutet, kann diese Aufrechterhaltung nur auf Kosten anderer Lebewesen geschehen. Es muss schlimmstenfalls töten, um zu leben. Ja seine Nahrung sind sogar die Organismen, das Fleisch und Blut anderer Wesen. Eine größere Sabotage am Leben und damit am Frieden und Glück der Wesen kann nicht ausgeübt werden.

Die wirkliche Liebe im Verhältnis zur Sympathie des männlichen und weiblichen Geschlechtswesens

1782. Da die andere Form von Sympathie oder Liebe, wie erwähnt, von einer totalen Selbstlosigkeit gefördert wird, wird sie nur das Wohlergehen anderer Lebewesen fördern, indem sie seinen Urheber davon abhält, sich dienen zu lassen, und ihn dazu bringt, nur zu leben, um anderen zu dienen. Dass das Hervortreten eines solchen Wesens überall da, wo es sich zeigt, zugunsten der Weltordnung sein wird, ist eine Selbstverständlichkeit. Da das Weltall aus Lebewesen besteht, ist es klar, dass nur mentaler Sonnenschein, Licht und Glück in jeder Gruppe solcher Wesen herrschen kann, wenn jegliches dieser Wesen, die also Zellen in diesem All sind, nur Glück und Wohlbefinden daran finden können, ihren Mitwesen zu dienen. Diese Wesen kommen damit in vollen Kontakt mit dem Grundton des Universums, der eben Leben, Frieden und Freude spendet und nicht Krieg, Mord oder Hass, Verfolgung und Unterdrückung oder das selbstsüchtige Ausnutzen von Mitwesen verursacht.

Die zwei Formen von Sympathie der Erdenmenschheit: die Ehe und die Nächstenliebe

1783. Wenn der Erdenmensch also in seinem jetzigen Stadium der mentale Kälte- und Finsternisauslöser des Spiralkreislaufs ist, dann ist das auf sein besonderes Verhältnis zu dem höchsten Feuer oder der speziellen Konstellation zurückzuführen, die die zwei sexuellen Pole in diesem Wesen repräsentieren. Wie bereits erwähnt, verursachen diese beiden Pole in der Mentalität der Erdenmenschheit zwei spezielle, konträre Formen von Sympathie. Von diesen zwei Sympathieformen macht die eine jene aus, auf der die Ehe oder das Paarungs- oder Fortpflanzungsprinzip der Art basiert. Sie ist deshalb dem gegenwärtigen Erdenmenschen am meisten wohlbekannt und voll und ganz als eine absolut normale Erscheinung autorisiert und öffentlich anerkannt. Folglich ist sie bei diesem Wesen in Form der Ehe gesetzlich geschützt und hat durch den Trauschein den Segen des Staates oder des Volkes bekommen. Weniger bekannt in der Welt ist dagegen die andere Form von Sympathie, obwohl sie nun schon jahrtausendelang der innerste Kern der fortgeschrittenen humanen Weltreligionen gewesen ist. In der christlichen Weltreligion hat sie ihren fundamentalen und alles sagenden Ausdruck in den Worten des Welterlösers bekommen: „Du sollst deinen Nächsten lieben wie dich selbst". Dieses große Gebot ist ferner dadurch gegen Irrtümer oder falsche Interpretationen abgesichert, dass der Welterlöser in diesem Zusammenhang auch die Worte sprach: „Du sollst den Herrn, deinen Gott, lieben mit ganzem Herzen, mit ganzer Seele und mit all deinen Gedanken" und bestätigte, dass „an diesen beiden Geboten das ganze Gesetz samt den Propheten hängt". Wie sollte es möglich sein, diese göttlichen Worte, diese ewige Analyse anders zu deuten als eben mit den buchstäblich angeführten Worten oder dem direkt ausgedrückten Sinn? – Da wir alle, sowohl unser Nächster als auch wir selbst, als ein Etwas von Gott existieren, wäre es ja unmöglich, Gott zu lieben, ohne seinen Nächsten zu lieben. Derjenige, der seinen Nächsten hasst und verfolgt, hasst und verfolgt Gott. Der Welterlöser sagte weiterhin, dass alles, was man „einem dieser Geringsten" (seinem Nächsten) getan oder nicht getan hat, man auch ihm getan oder nicht getan hat. Und da er und der Vater eins waren, bedeutet das also, dass alles, was man seinem Nächsten gegenüber tut oder nicht tut, das hat man also dem Vater oder der Gottheit getan oder nicht getan. Nur sehr naive oder gegen wahre Nächstenliebe feindlich gesinnte Wesen können eine solche Naivität, einen solchen Mangel an Intellektualität in sich haben, dass sie wie der Tor dort unbesorgt wandern, wo Engel nicht hinzutreten wagen, und das oben erwähnte Gebot so auszulegen beginnen, dass es mit Krieg, Eroberung und Unterdrückung von anderen, Diktatur, Verfolgung und Terror zu religiösen und politischen Zwecken nichts zu tun hat. Da sich aber ein sehr großer Teil der Mentalität der Erdenmenschheit eben noch auf diesem primitiven mentalen Niveau befindet, ist die Nächstenliebe für die Allgemeinheit auf die gleiche Weise immer noch nur eine genauso ferne Utopie wie die sonnenhellen, warmen Tage des Sommers weit vom Eis, von der Kälte und Dunkelheit des Mittwinters entfernt sind.

Warum die Nächstenliebe das Einzige ist, was die mentalen Eisberge der Menschheit zum Schmelzen oder deren Götterdämmerung oder Hölle zum Verschwinden bringen kann

1784. Zwischen Wintersonnenwende und Sommersonnenwende existiert jedoch die Frühjahrs-Tages- und Nachtgleiche. In die kalte Winterdunkelheit dringen nach und nach die milderen Frühjahrswinde ein und verursachen das Frühlingserwachen oder den Untergang des Winters. Und so geschieht es auch in der Mentalität der Erdenmenschheit. Inmitten ihrer religiösen und politischen Weltkriege, ihrer Götterdämmerung oder Hölle fangen schwache Frühlingswinde von der Tagundnachtgleiche des großen kosmischen Spiralkreislaufs in Form von all dem, was unter den Begriff „Humanismus" fällt, an zu wehen. Hinter diesem Ausdruck steckt in Wirklichkeit nur die beginnende Nächstenliebe oder jene Sympathie, die sich weiter erstreckt als das übliche vom männlichen und weiblichen Geschlecht diktierte Zusammenleben und die hierauf beruhende Familien- oder Verwandts chaftssympathie. Ja, ist dieses vorher beschriebene göttliche Gebot der Nächstenliebe nicht geradezu wie ein solcher wärmender Frühlingswind, der notwendigerweise absolut alle mentalen Eisberge dort zum Schmelzen bringen muss, wo er die Herrschaft bekommt? – Was sonst kann den Frost und die Kälte des Hasses, den tödlichen Zorn, die Tortur und Rache entfernen, wenn nicht der totale Gegensatz dieser Erscheinungen, nämlich die „Liebe"? – Ist die Wärme nicht das Einzige, was die Kälte beseitigen kann? – Wie sollte man denn Kälte mit Kälte beseitigen können? – Wird es nicht zur einleuchtenden Tatsache, dass die tödliche Götterdämmerung der Menschheit, ihre Hölle und ihre Kriegsmentalität, d.h. ihre konzentrierte mentale Winterkälte, unmöglich mit anderem entfernt werden kann als mit einer entsprechend konzentrierten, mentalen sommerlichen Wärme? –

Weshalb die Sexualität des Erdenmenschen dem Verwandlungsprozess des Kreislaufs unterworfen ist

1785. Von wo aber soll diese mentale sommerliche Wärme herkommen? – Ja, wo kommen der physische Winter und Sommer her? – Sie werden vom alles bestimmenden Kreislaufprinzip verursacht. Ist es dann nicht glaubwürdig, dass dasselbe Prinzip im psychischen oder mentalen Bereich auch vom Kreislauf herkommt? – Treffen nicht gerade die gleichen Gesetze und Prinzipien überall zu, sowohl auf psychische oder mentale Materien wie auf physische? – Aber wie wird nun der Kreislauf dirigiert, und wo hat dieses Prinzip seinen Sitz oder wohin gehört es? – Ja, haben wir nicht auch hier durch die kosmischen Analysen im „Livets Bog" einen so ausreichenden Einblick in das Lebensmysterium bekommen, dass wir wissen, dass dieses alles dirigierende Prinzip seinen Sitz nur in dem „Etwas" im existierenden Universum oder Weltall haben kann, das „X2" heißt, d.h. im „Oberbewusstsein" des Lebewesens? – Ist es für den entwickelten Forscher oder das Leben Studierenden von diesem Werk aus gesehen nicht gerade eine Tatsache, dass der Kreislauf ein Umgestaltungsprinzip ist, das das wechselweise Erleben von jenen Licht- und Dunkelkontrasten zu der Manifestation bringt, die das Leben ausmacht? – Erzeugen dieses im Oberbewusstsein eines jeden Lebewesens ansässige Kreislaufprinzip und die darauf beruhende Organstruktur nicht sowohl Kindheit, Jugend, Mannesalter und Greisenalter wie Winter, Frühjahr, Sommer, Herbst sowie Mitternacht, Morgen, Mittag und Abend? – Dirigiert dasselbe Prinzip nicht überall die Verwandlung der Materie und macht das Wasser wechselweise zu Schlammlachen und dann zu kristallklarer Luft, zu blauem Himmel mit weißen Wolken, zu Morgen- und Abendrot und danach wieder zu Lachen, um dann wieder in das strahlende und sonnenhelle Dasein hinaufzusteigen und auf diese Weise fortsetzend? – Da alle Materien also dem ewigen Kreislaufprinzip unterliegen, das ihr Erscheinen wechselweise als Abwasser und als klarer Himmel, als Nutzgegenstände und Abfall, als reine Früchte und als Dung usw. bedingt, ist es ganz selbstverständlich, dass die mentalen Energien dem gleichen Prinzip unterliegen müssen und dieselben Erscheinungen in mentaler Form aufweisen. Wieso sollten wir nicht dieselben Erscheinungen im mentalen Bereich bemerken? Das Kontrastprinzip kann schließlich nirgends entbehrt werden. Ohne dieses Prinzip wäre jegliche Form des Erlebens ja völlig ausgeschlossen. Wenn wir Menschen sehen, die Räuber, Betrüger, Mörder oder Sadisten oder auf andere Art und Weise pervers sind und als Säufer, Raucher oder Morphinisten auftreten oder anderen Formen von unterminierenden Lastern verfallen sind und hilflose Schwächlinge oder lebendige Leichen darstellen oder geisteskrank oder sinnesschwach sind, und dann den Gegensatz davon, d.h. große Humanisten oder Kämpfer für Gerechtigkeit, große Künstler, edle, ehrliche und treue Menschen mit den allerhöchsten Idealen und Tugenden, große Genies in Wissen und Können usw., ist es dann nicht das gleiche Prinzip, die gleiche Erscheinung, die wir schon im Hervortreten der Materie als wechselweise Verwandlung der Schlammlachen gesehen haben? – So wie die Materien nicht gleich sein können, sondern verschiedene Stadien im Kreislauf zwischen Licht und Dunkel, zwischen Wärme und Kälte aufweisen, müssen die mentalen Materien doch auch die verschiedenen Stadien in jenem Kreislauf aufweisen, den sie repräsentieren. Deshalb muss es Gedankenarten und Vorstellungen, Handlungen oder Willensmanifestationen geben, die die Moderpfützen, den Schlamm, den Schmutz, den Abfall, den Dung usw. repräsentieren. Es muss Gedankenarten oder mentale Erscheinungen geben, die die Kälte des Winters oder den tötenden Frost repräsentieren, wie es auch mentale Erscheinungen geben muss, die den Gegensatz repräsentieren, nämlich die Wärme, die inspirierend und Leben spendend sein muss. Es muss mentale Erscheinungen, Gedanken und Handlungen geben, die strahlende Sommermanifestationen und u. a. reife, genießbare Früchte sind und somit den allerhöchsten Kontrast zum Dung ausmachen, von dem sie gefördert wurden und zu dessen Zustand sie notwendigerweise wieder zurückkehren müssen. Dass die Sexualität des Erdenmenschen, d.h. der tierische Paarungsakt, auch nichts sein kann, was außerhalb des alles umfassenden Kreislaufprinzips existiert, dürfte wohl hieraus logisch folgen.

Inwiefern das überlieferte Moralgesetz gesprengt worden ist und von der Allgemeinheit nicht mehr befolgt wird

1786. Auf der ganzen Linie sehen wir ja auch die großen Schwankungen in der sogenannten „normalen" und somit als „moralisch" betrachteten Sexualität. Die Erdenmenschen haben in ihrer Religion und Moralauffassung einen bestimmten sexuellen Zustand als den unerschütterlich natürlichen aufgestellt, von dem am besten keinen einzigen Zoll abgewichen werden darf. Zwischen Mann und Frau darf demnach kein Beischlaf oder nur die kleinste Äußerung des Paarungstriebs außerhalb der vom Priester geweihten Ehe stattfinden und wenn, dann am liebsten nur mit der Absicht, Nachkommen zu zeugen, wie auch Ehescheidungen am liebsten nicht stattfinden dürfen. Dass die auf diese Weise aufgestellte Tugend und Ehrbarkeit ein bestimmtes Stadium im Kreislauf vertreten, ist natürlich klar, aber es ist genauso gegeben oder selbstverständlich, dass dieses Stadium in der Mentalität der Wesen nicht aufrechterhalten werden kann. Es wird von dem darauf folgenden Stadium dieses Kreislaufs genauso sicher gesprengt werden, wie das Stadium des Winters unweigerlich vom nachfolgenden Frühjahrs- und Sommerstadium des Jahreskreislaufs gesprengt wird. Ein sexuelles Moralgesetz zu schaffen, das ewig gelten kann, ist genauso töricht wie ein Moralgesetz aufzustellen, das ewig die Ankunft des Frühjahrs verbieten würde. Keine Macht ist größer als die des Kreislaufs. Nur kraft dieses Kreislaufs existiert die Allmacht der Gottheit. Deshalb wird ein jedes aufgestelltes Moralgesetz unweigerlich nur für eine kleine lokale Zone oder Epoche im Kreislauf gelten können. Andernfalls würde das Kreislaufprinzip des Universums oder Gottes Allmacht gesprengt werden, und dass dies geschehen wird, wagt wohl kein wirklich intellektueller oder kosmischer Forscher zu behaupten? – Die Gesetze der Natur oder des Lebens, die ja die Allmacht der Gottheit fördern, richten sich nicht nach dem Individuum, sondern das Individuum muss sich nach der Natur richten. Dass diese oben erwähnte eheliche Moral oder Paarungstugend längst von der breiten Öffentlichkeit gesprengt worden ist, dürfte wohl für jeden intellektuellen Menschen eine alles überschattende Tatsache sein. Wir haben hier im „Livets Bog" bereits ausführliche Beschreibungen über die degenerierenden Ehen, über die in diesen stark dominierende Untreue und die hieraus folgenden tausend und aber tausend Scheidungen vermittelt. Dazu kommt noch die außerhalb der Ehe ausgebreitete sexuelle Befriedigung zwischen den Geschlechtern, ganz abgesehen von der Schar von Menschen, die sich gänzlich außerhalb der ehelichen Paarungstendenz befinden, d.h. die vielen tausend und aber tausend alleinstehenden Wesen, die das ganze Leben lang existieren, ohne jemals einen Drang nach der Ehe oder dem Geschlechtsverkehr mit dem anderen Geschlecht gehabt zu haben. Und sehen wir nicht innerhalb der Reihen dieser alleinstehenden Wesen wiederum eine Schar von Wesen, deren Sympathie in Richtung ihres eigenen Geschlechts geht, eine Sprengung der orthodoxen Moral, die Jahrhunderte lang als Todsünde aufgefasst wurde? – Aber wie sehr man auch gepredigt und mit ewiger Verdammnis, Hölle und Todesstrafe gedroht hat, hat man nur erreicht, die betreffenden Wesen zu foltern, zu quälen und zu töten. Das Kreislaufprinzip (die Allmacht Gottes) und die hierauf beruhende Entwicklung sind ungehindert über die Erde hinweggegangen. Gottes Umgestaltung des Menschen zu seinem Abbild ließ sich nicht von der speziellen Auffassung über die Sexualität einer kleinen lokalen Epoche und ihrer entsprechenden lokalen Moral aufhalten. Der Mensch bestimmt nicht über das höchste Feuer, sondern diese höchste mentale Wärmequelle bestimmt über den „Menschen". Das Frühlingserwachen des kosmischen Kreislaufs konnte deshalb nicht ausbleiben. Es gab immer mehr alleinstehende Wesen, immer mehr Untreue in den Ehen, immer mehr Scheidungen, immer mehr uneheliche Kinder und immer mehr unfruchtbare Ehen, ganz abgesehen von der Atmosphäre von Staub, Gestank und Fäulnis, die bei Degeneration und Zusammenbruch immer mehr oder weniger anwesend ist. Hier wird diese Atmosphäre von einer Menge sexueller Ausschweifungen, Perversitäten und Krankheiten der Organe und der Seele repräsentiert, die die Erdenmenschheit quält und die Tausende Menschen zunächst mehr oder weniger zu physischen und geistigen Wracks macht. Weder Gefängnisse, Todesstrafen, Moralpredigten, das sechste Gebot noch die moderne Wissenschaft haben es vermocht, das Gesetz der Natur, das jetzt heranbrausende kosmische Frühlingserwachen des ewigen Spiralkreislaufs und den hierdurch offenbarten göttlichen Willen, d.h. den Untergang des Tierreichs und das Erschaffen des Himmelreichs in der Mentalität der Erdenmenschheit, nämlich die Umgestaltung des „Tieres" zum „Menschen" oder die Inkarnation des „Abbildes Gottes" im physischen Fleisch und Blut, aufzuhalten.

Die Erdenmenschen sind unfertige Wesen bezüglich des Erscheinens als „Gottes Abbild"

1787. Der Mensch als „Abbild Gottes" ist kein Wesen, das nur mit einem Säugetierorganismus jonglieren kann. Er ist kein Wesen, das organisch so aufgebaut ist, nur das andere Geschlecht lieben zu können, um somit ein geborener Nebenbuhler der Wesen des eigenen Geschlechts zu sein. Er ist kein Wesen, das dem Gesetz unterliegt, das bedingt, dass man töten muss, um zu leben. „Gottes Abbild" kann kein Wesen sein, das lieber nimmt als gibt, das sich lieber dienen lassen will als selbst zu dienen. „Gottes Abbild" kann kein Wesen sein, das ein Sklave von Neid und Eifersucht, Missgunst und Habsucht, Machtgier oder dem Gefühl von Besitzerrecht an Wesen und Dingen ist. „Gottes Abbild" muss die Kulmination der größten Eigenschaft des Lebens sein, nämlich der, bis zu hundert Prozent sich selbst für das Glück und Wohlergehen anderer hingeben zu können. Wenn das Bewusstsein oder die Psyche des ewigen höchsten „Etwas" oder „Ich" des Universums nicht so wäre, wie glaubt man dann, dass der Grundton des Universums kulminierende Liebe werden konnte? – Alles in der Natur ist ausschließlich darauf eingerichtet zu dienen und nicht, um bedient zu werden. Hier müssen wir natürlich jene Betreuung ausschließen, die jedes Wesen in Form von Beschützung bei seiner Geburt und während seiner Jugend haben muss, bis es selbst volljährig und alt genug geworden ist. Aber alle reifen Erscheinungen sind nur dafür vorgesehen, ein Geschenk des Lebens für das Leben zu sein, und lassen es dadurch zu einer Tatsache werden, dass der Grundton des Universums die „Allliebe" ist. Wenn die Erdenmenschheit innerhalb ihrer physischen und mentalen Lebenssphäre so viele von der Liebe abweichende Manifestationen umfasst, dann wird es damit zur Tatsache, dass man hier etwas Unfertigem gegenübersteht.

Der Widerstand gegen die natürliche sexuelle Verwandlung des Erdenmenschen ist eine Sabotage an Gottes Schöpfung des „Menschen als sein Abbild"

1788. Die einpoligen Wesen, d.h. die Wesen männlichen und weiblichen Geschlechts, sind also unfertige Wesen, wenn vom „Menschen als Abbild Gottes" die Rede ist. Die spezielle organische Struktur, die eine Psyche festhält, die nur eine partielle Sympathie für die Umgebung auslösen kann oder eine Sympathie für einen im Voraus angepassten, unentbehrlichen Nächsten, nämlich für ein Wesen des anderen Geschlechts, die aber Rivalisierung und Hass gegen Wesen des eigenen Geschlechts bedeutet, zu einer ewigen, festen mit Hilfe von Todesstrafe aufrechterhaltenen Moralbasis zu machen, kann nur bedeuten, im allerhöchsten Maße der Natur, dem Leben oder dem Willen oder der Absicht Gottes mit dem Menschen zu trotzen. Auf die Dauer kann nicht vermieden werden, dass dies eine Sabotage an Gottes Erschaffung des „Menschen als sein Abbild" wird. Es wird deshalb nun Zeit, dass man sich ein wenig den Kreislauf der sexuellen, organischen Struktur des Erdenmenschen ansieht. Aufgrund des ganzen gegenwärtigen psychischen und seelischen Zustands des Erdenmenschen ist dessen sexueller Drang oder sexuelles Bedürfnis nicht geringer geworden. Hier zeigt überhaupt nichts an, dass das sexuelle Prinzip an sich im Begriff steht aufzuhören. Der Sachverhalt ist dagegen der, dass die sexuelle Befriedigung in einem Ausmaß betrieben wird, das unmöglich in die Beschränkung der gestellten, autorisierten und religiösen Tugenden hineinpasst. Millionen Paarungsakte werden also unter befruchtungshindernden Formen ausgeführt, ganz von dem Ozean an geschlechtlichen Befriedigungen abgesehen, die völlig außerhalb der üblichen oder sogenannten „natürlichen" Paarungsmethoden in Form von sogenannten „unnatürlichen" oder „homosexuellen" Erscheinungen vorkommen. Moralvorschriften, rechtliche Verfolgung und Strafe, üble Nachrede, Hohn und Spott haben also in keiner Weise die sexuelle Entwicklung des Edenmenschen aufhalten oder die sexuelle Befriedigung innerhalb der vorgeschriebenen, autorisierten Moralgesetze halten können. Diese Moralgesetze sind längst geschwächt und gesprengt worden und haben für Millionen Erdenmenschen keine Bedeutung mehr. Dass juristische oder polizeiliche Maßnahmen und Interventionen hier, wie in so vielen anderen führenden seelischen oder psychischen Anlagen des Lebens, notwendig waren und es immer noch sind, ist natürlich klar. Solange die Menschen noch in einem so großen Ausmaß, wie es der Fall ist, tierische Tendenzen haben und davor nicht zurückweichen, die Zufriedenstellung ihrer Begehren durch Macht und Terror, Mord und Totschlag zu erreichen, solange die vorläufige Heimatlosigkeit ihres sexuellen Triebs viele Individuen zu unnatürlichen Neigungen gebracht und sie zu Sadisten, Brandstiftern oder Wesen mit anderen ernsten Entgleisungen der normalen sexuellen Entwicklung gemacht hat, sind Schutzmaßnahme absolut notwendig. Solche abnormen Wesen können ja eine Gefahr für die Gesellschaft und nicht zuletzt für sich selbst sein, wenn gegen die Entgleisungen und deren Wirkungen keine schützende, juristische Mauer aufgestellt wird.

Ein Bereich der verwandelten Sexualität, der keine Entgleisung ist und deshalb andere Wesen nicht zum Eingreifen auf diesem Gebiet berechtigt

1789. Wozu nun aber diese ganze sexuelle Entwicklung? – Liegt es nicht auf der Hand, dass diese ganz anders verlaufen ist, als die Priester und die übrigen Autoritäten der Moral doziert und verkündigt haben? – Ist es nicht eine Tatsache, dass weder Priester noch Juristen diese riesige sexuelle Verwandlung, diese in den Wesen anwachsende Begierde, aufhalten konnten? – Ist es nicht eine Tatsache, dass die Befriedigung dieser Begierde unmöglich innerhalb der überlieferten, traditionalen Ehegesetze oder des anerkannten Moralgesetzes gehalten werden konnten? – Was können die Behörden heute sonst tun als versuchen, eine juristische oder polizeiliche Schutzmauer gegen die gefährlichen Individuen aufzustellen, die entwicklungsmäßig sexuell entgleist sind? – Wenn die Wesen von der autorisierten Paarungstugend abweichen, aber keine gefährlichen Tendenzen zeigen, weder in sadistischer noch in mörderischer Hinsicht, oder wenn es keine Tendenz gibt, Minderjährige zu begehren, und keine Fälle vorkommen, in denen die Wesen ihrem Trieb wie einem Laster unterliegen, das sie nicht beherrschen können und das sie folglich an den Abgrund, in die Gemütskrankheit oder Geistesschwäche führen wird, dann gibt es ja nichts an der sexuellen Einstellung dieser Wesen, was andere belästigen oder diese dazu berechtigen kann, einzugreifen. Und hier zeigt es sich denn auch, dass man gar nichts machen kann. Hier ist die sexuelle Entwicklung nämlich nicht entgleist. Die Wesen repräsentieren hier in der Regel eine hoch stehende intellektuelle Entwicklung, ja, sie sind sogar im besten Fall Aspiranten für die Einweihung, wenn sie nicht bereits eingeweiht sind. Dass solche Wesen nicht verheiratet sind, ist natürlich eine Selbstverständlichkeit. Sie werden immer als alleinstehende Wesen in Erscheinung treten. Unter diesen alleinstehenden Wesen finden wir die allergrößten Führer der Menschheit. Es ist dieser Umstand, der die Idee von einer „Frau Christus" oder „Frau Jesus" bei den meisten Menschen unmöglich macht, auch wenn dies den Menschen selbst unbewusst ist.

Das höchste Feuer macht das Fundamentale im Oberbewusstsein des Lebewesens aus und reguliert somit jede Wahrnehmung oder jedes Lebenserleben

1790. Es ist nicht das Gesetz oder Prinzip der Entwicklung, dass der sexuelle Trieb dem Kreislauf und somit dessen Verwandlungsstadien nicht unterstellt sein sollte. Genauso wie alle anderen Erscheinungen im Leben ihre „Jahreszeiten" haben, tritt auch der Sexualismus der Lebewesen in Verwandlungsstadien oder „Jahreszeiten" hervor. Dies wird gerade dadurch zu einer unumstößlichen Tatsache, dass nicht das Leben das sexuelle Prinzip fördert, sondern es ist dagegen dieses Prinzip, das das Leben fördert. Die Welt hat deshalb angesichts dieses Zweigs der Entwicklung zunehmend kapitulieren müssen, wie sie auch angesichts aller anderen von der Entwicklung verursachten Verwandlungen der Struktur und dem Hervortreten der Lebewesen hat kapitulieren müssen. Das sexuelle Prinzip oder das „höchste Feuer" ist also in Wirklichkeit das Fundamentale im Oberbewusstsein des Individuums oder Lebewesens. Hier ist auf allen Daseinsebenen der Sitz des ganzen Lebensprozesses des Lebewesens sowie seiner Anknüpfung zum übrigen Universum, zum Makrokosmos, wie auch zum Mikrokosmos. Dieses Feuer ist also der Regulator der Liebe selbst. Er bestimmt absolut alle Grade der Liebe. Und was ist wohl das Leben sonst, wenn nicht ein Erleben und Manifestieren verschiedener Grade von Liebe? –

Jedes Erlebnis ist eine verschiedenartige Wahrnehmung. Verschiedenartige Wahrnehmung ist wiederum dasselbe wie „koloriertes" Gefühl. Dieses „Kolorieren" repräsentiert eine Skala von Nuancen von der Kulmination in Schwarz bis zur Kulmination in Weiß, was wiederum dasselbe ist wie von der Kulmination des Dunkels bis zur Kulmination des Lichts, von der Kulmination der Kälte bis zur Kulmination der Wärme und von der Kulmination des Unbehagens bis zur Kulmination des Behagens, was dasselbe ist wie die Kulmination der Unlust bis zur Kulmination der Wollust, was wiederum ihrer höchsten Erlebensform nach dasselbe ist wie die Kulmination der Antipathie bzw. die Kulmination der Sympathie oder die Kulmination des Hasses und die Kulmination der Liebe.

Es ist eine Lebensbedingung, dass das Wesen Behagen und Unbehagen oder Wohlbefinden und Unwohlsein empfinden kann

1791. Jegliche Wahrnehmung des Lebens, jede Form des Erlebens, ist also mehr oder weniger „koloriert" oder wird von Dunkel oder Licht, von Unbehagen oder Behagen, von Antipathie oder Sympathie und somit von Hass oder Liebe gefärbt. Ohne diese Struktur und ohne dieses „Kolorieren" des Wahrnehmungsobjektes wäre jedes Erleben des Lebens eine totale Unmöglichkeit. Da das vollkommenste Erleben von Behagen und Unbehagen dasselbe ist wie das vollkommenste bzw. mangelhafteste Wohlbefinden, ist das Empfinden von Behagen das Objekt der Anziehung für das Ich oder das Individuum, während das Empfinden von Unbehagen das Objekt des Abstoßens für dieses Ich ist. Das höchste Feuer bewirkt also diese beiden Energieströme, die wiederum die Voraussetzung für jegliche Schöpfung und das damit verbundene Denken und jene Willensführung sind, die die Hauptfunktion beim Lebenserleben ist. Das ganze tägliche Leben des Lebewesens besteht ja einzig und allein aus dem Erleben von Anziehen und Abstoßen. Von all den Dingen, die es um sich herum sieht, seien es die Einzelheiten der Natur oder seine Mitwesen, werden manche anziehend und andere abstoßend auf ihn wirken. Wenn es nicht so wäre, was sollte dann das Denken und Wollen und die hieraus folgende Manifestation,

Schöpfung oder das Erleben des Lebens in Gang bringen und in Gang halten? – Es ist also eine Lebensbedingung, dass das Wesen sich von Einzelheiten in seiner Umgebung angezogen oder abgestoßen fühlen kann. Aber damit das Wesen eben diese Anziehung oder diese Abstoßung empfinden kann, muss es Behagen und Unbehagen, Wohlbefinden und Unwohlsein fühlen können, d.h. die zwei Kulminationspunkte, kraft welcher jedes Lebenserleben stattfinden kann. Und dieses Gefühl hat das Lebewesen in außerordentlich hohem Grade. Wo das Individuum kein Gefühl hat, sei es in den verschiedenen Teilen seines Organismus oder in den Erscheinungen seiner Psyche, da ist es nicht normal oder lebenskräftig. Da ist es ein bewusstloses Wesen. Mangel an Gefühl ist dasselbe wie Mangel an Wahrnehmung und dem hieraus entstehenden Erleben. Und wo das Individuum innerhalb jener Domäne nicht erleben kann, die es eigentlich seiner Entwicklungsstufe zufolge sinnesgemäß beherrschen können müsste, da ist es ein abnormes, krankes oder zeitweilig totes Wesen. Da macht sich eine äußere Verletzung oder Beschädigung geltend und verhindert auf diesem Gebiet die gewöhnliche Lebensfunktion oder das Sinneserleben. Es ist also absolut lebenswichtig, dass das Individuum oder das Lebewesen die Fähigkeit dazu hat, Behagen oder Unbehagen erleben zu können, um dadurch im Stande zu sein, das Erleben des Lebens als ein Wohlbefinden zu empfinden, ja, um überhaupt das Leben erleben zu können oder dies, lebendig zu sein.

Das einzige existierende wahre Leben und der einzige existierende wahre Tod

1792. Wie aber sollte diese Erlebensfähigkeit existieren können, ohne von dazu erschaffenen Organen gefördert zu werden? – Weshalb sollte dieser Erlebenszustand nicht genauso wie alle anderen Erlebnisse als eine Reaktion von Energie stattfinden? – Und wie sollten Energien reagieren können, wenn sie nicht dirigiert werden würden? – Und wie sollten diese dirigiert werden, wenn nicht mit Hilfe von Werkzeugen oder Organen für dieses Dirigieren? – Und da es der Sinn dieses Dirigierens ist, das Erleben auf einer Skala von Lebensempfindungen zu erschaffen, die an die Kulmination von Finsternis und bis an die Kulmination von Licht grenzt, d.h. an die Kulmination von unvollkommenem Dasein und der hierauf beruhenden niedrigsten Form normalen Wohlbefindens und bis an die Kulmination von vollkommenem Dasein und der hierauf beruhenden höchsten oder vollkommensten Form des normalen Wohlergehens oder Wohlbefindens, werden also die Finsterniskulmination und die Lichtkulmination wechselweise zum Anziehungsobjekt. Da die Lichtkulmination wiederum die Kulmination oder der Höhepunkt des Lebenserlebens ist, während die Finsterniskulmination der Tiefstand, die geringste Entfaltung oder die latente Form des Lebenserlebens ist, sind die beiden Lebensformen als die größten Gegensätze oder Kontraste des Daseins zu bezeichnen. Diese zwei Kontraste, das Licht und das Dunkel, sind in Wirklichkeit „das einzig existierende wahre Leben" bzw. „der einzig existierende wahre Tod".

Was die Existenz der Wesen und Regionen des Lichts und des Dunkels bewirkt

1793. Das Erleben des Lebens ist also ein Zusammenspiel dieser zwei Kontraste oder Gegensätze. Damit das Leben jedoch nicht vergehen oder ausgelöscht werden soll, können die zwei Kontraste im Erleben niemals in Reinkultur vorkommen, da der andere Kontrast dann nicht erlebt werden könnte. Das totale Dunkel kann nur durch seine Markierung des Lichts wahrgenommen werden, so wie das Licht nur durch seine Markierung des Dunkels wahrgenommen werden kann. Bei jeglichem Lebenserleben müssen also beide Kontraste zugegen sein. Es muss etwas Dunkel geben, und es muss etwas Licht geben, aber es muss nicht gleich viel Dunkel und Licht in jedem Erlebnis sein. In manchen Erlebnissen ist mehr Licht als Dunkel vorhanden und in anderen mehr Dunkel als Licht. Die Erlebnisse erhalten dadurch unterschiedliche Charaktere, d.h. werden zu Lichterlebnissen oder Dunkelerlebnissen, je nach jenem der zwei Kontraste, der die betreffenden Erlebnisse besonders dominiert. Dadurch bekommt das Dasein Kolorit und kann in spezielle Lebenszonen oder Daseinsebenen eingeteilt werden. Individuen, in deren Lebenserleben das Licht dominiert, nennen wir

Wesen des Lichts und ihre Daseinsebenen Lichtregionen. Jene Lebewesen, in denen die Finsternis dominiert oder die Vorherrschaft hat, nennen wir Finsterniswesen und ihre Daseinsebenen Finsternisregionen.

Wieso das Lebewesen unsterblich ist

1794. Wir kennen diese Zonen bereits und wissen, dass das gesamte Lebenserleben von der Dunkelkulmination bis zur Lichtkulmination aus sechs Zonen besteht. Und dass diese Zonen eben den vollkommenen Kreislauf bilden, d.h. die Lebensbahn des Individuums, von der Lichtkulmination über die Dunkelkulmination wieder zur Lichtkulmination und so fortdauernd. Außer in dieser Form existiert das Lebenserleben nicht, andernfalls würde es außerhalb des einen oder anderen der zwei Kontrastprinzipien geraten und die totale Stille, d.h. das totale Aufhören von Wahrnehmung oder Lebenserleben, würde eintreten. Was sollte das Leben dann wieder in Gang setzen? – Der absolute Tod müsste in Form eines ewigen Unmanifestierten herrschen. Das ewig existierende „göttliche Etwas" könnte nur völlig ohne Bewusstsein, Denken, Willen und Bewegung existieren. Keine Farbe, kein Licht, kein Dunkel, sondern ein totales „Nichts" würde das beherrschen, was wir heute das Erleben des Lebens nennen. Während der Kulmination der Finsternis existiert also noch gerade soviel Licht in der Psyche oder im Bewusstsein des Lebewesens, dass es den Kreislauf weiter bis zur Lichtkulmination fortsetzen kann, wie auch während der Kulmination des Lichts in der Psyche dieses Wesens gerade soviel Dunkel vorhanden ist, dass es den Kreislauf fortsetzen kann, bis dessen Kontrast kulminiert. Das Leben kann deshalb nicht sterben oder aufhören. Es hat ewig existiert und muss weiterhin ewig existieren. Diese ewige Existenz wird also kraft dessen aufrechterhalten, dass dieses ewige Kreislaufprinzip das Erlebensvermögen des Individuums von einem latenten Zustand oder einer Mindestentfaltung bis zu einer Kulmination oder größtmöglichen Entfaltung und von diesem Zustand aus wieder zu einer Mindestentfaltung und dann wieder zu einer höchstmöglichen verwandelt und so in alle Ewigkeit fortsetzend.

Weshalb das sexuelle Prinzip für die Erdenmenschheit ein Mysterium ist

1795. Was fördert nun diese ewige Lebensfunktion, dieses ewige Kreislaufprinzip, dieses Fundament des Lebenserlebens? – Ja, hier kann es sich nur um eine einzige Sache handeln, nämlich um eine allerhöchste, ewig existierende Organfunktion, die zur Quelle aller anderen Organfunktionen in der Domäne und dem Hervortreten des Lebewesens wird. Diese Organfunktion hat deshalb hier im „Livets Bog" die Bezeichnung „das höchste Feuer" bekommen. Eine kleine Flamme aus diesem Feuer kennt der Erdenmensch als seinen sexuellen Paarungstrieb und sein Liebesempfinden oder seine Wahrnehmung. Wir wissen bereits, wie diese Flamme das Leben im Tierreich, und somit in der allgemeinen Zone des Erdenmenschen, kraft des einpoligen Zustands formt, in dem die Wesen als männliche und weibliche Geschlechtswesen in Erscheinung treten. Weniger bekannt sind dagegen die Resultate der Flammen dieses Feuers in den anderen Zonen und Sphären. Die Erdenmenschen wissen deshalb überhaupt nichts über das Hauptprinzip und die höchste Manifestationsentfaltung ihres eigenen Lebensfundaments. Das sexuelle Prinzip ist deshalb ein Mysterium für den uneingeweihten Erdenmenschen. Er versteht nicht, dass sein ganzes Leben von der Wiege bis zum Grab, von Leben zu Leben und von Kreislauf zu Kreislauf ein Wiederholungsprinzip ist, so wie alle anderen Erscheinungen im Dasein, wie Tag und Nacht, Sommer und Winter, Saat und Ernte, Kälte und Hitze, Versteinerung und Verwitterung, Verdichtung und Verdampfung, Schlammlache und Sauberkeit usw. Keine Materie hat einen beständigen Zustand, alles befindet sich im Umbruch, alles ist in Bewegung, alles ist eine Wiederholung von Fortschritt und Rückgang, Aufstieg und Niedergang, Gut und Böse, Leben und Tod. Dieses Wesen weiß also nicht, dass dieser ganze Prozess Flammen aus demselben Feuer sind, die sein Lebensfundament, seinen eigenen höchsten Willen, seinen eigenen höchsten Wunsch oder sein Verlangen nach Intellektualität und Liebe ausmachen. Wir müssen deshalb nun dazu übergehen, diesen Abschnitt im „Livets Bog" mit einer konzentrierten Durchnahme davon zu beenden, wie dieses Feuer das Lebenserleben des Lebewesens durch den Spiralkreislauf hindurch verwandelt.

Die kalte Jahreszeit und die Winterkälte des Lebenserlebens oder des Spiralkreislaufs

1796. Das Allgemeingültige hier in unserer irdischen Entwicklungszone ist, dass die Lebewesen einpolig sind und als „männliche und weibliche Geschlechtswesen" in Erscheinung treten. Wir haben schon längst hier im „Livets Bog" dabei verweilt, auf welche Weise dieses sexuelle Verhältnis Eifersucht und Besitzerrechtsempfinden fördert. Wir haben gesehen, wie dieser Geschlechtszustand, in dem sie sich notwendigerweise befinden müssen, eine Antipathie gegen Wesen des eigenen Geschlechts hervorruft, die auf das Rivalisieren um Wesen des anderen Geschlechts zurückzuführen ist. Wir sind ebenfalls damit einverstanden, auf welche Weise dieser ihr Sinneszustand die Quelle jedes übrigen sogenannten Bösen in der Welt und dem hierauf beruhenden unglücklichen Schicksal der Wesen ist, das in jener Ragnarök kulminiert, die gegenwärtig als „Krieg aller gegen jeden" über die Erde hinweggeht. Dieser einpolige Zustand bewirkt auch jene Gefühllosigkeit anderen Wesen gegenüber, die das Fundament einer Lebensform ist, deren Existenz ausschließlich aufgrund des tötenden Prinzips aufrechterhalten werden kann. Die Wesen müssen also töten, um zu leben. Das ganze Dasein oder die Lebensform, die von der einpoligen sexuellen Struktur hervorgebracht wird, löst also nach außen hin überall Antipathie oder mentale Kälte den Wesen und Umgebungen gegenüber aus, die nicht zur sexuellen Befriedigung seines Urhebers oder dessen Fortpflanzung oder Schutz beitragen, ganz abgesehen von seiner mörderischen Einstellung zu der Art von Wesen, deren Organismen er als Nahrung für seine Existenz benötigt. Man versteht, dass hier für keinerlei Form von Nächstenliebe Platz ist. Hier ist das Aufrechterhalten des Lebens, das auf diese notwendige „Verfolgung der Wesen von allen und jedem" basiert, so unerhört schwierig, dass es in keinerlei Weise für andere Dinge als Gedanken über die Sicherung ihrer eigenen, von Seiten aller anderen Wesen mehr oder weniger verfolgten Lebensform Raum geben kann. Dazu kommt dann noch ihr eigenes Verfolgen von anderen Wesen, teils um deren Körper als Nahrung zu erobern und teils um ihr eigenes Eigentumsrecht über Wesen des anderen

Geschlechts zu schützen, was ja in Wirklichkeit nur ein Beschützen ihres eigenen Zugangs zu sexueller Befriedigung und zur Fortpflanzung ihrer Art und dem hierauf basierten Bestehen ist. Wir stehen hier der kalten Jahreszeit und Winterkälte des Kreislaufs des Bewusstseinszustands, der Mentalität oder dem Lebenserleben gegenüber.

Etwas, was zeigt, dass die Mentalität der Erdenmenschheit den Gesetzen des Kreislaufs untergeordnet ist

1797. Aber sogar im strengsten Winter im Jahreskreislauf ist soviel Aufrechterhaltung des Lebens vorhanden, dass es die kalte Jahreszeit überleben und beginnen kann, einen reicheren und größeren Zustand des Lebenserlebens zu entfalten, sobald die Sonne des Frühlings zu scheinen anfängt und wieder das Gelände erwärmt. So ist es auch mit dem Spiralkreislauf der Wesen selbst, der auch seine Jahreszeiten hat (siehe Symbol Nr. 10 im Livets Bog, Band 3 bzw. Symbol Nr. 17 in Das Ewige Weltbild, Band 2). Dass das Lebenserleben der Wesen an sich rhythmisch ist und in derselben Weise einen Kreislauf bildet wie alle anderen Energiearten im Dasein, wird aufgrund jenes Umstands zur Tatsche, dass wir den Lebensrhythmus oder Kreislauf der Lebewesen verfolgen können. Die Erdenmenschen können gerade anfangen, zwischen dem sogenannten „Bösen" und dem sogenannten „Guten" zu unterscheiden, nicht nur im Innern ihrer eigenen Psyche oder Mentalität, sondern auch in der Entwicklung dieser Mentalität. Dass Entwicklung überhaupt vorkommt, macht es eben zur unerschütterlichen Tatsache, dass es Bewegung gibt. Bewegung kann wiederum niemals in irgendeiner Form des freien Zustands existieren, ohne einen Kreislauf zu bilden. Die Propheten oder die größten Weisen konnten demgemäß die Worte aussprechen: „Solange die Erde besteht, sollen nicht aufhören Aussaat und Ernte, Kälte und Hitze, Sommer und Winter, Tag und Nacht". Deshalb ist das Wasser abwechselnd eine Schlammlache und klares Trinkwasser, trübe Atmosphäre und klarer Himmel, farblose Luft und Morgen- und Abendrot. Ist es deshalb nicht auch so, dass sowohl der Erdenmensch als auch die anderen Lebewesen auf der Erde die Stadien

Kindheit, Jugend, Mannesalter und Greisenalter repräsentieren müssen? – Und sehen wir uns die Entwicklungsbahn der Lebewesen an, ist es leicht zu entdecken, dass diese eine mentale Kältezone und eine mentale Wärmezone darstellt. Ja, sind das nicht gerade zwei große Objekte für die Wahrnehmung des Erdenmenschen? – Hat dieser nicht eine beginnende Antipathie gegen mentale Kälte und eine beginnende Sympathie für mentale Wärme? – Ist nicht ein wahrer dauerhafter Frieden auf der Erde das allgemeingültige unerschütterliche Objekt des gegenwärtigen Verlangens oder der Sehnsucht der Erdenmenschheit? – Arbeiten nicht alle politischen und religiösen Parteien in Richtung dessen, was sie selbst für eine Förderung dieses Friedens oder der Schaffung eines höheren physischen und geistigen Niveaus, eines zukünftigen goldenen Zeitalters oder eines Paradieses auf Erden halten? – Dass sie in diesem Streben mitunter völlig gegensätzlicher Ansichten sind und miteinander kämpfen, ändert nichts an der Tatsache, dass sie eine höhere Form von Lebenserleben, ein besseres irdisches Dasein schaffen möchten, in dem Krieg eine Unmöglichkeit wäre. Ja, der Kreislauf der Mentalität lässt sich wirklich nicht leugnen.

Was enthüllt, dass der einpolige sexuelle Zustand des Erdenmenschen und die hierauf beruhende egoistische Einstellung dem Nächsten gegenüber nur temporär sind

1798. Wenn aber dieser Kreislauf also eine Tatsache ist, wird es auch zu einer Tatsache, dass dieser Kreislauf seine Jahreszeiten haben muss, so wie alle anderen Kreisläufe im Dasein. Damit wird es dann zugleich zu einer unerschütterlichen Tatsache, dass die gegenwärtige erdenmenschliche Mentalität mit ihrer sexuellen Einstellung und Lebensauffassung, mit ihrer Sympathieauslösung und Einstellung zum Nächsten und dem hierauf beruhenden Zustand des Lebenserlebens, zeitlich begrenzt ist. Sie befindet sich also in der Veränderung. Und verfolgen wir diese Lebensbahn der Erdenmenschheit, ist es leicht zu sehen, dass sie die Jahreszeit des „Winters" ausmacht und dass die Entwicklung nicht dem „Herbst", sondern dem „Frühjahr" im kosmischen Spiralkreislauf entgegengeht. Eine größere

Sympathieauslösung unter den Wesen als die bisher übliche ist nämlich im Wachsen, die die Sehnsucht nach dem andauernden Frieden hervorruft. Blicken wir zurück, dann haben wir die Energien der Herbstzone der Entwicklung oder des Kreislaufs vor uns. Hier gibt es keinen andauernden Frieden unter den Wesen, was der große allgemeine Wunsch der Menschen ist. Hier ist Walhalla, die große Wohnstätte der Götter, das große Paradies für alle tötenden und gefallenen Helden, das man innig hofft erreichen zu dürfen. Aber diese Gunst war ja eine Unmöglichkeit für Menschen, die ganz normal an Altersschwäche starben. Um dahin zu gelangen, musste man töten und selbst getötet werden. Man musste ein Genie der Stärke und des Todes sein, so dass man andere Wesen richtig unterwerfen und sie zu seinen Sklaven machen konnte. Dies waren die höchsten Gottesideale einer jetzt fast entschwundenen Zeit. Eine bessere Erfüllung oder Sättigung dieses Lebenszustands als die Götterdämmerung, die später als Winterzone des Lebens die Welt beherrschen sollte, ist wohl kaum denkbar. Ist die Fähigkeit, seinen Nächsten zu ermorden, zu töten, zu foltern und zu unterjochen, jemals größer gewesen als gerade in unserer heutigen Zeitepoche? – Hat sie nicht hier den Gipfel ihrer Kulmination erreicht? – Was bedeutet ein Berserker, ein Wikinger oder Räuber der Vergangenheit mit seinem Spieß und Schild im Vergleich zum modernen Atombombenbeförderer, der von seinem Flug über den Wolken aus die Kräfte der Natur auslösen und im Bruchteil einer Sekunde Erdbeben und die totale physische Vernichtung von Städten sowie Millionen von Lebewesen herbeiführen kann? – Ja, sind nicht sogar Odin und Thor übertrumpft oder überrundet worden? – Ist nicht zu befürchten, dass ihre Position in Gefahr schwebt. In Walhalla mag es gar eine Revolution geben, wenn diese Mörder oder Vernichter ganzer Völker aus dem 20. Jahrhundert ihren Einzug in die blutige Götterwelt halten. Die Walküren kehren den alten Göttern sicherlich entzückt den Rücken angesichts des sagenhaften Genies der neuen Götter. Müssen sich nicht die alten Götter vor dem modernen Bezwinger der Elemente, diesem Vernichter von Völkern und Kulturen, diesem Herrn über Leben und Tod von Millionen Menschen, in den Staub werfen? – Wahrhaftig, der tödliche Winter folgte genauso sicher auf den Bereich des Herbstes, wie im Tag- und Nachtkreislauf die Mitternacht auf den Abend, der Morgen auf die Mitternacht und der Mittag auf den Morgen folgen.

Die Erdenmenschheit befindet sich am Anfang des Frühlingserwachens im kosmischen Spiralkreislauf

1799. Nach diesem tödlichen mentalen Frost und der mentalen Kälte, nach dieser Kulmination der Winterzone im Spiralkreislauf der Erdenmenschheit, muss also ebenso absolut unweigerlich ein Frühjahr folgen wie in allen anderen sowohl physischen als psychischen Kreisläufen des Lebens. Wir haben ja auch seit langem mittels der überlieferten Geschichte und der gegenwärtigen Wirklichkeit die beginnenden mentalen Frühlingswinde und das darauf beruhende Frühlingserwachen verspürt. Diese Frühlingswinde kennen wir bereits als identisch mit all jenen Formen von humanen Bewegungen, wie Religion und Politik, die die Nächstenliebe in der Kultur und dem Leben der Gesellschaft mehr oder weniger fördern. Es sind ja trotz dieses tötenden Vermögens, trotz der Weltkriege, der Kulturverwüstung und des Gesellsch aftszusammenbruchs außerordentlich starke Tendenzen in der Psyche der Erdenmenschheit am Werk, die gegen die Kriegsmentalität ankämpfen, so wie auch fast alle beginnenden zivilisierten Menschen den Krieg satt haben und dauerhaften Frieden wünschen. Außer sich durch Religion und Politik zu äußern, manifestieren diese Tendenzen sich auch in anderen Formen wie menschenfreundliche Unternehmen, internationale „Rote-Kreuz-Bewegungen", die die Aufgabe übernommen haben, den Kranken und Verwundeten im Krieg zu helfen, ohne Rücksicht darauf, ob Freund oder Feind, Verbrecher oder Heiliger, ohne Rücksicht auf Nation, Rasse, Religion oder Politik. Sie sind Körperschaften, deren Motto heißt: „Barmherzigkeit im Krieg und Frieden". Wir begegnen also immer mehr dem „barmherzigen Samariter" des Welterlösers in Fleisch und Blut, d.h. in der Realität oder in Wirklichkeit. Dort, wo die Kriegsmentalität nicht die Oberherrschaft hat, sondern vorübergehend stagniert oder gebunden ist, finden wir immer ein riesiges Aufblühen der Kultur und eine Verbesserung oder Steigerung des Lebensstandards der Menschen. In vielen Fällen und Situationen wird den noch unfertigen oder ungerechten Gesellschaftsverhältnissen abgeholfen. Viele große Schulen mit hervorragend ausgebildeten Lehrern und kostenlosem Zutritt zum Unterricht, ja sogar mit unentgeltlichem Essen u. a. m. werden errichtet. Hilfe spendende Institutionen werden eingerichtet für Menschen, die in Not geraten oder invalide und mittellos sind. Altersheime und Altenfürsorge werden gegründet, von all den anderen Kulturwerten ganz abgesehen, die ein zivilisierter Staat verkörpert, wie gute, helle Wohnungen, saubere, hygienische Verhältnisse, Krankenhäuser und Ärzte, Polizeiwesen und Feuerwehr sowie gute Verkehrsmittel und Straßenanlagen usw. Diese Entwicklung hätte ja sozusagen keine Grenzen, falls es niemals Kriege oder Revolutionen gäbe. Das bedeutet also, dass das Frühjahr im Spiralkreislauf eigentlich vollständig wäre und der Winter überstanden, wenn es in den Gesellschaften keine kriegerischen Tendenzen mehr gäbe. Diese Tendenzen, d.h. also Frost und Kälte des mentalen Winters, sind noch nicht genügend weit weg. Die Erdenmenschheit ist im kosmischen Jahr noch nicht so weit gekommen, dass der Frühling siegen konnte. Wir befinden uns, wie gesagt, im allerersten zarten Frühlingserwachen des kosmischen Kreislaufs.

Das höchste Feuer als die höchste mentale oder kosmische Wärmequelle des Lebens

1800. Wenn es also eine Tatsache ist, dass die Psyche der Erdenmenschheit auf dem besten Weg ist, in ein kosmisches Frühjahr hineinzukommen, d.h. in mildere mentale Verhältnisse, in denen Brutalität, Rücksichtslosigkeit, Ungerechtigkeit, Verfolgung und Unterdrückung schmelzende Eisregionen darstellen, dann muss es ja etwas geben, was diese mentale Wärme verursacht. Ohne Wärme kann es kein Frühlingserwachen, kein Frühjahr und keinen Sommer geben, ebenso wie der richtige Winter ohne Schnee, Frost und Kälte unmöglich existieren oder sich Vorherrschaft verschaffen kann. Was macht nun die Wärmequelle des mentalen oder kosmischen Sommers aus, die so abnehmen und zunehmen und dadurch wechselweise das Entstehen und das Verschwinden eines entsprechenden Winters und Sommers hervorbringen kann? – Ja, wir wissen bereits, dass diese

Wärmequelle als das „höchste Feuer" existiert und dass dieses Feuer das in den Lebewesen existierende sexuelle Prinzip ist. Wir wissen, dass die Sympathie-Veranlagung der Wesen ausschließlich diesem Prinzip zugrunde liegt. Dieses Feuer bestimmt also die Sympathie und Antipathie der Wesen und verursacht somit wiederum den mentalen Sommer und Winter und die mentalen klimatischen Übergänge zwischen diesen äußersten Polen, nämlich den Frühling und den Herbst des Spiralkreislaufs. Wenn es dieses Feuer ist, das also die psychischen Jahreszeiten bestimmt, d.h. den Winter und das Frühjahr, den Sommer und den Herbst, ist es in Wirklichkeit dasselbe Feuer, das absolut jedes Wahrnehmen, jede Schöpfung oder Manifestation und jedes Erleben fördert. Wir befinden uns hier an der Quelle des Lebens selbst. Das Einzige, was über dieser Quelle liegt, ist ihr ewiger Ursprung, nämlich das ewig existierende göttliche Etwas oder „X1".

Weshalb der einseitige Sexualismus der Tiere und der Erdenmenschen nicht den ganzen Spiralkreislauf hindurch in Geltung bleiben kann

1801. Wenn dieses Feuer als Sexualismus in jedem Lebewesen als die höchste Quelle seines Sinneserlebens und seiner Manifestation lodert, ist es sonnenklar, dass diese Quelle, diese Erscheinung, nicht einseitig sein kann, sondern eine genauso große Anzahl spezieller Auswirkungen oder Formen von inneren Strukturen repräsentieren muss, wie es Formen von Lebenserlebnissen oder Lebewesen gibt, da gerade diese Struktur die unterschiedlichen Formen von Lebewesen zur Folge hat. Es ist also allen entwickelten oder intellektuellen Menschen klar, dass das Hervortreten der Lebewesen eine Vielfalt von Unterschieden untereinander aufweist und dass diese Unterschiede auf deren besonderen sympathischen Anlagen, also auf deren Sexualität, zurückzuführen sind. Hier wird man vielleicht einwenden, dass die Lebewesen gerade hinsichtlich der Sexualität ziemlich gleichartig hervortreten. Auf diesem Gebiet scheinen die Wesen recht einheitlich zu sein. Für alle gilt, bis auf sehr wenige Ausnahmen, dass sie als Wesen männlichen oder weiblichen Geschlechts in Erscheinung treten. Und das ist schon richtig, aber ist es gleichzeitig nicht auch eine Tatsache, dass diese sexuell gleichen Wesen, alle miteinander, Tiere wie Erdenmenschen, die Winterzone des Spiralkreislaufs repräsentieren? – Diese Zone des tötenden Prinzips wird kraft dessen aufrechterhalten, dass die sympathischen Anlagen der Wesen in ihrer Mindestentfaltung hervortreten. Hier gibt es keine Liebe, außer zum Ehepartner und zu den Nachkommen. Die übrigen Wesen sind nur Rivalen, d.h. Nebenbuhler, um alle Werte und Vorteile, die vorhanden sind. Diese Wesen betrachtet man nahezu als solche, die dem eigenen Glück im Wege stehen. Die sympathische Veranlagung äußert sich in Form von Neid, Hass und Verfolgung jenen Wesen gegenüber, die sich außerhalb des Paarungs- und Nachkommenschutzes befinden, und wird damit zur direktesten und tiefsten Ursache des Krieges, des Unfriedens, der Ungerechtigkeit und des Missbrauchs aller anderen Lebewesen. Es ist nicht diese Form der Sympathie-Veranlagung, die das Wesen zu der Empfindung bringt, dass es „nicht auf die Welt gekommen ist, um sich dienen zu lassen, sondern um zu dienen". Sie beseelt das Lebewesen dagegen gerade mit der konträren Einstellung. Diese Einstellung lässt das Wesen empfinden, dass „ein jeder sich selbst am nächsten ist". Es ist diese Einstellung, die dem Organismus des Tieres Hörner, Stoßzähne und Klauen und dem Erdenmenschen die Fähigkeit verschafft, seinen Nächsten mit Hilfe der Gewalt der Elemente in Form von Atombomben zu vernichten und mit anderen Massenzerstörungsmitteln die Kultur und Gesellschaft zu ruinieren und alle miteinander dazu bringt, Todesnot, Geschrei, Qual und eine Hölle für alle herbeizuführen. Dies ist also das Resultat, zu dem der einseitige Sexualismus die Lebewesen geführt hat. Dieser einseitige Sexualismus ist die geringste Wärmeausstrahlung des höchsten Feuers. Die Erdenmenschen und die Tiere leben also in der geringsten Entfaltung des höchsten Feuers. Da aber das Gesetz der Kreisläufe die Gegensätze so erzeugt, dass auf den Winter ein Frühling und auf die Nacht ein Tag folgen, wird es hier zu einer Tatsache, dass der sexuelle Zustand der Lebewesen nicht den ganzen Spiralkreislauf hindurch einseitig sein kann.

Das höchste Feuer ist mit dem Oberbewusstsein oder X2 des Lebewesens identisch

1802. Wenn es eine Entwicklung oder Verwandlung der Lebewesen geben soll, dann kann dies nur aufgrund der Kraft geschehen, die diese Verwandlung fördern kann. Aber diese Kraft kann nicht in einem Nichts vorhanden sein. Sie muss von einem Prinzip ausgelöst werden, das auch nicht in einem Nichts vorzufinden ist. Dieses Prinzip muss in einem Bewusstsein fundiert sein. Und wir finden also die höchste Struktur des höchsten Feuers als identisch mit dem Oberbewusstsein des Lebewesens oder mit „X2".

Weshalb die wirkliche Nächstenliebe nur durch eine höhere organische Auslösung des höchsten Feuers als durch die des tierischen männlichen und weiblichen Geschlechtszustands entstehen kann

1803. Wenn es nun sonnenklar geworden ist, dass eine mildere sympathische Auslösung, nämlich die Nächstenliebe, erforderlich ist, um einen wahren Frieden auf der Erde oder ein Dasein ohne Krieg, Tortur, Hass, Verfolgung und Unterdrückung zu schaffen, dann ist es in Wirklichkeit genauso sonnenklar, dass diese Verwandlung unmöglich stattfinden kann, wenn die sexuelle Struktur, durch die das höchste Feuer im irdischen Tier und Menschen nur sparsam lodern kann, einseitig wäre oder wenn sie die Gesetzmäßigkeit für den Sexualismus den ganzen Spiralkreislauf hindurch ausmachen würde. Es muss noch eine sexuelle Struktur geben, die das höchste Feuer durch den Organismus, das Wesen, die Sinne und Gedanken der Lebewesen flammen lässt. Wie sollte die wahre, hundertprozentige Nächstenliebe sonst zustande kommen? – Und wie sollte die Erfüllung des Gesetzes des Lebens und somit die Manifestationen des vollkommenen Lebenserlebens stattfinden? – Jedes vollkommene Erleben des Lebens ist gerade dasselbe wie ein vollkommenes Erfüllen der Bedingungen, die ungehindert das höchste Sinnesempfinden ermöglichen. Und kann das höchste Wahrnehmen etwas höheres sein als Liebe? – Was sind Kunst, Wissenschaft, Kultur und Lebensgemeinschaft ohne Liebe? – Ist es für den entwickelten Forscher der kosmischen Analysen des Lebens nicht eine Tatsache, dass keine Manifestation ohne Liebe weder Kunst, Wissenschaft, Kultur noch Lebensgemeinschaft sein kann? – Ist es nicht Mangel an Liebe, was Krieg, Hölle oder Götterdämmerung an Stelle von Kunst, Kultur oder Leben fördernde Gemeinschaft hervorruft? – Ist es nicht der Mangel an Liebe, der Schmerz und Leid, Tortur, Unterdrückung und Untergang erzeugt? –

Derjenige, der dem Lebensmysterium auf den Grund gehen möchte, muss lernen zu sehen, dass jede Epoche der Lebensentwicklung von einem besonderen Sexualismus oder einer besonderen Flamme des höchsten Feuers gefördert wird

1804. Nein, die Welt ist genötigt sich darauf einzustellen, dass die so hoch gepriesene und besungene Paarungsliebe oder einpolige Sexualität nicht im ganzen Spiralkreislauf einseitig ist, wie göttlich sie auch immer von jenen Wesen empfunden wird, die noch in deren Kulminationszone leben. Derjenige, der der Lösung des Lebensmysteriums auf den Grund gehen will, kann nicht an Traditionen gebunden oder einseitig eingestellt sein. Er muss es lernen zu sehen, dass jede Epoche in der Entwicklung des Lebens von ihrer besonderen Form von Flammen aus dem höchsten Feuer gefördert wird. Er muss mit ansehen, wie sogar die schönsten Traditionen verschwinden, um ihren Kontrasten Raum zu geben, ob diese nun aus Licht oder Finsternis bestehen. Er muss sich daran gewöhnen, dass sich hier unterschiedliche Verhältnisse oder Kreisläufe geltend machen, ebenso wie auf allen anderen Gebieten des Lebenserlebens. Er muss sich daran gewöhnen, dass seine liebsten Gewohnheiten den wechselnden Gesetzen des Kreislaufs unterstellt sind, ebenso wie alles andere innerhalb des Erlebens des Lebens wechselweise Schlammlache und kristallklares Trinkwasser, wechselweise Dung und die wunderschönste Rose oder feine, herrliche, nahrhafte Früchte usw. ist. Derjenige, der sich dieser Auffassung oder Einstellung zum Lebensmysterium nicht anschließen kann, sollte nicht erwarten, erleuchtet zu werden, d.h. sollte nicht erhoffen, vorläufig die Einweihung oder die große Geburt erreichen zu können.

Die Kapitulation der Kirche und der materiellen Wissenschaft angesichts der religiösen und sexuellen Finsternis der Menschheit

1805. Alles im Dasein befindet sich also im Umbruch, befindet sich in Bewegung und ist der Verwandlung von Finsternis zu Licht, von Licht zu Finsternis unterstellt und so weiter fort. Und wir haben längst als Tatsache erkannt, dass der einpolige Sexualismus oder Paarungszustand bei den Tieren stabiler ist als bei den Menschen. Bei den Tieren scheint das Beschützen der Nachkommen stabiler zu sein als in gewissen Bereichen der Erdenmenschheit. Sehen wir nicht, wie manche Menschen ihre Kinder im Stich lassen? – Gibt es nicht manchen Vater, der die Vaterschaft zu seinem Kind nicht anerkennen will, so dass die Mutter geradezu beim Gericht oder bei den Behörden Hilfe suchen muss, um den Vater zu zwingen, seine Verantwortlichkeit oder Unterhaltspflicht dem Kind gegenüber anzuerkennen? – Kommt es nicht in vielen Fällen vor, dass der Vater oder die Mutter Zuhause, Kinder und Ehepartner verlässt, um sich einem neuen sexuellen Verhältnis hinzugeben? – Ist nicht mancher in der Ehe seinem Partner oder seiner Partnerin untreu gewesen? – Wir brauchen ja hier nicht weitere Beispiele eines Zustands zu geben, der ein offener oder allgemeiner Sachverhalt ist. Zeigen nicht tausend und aber tausend Scheidungen oder Auflösungen von Ehen sowie andere Tausende und aber Tausende des unglücklichen Zusammenlebens und weitere Tausende mehr oder weniger unfruchtbarer oder kinderloser Ehen, außer den vielen Abtreibungen, die stattfinden, dass der einpolige oder tierische Paarungstrieb oder der eheliche Zustand degeneriert und in Auflösung begriffen ist? – Wenn außerdem sexuelles Genießen oder Paarungsakte, ohne Befruchtungsabsicht anzustreben, sowie Onanie in großem Umfang innerhalb beider Geschlechter vorkommen, sieht es nicht gerade danach aus, dass die strengen kirchlichen und juristischen Moralgebote mit Verbannung und Todesstrafe den erdenmenschlichen Sexualtrieb innerhalb des vorgeschriebenen, dogmatischen „kirchlichen" Rahmens halten konnten. Die Individuen der modernen Zivilisation übertreten also die „kirchlich christlichen" Verkündigungen und werden somit vom autorisierten „kirchlichen Christentum" als „unchristlich" betrachtet. Von allen als „unchristlich" aufgefassten Millionen Menschen gibt es keinen besonders großen Prozentsatz, der die vorgeschriebene kirchliche Reue empfindet und es deshalb für notwendig hält, durch Kommunion und Sakramente um „Sündenvergebung" und „Gnade" zu bitten. Diese Menschen brauchen die Kirche nicht mehr. Und da die juristischen Gesetze allmählich von der Macht der Kirche befreit sind und nicht von Priestern oder Propheten bestimmt oder erlassen werden, wohl aber zum größten Teil von diesen „unchristlichen" Bürgern in der Gesellschaft, die „Politiker" geworden sind und die meistenteils gar nichts mit dem autorisierten Christentum zu tun haben, ja, die mitunter sogar unüberwindliche Gegner jeglicher sogenannten „religiösen" oder kosmischen Auffassung sind, was soll dann Verständnis, Moral und Toleranz im erdenmenschlichen Sexualleben herbeiführen? – Dazu kommt noch, dass die höchste Autorität des materiellen Wissens und Könnens die sogenannte moderne Wissenschaft ist, deren Repräsentanten und Urheber auch von der Autorität der Kirche befreit sind. Auch sie sind in großem Ausmaß den Dogmen der Kirche entwachsen. Da sie hinsichtlich des seelischen oder geistigen Bereichs auch keine besonders wahren Kapazitäten sind, sind sie folglich „unchristliche" Wesen. Da diese Wesen Ratgeber der „unchristlichen" oder materialistischen Politiker sind, muss die Welt, oder besser gesagt deren Menschheit, ja geradezu das geistige und physische Chaos oder die Verwirrung auf dem Gebiet der Moral ausmachen, das sie eben ist.

Eine sexuelle Verwandlung als Ursache der mentalen Finsternis der Menschheit

1806. Wir sehen also, dass die Psyche der Erdenmenschen eine geistige Finsternis und eine physische und mentale Moralverwirrung darstellt. Diese ist also auf eine mentale Verwandlung zurückzuführen, die in den Psychen dieser Wesen vorgegangen ist. Die Wesen sind nach und nach von so starken sexuellen Trieben oder Kräften beseelt worden, dass sie notwendigerweise die kirchlichen dogmatischen Hemmungen oder Moralvorschriften sprengen mussten. In den Wesen entwickelten sich Kräfte, die sich weder durch Strafe, Bann noch Scheiterhaufen den alten anerkannten Grenzen der Sexualität unterordnen ließen. Dazu kommt noch die gewaltige Entwicklung des Forschervermögens oder der Intelligenz der Wesen und der hiervon erzeugten Intellektualität. Dieses Forschervermögen oder diese Intellektualität konnten die Menschen jedoch erst einmal oder bisher nur der Materie zuwenden, wodurch ein tödlicher Materialismus auf den Ruinen der Leben spendenden Religiosität entstanden ist. „Der Genuss des Baumes der Erkenntnis" ist vollbracht worden. Die Finsternis des Todes brütete über der Erde. Alles wurde in der Finsternis verborgen.

Die Nächstenliebe als Organfunktion in den Wesen ist das erlösende Licht in der Finsternis

1807. Was kann nun zum Licht in dieser Finsternis werden? – Es ist also eine Tatsache, dass weder das kirchliche Christentum noch die moderne materialistische Wissenschaft dieses Licht sein kann. Beide Parteien stehen nicht mit den Realitäten in Verbindung, die in der gegenwärtigen Dunkelheit der Menschheit ein Licht sein können. Die Götterdämmerung oder jener Weltuntergang, der „die letzten Zeiten" bezeichnen sollte, d.h. also der Untergang der „alten Erde" und des „alten Himmels" zugunsten der Schöpfung eines „neuen Himmels" und einer „neuen Erde", auf der die Gerechtigkeit wohnt, ist jetzt gekommen. Das ist natürlich nicht so zu verstehen, dass eine Weltkatastrophe, die den Untergang des Erdballs zur Folge hat, eintreten wird, nein im Gegenteil. Es bedeutet hingegen, dass die alte Weltmoral oder die tierische Lebensauffassung und die hierauf basierte dementsprechend tierische Verteilung der materiellen Werte der Welt ihrer Degeneration oder Auflösung entgegengehen. Diese traditionellen Erscheinungen werden zugrunde gehen und eine neue und absolut gerechte Weltanschauung wird durch den „heiligen Geist" oder die Geisteswissenschaft an ihre Stelle treten. Diese neue Wissenschaft und ihre Ausübung als praktisches, physisches und psychisches Verhalten machen den „neuen Himmel" bzw. die „neue Erde" aus. Die Erdenmenschheit ist also an jenem Scheideweg angelangt, den alle ihre größten Weisen, Propheten und Welterlöser verheißen haben. Die Umgestaltung des Tieres zum vollkommenen Menschen steht bevor.

Die Domäne der Nächstenliebe, in der alle für jeden leben, ist dabei, die tierische Psyche der Erdenmenschheit, in der alle im Krieg mit allen leben, zu erobern und zu überwinden. Die „neue Erde" wird sich als eine neue materielle Administration der Werte in der Welt äußern, die allen zum gleichen Vorteil ist, während der „neue Himmel" eine neue Weltauffassung ist, getragen von einer neuen vollkommenen sympathischen Veranlagung, die die Nächstenliebe fördert. Diese Förderung der Nächstenliebe wird nicht einzig und allein ein Willensakt sein, sondern eine genauso selbstverständliche Organfunktion wie der tierische Paarungstrieb oder die Förderung der Fortpflanzung und des Fortbestandes der Arten. Das Licht, das die gegenwärtige erdenmenschliche Dunkelheit verdrängen und seine Strahlenflut oder mentale Wärme über die Erde ausbreiten können wird, kann nicht mehr ausschließlich aus Moralpredigten und Vorschriften bestehen, die diktieren, dass man so und so sein müsse. Es muss eine organische Funktion sein, die die Wesen dazu veranlasst, ihren Nächsten zu lieben, so wie organische Funktionen sie heute zum Essen und Trinken bringen, sie dazu bringen, frische Luft und Licht für das Aufrechterhalten des Fortbestands ihres Lebens aufzusuchen.

Der Weg zur Einweihung oder zur „großen Geburt"

1808. Durch die eingehende Kenntnis, die wir nun durch die vielseitige Beleuchtung des Erdenmenschen im „Livets Bog" erhalten haben, wissen wir, dass diese Organfunktion der Nächstenliebe, diese außerhalb des Bereichs des Fortpflanzungs- oder Vermehrungsprozesses hervortretende Erscheinung, schon längst im Erdenmenschen sichtbar geworden ist, ja, dass es in Wirklichkeit diese Funktion ist, die den „Menschen" vom „Tier" unterscheidet und bewirkt, dass das „Tier" das Prädikat „Mensch" bekommt. Derjenige, der die Einweihung oder die große Geburt wirklich erreichen möchte, derjenige, der sich wirklich in die Lösung des Lebensmysteriums einleben und zur kosmischen Klarheit über das Mysterium seines eigenen Ichs kommen möchte, muss sich begreiflich machen, dass der Weg dahin unweigerlich über die Erkenntnis dessen führt, was an seiner Person fertig und was unfertig ist, was in seinem Bewusstsein „tierisch" ist und deswegen vergehen muss und was in seinem Bewusstsein „menschlich" ist und deshalb bestehen oder fortdauern wird. Wenn seine Vorliebe für die Erscheinungen der tierischen Natur in seinem Bewusstsein noch soviel Kraft hat, dass es ihm unmöglich ist, diese Natur als etwas zu erkennen, das vergehen muss, d.h. als etwas, was einer niedrigeren Welt angehört und aus dem er deswegen notwendigerweise herauswachsen oder von dem er sich fortentwickeln muss, dann sind diese Erscheinungen noch nicht fertig oder ausgelebt. Dieser unfertige Zustand in seinem Bewusstsein wird sich dann geltend machen als eine mehr oder weniger starke Antipathie gegen Wesen, in denen diese menschlichen Erscheinungen mehr oder weniger weit vorgeschritten sind, und gegen jegliches Hervorheben dieser Erscheinungen als Zeichen oder Äußerung einer fortgeschritteneren Entwicklung oder einer höheren Moralstufe. Diese Antipathie kann geradezu zu Hass und Verfolgung anwachsen.

Etwas Schiefes oder Unhaltbares in den Sympathie-Anlagen des Erdenmenschen

1809. Was sind das nun für Erscheinungen, die soviel Antipathie oder geradezu Verfolgung und Hass hervorrufen können? – Ja, das ganze Problem ist in Wirklichkeit nur eine Frage der Liebe. Es handelt sich darum, mit wie viel Sympathie man geladen ist und wie viel man zum Ausdruck kommen lässt. Obwohl die ganze Entwicklung des Lebens, was das Wohlergehen der Menschheit betrifft, eben ein Sympathie- oder Liebesproblem ist, da die ganze erdenmenschliche Misere, ihre Kriege, ihr Unglück und Leid, Armut, Hunger und Elend, ausschließlich auf Mangel an Sympathie oder Nächstenliebe zurückzuführen ist, gibt es doch in dieser Menschheit, wie gesagt, eine unerhört große Welle von Antipathie, Hass und Verfolgung jeder Sympathie oder Liebe gegenüber, die nicht unter die traditionelle Paarungs- und Nachkommenliebe fällt. Es ist also stark begrenzt, wie viel Sympathie zwischen zwei Wesen des gleichen Geschlechts man tolerieren will oder kann, während man bis zum Überfluss Sympathien zwischen

Wesen gegensätzlichen Geschlechts akzeptiert und das sogar in Fällen, in denen diese Sympathie sich in Verführung, Ehescheidung, Scham und Schande äußert. Diese ganzen illegalen sexuellen Ausschweifungen, dieser oft zu einer Handelsware abgewertete und von solchen Personen gekaufte sexuelle Genuss, die vorher ein feierliches Gelübde der Treue und Verantwortung in der Ehe abgelegt haben, in der diese Ausschweifung furchtbares Leid und furchtbare Qual verursacht und Heim, Schutz und Erziehung der Kinder in dieser Ehe zunichte macht, ist kein annähernd so großes und sensationelles Objekt für das Gerede wie dies, dass zwei Wesen des gleichen Geschlechts, den Begriffen der Urheber dieses Geredes nach, einander einen allzu warmen Blick zugeworfen oder einen zu lange dauernden Händedruck gegeben haben, obwohl dies keinem anderen Wesen die geringste Unannehmlichkeit oder das geringste Unglück verursacht hat. Diese letztgenannten Vorkommnisse sind also ein viel dankbareres Objekt des Geredes als die zuerst genannten. Und es wird eine ziemlich fortgeschrittene Entwicklung dazu benötigt, um sich nicht von der Lust verlocken zu lassen, eine solche Sensation weiterzubringen, obwohl man dadurch für die Gesellschaft oder seinen Nächsten viel schädlicher ist als die Wesen, die man in einer gegebenen Situation verleumdet. Diese Analysen sind hier nicht manifestiert, um Kritik an dem illegalen Sexualgenuss und auch nicht an den Urhebern und Anhängern des Klatschens zu üben, sondern sind im Gegenteil ausschließlich dazu da, um das Leben so zu schildern, wie es wirklich ist, und nicht so, wie man aufgrund alter Traditionen oder überlieferter, jetzt veralteter Moralbegriffe glaubt oder annimmt, dass es sein müsse. Dass in der sympathischen Veranlagung der Erdenmenschheit etwas hinkt oder völlig unhaltbar und unfertig ist, dürfte wohl jetzt jedem wirklich intellektuellen und ehrlichen Forscher klar sein. Wenn diese sympathische Veranlagung vollkommen wäre, gäbe es weder Krieg noch Not oder Elend. Hass und Verfolgung würden nur im Tierreich existieren.

Warum zulassen, dass veraltete Traditionen, die auf Ansichten der Massen, auf Naivität und Aberglauben basieren, den Weg zum ehrlichen Studium der sympathischen Veranlagung oder jenes Prinzips der wahren Nächstenliebe sperren, ohne welches ein absoluter Weltfrieden unmöglich erschaffen werden kann

1810. Wenn aber die ganze erdenmenschliche Misere nun einmal ihre tiefste Ursache in der sympathischen Veranlagung hat, warum verhält man sich dann nicht offen und ehrlich zu allem, was für die wissenschaftliche Beleuchtung dieser Anlagen von Bedeutung sein kann? Weshalb lässt man sich von den üblichen Ansichten der Menge und dogmatischen Traditionen leiten, die auf Unkenntnis und Aberglaube basieren? – Weshalb lässt man ein unintellektuelles oder tierisches Gefühl die Intelligenz unterbinden, d.h. jene Fähigkeit, mittels der die Angelegenheit mit Leichtigkeit hätte beobachtet und verwirklicht werden können? – Tausende Menschen auf der Welt haben faktisch eine Intelligenzfähigkeit, die weit die Kapazität überragt, die gebraucht oder benötigt wird, um die strahlende, zweckmäßige Bedeutung zu erkennen, die die sexuelle Struktur oder die sympathische Veranlagung ihrer Bestimmung nach in der Erdenmenschheit erzeugen oder bewirken soll. Ja, man kann geradezu sagen, dass der von allen Erdenmenschen gewünschte andauernde Frieden niemals zur absoluten Wirklichkeit werden kann, solange die Wesen im Aberglauben und Irrtum leben, was die Entwicklung der Anlagen oder jener organischen Funktion betrifft, die das Fundament der Sympathie oder Nächstenliebe ist, ohne die ein wahrer totaler Weltfrieden nicht existieren kann und mit der er identisch ist.

Wie der Kampf um das Gold zu einer Saat und Ernte eines unglücklichen Schicksals für seinen Urheber wird

1811. Da der Weltfrieden und die hierauf beruhende Befreiung aus der physischen Finsternis, von der das Leben der Erdenmenschen überschattet und beherrscht wird, ausschließlich eine Frage der Sympathie oder Nächstenliebe ist, ist ja diese Sympathie oder Nächstenliebe viel mehr wert als Gold. Und doch kämpfen die Erdenmenschen desperat um das Gold, weil sie glauben, dass der Besitz davon Frieden, Glück und Wohlergehen bedeutet. Deshalb haben die verschiedenen Bevölkerungsgruppen oder

Scharen, die wir Nationen nennen, stehende Heere und Kriegsflotten. Deshalb schaffen sie riesige Waffenfabriken, Verteidigungsvorkehrungen , Atombombenanlagen usw. Großartige Labore mit Hunderten Forschern und Arbeitern bezwecken ausschließlich, noch bessere Zerstörungsmittel zu erfinden, um die „Feinde" zu bekämpfen, teils um das Gold (die materiellen Werte der Welt), die man erobert hat, zu bewahren, teils um sich das Besitzerrecht über jenes Gold anzueignen, das die „Feinde" imstande waren zu erobern. Da aber die „Feinde" unsere Nächsten und unsere Nächsten die Mitwesen und die Mitwesen das Leben sind, muss ja jede Lieblosigkeit und jedes Bekämpfen dieser Mitwesen dasselbe sein wie ein Bekämpfen des Lebens selbst. Da sich aber kein Wesen vom Leben absondern kann, sondern unauflöslich mit seinem eigenen Leben an dieses geknüpft ist, ist es damit zuinnerst unerschütterlich an das Leben anderer Wesen gebunden und davon abhängig und macht zusammen mit diesen Leben jenes Element aus, das die Heimat, das Erleben und das Schicksal des Ichs ist. Die Mentalität oder die Psyche der einzelnen Individuen, d.h. deren Gedanken, Wille und Äußerungen des Begehrens, ist, jede für sich, ein Tropfen in einem Ozean. Dieser Ozean ist also das Leben. Ob dieses Leben Hölle oder Himmelreich, d.h. ein dunkles oder helles Schicksal für das Individuum, sein wird, hängt also von seinem eigenen dunklen bzw. hellen Einsatz in diesem Leben ab. Es kann das Leben natürlich nur durch diesen seinen eigenen Einsatz erleben. Von diesem Leben abgesondert, kann es unmöglich irgendetwas erleben und demzufolge ebenso unmöglich sein Schicksal gründen. Das Schicksal ist also ausschließlich mit seinem eigenen Einsatz für seine Mitwesen und seinem Wechselwirken mit ihnen, d.h. seinem Nächsten, identisch. Wie man sieht, ist das tägliche Verhalten eine Aussaat, die man sät und deren Ernte zu einem Teil des Erlebens des künftigen Lebens wird, ohne welchen man nicht existieren kann. Was immer man tut, wie immer man lebt, so ist das tägliche Leben ein Zusammenwirken mit unserer Umgebung und den darin befindlichen verschiedenen Lebewesen. Diese Wesen gehören also zu unserem eigenen Leben, ja, sie sind, wie erwähnt, Tropfen desselben Ozeans, desselben Elements. Es ist deshalb nicht zu vermeiden, dass sie etwas in unserem Erleben sind. Das Wohlergehen dieser Umgebung und Mitwesen wird demzufolge ein entsprechender Teil unseres eigenen Wohlergehens oder unseres Schicksals sein. Die ewigen Worte: „Was der Mensch sät, wird er ernten" werden hier Wirklichkeit.

Das gegenwärtige Leben der Edenmenschen ist in überwiegendem Umfang nur eine Dressur und imaginäre Freiheit, die kraft Lügen und Propaganda aufrechterhalten werden

1812. Wahre Liebe und der darauf basierende absolute Frieden und die humane Kultur sind also ihrer tiefsten Analyse nach keine Frage des Geldes, der Strafe oder des Lebenswegs. Es geht hier nicht um Politik oder Religion, es ist keine Frage der Diktatur oder Königsherrschaft. Es ist auch keine Frage der Waffen, des Heeres, der Flotte, der Währung, des Zolls oder anderer üblicher materieller Erscheinungen, die alle, ohne Ausnahme, diktierte Verordnungen sind und nur aus Furcht vor Strafe eingehalten werden. Eine Kultur, die jedoch nur kraft der Furcht vor Strafe der Wesen aufrechterhalten werden kann, ist nur eine Dressur, kraft derer sich die Wesen auf das Stadium des Tieres herablassen, und ihre sogenannte souveräne Nation oder ihr Staat kann nur mit einer Menagerie oder einem Zirkus verglichen werden, in dem die Wesen nur eine imaginäre Freiheit besitzen, aufrechterhalten mit Hilfe einer autorisierten Propaganda, die weit von der wirklichen Wahrheit entfernt ist. Aber so muss sich ja ein unreifes und in der Entwicklung unfertiges Stadium kennzeichnen, was keinem einzelnen Wesen vorgeworfen werden kann. Wer kann das Gesetz ändern, das ein saures Stadium des Apfels bewirkt, bevor er sein reifes, süßes und gut schmeckendes Stadium erreicht? – Die Erdenmenschen müssen also diese ihre eigene Lage, dieses ihr eigenes kosmisches Stadium im Kreislauf, verstehen lernen. Sie können nicht mehr umhin, ihre Wissenschaft auf dieses Verhältnis einzustellen und die Nächstenliebe oder die sympathischen Anlagen im Lebewesen zum Objekt ihres Studiums zu machen. Die Erdenmenschheit hat längst eine Epoche erreicht, in der sie von morgens bis abends, von der Nacht bis zum Tag, Jahr ein Jahr aus, Generation auf Generation, Jahrhundert auf Jahrhundert in großem Ausmaß im täglichen Leben, in der Ehe, im Familienleben, im Geschäftsleben, auf den Arbeitsplätzen, in der Religion sowie in der Politik einen tödlichen, drosselnden Liebeshunger empfindet. Überall herrscht immer noch ein andauernder, fast unüberwindlicher Kampf darum, lieber zu geben als zu nehmen, lieber die rechte Wange hinzuhalten, wenn man auf die linke geschlagen wird, als sich mit derselben Brutalität und Gewalt zu verteidigen oder lieber ein „richtiger Mann", ein richtiger Vergelter von Hass und Zorn zu sein, als ein wirklich humaner Kultur- oder Friedensmensch, der im kosmischen Sinne immun gegen Hass, Zorn und Bitterkeit ist. Ja, sind nicht all diese unüberwundenen Erscheinungen einer niedrigen Kulturstufe eben das Fundament, auf dem Unfrieden, Krieg oder die Götterdämmerung ruht? –

Da jedes Wohlbefinden eine Frage der Liebe ist, ist Liebe die Erfüllung des Lebens, ihr Alpha und Omega

1813. Sollte man nicht glauben, dass es damit eilt, die Liebe oder die sympathischen Anlagen zum Objekt der Wissenschaft zu machen? – Wie soll der Frieden ohne jene Wissenschaft verwirklicht werden, die den Menschen die Naivität und Unkenntnis enthüllen kann, kraft derer diese den Unfrieden geradezu gesetzlich schützt? – Wie kann man dadurch Frieden schaffen, dass man Prinzipien aufrechterhält, bewahrt und verherrlicht, die direkt und indirekt unweigerlich Krieg, Hass und Verfolgung unter den Wesen erzeugen, statt der Prinzipien, die Harmonie, Freude und Wohlbehagen hervorrufen? – Es wird also keinen anderen Weg zum Frieden, zur Einweihung und zum Klarsehen geben als diesen, den allergrößten Weisen der Menschheit in den von ihnen aufgestellten größten Fazits des Lebens zu folgen, die alle die Liebe als die Erfüllung aller Gesetze und somit als das Einzige bezeichnen, was der Frieden, die Freude und das Wohlbehagen ist. Die Liebe und der Frieden sind also untrennbar, sie sind identisch, sie sind die Erfüllung des Lebens. Jedes Wohlbefinden ist ausschließlich eine Frage der Liebe. Liebe ist der Grundton des Universums; sie ist das Alpha und Omega des Lebens.

Der große unterminierende Faktor bei der Erschaffung des wahren Lebenserlebens

1814. Wie wir nun gesehen haben, ist das Schaffen eines Weltfriedens nicht so einfach, dass es nur eine Frage der Herstellung der besten Waffen und der raffiniertesten Schläue und Überlegenheit beim Erfinden von Propagandalügen ist. Alles, was die Erdenmenschen bisher in dieser Hinsicht erfunden haben und noch erfinden werden, zeigt sich nun deutlich als die Fackel des Hasses, die die tödliche Hölle des Krieges weiterhin bewahrt. Es ist also nicht zu umgehen, den Weisen, d.h. den allergrößten geistigen Führern der Menschheit, zu folgen, da das Problem eben keine Frage der Waffen ist, sondern der Weisheit, des Geistes oder des wahren Wissens über die tiefste Natur oder den psychischen Ursprung der menschlichen Verhaltensweise oder Wesensart. Und es kann wohl nicht mehr bezweifelt werden, dass aller Unfrieden unter den Erdenmenschen einzig und allein in deren unfertigen sympathischen Anlagen verwurzelt ist und in dem darauf beruhenden viel zu geringen Interesse an dem Erschaffen des Lebens und Wohlergehens des Nächsten und im Verständnis dafür, dass dieses Interesse und Schaffen die erste Basis für das Schaffen unseres eigenen Wohlergehens ist. Zu glauben, dass man ein wirklich gesundes und dauerhaftes Wohlbefinden für sich selbst auf Kosten des Wohlbefindens, der Freude und Lebenslust unseres Nächsten schaffen könne, ist der Aberglaube, ist die allergrößte Manifestation von Irrtum im Dasein und somit der größte unterminierende Faktor bei jeder Schöpfung des wahren oder wirklichen Erlebens des Lebens. Ein absolutes kosmisches Klarsehen, ein kosmisches Bewusstsein, die Einweihung oder die große Geburt zu erreichen, solange man bewusst oder unbewusst andere mehr oder weniger ihres Zugangs zum Leben, zum Licht und zum Wohlbefinden beraubt, ist ebenso unmöglich, wie es dem Erdenmenschen unmöglich ist, die Temperatur der Sonne, die Bahn der Erde oder den Schein des Mondes zu ändern.

Wenn die sympathischen Anlagen im Wesen vollends entwickelt sind

1815. Nein, es gibt also keinen anderen Weg als den, auf dem die Natur selbst im Begriff steht, in der Psyche jedes einzelnen Menschen die sympathischen Anlagen zu einer solchen Vollkommenheit zu entwickeln, dass die totale Nächstenliebe zu einem Talent und somit zu einer täglichen Gewohnheitsfunktion wird. Wenn dieses Talent vollkommen wird und das Individuum auf diesem Gebiet ein wahrer Lebenskünstler geworden ist, d.h. ein moralisches Genie, dann sind der Krieg und Unfrieden und das daraus entstehende Karma oder dunkle Schicksal ihn betreffend vorbei. Ein solches eingeweihtes Wesen oder ein Wesen, das die große Geburt durchgemacht hat, wandert geborgen in allen Sphären, Zonen und auf allen Ebenen. Vor dem allumfassenden Licht des Verständnisses und der Liebe dieses göttlichen, eingeweihten Wesens müssen alle Schatten der Finsternis weichen. Dieses Wesen ist wach und tagesbewusst eins mit dem Willen, dem Verständnis und der Schöpfung der Gottheit oder des Vaters. Wahrhaftig, im Innern dieses Wesens sind das Himmelreich und jene Wärme des Friedens zugegen, die die Kälte des Krieges, des Todes und die mentalen Eisberge in der erdenmenschlichen Sphäre schmelzen wird, aufgrund derer die Menschen sich noch der Folter- und Gaskammern, der Explosionen und Mordmaschinen usw. bedienen, um dadurch die Fähigkeit zu verdoppeln, Tod und Elend, Ruin und Invalidität über den Nächsten zu bringen.

„Verliebtheit" tritt als ein doppeltes Begehren auf, d.h. als „A-Begehren" und als „B-Begehren"

1816. Der Weg zum Himmelreich ist also, wie erwähnt, keine Frage der Mordtechnik und der Genialität im Kulturzerstören, ganz gleich, ob es sich um Verteidigung oder Angriff handelt. Er kann dagegen ausschließlich durch die Einstellung auf die Entwicklung der eigenen sympathischen Anlagen in Richtung auf die kulminierende Entfaltung der Humanität oder Nächstenliebe manifestiert werden. Wie wir wissen, beginnen diese sympathischen Anlagen als der materielle und physische Fortpflanzungsprozess und werden in ihrer höchsten Entfaltung als eine gewisse begrenzte Form von Sympathie dem anderen Geschlecht gegenüber ausgelöst. Diese Sympathie wird als ein angeregter Prozess in Form von „Verliebtheit" ausgelöst. Verliebtheit ist also eine organische Äußerung wie Durst und Hunger und verursacht, ebenso wie diese beiden Erscheinungen, ein Verlangen nach Befriedigung. Ja, dies ist sozusagen die Begierde aller Begierden. Es ist die Lebensgier an sich. Wenn dieses Verlangen in seiner Kulmination in Erscheinung tritt, d.h. als Verliebtheit, dann ist es eine doppelte Begierde. Diese doppelte Begierde können wir als „A-Begehren" und „B-Begehren" bezeichnen.

Das „A-Begehren"

1817. Das „A-Begehren" kommt als ein übertriebenes oder stark aufgereiztes Gefühl in Form von Hunger zum Ausdruck oder als ein Verlangen danach, in jeder Weise jenem Wesen des anderen Geschlechts gefallen zu dürfen, das das Objekt der Verliebtheit ist. Ja, es gibt kaum etwas, was man in dieser Situation nicht für das geliebte Wesen tun möchte. Man ist bestenfalls dazu bereit, das Leben für den Betreffenden zu wagen; man ist dazu bereit, den Kampf sowohl gegen Armut, Hunger und Elend als auch gegen Erniedrigung, Hohn und Spott aufzunehmen. Das Individuum ist dazu bereit, falls notwendig, Stand und Position zu verlassen, um mit dem auserwählten Wesen in Kontakt zu sein. Dieses auserwählte oder geliebte Wesen ist also in den Augen und der Vorstellung des Verliebten das höchste Licht des Lebens. Aufgrund dieses Rausches der Verliebtheit ist das geliebte Wesen in Wirklichkeit ein Stellvertreter der Gottheit selbst. Jedes andere Verhältnis zum ewigen Vater verbleicht angesichts des enormen, alles überstrahlenden Lichts, das dieses auserwählte Wesen für den Verliebten darstellt, solange die Verliebtheit besteht. Ja, es ist in den ersten Stadien der Verliebtheit so heilig, dass das verliebte Wesen es kaum wagt, sich dem Geliebten zu nähern. Es existiert überhaupt noch kein sexueller Drang. So bescheiden und demütig ist der Verliebte auf die Göttlichkeit des geliebten Wesens eingestellt, und so strahlend und durchdringend ist dessen Atmosphäre oder Licht, dass ein einziger kleiner Strahl, ein freundliches Wort oder ein herzenswarmer Blick vorläufig ausreichend ist, um den Verliebten vollends zu sättigen oder zu befriedigen, auch wenn natürlich nicht umgangen werden kann, dass dies den Traum von einem künftigen noch intimeren körperlichen Kontakt wachruft.

Das „A-Begehren" und seine Befriedigung sind ein Symbol des richtigen menschlichen Bewusstseins, d.h. sie sind ein Rest aus dem himmlischen Paradies

1818. Das erste Stadium der reinen Verliebtheit ist also in großem Ausmaß der wahren Liebe sehr ähnlich. Der mobilisierte Paarungszustand hat ja auch deshalb die Bezeichnung „Liebe" bekommen und wird von Dichtern und Autoren unter diesem Prädikat gepriesen und lobgesungen. Es kann ja auch nicht geleugnet werden, dass die Verliebtheit in diesem Stadium ein Abglanz des in Fleisch und Blut manifestierten Himmelreichs, ein in irdischer Materie offenbartes überirdisches Licht ist. In diesem Stadium kann also der Verliebtheit die Göttlichkeit im innersten engsten Bereich in der Mentalität oder Psyche des Verliebten nicht abgesprochen werden. Hier ist sie ein strahlendes Licht des Lebens, eine Leben spendende und Gesundheit fördernde Kraft, eine schöpferische Lebenslust und Freude am Dasein. Das verliebte Individuum befindet sich also in der Lage, als stünde es angesichts des oder der Geliebten etwas unerhört Erhabenem gegenüber, ja, als wäre dieses Wesen die Gottheit selbst. Es bekommt Herzklopfen, seine Wangen werden rot, und es betrachtet sich selbst als viel zu gering dazu, sich in der Nähe des geliebten Wesens aufhalten zu können, lebt aber doch in einem kolossalen und alles erfüllenden Seligkeitsrausch und befindet sich in einem Paradies auf Erden.

Wir finden also hier im „A-Begehren" ein Symbol des richtigen menschlichen Bewusstseins oder jener den Nächsten liebenden, selbstlosen Einstellung, die den wahren Frieden schaffen wird. Dieses „A-Stadium" ist also ein Überbleibsel aus dem himmlischen Paradies, d.h. ein schwacher Strahl aus den höchsten Welten eines früheren Spiralkreislaufs, wo die totale Nächstenliebe oder Allliebe zu einer vollkommenen tagesbewussten Gewohnheitsfunktion oder selbstverständlichen Lebensweise geworden ist.

Das „B-Begehren" ist das Verlangen des Verliebten nach dem Besitzen und der Gegenliebe des geliebten Wesens

1819. Aber im Paradies gibt es immer eine Schlange, und so ist es auch hier beim irdischen Erleben des Paradieses. Das „A-Stadium" der Verliebtheit existiert nicht besonders lange in Reinkultur. Es dauert also nicht lange, ehe bisher verborgene, niedrigere Kräfte anfangen, sich geltend zu machen. Die stark sympathische Einstellung des Verliebten zum geliebten Wesen ist nicht jene Liebe oder Selbstlosigkeit, die sie zuerst zu sein schien, ja, sie ist in Wirklichkeit gar keine Liebe. Die Sympathie der Verliebtheit zeigt nur oberflächlich einen Hauch von Liebe auf. Ihrem innersten Wesen nach ist diese Sympathie pure Selbstsucht, die ja das Gegenteil jener wahren Liebe ist, die die Erfüllung aller Gesetze ist. Die Verliebtheitsliebe oder die Paarungssympathie ist eine Erscheinung, die auf die Dauer überhaupt nicht ohne Nahrung existieren kann. Aus dem A-Begehren entsteht also mit der Zeit ein neues Begehren, das den Besitz des geliebten Partners und dessen Gegenliebe fordert. Dieses Begehren wollen wir hier in unseren Analysen als das B-Begehren der Verliebtheit bezeichnen. Wenn dieses Begehren nicht befriedigt und das Besitzen des geliebten Wesens nicht erreicht wird, dann stagniert die Verliebtheit oder die Paarungsliebe. Und mit dieser Stagnation wird der wahre Entwicklungsstandard des verliebten Partners offenbar. Die Grenze des wahren Sympathievermögens dieses Partners zeigt sich in der Regel nun als etliche Stufen unter dem Sympathiegefühl liegend, das die Verliebtheit zum Ausdruck brachte. Ja, der Standard dieses Sympathiegefühls kann sogar so gering sein, dass er in Wirklichkeit nur Kälte allen Mitwesen gegenüber ausdrückt. Die Nächstenliebe fehlt also fast ganz und gar. Und in einer Situation, in der das geliebte Wesen seinen Anbeter nicht auch so lieben kann, wie er oder sie von ihm geliebt wird, wird sein allgemeines Gefühl, das, wie gesagt, eigentlich mentale Kälte ist, im schlimmsten Falle geradezu zu tödlichem Hass dem Geliebten gegenüber. Dieser Zustand liegt hauptsächlich allen Eifersuchts- und Ehedramen zugrunde und macht den Verliebten oder den Anbeter bestenfalls zu einem unter aufgezwungener Resignation begrabenen Opfer der Melancholie oder des Lebensüberdrusses, den wir „unglückliche Liebe" nennen.

„Unglückliche Liebe" ist der beste Beweis dafür, dass eine Verliebtheit oder

Paarungsliebe keine wahre Liebe ist

1820. „Unglückliche Liebe" ist also in Wirklichkeit keine unglückliche Liebe, da Liebe niemals unglücklich werden kann. Sie sucht nie ihr Eigenes und kann folglich keine Enttäuschung für ihren Träger herbeiführen. Die „unglückliche Liebe" ist indessen nur ein unbefriedigter Verliebtheits- oder Paarungshunger. Und die Antipathie, die dieser erzeugt, entspricht der Antipathie, der Entrüstung, dem Hass oder Zorn, den alle anderen Formen von unbefriedigtem Hunger oder nicht zufrieden gestellten Lebensbedürfnissen gegen den oder die vermeintlich Schuldigen an der Misere hervorrufen. Dies sind Äußerungen des Selbsterhaltungstriebs an sich. Dies sind Einzelheiten im Kampf um das Leben. Solche Äußerungen sind die besten Beweise dafür, dass die Verliebtheit keine Liebe ist, da letzterer mentaler Zustand überhaupt keine Forderungen in Bezug auf seine eigene Existenz stellt. Die Liebe ist nicht davon abhängig, dass andere die gleiche Sympathie oder Gegenliebe empfinden müssen. Eben deshalb ist es so, dass dieser Bewusstseinszustand der einzige und somit der größte Lebensfaktor im Universum ist. Die Besitznahme oder Überschattung des Wesens von dieser mentalen Strahlenwelle ist deshalb das Einzige, was den Krieg oder die mentale Finsternis des Daseins zum Aufhören bringen kann. Die Liebe ist der ewige, beständige Frieden an sich, nach dem die Menschen jetzt mehr oder weniger hungern und dürsten und den sie als eine Lebensbedingung empfinden.

Das B-Begehren der Verliebtheit ist der Kanal, durch den das tötende Prinzip die Bewohner der Kontinente und Meere der Erde beherrscht

1821. Hier ist die totale Ohnmacht der Paarungsliebe oder Verliebtheit, was die Schaffung von Frieden, Harmonie und Furchtlosigkeit unter den Wesen betrifft, leicht zu erkennen, und es ist leicht zu sehen, dass es gerade ihre Mission ist, von der Förderung der Fortpflanzung ganz abgesehen, kraft ihres B-Begehrens Unruhe, Furcht, Eifersucht oder Neid herbeizuführen, was wiederum jeglicher Kriegstendenz, allem Unfrieden und jeder Auffassung von Eigentumsrecht und allen hieraus folgenden Erscheinungen in der Welt, die wir unter dem Begriff „das Böse" kennen, zugrunde liegen. Zu diesem „Bösen" gehören also alle Erscheinungen, die den diametralen Gegensatz zum wahren Frieden ausmachen. Das B-Begehren der Verliebtheit ist folglich der tödliche Frost und die Kälte des Spiralkreislaufs. Es ist das Fundament aller Winterzonen der mentalen Kreisläufe. Es ist die Pforte oder der Kanal, durch den das tötende Prinzip die Kontinente und Meere der Erde beherrscht.

Im Schutz des strahlenden Glanzes des A-Begehrens bekommt die Verliebtheit den höheren Pathos oder die Lichtglorie, womit sie in der Lebenserkenntnis sowie in Romanen, Gedichten und Märchen in Erscheinung tritt

1822. Im Schutz des strahlenden Glanzes des A-Begehrens erhält die Verliebtheit das höhere Pathos und den Glorienschein, mit dem sie in der Erkenntnis des Lebens, in Gedichten, Romanen und Erzählungen in Erscheinung tritt. Das A-Begehren ist ein kleiner schwacher Abglanz der wahren Liebe oder des Lichts aus dem ursprünglichen, verlorenen Paradies. Es ist der Lichtschimmer, der die Wesen dazu bringt, in die bittere Zone des B-Begehrens hinabzutauchen, ohne etwas von deren giftiger und qualvoller Atmosphäre zu ahnen. Das A-Begehren der Verliebtheit ist der Stellvertreter des Lebenslichts in der Todeszone oder Sphäre der kosmischen Spirale und vermittelt somit dieser finsteren Sphäre einen Widerschein des himmlischen Lichts. Die Verliebtheit ist also der Mondschein der kosmischen Lebensnacht. Sie ist das von den vereisten Gipfeln und gefrorenen Abgründen zurückgeworfene himmlische Licht des tötenden Prinzips.

„Die Zone der glücklichen Ehen"

1823. Wie wir nun gesehen haben, ist Verliebtheit oder die Liebe zum geliebten Individuum nicht so rein und selbstlos, wie sie anscheinend zunächst einmal empfunden wird. Wenn sie vom Geliebten erwidert und der Verliebte auch voll und ganz geliebt wird, so dass dieser zum höchsten Begehren des anderen wird, dann wird das Verhältnis vollkommen. Dann sind die zwei Wesen schon von Natur aus ein Ehepaar geworden, ob sie den Segen der geistlichen oder weltlichen Behörden haben oder nicht. Und solange dieses Verhältnis besteht, ist keinerlei sonstiger Einfluss auf das Zusammenleben nötig, ja, es gibt überhaupt keine Macht, die größer ist als eben die gegenseitige Verliebtheit oder die Paarungsliebe. Hier sind die vollkommenen psychischen Voraussetzungen für die weitere Fortpflanzung der Art, d.h. die Anschaffung und Erziehung der Nachkommen, vorhanden. Dieser vollkommene Paarungszustand ist bei den höher entwickelten Tieren allgemein vorkommend. Sie haben keine Obrigkeit und kein Rechtswesen zur Stärkung ihres Verhältnisses. Sie brauchen keine Heiratsurkunde oder juristische Sanktionierung, die garantiert, dass sie ihren Verpflichtungen nachkommen. Hier bei diesen Wesen befinden wir uns in der Zone der wahren Ehen, die wir „die Zone der glücklichen Ehen" nennen können. Hier wird der Himmel auf Erden erlebt.

Die Ehe ist bei den Erdenmenschen degeneriert und basiert nicht auf so starken psychischen Kräften wie früher

1824. Innerhalb der Domäne der erdenmenschlichen Wesen ist der eheliche Zustand nicht im gleichen Ausmaß wie bei den vorher genannten Wesen wahr und echt. Wir haben gesehen, dass die psychischen Kräfte in der Ehe, d.h. diejenigen, die die Paarung und das Zusammenleben unter den sich paarenden Tieren so vollkommen machen, bei weitem nicht in so einem großen Umfang beim Erdenmenschen vorhanden sind. Hier kommen in beträchtlichem Ausmaß eine Unstabilität, ein Mangel an Verantwortlichkeit und eine Flucht vor den Pflichten derartig vor, dass die Nachkommen von Seiten der Eltern in vielen Fällen im Stich gelassen werden und einem unglücklichen Schicksal preisgegeben wären, wenn es keine Behörden, keine Regierung und kein Rechtswesen gäbe. Diese Behörden haben längst Gesetze erlassen, nach denen diejenigen, die eine Ehe eingehen, sich richten müssen. Diese juristischen Vorkehrungen bedingen, dass Eheleute einen Trauschein haben müssen, damit ihr Paarungszustand für gültig erklärt wird, und dass die Ehepartner für die Folgen dieser intimen

Verbindung verantwortlich sind. Sie bedingen, dass die Eltern natürlich für ihre Kinder sorgen müssen und dass die Ehepartner die Ehe nicht ohne weiteres nach eigenem Belieben und ohne Verpflichtungen auflösen können. Schon dies, dass es notwendig und geradezu unentbehrlich ist, dass die Erdenmenschen so mittels juristischer Macht dazu gezwungen werden müssen, die eingegangenen ehelichen Verpflichtungen zu erfüllen, zeigt, dass die Ehe in entsprechendem Ausmaß am Degenerieren ist, ja, dass sie etwas darstellt, was nicht mehr auf so starken psychischen Kräften wie früher basiert. Was manche Erdenmenschen betrifft, kann man sogar deutlich sehen, dass die Ehe nur eine Wiederholung von etwas ist, was bei den höheren Tieren fundamentaler oder unerschütterlicher ist. Sie ist ein erneutes Erleben von etwas, was einst in einer längst entschwundenen Vorzeit das Alpha und Omega des Lebens selbst für die Wesen war. Für diese Wesen existierte keinerlei anderes Interesse, keine andere Erlebenssphäre des Lebens als eben der Prozess der Paarung und Beschützung der Nachkommen. Die Erdenmenschen waren in diesem Stadium immer noch nur Tiere in Reinkultur.

Ehen, die mehr auf dem ökonomischen Prinzip und anderen Erscheinungen basieren als auf dem eigentlichen Paarungsprinzip

1825. Beobachten wir die Kulturmenschen, dann sehen wir, dass unter den größten künstlerischen Schöpfern, Filmstars, Schriftstellern, Bildhauern und Malern beiderlei Geschlechts, die von den Ehepartnern ökonomisch unabhängig sind, Ehescheidungen in Mengen vorkommen. Dass in der breiten Öffentlichkeit noch mehr Ehescheidungen vorkämen, wenn die Eheleute nicht ökonomisch von einander abhängig wären, ist natürlich klar. Die ökonomische Abhängigkeit vom Ehegatten, in der sich die meisten Frauen in der Ehe befinden, halten viele davon ab, eine gewünschte Scheidung zu beantragen. Eine solche Scheidung bedeutet ja oft, dass die Frau, die sich mitunter im vorgeschrittenen Alter befindet, Arbeit, d.h. eine Anstellung als untergeordnetes Wesen, als Putzfrau, Fabrikarbeiterin oder Büroangestellte suchen muss, je nach den eventuellen Qualifikationen, die sie besitzt. Und die Sache wird noch unsicherer und zweifelhafter, da die Arbeitslosigkeit in Friedenszeiten faktisch ein beständiges Gespenst ist, das bewirkt, dass die Wesen der älteren Generationen natürlich keine großen Chancen haben, eine Arbeit zu finden, solange es junge Menschen genug gibt, die die freien Arbeitsstellen belegen oder besetzen. In einer solchen Situation ziehen wohl etliche Ehefrauen es vor, lieber in der Ehe zu bleiben, selbst wenn das Zusammenleben als Ehe betrachtet längst zur Ruine geworden ist. Dass es Tausende solcher Ehen gibt, die in Wirklichkeit in der so hoch gepriesenen modernen Zivilisation und Kultur nur noch eine Ruine dessen sind, was sie einst waren, dürfte wohl als allgemeine Tatsache gelten. Dass der Ehemann, aufgrund seiner weiterhin fortdauernden vollständigen oder teilweisen Unterhaltspflicht der geschiedenen Ehefrau gegenüber, in vielen Situationen ebenfalls davor zurückschreckt, eine erwünschte Scheidung einzuleiten, und es vorzieht oder geradezu gezwungen ist, in der Ehe zu bleiben, dürfte wohl ebenfalls als allgemeiner Sachverhalt betrachtet werden. Man versteht also hier, dass die Anzahl von Scheidungen, die statistisch als Norm angegeben wird, keineswegs alle die Ehen umfasst, die in Wirklichkeit psychisch oder geistig bereits aufgelöst sind, die aber aufgrund erzwungener ökonomischer Maßnahmen und aus Rücksicht auf die ehelichen Kinder aufrechterhalten werden.

Die Hauptursache der ehelichen Degeneration ist keine Primitivität oder Unmoral

1826. Wenn es außerdem noch Eheleute gibt, die geheiratet haben und sich dann wieder drei- oder viermal scheiden ließen und sogar dazu bereit sind, mit dieser Wanderung in die Ehe hinein und aus der Ehe heraus fortzufahren, es sei denn die Behörden greifen ein und machen dieser Taktik ein Ende, dann kann man wohl nicht behaupten, dass solche Wesen sonderlich für die Ehe geeignet sind und dass sie das wahre Glück besonders in dieser Form von seelischer und psychischer Verbindung finden. Sind sie nicht eher als Wesen anzusehen, die praktisch wurzellos und somit heimatlos in der Ehe sind? – Zu behaupten, dass sie unmoralisch wären und einen gemeinen und schlechten Charakter repräsentierten, dass sie egoistisch und rücksichtslos seien, kann vielleicht bis zu einem gewissen Grad richtig sein, aber es ist absolut nicht dieser ihr mentaler oder psychischer Zustand, der die hauptsächliche Ursache ihrer ehelichen Misere ist. Je mehr wir in der Entwicklung zurückblicken, um zuletzt hinunter zu den Tieren zu gelangen, je mehr sehen wir beim Größtteil der höher entwickelten Tiere einen glänzenden ehelichen Zustand im Paarungs- und Fortpflanzungsleben, besonders unter den Wesen, die in Monogamie leben. Und man wagt wohl nicht zu behaupten, dass diese Wesen, z. B. Löwen, Tiger oder andere Raubtiere, nicht von Natur aus egoistisch und feindlich gegen andere Wesen eingestellt wären. Und doch wandert man hier nicht von Ehe zu Ehe oder verlässt das einmal eingegangene Paarungsleben, so wie es bei den vorher genannten Erdenmenschen der Fall ist. Sind diese Menschen denn noch selbstsüchtiger, noch gehässiger oder tödlicher als die Raubtiere ihren Mitwesen gegenüber? – Ja, es ist richtig, dass die dunklen Kräfte oder die mentale Winterzone gemäß des Kreislaufgesetzes in der mentalen Sphäre der Erdenmenschen kulminieren und dass es infolgedessen keinen raffinierteren und grausameren Auslöser des tierischen, tötenden Prinzips gibt als den Erdenmenschen, der sich eben im Kulminationsstadium dieser Finsternis befindet, aber hier muss man bedenken, dass es auch viele Erdenmenschen gibt, die schon längst dieses Stadium der Kriegsbegeisterung, des Hasses und Rächens hinter sich haben und auf verschiedene Weise eine große Humanität zeigen können; Menschen, die an großen allgemeinnützlichen Unternehmungen teilnehmen, bereits als geniale Künstler in Erscheinung treten und jeden Tag mit dieser ihrer Kunst dazu beitragen, den Menschen viel Freude, Unterhaltung und Unterricht zu bereiten, und damit dazu beitragen, Schule zu machen oder anderen für deren spezielle Kunst als Vorbild zu dienen. Das Eigentümliche ist, dass man gerade bei diesen Wesen die zahllosen Scheidungen und unglücklichen Ehen findet und nicht bei den robusten, primitiven und kriegerischen Individuen oder jenen Wesen, die sich im Stadium des Egoismus und der Herrschsucht befinden oder im Bereich des Eroberungs- und Unterdrückungsdrangs. Es wird damit zu einer Tatsache, dass die allgemeine Zone der unglücklichen Ehen aus jenen Wesen besteht, die in intellektueller Humanität und auf gemeinnützigen Gebieten bereits fortgeschritten sind. Hier finden wir die größte Misere in der Ehe und die brüchigsten Verbindungen im Paarungszustand. Und dieser Umstand macht es wiederum zur Tatsache, dass die Ehe unter den Wesen dieser Sphäre oder Zone im Begriff steht, etwas Sekundäres zu werden. Diese Wesen leben in großem Ausmaß für eine andere Interessensphäre, nämlich für die Ausübung ihrer Kunst oder einer besonders bevorzugten intellektuellen Beschäftigungskategorie, in der eine selbstlose, humanistische und gemeinnützige Haltung das Allgemeingültige ist. Das heißt also wiederum, dass wir hier in Wirklichkeit, allgemein gesehen, gar keine lieblosen oder rücksichtslosen Wesen vor uns haben. Nur was ihre eheliche Seite betrifft, scheinen sie amoralisch zu sein. Hier übertreten sie in hohem Maße die vorgeschriebenen Moralgesetze und werden oberflächlich, leichtsinnig und treulos. Und es kann auch nicht geleugnet werden, dass die Wesen auf diesem Gebiet ein diametraler Gegensatz zu sich selber sind, d.h. der Gegensatz zu dem Teil ihrer Psyche, der nichts mit der Ehe zu tun hat. In diesem Teil können sie wunderbare, gemeinnützige Wesen sein, die mitunter anderen viel Freude bereiten mit ihrem großen, genialen künstlerischen Können in der Schreib-, Bühnen-, Maler- und Bildhauerkunst sowie der Musik oder mit einer bedeutenden humanen wissenschaftlichen Erziehung und Schöpfung. Ihre gemeinnützige intellektuelle, künstlerische Tätigkeit und Position kann so groß sein, dass sie weltberühmt sind und von allen Nationen bewundert und geehrt werden, während sie im anderen Teil ihrer Psyche, d.h. dem ehelichen Teil, sowohl für sich selber als auch für den Ehepartner und die Nachkommen Unglück und Leiden schaffen. Man kann also diese Wesen nicht mit gutem Recht als Taugenichtse oder Subjekte ohne Moral und Bedeutung stempeln. Sie beweisen dagegen den Sachverhalt, dass sie, was die Ehe betrifft, im gleichen Maße degeneriert sind, wie sie sich in intellektueller und künstlerischer allgemeinmenschlicher Hinsicht entwickelt haben. Sie sind gespaltene Wesen geworden. Das aus dem Tierreich ererbte Paarungsprinzip, das einst Alpha und Omega war, muss nun diesem in ihrer Mentalität oder Psyche entstandenen intellektuellen, künstlerischen oder menschlichen Können den Platz einräumen. Dieser letztere Teil ihres

Bewusstseins oder ihrer Psyche hat bereits in vielen Fällen allmählich die Lenkung der Lust und des Willens des Wesens übernommen. Er ist das Primäre geworden, während der Teil, der zur Ehe gehört, in Wirklichkeit nun also für dieses Wesen nur noch als etwas Sekundäres existiert. Die großen und am meisten fortgeschrittenen Künstler oder Intellektuellen bleiben weiterhin Künstler oder Intellektuelle, ganz abgesehen von der ehelichen Havarie, ja, sie werden sogar mitunter in ihrem intellektuellen Schöpfen noch genialer. Wurden nicht viele der schönsten Gedichte über Erotik und Liebe von Personen geschrieben, die an unglücklicher Liebe litten? – Aber selbst wenn solche aus Liebe unglücklichen Wesen denjenigen oder diejenige, in den oder die sie so sehr verliebt sind und die sie lobpreisen, wirklich erobern, dann dauert es bei vielen gar nicht lange, ehe sie sich in eine neue Verliebtheit und in hiermit verbundene Qualen in Bezug auf Scheidung oder Befreiung von dem früher geliebten Wesen verwickeln, mitunter mit dem Risiko einer zweifelhaften Gegenliebe von Seiten des neuen Partners. Es liegt auf der Hand, dass diese Intellektuellen keine Psyche haben, die unter die überlieferten, tausendjährigen Mosesgesetze eingeordnet werden kann. Wenn das Sexualleben dieser Wesen unter die Richtschnur dieser Gesetze gezwungen würde, dann würden diese intellektuellen Wesen sich wie in eine mentale Zwangsjacke von so umfassenden Dimensionen gepresst fühlen, dass seelische Enttäuschung, Melancholie und Lebensüberdruss jede Inspiration und jeden Antrieb zu intellektuellen oder künstlerischen Manifestationen töten würden. Ihre intellektuelle Schöpfungsfähigkeit, ihr Genie, wäre wie eine Pflanze, die in der Wüste aus Mangel an Wasser, an Feuchtigkeit und Nahrung verkümmern würde. Diese intellektuellen Wesen haben also keine Psyche mehr, in der die orthodoxe, an das Mosesgesetz gebundene Ehe das Primäre sein kann. Gegebenenfalls müsste man ihre intellektuelle, künstlerische Fähigkeit, Begabung oder Genialität als Abnormität, als etwas Böses betrachten, das ihr normales Ehe- oder Paarungstalent unterminiert, also als ein Böses, das im allerhöchsten Maße bekämpft werden müsste. – Aber kann die Menschheit sich das leisten? –

Der Untergang des Tierreichs in der Mentalität oder Psyche des

Erdenmenschen

1827. Ist es nicht gerade die geniale, intellektuelle und künstlerische Einsicht und Schöpfungsfähigkeit, die den Erdenmenschen über das Niveau des Tieres emporhebt? – Glaubt man, dass es der Sinn des Lebens oder das Ziel des Erdenmenschen ist, nur ein unintellektuelles, Trächtigkeits- oder Fortpflanzungswesen zu sein, dessen einziges und höchstes Vergnügen lediglich daraus besteht, mit den Tieren um das Paaren und das Setzen der Nachkommen in die Welt zu konkurrieren? – Und übrigens, wer von den modernen Kulturmenschen von heute befindet sich auf einem so unintellektuellen Niveau, dass er nur als eine Art höheres Zuchttier existiert? – Wer von diesen Wesen ist ganz ohne Interessensphären, die außerhalb des Paarungszustands liegen? – Ist es nicht allgemeingültig, dass sie sich alle mehr oder weniger ein wenig nach Genialität sehnen, entweder auf dem einen oder dem anderen intellektuellen oder künstlerischen Gebiet, das mit ihrer ehelichen Natur überhaupt nichts zu tun hat? – Werden sie nicht gerade deshalb als Kulturmenschen bezeichnet? – Ja, ist ihre religiöse Interessensphäre nicht als etwas zu bezeichnen, was mit der Ehe, der Fortpflanzungs- oder Paarungsfähigkeit nichts zu tun hat? – Leben die Tiere in ihrem Paarungsbereich nicht glücklich, obwohl sie keine solche religiöse Interessensphäre haben? – Nein, wenn man die beginnende Entwicklung der Intellektualität von genialer Einsicht und Schöpfungsfähigkeit bekämpfen will, muss man damit schon bei allen niedriger stehenden Menschen anfangen, wenn nicht schon bei den Affen. Mit dieser beginnenden Fähigkeit verwandelt ja Gott das Tier in den „Menschen als Abbild Gottes". Das „Abbild Gottes" kann nicht einzig und allein ein unintellektuelles Vermehrungswesen sein, das ausschließlich Interesse daran und nur Fähigkeit dazu hat, Nachkommen in die Welt zu setzen. Das „Abbild Gottes" muss doch das befreite Wesen sein, das aufgrund seiner Intellektualität den Gedanken Gottes folgen kann, das Weltbild und seine eigene Identität als Schöpfer von Zeit und Raum erlebt und somit der Herr des Lebens ist und anhand seiner Genialität und in Kontakt mit den Offenbarungen Gottes in den Schöpfungsprozessen der Natur schaffen kann. Dass diese göttliche

Verwandlung des Erdenmenschen nicht in der erdenmenschlichen Mentalität wachsen und gedeihen kann, ohne etwas von der tierischen, sexuellen Interessensphäre zu verdrängen, ist einleuchtend. Dass die Sexualität des Kulturmenschen folglich einem Verwandlungsprozess unterliegt, je nachdem, wie weit sich die Intellektualität und Schöpfungsfähigkeit dem Genialen nähert, ist hier ebenso eine einleuchtende Tatsache. Dass diese Entwicklung nach und nach die alten, orthodoxen moralischen Vorschriften und Ideale sprengen wird, ist ebenso selbstverständlich und natürlich wie Tag und Nacht, ganz gleich wie viel Widerstand, wie viele ausgestoßene Flüche, wie viel „heiligen Zorn" und „gerechte Wut", Klatsch und Verleumdung man auch immer anwenden mag bei seinem Widersetzen gegen den Stachel. Der kosmische Kreislauf des Lebens nimmt seinen Lauf. Die tierische Psyche muss in der erdenmenschlichen Mentalität untergehen. Die große intellektuelle Entwicklungsbahn ist im erdenmenschlichen Wesen bereits festgelegt. Es gibt keinen Weg zurück. Die Hochintellektualität und die Kunst, die die äußeren Fundamente und Wirkungen der Nächstenliebe sind, können nicht aufgehalten werden. Die Wesen sind auf dem Weg, ihren Gipfel zu erreichen. Gott modelliert alle zu seinem Abbild. Die Wesen müssten in tiefer Ehrfurcht den Blick gen Himmel richten und ausrufen: „Dein Wille geschehe".

Was die eheliche Degeneration zeigt

1828. Es geschieht also eine wirkliche psychische Verwandlung des Erdenmenschen. Sein eheliches Talent degeneriert. Die Ursache dieser Verwandlung kann also auf die sympathischen Anlagen des Wesens zurückgeführt werden. Während diese Anlagen ursprünglich nur in einer ehelichen Verbindung florieren und ihre Kulmination und Auslösung bekommen konnten, so finden sie zwar weiterhin ihre Auslösung in einem Paarungsverhältnis mit einem Wesen des anderen Geschlechts, aber diese Verbindung zwischen den Partnern wirkt sich nicht als permanent dauerhafte Harmonie in einem gegenseitigen Verlangen, einander zu besitzen, aus. Das sexuelle Verhältnis wirkt heute mehr in Richtung einer relativ kurzen Epoche des Wiedererlebens oder der Repetition eines sexuellen Besitzanspruchs, die früher seinem Objekt oder dem sexuell begehrten Partner gegenüber stabiler, haltbarer oder dauerhafter war als dieser Besitzanspruch, der ja dasselbe ist wie „Verliebtheit". Früher konnte eine gegenseitige Verliebtheit zwischen zwei Partnern so wie bei den Tieren das ganze Leben hindurch bestehen, und die hierauf basierende Ehe war beständig und glücklich. Heute oder im gegenwärtigen intellektuellen Stadium des Erdenmenschen ist eine Verliebtheit von einer mehr flüchtigen Natur, die sehr schnell ausgelebt ist. Und damit stirbt ja das Interesse am Objekt der Verliebtheit. Diese zu Ende erlebte Verliebtheit und dieses absterbende Interesse am sexuellen Partner bewirken, dass die Ehe nicht das ganze Leben lang aus „Flitterwochen" besteht und dass diese Tage des Glücks nur eine kleine, kurzlebige Periode in der ersten Zeit der Ehe ausmachen. Und demzufolge müssen die Ehen, wenn sie nicht durch Scheidungen aufgelöst werden, auf anderen Erscheinungen wie Kameradschaft oder gemeinsamen Interessensphären basieren oder „der Kinder wegen" aufrechterhalten werden und tragen in Wirklichkeit nur kraft des Trauscheins die Bezeichnung „Ehe". Aber eine Ehe, die auf anderen Fundamenten als dem glücklichen Zustand der Paarung gegründet ist, kann nur eine Scheinehe sein. Im Verhältnis zu den Ehen oder den Paarverhältnissen, die wir unter jenen Tieren finden, die in Monogamie leben, sind die Ehen oder das Zusammenleben in Paaren der Erdenmenschen also, außer während der Flitterwochen, fast als künstliche Ehen zu betrachten. Die wahre Ehe, d.h. das Zusammenleben in den Flitterwochen, ist also bei den Erdenmenschen nur ein relativ kleiner Bereich. Im übrigen Bereich oder Verlauf der eingegangenen Ehen, also in dem Teil, der beginnt, nachdem die Flitterwochen vorüber sind, ist die Ehe in Wirklichkeit mehr oder weniger als Tarnung anzusehen. Hier basiert die Ehe auf Erscheinungen, die außerhalb der gegenseitigen Verliebtheit der Partner ineinander liegen, da diese ja aufgehört hat. Andernfalls hätten die Flitterwochen weiterhin bestanden. Diese Erscheinungen können reine Liebe sein, die bewirkt, dass der Partner, für den eine Scheidung besonders aktuell oder wünschenswert wäre, es ganz einfach nicht über das Herz bringen kann, den anderen durch Scheidung und die hiermit verbundenen Unannehmlichkeiten zu quälen. Hier müssen wir hinzufügen, dass die gegenseitige Verliebtheit der Partner in der Regel nie gleichzeitig aufhört. Wenn das der Fall wäre, würde eine Scheidung ja kein besonderes mentales Leiden hervorrufen. Aber nun verursacht eine Scheidung eben schwere seelische Qualen oder Leiden bei dem Betroffenen, bei dem die Verliebtheit noch existiert. Der andere Partner kann also, wie erwähnt, eine solche allgemeinmenschliche Liebe besitzen, dass er es nicht über das Herz bringen kann, dem erstgenannten Partner die Leiden und Unannehmlichkeiten zuzufügen, die eine Scheidung in dieser Situation hervorrufen würde, und deshalb bleibt die Ehe bestehen. Aber eine solche Ehe ist ja trotz allem nicht ganz vollkommen, da die gegenseitige Verliebtheit und die darauf beruhende volle sexuelle Kraft nicht zugegen sind. Dazu kommen noch jene Ehen, die nur der Kinder wegen oder aus Angst vor Skandal oder aus anderen rein physischen Gründen aufrechterhalten werden. Diese in größerem oder kleinerem Ausmaß befindlichen Scheinehen sind die Ursache davon, dass wir genötigt waren, die erdenmenschliche eheliche Sphäre mit dem Begriff „die Zone der unglücklichen Ehen" zu bezeichnen. Zeigt nicht diese ganze erdenmenschliche eheliche Degeneration, dass die sympathische Veranlagung des Erdenmenschen verändert ist und dass diese Veränderung für die Ehe nicht zum Vorteil ist? –

Die Ursache der ehelichen Degeneration ist kein moralischer Mangel sondern ein organischer Verwandlungsprozess der sympathischen Veranlagung des Erdenmenschen

1829. Die Menschen, in denen diese sympathischen Anlagen also verändert sind und in der Ehe eine Degeneration verursachen, können hinsichtlich ihres allgemeinen Verhältnisses zu den Mitmenschen und der Umgebung außerhalb des ehelichen Gebiets nicht im besonderen Ausmaß als gewissenlose, hasserfüllte oder böse Menschen bezeichnet werden. Hier repräsentieren sie einen Entwicklungsstandard oder eine Intellektualität, die über den in Stück Nr. 1746 beschriebenen intellektuellen Standard und die humane Einstellung des „richtigen Mannes" und der „richtigen Frau" der Umgebung außerhalb der Ehe oder des Paarungsbereichs hoch erhaben ist. Wie schon erwiesen, ist ihr schwaches oder instabiles eheliches Hervortreten kein allgemeiner moralischer Mangel ihres Charakters, sondern eine Folge ihrer verwandelten sympathischen Veranlagung und der hierauf beruhenden verwandelten sexuellen Psyche. Das bedeutet also, dass die organische Struktur, die unweigerlich das vollkommene männliche und das entsprechende weibliche Wesen hervorbringt, nicht mehr in deren Psyche in ihrer ursprünglichen kompletten Form existiert. Sie ist hier höchstens teilweise vorhanden. Aber eine organische Struktur, die nicht vollkommen ist, muss ja bewirken, dass die hierauf basierenden Fähigkeiten auch nicht vollkommen sein können. Hat man schwache Beine, dann geht man schlecht. Hat man seine Augen verloren, dann kann man nicht sehen. Und genauso wie das schlechte Gehen und die Blindheit der betreffenden Personen nicht als Unmoral abgestempelt werden kann, kann die fehlende eheliche Vollkommenheit, die sich auf die Verwandlung der sympathischen Veranlagung gründet, auch nicht als Unmoral abgestempelt werden. Das Wesen wird erst dann unmoralisch, wenn es diese seine eigene eheliche Degeneration und Unfähigkeit nicht zugeben will und damit fortfährt, andere unglücklich zu machen, indem es diese in kurzen Ehen oder sexuellen Zusammenleben an sich bindet, die schon im Voraus verurteilt sind, nur Einleitungsstadien zu Scheidungen zu sein. Hier hat der größte Teil der heutigen erdenmenschlichen Ehepartner moralische Mängel und verursacht folglich zahlreiche Scheidungsprozesse, was Obdachlosigkeit oder ein unglückliches Heim für die Kinder aus den geschiedenen Ehen schafft.

Ein Rückblick auf die Moral und Amoral der verschiedenen Wesen in der Ehe und außer der Ehe

1830. Wie wir hier gesehen haben, ist also nicht eine stagnierte Entwicklung oder ein Rückgang der Moral die Hauptursache der ganzen ehelichen Misere, sondern eine fundamentale Degeneration des tierischen Paarungsprinzips an sich im Erdenmenschen macht sich geltend. Die Urheber der moralischen Mängel, die wir bezüglich des erdenmenschlichen Paarungszustands oder der Ehe gesehen haben, waren in großem Ausmaß Wesen, die sich außerhalb des ehelichen Bereichs als hervorragend entwickelt erwiesen. Viele von ihnen waren intellektuelle Wesen, die geniale Kunst schufen oder eine bedeutende Position beim Schaffen auf anderen kulturellen Gebieten hatten, wobei sie große Treue, Energie und Selbstaufopferung zeigten. Innerhalb des Bereichs dieser Wesen gibt es eine weitaus größere Anzahl von Personen, die, abgesehen von ihrer ehelichen Misere oder Degeneration, für die kulturellen Erscheinungen und den Aufbau der Gesellschaft eine Sympathie und Aufopferung bekunden, die die vorher erwähnten „richtigen Männer" und „richtigen Frauen", d.h. die noch robusten maskulinen Männer und die dementsprechend robusten femininen Frauen, unmöglich imstande sind zu leisten. Diese letztgenannten Wesen beiderlei Geschlechts sind gerade außerhalb ihres Paarungsgefühls oder ihrer Einstellung zum anderen Geschlecht nur dazu imstande, Antipathie und Eifersucht zu empfinden. Sie sind jedem gegenüber kriegerisch oder feindlich eingestellt, der die Befriedigung ihrer privaten selbstsüchtigen Begierde hemmt oder ihr im Wege steht. Sich für den Staat oder die Gesellschaft aufzuopfern, das sind Gedanken und Vorstellungen, die nur die wenigsten dieser Wesen zu hegen imstande sind. Dagegen können die geringer Entwickelten sich sehr für das andere Geschlecht aufopfern. Ja, sie weichen sogar in solchen Situationen, in denen sie es für notwendig halten, nicht vor Raub und Ausplünderung, vor Mord und Totschlag zurück, wenn es darum geht, dieses Geschlecht zu erobern oder diesem Geschlecht zu gefallen. Für diese Wesen gilt – wenn sie nicht ein intellektuelles Stadium erreicht haben, in dem sie sich zu jener Kulmination der Selbstsucht entwickelt haben, die eine Gangstermentalität erzeugt, in der es weder moralisches Gefühl, Sympathie noch Herzenswärme gibt, wenn es um die Befriedigung ihrer kulminierenden selbstsüchtigen Begierde geht –, dass der Zustand der Paarung oder des Zusammenlebens im großen Ausmaß noch fundamental oder stabil ist. Hier existieren noch eheliche Treue und eheliches Glück im Geschlechtsleben. Aber andererseits sind Treue und Sympathie umso geringer, wenn es sich um Verhältnisse außerhalb dieses Zusammenlebens handelt, d.h. im Verhältnis zu den Mitwesen. Hier können sie sehr wohl amoralisch sein, selbst wenn sie sich natürlich nicht geradezu mit Gangstern oder anderen intelligenten, aber amoralischen Wesen messen können.

A-Menschen. Die Zone der glücklichen Ehen

1831. Wir können also hier innerhalb des erdenmenschlichen Paarungszustands oder der Ehe und der übrigen sexuellen Zustände die Wesen in gewisse Kategorien einordnen. Die erste Kategorie besteht aus jenen Wesen, die noch ausschließlich für ihren Ehepartner und ihre Nachkommen leben und denen alles andere im Leben völlig uninteressant vorkommt, sofern es nicht nachdrücklich erforderliche Erscheinungen zugunsten der Ehe sind. Diese Wesen können wir „A-Menschen" nennen. Innerhalb dieser Kategorie von Wesen ist es noch möglich, glückliche Eheleben zu gründen, vorausgesetzt, dass ihre Lebenserkenntnis auf dem ehelichen Gebiet die Monogamie ist. Hier können die Flitterwochen sozusagen noch das ganze Leben lang bestehen.

B-Menschen. Die Wesen des kosmischen Todes oder kosmische Leichen

1832. Danach kommen wir zu einem Bereich, dessen Wesen eine gewisse Intelligenzentwicklung erreicht haben, von der ihr Egoismus ganz und gar Gebrauch macht. Und da ihre eheliche Tendenz etwas degeneriert ist, treten sie sowohl in der Ehe wie außerhalb der Ehe als sehr amoralisch in Erscheinung und werden oft zu Gangster- oder Banditennaturen. Sie nehmen nach Belieben rücksichtslos jede Frau und schrecken nicht vor Zuhälterei, Förderung von Mädchenhandel oder Bordellunternehmen zurück. Sie nutzen also ökonomisch alle Frauen aus, die sie in ihre Gewalt bekommen können. Solche Wesen machen also dem anderen Geschlecht sehr wenig Freude und sind dem eigenen gegenüber nahezu hasserfüllt. Sie verursachen in gewissem Grad sowohl ihrem eigenen wie dem anderen Geschlecht und somit der Gesellschaft Unglück und Unannehmlichkeiten. Da sie nahezu völlig gottlos oder irreligiös sind, repräsentieren sie „den kosmischen Tod". Jede Form in Richtung religiösen Denkens, jede Vorstellung von Seele und Geist, von Unsterblichkeit und vom Begriff Gott wie auch von den humanen Vorschriften der großen Weltreligionen sind für sie nur törichter Aberglaube und Naivität. Sie kulminieren infolgedessen in „kosmischer Bewusstlosigkeit". Sie sind „kosmische Leichen" in Reinkultur. Sie sind innerhalb der Erdenmenschheit der Kern der Gruppe von Wesen, in der das tötende Prinzip oder das sogenannte „Böse" kulminiert. Sie bilden den Krater für die alles zerstörende mentale Lava oder den tötenden Ausfluss der Hölle oder der Götterdämmerung. Diese Kategorie von Wesen wollen wir „B-Menschen" nennen.

C-Menschen. Die Wesen der unglücklichen Ehen, der Scheidungen, der Scheinehen und der beginnenden menschlichen Eigenschaften

1833. Nach dieser Gruppe kommen wir zum dritten Bereich des erdenmenschlichen Sexualismus. Hier finden wir alle in der Ehe oder im Paarungsverhältnis außerordentlich degenerierten Wesen. Sie sind flüchtig, was die Ehe oder die Paarung betrifft. Sie wandern von Ehe zu Ehe. Sie leben ständig in einer Scheidungssphäre und den hiermit verbundenen Widerwärtigkeiten. Wenn diese Wesen das ganze Leben lang dieselbe Ehe aufrechterhalten können, dann geschieht dies nicht aus natürlichem Drang oder weil sie in der eingegangenen Ehe in außergewöhnlich beständigen Flitterwochen leben, sondern weil sie aus einem wahren und höher entwickelten menschlichen Gefühl heraus oder aus wirklicher Liebe es nicht über das Herz bringen können, eine Scheidung oder Auflösung der Ehe zu verwirklichen, teils aus Rücksicht auf die Kinder, teils auch aus Rücksicht auf den Ehepartner, dem die Scheidung eventuell Kummer verursachen würde und für den sie ein unglücklicher Zustand wäre. Es ist auch oft so, dass eine gewünschte Scheidung deshalb vermieden wird, weil sie ungünstige ökonomische Umstände für die Betreffenden zur Folge haben würde. Aber eine Ehe, die sich nur auf Mitleid gründet, ist keine Ehe, wie auch eine Ehe, die nur auf ökonomischen Tatsachen basiert, keine Ehe ist. Der erste Fall ist eine Kreuzigung des liebevollen Beteiligten, während letztgenannter Fall eine Prostitution ist. Die Ehe sollte sich ausschließlich auf jene reine Paarungssympathie gründen, die sich in „Verliebtheit" äußert. Diese von Drüsenfunktionen aufrechterhaltene Verzückung ist das einzige rechtmäßige Fundament für die Ehe. Sie ist also das absolut Einzige, was ein sexuelles Zusammenleben zu einer wahren Ehe macht. In jeder Situation, in der die Ehe nicht auf diesem Fundament ruht, ist sie, trotz Trauschein und anderen Formen des Segens von Seiten des Staates und der Kirche, nur eine Scheinehe, d.h. eine Tarnung, die nur deshalb aufrechterhalten wird, weil sie ein geringeres Übel ist als eine Scheidung. Man versteht folglich, dass die Bezeichnung „die Zone der unglücklichen Ehen" nicht falsch ist, sondern dass sie hier bezüglich der erdenmenschlichen, ehelichen Degeneration bis zu hundert Prozent der Wahrheit entspricht. Innerhalb dieser Gruppe von Wesen, die wir „C-Menschen" nennen wollen, finden wir in großem Ausmaß die eheliche Degeneration und eine gewisse Form von Unmoral auf dem ehelichen Gebiet. Diese Wesen sind gleichzeitig, wie schon erwähnt, in ihrem Verhältnis zur Gesellschaft, außer auf diesem Gebiet, mitunter außerordentlich aufopfernd und positiv schöpferisch. Ein Teil dieser Wesen tritt als Genies der Kunst, Literatur, Musik, Wissenschaft und Technik in Erscheinung. Auf diesen schöpferischen Gebieten können sie sehr große Humanität oder hohe gemeinnützige Moral und Aufopferung zeigen. Wir sehen also, dass diese Wesen diejenigen darstellen, in denen der große Verwandlungsprozess des Erdenmenschen am deutlichsten ist. Ihr Bewusstsein beherbergt kraft ihres Genies ein gigantisches, kulturelles und gesellschaftsnützliches Gebiet, aufgrund dessen sie daran teilnehmen, die Gesellschaft einer höheren Kultur, einer höheren Kunst und genialen Schöpfung und somit einer schöneren physischen Welt als der gegenwärtigen entgegenzuführen. Ihr schwaches Gebiet ist also ihr ehelicher Zustand. Hier können sie sich nicht mit den „A-Menschen" messen, bei denen der eheliche Bereich den fundamentalen Teil ihres Bewusstseins bildet. Aber die letztgenannten Menschen sind andererseits, durch ihre egoistische und feindliche Gesinnung ihrem eigenen Geschlecht gegenüber, fast ganz ohne Nächstenliebe. Die schwache Seite dieser Wesen ist also ihr Verhältnis zum Staat, zur Nation oder zum Rechtswesen der Gesellschaft, das zum Schutz und Behüten dieser Wesen vor ihrer eigenen egoistischen oder tierischen Natur entstanden ist und zum Schutz für alle anderen Menschen, die hochkulturellen und humanen, gegen die noch wilde oder unkultivierte und damit unmenschliche oder tierische Natur der erstgenannten primitiven Wesen.

Die aus dem Tierreich ererbte Methode der Paarung oder des Sexuallebens des Erdenmenschen degeneriert, während die hochintellektuellen menschlichen Eigenschaften sich entwickeln

1834. Die Entwicklung zeigt uns also mittels der unterschiedlichen Grade der erdenmenschlichen Psyche, dass die Vollkommenheit der Ehe oder der Paarung mit der wachsenden Entwicklung der Schöpferkraft oder der Schöpfungsvollkommenheit im Erdenmenschen nicht Schritt halten kann. Gleichzeitig mit der Entwicklung des großen genialen Wissens und Könnens degeneriert der aus dem Tierreich ererbte Paarungs- oder Fortpflanzungszustand. Gleichzeitig damit, dass die Erdenmenschen Genies oder große Schöpfer werden, werden sie in Bezug auf die überlieferten Mosesgesetze oder Vorschriften für die Ehe, in Bezug auf das Paarungsverhältnis oder den Sexualismus als Eheleute dementsprechend immer unvermögender.

Der Paarungsakt der einpoligen Wesen oder das höchste Feuer in der Sphäre der Finsternis ist der Geist des ewigen Gottes über dem Wasser

1835. Mit diesen Kategorien von Erdenmenschen sind wir nun in unseren Analysen des erdenmenschlichen Entwicklungsstadiums so weit gekommen, dass wir bezüglich des Ehe- und Paarungstalents des Erdenmenschen am Ziel angelangt sind. Innerhalb dieser drei Kategorien existiert die Ehe oder das Paarungsverhältnis der einpoligen Menschen. Wir finden dieses Verhältnis in seiner vollkommensten Form bei den „A-Menschen" und sehen, wie es dann in den nächsten zwei Kategorien degeneriert. Die „B- und C-Menschen" repräsentieren also die letzten Ehe-Stadien. Die Ehe ist bei den Wesen der nächsten Stadien so degeneriert, dass es hier ein Irrtum und ein unabwendbares Fiasko wäre, eine solche einzugehen. Wir wollen deshalb jetzt, bevor wir den Bereich dieses göttlichen Prinzips verlassen und mit den Analysen der nächsten Kategorien fortfahren, ein wenig beim Kulminationsempfinden dieses Prinzips, d.h. dem Paarungsakt selbst, verweilen. Dieser Akt ist die fundamentale Lichtquelle, der Antrieb und die Ursache von allem, was jenen ganzen Abschnitt im Spiralkreislauf trägt, der als Nacht- und Winterzone des Lebens bezeichnet werden muss und der die Todeszone des Lebenserlebens ist. Ein größeres Lichterlebnis oder Seligkeitsempfinden als das des männlichen und weiblichen Geschlechtswesens, die sich während des Paarungsakts zu „einem Fleisch" vereinigt fühlen, existiert in diesem finsteren Bereich nicht. Dieses Erlebnis ist da, wo Religion, Aberglaube und unwissenschaftliche Moralauffassungen noch keine Hemmungen oder Degeneration hervorgerufen haben, die Kulmination des Lebenserlebens. Es ist für die Jugend der Traum vom Leben, es ist die fundamentale Lichtquelle des Mannesalters und die schönste Erinnerung im Greisenalter. Es hat die Entwicklung des Gehirns gefördert, es hat Talente für den Willen, den Mut und die Eroberung von Macht geschaffen, es hat Männer und Frauen aus Stahl erschaffen und sie mit robuster körperlicher Schönheit, überlegener Intelligenz und überlegener physischer Handlungsweise ausgerüstet. Es hat die tragenden Prinzipien eines Reichs, d.h. die absolut lebensnotwendigen dunklen Kontraste eines Spiralkreislaufs, zur Kulmination und zur Blüte gebracht, es hat das Paradies in der Zone des Todes erschaffen, es ist die Stimme Gottes in einem Reich voller Dämonen und Teufel gewesen. Es war inmitten der Hölle oder der Sphären des Hasses ein isolierter Lichtstrahl aus dem Liebes- oder Himmelreich. Es war Gottes leitende Hand durch die Abgründe, Katastrophen und Stürme des Universums hindurch und auf den Schlachtfeldern, ja, es ist die latente Anwesenheit des ewigen Lebens in der Domäne des Todes gewesen. Es ist des Wesens unbewusstes Empfinden von Gottes Nähe in Fleisch und Blut. Fürwahr, die Vereinigung der beiden gegensätzlichen Geschlechtswesen zu einem Fleisch in der Seligkeit der wirklichen Liebe ist der Geist des ewigen Gottes über dem Wasser. Mitten in der Kulmination des tötenden Prinzips, in der Hölle oder der Götterdämmerung des Erdenmenschen, in seinen Kriegen, Morden und Verstümmelungsprozessen, mitten in seinem fast völlig von Nächstenliebe entblößten Lebensraum, in der kältesten

Winterzone und finstersten Mitternacht des Lebenskreislaufs existiert also der Paarungsakt als ewige Flamme des höchsten Feuers oder des Lebens. Sogar hier, begraben in verdichtetem mentalen Eis in der tiefsten Finsternis, kann diese Flamme genug funkelnde Seligkeit, Licht und Wärme über seinen Urheber, den ewigen Gottessohn, ausstrahlen, so dass dieser sich aufgrund dessen einen Weg aus der Finsternis heraus bahnen kann, vorwärts und aufwärts den höchsten Gipfeln des Lebens und der Sphäre der Unsterblichkeit, Allmacht, Unendlichkeit und Ewigkeit, der Kulmination des Lebens, der Sommer- oder Mittagshöhe des Spiralkreislaufs entgegen, um hier eins mit dem ewigen Vater zu werden.

Der Paarungsakt der Lebewesen in der kalten Winter- oder Nachtzone des Spiralkreislaufs ist also ein überirdisches Feuer oder eine überirdische Kraft, durch die jede Schöpfung, jedes Erleben des Lebens bewerkstelligt und offenbart wird. Der Paarungsakt ist die modellierende oder schöpferische Hand Gottes in der Sphäre der Finsternis, er ist der fundamental stimulierende Engel des Lichts in jedem Getsemani und seinem innersten Wesen nach die Liebe selbst. Gerade deshalb kann die Gottheit durch die organische Struktur der Polkonstellation die Flamme der Liebe vermindern oder verstärken und damit die entsprechend verminderten oder verstärkten Erlebnisse der Lebenssphären schaffen, die die Jahreszeiten oder verschiedenen Kontrastepochen des Kreislaufprinzips ausmachen, die wiederum das Lebenserleben an sich bedingen. Durch die Polkonstellation in der Organismusstruktur des Individuums reguliert die ewige Gottheit also das Erleben von Licht und Dunkel des ewigen Sohnes, dessen Erleben von Leben und Tod, dessen Erleben von Zeit und Raum und schafft hierdurch in Zeit und Raum das Wahrnehmen oder Erleben jenes Gegensatzes von Dunkel und Licht, von Leben und Tod, der die Gottheit und der Gottessohn an sich sind. Ohne dieses Wahrnehmen könnten weder die Gottheit noch der Gottessohn jemals dieses ihr eigenes alles überstrahlende und alles beherrschende Wesen außerhalb von Zeit und Raum, außerhalb von Tod und Untergang, außerhalb von Licht und Dunkel und somit ihre eigene Identität als „das ewig unvergängliche, alles beherrschende lebendige Etwas" erleben.

Wenn das höchste Feuer oder die Allliebe aufgrund der Polkonstellation der Wesen bis zu einem latenten Zustand vermindert ist, entsteht die Sphäre der Finsternis

1836. Wenn die erdenmenschliche Sphäre bisher die Kulmination des tötenden Prinzips war und noch ist und folglich die Winterzone, die Todessphäre des Bewusstseins oder des Lebenserlebens, die Sphäre der Kulmination von Leiden und Finsternis im Spiralkreislauf ist, dann ist das also ausschließlich auf den Umstand zurückzuführen, dass das höchste Feuer, die ewige Flamme des Geistes Gottes selbst, aufgrund der Polkonstellation der irdischen Wesen als männliche und weibliche Geschlechtswesen, in seiner mentalen Licht- und Wärmeauslösung so weit wie möglich verringert oder gehemmt ist. Seine Kapazität hat hier den Charakter der Allliebe verloren. Es ist so weit verringert, wie es sich machen lässt, ohne ganz zu erlöschen. Es kann also nur eben über jenes Gebiet hinausreichen, das bedingt, dass es ständig Holz und Nahrung bekommt, um weiterhin schwach scheinen zu können. Dieses eingeschränkte höchste Feuer, die Flamme des Lebens oder die Nächstenliebe, existiert hier nur als jene Sympathie für das andere Geschlecht, die in „Verliebtheit" kulminiert. Da, wo diese Flamme oder dieses Feuer nicht weiter leuchten kann als zugunsten der Ehe, befindet sich die Ehe natürlich in ihrer Kulmination. Dieser Zustand ist in besonderem Ausmaß bei den Tieren und den ersten primitiven Menschen zugegen. Hier geht das himmlische Licht in seinem eingeschränkten Zustand nicht über das Interesse am lebensnotwendigen Paarungsakt hinaus, wie auch die Sympathie nicht über das Interesse am Lebensgefährten des anderen Geschlechts hinausgeht. Nur diesem Wesen gegenüber kann die Flamme bis zu einem gewissen Grade ein Empfinden von Seligkeit schenken, ebenso wie der Abglanz dieses Seligkeitsempfindens, unter Abzug des Sexualbegehrens, im gewissen Maße durch die Eltern- oder Familienliebe empfunden oder offenbart wird. Über den Bereich dieser Objekte hinaus kann die Flamme des eingeschränkten höchsten Feuers bei diesen männlichen und weiblichen Geschlechtswesen fast gar nicht leuchten. Der ganze große Bereich von

Leben, der sich außerhalb befindet, ist deshalb hier für sämtliche Wesen mit kosmischer Dunkelheit identisch. Hier toben die tötenden Brandungen des Selbsterhaltungstriebs, des Egoismus und des Hasses. Die Wesen töten und morden und müssen selbst getötet und ermordet werden. Die himmlische Flamme steht in der Nachtsphäre des Spiralkreislaufs sehr niedrig am Horizont, so wie die Sonne in der Kulmination des physischen Winters tief am Himmel steht.

Die Bedeutung der Polkonstellation des Mannes und der Frau oder des männlichen und weiblichen Geschlechtswesens für Gottes Schöpfung vom „Menschen als sein Abbild"

1837. Selbst wenn aber das himmlische Licht im Mittwinter des Spiralkreislaufs tief am mentalen Himmel steht, so ist es doch anwesend und kündigt die Ankunft einer neuen Epoche des Lichts an. Es ist ein Zeichen des Herannahens eines neuen kosmischen Frühjahrs mit einem darauf folgenden Sommer und einer Kulmination von Leben, Licht und Wärme. Wir sehen, dass Gott also in der großen Finsternis, in der das Licht und die Wärme des Lebens eingeschränkt sind und die tödliche Kälte der Nacht und des Winters deshalb kulminiert, doch so viel vom himmlischen Feuer oder göttlichen Geist zurückgelassen hat, dass das Leben, selbst in der undurchdringlichsten Finsternis, die es gibt, nicht völlig absterben oder zugrunde gehen und somit ausgelöscht werden kann. Mit diesem Lichtstrahl aus dem Himmel, obgleich vermindert, der im Dunkeln in Form des Paarungstriebs leuchtet, wird also die Existenz des Lebens und dadurch die Unsterblichkeit der Wesen garantiert. Das Liebesspiel der männlichen und weiblichen Geschlechtswesen, ihr Paarungsakt, das einander Umarmen des Mannes und der Frau, ihre gegenseitige Hingabe in Leidenschaft und Sympathie und ihre daraus folgende Vereinigung zu „einem Fleisch" ist das ewige Licht der Lebensquelle in der Sphäre der Finsternis. Es ist Gottes wärmende Nähe inmitten der Eisregion des kosmischen Winters, es ist ein Funke von Liebe mitten in der Domäne des Hasses, es ist der ewig unbesiegte Geist Gottes im Reich der Dämonen, es ist Gottes eigener innerer Pulsschlag im Herzen des Tierreichs. Aufgrund der Polkonstellation des Mannes und der Frau, d.h. aufgrund der männlichen und weiblichen Geschlechtswesen, entsteht das Fundament, auf dem Gott den Menschen als sein Abbild, ihm gleichend, gestalten kann.

Das Weltbild der Todeszone

1838. Hiermit haben wir die Mission des höchsten Feuers in der Finsternis durchgenommen. Wir haben gesehen, wie die Vorsehung, mit Hilfe der besonderen Einstellung des gegenseitigen Verhältnisses der beiden Pole zueinander in jedem Lebewesen, diese Wesen in einen Zustand bringen konnte, in dem sie eins mit der Materie, eins mit der Unwissenheit werden konnten und somit eins mit jenem beschränkten oder latenten Bewusstseinszustand in der Mentalität des Individuums, der den imaginären Tod ausmacht, d.h. die Illusion oder den Aberglauben, der sich als Verneinung der ganzen psychischen oder geistigen Welt äußert und damit die Gottheit, die Vorsehung oder den ewigen Vater verleugnet. Und aufgrund dieser Verneinung ist das Lebewesen also ein Individuum, das seinen Vater nicht kennt. Es muss deshalb von sich annehmen, dass es einzig und allein ein Sohn oder ein Resultat des Zufalls ist. Aber ein Wesen, das von sich selbst annimmt, ein Sohn oder ein Produkt des Zufalls zu sein, und ein Schicksal hat, das ebenfalls dem Zufall unterliegt und dessen Endresultat oder Ergebnis ein imaginärer Tod, eine Auflösung oder Vernichtung ist, die auch nur ein Zufall sein kann, ist in Wirklichkeit nur ein schwankendes Rohr im Sturm, ein Stäubchen dem kleinsten Lufthauch preisgegeben, ist eine Mikrobe, die unter dem Elefantengewicht der Naturkräfte zermalmt wird. Dass die Bibel dieses Wesen als den „verlorenen Sohn" bezeichnet hat, ist hier leicht zu verstehen. Dass sie des Weiteren den mentalen Zustand dieses Wesens als den „Tod", als „Hölle" und „Finsternis" bezeichnet hat, liegt geradezu auf der Hand. Kann das Erleben des Lebens entmutigender und unterminierender sein und mehr Hoffnungslosigkeit hervorrufen als gerade ein solches lebloses, eiskaltes, gottverlassenes und jegliche Humanität vernichtendes Weltbild? – Dass dieser mentale oder psychische Zustand zur Kulmination der Domäne des tötenden Prinzips selbst werden musste, wird hier zu hundertprozentiger Logik. Wie könnte es in einer Sphäre, dessen höchste Schöpferkraft und Gesetze vom bloßen Zufall dirigiert oder ausgelöst werden, eine humane Moral geben? – Wie könnten Logik, Humanität oder Nächstenliebe und die hierauf gegründete Moral Idealkräfte im Weltall sein, wenn sie nur in der Mikrobe unter den Füßen eines Elefanten vorzufinden wären? – Wenn die lenkende Kraft des Weltalls nur eine bloße Zufälligkeit wäre, der Himmel eine Zufälligkeit, die Erde, der Mond, die Planeten, die Sonnen und Milchstraßen auch eine Zufälligkeit sind, wenn Kontinente, Meere, Berge, Felsen und Höhlen, Zyklone, Stürme, Blitz und Donner eine Zufälligkeit sind, wenn Feuer, Wasser, Luft und Elektrizität, ja alles, was wir die Natur nennen, Zufälligkeiten sind und das Weltall bilden, in dem wir leben, dann ist dieses seinem Prinzip nach nur ein Elefantenfuß, ein Gigantengewicht, dessen Millionen und aber Millionen Tonnen zerdrückend auf jenen im Verhältnis hierzu als Mikroben hervortretenden Wesen ruhen, die wir Pflanzen, Tiere und Menschen nennen. Welch ein Weltbild! – Man bedenke, welches Maß an Größenwahn es ist, wenn der Erdenmensch oder der unter dem belastenden und zerdrückenden, seelenlosen Gigantengewicht am meisten Herausragende dieser Mikroben behauptet, er sei das höchste Leben, das einzige Vernunftwesen im Dasein. Das ist ein merkwürdiges Weltbild, und ein merkwürdiger psychischer Zustand. Sollte man nicht glauben, dass es die Mikrobe ist, die zu klein und unbedeutend dazu ist, die Situation zu überblicken? –

Die Lebensphilosophie der materialistischen Wissenschaft oder ihre Behauptung, dass der Zufall die erste Ursache des Universums und des Lebens sei, ist ein kulminierendes Übertreten der wissenschaftlichen Forschungsmethode, da man in allen anderen Fällen selbst verlangt, dass diese als Grundlage für Wissenschaft erfüllt sein muss

1839. Was bedeutet es, dass diese Mikrobe in gewissem Maße die Elemente beherrscht und diese dazu bringt, für sich zu arbeiten, sie dazu bringt, dass man über Land und Meer, über die Wolken hinweg und unter dem Wasser getragen wird, was bedeutet es, dass sie riesige Kraftmaschinen dazu bringen kann, Gebrauchsgegenstände in Millionen auszuspeien, was bedeutet es, dass diese Mikrobe sich fast zu Tode schuftet, um ihr materielles Wissen und Können erweitern zu können, was bedeutet es, wenn sie jahrelang an Universitäten und Lehranstalten studiert, ganz abgesehen davon, dass ihre Kindheits- und Jugendjahre lauter Unterricht, Lehrern, Pädagogen, Erziehern und anderen humanitären und kulturellen Maßnahmen preisgegeben sind, um wirkliches Wissen und Können in diesem Wesen zu schaffen, wenn diese ganze Szenerie, der Gipfel des materialistischen Wissens und Könnens, die ganze Domäne dieser Mikrobe, nur ein Staubkörnchen unter den drückenden Tonnen von Zufälligkeiten des Weltalls ist? – Wenn der Zufall der wichtigste Faktor des Universums, der Erbauer und Vernichter des Lebens ist und der Zufall so ein wundervolles Resultat wie die normalen Organismen und die natürliche körperliche Vollkommenheit der Lebewesen für die Zwecke hervorbringen konnte, die diese Wesen, ein jedes für sich, zur Aufgabe haben zu erfüllen, wozu dann das mühsame Üben und Einstudieren oder Aneignen des Mindestmaßes an jenem Verstand oder jenem logischen Sinn, den wir, ein jeder für sich, eben notwendigerweise haben müssen, um als ein normales Wesen anerkannt zu werden? – Je mehr Verstand man sich aneignet, ein umso größerer Gegensatz zum führenden und schöpferischen Faktor des Universums wird man. Diejenigen, die heute Professoren oder Doktoren innerhalb der materialistischen Wissenschaft sind und sich nur dieser Wissenschaft verschwören und alles außerhalb ihrer eigenen Lebensform oder ihres eigenen Bewusstseinszustands und der Lebensformen oder Bewusstseinszustände der bekannten Mitwesen als einzig und allein Zufälligkeiten auffassen, sind ja hervorragende Gegensätze zu dem, was von ihnen selber als der höchste schöpferische und vernichtende Faktor im Universum aufgefasst wird, nämlich dem Zufall. In ihrer eigenen Handlungsweise und Schöpfung oder Willensführung lassen sie also den Zufall nicht um sich greifen. Hier sind sie sich vollkommen im Klaren darüber, dass dies absolut lebensgefährlich wäre. Sie haben das Gefühl, dass sie hier Wissen und Verstand benötigen. Hier muss der wichtigste Faktor die Logik oder die Plan- und Zweckmäßigkeit sein. Wo dieser Faktor vernachlässigt wird, fällt ihr Schicksal in Trümmer. Obwohl dies die fundamentalste Erfahrung aus dem Erleben ihres eigenen Lebens ist, berufen sie sich doch hartnäckig auf den Zufall als den alles beherrschenden Faktor in allen Manifestationen oder Schöpfungsprozessen, die außerhalb des allgemeinen menschlichen Wahrnehmungs- oder Fassungsvermögens, d.h. also in der Schöpfungsdomäne der Natur, liegen. Hier wird diese Lebensphilosophie der autorisierten, materialistischen Wissenschaft, ihre Dozierung oder ihre Berufung auf den Zufall als Ursprung des Universums oder des Alls als Aberglaube entlarvt. Hier wird also die Tatsache sichtbar, dass sie mit dieser ihrer Weltanschauung oder Lebensphilosophie schreiend gegen die wissenschaftlichen Gesetze verstößt, die sie sonst mit peinlicher Spitzfindigkeit zu erfüllen behauptet und auch selbst erfüllt, solange es um jene Forschung innerhalb der lokalen Bereiche der Materie geht, aufgrund derer die vorzüglichsten Repräsentanten dieser Wissenschaft eben die autorisierten Kapazitäten geworden sind, die durch den Doktoren- und Professorentitel bezeichnet werden. Da diese materialistischen Wissenschaftler innerhalb des lokalen Ausforschens der Materien des Universums, wo ihr Beobachtungsvermögen am größten ist, nicht umhin können zu sehen, dass hier nichts planlos oder zufällig, sondern alles zweckmäßig gesetzgebunden ist, so müsste dieselbe Tatsache die einzige annehmbare Grundlage für jede weitere wissenschaftliche Forschung auch auf den Gebieten sein, die außerhalb der direkten Wahrnehmung oder der menschlichen Domäne liegen. Weshalb sollte man nicht annehmen, dass dieselbe zweckmäßige Gesetzlichkeit auch der hauptsächliche Faktor in jenem enormen Ozean an Schöpfungsprozessen ist, der sich auf dem für die Sinne noch unbekannten Gebiet befindet und der das Universum genannt wird? – Wenn auf den mikroskopischen Gebieten des Universums, die dem erdenmenschlichen Wiegen und Messen zugänglich sind, keine Zufälligkeit existiert, warum sollte man dann annehmen, dass der Zufall gerade in den makrokosmischen Gebieten und Einzelheiten florieren solle und dort der vorherrschende Faktor sei? –

Das vom Zufall beherrschte und gottlose Weltbild der materialistischen

Wissenschaft macht jenen kosmischen Tod aus, den das Essen vom „Baum der Erkenntnis" zur Folge haben musste

1840. Was die Schöpfungsprozesse der Natur betrifft, so sind diese genauso logisch und gesetzgebunden zweckmäßig wie die Manifestationen oder Schöpfungen der Lebewesen. Ist die Entstehung der Erde nicht eine allmähliche Umgestaltung und zweckmäßige Anpassung an die Verhältnisse, die heute Lebensbedingungen für ihre Bewohner sind? Und macht sich nicht ein dementsprechend glückliches und zweckmäßiges Verhältnis zwischen der Erde und der Sonne geltend? Ist dieses Verhältnis nicht ein gesetzgebundenes, zweckmäßiges Zusammenspiel, dessen Resultat oder Wirkung das Leben für Milliarden von Lebewesen auf der Erde bedeutet? – Und sind nicht eben alle Kräfte der Natur gesetzlich an eine Zweckmäßigkeit gebunden, die überall Leben, Licht und Glück herbeiführt, wenn sie befolgt wird, und Tod, Finsternis und Unglück oder Leiden, wenn sie nicht befolgt wird? – Gibt es nicht eine gesetzgebundene Zweckmäßigkeit hinter der Existenz eines jeden Wesens, die in keinerlei Weise übertreten werden kann, ohne dass sofort eine entsprechende Disharmonie in dieser Existenz entsteht? – Sind nicht Krankheiten, alle Leiden sowie jeder Krieg Mann gegen Mann und somit die jetzige Götterdämmerung oder der Krieg „aller gegen jeden" oder der mangelnde Frieden und die fehlende Harmonie in der Existenz der Erdenmenschen gerade auf den Umstand zurückzuführen, dass diese Existenz nicht auf Zufälligkeit basiert, sondern auf einem gesetzmäßigen System, dessen vollkommene Einhaltung ausschließlich das Fundament des Friedens, der Harmonie und der Liebe ist und somit Glück und Lebenslust garantiert, das aber von Seiten der Erdenmenschheit noch nicht ausreichend respektiert und befolgt wird? – Wie kann man inmitten einer solchen Plan- und Zweckmäßigkeit, inmitten der Offenbarung solch einer verschwenderischen Weisheit oder humanen Intellektualität der zweckmäßigen Schöpfungen in der uns umgebenden Natur und der dadurch entschleierten, Liebe offenbarenden Gesetzlichkeit der Ansicht sein, dass diese Schöpfung, dieser riesige Ozean an logischen Manifestationen oder das Weltall selbst nur ein Meer von Zufälligkeiten sei? – Ist es nicht töricht zu glauben, dass das höchste vernunftmäßige Erleben und die bewusste oder vom Willen gelenkte Schöpfungsfähigkeit in diesem enormen Ozean von zweckmäßigen Schöpfungsprozessen nur im Erdenmenschen, in dieser im Verhältnis hierzu klein scheinenden Mikrobe, die nur als ein Staubkörnchen im Sturm anzusehen ist, zugegen sei? – Ist es nicht sonnenklar, dass ein solches Weltbild kein Produkt jener Zweckmäßigkeit sein kann, die die Natur in all ihren anderen Schöpfungsprozessen offenbart? – Entspricht ein solches Weltbild nicht gerade der Disharmonie oder Torheit, die sich immer dort zeigt, wo die Zweckmäßigkeit der Natur von den Lebewesen selber daran gehindert wird, sich zu bewähren? – Sollte man nicht glauben, dass der eine oder andere kleine Fehler in der Denkweise der Mikrobe vorliegt? – Die Natur hat ja auch für das Denken ein gesetzmäßiges System. Wenn dies nicht der Fall wäre, gäbe es niemanden, der vollkommen oder unvollkommen denken könnte. Da, wo das Denken eines Wesens ein Übertreten des gesetzmäßigen Systems für das Denken in der Natur ist, wird im entsprechenden Maße der Kontakt dieses Wesens mit der Leben spendenden Plan- oder Zweckmäßigkeit unterbrochen, die das allgemeingültige Fundament im Schöpfungsprozess oder in der Manifestation der Natur ist. Und wo ein Wesen den Kontakt mit der Zweckmäßigkeit der Natur verliert, die wiederum dasselbe ist wie der Sinn des Lebens, da kann nur Begriffsverwirrung, Disharmonie und folglich Leiden und Lebensüberdruss entstehen. Und repräsentiert nicht das moderne, materialistische Weltbild gerade da eine solche Begriffsverwirrung, wo behauptet wird, dass ein Ozean zufällig entstanden ist und vom Zufall beherrscht wird und dass die einzige vernunftmäßige, bewusste Schöpfung und das einzige bewusste, vernunftmäßige Erleben in diesem enormen Ozean an Kraftauslösung nur bei der erdenmenschlichen Mikrobe und bei den von dieser Mikrobe anerkannten anderen Mikrowesen zu finden ist. Wie wenig Leben gäbe es dann! Die gigantische Manifestation des ganzen Weltalls, seine enorme Himmelssphäre, seine Planeten, Sonnen und Galaxien, seine Ozeane an Farben, Strahlen und Bewegung, seine Variationen von Licht und Dunkel, seine Töne und Wellen, Zeit und Raum, d.h., dieser ganze riesige Körper hätte nicht mehr Leben und Bewusstsein, als die erdenmenschliche Mikrobe, dieses zufällige Staubkörnchen, in dem einen oder anderen zufälligen Bereich in ihrem Inneren fassen kann, wie auch diese enorme Szenerie keinen anderen Zuschauer hätte als dieses zufällige Staubkörnchen im Sturm. Fürwahr, das Essen vom Baum der Erkenntnis kulminiert hier in seiner alleräußersten Konsequenz. Der Tod brütet über den Wassern.

Der ewige absolute Weg zum Frieden

1841. Das materialistische Weltbild, das Vorgeben des Zufalls als erste Ursache des Lebens, muss hiermit verlassen werden, wenn die Menschheit wieder mit jenem Ozean an gesetzgebundenen Kräften in Kontakt kommen will, der das wahre Weltbild repräsentiert und von dem die Erdenmenschheit selbst einen kleinen Teil ausmacht, wenn dieser allerdings auch mikroskopisch ist. Der materialistische falsche oder unlogische und somit unwissenschaftliche Gedankengang der Menschheit in Bezug auf ihre Weltauffassung ist für ihr Schaffen von Kultur und Frieden gefährlicher als irgendeine Atom- oder Wasserstoffbombe oder irgendeine andere schreiend ungeheuerliche erdenmenschliche Erfindung von genialer Übertretung der Naturgesetze und der hierauf beruhenden Förderung des tötenden Prinzips. Eine Handlungsweise, die mit jener Logik übereinstimmt, die in den Schöpfungsprozessen der Natur gesetzmäßig ist, ist der absolut einzige direkte Weg zum Frieden, ganz abgesehen von dem Umstand, dass sie völlig von Blutspuren, Todesröcheln, Geschrei und Qual, Sabotage, Invalidität, Kulturzerstörung, Ruinenhaufen, Heimatlosigkeit, Mittellosigkeit, Verdummung des Geistes und in Ketten gelegten Sklaven in einem psychischen und physischen Proletariat befreit ist.

Der Erfüllung der Voraussage der Bibel in Bezug auf Adam und Eva ist Genüge getan

1842. Es ist also verständlich, dass „Kriege und Nachrichten über Kriege" in der erdenmenschlichen, materialistischen Sphäre oder in der geistigen oder kosmischen Todessphäre allgemeingültig werden mussten. Es wird sogar zur Selbstverständlichkeit, dass eine solche totale geistige Unwissenheit vom Geist fort zur Materie führen oder zunächst einmal eine so kolossale Verwicklung in die Materie, den Kampf und den Selbsterhaltungstrieb verursachen musste, dass das kosmische Bewusstsein oder jener mentale Zustand, der in der Bibel als „der heilige Geist" bezeichnet wird, als Weg zum Glück und Wohlbefinden bei diesem Übergewicht des Glaubens an das Niedermetzeln, Verfolgen und Unterdrücken anderer Wesen an Boden verlieren, d.h. degenerieren und aus dem wachen Tagesbewusstsein verschwinden musste. Die Materie musste immer mehr das Objekt der Gedanken werden, um schließlich die einzige Interessensphäre des Individuums zu sein. Das Wesen wurde deshalb eins mit dieser Sphäre; es wog und maß und sah sich selbst als identisch mit der Materie und glaubte dadurch von sich selbst, ein vom Zufall erschaffenes Ding zu sein. Die Fähigkeit, Unsterblichkeit, Ewigkeit und Unendlichkeit wahrzunehmen und zu verstehen und damit die Fähigkeit, die eigene kosmische Identität als das ewig existierende lebendige göttliche höchste Etwas wahrzunehmen, das mit der Gottheit identisch ist, degenerierte also oder nahm bis zu einem so latenten Zustand ab, dass sie nicht mehr in das wache physische Tagesbewusstsein vordringen konnte. Dieses wache Tagesbewusstsein wurde dadurch ein Sitz jener Unwissenheit oder jenes kosmischen Todes, der das Resultat des „Sündenfalls" der Bibel werden sollte. Wie sehr sind doch bisher die Zukunftsaussichten der Bibel hinsichtlich Adams und Evas Schicksal, das ja das Schicksal der Erdenmenschheit ist, in Erfüllung gegangen! Adam musste „im Schweiße seines Angesichts sein Brot essen" und Eva „ihre Kinder unter Schmerzen gebären". Wie oft mussten sie sich als Erdenmenschen nicht nackt fühlen, d.h. hilflos; kein Gott, kein Paradies, kein Wissen von Unsterblichkeit, sondern sich selbst und ihr Schicksal als ein Resultat von Zufälligkeit auffassend und stets dieser Zufälligkeit preisgegeben, umgeben von zufälligen Mitwesen, die ebenfalls aus Zufall entstanden und der Zufälligkeit preisgegeben sind. Die Wesen in diesem Stadium sehen also über und unter, innerhalb und außerhalb von allem Existierenden nur Zufälligkeit und abermals Zufälligkeit. Dies ist der Höhepunkt der Welterkenntnis der materialistischen, wissenschaftlichen

Zeitepoche. Das ist der Tod, den das „Erschaffen Evas", das Entstehen der männlichen und weiblichen Geschlechtswesen und den aufgrund dieser Erschaffung hervorgerufene „Sündenfall" zur Folge haben mussten, d.h. das Essen vom Baum der Erkenntnis, die Infiltration und das Zusammenschmelzen der Wesen mit der Materie und den hierdurch erzeugten Tod des kosmischen Bewusstseins oder des heiligen Geistes in der Psyche der Wesen.

Wenn der Zufall wirklich der Erbauer und Vernichter der Wesen und des Alls wäre

1843. Wir sehen also heute im zwanzigsten Jahrhundert eine Verwicklungsepoche, die ihre abschließenden Phasen erreicht hat. Mehr in die Materie verwickelt, mehr in Maß- und Gewichtfazits begraben und toter als der materialistische, Gott leugnende Erdenmensch kann kein Wesen sein. Ein kosmisch bewusstloserer Zustand existiert nicht im Universum, denn dann wäre diese Bewusstlosigkeit so total, dass sie ein toter Punkt oder eine völlige Stille werden würde, die das Individuum nicht überwinden könnte. Es wäre dann außerstande, in seiner ewigen Existenz weiter durch neue Spiralkreisläufe hindurchzueilen. Das Rad des Erlebens des Individuums kann aber nicht völlig zum Stillstand gebracht werden. Es wird immer eine gewisse Bewegung haben, die, wenn auch sehr gering, doch stark genug dazu ist, das Individuum über die Dunkelkulmination oder die Wintersonnenwende hinwegzubringen, wonach es wieder, der Sommersonnenwende entgegen, immer größere Geschwindigkeit bekommt. Wenn das Rad des Kreislaufprinzips zum Stillstand gebracht werden könnte, wären niemals Leben, Denken oder Bewusstsein entstanden, denn was sollte dann ein solches Rad wieder in Gang setzen? – Das Rad des Kreislaufs oder Schicksals ist eine ewige Erscheinung und kann niemals stehen bleiben, aber es kann Variationen von Geschwindigkeit in seiner Bewegung aufweisen, wodurch die vier Jahreszeiten des Kreislaufs entstehen.

Wenn das Schicksalsrad des Lebewesens ganz zum Stillstand gebracht werden könnte

1844. Ohne diese Realität in den kosmischen Gesetzen der Weltlenkung wäre das Weltbild der materialistischen Erdenmenschheit, d.h. die „Zufälligkeit", ein wahrer Schrecken. Wie sollte diese Menschheit mit der Kultur und Entwicklung, der Freude und Lebenslust bei dieser modernen Anbetung der „Zufälligkeit" oder mit diesem leblosen Weltbild vorankommen? Wozu nützt der Verstand oder logische Sinn der Mikrobe, wenn dessen Träger nur ein sterbliches Staubkörnchen unter dem viele tausend Tonnen wiegenden Elefantenfuß des Weltalls wäre? – Wie sollte sie sich diesem toten und blinden Gott, diesem Abgott in Reinkultur gegenüber behaupten, der nur mit diesem leblosen Faktor, nämlich der „Zufälligkeit", identisch ist? – Was bedeutet ein Staubkörnchen mitten in einer rauschenden Sturmflut? – Wie kann es irgendetwas Humanes oder Liebevolles von diesem Ozean an Zufälligkeit erhoffen? – Was nutzt es, dass die Erdenmenschen, diese Staubkörnchen im Zufälligkeitsozean, vom Erschaffen eines strahlenden Weltfriedens reden, eines künftigen goldenen Zeitalters, in dem der Krieg aller gegen jeden abgeschafft sein wird, wenn sich alle diese Staubkörnchen auf einem Fahrzeug befinden, das dem Zufall blind preisgegeben ist und im nächsten Moment vielleicht mit einem anderen Himmelskörper kollidiert oder die Sonne eventuell plötzlich explodiert und alles Leben innerhalb des eigenen Bereichs vernichtet? – Was nutzt es, dass man glücklich verheiratet ist, ein gutes finanzielles Auskommen und eine ehrenwerte und bewunderte Position in der Gesellschaft hat, wenn die verzehrenden, alles zerstörenden und tötenden Flammen des Zufalls täglich am eigenen Organismus empor und um die Existenz der nächsten Angehörigen herum züngeln und im Bruchteil einer Sekunde sowohl diese wie auch uns selbst total vernichten oder uns zu Invaliden in großer Bedrängnis machen können? – Der Zufall lauert auf dem Stuhl, auf dem man sitzt, in dem Zug, in dem man fährt, in dem Auto, auf dem Schiff oder in dem Flugzeug, das man benutzt. Der Zufall lauert hinter jedem Atemzug, hinter jeder Bewegung und kann uns stolpern lassen und uns in lebensgefährliche Drangsal versetzen. Die Zufälligkeit lauert sowohl im Palast des Königs als auch in der Hütte des Armen. Überall lauert dieser bleischwere Elefantenfuß auf die Mikrobe, auf das Staubkörnchen. Kann die Zukunft der Erdenmenschheit auf den Glauben an die Kulmination der Hoffnungslosigkeit und der Lebensleere gegründet werden, d.h. auf diese Anbetung der Zufälligkeiten, und unter dieser Tod und Invalidität verursachenden, leblosen Gottheit oder dem Chaos der Kräfte begraben werden? – Könnte das Leben oder das Universum auf bessere Art und Weise als mittels dieser Finsternis der Hoffnungslosigkeit, die wir hier beschrieben haben, den großen Irrtum der Menschheit, ihr beschränktes, latentes oder totes Bewusstsein, ihre Verehrung oder Anbetung des Todes anstatt des Lebens deutlich machen? – Kann man nicht bald darüber ins Klare kommen, dass Technologie und Chemie, Atombomben, Krieg, Mord und Verstümmelung unmöglich den Todfeind der Menschheit oder dieses sich den Zufälligkeiten Verschwören entfernen kann, das sie in den Jammertälern und Proletariaten des Unfriedens, des Leidens und des Kummers gefesselt hält? – Wie lange will man damit fortfahren diesem großen erdachten toten Gott, diesem schreienden Aberglauben, dass der Zufall die Ursache, der Herrscher, der Bauherr und Zerstörer des Lebens sei, zu huldigen? –

Die blutigen Konsequenzen der Götterdämmerung werden eine neue Weltepoche hervorbringen, in der das Wesen wieder mit kosmischem Bewusstsein erwacht und sich als eins mit dem Vater erlebt

1845. Da kein Leben auf die Dauer auf Aberglauben basieren kann, werden die Menschen gewiss bald über ihren Irrtum und Aberglauben bezüglich der wahren Lösung des Lebensmysteriums ins Klare kommen. Die ewige Wahrheit wird gewiss mit Hilfe dieser ganzen finsteren Götterdämmerung zu einem fundamentalen Problem und einer unausweichlichen Frage werden, da sie die letzte und einzige absolute Lösung ist und der einzige Weg heraus aus dem Hass, dem Krieg, dem Foltern, der Invalidität und der Mittellosigkeit, aus einem Leben in Lumpen und Fetzen heraus oder einem Leben in allen übrigen mentalen Fäulnisprozessen, die die fundamentale Atmosphäre im Kielwasser jeder Kriegskultur sind. Aufgrund der blutigen Konsequenzen der längst eingetretenen Götterdämmerung wird die erdenmenschliche Gesellschaft schon dazu gebracht werden, die wirkliche und wahre Wahrheit zu benötigen, diesen ewigen Geist Gottes über den Wassern, und mit Hilfe der glücklichen Erkenntnis der physischen Manifestation dieses Geistes als Wissenschaft der Nächstenliebe und durch tägliches Verhalten wird man entdecken, dass man sich hiermit auf dem Weg zum Frühling des Lebens und zum Licht befindet und bald in das Bewusstsein des ewigen Vaters heimgekehrt und eins mit der Unsterblichkeit, Unendlichkeit und Ewigkeit ist.

Die Geisteswissenschaft als ein drittes und letztes Testament

1849. Die tiefsten Tendenzen in den Erdenmenschen sind trotz äußerer Konflikte und äußerem Widerstand in einem ständig zunehmenden Umbruch zugunsten jener größeren allgemeinen Sympathie – als der vom Geschlecht bestimmten dem Mosesgesetz gemäß –, die die Nächstenliebe himmelhoch über das Fortpflanzungsprinzip setzt und zeigt, dass dieses nicht weiterhin das Wichtigste im Leben sein kann, sondern die dagegen gemäß der Erklärung des Welterlösers nur eine Sympathie sein kann, die alle Wesen in der innigsten mentalen und physischen Umarmung vereinigt, ganz abgesehen von Geschlecht, Rasse, Nation und Weltanschauung. Bewirkt nicht diese Kursänderung und Auffassung von Sympathie und Kulturentwicklung oder Gottes Erschaffen des Menschen, dass „Das Alte Testament" nicht mehr genügen konnte, sondern durch „Das Neue Testament" ersetzt und ergänzt werden musste? – Und bedingt nicht dieselbe weitere Entwicklung jetzt, dass dieses Neue Testament auch nicht mehr genügen kann, sondern wissenschaftlich erklärt werden muss, anstatt wie vorher nur dogmatisch oder diktatorisch erklärt zu werden? – Ist es nicht gerade diese Forderung, die gegenwärtig die Geisteswissenschaft erzeugt, die deshalb ein drittes und letztes Testament werden muss? – Nach diesem Testament braucht kein Mensch mehr die Anleitung anderer. Hier kann er ganz bis zur eigenen Einweihung oder geistigen Geburt geführt werden, wonach er selbst erhaben sein wird, eins mit dem Vater und dem Weltbild und somit selbst der Weg, die Wahrheit und das Leben.

>ENDE ZITAT<
aus Martinus : Das Dritte Testament Band 5
ISBN 978-3-938189-64-1
ZITAT ANFANG

Zehn Gebote Software
Kraft und Macht kommt von Gott und nicht von dir selbst
Die Bergpredigt - der Weg zu einem erfüllten Leben

Christus spricht (Auszüge aus dem Buch „Die Bergpredigt")
Die Bergpredigt ist der Innere Weg zum Herzen Gottes, der zur Vollendung führt. Ich führe die Meinen zur Erkenntnis der Wahrheit.
»Selig im Geiste sind die Armen, denn ihrer ist das Himmelreich! «
Mit den Worten »die Armen« ist nicht materielle Armut gemeint. Nicht diese bringt die Seligkeit im Geiste, sondern die Gottergebenheit, aus welcher der Mensch erfüllt, was Gottes Wille ist. Sie ist innerer Reichtum. Mit den Worten »die Armen« sind alle jene gemeint, die nicht nach eigenem Besitz streben und keine Güter horten ... Ihr innerer Reichtum ist das Leben in Gott, für Gott und für ihre Nächsten. Sie leben das Gebot »Bete und arbeite«.
»Selig sind, die da Leid tragen, denn sie sollen getröstet werden. «
Das Leid des Menschen ist nicht von Gott ... Wer sein Leid trägt, ohne seinen Nächsten zu beschuldigen, und im Leid seine Fehler und Schwächen erkennt, diese bereut, um Vergebung bittet und vergibt, dem wird Gottes Barmherzigkeit zuteil werden.
»Selig sind die Sanftmütigen, denn sie werden das Erdreich besitzen. «
Sanftmut, Demut, Liebe und Güte gehen Hand in Hand. Wer zur selbstlosen Liebe geworden ist, der ist auch sanftmütig, demütig und gütig. Er ist erfüllt von Weisheit und Kraft.
»Selig sind, die da hungert und dürstet nach der Gerechtigkeit, denn sie sollen gesättigt werden. «
Siehe, Ich, dein Erlöser, Bin die Wahrheit in dir selbst. In dir selbst also Bin Ich der Weg, die Wahrheit und das Leben. Erkenne: Keiner soll nach der Gerechtigkeit hungern oder dürsten. Vollziehe den ersten Schritt hin zum

Reiche der Liebe, indem du zuerst zu dir selbst gerecht bist. Übe dich im positiven Leben und Denken, und du wirst ganz allmählich ein gerechter Mensch werden. Dann bringst du die Gerechtigkeit Gottes in diese Welt ...

»Selig sind die Barmherzigen, denn sie werden Barmherzigkeit erlangen.«

Alle Menschen, die sich in der Barmherzigkeit üben, werden auch Barmherzigkeit erlangen und jenen beistehen, die sich auf dem Wege zur Barmherzigkeit befinden.

»Selig sind, die reinen Herzens sind, denn sie werden Gott schauen.«

Selig, die reinen Herzens sind, denn sie werden Gott schauen – weil sie wieder Ebenbilder des himmlischen Vaters geworden sind. Aus einem reinen, gottergebenen Herzen entströmen Sanftmut und Demut.

»Selig sind die Friedensstifter, denn sie werden Kinder Gottes heißen.«

Diese Worte bedeuten dem Sinne nach: Selig sind, die Frieden halten. Sie werden auch den wahren Frieden auf diese Erde bringen, weil sie in sich selbst friedfertig geworden sind. Sie sind bewusst die Kinder Gottes.

»Selig sind, die um der gerechten Sache willen Verfolgung leiden, denn ihrer ist das Reich Gottes.«

Erkennet: Wer Mir nachfolgte, wurde von den Weltlingen nicht geachtet, weil auch Ich als Jesus von ihnen missachtet wurde. Zu allen Zeiten mussten Menschen, die in die wahre Nachfolge des Nazareners traten, viel erdulden und erleiden.

»Wehe euch, die ihr reich seid! Denn ihr habt in diesem Leben euren Trost empfangen.«

Ein Mensch, der an irdischen Gütern reich ist und erkannt hat, dass sein Reichtum eine Gabe ist, die er nur dazu von Gott empfangen hat, dass er sie in das große Ganze für das Wohl aller einbringt und sie dort rechtmäßig für alle verwaltet – der verwirklicht das Gesetz der Gleichheit, Freiheit, Einheit und Brüderlichkeit. Auf diese Weise wird allmählich ein Gleichgewicht, ein gehobener Mittelstand hergestellt für alle, die bereit sind, das Ge-setz »Bete und arbeite« selbstlos zu erfüllen.

»Wehe euch, die ihr satt seid, denn ihr werdet hungern.«

Der reiche, satte Mensch, der allein »seine« Scheunen füllt, ist im Herzen leer.

»Wehe euch, die ihr jetzt lacht, denn ihr werdet trauern und weinen.«

Wer über seinen Nächsten richtet und urteilt, ihn verlacht, verhöhnt und verspottet, der richtet, verurteilt, verlacht, verhöhnt und verspottet Mich, den Christus. Erkennet: Wer sich am Geringsten Meiner Brüder versündigt, der versündigt sich am Gesetze des Lebens und wird darunter zu leiden haben.

»Wehe euch, wenn alle Menschen gut von euch sprechen, denn so machten es auch ihre Väter mit den falschen Propheten.«

Wenn ihr euren Mitmenschen nach dem Munde redet, damit sie euch loben und ihr bei ihnen angesehen seid, so seid ihr gleich den Falschmünzern, die um ihres Vorteils willen mit falscher Münze zahlen. Falsche Propheten waren unter anderem auch jene, die das Evangelium der Liebe wohl predigten, jedoch selbst nicht danach lebten. In der Zeit des Umbruchs von der alten, sündhaften Welt zur Neuen Zeit, der Lichtzeit, werden die Gerechten das Unrecht ans Licht bringen und es offenbar werden lassen, auf dass jene, die Unrecht getan haben, sich selbst erkennen und Buße tun. Ich Bin das Licht der Welt. Der Ewige war und ist bestrebt, Seine Menschenkinder und alle Seelen an Sein Herz zu führen, hin zum Gesetz der ewigen Liebe, bevor die Ernte – die Wirkungen auf die von ihnen gesetzten Ursachen – auf sie zukommt. Der Ewige führte und führt sie durch Mich, Christus, zur Selbsterkenntnis. Er gab und gibt ihnen die Kraft, das zu bereinigen, was sie als Sünde und Fehler erkannt haben und erkennen. Erkennet: Im ewigen Gesetz gibt es keinen Zwang. Gott, der Ewige, hat allen Seinen Kindern den freien Willen gegeben.

Einige sogenannte christliche Konfessionen zwingen ihre Gläubigen zur Wassertaufe. Das ist ein Eingriff in den freien Willen des einzelnen, gleichsam eine zwangsweise Christianisierung. Erst wenn sich Menschen freiwillig lösen von den ihnen aufgezwungenen Dogmen und starren Formen, von Riten und Kulten sowie von ihren eigenen Gottesvorstellungen, können sie allmählich in ihr Inneres, in ihr wahres Wesen, geführt werden.

Mit den sinngemäßen Worten »Es ist vollbracht« gingen in alle belasteten und gefallenen Seelen die Erlöserfunken ein. Dadurch wurde und Bin Ich der Erlöser aller Menschen und Seelen. Als Christus Gottes wirkte und wirke

Ich weiter. Die Zehn Gebote, die Gott durch Moses Seinen Menschenkindern gab, sind Auszüge aus dem ewigen Gesetz des Lebens und der Liebe. Wer gegen diese Gebote verstößt, sie seine Mitmenschen nur lehrt, jedoch selbst nicht hält, der ist ein falscher Lehrer. Er sündigt wider den Heiligen Geist. Das ist die größte Sünde.

Erkennet: Allein der Glaube an das Gesetz des Lebens genügt nicht. Nur der Glaube an das Leben und die Verwirklichung der Gesetze des Lebens führen Mensch und Seele heraus aus dem Rad der Wiedergeburt. »... versöhne dich mit deinem Bruder.«

Das Gebot, zu vergeben und um Vergebung zu bitten, hat so lange Gültigkeit, bis alles gesühnt und bereinigt ist, was nicht den ewigen Gesetzen entspricht. Auch in allem Negativen ist das Positive, Gott, das ewige Gesetz. Wenn der Mensch seine Sünden und Fehler erkennt und bereut, dann werden in diesen die positiven Kräfte aktiv ...

Deshalb kann auch im Negativen das Göttliche wirken – dann, wenn der Mensch von Herzen um Vergebung bittet, vergibt und nicht mehr sündigt.

Wenn ... von eurem Munde Ungesetzmäßiges ausgeht, indem ihr euren Nächsten beschuldigt, beschimpft und ihm Übles nachsagt, so geht hin und bittet ihn um Vergebung. Hat er euch vergeben, so hat euch auch der ewige himmlische Vater in Mir, dem Christus, vergeben. Hat er euch jedoch nicht vergeben, so wird euch auch euer himmlischer Vater in Mir, dem Christus, nicht vergeben können.

»Werde schnellstens einig mit deinem Widersacher, solange du noch mit ihm auf dem Wege bist ...«

Lass die Sünde, die du an deinem Nächsten begangen hast, nicht anstehen! Bereinige sie so rasch wie möglich, denn noch ist er mit dir auf dem Lebensweg im Erdendasein. Erkennet: Bevor ein Schicksal über den Menschen hereinbricht, wird er vom Geiste des Lebens, der auch das Leben der Seele ist, und auch vom Schutzgeist oder durch Menschen ermahnt. Die Ermahnungen aus dem Geiste sind feinste Empfindungen, die aus der Seele strömen oder die der Schutzgeist in die Empfindungs- oder Gedankenwelt des Menschen einfließen lässt. Sie er- mahnen den Menschen, umzudenken oder zu bereinigen, was er verursacht hat.

»Ich aber sage euch ...: Liebet eure Feinde, tut Gutes denen, die euch hassen.«

Jeder Mensch sollte in jedem Mitmenschen seinen Nächsten, seinen Bruder und seine Schwester, sehen. Auch in den scheinbaren Feinden sollt ihr eure Nächsten erkennen und euch bemühen, sie selbstlos zu lieben. Der scheinbare Feind kann dir sogar ein guter Spiegel zur Selbsterkenntnis sein. Denn wenn euch etwas an eurem Nächsten erregt, liegt Gleiches oder Ähnliches in euch selber vor.

»Denn so ihr die liebet, die euch lieben, was für Lohn werdet ihr haben?«

Nimm also deinen Nächsten in deinem Herzen an und auf, auch dann, wenn er dich nicht liebt, auch dann, wenn er dir nicht beisteht und dich missachtet, indem er dir den Gruß verwehrt. Liebe du ihn! Stehe du ihm selbstlos bei, und grüße du ihn – und sei es nur in Gedanken, wenn er mit Worten nicht gegrüßt werden möchte. Gebt die selbstlose Liebe, wie die Sonne der Erde gibt, und achtet alle Menschen, alles Sein. Redet nicht den Menschen nach dem Munde. Macht keine Unterschiede wie die Menschen, die sich nur zu jenen gesellen und nur mit denen sind, die ihr Denken und Tun teilen und die Andersdenkende und Andershandelnde verurteilen.

»Und wenn du etwas begehrst, das anderen Pein und Kummer bereitet, reiß' es aus deinem Herzen ... Seid also vollkommen, wie euer Vater im Himmel vollkommen ist.«

Musst du ... Pein und Kummer erdulden, dann gib nicht deinem Nächsten die Schuld an deinem Zustand. Du selbst bist der Urheber – und nicht dein Nächster. Deine Pein und dein Kummer sind das Saatgut in deiner Seele, das aufgegangen ist – und sich in oder an deinem Leib als Ernte zeigt. Allein Ich, Christus, dein Erlöser, kann dich davon frei machen – und nur dann, wenn du bereust und Gleiches oder Ähnliches nicht mehr tust. Dann ist die Last von deiner Seele genommen, und es wird dir besser ergehen.

»Lass deine linke Hand nicht wissen, was deine rechte Hand tut, damit dein Almosen im Verborgenen bleibe ...«

Wer seinem Nächsten nur dann Gutes tut, wenn dieser ihm dafür dankt und seine guten Taten rühmt, der hat es nicht für seinen Nächsten getan, sondern für sich selbst.

»Wenn du betest, so gehe in deine Kammer ...« Wenn du betest, dann ziehe dich in eine stille Kammer zurück und versenke dich in dein Inneres, denn in dir wohnt des Vaters Geist, dessen Tempel du bist. Erkennet: Je tiefer der Mensch in die göttliche Wahrheit eintaucht, um so weniger Worte gebraucht er auch im Gebet. Seine Gebete sind kurz, doch kraftvoll, weil das Wort gelebte Kraft ausstrahlt.

»... murret nicht wie die Hoffnungslosen.« Klagt nicht über eure Toten! Das Zeitliche, das Leben im Körper, ist nicht das Leben der Seele. Die Seele hat nur für einen kurzen Lebensabschnitt Fleisch angenommen, um im Zeitlichen das zu bereinigen und zu tilgen, was sie sich in verschiedenen Erdenkleidern auferlegt hat. Denkt daran, dass für eine lichte Seele das Ablegen des Leibes ein Gewinn ist.

Die Seele spürt Freude und Leid ihrer Anverwandten. Die Seelen, die in Mir, dem Christus, entschlafen sind, fühlen sich verbunden über Mich, den Christus, mit allen, die noch im Erdenkleid wandeln. Die Freude der Seele darüber, dass ihre Anverwandten ihrer in Liebe gedenken, erfüllt sie mit Kraft. Selbstlose, liebende Gebete spenden der wandernden Seele Kraft und Stärke auf ihrem Weg hin zum Göttlichen. In euren selbstlosen gebeten spürt sie die Verbundenheit und empfängt vermehrt Kraft. Einzig die Liebe und die Einheit unter-einander zeigen Seelen und Menschen die Wege zu dem höheren Leben.

»Niemand kann zwei Herren dienen.« Der Mensch auf Erden und die Seele in den Stätten der Reinigung – beide werden einst zur Entscheidung geführt: Gott oder dem Mammon zu dienen, für Gott oder gegen Gott zu sein. Es gibt nichts dazwischen: entweder für Gott – oder für das Satanische.

»... sorget nicht um die Übel von morgen ...« Wer ... den Willen Gottes erfüllt, ist ein guter Planer. Plant jeden Tag, und plant gut! Räumt euch auch Zeit für besinnliche Stunden ein, in denen ihr zur inneren Ruhe findet und euer Leben und eure Planung immer wieder überdenken könnt. Eine sorgfältige Tagesplanung, die in den Willen Gottes gelegt wurde, wird Gott auch mit Seinem Willen durchdringen. Nur der sorgt sich um morgen, der sich nicht Gott anvertraut, der die Tage verstreichen lässt und sie nicht nützt.

»Richtet nicht, auf dass ihr nicht gerichtet werdet ...« Erkennet: Eure negativen

Gedanken, Worte und Handlungen sind eure eigenen Richter. Wie ihr eurem Nächsten im Denken, Reden und Tun begegnet, so wird es euch einst selbst ergehen.

»Was siehst du den Splitter in deines Bruders Auge und wirst des Balkens in deinem Auge nicht gewahr?«

Wer über seine Mitmenschen negativ spricht, sie abwertet und ihnen Übles nach-sagt, der kennt seine eigenen Fehler nicht. An den Früchten sollt ihr sie erkennen! Jeder zeigt selbst, wer er ist – also seine Frucht. Wer sich über seine Mitmenschen erregt und diese lächerlich macht, zeigt, wer er wahrlich ist. Wer zuerst seine eigenen Fehler ablegt, der ist auch fähig, seinem Nächsten zu helfen. Deshalb ist jeder ein Heuchler, der abfällig über die Fehler seines Bruders spricht – und dabei den Balken im eigenen Auge nicht bemerkt.

»Was immer ihr wollt, dass euch die Menschen tun sollen, das tut ihnen eben-so ...«

Es ist ungesetzmäßig, aus Erwartungshaltung seine Mitmenschen zu Handlungen, Aussagen oder Verhaltensweisen zu zwingen, zu denen sie von sich selbst aus nicht bereit wären. Hast du in deinen Wünschen an deinen Nächsten deine Erwartungshaltung erkannt, so kehre rasch um und leiste du zu-erst selbst, was du von deinem Nächsten verlangst.

Was ihr nicht wollt, dass man euch tu, das fügt auch keinem eurer Nächsten zu – denn alles, was von euch ausgeht, kommt wieder auf euch zurück. Deshalb prüft eure Gedanken und hütet eure Zunge!

»... Wer diese Meine Worte hört und sie befolgt, den vergleiche Ich mit einem klugen Mann, der sein Haus fest auf einem Felsen baute ...«

Auswahl von Texten, entnommen dem Buch: Die Bergpredigt Auszüge aus dem göttlichen Offenbarungswerk »Das ist Mein Wort« 120 S., kart. ISBN 978-3-89201-061-6 Auch als Hörbuch erhältlich (3 CDs)

Zitat Ende

Sonntag, 24. November 2013

Ich wollte eigentlich mit der Bergpredigt von Jesus das Buch beenden. Aber! Aber die Ereignisse auf der Erde die aber auch total materialistisch gebunden sind, werden immer heftiger. Der Taifun über den Philippinen. Der Klimagipfel in Warschau der nix bringt. Die NSA wollen die gesamte Menschheit ausspionieren in ihrem Wahn. Der, der Wahn der 1% global ist. Die USA die sich nicht aus ihren besetzten Ländern entfernen wollen zbs. Afghanistan wegen der Taliban die sie selbst aufgebaut haben. Der Irrsinn der 1% global also die ja das System oder dieses materialistische Denken aufgebaut haben und nun unweigerlich die Konsequenzen dieser Vorstellungen Ängste und Taten erleben müssen, nämlich, Geld, Geld, Geld, Banker , Banker, Banker, mit dem die !% die Weltbevölkerung und die Erde ausbluten wollen und beherrschen wollen.

Und es ist sehr gut sichtbar das die Menschen sich trotz der Errungenschaften der materialistischen Wissenschaften die ohne Ausnahme alle Glaubenskonstrukte sind inklusive der Mathematik, unfrei bleiben. Und in meinen Büchern Meditative Transformation der Industrie oder Das Mantra Mich selbst erkennen, erzähle ich sowohl den meditativen Weg als auch der Weg wie die Industrie sich transformieren kann.

Aber das Geld die Gier die damit verbundene Bösartigkeit auf der Erde wird immer gigantischer derweilen die Gletscher rasant abschmelzen und die Wirbelstürme immer rasantere Geschwindigkeiten erreichen. Das was sich die 1% erwirtschaftet haben, global, zeigt sich nun als der Irrsinn der er schon immer war ‚nämlich Totalmaterialismus und jeder Totalmaterialismus zerstört sich selber. Das ist also eure Zukunft weil das 1 % unnachgiebig an seinen Kontrolle Zielen und Ausbeutzielen und Überwachungszielen festhält. In Politik Wirtschaft und Wissenschaft. Es wird gelogen manipuliert getäuscht gemordet ausgebeutet zerstört in allen nur erdenklichen varianten. Sowohl finanziell als auch rhetorisch als auch intellektuell als auch philosophisch und strategisch, global. Die Menschen finden einfach wegen der materialistischen Einseitigkeit ihrer Denkausrichtungen und der damit verbundenen Phantasien und Strategien, keinen einfachen leichten klaren Konsens mehr keine Klarheit mehr keine Einfachheit.

Stattdessen wird unbeschreiblich viel gelabert und gelabert und gelabert. Die Menschen brauchen sehr dringend eine spirituelle Entwicklung zu ihrer momentanen materialistischen Entwicklung als Ergänzung sehr dringend muss das in die Lehrsysteme und Bildungen eingefügt werden. Wenn das nicht passiert wird die erste Welt ausradiert werden und zwar durch sich selber und seine eigene Schöpfung der Vollblutignoranz und des Glaubens. Denn zur Zeit ist alles aber auch alles was die Menschen machen ausschließlich ein Glaubenssystem ein Glaube. Und Glaube ist nun mal keine Wahrheit. EMPÖRT EUCH INTENSIVER.

Hier sind weitere Zitate.

Aufruf zur Revolte

Die Welt lässt sich retten – aber nicht innerhalb des Systems

Die Klimawissenschaften entwickeln zunehmend revolutionäre Sprengkraft. Tatsächlich gibt es gute wissenschaftliche Gründe für zivilen Ungehorsam und Sabotage. Denn der Kapitalismus wird zur existenziellen Bedrohung.

Im Dezember 2012 bahnte sich ein pinkhaariger Erforscher komplexer Systeme namens Brad Werner einen Weg durch das Gewimmel der 24000 WissenschaftlerInnen, die sich am Herbsttreffen der American Geophysical Union in San Francisco versammelt hatten. Die Konferenz wartete mit einigen großen Namen auf: Ed Stone vom Voyager-Projekt der Nasa war da, um den neuen Meilenstein auf dem Weg in den intergalaktischen Raum zu präsentieren, und der Filmemacher James Cameron («Titanic») sprach über seine Tiefseeabenteuer.

Am meisten Wirbel aber verursachte Brad Werners Vortrag. Sein Titel: «Is Earth F**ked?» – Ist die Welt am Arsch? (Untertitel: «Dynamische Sinnlosigkeit des globalen Umweltmanagements und Chancen für Nachhaltigkeit mittels Aktionen des zivilen Ungehorsams».) Um die Frage zu beantworten, dirigierte der Geophysiker der University of California, San Diego, sein Publikum durch ein hoch entwickeltes Computermodell. Er sprach über Systemgrenzen, Perturbationen, Dissipationen, Attraktoren, Bifurkationen und eine ganze Menge weiterer Vorgänge aus der komplexen Systemtheorie, die für uns Uneingeweihte unverständlich blieben. Aber die Quintessenz war klar: Mit dem globalen Kapitalismus schreitet der Raubbau an Ressourcen so rasch, bequem und schrankenlos voran, dass die «geohumanen Systeme» gefährlich instabil werden. Zu einer klaren Antwort auf die «Am Arsch»-Frage gedrängt, ließ Werner seinen Fachjargon beiseite und antwortete:

«Mehr oder weniger.»

Eine Dynamik im Modell indes stimmte hoffnungsvoll. Werner nannte sie «Widerstand» – Bewegungen von «Menschen oder Menschengruppen», die «gewisse Verhaltensweisen entwickeln, die nicht in die kapitalistische Kultur passen». Dazu zählte er UmweltaktivistInnen ebenso wie Widerstandsformen, die von außerhalb der dominanten Kultur kommen: Proteste, Blockaden und Sabotageakte von indigenen Völkern, Arbeiterinnen, Anarchisten und anderen mehr.

An seriösen wissenschaftlichen Konferenzen wird normalerweise nicht zum politischen Widerstand aufgerufen, zu zivilem Ungehorsam und Sabotage schon gar nicht. Andererseits hat das Werner so direkt auch nicht getan. Er hat lediglich beobachtet, dass Massenaufstände wie die Bürgerrechtsbewegung oder Occupy Wall Street das größte Potenzial besitzen, zu Sand im Getriebe der ökonomischen Maschinerie zu werden – einer Maschinerie, die immer mehr außer Kontrolle gerät. «Denken wir an die Zukunft der Erde und unsere Verbundenheit mit der Umwelt, so müssen wir Widerstand als Teil dieser Dynamik mit einbeziehen.» Diese Schlussfolgerung, so Werner, sei keine Frage der politischen Überzeugung, sondern «ein im Kern geophysikalisches Problem».

«Als Staatsbürger in der Pflicht»

Es gibt zahlreiche Beispiele von WissenschaftlerInnen, die aufgrund der Erkenntnisse aus ihren Forschungsresultaten zu politischen Aktivistinnen geworden sind. Physiker, Astronominnen, Ärzte und Biologinnen haben in den vordersten Reihen gegen Atomwaffen, Atomkraft, Krieg, umweltzerstörende Chemikalien und Kreationismus gekämpft. Im November 2012 rief der Finanzinvestor und Umweltphilanthrop Jeremy Grantham in der Fachzeitschrift «Nature» dazu auf, diese Tradition fortzuführen, «sich notfalls verhaften zu lassen»: Denn der Klimawandel «ist nicht bloß die Krise eures Lebens – er bedroht die Existenz der Gattung Mensch als Ganzes».

Manche WissenschaftlerInnen müssen nicht erst überzeugt werden. James Hansen, Urvater der modernen Klimaforschung, ist ein beeindruckender Aktivist: Über ein halbes Dutzend Mal ist er bereits verhaftet worden, weil er sich dem Kohleabbau via Sprengung von Berggipfeln (Mountaintop

Removal) und Teersandpipelines in den Weg gestellt hat. Vor zwei Jahren hat man mich vor dem Weißen Haus an einer Massendemonstration gegen die Keystone-XL-Teersandpipeline verhaftet. Unter den 166 Personen, die in Handschellen abgeführt wurden, war auch der Glaziologe Jason Box, einer der weltweit renommiertesten Experten für die schmelzenden Eisschilde Grönlands. «Ich hätte nicht mehr in den Spiegel schauen können, wäre ich da nicht hingegangen», sagte Box damals und fügte hinzu: «Abstimmen allein genügt in diesem Fall offenbar nicht. Ich stehe auch als Staatsbürger in der Pflicht.»

Das ist löblich. Aber was Brad Werner mit seiner Modellierung zeigt, geht darüber hinaus. Seine Forschung hat ihn nicht einfach dazu gebracht, gegen eine bestimmte Politik zu protestieren – seine Forschung demonstriert, dass unser ökonomisches Modell an sich die ökologische Stabilität bedroht. Und dass es dieses ökonomische Modell mit dem Druck von Massenbewegungen radikal anzufechten gilt. Weil dies die letzte Chance der Menschheit ist, eine Katastrophe zu vermeiden.

Das ist schwere Kost. Aber Werner ist nicht der Einzige. Er ist Teil einer kleinen, zunehmend einflussreichen Gruppe von WissenschaftlerInnen, die aufgrund ihrer Erforschung der aus der Balance schlitternden Ökosysteme und des Klimasystems im Besonderen – zu ähnlich bahnbrechenden, ja revolutionären Schlussfolgerungen gelangen. Ihre Arbeit sollten sich all jene MöchtegernrevolutionärInnen zu Herzen nehmen, die schon immer davon träumten, das aktuelle ökonomische System zu stürzen. Ihretwegen ist es nämlich nicht länger eine Frage der ideologischen Vorliebe, ob man dieses grausame ökonomische System zugunsten eines neuen (mit viel Anstrengung möglicherweise sogar besseren) über Bord wirft, sondern eine existenzielle Notwendigkeit für die Spezies Mensch.

Regeln müssen geändert werden

An der Speerspitze dieser neuen revolutionären WissenschaftlerInnen steht Kevin Anderson, Vizedirektor des Tyndall Centre for Climate Change Research und einer von Britanniens führenden KlimaexpertInnen. Mehr als zehn Jahre lang hat Anderson geduldig die Schlussfolgerungen der aktuellen Resultate aus der Klimaforschung für Politiker, Ökonominnen und Kampagnenleiter übersetzt und mit klaren Worten einen ambitionierten Fahrplan erstellt, um Treibhausgasemissionen so zu reduzieren, dass das weltweit anerkannte Ziel, den globalen Temperaturanstieg auf zwei Grad Celsius zu beschränken, erreicht werden kann.

In den letzten Jahren ist Andersons Wortwahl dringlicher geworden: Die Chancen, dieses Ziel zu erreichen, würden rasch schwinden. Gemeinsam mit seiner Forschungskollegin Alice Bows betont er, dass wir bereits zu viel Zeit mit Hinhaltepolitik und ungenügenden klimapolitischen Maßnahmen verbraucht hätten, während Konsum und Emissionen weltweit weiter gestiegen seien. In der Folge sähen wir uns jetzt zu drastischen Reduktionen gezwungen, die radikal infrage stellen, was bisher als logisch akzeptiert wurde: die absolute Priorität des Wirtschaftswachstums.

Um auch nur eine fünfzigprozentige Chance zu haben, den Temperaturanstieg auf zwei Grad zu beschränken, müssten die industrialisierten Staaten ihre Emissionen sofort um rund zehn Prozent pro Jahr senken. Mit bisherigen Maßnahmen wie CO_2-Steuern oder grünen Techniken sei dies nicht zu erreichen, betonen Bows und Anderson.

Selbst der Zerfall der Sowjetunion hat nicht solch drastische Reduktionen gezeitigt: Die ehemaligen Sowjetstaaten haben über zehn Jahre hinweg im Schnitt jährlich bloß fünf Prozent weniger Emissionen verursacht. Einzig nach dem Kollaps der Börse 1929 gingen die CO_2-Emissionen während mehrerer Jahre um über zehn Prozent pro Jahr zurück. Und das war immerhin die größte Wirtschaftskrise der Moderne.

Anderson und Bows sind überzeugt: Wollen wir eine solche Katastrophe vermeiden und unsere Emissionsziele dennoch erreichen, müssen die USA, die EU und andere wohlhabende Nationen «radikale und unmittelbar wirksame Strategien zur dauerhaften Wachstumsabschwächung» umsetzen. Doch dabei kommt uns unser ökonomisches System in die Quere, das Wirtschaftswachstum als Fetisch zelebriert und sich keinen Deut um dessen humane oder ökologische Konsequenzen schert; ein System, in dem die neoliberale politische Klasse jegliche Verantwortung von sich weist und stattdessen alles dem unsichtbaren Genius des Marktes anvertraut.

Anders ausgedrückt lautet das Fazit von Bows und Anderson: Wir können einen katastrophalen Temperaturanstieg noch immer vermeiden – aber nicht innerhalb des kapitalistischen Regelsystems. Und das ist das wohl beste Argument aller Zeiten, um diese Regeln zu ändern.

Mundtot gemacht, Projekt gestrichen

2012 warfen Anderson und Bows ihren ForschungskollegInnen in einem Artikel im einflussreichen Fachblatt «Nature Climate Change» den Fehdehandschuh hin: Statt Klartext über die tatsächlich notwendigen Veränderungen zu sprechen, die der Klimawandel der Menschheit abverlange, würden sie diese kleinreden. Und das alles nur, um innerhalb der neoliberalen ökonomischen Kreise als vernünftig zu erscheinen.

«Vielleicht wäre die Beschränkung des Temperaturanstiegs auf zwei Grad zur Zeit des Erdgipfels von Rio 1992 oder sogar noch um die Jahrtausendwende mittels gradueller Anpassungen innerhalb der politischen und wirtschaftlichen Hegemonie erreichbar gewesen», schreibt Anderson. «Aber der Klimawandel ist ein sich verstärkendes Phänomen! Heute, im Jahr 2013, hat sich die Aussicht für postindustrielle Nationen mit hohem CO_2-Ausstoss radikal geändert. Unser fortgesetzter, kollektiv-verschwenderischer Umgang mit CO_2 hat alle Chancen auf einen ‹graduellen Wandel› zunichte gemacht. Heute, nach zwei Jahrzehnten Bluff und Lügen, verlangt das übrig gebliebene CO_2-Budget nach einer revolutionären Veränderung der politischen und ökonomischen Vorherrschaft.»

Immer mehr Menschen werden der revolutionären Sprengkraft, die den Klimawissenschaften innewohnt, gewahr. Aus diesem Grund haben einige Regierungen ihre Klimaverpflichtungen über Bord geworfen und holen stattdessen noch möglichst viel CO_2 aus dem Boden, während sie gleichzeitig zu immer aggressiveren Mitteln greifen, um ihre WissenschaftlerInnen einzuschüchtern und zum Schweigen zu bringen.

In Britannien wird diese Strategie immer offensichtlicher. Kürzlich verkündete Ian Boyd, der führende wissenschaftliche Berater im Umweltdepartement, die WissenschaftlerInnen sollten es gefälligst vermeiden, politische Strategien als richtig oder falsch zu beurteilen. Stattdessen sollten sie sich engagieren, indem sie «mit eingebetteten Beratern (wie ich es bin) zusammenarbeiten und als Stimme der Vernunft in der Öffentlichkeit auftreten».

Wenn Sie wissen wollen, wohin das führt, dann schauen Sie mal, was in meiner Heimat Kanada passiert. Die konservative Regierung von Stephen Harper hat mit unglaublicher Effizienz kritische Forschungsprojekte abgewürgt und WissenschaftlerInnen einen Maulkorb verpasst. Im Juli 2012 versammelten sich Tausende von Wissenschaftlerinnen und Unterstützern auf dem Parlamentshügel in Ottawa, um mit einem symbolischen Begräbnis den «Tod wissenschaftlicher Evidenz» zu betrauern. Auf ihren Transparenten stand: «Keine Wissenschaft – keine Beweismittel – keine Wahrheit».

Immer mehr Menschen reagieren

Doch die Wahrheit findet ihren Weg auch so. Wir müssen nicht länger in Fachzeitschriften nachlesen, dass das unveränderte Streben nach Profit und Wachstum das Leben auf der Erde aus dem Lot bringt. Die ersten Anzeichen entfalten sich vor unser aller Augen. Und immer mehr Menschen reagieren entsprechend: Sie blockieren die Fracking-Arbeiten im britischen Balcombe; sie stellen sich den russischen Probebohrungen nach Erdöl in der Arktis in den Weg (und riskieren dafür Kopf und Kragen); sie bringen Konzerne, die Teersand auf dem Land indigener Völker abbauen, vor Gericht.

Genau solche Aktionen bilden in Brad Werners Computermodell den Sand im Getriebe, der die Kräfte der Destabilisierung hemmt. Bill McKibben, der umtriebige Umweltaktivist aus den USA, bezeichnet sie als «Antikörper», die aktiv werden, um die «Fieberschübe» unseres Planeten zu bekämpfen.

Eine Revolution ist das noch nicht. Aber es ist ein Anfang. Und es verschafft uns möglicherweise die Zeit, die wir brauchen, um eine Lebensart auf diesem Planeten zu finden, die weniger «f**ked» – weniger zerstörerisch ist.

Der Text erschien unter dem Titel «How Science is Telling Us to Revolt» am 29. Oktober im «New Statesman». Aus dem Englischen von Franziska Meister.

Naomi Klein

Die kanadische Journalistin und politische Aktivistin Naomi Klein (43) schreibt unter anderem für das linke US-Magazin «The Nation» und den britischen «Guardian». Bekannt geworden ist sie mit ihrem Buch «No Logo» (2000), das für viele zu einer Art Manifest der Antiglobalisierungsbewegung geworden ist.

Ab 2004 hat sich Klein immer stärker kritisch mit dem Neoliberalismus auseinandergesetzt, was im Buch «Die Schock-Strategie. Der Aufstieg des Katastrophen-Kapitalismus» (2007) gipfelte. In letzter Zeit galt ihr Interesse vorab der Umwelt und dem Klimawandel. Klein ist im Vorstand der Klimaschutzorganisation «350.org» aktiv.

Weiter denken, anders handeln (Teil 5)
«Es gibt die Gegenmacht – in Teilbereichen»

In nicht allzu langer Zeit könnte die globalisierte Welt in regionale Machtblöcke zerfallen, die sich bekämpfen, sagt Peter Niggli von Alliance Sud. Es sei denn, neue Bewegungen verhindern die fortschreitende Entdemokratisierung.

Von Wolfgang Storz, Pit Wuhrer (Interview) und Ursula Häne (Fotos)

WOZ: Peter Niggli, zu einer Demokratie, heisst es, gehören selbstbewusste und widerständige Bürger und Bürgerinnen. Wo kann man in Westeuropa Widerstand lernen?

Peter Niggli: Sicher nicht an Schulen und Universitäten. Widerständiges Lernen wird nicht als Kurs angeboten, es gehört nicht zur Grundausbildung der Menschen. Die meisten hätten oder haben Gelegenheit, so etwas zu lernen, wenn sie in Situationen geraten, in denen Entscheidungen gegen ihre Interessen getroffen werden. Das ist in Unternehmen der Fall und kann bis zum Streik führen, aber auch zum individuellen Abgang, wenn kollektive Aktion unmöglich oder – im Büro – kulturell undenkbar scheint. Viele Menschen stehen immer wieder vor der Alternative, sich geschlagen zu geben oder zu versuchen, ihre Interessen durchzusetzen. Schliesslich gibt es in unseren Gesellschaften oft Wellen politischer Mobilisierung mit nachhaltiger Wirkung. In der Schweiz mobilisierte beispielsweise die Abstimmung über den Europäischen Wirtschaftsraum EWR 1992 die alte Anti-Europa-Rechte ebenso wie jüngere Leute, die sich für einen Beitritt zur Europäischen Union engagierten.

Und wer trägt das weiter? Werden Erfahrungen aus solchen Mobilisierungs- und Widerstandswellen an die nächsten Generationen weitergegeben?

Je nachdem. In der Schweiz funktionierte das leider sehr gut. Die EWR-Abstimmung war der Startschuss zum Aufstieg einer rechtsradikalen Partei zur stärksten Partei des Systems …

Der SVP.

Genau. Gleichzeitig begannen auch individuelle Politkarrieren von jungen Leuten, die für einen Beitritt waren, heute aber praktisch untergehen. Die freisinnige Nationalrätin Christa Markwalder zum Beispiel versucht, ihrem früheren Engagement treu zu bleiben, obwohl ihre Partei heute den EU-Beitritt ablehnt.

Widerstand kommt also nicht unbedingt von links.

Nein. Wer das glaubt, übersieht, was in Europa in den letzten dreißig Jahren gelaufen ist. Am Ende der «linken» siebziger Jahre hat ja die neoliberale «Konterrevolution» gewonnen, ohne dass wir das damals richtig realisierten. Seinerzeit wurden Leute rechts mobilisiert, die etwa gegen hohe Einkommensteuern und gegen die Einwanderung waren. Auf der rechten Seite hat sich in Europa viel bewegt, und die Rechten sahen sich auch im «Widerstand».

Widerstand gegen eine linke Hegemonie?

Seinerzeit ging es gegen den Mainstream des sozialstaatlichen Nachkriegskompromisses. Heute richtet sich rechte Propaganda gegen Einwanderung und einen Mitte-links-Mainstream, der die Schweiz beherrsche, was Blödsinn ist. Damit haben sie die politische Landschaft in den Griff bekommen. Unter völlig anderen Vorzeichen geschah Vergleichbares in Ungarn, und in Frankreich ist es bei den nächsten Wahlen möglich. Eine gewichtige Rolle für dieses Widerständige, egal ob von links oder rechts, spielt übrigens das Mediensystem. Spiegelt es noch die Debatten und Auseinandersetzungen der breiten Gesellschaft, oder bleibt es auf eine imaginäre Mitte begrenzt?

Spielt das politische System eine Rolle?

Wir haben in Frankreich ein eher zentralistisches System, in Deutschland ein föderales, und in der Schweiz gibt es einen hohen Anteil direkter Demokratie. Befördert das eine System den Widerstand in politisch-emanzipativer Hinsicht stärker als das

andere?

Sie färben die Art und Weise, wie sich solche Bewegungen äußern. In Frankreich spielt man seit der Französischen Revolution den «Aufstand» der Massen gegen den Monarchen, typischerweise ist dort der Präsident ein kleiner König. Das ist französische politische Kultur – meistens von links besetzt, aber nicht nur, wie wir bei der Mobilisierung gegen homosexuelle Ehen in Frankreich erlebt haben. Dort wählen die Menschen nicht den Weg über die politischen Institutionen, sondern machen auf der Straße öffentlichen Druck. In der Schweiz ist es genau umgekehrt.

Aber was ist unter «etwas verändern, etwas voranbringen» zu verstehen? Verstehe ich darunter schrittweise Veränderungen oder einen Umsturz, einen grundlegenden Wechsel?

Das System der Schweiz eignet sich für grundlegende Wechsel sehr schlecht. Das haben in den siebziger Jahren all die Jungrevolutionäre, auch ich, schmerzhaft gelernt. Wir hatten große Ideen, wir wollten die soziale Revolution, und dann erlebten wir viermal jährlich in den Volksabstimmungen furchtbare Niederlagen. Uns wurde periodisch eingehämmert, dass wir eine absolut kleine Minderheit sind. Das hat die Schweiz vielleicht vor linksradikalem Terror bewahrt, sonst hätten wir, so verknüpft, wie die hiesige Linke mit der deutschen und vor allem der italienischen war, wahrscheinlich ähnliche Gruppen in viel größerer Stärke gehabt …

… wie etwa die RAF und die Brigade Rosse?

… oder Prima Linea und andere Organisationen, die es seinerzeit gab.

Volksabstimmungen haben also eine pazifizierende Wirkung?

Eine ernüchternde Wirkung. Als junger Ideologe konnte man damals mit Gleichgesinnten in Zürich im besten Fall 8000, 10 000 Leute auf die Straße bringen, aber bei Wahlen stimmten uns nur Bruchteile eines Prozents zu. Und Volksabstimmungen zu politischen Sachfragen gewannen wir nur, wenn gewichtige andere gesellschaftliche und politische Kräfte dasselbe wollten. Sonst verloren wir. Heute ist das nicht anders.

Was ist Ihr Rat aus dieser Erfahrung?

Für uns war das eine unangenehme Lernwerkstatt. Sie zwang uns zu überlegen: Wie macht man Politik, wenn man ein bisschen vorwärtskommen will? In diesem Sinn finde ich das System der Schweiz einladend, es bietet sehr vielen Minderheitsanliegen durchaus die Möglichkeit, kleine Fortschritte zu erzielen oder auch Legitimation zu gewinnen. Es prägt auch die Parteienlandschaft. Wir haben keine übergroßen Parteien. In praktisch allen Körperschaften regiert eine Mehrparteienkoalition, und da die Volksabstimmungen als Korrektiv wirken, unterscheiden sich die Parteien in der Schweiz stärker voneinander als in anderen Ländern Europas. Dort herrschen vielfach Zweiparteiensysteme vor, in denen die Parteien um die Mitte kämpfen und sich – wie etwa CDU und SPD – kaum mehr unterscheiden.

Bieten die Parteien in der Schweiz mehr politische Alternativen?

Ja, mindestens rhetorisch. Die beiden Flügelparteien SP und SVP vertreten weiter auseinanderliegende Positionen, als das bei zwei Mehrheitsblöcken in den europäischen Staaten der Fall ist, wo die kleineren Parteien durch die Maschen fallen.

Widerstand, so lautet eine These, lernt man nur in Bewegungen. Verhindert nun nicht das Schweizer System solche Bewegungen wie etwa jene gegen Stuttgart 21?

In der Schweiz wäre man wegen der Referendumsmöglichkeit gar nicht auf die Schnapsidee gekommen, für bis zu zehn Milliarden Euro einen Tiefbahnhof mit reduzierter Kapazität zu bauen, und falls doch, wäre das Projekt schnell erledigt gewesen.

Ich bin nicht sicher, dass das Schweizer System Bewegungen verhindert. Es gab auch in der Schweiz ein 1968, es war weniger wild als anderswo. Aber damals sind über die Jahre hinweg Tausende politisiert worden, auch ich. Es gab eine sehr ausgeprägte Achtzigerbewegung in einigen Schweizer Städten. Ich weiß nicht, ob es in Stuttgart vor dem Konflikt um den Bahnhof etwas gegeben hat, ich habe jedenfalls lange Zeit nichts von dort gehört...

... wir auch nicht.

Baden-Württemberg ähnelt in vielerlei Hinsicht der Deutschschweiz, in der Mentalität etwa und im Wohlstand. Ein wichtiger Faktor für das Entstehen sozialer Bewegungen sind die Arbeitsbeziehungen in den Unternehmen. Da hat der schweizerische Kapitalismus nach dem Zweiten Weltkrieg ziemlich dazugelernt. Bis 1945 war es üblich, dass die Chefs die Arbeiter duzten – umgekehrt wurde natürlich gesiezt –, die meisten Chefs waren Offiziere und hatten das Gefühl, dass sie auch in der Fabrik nach Belieben schalten und walten können. Da hat sich kulturell vieles gewandelt. In den Nachkriegsjahrzehnten suchten die Unternehmensführungen das Gespräch mit Gewerkschaften und Betriebskommissionen. Viele Interessenkonflikte wurden korporatistisch überdeckt. Das schwand erst in der langen Rezession der neunziger Jahre dahin und führte, wenn auch nicht in gravierendem Ausmaß, zu Streiks und Betriebskonflikten, wie man sie nach dem Krieg lange nicht mehr gekannt hatte. In den Betrieben dämpft die direkte Demokratie wenig oder nichts – sie befinden sich außerhalb des demokratischen Raums. In den Unternehmen werden Leute immer wieder mit Entscheidungen des Managements konfrontiert, die wenig einleuchten und negative Konsequenzen haben. Das unterscheidet sich wenig von der Situation in Deutschland. Aber vielleicht sind die Industriekonflikte hierzulande deswegen milder, weil es fast Vollbeschäftigung gibt und die Löhne besser sind.

Die Gewerkschaften sind hier auch nicht so in der Defensive.

Sie sind nicht in der Defensive, und sie sind auch nicht abhängig von einer Partei, die parlamentarische Mehrheiten gewinnen will.

Fünf Jahre nach Beginn der Finanzmarktkrise sind die Märkte immer noch unreguliert, die Macht der Banken ist ungebrochen. Nur in Island kam es zu einer öffentlichen Aufarbeitung der Ursachen. Dort wurde eine linke Regierung gewählt und das Bankensystem komplett geändert. Wie entsteht so etwas? Kann man von Island lernen – und falls ja, was?

Wenn es den Euro nicht gäbe, wäre auch der Handlungsspielraum in Irland, Griechenland, Spanien oder Portugal größer. Island hat den Euro nicht. Aber die Geschichte ist ein bisschen komplizierter. In Island hatte der Bankensektor eine enorme Größe im Verhältnis zur Wirtschaftskraft, da gab es nur zwei Möglichkeiten: entweder Schulden bedienen für die nächsten 200 Jahre oder einen Schnitt. Das reichte zur Abwahl der Regierung, die das Land in den Schlamassel geführt hatte, die neue Regierung handelte aber brav mit der EU einen Abzahlungsplan aus. Der wurde erst durch den Präsidenten gestoppt und dann in einer Volksabstimmung beerdigt. Erst danach waren die Ansprüche der britischen und niederländischen Bankeinleger und Investoren vom Tisch. Auch die Partei also, die eine Alternative repräsentieren wollte, wagte sich nicht, einfach so die finanziellen Fesseln abzulegen. Das hat erst eine Volksabstimmung erzwungen.

Ohne die Einbindung ins Eurosystem hätten somit auch andere Länder eine Möglichkeit des Aufbegehrens?

Wirtschaftlich hatte Island mehr Möglichkeiten, weil es eine eigene Währung hat, die stark abgewertet wurde. Das Land kam nach einiger Zeit aus dem Tunnel raus. Diese Möglichkeit, abzuwerten, steht den Euroländern nicht offen. Die Alternative ist bekannt: Löhne senken, Staatsleistungen reduzieren.

Die Rahmenbedingungen sind also entscheidend?

Die ökonomischen Rahmenbedingungen in Island waren und sind entschieden anders als in den Staaten der Eurozone, und das ist wichtig, wenn wir über den Zustand von Demokratie und politischer Bewegung sprechen. In der EU und noch viel stärker in der Eurozone sind zentrale wirtschaftspolitische Entscheidungen von den Mitgliedstaaten an Brüssel delegiert. Wirtschaftspolitische Regeln werden von den Regierungen ausgehandelt, ohne dass die Parlamente oder Parteien in den einzelnen Mitgliedstaaten wirklich etwas dazu zu sagen hätten. In der Eurozone entfällt zudem die geldpolitische Autonomie. In diesem Sinne ist die EU ein neoliberaler Traum. Wichtige wirtschaftliche Fragen, von denen die Leute angeblich nichts verstehen, werden durch Funktionseliten entschieden, abseits von Zwängen einer plebiszitären Zustimmung oder einer Wahldemokratie. Das führt auch dazu, dass in allen EU-Mitgliedstaaten die politische Auseinandersetzung über die EU nur verklemmt oder gar nicht stattfindet. Man hat immer Angst, dass es um alles oder nichts geht. Meines Wissens ist es noch nie vorgekommen, dass in einem deutschen oder französischen Wahlkampf Alternativen aufgeworfen wurden im Sinne von: «Wir wollen eine ganz andere Union». Die einzigen, die Alternativen formulieren, sind die radikal Rechten; sie wollen die Union abschaffen und zur Nationalstaatlichkeit zurückkehren. Und zum Teil die radikale Linke, die vor allem den Euro als monetäre Zwangsjacke kritisiert.

Fördert der konservative oder rechte Widerstand die Demokratie?

Island hat durch seine nationalstaatliche Situation mehr Freiheiten, mehr Autonomie. Dort können Bürgerinnen und Bürger Einfluss auf ihre Regierung nehmen, während im EU- und Eurorahmen Resignation herrscht: Man kann ja wegen der vielen Sachzwänge sowieso nichts ändern.

Seit über dreißig Jahren, seit 1980, versuchen die westlichen Funktionseliten, wirtschaftspolitische Entscheidungen aus dem nationalstaatlichen Rahmen herauszunehmen. Das herausragendste Beispiel sind die Verträge der 1994 gegründeten Welthandelsorganisation. Sie begrenzen heute den Spielraum für Marktregulierungen der Mitgliedstaaten. Dem kann sich auch Island nicht entziehen. Die EU ging mit dem Binnenmarkt und dem Euro aber einen großen Schritt weiter. Wirtschaftliche Gesetzgebung und Geldpolitik werden zwischen den Regierungen ausgehandelt und durch zentrale Institutionen umgesetzt, während andere Bereiche – die Steuern, der Sozialstaat, die Arbeitsbeziehungen, mit Ausnahme der Freizügigkeit – den Staaten überlassen bleiben. So wurde ein Feld geschaffen, auf dem man soziale Anliegen und etwa den Ausgleich zwischen Reich und Arm in einen Wettbewerb gespannt hat, bei dem man nicht gegen oben kämpfen, sondern nur noch abwehren kann – und meistens verlieren wird. Das ist das Spezielle an dieser Konstruktion. Es gab natürlich gute Gründe für den Binnenmarkt, seine Ausgestaltung schwächt aber die demokratische Einflussnahme durch jene sozialen Kräfte, die sich nicht so einfach transnational, europaweit artikulieren können. Heute argumentieren viele, etwa in Deutschland, es sei nicht vorstellbar, jetzt zu getrennten nationalen Märkten zurückkehren, und empfehlen das Gegenteil: nämlich noch mehr politische Entscheidungen in Brüssel zu bündeln.

Aber ist eine politische Körperschaft vorstellbar, die von Tallinn bis Gibraltar reicht? Und ist darin so etwas wie demokratische Öffentlichkeit möglich?

Die EU ist nicht demokratisch, und es gibt auch – schon wegen

der verschiedenen Sprachen – keine europäische Öffentlichkeit. Wäre das öffentliche Bewusstsein in den einzelnen Ländern wesentlich anders, wenn es dieses Gebilde der Sachzwänge und der Konzentration der Kompetenzen in Brüssel nicht gäbe?

Ich kann mir das vorstellen. Ein Binnenmarkt light wäre denkbar im Rahmen einer Europäischen Gemeinschaft, wie es sie vor 1985 gab. Es wäre auch eine Währungskoordination vorstellbar. Mindestens genauso wichtig aber ist, sich darüber klar zu sein, dass die einzelnen Mitgliedstaaten hinsichtlich ihrer wirtschaftlichen Entwicklung auf unterschiedlichen Stufen stehen und dass sie mehr Spielraum brauchen für eine nationale Politik. Dieser Spielraum ist derzeit eng. In Griechenland zum Beispiel wissen die Menschen, dass man nicht einfach aus dem Euro raus kann, weil zu viele Kredite an den Euro gebunden sind, die mit billigen Drachmen nie getilgt werden könnten. Sie stecken jetzt in einer Zwangsjacke, die sie nicht einfach so abstreifen können.

In der Schweiz, die nicht der EU angehört, gäbe es einen solchen Spielraum. Doch den hat man nicht genutzt und stattdessen die UBS mit Milliarden gerettet.

Die Finanzkrise von 2008 berührte die Schweiz anfänglich nur wegen der Banken – sie hatten in allen erdenklichen Spekulationsblasen der USA, Englands, Irlands und Spaniens mitgemischt. Die UBS stand deswegen im Herbst 2008 am Abgrund. Eine einheimische Spekulationsblase hat es hingegen nicht gegeben. Wäre die Bank untergegangen, hätte das allerdings auch schweizerische Unternehmen – und auch Private – stark in Mitleidenschaft gezogen, denn die UBS war zugleich einer der größten Kreditgeber im Land. Ich glaube nicht, dass man die UBS hätte bankrottgehen lassen sollen. Man hätte vielleicht anders verfahren können. Zum Beispiel die UBS vorübergehend in Staatseigentum übernehmen oder staatlicher Verwaltung unterstellen, ihr Kredit- und Anlagesystem in der Schweiz verselbstständigen und später wieder reprivatisieren können. Auch eine staatlich gelenkte Abwicklung des internationalen Geschäfts wäre denkbar gewesen. Aber ohne Eingriff die UBS einfach zusammenbrechen zu lassen, das wäre eine falsche Politik gewesen.

Gegenwehr hängt stark von nationalen und ökonomischen Rahmenbedingungen ab, sagen Sie. Andererseits sind in den letzten Jahren doch immer wieder Ideen über Grenzen gegangen. Sie sind etwa von der Bewegung der Indignados in Spanien zu Occupy Wall Street und dann nach Europa übergesprungen …

… sogar bis nach Zürich.

… oder vom Tahrirplatz zum Taksimplatz. Gibt es so etwas wie kollektive transnationale Lernprozesse?

Auf alle Fälle gibt es globale Konjunkturen von Protestbewegungen und Massenmobilisierung. In diesen Momenten findet auch ein den jeweiligen technischen Möglichkeiten angepasster reger globaler Austausch statt. Das Internet hat die Möglichkeiten dazu potenziert. Ob etwas gelernt wird, ist eine andere Frage. Es liegt eher etwas in der Luft. Was bei den Indignados oder bei Occupy in der Luft lag, war eine Stimmung: Die politische Kaste zieht aus der großen Krise mit ihren ernsthaften Folgen keine Konsequenzen, das muss sich ändern. Die Tatenlosigkeit der Regierungen schuf ein enormes Empörungspotenzial.

Doch die Bewegungen brachen zusammen. Woran liegt das, dass so etwas so schnell kommt und geht?

Wir haben in den siebziger Jahren, als wir ein revolutionäres Grüppchen waren, bedauert, dass es keine Bewegung mehr gibt. Und wir fragten uns ständig: Wie können wir eine Bewegung anstoßen? Aber wir können es eben nicht. Die Bewegung ist das Überraschende. Man kann sie im Nachhinein jeweils ganz gut erklären, es gab gute Bedingungen und so weiter. Aber aus welchem Anlass sie dann ausbricht und in welchen Ländern und ob sie tatsächlich Spuren hinterlässt – das ist alles viel schwieriger zu erklären. Das Wichtigste aber ist: Jede Bewegung bringt Menschen hervor, die sich mehr oder minder organisiert weiterengagieren wollen, manchmal in neuen innovativen Formen, oftmals im Rahmen normaler politischer oder sozialer Betätigung. Bewegungen verschwinden nie vollständig, sondern hinterlassen solche Kerne politisierter Leute, die ein bisschen was gelernt haben und Lust haben weiterzumachen. Logischerweise gehört auch die Kehrseite dazu: Enttäuschung und Demobilisierung.

Gibt es in Westeuropa mehr Kritik als vor fünf Jahren? Die Reputation der Banken ist zwar im Keller, aber wo bleibt die Gegenwehr?

Die herrschende Ideologie hat durchaus Schaden gelitten. Das Vertrauen in die Wirtschaftseliten ist gesunken. Alternative Theorien und Anschauungen haben es aber nicht viel besser. Es gibt zwar heute mehr Leute, die die Glaubenssätze der neoliberalen Ära infrage stellen und entsprechend handeln, aber das macht noch immer einen marginalen Eindruck, es ist nicht im Zentrum angelangt. Auch die Europäische Union ist schwer beschädigt. Viele Menschen in jenen Eurostaaten, denen es schlecht geht, stellen alles infrage. Hat Europa überhaupt noch einen Sinn? In Ländern wie etwa Frankreich – wo 2005 die Bevölkerung den EU-Verfassungsvertrag ablehnte – gibt es eine linke Strömung mit einer guten artikulierten Kritik und alternativen Vorschlägen zum weiteren Vorgehen in der EU und in der Währungszone. Das könnte noch interessant werden, sollte diese Opposition stärker werden. Eine Folge dieses Protests war auch, dass François Hollande gewählt wurde. Und jetzt ist man perplex, weil der gute Hollande auch nichts anderes macht als das, was die SPD getan hätte, wenn sie gewählt worden wäre.

Sie sind seit vielen Jahren in unterschiedlichen Funktionen aktiv. Warum gibt es in einer Krisensituation wie der jetzigen keine Grundidee, die links und emanzipatorisch ist und die Menschen fasziniert?

In Westeuropa sind die linken Massenparteien heute neoliberalisiert. Sie haben ihr wirtschaftspolitisches Gerüst und ihre Gesamtanschauungen dem vorherrschenden Klima der letzten dreißig Jahre angepasst. Sie waren in einzelnen Ländern sogar federführend bei der Durchsetzung neoliberaler «Reformpolitik». Heute ist in diesen Parteien allen irgendwie bewusst, dass sie in der Klemme stecken. Es ist schwierig, da rauszukommen. Um alternative Modelle bemühen sich folglich kleinere Gruppierungen: die Partei Die Linke in Deutschland, in der Schweiz die Jusos oder die Alternative Liste. Und dann gibt es in allen europäischen Staaten lebhafte Zirkel von aktiven Leuten in den Massenparteien, den Gewerkschaften und allfälligen Überresten der

Occupy-Bewegungen …

… aber sie bewegen sich in Nischen.

Es sind Nischen. Aber sie denken darüber nach, wohin die Reise gehen soll.

In Lateinamerika hat es hingegen funktioniert. Dort haben die Menschen nach einem Vierteljahrhundert Neoliberalismus die Konsequenzen gezogen. Fast überall regieren linke oder sich links nennende Parteien. Warum funktionierte das dort – und hier nicht?

In Lateinamerika war die Vergangenheit ein bisschen anders. Die heute tonangebenden Kräfte hatten ihren Ursprung im Kampf gegen rechte Militärdiktaturen. Daraus haben sie gelernt, nicht mehr auf Guerilla und bewaffneten Kampf zu setzen, sondern auf Basisarbeit. Diese gewann an Schwung in den fünfzehn Jahren Schuldenkrise, in der die lateinamerikanischen Regierungen alle jene Maßnahmen trafen, die jetzt in Europa durchgesetzt werden: Austerität, Lohnkürzungen, Streichung des Sozialstaats. Kurz: Es gab in Lateinamerika eine sehr lange Zeit der Vorbereitung und der Wutaufbereitung, bis die politischen Kräfteverhältnisse kippten. Europa steht hier erst am Anfang. Allerdings: Nichts dauert ewig. Im Moment sehe ich in Lateinamerika die ersten Anzeichen dafür, dass sich die Verhältnisse wieder ändern könnten.

Es kommt auf die Basisarbeit an. Aber wie begegnet man den Menschen? Die Linke, so heisst es oft, kann die Kapital- und Interessenverhältnisse sehr gut analysieren, hat es aber verlernt, den Menschen in deren Sprache, deren Kultur zu begegnen. Fremdelt die Linke im Umgang mit der Bevölkerung?

Die Linke ist keine biologische oder genetische Sonderspezies. Wenn sie etwas verlernt hätte, sollte sie es wieder lernen können. In den vergangenen dreißig Jahren ersetzten die Parteien in den westlichen Demokratien die Pflege ihrer Basis mehr und mehr durch Public Marketing: Wie bringe ich meine Botschaften ins Mediensystem, wie lenke ich die öffentliche Meinung, wie dominiere ich den öffentlichen Diskurs? Die eigentlichen politischen Botschaften bleiben relativ mager – und viele von ihnen stammen aus den Nähkästchen der rechten Parteien. Man fragt: Was wollen die Leute hören?

Und dann sagt man ihnen das. Während linke und grüne Randparteien mit den großen Entwürfen gar nicht in die Lage kommen, sich zu überlegen, welche öffentliche Botschaft sie über den «Tages-Anzeiger» oder das Schweizer Fernsehen vermitteln sollen. Sie sind dort nur begrenzt präsent. Und wären oft gar nicht in der Lage, ihr Anliegen so zu vorzubringen, dass es jemanden interessiert.

Aber das kann man alles lernen, das ist nicht das Problem. Dafür haben die meisten Parteien ihre Mitglieder vernachlässigt. Was tun mit denen? Zu Saalveranstaltungen kommen nur zehn Leute. Wenn Sommer ist und die Sonne scheint, kommt niemand. Man hat völlig vernachlässigt, die Kader der Partei oder die Leute mit politischen Ämtern den Bürgern auszusetzen und ihnen Rede und Antwort geben zu müssen. Die einzige Partei, die das in der Schweiz gemacht hat, ist die SVP. Das waren auch langweilige Veranstaltungen, auch nicht wahnsinnig gut besucht, aber es hat der Organisation Orientierung verpasst: Worum geht es? Welche Konflikte thematisiere ich? Das hat sich am Schluss ausgezahlt.

Ich möchte das als Individuum nicht mehr tun, aber ich denke, die linken Parteien müssen zu einer neuen Arbeitsweise kommen. Das kann nicht wie in der Vergangenheit, wie in der Zwischenkriegszeit erfolgen, aber es darf auch nicht sein, dass man nur noch über das Mediensystem mit den Menschen kommuniziert. Dieses System befindet sich ja, wie wir wissen, in der Hand weniger Konzerne, neigt in der Regel nach rechts und verteidigt den Status quo. Es ist läppisch zu glauben, man könne nur über das Mediensystem einen grundlegenden politischen Wechsel vorantreiben.

Das heisst also: wieder raus auf die Straße, hin zu den Leuten?

Mehr physischer Kontakt ist wichtig, das Mediensystem muss natürlich trotzdem professionell genutzt werden, soweit es geht. Im Moment ist die Linke in der Schweiz interessant unterwegs mit einigen Volksinitiativen, die die anderen ins Schwitzen bringen, die die Leute interessieren und die auch was mit 2008 und der Dauerkrise zu tun haben, in der wir uns befinden.

Die 1:12-Initiative?

Die 1:12-Initiative oder die Mindestlohninitiative. Seit 2008 hat Rot-Grün erfolgreicher als zuvor Agendasetting betrieben, das heisst auf die

Gestaltung der politischen Tagesordnung Einfluss genommen.

Im Lauf der letzten Jahrzehnte, so unser Eindruck, hat die Zivilgesellschaft innerhalb der staatlichen Institutionen an Einfluss gewonnen: Verbände dürfen auf nationaler wie internationaler Ebene beraten und werden zumindest gehört. Sie selber engagieren sich auf dem Gebiet der Entwicklungszusammenarbeit. Entsteht da eine neue Gegenmacht?

Ein bisschen Gegenmacht ist das schon. Das gab es früher nicht, und es hat durchaus zu Änderungen beigetragen. Das liegt daran, dass sich auf der Ebene der Regierungen manches gewandelt hat. Heute fällt es keiner Regierung ein, nicht einmal der amerikanischen, Kabinettspolitik zu betreiben, also wichtige Entscheidungen im kleinen Kreis zu besprechen und dann durchs Parlament zu jagen. Es wird systematisch mit sehr vielen gesprochen, um eine Entscheidung abzustützen, oft aber auch, um eine Entscheidung technisch sinnvoll vorzubereiten – weil man ja nicht alles Weiß. Der Privatsektor, die Wirtschaftsverbände oder die Unternehmen werden seit langem ständig einbezogen. Dass die NGOs heute dazukommen, zeigt, dass man etwas gelernt hat und Zugeständnisse macht. Die Gesellschaft ist komplexer geworden; sie besteht nicht nur aus der Privatwirtschaft und der Politik. Man muss auch ein bisschen auf diese Umweltexperten hören, auf die Entwicklungsleute, auf die Gewerkschaften. Das ist heute in Europa gang und gäbe, wenn auch von Land zu Land unterschiedlich ausgeprägt. In Deutschland ist das politische System mehr abgeschottet, in der Schweiz, bedingt durch die direkte Demokratie, sehr offen.

Und wo ist da die Gegenmacht?

Es gibt sie in Teilbereichen. Die Chance der NGOs besteht darin, dass sie nicht mit den bestehenden politischen Formationen identisch sind, sich auf einzelne wichtige Problemfelder konzentrieren und ihre Themen ohne parteipolitischen Ballast transportieren können. Viele Menschen können sich mit Umweltzielen sehr einverstanden erklären, aber sie wollen nicht unbedingt höhere Einkommenssteuern zahlen oder noch mit diesem und jenem einverstanden sein. Ich konnte das in der Anfangszeit der grünen Partei in der Schweiz beobachten. In Zürich kamen da relativ unpolitische, aber umweltbewusste Leute zusammen. Wir waren uns in umweltpolitischen Dingen sehr einig, aber die bloße Existenz der Partei zwang einen dazu, Stellung zu beziehen zu Dingen, über die wir uns noch gar nicht unterhalten hatten: Einwanderungsfragen, Flüchtlinge, Staatsfinanzen, weiß der Teufel was. Da war man sich überhaupt nicht einig, da gab es Streit. Und der Zwang, sich schließlich gegenüber allen politischen Fragen zu definieren, begrenzte mit der Zeit die Zahl der Wählerinnen und Wähler, die die Partei attraktiv finden konnten. Anders läuft's für zivilgesellschaftliche Bewegungen: Sie fokussieren auf bestimmte Themen und können breitere Bündnisse schließen.

Andererseits aber ist die Gefahr doch groß, dass die Bewegungen sich vereinnahmen lassen und zu Mitspielern werden.

Das ist möglich. Auf internationaler Ebene ist der Beizug von NGOs am beliebtesten, weil auf internationaler Ebene Entscheidungen zwischen Regierungen getroffen werden – ohne Checks and Balances, also ohne die gegenseitige Kontrolle der legislativen und exekutiven Gewalten. In der Regel haben die Parlamente nichts zu sagen, abgesehen davon, dass viele Staaten mit eher dekorativen Parlamenten dabei sind. Wenn NGOs beigezogen werden, können die Regierungen hinterher sagen, dass sie die Zivilgesellschaft in den Entscheidungsprozess einbezogen hätten und damit ihre Entscheidungen sozusagen demokratisch legitimiert seien. Wir von Alliance Sud haben schon vor zehn Jahren gesagt, dass dies kein Ersatz für Checks and Balances ist. Wir repräsentieren niemanden, nur unsere Ideen, wir wollen gerne dabei sein, sanktionieren aber die Entscheidungen nicht, weil wir ja nicht mitentschieden haben, was auch gar nicht vorgesehen ist. Hier müssten einige NGOs gegenüber ihrem Publikum klarer sagen, was Sache ist. In manchen westeuropäischen Ländern heben die Regierungen den Einbezug der NGOs stärker hervor als in der Schweiz: Hier garantiert das System von Vernehmlassungsverfahren und unzähligen Konsultationsrunden, dass Krethi und Plethi sich melden können, wenn politische Vorhaben sie betreffen.

Die Einbeziehung von NGOs auf internationaler Ebene verhilft ihnen auf nationaler Ebene also nicht zu mehr Einfluss?

Das ist unterschiedlich. Für uns gilt das nicht. Wir müssen uns den Einfluss national erarbeiten. Dass wir auf internationaler Ebene dabei sein dürfen, das spielt in der Schweiz keine Rolle. In den angelsächsischen Ländern ist das anders. Die großen internationalen NGOs sitzen in Großbritannien oder den USA. Sie haben einen stärkeren Einfluss auf die internationalen Debatten und Entscheidungen, und sie ziehen daraus ein ziemliches Prestige für zu Hause. Andererseits habe ich auch erlebt, wie vorsichtig, ja übervorsichtig Oxfam UK mit der Regierung von Tony Blair umgegangen ist, und habe mir gesagt, dass wir hier nie so sanft mit unserer Regierung umspringen würden.

Inzwischen klaffen privater Reichtum und zunehmende Armut immer weiter auseinander. Wann ist der Punkt erreicht, an dem das Wehklagen darüber in Widerstand umschlägt?

Ungleichheit ist eines der Hauptmotive der Bewegungen in Portugal, Spanien, Griechenland und Italien. Ungleichheit ist eines der großen Themen unserer Zeit, und viele Regierungen fühlen sich durchaus alarmiert. Aber im Moment kommen viele Probleme in einem großen Cocktail zusammen. In Deutschland und der Schweiz ist die Situation ein bisschen anders. In der Schweiz, das sagen jedenfalls die Statistiken, ist die Ungleichheit im Vergleich zu anderen OECD-Staaten bescheiden. Ich habe da so meine Zweifel. In diesem Land, das ja auf die Protektion von ausländischen Steuerhinterziehern spezialisiert war, gibt es genug Fachkräfte, die auch dafür sorgen können, dass große Vermögen nicht aufscheinen. In der Schweiz ist die Ungleichheit aber auch deswegen weniger groß, weil die besonderen Grausamkeiten neoliberaler Reformen bisher durch Volksabstimmungen verhindert worden sind. Zudem geht es uns und den Menschen in Deutschland im Moment wirtschaftlich noch gut. International aber ist die Ungleichheit ein Thema, auf das viele reagieren. In Mexiko zum Beispiel erhöht die Regierung die Steuern und baut damit die Sozialleistungen aus – dort haben Politikerinnen und Politiker durchaus das Gefühl, dass man mit der Bekämpfung von Ungleichheit Politik machen kann.

Woraus besteht dieser Cocktail an Problemen? Gehört dazu auch die Klimakrise? Und die Krise der Demokratie? Und denken die

Leute angesichts dieser Vielfalt nicht: Das ist doch ein viel zu großes Rad, das man da drehen müsste?

So ist die Weltlage. Wenn wir die Klimakrise nehmen: Das Staatensystem ist im Moment nicht fähig, sich auf etwas zu einigen, das die Emissionen wirksam reduzieren würde. Also geht alles so weiter. 2015 ist zwar eine Klimakonferenz vorgesehen, die ein verbindliches Abkommen hervorbringen soll. Aber vorderhand sieht es nicht danach aus, als käme eine Einigung zustande. Die öffentliche Mobilisierung im Westen ist im Moment sehr gering. Anders im Süden. Wann immer ich in Entwicklungsländer reise, stelle ich fest, wie sehr der Klimawandel dort die Menschen beschäftigt. In der tiefsten Provinz erzählen sie, dass es früher mehr Wasser gab, der Regen früher kam, die Ernte besser wurde. Dort ist die Klimakrise in der Wahrnehmung der Menschen schon angekommen – sie steht nicht erst bevor.

Dann die Wirtschaftskrise: Sie ist noch lange nicht bewältigt. Das neoliberale Regulationsregime hat die Weltwirtschaft 2008 an die Wand gefahren, ein neues gibt es noch nicht, weitere Krisen werden deshalb folgen. Das kann durchaus lähmend wirken. Im Moment befinden wir uns in einer langen Übergangsphase. Die Verantwortlichen für die Krisen, in denen wir stecken, besetzen immer noch die Schaltstellen und beherrschen den gesellschaftlichen Diskurs. Dabei wissen sie keine Lösung für die offensichtlichen wirtschaftlichen Probleme und können ihr auf Kredit gebautes Akkumulationsmodell nicht stabilisieren. Ich sehe allerdings auch die Gegenkräfte nicht, die jetzt eine Chance hätten und bestimmen könnten, welche Korrekturen anzubringen wären.

Und was wären Ihre Grundgedanken für diese Gegenkräfte?

Es gibt drei Stoßrichtungen, die international diskutiert werden. Erstens neue Handels- und Finanzverkehrsregeln, die den einzelnen Ländern mehr wirtschafts- und sozialpolitischen Spielraum verschaffen; die Anbindung der Löhne an den Produktivitätsfortschritt in den ärmeren Ländern und Arbeitszeitverkürzungen in den reichen; die Umrüstung des Finanzwesens in eine öffentliche Dienstleistung für die sogenannte Realwirtschaft. Zweitens das Ende der Abhängigkeit der Weltwirtschaft von fossilen Brennstoffen und eine ökologische Konversion der bestehenden Produktionsweise. Drittens ein internationaler Lastenausgleich zur Finanzierung der Anpassung an den Klimawandel und zur Beseitigung bitterer Armut. Wenn ich genau wüsste, wie ich das in ein zündendes politisches Programm umsetzen könnte, würde ich vielleicht nochmals in die Politik gehen.

Gibt es denn wenigstens Zentren, die mächtig und nachdenklich genug sind, um einen Wandel voranzutreiben?

Es gibt überall Ideen und Institutionen, in denen sich Leute entlang der genannten drei Stoßrichtungen engagieren. Das sind NGOs und Thinktanks in westlichen Ländern. Dazu kommen sehr viele Gruppierungen in Asien, Afrika, Lateinamerika. Aber ein Zentrum existiert nicht. An den Weltsozialforen, zu denen sich viele dieser Kräfte jeweils treffen, will niemand eine Zentrale. Die Welt ist zu unterschiedlich. Ich will mir nicht von einem Filipino sagen lassen, was ich hier in der Schweiz machen muss. Er will nicht, dass ich ihm sein Handeln in den Philippinen diktiere. In Realität kommt es allerdings noch vor, dass mächtige westliche Institutionen ihm sagen, was er machen muss. Und dann hat man aus früheren Erfahrungen gelernt, dem diktatorischen Vorgehen der kommunistischen Internationale etwa. Das sind Dinge, die heute nicht mehr gehen. Da hat es auf der linken Seite durchaus Fortschritte gegeben.

Also pluralistisch, dezentral, ohne treibende Kraft …

… mit allen Schwächen, die das beinhaltet.

… das heisst, wir müssen gar nicht nach der Lokomotive für einen Wandel suchen.

Wir müssen in jedem Land Lokomotive werden. Es ist nicht so, dass zuerst eine große internationale Kraft entstehen würde. Zu einer internationalen Kraft entwickelt sich nur, was lokal und regional verankert ist. Das war ja auch ein bisschen die Schwäche der globalisierungskritischen Bewegung: Sie war stark verankert in Lateinamerika, sie war vorhanden in Indien, sie war schwach in den westeuropäischen Staaten und den USA. Könnten sich politische Kräfte und Bewegungen entlang der genannten drei Stoßrichtungen entwickeln, hätten wir die Kraft, aus der Krise herauszukommen und ein neues sozialeres und ökologischeres Regulationsregime des Kapitalismus durchzusetzen. Meines Erachtens ist dies der einzige Weg, der ein offenes, universales und friedliches Zusammenleben auf diesem Planeten sichern könnte.

Es ist aber auch ein negatives Szenario denkbar: Anstelle einer globalisierten, durch ein imperiales US-Amerika zusammengehaltenen Welt könnten regionale Machtblöcke entstehen, die sich den Zugang zu natürlichen Ressourcen machtpolitisch sichern und den Weltmarkt in regionale Dominien aufteilen.

Regionale Machtblöcke um China oder Lateinamerika spielen schon heute eine gewichtigere weltpolitische Rolle als bisher. In Asien und anderen ehemals kolonisierten Kontinenten besteht die berechtigte und legitimierte Hoffnung, in diesem Jahrhundert 500 Jahre westlicher Vorherrschaft brechen zu können. Fragt sich nur, wie. Die Machtzentren der westlichen Länder verfolgen demgegenüber parallel zwei Strategien: Sie versuchen, die aufstrebenden Mächte in die bestehenden internationalen Institutionen und Abmachungen einzubinden und ihren Machtanspruch zu entschärfen. Gleichzeitig bereiten sie sich auf die mögliche Konfrontation vor.

Das klingt jetzt aber düster …

Im Gegenteil. Es sollte uns Ansporn sein, unsere Grundanliegen mit großem Engagement voranzutreiben.

Peter Niggli

Revolutionär, Journalist, Entwicklungsexperte

Peter Niggli (63) kann auf einen vielfältigen politischen und beruflichen Werdegang zurückblicken. Der Geschäftsleiter von Alliance Sud – der entwicklungspolitischen Lobbyorganisation der Arbeitsgemeinschaft von Swissaid, Fastenopfer, Brot für alle, Helvetas, Caritas und Heks – war im Gefolge der 1968er-Bewegung inoffizieller Chef der Revolutionären Aufbauorganisation Zürich (RAZ). 1976 kam es zum «rechtzeitigen Selbstbegräbnis der Gruppe aus offensichtlichen Gründen», wie er sagt. Es folgten eine «lange politische Abstinenz und eine intensive gedankliche Verarbeitung» der kommunistisch-sozialistischen Erfahrungen. Gleichzeitig studierte er – als Redaktor, Setzer und Drucker der Zürcher Alternativunternehmen «focus» und Ropress – die Befreiungsbewegungen in der Dritten Welt.

Von 1982 bis 1990 und Ende der neunziger Jahre arbeitete Niggli als freier

Journalist (Schwerpunkte: Entwicklungsfragen, Weltwirtschaft, Afrika), außerdem saß er von 1990 bis 1996 für die Grünen im Gemeinderat der Stadt Zürich. Anschließend war er zwei Jahre lang Präsident des Stiftungsrats von Greenpeace Schweiz. Seine Stelle bei Alliance Sud hat er seit 1998.

Zuletzt erschienen von Niggli in Buchform: «Der Streit um die Entwicklungshilfe. Mehr tun – aber das Richtige!» (Rotpunktverlag, 2008), «Nach der Globalisierung. Entwicklungshilfe im 21. Jahrhundert» (Rotpunktverlag, 2004), «Rechte Seilschaften. Wie die ‹unheimlichen Patrioten› den Zusammenbruch des Kommunismus meisterten» (zusammen mit Jürg Frischknecht, Rotpunktverlag, 1998).

Pit Wuhrer

>ZITAT ENDE<

>ZITAT ANFANG <

EU und USA

Mehr Transparenz, weniger Transatlantik

Die NSA hört Handys europäischer Politikerinnen ab. Das gefährdet das geplante Handelsabkommen zwischen der EU und den USA – zum Glück.

Von Sonja Wenger

«Das geht gar nicht», sagte die deutsche Bundeskanzlerin Angela Merkel vergangene Woche, als der Lauschangriff des US-Geheimdienstes NSA auf ihr Handy bekannt wurde. Seither droht – zumindest in den deutschen Medien – zwischen Deutschland und den USA eine «diplomatische Eiszeit», bei der harsche Worte wie «gravierender Vertrauensbruch» fallen. Die Grünen, Linke und SPD wollen einen parlamentarischen Untersuchungsausschuss beantragen, und der Generalbundesanwalt prüft derzeit gar ein Ermittlungsverfahren wegen gezielten Auskundschaftens von Staatsgeheimnissen.

Bei beiden Verfahren wäre Whistleblower Edward Snowden Hauptzeuge. Er müsste mit der Zusage für freies Geleit aus seinem Asyl in Russland eingeladen werden. Zudem könnte man ihn in ein Zeugenschutzprogramm aufnehmen. So würde die «gröblich verletzte deutsche Souveränität wiederhergestellt», schrieb die «Süddeutsche Zeitung» Anfang der Woche, und bedankte sich bei Snowden schon mal im Voraus.

Ob sie eine Einladung an Snowden befürwortet, dazu hat sich Merkel bisher nicht geäußert. Dass das mit dem Abhören unter politischen Freunden «nicht geht», hat sie allerdings schon einmal gesagt – Anfang Juli, als bekannt wurde, dass die NSA auch EU-ParlamentarierInnen abgehört hatte (siehe WOZ Nr. 27/13). Daniel Cohn-Bendit, Fraktionschef der Grünen im Europaparlament, forderte damals, dass die EU sofort die Verhandlungen über die geplanten transatlantischen Freihandels- und Investitionsabkommen (Tafta und TTIP) mit den USA stoppen müsse. Beeindruckt hatte das damals kaum jemanden: Mitte Juli fand trotz Spionageskandal die erste Verhandlungsrunde statt.

«Völkerrechtlich ächten»

Nun ist die Forderung wieder auf dem Tisch. Kaum war letzte Woche das Abhören des Handys der Kanzlerin bekannt geworden, sagten SPD-Chef Sigmar Gabriel, Martin Schulz, der Präsident des Europaparlaments, und gar die bayerische Wirtschaftsministerin Ilse Aigner (CSU), dass die Freihandelsverhandlungen mit den USA «auf Eis gelegt» werden sollten, «bis die Vorwürfe gegen die NSA geklärt» seien. Fast zeitgleich wurde bekannt, dass die NSA nicht nur Merkels Handy und die Telefone von 35 SpitzenpolitikerInnen weltweit abgehört hatte, sondern zusammen mit ihrem britischen Pendant GCHQ in Italien Unternehmen aushorchte – klassische Wirtschaftsspionage also.

Nun soll Deutschlands Bundesnachrichtendienst mit den USA ein «No-Spy-Abkommen» aushandeln, denn «Freunde» sollten sich doch nicht ausspionieren, und der Bundesverband der Deutschen Industrie (BDI) fordert gar die «völkerrechtliche Ächtung der Wirtschaftsspionage». Zumindest in diesem Punkt darf man dem US-Geheimdienstdirektor James Clapper allerdings zustimmen, der die Kritik an den Abhöraktionen «scheinheilig» nannte und sagte, dass es sich hierbei um eine «international übliche» Praxis handle.

Immerhin hat die Affäre um Merkels Handy etwas Gutes bewirkt: Der Fokus liegt nun wieder stärker auf dem Freihandelsabkommen. Denn wenn es nach dem Willen der USA geht, soll mit Tafta und TTIP beinahe alles preisgegeben werden, was in Europa in den letzten Jahrzehnten an

Beschäftigten-, KonsumentInnen- und Umweltschutz aufgebaut worden ist. Die Verhandlungen selbst finden im Geheimen statt, obwohl bei einer Annahme die nationale Gesetzgebung vieler Staaten stark betroffen wäre, sei es etwa bei verfassungsrechtlichen Rahmenbedingungen von Lebensmittelgesetzen, Industrie-, Umwelt-, Finanzdienstleistungsstandards oder bei Wettbewerbsfragen.

Schöngerechnet und totgeredet

So warnte der Freihandelsexperte Christoph Scherrer vom International Center for Development and Decent Work an der Universität Kassel, dass die USA in erster Linie nach allen Seiten die Handelsbarrieren senken wollen. Erfahrungen mit anderen Freihandelsabkommen der USA zeigten, dass die stets versprochenen positiven Effekte etwa für den Arbeitsmarkt meist ausbleiben würden. Generell würden von einem Abkommen vor allem «Grosskonzerne auf beiden Seiten des Atlantiks» profitieren. Ein Positionspapier von 22 deutschen nichtstaatlichen Organisationen wie Weed, Save our Seeds oder Attac argumentiert in dieselbe Richtung.

Diese Kritik soll im moralischen Aufschrei um mehr Abhörsicherheit und Ethik im Spionagewesen wohl untergehen. Das zeigt sich zumindest an der Reaktion der deutschen Wirtschaftselite: Kaum war ausgesprochen, dass die Tafta-/TTIP-Verhandlungen unterbrochen werden sollen, forderte BDI-Präsident Ulrich Grillo von der Politik, «weitere Angriffe auf den Innovationsstandort Deutschland zu verhindern», und warnte davor, das Freihandelsabkommen zu gefährden. Ein Widerspruch in sich. Und das, das geht doch eigentlich gar nicht.

Wirtschaftsdemokratie wagen

Demokratische Politik und die bestehenden politischen Institutionen verlieren zusehends an Gewicht. Und internationale Finanzmärkte werden zum Taktgeber gesellschaftlicher Entwicklungen. Deshalb braucht es eine Demokratisierung der Wirtschaft. Diese setzt dort an, wo sich zu viel Macht ballt.

Wie und welche Fragen gestellt werden, ist wichtig. Fragen können einiges aussagen über die Zeit, in der man lebt, über vorherrschende Ideologien,

Dogmen, Glaubenssätze. Insbesondere wenn es um Politik und Wirtschaft, wenn es um Fragen der gesellschaftlichen Machtverhältnisse geht. Als ich angefragt wurde, einen Beitrag für den «Schweizer Monat» zu verfassen, und das publizistische Konzept für diese Ausgabe durchlas, wurde mir das wieder einmal bewusst. «Nimmt die helvetische Wirtschaft Schaden an der (direkten) Demokratie?», lautete die Frage, die auf das Verhältnis von Wirtschaft und Politik abzielte. Die Frage führt tatsächlich zu einem der zentralen Probleme unserer Zeit: dem Vorrang der Ökonomie und des Marktes gegenüber allem anderen. «Nimmt die helvetische Wirtschaft Schaden an der (direkten) Demokratie?» erinnert sehr stark an die Forderung einer «marktgerechten Demokratie», wie sie unter anderem von der deutschen Bundeskanzlerin Angela Merkel aufgestellt worden ist. Es kommt darin eine klare Hierarchie zum Ausdruck: Zuerst der Markt, dann die Demokratie – sofern sie sich mit den vom Markt geschaffenen, vermeintlich alternativlosen Fakten arrangiert.

Diese Sichtweise schlägt sich seit Jahren ganz konkret in unserer gesellschaftlichen Realität nieder und sie geht mit riesigen sozialen und ökologischen Folgekosten einher. Das liegt nicht einfach daran, dass man «der Wirtschaft» einen hohen Stellenwert zuschreibt. Wirtschaft ist seit jeher ein zentraler und produktiver Bestandteil des menschlichen Lebens und dessen Entwicklung – im Guten wie im Schlechten. Das Problem ist also nicht «die Wirtschaft» an sich, sondern das bis heute dominante Verständnis von Wirtschaft und Wirtschaftspolitik. Dafür bedarf es zunächst eines Blickes auf die neoklassische Wirtschaftstheorie. Sie sieht den Menschen als Homo oeconomicus, sie glaubt an die unsichtbare Hand des Marktes und daran, dass Märkte quasi natürlich zu einem Gleichgewicht zwischen Angebot und Nachfrage streben. Mit einer solchen für Machtverhältnisse weitgehend blinden Betrachtungsweise wird man der sozialen Realität nicht gerecht. Eben weil sie auf unvollständigen Grundannahmen basiert, ändern daran auch die höchst komplexen mathematischen Modelle nichts, die das Verhalten von Menschen als reine Marktteilnehmer voraussagen wollen. Die Karriere der neoklassischen Weltsicht ist aber auf jeden Fall erstaunlich. Beinahe unbemerkt besetzte sie unsere Vorstellungen davon, was Wirtschaft ist. Und lange Zeit regte sich kein wirklicher Widerstand. Erst langsam beginnt eine breitere Öffentlichkeit, sie zu hinterfragen und kritische Fragen zu stellen. Und Studierende wehren sich an den wirtschaftswissenschaftlichen Fakultäten der Universitäten gegen die Dominanz der neoklassischen Wirtschaftstheorie, jüngst etwa in Zürich. Das ist ein Anfang und für die weitere Entwicklung unserer Gesellschaft wichtig.

Damit es überhaupt so weit gekommen ist, brauchte es aber eine globale Finanzkrise. Und es brauchte den Neoliberalismus als langjährige Heilslehre. **Dieses politische Projekt besteht seit den 1970/80er Jahren darin, alles den Interessen der transnationalen Großunternehmen unterzuordnen und eine massive Umverteilung von unten nach oben vorzunehmen – und das dann auch noch als ökonomisch sinnvoll anzupreisen.** Damit hat man bis heute «Erfolg». Dieser Erfolg war nur deshalb möglich, weil Markt, Wettbewerb und Profitmaximierung weit über den eigentlichen Wirtschaftsbereich hinaus als Dogmen unangefochten waren. Erst mit der Finanzkrise erhielt dieses ideologische Gebilde Risse. Und erst dadurch gerieten auch die problematischen Grundannahmen der zugrundeliegenden neoklassischen Theorie in den Blick.

Zunächst soll hier einmal verdeutlicht werden, weshalb es meiner Meinung nach überhaupt eines grundlegenden gesellschaftlichen Wandels bedarf. Was läuft schief?

Ohne Anspruch auf Vollständigkeit zu erheben, möchte ich einige Phänomene auflisten, die auf eine tiefe Dysfunktionalität des herrschenden Wirtschaftssystems und der damit verbundenen Beziehung zwischen der real existierenden Marktwirtschaft und der Demokratie hinweisen. Von zentraler Bedeutung scheint mir dabei die weltweite Zunahme der sozialen Ungleichheit zu sein. Es gibt heute eine skandalöse Gleichzeitigkeit von noch nie dagewesenem Reichtum einerseits und Armut, sei sie relativ oder absolut, andererseits.

In der Schweiz gelten gemäß Angaben des Bundes rund 120000 Menschen als Working Poor, d.h. sie schaffen es trotz einer bezahlten Vollzeitarbeit nicht über die Armutsgrenze. In vielen Branchen sehen sich die Arbeitnehmenden zunehmend mit prekären Arbeitsbedingungen, Konkurrenz- und Lohndruck, verstärkter Kontrolle und Angst vor Arbeitsverlust konfrontiert. Dadurch, dass Produktivitätsgewinne seit Jahren nicht mehr angemessen in Form von Lohnerhöhungen weitergegeben werden, verliert insbesondere auch der Mittelstand. Und wer heute IV- oder Sozialhilfe bezieht, sieht sich nicht nur mit einer Kürzungsrunde nach der anderen konfrontiert, er wird auch immer öfter pauschal verdächtigt, ein fauler und potenziell krimineller «Sozialschmarotzer» zu sein. Gleichzeitig explodieren Unternehmensgewinne und die Vermögen der bereits Vermögenden.

In Europa wurde die Finanz- und Wirtschaftskrise ab 2008 sukzessive und erfolgreich in eine Staatsschuldenkrise umgedeutet. Von dieser Analyse ausgehend wird Ländern wie Griechenland, Portugal oder Spanien – in den meisten Fällen ohne eine demokratische Legitimation, die diesen Namen verdient hätte – eine Austeritätspolitik aufgezwungen, die Millionen von Menschen ihrer Lebensperspektiven beraubt.

Im globalen Süden spitzt sich die Hungerkrise nicht zuletzt aufgrund der Spekulation mit Nahrungsmitteln und der Produktion von Agrartreibstoffen weiter zu. Der politische Philosoph Thomas Pogge zeigt in seiner Arbeit auf, dass der von den reichen Staaten über globale Institutionen wie den IWF oder die WTO durchgesetzte Regulierungsrahmen maßgeblich dazu beiträgt, dass Jahr für Jahr Millionen von Menschen armutsbedingt sterben. Wer über Exportkredite, Rohstoffhandel, Importquoten, Anti-Dumping-Zölle oder Subventionen entscheidet, so Pogge, der entscheidet über Leben und Tod. Die Lebensweise und das Handeln der Wohlhabenden stehen so, ob man das will oder nicht, in einem direkten Zusammenhang mit der extremen Weltarmut. Es geht dabei allerdings nicht vorrangig um das amoralische Verhalten des einzelnen, sondern um die herrschende Wirtschafts- und Weltordnung, die zugunsten kleiner Vorteile für die bereits Privilegierten die schwere Schädigung unschuldiger Menschen in Kauf nimmt.

Gleiches gilt letztlich auch in Bezug auf die sich rasch verschärfende ökologische Krise, wobei der durch Treibhausgase befeuerte Klimawandel die wohl bekannteste und folgenreichste Ausprägung dieser Krise ist. Auch hier verteidigen wir als lebende Generation unseren materiellen Wohlstand ziemlich skrupellos und sind daran, die Lebensgrundlage künftiger

Generationen zu zerstören. Nachhaltigkeit ist zwar in vieler Munde, sobald Nachhaltigkeit aber bedeutet, im Interesse der intergenerationellen Solidarität einen Schritt aus der eigenen Komfortzone tun zu müssen, wird die Sache kompliziert.

Keine Rückkehr zum Status quo ante

Analysiert man diese hier nur kurz angedeuteten Probleme, stößt man immer wieder auf das Spannungsfeld zwischen Wirtschaft und Politik respektive Markt und Demokratie. Angesichts globalisierter Wirtschaftskreisläufe und überaus mächtiger Global Players verlieren die demokratische Politik und die bestehenden politischen Institutionen zusehends an Gewicht. Wenn Märkte, und insbesondere die internationalen Finanzmärkte, zum Taktgeber der gesellschaftlichen Entwicklung werden, kann die Politik theoretisch zwar immer noch aktiv werden, es ist aber zumeist eine autoritär-technokratische Politik, die wenig mit den demokratischen Idealen der Partizipation und Selbstbestimmung zu tun hat. Willkommen in der «Postdemokratie»! Man kann aber sogar noch einen Schritt weiter gehen und diesen neuen Politikstil ganz nüchtern als durchaus zeitgemäß und funktional bezeichnen. Der Politologe Ingolfur Blühdorn beschreibt in seinem aktuellen Buch zur «Simulativen Demokratie» Bürgerinnen und Bürger, die aus der «selbstverschuldeten Selbstüberforderung» ausziehen und sich mehr und mehr aufs Dasein als Konsumentinnen und Konsumenten beschränken. Sie verlassen sich ganz bewusst lieber auf politische Eliten und deren professionelle Problemlöser statt auf die kontinuierlich neu auszuhandelnde Vernunft des Souveräns. Das scheint mir eine äußerst alarmierende Analyse, auch wenn ich der Meinung (und Hoffnung) bin, dass Blühdorn die Wirkmächtigkeit der demokratischen Werte unterschätzt.

Worin gründen nun aber die beschriebenen Krisen? Ist es eine einseitige Wirtschaftstheorie und die daraus resultierende Funktionsweise von Wirtschaft? Ist es eine Wirtschaftspolitik, die sich um die Gesellschaft und das Gemeinwohl foutiert? Ist es ein aus dem Gleichgewicht geratenes Verhältnis zwischen Politik und Wirtschaft, oder eben: zwischen Demokratie und Markt? All diese Fragen weisen auf wesentliche Aspekte des Problems hin. Die Jahre nach dem Zweiten Weltkrieg, die von vielen auch als «goldenes Zeitalter» der Sozialdemokratie bezeichnet werden, scheinen mir in vielerlei Hinsicht tatsächlich vernünftiger gewesen zu sein. Der Konflikt zwischen Kapital und Arbeit konnte durch verschiedene insbesondere auch nationalstaatliche Regulierungen gebändigt und in soziale Fortschritte für die große Mehrheit der Bevölkerung umgemünzt werden – Stichwort AHV. Aber auch die goldenen Jahre waren natürlich nicht nur golden. Globale Ungleichheiten und Ungerechtigkeiten wurden nicht beseitigt, wirkliche demokratische Teilhabe blieb ein Ideal, und die Natur litt unter rücksichtslosem menschlichem Handeln. Ein Zurück zum Status quo ante ist für mich auch deshalb keine Lösung.

Eine progressive Sozialdemokratie braucht neue Antworten. Antworten, die sowohl über den Nationalstaat als auch über die traditionellen Formen der Demokratie hinausreichen. Um diese zu entwickeln, müssen wir aber noch einmal Ursachenforschung betreiben. In Anlehnung an Autoren wie Elmar Altvater, Ulrich Brand oder Alex Demirovic möchte ich hier die These vertreten, dass wir es heute mit einer multiplen Krise zu tun haben. Die gemeinsame Ursache der beschriebenen Krisen ist demnach die fossilistisch-kapitalistische und vor allem auch finanzmarktgetriebene Produktions- und Lebensweise. Darum geht es. Zugegeben, das ist starker Tobak. Aber es ist eine These, die es wert ist, diskutiert zu werden. Wird ihr zugestimmt, bedeutet es nicht zuletzt auch, dass eine fortschrittliche Sozialdemokratie nicht darum herum kommt, sich zum Kern der kapitalistischen Wirtschafts- und Gesellschaftsordnung vorzuwagen. Mit ein bisschen mehr Gleichgewicht ist es nicht getan.

Demokratie – bis heute ein «uneingelöstes Versprechen»

Was ich diagnostiziere, ist ein Mangel an Demokratie. Und ein sehr oft mangelhaftes bzw. reduktionistisches Verständnis derselben. Demokratie sehe ich als eine Lebens- und Gesellschaftsform, die von Entscheidungen Betroffene zur Teilhabe ermächtigt und zum Ziel hat, für alle Menschen ein selbstbestimmtes Leben zu ermöglichen. In diesem Sinne beschränkt sich das demokratische Ideal nicht auf die bestehenden politischen und staatlichen Institutionen und Prozesse, sondern ist insbesondere auch auf die Wirtschaft anzuwenden. Denn es ist die Wirtschaft, die einen äußerst prägenden Einfluss auf das Leben der Menschen ausübt. Dass Demokratie in der Wirtschaft nichts zu suchen hat, ist ein weiteres Dogma, das wir unbedingt kritisch hinterfragen sollten. Der Zürcher Philosoph Urs Marti sieht Demokratie als ein «uneingelöstes Versprechen», solange sie sich nicht auch auf den Bereich der Wirtschaft erstreckt. Und für den Sozialphilosophen Oskar Negt ist die Demokratisierung der Wirtschaft sogar die einzige Möglichkeit, die Demokratie am Leben zu erhalten.

Ich könnte mich für die weitere Argumentation auf Karl Marx, August Bebel, Rosa Luxemburg oder andere historische Figuren der Linken abstützen. Sie haben in diesem Zusammenhang vieles zu sagen, das bis heute Gültigkeit hat. Ich kann mich aber auch auf den liberalen Philosophen Robert A. Dahl beziehen. Er postuliert, dass Demokratie, wenn sie als Regierungsprinzip für Staaten gerechtfertigt sei, in ihrer Anwendung auch auf Unternehmen legitimiert sei. Und es folgt daraus: Wer Demokratie als Führungsprinzip für Unternehmen nicht anerkenne, müsste ihr auch die Rechtfertigung als staatliches Regierungsprinzip absprechen. Dahl legt dar, dass sich aus dem individuellen Recht auf Privateigentum kein Recht auf privaten Besitz an Konzernen herleiten lasse, die durch demokratische Entscheidungen nicht beschränkt werden dürften. Großunternehmen als uneingeschränktes Privateigentum zu betrachten, ist deshalb eine etwas verquere Sicht. Großunternehmen sind längst Institutionen geworden, die in einer ständigen Wechselwirkung mit der Gesellschaft stehen. Da kann es doch nicht sein, dass eine Handvoll Manager und Verwaltungsräte in entrückten Konzernzentralen nach Maßgabe der Profitmaximierung Entscheidungen treffen, die das Leben von Tausenden, ja oftmals von Hunderttausenden oder sogar Millionen von Menschen maßgeblich beeinflussen. Es gibt bekanntlich nicht nur Shareholder, sondern auch unzählige Stakeholder.

Eine Studie der ETH Zürich aus dem Jahr 2011 zeigte, dass eine Gruppe von 147 Finanzkonzernen praktisch die gesamte Weltwirtschaft kontrolliert. Nicht zuletzt Anhänger einer liberalen Marktwirtschaft müssten bei diesem Befund aufschrecken und alle Hebel in Bewegung setzen, um diese undemokratische und äußerst gefährliche Machtballung zu bekämpfen. Wenn ich die sogenannt Liberalen im Parlament verfolge, sehe ich nicht, dass ihnen dies ein Anliegen wäre. Im Gegenteil. Markt- und Machtkartelle werden weiter geschützt und gefördert.

Mehr Demokratie wagen heisst, wirtschaftliche Macht zu dezentralisieren. Wir brauchen heute eine Debatte über Formen der Vergesellschaftung (nicht der Verstaatlichung!) von dominanten Unternehmen. Es braucht praktikable Regeln und Mechanismen, um die relevanten Stakeholder an der Entscheidungsfindung zu beteiligen. Das sind natürlich Arbeitnehmende und Konsumentinnen und Konsumenten, aber auch von Entscheidungen betroffene Anrainer oder Lieferanten. Kooperation statt Konkurrenz lautet die zeitgemäße Devise. Wie genau das auszusehen hat, muss öffentlich diskutiert werden. Man braucht nicht bei null zu beginnen, es gibt Erfahrungen und Ideen. Beispielsweise die Betriebsräte in Deutschland und Österreich oder die Vorschläge von Ota Šik und Rudolf Meidner zu Mitarbeitergesellschaft en und Arbeitnehmerfonds, die als Ansatzpunkte taugen und vorbehaltlos weiterentwickelt werden sollten. Ich bin fest davon überzeugt, dass eine solche Demokratisierung von Wirtschaft und Gesellschaft zu nachhaltigeren Lösungen als jenen von heute führt – und zwar in ökonomischer, sozialer und ökologischer Hinsicht.

«Utopischer Überschuss» und Realpolitik

Was heute gesucht wird, sind neue Wege, die einen Ausweg aus der multiplen Krise sein können. Der Politikwissenschaftler und Chefredaktor der «Frankfurter Hefte», Thomas Meyer, schrieb anlässlich des 150-Jahr-Jubiläums der SPD: «Die neue Antwort muss ehrgeizig sein und über die heute und morgen erreichbaren Ziele hinausschießen, nicht als Utopismus des bloßen Wünschens, sondern als eine realistische Utopie mit konkreten Begründungen der Machbarkeit.» Ich bin der Meinung, dass das Konzept der Wirtschaftsdemokratie eine solche Antwort für eine zukunftsfähige Sozialdemokratie sein kann, weil in ihr der notwendige «utopische Überschuss» mit der ebenso notwendigen Realpolitik verbunden ist. Die Frage nach der Demokratisierung von (Gross-)Unternehmen ist dabei nur ein wenngleich auch wichtiger Aspekt. In der aktuellen politischen Debatte in der Schweiz aber steht anderes im Vordergrund.

Mehr Wirtschaftsdemokratie heisst weniger soziale Ungleichheit.

Chancengleichheit wird immer wieder als liberale Kernforderung betont. Wie soll diese aber ernsthaft realisiert werden, wenn sich die Schere zwischen Reich und Arm und damit zwischen Macht und Ohnmacht immer weiter öffnet? Die Behauptung, dass Innovation und Kreativität aus Ungleichheit und Prekarität erwachsen, ist eine ziemlich zynische Ideologie. Vielmehr sind es ein Netz der sozialen Sicherung und ein gewisses Maß an Planbarkeit, die das Ausnutzen menschlicher Potentiale erleichtern.

Davon profitieren etwa die Kinder vermögender Eltern massiv. Auf eine Reduktion der sozialen Ungleichheit zielen die 1:12-Initiative, die Mindestlohn-Initiative oder die Erbschaftssteuer-Initiative ab, über die die Bevölkerung in den nächsten Monaten abstimmen wird. Jede einzelne dieser Abstimmungen ist ein wichtiger Schritt hin zu mehr Gerechtigkeit und zu tatsächlicher Chancengleichheit. Und es geht dabei natürlich auch um die Frage, wie wir das gesellschaftliche Zusammenleben in der Schweiz zukünftig organisieren wollen. Sollen vor dem Hintergrund der Entwicklungen und Krisen der letzten Jahre tatsächlich weiterhin in erster Linie der Markt bzw. die dahinterstehenden Interessen von Großunternehmen und einer kleinen, aber mächtigen Elite von Superreichen entscheiden, oder sollen wir nicht viel eher auf das Primat einer demokratischen Politik setzen?

Wirtschaftsdemokratie ist ein pluralistisches Projekt, das sich zu institutioneller Heterogenität bekennt. Und sie ist kein Endzustand, sondern ein steter Reformprozess, wobei Errungenschaften fortwährend verteidigt und neu erkämpft werden müssen. Wirtschaftsdemokratie verzichtet keineswegs auf die effizienzsteigernde Leistung des Marktprinzips, sondern bettet Märkte unter neuen Bedingungen in die Gesellschaft ein. Wirtschaftsdemokratie heisst heute zunächst, die Finanzmärkte unter demokratische Kontrolle zu bringen. Elemente einer solchen Demokratisierung sind Finanztransaktionssteuern oder eine staatliche Zulassungsstelle, die vor der Markteinführung eines neuen «Finanzproduktes» prüft, ob es tatsächlich gesellschaftlichen Nutzen bringt und seine Risiken, im Unterschied zu Credit Default Swaps (CDS) und ähnlichem, leicht beherrschbar sind. Auch die Forderungen nach einem Trennbankensystem und deutlich erhöhten Mindesteigenkapitalanforderungen gehören in diese Kategorie.

Die Frage nach dem «guten Leben»

Die Wirtschaftspolitik der letzten 30 Jahre brachte dem Gros der Menschen in den wohlhabenden Ländern ein Mehr an Instabilität, Unsicherheit und Konkurrenz, «belohnte» sie aber dafür mit wachsendem Konsum. Wirtschaftsdemokratie heisst, diesen Trend umzudrehen. Wohlstandsgewinne in Form von Partizipation, selbstbestimmter Stabilität und Sicherheit dienen als Ausgleich für Veränderungen und notwendige partielle Rückgänge im materiellen Bereich. Man berührt damit wesentlich auch die Frage nach dem «guten Leben».

Und – darauf hinzuweisen ist mir zum Schluss ein großes Anliegen – Wirtschaftsdemokratie, davon bin ich überzeugt, ist ein im ursprünglichen Sinne liberales Projekt und müsste deshalb im liberalen Lager zumindest auf Interesse stoßen. Die Idee der Wirtschaftsdemokratie nimmt Freiheit, Vernunft, Eigenverantwortung des Menschen ernst und setzt deshalb auf die Ermächtigung, die Mitbestimmung von Betroffenen bei der Gestaltung ihrer Lebenswelt. Und das tägliche Arbeitsumfeld ist zweifellos ein gewichtiger Teil der Lebenswelt eines jeden einzelnen. Wenn wir allerdings das Ziel einer sozialen und ökologischen Transformation von Wirtschaft und Gesellschaft anstreben, reichen individuelles und zivilgesellschaftliches Engagement ebenso wenig aus wie marktbasierte Investitionen oder freiwillige Zuwendungen von Mäzenen. Wir brauchen vielfältige Handlungsspielräume und gesellschaftliche Lernprozesse, die ohne gezielten staatlichen Support langfristig nicht die nötige gesamtgesellschaftliche Wirkung entfalten können. Solche Prozesse demokratisch zu gestalten und zu begleiten hieße bereits, Wirtschaftsdemokratie zu leben.

Wie viel Entpolitisierung erträgt die Demokratie?

Der deutsche Boulevard der öffentlichen Erregung rotiert weiter, als wäre das Wahlergebnis 2013 eines wie jedes andere. «Bild und Glotze», in der Formel von Ex-Kanzler Gerhard Schröder, jagen unverdrossen dem neuesten Gerücht nach, ob Angela Merkel mit Rot oder Grün koaliert und wer was wird. Welche drängenden Themen jede neue Regierung anpacken muss und wie, interessiert den Boulevard vor und nach der Wahl nicht. Deshalb rückt die Bild-Zeitung auch Portraits jener 13 Politiker ins Blatt, die nicht am

Verhandlungstisch sitzen dürfen. «Bild und Glotze» reduzieren Politik weiter auf Banalitäten und bespielen die Klaviatur von Hass, Missgunst, Neid und Schadenfreude. Doch weder Journalisten noch Politiker oder Manager stehen gegen einen Medienbetrieb auf, der weder Maß noch Ziel kennt.

Merkels Ergebnis einer fast absoluten Mehrheit hielten Journalisten, Meinungsforscher und Politik-Wissenschaftler vor der Wahl für völlig ausgeschlossen. Weshalb sollte diesen Propheten jemand glauben, wenn sie nach der Wahl die bisherige Politik zu EURO und EU, deutscher Infrastruktur, Energie, Gesundheit, Bildung und Föderalismus weiter als alternativlos hinstellen. Ralf Dahrendorf fand das institutionelle Europa nur gerechtfertigt, wenn es der liberalen Ordnung dient. Jedes Mal wenn Merkel oder Schäuble aus Brüssel zurückkehren, haben sie wieder ein Stück liberale Ordnung dem bürokratischen Zentralismus geopfert. Und in Berlin wartet niemand auf sie, der gegen die Vergesellschaftung der Schulden und die Entmündigung von Parlament und Volk das Wort erhebt. Noch nicht: Denn ins Europa-Parlament zieht 2014 die Alternative für Deutschland (AfD) ein und damit auch in die deutsche Politik. Mal haben die deutschen Medien die AfD seit ihrer Gründung vor einem halben Jahr totgeschwiegen, mal als Rechtsaußen abgestempelt, trotzdem brachte es der Neuling auf fast fünf Prozent. Machen die Medien so weiter, kommt die AfD mit zweistelligem Prozentsatz ins Europa-Parlament. Sollte sie an internen Querelen scheitern, wird sich die EURO-Skepsis eine andere Stimme suchen.

Der deutschen All-Parteien-Front für die EURO-Rettung und für immer mehr EU droht Opposition von zwei Seiten – konventionell gesprochen: von links und rechts. Da sind auf der einen Seite jene, die bis weit hinein in Union und SPD ans nationale Motiv appellieren, sie wollen nicht noch mehr Geld nach Griechenland und wer Werweißwohin zahlen. Und es gibt die anderen, die sagen: «Nicht wir haben die Griechen und Iren gerettet, sondern die Griechen und Iren haben unsere Banken gerettet». Letzteres ist nachzulesen im Buch der Ökonomen Marc Friedrich und Matthias Weik «Der größte Raubzug der Geschichte», in dem sie ein schwarzes Szenario der Abkehr vom Zentralismus malen: «Leider wird erst ein katastrophales Ereignis mit viel Elend und Leid den notwendigen Wandel erzwingen.

So etwas wie ein finanzielles Fukushima oder ein Bürgerkrieg.» Das sind Töne, die Politiker in Europa in ihrem täglichen Hamsterrad noch gar nicht vernommen haben, oder andernfalls, als abwegig abtun. Die tiefe Ruhe in vielen europäischen Gesellschaften erinnert mich immer mal wieder ans Biedermeier des Vormärz.

Weil die deutsche FDP an keiner Stelle eine Alternative anbot, ist sie nicht mehr im Bundestag. Alle anderen Erklärungsversuche sind vordergründig und oberflächlich. Es ist kein Zufall, dass eine Woche nach der deutschen Wahl in der österreichischen die NEOS-Partei den Sprung in den Nationalrat schaffte, die das Attribut liberal mehr verdient als die deutsche FDP. Das Wahl-Potential der Idee der Freiheit ist größer als in den europäischen Parlamenten sichtbar, das gilt in meinen Augen auch für die Schweiz, wo die FDP-Anteile bei den diesjährigen Kantonal-Wahlen abnahmen.

Die Verwandtschaft von Merkel und dem Papst

Der genauere Blick auf Europas Demokratien zeigt, dass nicht nur die Idee des Liberalismus, sondern auch die des Sozialismus in einer Identitätskrise stecken, nicht nur parteipolitisch. Die Konservativen haben keine grundlegenden Identitäts-Probleme. Der konservative Lösungsweg ist schon seiner Natur nach pragmatisch. Weil der Konservativismus keine politische Idee ist wie Liberalismus und Sozialismus, hat und braucht er auch keinen festen Kanon von Werten, sondern nur von Bewährtem. Was zum Bewahrenswerten gehört, ändert sich von Zeit zu Zeit, früher eher langsam, inzwischen manchmal überraschend schnell, ohne dass Konservative deshalb ihr Glaubensbekenntnis wechseln müssten.

In der Katholischen Kirche zeigt uns der neue Papst gerade, wie das geht. Was lange als ganz und gar inakzeptabel galt, darüber denkt Franziskus immer mal wieder öffentlich laut nach, bis Klerus und Kirchenvolk sich daran gewöhnen und die Sache zu tolerieren anfangen. Selbst den Verzicht auf den Zölibat halten Kenner des Kirchen-Geschehens inzwischen für eine realistische Perspektive. Der Vorteil der Katholischen Kirche ist, dass dieser Prozess Jahrzehnte und mehr Zeit hat. Aber stattfinden wird die Umdeutung alter Dogmen eines Tages auf überraschende Art und Weise.

In der gleichen Manier instrumentalisierte Angela Merkel Fukushima, um vermeintlich betonierte Positionen der CDU zur Atomenergie über Nacht aus den Fundamenten zu heben. Die nahezu heilige Wehrpflicht wich auf einmal der Berufsarmee. Doch das stürzte CDU und CSU nicht einen Tag in eine Identitätskrise. Zum Vergleich: Von der Agenda 2010, die Gerhard Schröder der Berliner Republik verordnete, hat sich die deutsche Sozialdemokratie bis heute nicht erholt. Die Agenda 2010 löste den Übertritt ihrer schärfsten Gegner von der SPD zur ostdeutschen PDS aus und machte Die Linke als gesamtdeutsche Partei überhaupt erst möglich. Die geistige Anleihe der Agenda 2010 stammt von Tony Blairs New Labour. Auf der Insel ist New Labour mittlerweile wieder nach links gerückt. Wie die SPD diese Rolle rückwärts schafft, Weiß bei ihr niemand. Aber erst die Überwindung dieses Traumas kann den Weg der Masse der Wähler der Linken zur SPD freimachen.

Merkel durfte das Ruder herumreißen, weil ihre Leute außer Ruhe, Sicherheit und Wohlstand keine Ansprüche stellen. Ihre persönliche Ausstrahlung erleichtert das zusätzlich: Mutti macht's schon. Die SPD aber muss soziale Gerechtigkeit liefern, ein Werte-geladenes Ziel, das nie erreicht wurde oder werden kann, wie der kommunistische Großversuch an Millionen lebender Menschen schmerzlich zeigte. Die Grünen müssen nur so auftreten, dass sie das Lebensgefühl ihrer Klientel bedienen, ansonsten dürfen sie so pragmatisch sein wie die CDU.

Parteien, die sich auf Liberalismus und Sozialismus berufen, werden am Grad gemessen, mit dem sie ihren unveränderlichen Prinzipien entsprechen. Konservative misst das Volk nach dem bekannten Wort Helmut Kohls an dem, «was hinten rauskommt». In welcher Reinkultur das möglich ist, zeigen die bayrischen Christsozialen, die wieder alleine regieren. Die CSU ist mehr eine Staatspartei als eine im Wettbewerb mit anderen. Die dortige SPD nimmt sich aus wie die - von Ludwig Thoma so wunderbar beschriebene - loyale Opposition seiner Majestät, des seligen König Ludwig.

Deutschland hat in Wahrheit gar nicht zwischen Koalitionen gewählt, sondern zwischen Merkels Land, dem es besser geht als vielen anderen, und dem Land, das SPD, Grüne und Linke als eines malen, in dem wenig in Ordnung und gar nichts gerecht ist. Die Linke traf die Stimmung ihrer Klientel voll und ganz. Die SPD, die alle wesentlichen Entscheidungen der Regierung Merkel mittrug, schöpfte wie 2009 nicht einmal ihre Stammwählerschaft aus. Die Grünen verloren in ihrem bürgerlichen Milieu nachhaltig an Sympathien, weil die Besserverdienenden nicht dauernd ein schlechtes Gewissen haben wollen.

Ist das westliche Demokratie-Modell überholt?

Nach der Implosion des Sowjetkommunismus ist zwar das Ende der Geschichte nicht gekommen, das Francis Fukuyama so trivial nie beschrieben hat, wie es verstanden wurde. Aber die real existierende Welt der westlichen Demokratien hat keinen Raum mehr für den Krieg der Gross-Ideologien von Liberalismus und Sozialismus. Wer immer sich um Sitze in Parlamenten bewirbt, wo immer die Medien Parteien nach der alten Gesäß-Geographie einordnen oder die Parteien sich selbst, alle stehen auf dem Boden von Demokratie, Rechtsstaat und Marktwirtschaft. Wie die Parteien diese drei Fundamente im Detail definieren, unterscheidet sich bei kühler Diagnose, sobald sich der Pulverdampf von Wahl-Schlachten verzieht, graduell und nicht prinzipiell. Würden die Konkurrenten das öffentlich eingestehen, hörten ihnen auch wieder mehr Menschen zu. Vor allem könnte ein interessanter Wettstreit ausgetragen werden statt der Spiegelgefechte, die außerhalb der schrumpfenden Gefolgschaften niemanden mehr ansprechen. Wer in der konkreten Situation die besseren Konzepte und die besseren Köpfe anzubieten hat, um anstehende Probleme rechtzeitig anzupacken und zu lösen, dem würden die Menschen wieder lauschen.

In Europa wenig beachtet, bot das Institut für Neues Ökonomisches Denken von George Soros im April auf seiner Jahrestagung in Hongkong mehreren Nobelpreisträgern die Bühne, um ihre Zweifel an der Zukunftstauglichkeit der Demokratie vorzutragen. Kein geringerer als Daniel A. Bell sagte dort, das westliche Demokratie-Modell «one man one vote» sei nicht länger der beste Weg, ein politisches System zu organisieren. Besser wäre die Auswahl der Führungselite nach Intellekt und Moral. Das mache die Kommunistische Partei Chinas (KPC) nicht perfekt, aber ansatzweise gut.

Nobelpreisträger Michael Spence trat Bell zur Seite. Erfolgreiches Wirtschafts-Wachstum gelinge in Ländern mit wohlwollend autoritären Systemen, weil der Zeithorizont von Demokratien zu kurz sei. Nobelpreis-Kollege James Heckman, von der Universität her ein «Chicago-Boy», fügte Ernüchterndes zum Kapitalismus hinzu: Ein Gutteil des chinesischen Wirtschafts-Erfolges rührt für Heckman daher, dass die chinesische Führung sich an keiner ökonomischen Theorie orientierte sondern einfach nach Gefühl operierte. Solcher Pragmatismus wird Angela Merkel gefallen, wenn sie davon hört. Alle drei Nobelpreisträger erinnern mich an Dahrendorf, der schon 1995 meinte, die autoritären, polizeistaatlichen politischen Ordnungen von Singapur und Malaysia könnten für den Westen attraktiv werden.

Daniel A. Bell gab seine provokative These in Hongkong nicht das erste Mal zum Besten. Aber auch sein Op-Ed in der New York Times, «Eine konfuzianische Verfassung für China», im Juli 2012 fand keinen Eingang in die europäische Debatte. Manchmal ist der Atlantik immer noch sehr breit. Die westliche Vorstellung von Demokratie steht nicht vor ihrem Aus, weil ein paar Nobelpreisträger dazu ungewohnte Ansichten vertreten. Sie hat tatsächliche Stürme überstanden. **Winston Churchills Wort von 1947 finde ich nach wie vor gut: «Demokratie ist die schlechteste aller Regierungsformen – abgesehen von all den anderen Formen, die von Zeit zu Zeit ausprobiert worden sind.» Wir können seinen Satz heute so ergänzen: Marktwirtschaft ist die schlechteste aller Wirtschaftsordnungen – abgesehen von all den anderen Formen, die von Zeit zu Zeit ausprobiert werden.**

Die RTL-Wähler und die Nichtwähler

Aber wo die offene Feldschlacht zwischen den Gross-Ideologien ihr Ende gefunden hat, droht eine ernst zu nehmende Gefahr, die in der Frage Ausdruck findet: Spielt möglicherweise auf der Bühne der Medien-Demokratie das Programm «Viel Lärm um Nichts» oder «um Wenig», während hinter der Kulisse die wahren Entscheidungen unbemerkt und unbeeinflussbar fallen? Hubert Kleinert, grünes Urgestein, fasst das in die Formel von einem Wahlkampf, «in dem die Gesetzlichkeiten der modernen Medienwelt und die Wahlkampfstrategie der Union so in Richtung Personalisierung ineinandergreifen, dass auch das sozialdemokratische Grundthema der sozialen Gerechtigkeitslücke von den sagenhaften Beliebtheitswerten der Kanzlerin überstrahlt wurde. Der Politik zu unterstellen, sie ließe das Volk durch Massen-Medien mit Zirkusspielen blenden, um unbemerkt ihre Macht auszuüben, hieße die Macht der Politiker überschätzen und die Macht der Medien unterschätzen. Aber im Ergebnis ist es so. Die Elite lebt und handelt in einer Parallelwelt. Den Menschen fehlen Informationen, um das erkennen zu können. Aber sie spüren, dass etwas nicht stimmt. Immer mehr Wähler wie Nichtwähler nehmen Politik wahr wie das Wetter: Man lebt damit, ändern kann man es nicht.

Eine erhöhte Wahlbeteiligung kann man plus 0,7 Prozent bei der Bundestagswahl kaum nennen. Mehr hat die Massierung der Wahlsendungen des deutschen Fernsehens in den letzten Wochen nicht bewirkt. Zwei Wähler-Gruppen machen mir besonders viele Sorgen.

Da sind diejenigen, deren Informationen über den eigenen Erlebens- und Erfahrungsraum hinaus praktisch nur aus dem Fernsehen stammen; in Deutschland verläuft die Trennungslinie bei den 45-Jährigen, die unter 45 schalten meist RTL ein, und die darüber ARD und ZDF. Dass sich zunehmend viele, auch unter denen über 60, im Internet bewegen, ändert daran nichts. Im Internet werden soziale Beziehungen gepflegt, debattiert wird dort nicht. Was verklärt «Social Media» genannt wird, ist der Dorfbrunnen der Gegenwart: harmloses Geschwätz bis üble Nachrede. Wer in Fernsehnachrichten wegzappt oder Bier holt, wenn es um Politik geht, diskutiert auch auf Facebook und Twitter nicht darüber. Das Publikum von politischen Fernseh-Magazinen sucht innerhalb und außerhalb der Studios keine Meinungsbildung, sondern Bestätigung seiner Meinungen. Bei Twitter und Facebook erklärt das die Zusammensetzung von «Freundes»-Gruppen.

Die zweite Gruppe sind die «politischen Nichtwähler» Weit überdurchschnittlich interessiert und informiert nehmen sie an der Wahl nicht teil, weil sie keine relevanten Unterschiede zwischen den Parteien erkennen und der Überzeugung sind, dass wählen oder nicht folgenlos bleibt. Vor der Bundestagswahl erschienen Untersuchungen über Nichtwähler – ein Novum. In der gedruckten Presse wurde in den letzten Wochen gegen die Nichtwahl geschrieben und in Fernseh-Sendungen darüber diskutiert.

Das hat zusammen mit dem von den Medien vorgegaukelten Wettrennen zwischen Schwarz-Gelb und Rot-Rot-Grün die Wahlbeteiligung nicht weiter sinken lassen, aber die Wähler erneut enttäuscht, die vergeblich eine der beiden Optionen unterstützten.

Die Macht wird gleichzeitig global und lokal

Als die deutsche Bundeskanzlerin mit ihrer Energie-Wende den Grünen und der SPD viel Wind aus den Segeln nahm, fragte sich mancher: Warum lässt das die mächtige deutsche Energie-Industrie fast wortlos geschehen? Auch ich bin erst mit Verspätung auf eine ganz andere Frage gekommen. Ist es mit der globalen Vernetzung so weit, dass Konzerne und NGOs die nationalen Regierungen, EU, UNO und Unterorganisationen als willkommene Kulisse einfach machen lassen, um hinter diesem Vorhang umso entspannter entscheiden zu können, worauf es wirklich ankommt? Wie lange wird es dauern, bis das auch für die Finanz-Industrie (wieder) gelten wird?

Parallel sehe ich, wie kleine Einheiten in und von Gemeinden, Regionen, unterhalb der nationalen Ebene, auch nationale Grenzen überschreitend wichtige Aufgaben in die eigene Hand nehmen: von autarken Energie-, Wasser- und Abwasser-Lösungen über die Ganztags-Betreuung von Kindern und Schülern, Alten und Kranken bis hin zu Ortsläden und Privat-Währungen. Die bestimmenden Macht-Ebenen werden lautlos global und lokal. Wem das zu utopisch klingt, für den habe ich es praktisch.

Wo die Strukturen noch klein sind wie in der Schweiz, bleibt bitte dabei und steckt andere an! Nicht viele werden wissen, dass die Eidgenossen auch Parlaments-lose Gemeinden kennen. Nein, dort stimmt nicht das Volk über alles ab. Es gibt mehr Möglichkeiten: Bürger-Versammlungen, Quartier-Vereine, Stadt-Foren usw. Für mich ist das kein Relikt aus alter Zeit, keine historische Reminiszenz, sondern spannende Anregung zum Nachdenken über eine Vielfalt des Föderalen statt der Einfalt des Zentralistischen. Hier liegen die Schlüssel zur Re-Politisierung von Demokratie, zur Wiederbelebung der res publica. Das globale Dorf braucht lokale Welten.

Der Mensch und sein Monster

Wir kennen unsere Gene, aber deshalb haben wir unser Selbst noch lange nicht erkannt. Dies zeigt sich in der Genetik immer klarer. Zugleich macht sich der Mensch in der angewandten Forschung zu seinem eigenen Rohstoff. Was bedeutet das für das menschliche Selbstverständnis?

Knobloch wirbt für „aufgeklärten Patriotismus"

Die Expräsidentin des Zentralrats der Juden hat am 75. Jahrestag der Pogrome junge Deutsche aufgefordert, Verantwortung für die Geschichte ihres Landes zu übernehmen.

Vorschlag zur Senkung der Staatsschulden Her mit dem Geld

Sparer zahlen zwangsweise zehn Prozent ihres Vermögens, um die Staatsschulden zu senken: Der Internationale Währungsfonds diskutiert einen provokanten Vorschlag und sorgt damit für Aufregung. Hinter der Debatte steckt aber eine viel grundsätzlichere Frage.

Von Nikolaus Piper, New York

Am 21. Juni 1815 war alles vorbei. Napoleon hatte die Schlacht bei Waterloo verloren. Die blutige Zeit der Revolutionskriege war zu Ende, Großbritannien die einzige Supermacht in der Welt. Der Preis für den Sieg war aber groß, menschlich wie wirtschaftlich. Die britische Staatsschuld hatte nach modernen Schätzungen im Jahr 1815 stolze 250 Prozent des Bruttoinlandsprodukts erreicht, was selbst nach heutigen Maßstäben gigantisch ist. Zum Vergleich: Griechenland wird in diesem Jahr unter einer Schuldenquote von 175 Prozent zu leiden haben.

In der Situation warb der britische Ökonom David Ricardo für eine neue Idee. Der Liberale hatte als Spekulant ein Vermögen mit Staatsanleihen gemacht. Jetzt schlug er vor, dass die Regierung Ihrer Majestät eine Abgabe auf Vermögen erheben sollte, um ihre Schuldenlast zu verringern. Der Grund: Ricardo verabscheute hohe Staatsschulden ebenso wie höhere Steuern auf Löhne und Unternehmensgewinne, weil diese den Wohlstand mindern würden.

Doch seine Idee hatte keine Chance. Ricardos Vorschlag wurde nie umgesetzt, Großbritannien kam auch so zurecht. Die Wirtschaft der ersten Industrienation der Erde wuchs im 19. Jahrhundert so schnell, dass die Staatsschuld ohne Nettotilgung bis zum Jahr 1912 von selbst auf gut 30 Prozent zurückging.

Doch heute, fast 200 Jahre nach Waterloo, wird wieder über Ricardos Idee gesprochen. Zwar haben weder die Vereinigten Staaten noch die Mitglieder der Europäischen Union bisher die britischen Zahlen von 1815 erreicht. Aber die Schuldenquote ist seit der Finanzkrise doch so hoch, wie zuvor noch nie in Friedenszeiten: Deutschland 81,1 Prozent, Frankreich 90,2 Prozent, die USA 107,6 Prozent und das Extrembeispiel Japan mit 237 Prozent. Deshalb hat es für einige Aufregung gesorgt, dass sich der Internationale Währungsfonds (IWF) im Oktober plötzlich mit Ricardos Idee einer Vermögensabgabe befasste.

Erste Reaktion: Verdacht auf Zwangsenteignung

Anlass der Aufregung war der jüngste „Fiskal-Monitor" des Währungsfonds. In dem Bericht bewerten die Fachleute des Währungsfonds zweimal im Jahr die Haushaltspolitik der Mitgliedsstaaten und schlagen notfalls Korrekturen vor. Der Fiskal-Monitor gehört zu den vielen Maßnahmen, die auf internationaler Ebene beschlossen wurden, um eine Wiederholung der Finanzkrise zu verhindern. In der jüngsten Ausgabe diskutieren die IWF-Ökonomen nun, ob und wie Regierungen die Steuern erhöhen könnten, um ihre Schuldenberge schneller abzubauen. In dem fraglichen Kapitel findet sich auf Seite 49 auch ein Kasten von 30 Zeilen, in dem die Autoren kurz eine Vermögensabgabe à la Ricardo diskutieren.

Was dies auslösen würde, haben die Ökonomen vermutlich selbst nicht geahnt. In einigen deutschen Medien machte sich so etwas wie Panik breit. Manche erinnerten an die Abgabe, die die EU Zyperns Sparer zur Rettung der dortigen Banken abverlangt. „IWF-Chefin plant zehn Prozent Krisen-Steuern für alles", schrieb die Bild- Zeitung. „Irre IWF-Idee: Deutsche sollen ein Zehntel ihres Vermögens abgeben", stand auf Focus.de, verbunden mit der Frage: „Zwangsenteignung in der Euro-Krise?" Die Frankfurter Allgemeine Zeitung schrieb „IWF denkt über Vermögensabgabe nach" und Sven Giegold, Abgeordneter der Grünen im Europa-Parlament, begrüßte den „bemerkenswerten Kurswechsel" des IWF.

Nichts davon ist wahr. Der Währungsfonds empfiehlt nichts, schon gar keine Krisensteuer für die Deutschen. IWF-Direktorin Christine Lagarde ist mit dem Thema gar nicht befasst und einen „Kurswechsel" gibt es beim IWF auch nicht, weil der Fonds bei dem Thema gar keinen Kurs hat. Geschehen ist lediglich das Normale: Die Ökonomen der Washingtoner Institution haben in einem Papier wissenschaftliche und politische Debatten zusammengefasst, mit Daten unterlegt und der Fachöffentlichkeit zur Debatte unterbreitet. So etwas gehört zum Kerngeschäft des IWF.

Wie hoch dürfen Staatsschulden sein?

Im Falle der Vermögensabgabe erinnern die Autoren an Ricardo, an den Lastenausgleich in Westdeutschland von 1953 und an eine ähnliche Maßnahme in Japan. Dann greifen sie eine Studie von Stefan Bach, Martin Beznoska und Viktor Steiner, Ökonomen des Deutschen Instituts für Wirtschaftsforschung (DIW) und der Freien Universität Berlin, aus dem Jahr 2011 zu dem Thema auf und diskutieren das Für und Wider einer Abgabe. Die Anforderungen an den Erfolg so einer Abgabe seien hoch, schreiben die IWF-Experten. Sie müssten aber abgewogen werden gegen die Risiken möglicher Alternativen, wozu ein Staatsbankrott ebenso gehöre wie Inflation.

Dann rechnen sie den Fall für 15 Euro-Staaten durch. „Die Steuersätze, die nötig wären, um die Schulden auf den Stand von vor der Krise zu bringen, sind beträchtlich. Die Schuldenquoten auf den Stand von 2007 zu bringen, würde einen Steuersatz von etwa zehn Prozent für alle Haushalte mit positivem Nettovermögen erfordern." Der Satz von zehn Prozent ist also kein Vorschlag, sondern im Gegenteil ein Hinweis darauf, dass die Sache schwierig werden würde.

Hinter der ganzen Debatte steht allerdings die viel grundsätzlichere Frage: Ist die Lage der Staatsfinanzen tatsächlich so ernst, dass man die Schulden durch höhere Abgaben - in welcher Form auch immer - verringern muss? Relevant ist nicht die absolute Höhe der Schuld. Die Zahlen klingen zwar gewaltig - 16,8 Billionen für den amerikanischen Bundeshaushalt, 1,3 Billionen Euro für sein deutsches Pendant; entscheidend aber ist immer der Bezug zur Wirtschaftsleistung eines Landes. Die Schuldenquote ist ein Bruch, bei dem oben der Schuldenstand und unten die jährliche Wirtschaftsleistung eines Landes steht.

Jede Politik des Schuldenabbaus beeinflusst beide Seiten des Bruchs.

Steuererhöhungen und Abgabenkürzungen verringern den Zähler des Bruchs, sie können aber auch den Nenner negativ beeinflussen. Eine rationale Finanzpolitik versucht daher, den Zähler (Schulden) möglichst stark zu senken, den Nenner (Wirtschaftsleistung) möglichst wenig. Wenn eine Regierung es dumm anstellt, kann sie durch höhere Steuern ihr Schuldenproblem sogar noch verschlimmern. Das entscheidende Kapitel in dem IWF- Bericht steht daher unter der vielsagenden Überschrift: „Taxing Our Way Out of - or into Trouble?" - „Mit Steuern aus den Problemen hinaus oder erst richtig hinein?"

Manche Steuern schaden mehr als andere

Jede Steuererhöhung beeinflusst das Wirtschaftswachstum negativ. Sie zieht den Bürgern das Geld aus der Tasche und senkt den materiellen Anreiz, mehr zu arbeiten und zu investieren. Aber es gibt dabei wichtige Unterschiede. Unter Ökonomen habe sich so etwas wie eine „Wachstums-Hierarchie" der Steuern etabliert, schreiben die Autoren des Berichts. Danach richten höhere Steuern auf Unternehmensgewinne den größten Schaden an, gefolgt von der persönlichen Einkommensteuer und Steuern auf den privaten Konsum, also zum Beispiel der Mehrwertsteuer, wie sie in Europa üblich ist.

Am günstigsten sind, wenn man das Wachstum nicht schädigen will, Steuern und Abgaben auf das Vermögen. Beispiele sind die Grundsteuer, die alte deutsche Vermögensteuer oder eben eine einmalige Vermögensabgabe. Die IWF-Experten äußern Zweifeln an einigen Details der „Hierarchie", stimmen der Grundaussage aber zu. Vieles hängt von den Feinheiten der Ausgestaltung ab: Welche Produkte sind betroffen, wenn die Mehrwertsteuer erhöht wird? Wie hoch sind bei einer Vermögensabgabe die Freigrenzen?

Eine Vermögensabgabe wäre also die mit am wenigsten schädliche Form der Besteuerung. Aber sollte man sie deshalb auch wirklich einführen? Lehren aus der Geschichte lassen sich nur begrenzt ziehen. Die amerikanische Bundesregierung hatte 1946, nach dem Sieg im Zweiten Weltkrieg, einen Schuldenberg von 121 Prozent des Bruttoinlandsprodukts aufgetürmt. Der Anteil ging bis 1975 auf normale 34 Prozent zurück - ganz ohne Abgabe. Allerdings kamen den USA zeitweise Inflation und die Kapitalkontrollen der damaligen Zeit zu Hilfe: Die Sparer hatten - im Gegensatz zu heute - kaum

Alternativen zu den niedrig verzinsten Staatspapieren.

Die Entscheidung für oder gegen Steuern zum Schuldenabbau ist nicht nur eine ökonomische, sondern auch eine politische. Es geht nicht nur um Effizienz, sondern auch um Akzeptanz. Um ein Sonderopfer zu bringen, müssen die Bürger überzeugt werden, dass es unumgänglich ist und dass es dem Gemeinwesen hilft. In Deutschland ist beides nicht der Fall. Die Haushaltslage hat sich verbessert, die Schuldenquote wird 2014 sinken und Mehrheiten für eine Abgabe sind kaum vorstellbar. Nach menschlichem Ermessen reicht die Schuldenbremse im Grundgesetz, verbunden mit einer vernünftigen, wachstumsfreundlichen Wirtschaftspolitik, um die Schulden langsam zu senken. Voraussetzung ist aber, dass das Land wirklich bereit ist, Wachstum zu fördern.

Der Grund weswegen so viele Menschen so ungebildet sind ist die Gier der 1%.

Der Krieg gegen die arbeitende Bevölkerung Wolfgang Berger Beitrag von Webmaster HW, vom 9. November, 2013

Im Jahre 1870 bildet die Londoner Manege-Schule erstmals Zirkusdirektoren aus. Die Abschlussqualifikation für die erfolgreichen Absolventen ist eine Berufsbezeichnung, die hundert Jahre später auch woanders in Mode kommt: Manager. Der Begriff leitet sich vom lateinischen „manum agere" ab: jemand an der Hand führen. Im Zirkus hat es angefangen. Kennen Sie das? Zirkustiere werden an der Leine geführt, mit Tricks und Gewalt dressiert und zu Kunststücken gezwungen, die sie von sich aus nie tun würden. So wie Zirkustiere gegen ihre Natur auf ein nicht artgerechtes Verhalten gedrillt werden, drillen Unternehmen viele Menschen gegen ihre Natur auf ein nicht artgerechtes Verhalten. „Angst und Geld sind das einzige, was Mitarbeiter motiviert", meinte Jeffrey Skilling, Chef der Enron Corporation – einem Energiekonzern aus Texas – bis zur spektakulären Pleite in 2001. Der Harvard Absolvent hatte seine Karriere bei der Unternehmensberatung McKinsey begonnen und dann den größten Wirtschaftskrimi des 20. Jahrhunderts inszeniert. Nach jahrelangen Anfechtungsklagen hat im Sommer 2013 ein Bezirksrichter in Houston, Texas, seine Gefängnisstrafe von 24 auf 14 Jahre reduziert – gegen Zahlung von 40 Millionen Dollar. Die Shareholder-Value-Doktrin zerbricht die Menschen Die Enron-Pleite hat 22.000 Menschen arbeitslos gemacht und zugleich ihre Altersversorgungen vernichtet. In den letzten fünf Jahren vor dem Zusammenbruch hat Enron seinen Gewinn jährlich um 65 Prozent steigern können. Der nach der Börsenkapitalisierung gemessene Wert des Unternehmens war weltweit an sechster Stelle. Namhafte Experten haben im Jahre 2000 den Enron-Verwaltungsrat (Board) als einen der fünf besten der USA bewertet. In wenigen Tagen ist dann das Kartenhaus aus Gier, Skrupellosigkeit und Größenwahn zusammengefallen. Auslöser für eine Unternehmensstrategie, die zunächst von der Fachwelt bewundert und anschließend von einem Tsunami regelrecht überrollt wird, ist ein US-amerikanisches Gerichtsurteil. Weil alle großen Firmen eine Niederlassung in den USA haben und dort mit astronomischen Schadense rsatzforderungen verklagt werden können, hinterlässt es eine Spur auf der ganzen Welt: 1932 gründen Joseph und Charles Revson die Kosmetikfirma Revlon. Zu Beginn der 1980er Jahre interessiert sich die Leitung der Firma für die Gewinne der Eigentümer, aber außerdem auch noch für Belange von Belegschaft, Kunden und Lieferanten. Da wird sie verklagt. 1985 verurteilt der Delaware Supreme Court (das höchste Gericht des Bundesstaates) die Führung des Unternehmens. Nach dem Urteil des Gerichts muss die Leitung eines Unternehmens der Eigentumsmehrung der Aktionäre alles – wirklich alles andere unterordnen. Mit diesem Urteil gelingt es Ronald Pereman, die Aktiengesellschaft „feindlich" zu übernehmen. Und das heißt: Gegen den erbitterten Widerstand der Belegschaft und der Unternehmensleitung. Das Urteil zwingt die Unternehmen der Welt zu einer Strategie, die „Shareholder-Value-Doktrin" genannt wird. „Shareholder Value" ist der Betrag, den das gesamte Unternehmen zum gegenwärtigen Börsenkurs wert ist. Das Management muss mit allen legalen Mitteln den Unternehmenswert steigern und dadurch den Reichtum der Aktionäre mehren. Andere Ziele dürfen nur verfolgt werden, wenn es nicht zu Lasten dieses höchsten Gebots geht. Wo die Doktrin nicht befolgt wird, sinkt der Aktienkurs – und damit droht eine feindliche Übernahme des Unternehmens. Fonds, die solche Spiele radikal betreiben, finanzieren Übernahmen mit Krediten großer Finanzinstitute, vornehmlich in der „City of London." Die Rückzahlung der Kredite wird dem eroberten Unternehmen aufgebürdet. Wenn es den Wert des Unternehmens erhöht, muss die Unternehmensleitung Personal entlassen. Naomi Klein beschreibt diese Machenschaften und ihre Hintergründe auf 763 Seiten detailliert und faktenreich: »Die Schock-Strategie – Der Aufstieg des Katastrophen-Kapitalismus«. Die Vorstände müssen mitspielen und ihre Verantwortung für das Ganze zurückstellen. Die Voraussetzungen dafür schuf Mitte der 1970er Jahre die Unternehmensberatung »McKinsey & Company Inc.« Bis dahin waren Manager Arbeitnehmer, ebenso wie die ihnen unterstellten Mitarbeiter – und standen damit in natürlichem Interessengegensatz zu den Kapitaleignern. Mit „Stock Options" (Aktienoptionen) wurden die angestellten Unternehmensführer von der Seite der Belegschaft auf die Seite des Kapitals gezogen. Aktienoptionen werden als Erfolgsbonus – als Belohnung – zusätzlich zum Gehalt ausgegeben, wenn der Aktienkurs eine bestimmte Höhe erklimmt. Wer solche Optionen besitzt, kann sie gegen Aktien des von ihm geleiteten Unternehmens eintauschen und diese Aktien später auch verkaufen. Unabhängig von den Zwängen der Rechtsprechung hat der Inhaber von Optionen ein persönliches Interesse an einem hohen Aktienkurs. Die Versuchung ist groß, diesem Interesse andere Themen unterzuordnen: die Belange der Belegschaft und die langfristige Zukunft des Unternehmens; gewachsene Kunden- und Lieferantenbeziehungen; Fairness gegenüber Wettbewerbern; Loyalität gegenüber Produktionsstandorten, die die Infrastruktur bereitstellen und deren Bevölkerung von Entlassungswellen betroffen ist; sowie Rücksicht auf den Staat, auf dessen Infrastruktur alle Unternehmen angewiesen sind. Aktienoptionen haben den Kapitalismus von Grund auf verändert. Die Führung von börsengehandelten Aktiengesellschaften ist seitdem weniger bestrebt, Produkte oder Dienstleistungen anzubieten, Standorte und Arbeitsplätze zu erhalten. Sie bemüht sich vor allem darum, den Aktienkurs nach oben zu treiben. Die übrigen Arbeitnehmer – bis dahin in einer Interessengemeinschaft mit der Unternehmensspitze – bleiben zurück und

profitieren nicht mehr von dem Produktivitätszuwachs, den sie erarbeiten. Auch das Land, in dem die Aktiengesellschaft ihren Sitz hat, bleibt zurück. Die Mehrheit der Aktien der 30 größten und umsatzstärksten deutschen Unternehmen, die an der Frankfurter Börse gehandelt werden – die deutschen „DAX-Konzerne" – gehört nach Auskunft der Wirtschaftsprüfer Ernst & Young ausländischen Investoren. In anderen Ländern ist es kaum anders. Viele dieser Konzerne weisen Bilanzsummen aus, die das Bruttoinlandsprodukt der meisten Staaten dieser Welt übersteigen. Die Fonds haben ihren Sitz überwiegend auf exotischen Inseln, die ihnen als „tax haven" (Steuerfluchtstätte) dienen. Diese „Offshore"-Finanzplätze" liegen jenseits der eigenen Küste (off shore). Aber die Fonds werden in der „City of London" verwaltet. Ähnlich wie der Vatikan kein Teil Italiens ist, gehört der Finanzdistrikt „City of London" nicht zu Großbritannien. Er ist eine eigenständige politische Einheit. Die dort gültigen Gesetze werden von den ca. 250 global tätigen Finanzinstituten gestaltet, die dort niedergelassen sind und keine nationale Identität haben. Samuel J. Palmisano, Aufsichtsratsvorsitzender der Computerfirma IBM, drückt die Auflagen des Finanzsektors in seiner „Roadmap to 2015" (Zielplanung für 2015) knackig aus: „Earnings to double" (Den Gewinn verdoppeln). Unter der Leitung der CEO (Präsidentin) Virginia M. „Ginni" Rometty sollen die weltweit über 430.000 Mitarbeiter die Renditen der Aktien in wenigen Jahren um 100 Prozent erhöhen. Dieser Druck wird an die gesamte Belegschaft weitergegeben. Die Konsequenzen zeigen sich in den Vereinigten Staaten – dem Ausgangspunkt der veränderten Rechtsprechung – am dramatischsten: 1970 verdiente ein Unternehmenschef in den USA das 25fache des Durchschnittseinkommens seiner Mitarbeiter, heute ist es das 500fache. Im Rest der Welt driften die Einkommen zwischen der Unternehmensspitze und der Belegschaft ähnlich stark auseinander. . . . ⊠ Mehr dazu: Der Krieg gegen die arbeitende Bevölkerung – Wolfgang Berger
 Kommentieren   Ausgabe 05 - 2013

Die unterdrückende Religion des Geldes Christoph Körner
Beitrag von Webmaster HW, vom 7. November, 2013

... oder die befreiende Religion des Reiches Gottes im Wirken Jesu, dargestellt an der Geschichte von Jesu Tempelreinigung (Mk.11, 15-19) Religion kann sehr ambivalent verstanden werden. Deshalb möchte ich Ihnen zu Beginn eine Episode aus meinem Leben erzählen, die mir sehr eindrücklich in Erinnerung blieb. Mit einigen kritischen Theologen habe ich in der DDR im kleinen Kreis mit kritischen Marxisten über Religion und Gesellschaft diskutiert. In einem Gespräch mit Prof. Dr. Dohle sagte ich damals, die Marxisten müssten endlich den Marx'schen Satz „Religion ist Opium des Volkes" revidieren, wenn sie glaubhaft mit Christen diskutieren wollten. Darauf die Antwort: „Opium kann sowohl Gift als auch Heilmittel sein. Je nachdem wie es angewendet wird, kann es schädlich oder heilend wirken. So verhält es sich auch mit der Religion." Da wurde mir klar: Es gibt sowohl eine Religion der Unterdrückung als auch eine Religion der Befreiung. Am Beispiel der Tempelreinigung Jesu begegnen uns kontrastreich beide Religionsphänomene. Verkörpert die Religion des Tempels Religion als Ausbeutungsinstrument, so bedeutet die Religion des Reiches Gottes im Wirken Jesu ein befreites Leben ohne Ausbeutung und Unterdrückung. Dies möchte ich Ihnen am Beispiel der Tempelreinigung Jesu verdeutlichen.

1. Vorbemerkung: Zwei Fragen: Wie kommt es, dass in den Texten der Bibel Jesus häufiger über Wirtschaften, Geld und Besitz spricht als über Himmel, Liebe oder Gebet? Hängt es damit zusammen, dass das Reich Gottes, das er ankündigt und zeichenhaft lebt, transparent in unserer irdischen Welt werden soll, vor allem im gerechten Wirtschaften und richtigem Verteilen der Lebensgüter?! Denn alle Menschen sollen Zugang zu den Gütern des Lebens haben! Und zum anderen: Wie kommt es, dass Jesus die Zentralgewalt des Tempels wie kein anderer Prophet vor ihm so radikal kritisiert und die Banker aus dem Vorhof des Tempels vertreibt und auch das Zinsnehmen wie im alten Israel verbietet? Mir scheint, dass hierin das ursächlichste Anliegen Jesu besteht, das bis heute aber die Theologie und die Kirche noch nicht recht erkannt haben. Wie wichtig die Tempelreinigung Jesu für die Urkirche war, geht schon daraus hervor, dass alle vier Evangelisten davon berichten: Markus 11,15-19; Matth.21,12-17; Luk. 19,45-48; Joh. 2,13-16. Ich beziehe mich auf die Markusstelle: Die Tempelreinigung: 11, 15-19 15

Dann kamen sie nach Jerusalem. Jesus ging in den Tempel und begann, die Händler und Käufer aus dem Tempel hinauszutreiben; er stieß die Tische der Geldwechsler und die Stände der Taubenhändler um 16 und ließ nicht zu, dass jemand irgendetwas durch den Tempelbezirk trug. 17 Er belehrte sie und sagte: Heißt es nicht in der Schrift: Mein Haus soll ein Haus des Gebetes für alle Völker sein? Ihr aber habt daraus eine Räuberhöhle gemacht. 18 Die Hohenpriester und die Schriftgelehrten hörten davon und suchten nach einer Möglichkeit, ihn umzubringen. Denn sie fürchteten ihn, weil alle Leute von seiner Lehre sehr beeindruckt waren. 19 Als es Abend wurde, verließ Jesus mit seinen Jüngern die Stadt. . . . ⊠ Mehr dazu: Die unterdrückende Religion des Geldes – Christoph Körner

US Atomwaffen sollen in Deutschland modernisiert werden

Die Aufrüstungspläne der US-Regierung sind umfangreicher als bisher bekannt. Einem Bericht zufolge werden auch in Deutschland stationierte Sprengköpfe überarbeitet.

USA wollen Deutschlands Industrie nicht mehr ausspionieren

Die USA gehen in der Spionage-Affäre in kleinen Schritten auf Deutschland zu. Frank-Walter Steinmeier sieht das Verhältnis zum Land in tiefster Krise seit Irak-Krieg.

Späte Abrechnung

Die US-Justiz holt sich im Zuge der Krisenaufarbeitung 13 Milliarden Dollar von JP Morgan. Ist bald auch die Deutsche Bank an der Reihe?

Als die Bosse von Amerikas Großbanken Anfang Oktober zu einem Treffen ins Weiße Haus kamen, fand Jamie Dimon sein Namenskärtchen an einem Platz in der Ecke – weitab von seinem Stammplatz bei vergangenen Zusammenkünften gleich gegenüber von Präsident Barack Obama. Auch sonst spürt Dimon, Vorstandschef von Amerikas größter Bank JPMorgan Chase, dass er seinen Status als Lieblingsbanker Washingtons eingebüßt hat. Im Zuge der Aufarbeitung der jüngsten Finanzkrise hat Obamas Justizminister in monatelangen Geheimverhandlungen mit Dimon einen Vergleich erzwungen: Für irreführende Praktiken im Hypothekengeschäft soll J. P. Morgan 13 Milliarden Dollar bezahlen, allein neun Milliarden

Dollar als Strafe. Die restlichen vier Milliarden sind für Hilfsprogramme für notleidende Hausbesitzer vorgesehen.

Die Summe setzt neue Maßstäbe. Noch nie hat ein einzelnes Unternehmen in den USA so viel gezahlt, um von einem Gerichtsverfahren verschont zu bleiben. Zum Vergleich: Von BP verlangte das Justizministerium eine Strafe von 4,5 Milliarden Dollar, nachdem die Ölplattform Deepwater Horizon im April 2010 explodiert war, was zur bisher größten Ölkatastrophe in der See geführt hatte.

Die Wall Street reagierte entsprechend entsetzt. Die Aufseher schlügen auf JP Morgan ein wie auf eine Piñata, empörten sich etwa Moderatoren des Börsensenders CNBC. Eine Piñata ist eine Papiermascheefigur, auf die bei mexikanischen Festen so lange eingedroschen wird, bis sie platzt und die Süßigkeiten in ihrem Bauch frei werden. Jim Cramer, ein ehemaliger Hedgefonds-Manager und Anleger-Guru, sprach gar von einem Dschihad gegen die Bank. Das Wall Street Journal kommentierte die „Morgan-Abzocke" mit der Empfehlung, statt die Bank zu verfolgen, lieber den einst für Regulierung zuständigen Senator Barney Frank ins Gefängnis zu schicken.

Schlussendlich könnten sich die 13 Milliarden Dollar aber als guter Deal für Dimon und seine Bank erweisen. JP Morgan könnte damit die meisten seiner seit der Finanzkrise schwelenden Verfahren beilegen. Die Rechtsstreitigkeiten drücken seit Längerem auf den Aktienkurs der Bank, weil Anleger Ungewissheit über die Zukunft nicht mögen. Das brachte Dimon auch Kritik von Großaktionären ein. Finanziell kann JP Morgan die Strafe ohnehin verkraften, in der Finanzbranche nennen sie Dimons Institut „Geldmaschine". Der Gewinn der Bank betrug im vergangenen Jahr mehr als 21 Milliarden Dollar, die Strafe entspricht gerade mal dem Gewinn von etwa einem halben Jahr. Zudem hat Dimon bereits Rücklagen über 23 Milliarden Dollar bilden lassen.

Für Justizminister Eric Holder ist der Vergleich ein wichtiger Erfolg, zumal er unter Druck geraten war, nachdem er im Frühjahr ein unglückliches Eigentor geschossen hatte: Obamas oberster Strafverfolger hatte öffentlich eingestanden, die Großbanken seien durch ihre enorme Bedeutung für die gesamte Wirtschaft für seine Behörde praktisch unangreifbar. Schnell machte die Formel „too big to jail" – zu groß, um im Knast zu landen – die Runde. Die Äußerungen des Ministers beschädigten die Glaubwürdigkeit der Justiz bei der Aufklärung der Hypothekenkrise.

Der Einigungsprozess dauerte nicht nur wegen Differenzen über die Höhe der Vergleichssumme so lange. Die Bank wollte vor allem verhindern, ein Schuldanerkenntnis zu unterschreiben. Ein solches Geständnis könnte nämlich für die Bank teure Folgen haben, es kann privaten Klägern bei ihren Schadenersatzklagen helfen. In früheren Vergleichsfällen waren die Aufseher bereit, gegen Geldzahlung auf ein Schuldanerkenntnis des betreffenden Unternehmens zu verzichten. Doch bei JP Morgan blieben sie bisher offenbar hart. (Bei Redaktionsschluss der ZEIT war der Vergleich noch nicht in allen Details abgesegnet.) Zudem wollen sich die Behörden die Möglichkeit offenhalten, einzelne Mitarbeiter von JP Morgan auch nach dem Vergleich strafrechtlich zur Verantwortung zu ziehen. Für das Justizministerium sei es wichtig, nicht als zu nachgiebig wahrgenommen zu werden, sagt Urska Velikonja, Professorin an der Emory University und Expertin für Wertpapierbetrug: „Der Vergleich soll eine klare Botschaft an die Öffentlichkeit und an die Branche schicken."

In der Bankenbranche kam die Botschaft auf jeden Fall an. Schließlich haben noch mehr als ein Dutzend weiterer Banken Rechnungen aus dem Hypothekendebakel offen. Ein zentrales Verfahren, das die Branche beschäftigt, ist die Klage der Federal Housing Finance Agency (FHFA), der obersten Aufsicht der öffentlich-rechtlichen Hypothekenaufkäufer Fannie Mae und Freddie Mac. Die beiden Institute hatten massenweise Hypotheken von Banken erworben und sie gegenüber Investoren weltweit garantiert. Weil viele Kredite platzten, mussten die Institute im Sommer 2008 mit 190 Milliarden Dollar Steuergeld gerettet werden. Die FHFA hat 2011 gegen 18 Banken den Vorwurf erhoben, Fannie und Freddie über die Qualität dieser Kredite getäuscht zu haben – und zeigte den betroffenen Instituten im Juli, dass sie es ernst meint mit der Forderung nach Konsequenzen: Die Schweizer UBS einigte sich damals mit der FHFA auf einen Vergleich über knapp 900 Millionen Dollar. Die Summe fiel höher aus, als viele Beobachter erwartet hatten.

Nun ist die Frage, wer als Nächstes dran ist. Laut einem Bericht der Financial Times könnte es den JP-Morgan-Rivalen Bank of America treffen, es soll um eine Vergleichssumme von sechs Milliarden Dollar gehen. Auch die Deutsche Bank dürfte einen Vergleich anstreben, um sich der juristischen Altlasten zu entledigen, erwartet Peter Henning, Experte für Wirtschaftskriminalität und früher selbst Strafverfolger beim Justizministerium. „JP Morgan wird das Vorbild sein", sagt Henning.

Wie ein potenzieller Vergleich für die Deutsche Bank aussehen könnte, darüber gibt es nur Vermutungen. „Im Milliardenbereich" dürfte er liegen, erwartet angesichts der Aktivitäten der Bank im Hypothekenbereich zumindest die Expertin Velikonja. Eine Sprecherin der Deutschen Bank in New York wollte dazu keine Stellung nehmen. Auf jeden Fall hat die Bank ihre Rückstellungen für Rechtsstreitigkeiten bereits im Frühjahr um 600 Millionen Dollar erhöht, laut Financial Times, die sich auf Insider beruft – vor allem wegen der US-Hypothekenpapiere. Insgesamt meldete die Bank damit im ersten Halbjahr Rückstellungen in Höhe von drei Milliarden Euro.

JP Morgan Jamie Dimon rettet seinen Thron

Wegen dubioser und riskanter Geschäfte geriet der JP-Morgan-Chef in die Kritik. Er überstand das Misstrauensvotum der Aktionäre. Wer beschränkt nun die Macht der Bank?

Der größte Ablass aller Zeiten

Die US-Regierung treibt die Banken in immer teurere Vergleiche. Jüngstes Beispiel: der bevorstehende Milliardendeal mit JP Morgan. Dabei gilt das Recht des Stärkeren. 20 Kommentare

als würde Goldman-Sachs - diesmal mit Hilfe einer Demokraten-Regierung - noch einen weiteren Konkurrenten loswerden.

Wer aus der Obama-Administration kam nochmal von Goldman-Sachs?

Geheimer Krieg Deutschland zahlt Millionen für US Militär

Wenn die Amerikaner in Deutschland neue Basen bauen, zahlt der Bund drauf. Das kostet die deutschen Steuerzahler Hunderte Millionen Euro.

Grund dafür ist ein jahrzehntealtes Abkommen. Die Bundesregierung sieht keinen Änderungsbedarf.

Von Oliver Hollenstein

Das US-Militär ist gut versteckt in den fast 3000 Seiten Bundeshaushalt. Im Einzelplan 12 etwa, dem Budget des Verkehrsministeriums, im Kapitel 12.15, Titel 632.03, unter der Überschrift „Erstattung der den Ländern bei der Erledigung von Bauaufgaben des Bundes entstehenden Kosten".

Unter diesem Etat hat die Bundesregierung in den vergangenen zehn Jahren 598 Millionen Euro Subventionen an die Amerikaner abgerechnet (PDF). Doch das sind nicht die einzigen Kosten: Addiert man die Summe der Ausgaben für die US-Streitkräfte im Bundeshaushalt zwischen 2003 und 2012, erhält man etwa eine Milliarde Euro.

Der deutsche Steuerzahler trägt so dazu bei, die amerikanische Militärinfrastruktur für den geheimen Krieg aufzubauen. Von US-Basen in Deutschland werden Drohnenangriffe in Afrika koordiniert, die Geheimdienste sind im Land aktiv - und private US-Konzerne helfen ihnen.

Geheimer Krieg Deutschlands Rolle im „Kampf gegen den Terror"

Eine Serie der Süddeutschen Zeitung und des NDR +++ private Geheimdienstkonzerne sind in Deutschland für die USA aktiv - und arbeiten für die Bundesregierung +++ Sonderseite zum Projekt: geheimerkrieg.de +++ alle Artikel finden Sie hier: sz.de/GeheimerKrieg +++ englische Version hier +++

Zu den 598 Millionen Euro für Bauten kommen 327 Millionen Euro, mit denen Schäden ausgeglichen wurden, die US-Soldaten angerichtet haben, und Sozialleistungen bezahlt wurden, die von den Amerikanern entlassene Zivilangestellte bekommen. Hinzu kommen Subventionen für den Umzug der amerikanischen Luftwaffe von Frankfurt nach Ramstein und Spangdahlem in Höhe von 70 Millionen Euro sowie Steuer- und Zollvergünstigungen in unbekannter Höhe.

Baukosten - der Bund zahlt drauf

Knapp 600 Millionen Euro hat die Bundesregierung in den vergangenen

Jahren für Bauten des US-Militärs bezahlt - vom Flugzeughangar bis zum Kindergarten. Aber wie kann es sein, dass eine so hohe Summe einfach unter Erstattungen an die Länder verbucht wird? Der Grund ist ein Verwaltungsabkommen, das die Bundesrepublik 1975 mit den Amerikanern geschlossen hat. Es trägt den Namen Auftragsbautengrundsätze (ABG) und regelt, wie das US-Militär in Deutschland bauen darf. Demnach dürfen die Amerikaner nur kleinere Bauten und Gebäude mit besonderen Sicherheitsvorgaben selbst erstellen. Alles andere macht der Bund, der diese Aufgaben an die Länder weitergibt. Eigentlich sollte das aber nur ein reiner Verrechnungsakt sein. In den ABG ist geregelt, dass die Amerikaner die Baukosten vollständig erstatten. Das tun sie aber nicht.

Der Knackpunkt dabei sind die sogenannten Bauherren- und Planungskosten, also im Wesentlichen die Tätigkeit der Bauverwaltung und der von ihr eingeschalten Architekten und Bauingenieure. Diese werden von den Streitkräften mit durchschnittlich sechs Prozent der Bausumme pauschal beglichen. Oft sind die Kosten der Bauverwaltung aber wesentlich höher.

Ein Beispiel dafür ist das neue Militärkrankenhaus in Weilerbach, das die Amerikaner bis 2018 bauen wollen, um das bisher größte US-Militärkrankenhaus in Landstuhl zu ersetzen. Nach Angaben der Bundesregierung werden die Truppen für Bauherren- und Planungskosten etwa 43 Millionen Euro zahlen. Das entspreche aber nicht den realen Kosten, diese betrügen 170 Millionen Euro. Der Bund zahlt dadurch in den kommenden Jahren 127 Millionen Euro für das neue Militärkrankenhaus der Amerikaner.

Addiert man die Bausummen aller Bauprojekte der Amerikaner in Deutschland in den vergangenen zehn Jahren, hat das US-Militär nur ein Drittel der angefallenen Bauherren- und Planungskosten getragen, heißt es aus dem Bauministerium. Der Bund blieb auf fast 600 Millionen Euro Kosten sitzen, die er den Ländern erstatten musste.

Wie das sein kann? 1975 seien die Planungs- und Baukosten niedriger angesetzt gewesen als heute, weil unter anderem mehr in Eigenleistung der Verwaltung durchgeführt wurde, erklärt das Ministerium. Sollte man das Abkommen dann nicht erneuern? Die Antwort ist lapidar: „Aktuell gibt es keine Bestrebungen."

Rüstung NRW Wissenschaftsministerium kritisiert Militärforschung
Etliche deutsche Hochschulen, darunter in NRW, erhalten Geld von der US-Regierung für Rüstungsforschung. Das zuständige Ministerium will nichts gewusst haben.

Das nordrhein-westfälische Wissenschaftsministeriums bewertet die Forschung zu militärischen Zwecken an Universitäten grundsätzlich kritisch. „Wir fördern und fordern diese Art von Forschung nicht", sagte ein Ministeriumssprecher.

Das Düsseldorfer Ministerium habe keine Kenntnis über eine mögliche Zusammenarbeit von Hochschulen mit dem US-Verteidigungsministerium. Die Hochschulen müssten solche Kooperationen nicht anmelden.

Das US-Verteidigungsministerium zahlte nach Recherchen der Süddeutschen Zeitung seit 2000 an mindestens 22 deutsche Hochschulen und Forschungseinrichtungen, darunter drei Universitäten in Nordrhein-Westfalen. Insgesamt sollen deutsche Forschungsstätten Mittel des Pentagon in Höhe von zusammen 1,1 Millionen US-Dollar erhalten haben.

Verbesserung von Drohnen und Munition
Unter anderem erhielt demnach die Universität Marburg Geld aus den USA zur Verbesserung von Drohnen und präzisionsgelenkter Munition. Das Fraunhofer-Institut für Kurzzeitdynamik forschte der Recherche zufolge an neuartigen Sprengköpfen.

Das NRW-Wissenschaftsministerium verwies auf das geplante Hochschulzukunftsgesetz des Landes. Im Entwurf ist die Einführung einer Zivilklausel für Universitäten vorgesehen. „Die Hochschulen entwickeln ihren Beitrag zu einer nachhaltigen und friedlichen Welt. Sie sind friedlichen Zielen verpflichtet", heißt es darin.

Zudem sollen Hochschulen erstmals verpflichtet werden, über Forschungsmittel Rechenschaft abzulegen, die sie von Dritten bekommen, etwa von Unternehmen, Stiftungen oder der Europäischen Union.

RüstungUS-Militär lässt an deutschen Unis forschen
Das US-Verteidigungsministerium hat deutsche Hochschulen und

Forschungsinstitute mit Millionenbeträgen gefördert. Es geht auch um Forschung an Sprengstoffen und Drohnen.

SPD, Grüne und Linke fordern Transparenz

SPD, Grüne und Linke im Bundestag forderten im Sender NDR Info, alle Kooperationen transparent zu machen. „Hochschulen sind staatliche Einrichtungen", sagte der hochschulpolitische Sprecher der SPD, Swen Schulz. „Wenn sie Drittmittel einwerben und Kooperationen eingehen, dann hat die Gesellschaft ein Recht zu erfahren, mit wem sie kooperieren, was gemacht wird und wie viel Geld fließt."

Das bayerische Wissenschaftsministerium teilte laut SZ mit, es sei zu begrüßen, wenn die Unis Drittmittel bekämen. Das Einwerben von Geld speziell beim US-Ministerium werde allerdings nicht eigens gefördert, noch gefordert.

MilitärforschungUnter Beschuss

Viele Hochschulen kooperieren mit Rüstungsfirmen. Dagegen formiert sich Widerstand: Ein Frontbesuch in Kassel von Christian Fuchs

Wo ist sie denn, die Massenvernichtungswaffe? Bernd Klein läuft hektisch durch sein Institut und öffnet schließlich eine grüne Stahltür im Keller, die zum „Technikum" führt. Orangenfarbene Rohre ziehen sich durch den Raum, eine Seilwinde baumelt von der Decke, Geruch von Motorenöl und Männerschweiß hängt über den Fräsen und Drehbänken.

„Gestern lag sie noch hier", sagt der emeritierte Professor für Maschinenbau und zeigt auf ein Gerät. Eine Woche lang hämmerten gelbe Zylinder auf ein riesiges Stück Metall ein, um dessen Stabilität zu testen. Das Ding eine Waffe zu nennen ist vielleicht übertrieben – es handelt sich lediglich um eine Achse, die in einen Unimog montiert werden soll. Aber abgeholt hat sie die Firma Rheinmetall, ein Rüstungskonzern, der wie die Unternehmen EADS und Krauss-Maffei Wegmann zu Kleins Auftraggebern gehört.

Für die Gegner von Militärforschung ist der Professor mit der randlosen Brille und dem akkuraten Kurzhaarschnitt darum ein Rüstungsforscher, seine Untersuchungsobjekte sehen sie als Waffen. Schließlich werden sie in Kriegen eingesetzt, mit denen seine Auftraggeber Geld verdienen. Klein sieht seine Tätigkeit pragmatisch: „Ich mache Leichtbau und bin doch kein

Panzergeneral", sagt er. Der Unimog, für den er die Achse getestet hat, könne auch als gepanzerte mobile Intensivstation durch Afghanistan oder Syrien fahren.

Zwei Rüstungsfirmen sind zu Fuß vom Campus der Uni Kassel aus erreichbar

Deutschland ist nach den USA und Russland der drittgrößte Waffenexporteur der Welt. Um weltmarktfähig zu bleiben, brauchen die Unternehmen Innovationen, und die lassen sie gern auch von Hochschulen entwickeln. Über eine Milliarde Euro gibt das Verteidigungsministerium für „Wehrforschung, wehrtechnische und sonstige militärische Entwicklung und Erprobung" pro Jahr aus. Ein großer Teil des Geldes fließt direkt an drei wehrwissenschaftliche Institute der Fraunhofer-Gesellschaft und an die Unternehmen. In den Jahren 2007 bis 2012 zahlte das Verteidigungsministerium nach Informationen der Nachrichtenagentur dpa aber auch 35 Millionen Euro Drittmittel an zivile Hochschulen, 19 Millionen davon für Forschungsaufträge in der Wehrtechnik. Insgesamt wurden in dem Zeitraum 124 Hochschulprojekte gefördert, 30 wurden allein 2012 neu vergeben, darunter etwa auch eine Studie zur Bekämpfung von Aufständen, mit Empfehlungen an die Politik. Die Universität Kiel erhielt dafür vier Millionen Euro.

>ZITATE ENDE<

(Wenn ich diese Informationen Lese und höre, dann entsteht in mir der eindruck das die US-Deutsche-Freundschaft eine Art von Symbiose anstrebt.Und zwar eine Symbiose des Üblen des Faschistischen.Und ich sehe aber auch wie Immens Ignorant die Gebildeten geblieben sind und wie Bösartig. Die machen alles für Geld so gigantisch verblödet sind Doktoren oder Professoren. Es waren ja immer die sogenannten Eliten die Kriege angefangen haben oder Ausgebeutet haben Global. Das ist menschliche Tradition. Das sind die Raubtiere. Der Raubmensch. Die Europäische Union mit seiner Europäischen Kommission, das sind alles Raubtiere für die Raubwirtschaftseliten Global, insbesonder für die USA Raubmenscheliten die 1% und die symbiotische City of London Raubtierkapitalisten Organisationen. Die Kommission ist keine legitim gewählte Gruppe das sind

Kämpfer für die kapitalistischen Raubmenschen die ausschließlich Rauben können und ausbeuten. Deutschland wird ausgehölt von Verbrecherbanden im Kleid der Arbeitgeber und europäischen Eliten und Europa wird ausgehölt so wie die USA ausgehölt ist mit seinem Totalverblödungsglaube an den Amerikanischen Alptraum. Wenn ich lese das die US Armee an deutschen Unis seine Mordwerkzeuge perfektionieren lässt, dann sehe ich auch die immens verblödeten Studenten und Profs und Doktoren, die Eliten sein wollen und auch sind, in der Selbstverblödung und Gier. Und ich sehe auch wie Wissenschaftler es nicht wert sind beachtet zu werden. Das sind die PanzerLandser die SS des Geldes die Bekloppten der Elitengelder. Da spielt es keine Rolle ob mit drei oder fünf Dynamitpreisgelder und Zertifikaten es sind primitive Gläubige und dumpfe Irrsinnige der Sinne und des Forscherglaubens geblieben. Die alles tun für Geld und Arbeit. So primitiv sind Universitäts-Halbaffen geblieben. Wissenschaftler sind die Halbaffen derjenigen, die das Geld kontrollieren. EMPÖRT EUCH INTENSIVER. Das USA Primitivsystem von Pistoleros und Waffenanbetern soll unauffällig auf die ganze Erde übertragen werden. Die Menschheit eine Horde von Verbrechern und schwer bewaffneten Totalverwilderten das ist der Amerikanische Traum. Da in den USA die Firmen die Politik machen, was gleichbedeutend ist mit dem Versuch das gleiche aufzubauen wie es Hitler geschafft hatte , nämlich eine Totalstaatliche Kontrolle der Wirtschaft die immer für Totalkontrolle ist weil sie den Wettbewerb scheuen, sie wollen das was sie Planungssicherheit nennen,was aber Totalfaschismus ist. Und diese International agierenden USA Firmen mit ihren Primitivmanagern global, die sind ausschließlich auf Raub aus und Zerstörung. In allen Ländern der Erde. In der Bundesrepublik ist es zbs. Strarbucks die keine Steuern zahlen wollen oder Google und die anderen US Firmen, die versuchen in den Ländern in den sie Einfluss erkämpfen, ihren Primitivismus als den Maßstab des Lebens zu übertragen. Aber die USA das ist ein Primitivland eine primitiv Bevölkerung. Eliten waren schon immer primitiv wenn sie von Geld und Sex und Macht geleitet sind. Die USA haben sogar ihre politischen Tempel im Stiel von Rom aufgebaut. So senil sind diese Halbaffen noch geblieben. Also die USA kann ausschließlich Zerstörung bringen, denn zu mehr sind die noch nicht gelangt. Rauben um sich ein reichhaltiges materilaistisches Leben zu machen auf Kosten der Erdbevölkerungen, der Erde. W.SCHORAT)

Zitate Anfang
Amazon Arbeiter
„Wir sind Maschinen, wir sind Roboter"
Druck vom Kartellamt
Amazon kippt fragwürdige Preisvorgaben für Händler
Das Bundeskartellamt verdächtigte Amazon, Anbietern auf seiner Plattform die Preise zu diktieren. Der weltgrößte Online-Händler geriet unter Druck, jetzt nahm er Änderungen an seinen Vorgaben vor.
Das Bundeskartellamt verdächtigt den Online-Händler Amazon nicht länger, Anbietern auf Marktplätzen im Internet ihre Preise zu diktieren. Die Wettbewerbshüter stellten deshalb ein Verfahren gegen den Internet-Riesen ein, wie die Behörde mitteilte.
Amazon selbst hatte dafür die Voraussetzungen geschaffen. Der Konzern zwinge Anbieter nicht länger, auf verschiedenen über Amazon zugänglichen Marktplätzen im Internet Tiefstpreise zu garantieren.
Solche Preisvorgaben an Wettbewerber seien „unter keinen Umständen zu rechtfertigen", stellte Kartellamtspräsident Andreas Mundt klar.
Im Zentrum der Untersuchung des Kartellamts stand eine „Preisparitätsklausel". Diese untersagte Händlern, Produkte, die sie auf Amazon Marketplace anbieten, an anderer Stelle im Internet günstiger zu verkaufen.
„Wenn ich eine Firma hasse, dann Amazon"
Literatur gehört zur Familie, aber dieser widerliche Club nicht: Amazon verweigert seinen Angestellten einen Tarifvertrag, ruiniert die Buchhändler und zunehmend auch die Verlage. Eine Abrechnung. Zitate Ende.

(Wenn ich also lese das Amazon also Faschismus praktiziert Totalkontrolle also gegen andere, dann sehe ich auch wie deutsche Arbeitgeberverbände dem gleichen Ziel folgen, durch Aushöhlung der Tarifverträge und Ausweitung der Zeitbefristeten Arbeitsverträge. Das ist schon Faschismus weil es den

Raubmensch auf seinem Weg zur Totalkontrolle zeigt. Aber auch Französische Arbeitgeber oder Chinesische Arbeitgeber oder Russische Arbeitgeber Oder Indische und so weiter. Es ist alles die gleiche Primitiventwicklung die ihre Hingabe an den Materialismus gebracht hat, nämlich die Armut für die Globalbevölkerung. Ich schreibe das hier nochmal: BESITZENDE SIND BESESSENE BESESSEN: EMPÖRT EUCH INTENSIVER. W.Schorat)

W.Schorat am 27.11.13)

Kapital die Neutronenbombe der Wirtschaft Andreas Bangemann
Beitrag von Webmaster HW, vom 6. November, 2013

Der Erfinder der Neutronenbombe, Samuel Cohen, beschrieb sein Massen-vernichtungsmittel, als die „vernünftigste und moralischste Waffe, die je erfunden wurde" (New York Times, September 2010). „Es ist die einzige nukleare Waffe der Geschichte, mit der Kriegsführung Sinn macht. Wenn der Krieg vorbei ist, ist die Welt noch intakt." Offiziell dürfte es eigentlich keine Neutronenbombe mehr geben. Zwischen 1996 und 2003 demontierten die USA und Frankreich angeblich die letzten noch gebauten. Doch die Logik dieser Waffe umgibt unser Leben weiter auf subtile Weise. Die „Rüstungsindustrie der Angst" schafft es, uns in Abhängigkeit von den Sachen zu halten und in ihren „Kapitalfabriken" gerade immer so viel bereitzustellen, dass die Menschheit ihren Fetischismus erhält. Wir beschützen materielle Dinge und eine abstrakte Wohlstandsvorstellung auf Kosten von menschlichem Leben und auf Kosten der Natur. Die Armen sind von den Reichen abhängig, die Schwarzen von den Weißen, die Frauen von den Männern, die Zivilisten von den Militärs und die Arbeiter von den Unternehmern. . . . Mehr dazu: Kapital, die Neutronenbombe der Wirtschaft? – Andreas Bangemann

Kommentieren   Ausgabe 05 - 2013
Kapital, die Neutronenbombe der Wirtschaft?

Der Erfinder der Neutronenbombe, Samuel Cohen, beschrieb sein Massen-vernichtungsmittel, als die „vernünftigste und moralischste Waffe, die je erfunden wurde" (New York Times, September 2010). „Es ist die einzige nukleare Waffe der Geschichte, mit der Kriegsführung Sinn macht. Wenn der Krieg vorbei ist, ist die Welt noch intakt."

Offiziell dürfte es eigentlich keine Neutronenbombe mehr geben. Zwischen 1996 und 2003 demontierten die USA und Frankreich angeblich die letzten noch gebauten.

Doch die Logik dieser Waffe umgibt unser Leben weiter auf subtile Weise. Die „Rüstungsindustrie der Angst" schafft es, uns in Abhängigkeit von den Sachen zu halten und in ihren „Kapitalfabriken" gerade immer so viel bereitzustellen, dass die Menschheit ihren Fetischismus erhält.

Wir beschützen materielle Dinge und eine abstrakte Wohlstandsvorstellung auf Kosten von menschlichem Leben und auf Kosten der Natur. Die Armen sind von den Reichen abhängig, die Schwarzen von den Weißen, die Frauen von den Männern, die Zivilisten von den Militärs und die Arbeiter von den Unternehmern.

In diesem undurchsichtigen Netz der Abhängigkeiten, erfüllen die Medien willfährig ihre Rolle als „Desinformanten" und die Schulen und Universitäten als „Missbildner".

Der Unfreiheit des Lebens steht die Freiheit des Geldes, genauer gesagt des Kapitals, gegenüber.

Angenommen eine solche Welt gäbe es noch nicht. Kann man sich einen Menschen vorstellen, der sie sich herbeiwünschen würde? Wohl kaum und dennoch leben wir in einer solchen.

Wie kommt das? Warum kämpfen so wenige dagegen an?

Die Vorstellungen vom Geld erzeugen maßgeblich das Chaos im Nachdenken über die erkennbaren Folgen. Geld ist das Tauschmittel, das wir zur Meisterung des täglichen Lebens brauchen. Dazu muss es beständig fließen. Doch Geld ist gleichzeitig das Mittel, das wir glauben, zum „Hamstern" von Werten benutzen zu können. Haben wir Geld „auf der hohen Kante", dann haben wir für alle Zeiten vorgesorgt, ist die landläufige Meinung.

Doch wie kann etwas zwei Herren dienen, die derart gegensätzlich sind? Das heute von uns genutzte Geldsystem ist ein Widerspruch in sich.

Geld, das jemand übrig hat, ist eine in einer reinen Realwirtschaft erbrachte Leistung, die man in gleichem Maße nicht selbst verbrauchen kann oder will. Mit der Absicht, fließendes Geld haben und dieser Funktion auch oberste Priorität geben zu wollen, müsste man entweder außerhalb des Geldes Wege finden, wie geschaffene Werte aufbewahrt werden können und/oder ein vertrauenswürdiges Geldsystem aufbauen. Doch was haben wir getan? Fließen und Festhalten wurden gleichzeitig zugelassen. Und zwar so, dass mit der Zeit keines von beidem mehr funktioniert und kaum jemand bemerkt, wie sich durch diesen Widerspruch die Probleme dieser Welt aufschaukeln Kapital, das „festgehaltene, nicht zum täglichen Leben benötigte Geld" hat durch seine ihm gegebene Macht die Oberhand gewonnen. Das gelang durch den so simplen Mechanismus der Verzinsung.

Kapital vermehrt sich von selbst!

Für Geld muss man arbeiten! Doch wie viel davon zur Verfügung steht, bestimmt das Kapital.

Dieser völlig paradoxe Spagat steht bis heute bei den Allermeisten, seien es Politikerinnen, Unternehmer, Wissenschaftlerinnen, einfache Arbeiter oder Hausfrauen nicht in Zweifel.

Geld, das täglich durch die Wirtschaft, die Hände der Menschen fließt, erzeugt keine Schulden. Es tilgt Schulden, die durch die Leistungserbringung zwischen den Wirtschaftsteilnehmern entstehen.

Kapital erzeugt zwangsläufig Schulden. Kapital wird vom Kapitalisten „investiert" und führt zu einem mühelosen Einkommen, das immer weiter wächst, weil der Gewinn, der Zins, zum bestehenden Kapital hinzukommt.

Die dahinter stehende Wachstumsdynamik scheint jeder im System Befindliche mit Überzeugungskraft zu wollen, ja sie sogar zu fordern, auch wenn sie in Wahrheit nur einem Zweck dient: Der Vermehrung des Kapitals.

Verzichtempfinden immer mehr Menschen als einen Ausweg.

Verzicht, um nicht mehr dem Kapital und seinem Wachstumswahn zu dienen.

Es ist sicher weitaus wertvoller, darüber nachzudenken, was wir alles nicht tun sollten, als darüber was wir wohl noch zusätzlich tun könnten. Echte nachhaltige Veränderung braucht aber mehr als individuellen Rückzug in eine Welt des bewussten Verzichts. Echte nachhaltige Veränderung braucht zusätzlich den unbändigen Willen, die Freiheit des Kapitals zugunsten der Freiheit des Menschen zu beenden. Und dieser Kampf lässt sich nicht im privaten Rückzugsbereich gewinnen. Dazu bedarf es mehr und es bedarf vor allem gerade Jener, die jetzt erkennen, wie wichtig der Verzicht wird.

Um als Menschen freier zu werden, müssen wir etwas Vorhandenes – uns Beschränkendes - wegnehmen, nicht etwas Neues hinzufügen. Das betrifft auch und gerade das Geld. Wir müssen unser Leben von erdrückenden Schulden befreien, in dem wir dem Geld die Möglichkeit entziehen, sich in selbst vermehrendes Kapital zu verwandeln.

Um für diese Möglichkeit viele Mitstreiter zu gewinnen, brauchen wir einen klaren Blick für Zusammenhänge und Ursachen. In der trüben Komplexität unseres heutigen Lebens ist das eine Herausforderung.

Wir wollen mitwirken und dabei helfen, damit die Welt mit anderen Augen gesehen werden kann.

Herzlich grüßt Ihr

„Wär ich nicht arm, wärst Du nicht reich!", heißt das bekannte Zitat von Bertold Brecht. Umgekehrt gilt dies aber auch. Übermäßiger Reichtum steht zu wenig im Fokus der Öffentlichkeit. Dabei ist er in mehrfacher Hinsicht gemeinschaftsschädlich. Weil Geld an allen Ecken und Enden fehlt und sich gewaltige, demokratisch nicht legitimierte Machtzentren bilden. Attac fordert jetzt in einem Papier eine einmalige Vermögensabgabe der Reichen mit einem Gesamtvolumen von über einer Billion Euro. Außerdem sollen langfristige Mechanismen der Umverteilung von oben nach unten etabliert werden. Ist dieser Vorschlag von Attac begrüßenswert? Ja. Ist er ausreichend? Nein. Kabarettist Volker Pispers ist in Hochform: „Wenn die 10 Prozent richtig Reichen im Land bereit wären, die Hälfte ihres Vermögens abzugeben, wären die Staatsschulden praktisch weg." Höflich plätscherndes Lachen im Publikum. „Und das bräuchten die gar nicht auf einen Schlag zu tun. Wenn die reichsten 10 Prozent bereit wären, 10 Jahre lang jeweils 5 Prozent von ihrem Vermögen abzugeben – das würden die in dem einzelnen

Jahr überhaupt nicht mitkriegen." Betretenes Schweigen im Publikum. Irgendwo muss doch der Haken sein! Tatsächlich schließt Pispers mit der Bemerkung: „Es gibt nur ein einziges Problem: Wir haben eine Demokratie. Und Sie kriegen in einer Demokratie keine Mehrheit für eine Politik, von der 90 Prozent der Bevölkerung profitieren würden." ...

RegierungenDemokratie auf dem Rückzug
Von wegen „The end of history": Die Demokratie als Regierungsform verliert weltweit an Rückhalt. Parallel hat der Einfluss der Militärs zugenommen
Neue Tonlage in NSA-Affäre Ströbele zwingt Regierung zum Nachdenken
Die Frage, ob denn die Krise jetzt beendet sei, beantwortet Ronald Pofalla nicht. Stattdessen: sieben dürre Sätze. Mehr ist von Kanzleramtsminister nach der Sondersitzung des Parlamentarischen Kontrollgremiums (PKGr) nicht zu hören. Kleinlaut wirkt der CDU-Mann und Chefaufseher über die Geheimdienste. Vor der Wahl hatte er in einem denkwürdigen Auftritt noch die ganze NSA-Affäre für beendet erklärt. Und dass nur, weil es eine schriftliche Versicherung der Amerikaner gab, in der stand, die Deutschen müssten sich keine Sorgen machen. Der Spott im Netz war ihm danach sicher.
Jetzt ist alles anders. Die Amerikaner haben anscheinend das Handy von Pofallas Chefin abgehört. Seit Bundeskanzlerin Angela Merkel weiß, dass US-Geheimdienste jahrelang ihre Telefonate mitgehört haben, hat sich die Tonlage deutlich verändert. Hier kann wunderbar gesehen werden in welcher Welt die Politiker leben in einer Welt der Plutokraten. Das muss aufhören oder sie werden gefedert werden und die Demokratie wird am Arsch der Welt sein.
Thomas Oppermann, Parlamentarischer Geschäftsführer der SPD-Bundestagsfraktion, will zwar nicht mehr die Bundesregierung und vor allem Kanzlerin Angela Merkel direkt für den Schlamassel verantwortlich machen. Mit der Union sitzt die SPD ja derzeit in Koalitionsverhandlungen. Aber er macht deutlich, dass das neue Anti-Spionage-Abkommen keine Wischiwaschi-Verabredung werden dürfe. „Ich habe die klare Erwartung, dass dieses Abkommen ein rechtsverbindliches Abkommen ist." Vor allem

soll darin nicht nur ein Spionageverbot für Regierungsstellen enthalten sein, sondern auch „Schranken der Überwachung von Bürgerinnen und Bürgern" sowie der Wirtschaft.

Ströbele widerspricht Friedrich: Ob Snowden Asyl oder eine Aufenthaltsgenehmigung in Deutschland bekomme, sei am Ende eine politische Entscheidung. Vor der scheue sich die Bundesregierung aus Sorge, die aktuelle Vertrauenskrise zwischen den USA und Deutschland noch weiter zu verschärfen. Ströbele weist auf ein weiteres Problem hin. Wenn es offizielle Gespräche der deutschen Regierung oder des Bundestages mit Snowden geben soll, dann ginge das nur mit ausdrücklicher Zustimmung der russischen Regierung sowie unter deren Bedingungen. Schon deshalb „bestehe ich darauf, dass Snowden nach Deutschland kommt oder ein ähnliches Land".

Der Stoff, aus dem Meisterwerke sind?
Übersättigt vom Treiben der Superreichen

Fasziniert, schon im Vorgriff, denkt man an die Intimität, die Allens New-York-Stories immer ausgezeichnet hat. Wie das jetzt passen würde! Madoff führte sein Betrugsgeschäft bekanntlich als Friends & Family-Betrieb: Spielbergs Stiftung hat Millionen bei ihm verloren, genau wie die Elie Wiesel Foundation oder die Women's Zionist Organization of America. Und wer könnte das nun besser (und böser und lustiger) beschreiben als Woody Allen - diesen gruselig-menschelnden, schaurig-schönen Familienaspekt?
Prinzipieller Fatalismus
Was außerdem zum Tragen kommt, ist Allens prinzipieller, wohl dokumentierter Fatalismus. Er trifft hier glücklich auf ein Publikum, das vom Treiben der Superreichen ohnehin die Schnauze voll hat. Wenn das Leben der oberen Zehntausend nicht prinzipiell auf Betrug basiert, dann mindestens auf aberwitzigem Selbstbetrug. Ist es nicht so?

Da wir in einer Demokratie leben, wo das Recht der freien Meinungsfreiheit gilt, sind wir für die Veröffentlichung unserer freien Meinung nicht haftbar!

Jeder hat das Recht auf Meinungsfreiheit und freie Meinungsäußerung. Dieses Recht schließt die Freiheit ein, Meinungen ungehindert anzuhängen sowie über Medien jeder Art und ohne Rücksicht auf Grenzen Informationen und Gedankengut zu suchen, zu empfangen und zu verbreiten.
(UN-Menschenrechtserklärung vom 10.12.1948, Artikel 19)

Enthülle ihre Geheimnisse schütze unsere eigenen
Australien gehört nebst den USA, Großbritannien, Kanada und Neuseeland zur Geheimdienst-Allianz «Five Eyes».

Limburger BischofStrafverfahren gegen Tebartz-van Elst eingestellt
Gegen Tebartz-van Elst wurde wegen einer falschen eidesstattlichen Versicherung ermittelt. Jetzt wurde das Verfahren eingestellt – gegen eine Auflage von 20.000 Euro.

Snowden-Enthüllungen. Alles Wichtige zum NSA-Skandal
Welche Daten sammelt die NSA, was ist Prism und wie reagieren die Überwachten? Aktuelle Entwicklungen und ein Überblick über die Snowden-Enthüllungen seit Juni 2013 von Patrick Beuth
Aktuelles – Stand 18.11.2013
•	Skype und Microsoft dürfen trotz des Prism-Programms der NSA weiterhin die Daten europäischer Nutzer in die USA leiten, hat Luxemburgs Datenschutzbehörde entschieden. Die Initiative Europe versus Facebook hatte in Luxemburg zwei Beschwerden eingereicht, weil Skype und Microsoft dort Niederlassungen haben. Diese Beschwerden wurden nun jedoch abgewiesen. Das Schutzniveau für die Daten sei „angemessen".
•	Codename Royal Concierge: Der britische Geheimdienst GCHQ überwacht gezielt die Reservierungssysteme von weltweit mindestens 350 Hotels, die häufig von Diplomaten und Regierungsdelegationen gebucht werden. Das berichtet der Spiegel unter Berufung auf Snowden-Dokumente. Das seit drei Jahren laufende Programm gleicht die Buchungen automatisiert mit E-Mail-Adressen ab und durchsucht sie nach bekannten Regierungsadressen, etwa mit der Endung .gov vor der Länderkennung. Die

Vorabinformation über die Hotelaufenthalte ermögliche dem Geheimdienst, die Zimmertelefone sowie später die dort benutzten Computer zu überwachen.

• Der Schriftsteller Ilija Trojanow, dem zuletzt die Einreise in die USA verweigert wurde, hat nun doch ein Visum bekommen. Es ist zehn Jahre lang gültig. Eine Begründung haben die US-Behörden nicht gegeben. Trojanow hatte gemutmaßt, dass er aufgrund seiner kritischen Äußerungen zur NSA-Affäre nicht ins Land gelassen wurde.

Die Geschichte des Skandals

Im Juni 2013 begannen der britische Guardian und die amerikanische Washington Post, geheime Dokumente zu veröffentlichen, die sie vom früheren NSA-Mitarbeiter Edward Snowden bekommen hatten. Snowden selbst wurde dafür in den USA der Spionage angeklagt und floh nach Russland ins Exil.

Die angeblich rund 30.000 von ihm entwendeten Dokumente enthüllen ein weltweites Netz von Spionagesystemen. Sie zeigen, dass die amerikanische National Security Agency (NSA), die britischen Government Communications Headquarters (GHCQ) und ihre Partnerdienste jede Form elektronischer Kommunikation überwachen wollen. Die wichtigsten Fakten im Überblick:

Die Überwacher: Im Zentrum des Skandals stehen die NSA und der britische Geheimdienst GCHQ. Zu den engsten Partnern der USA und Großbritannien gehören Kanada, Australien und Neuseeland, zusammen bilden sie die Five Eyes.

Weitere Länder arbeiten mit diesen fünf zusammen, darunter Deutschland, Frankreich, Belgien oder auch Japan und Südkorea. Sie alle profitieren von den Erkenntnissen insbesondere der Five Eyes und liefern ihnen eigene Informationen. Die Zusammenarbeit kann aber auch anders aussehen: „Wir haben dem BND geholfen, Argumente für eine Reform oder Neuinterpretation der restriktiven Abhör-Gesetze in Deutschland zu finden", zitierte die Zeitung aus einem internen Papier des GCHQ.

Die Überwachten: Wer nicht zu den Five Eyes gehört, muss davon ausgehen, überwacht zu werden. Länder wie Deutschland gehören zu den Partnern „dritter Klasse", heißt es in den Snowden-Dokumenten. Sie helfen der NSA zum Beispiel in Afghanistan, sind aber gleichzeitig deren Opfer.

• Weltweit hörte die NSA offenbar die Telefongespräche von 35 Regierungschefs ab.

• In Deutschland soll die NSA das Mobiltelefon der Bundeskanzlerin und möglicherweise das gesamte Berliner Regierungsviertel überwacht haben. Ähnliche Vorwürfe gibt es auch gegen die Briten.

• Seit mindestens sieben Jahren sammelt sie die Telefonverbindungsdaten aller Amerikaner. Die Erlaubnis dazu erteilt das geheim tagende Fisa-Gericht alle drei Monate von Neuem.

• In Spanien hat die NSA laut Medienberichten 60 Millionen Verbindungsdaten allein zwischen Dezember 2012 und Januar 2013 gesammelt.

• In Frankreich waren es im selben Zeitraum die Daten von mehr als 70 Millionen Telefonverbindungen. Die NSA hat Ende Oktober 2013 beiden Berichten widersprochen – es seien die spanischen und französischen die Geheimdienste gewesen, die diese Daten beschafft und an die NSA übergeben hätten. Die Daten stammten angeblich aus der Auslandsaufklärung.

• In Belgien hat sich der britische Geheimdienst GCHQ offenbar in die Rechner des Providers Belgacom gehackt, zu dessen Kunden auch das EU-Parlament, die EU-Kommission und der Europäische Rat gehören.

• In Brasilien und Mexiko hat die NSA Staatsoberhäupter und ranghohe Politiker sowie mindestens ein Öl-Unternehmen überwacht.

• In den Botschaften unter anderem von Frankreich, Italien, Griechenland sowie in EU-Vertretungen in den USA hat die NSA Wanzen versteckt, um Diplomaten abzuhören.

• Auch die Internetkommunikation von Privatnutzern in aller Welt wird überwacht: Die NSA verschafft sich Zugriff auf die Nutzerdaten und -inhalte bei großen US-Anbietern – entweder mehr oder weniger gezielt und per Gerichtsbeschluss im Rahmen des Prism-Programms oder heimlich im Rahmen des Muscular-Programms.

• US-Präsident Barack Obama hat nach Reuters-Angaben die Überwachung der Weltbank und des IWF durch die NSA eingestellt. Das bedeutet gleichzeitig, dass die Hauptquartiere der beiden Institutionen früher wohl verwanzt waren – auch wenn das die US-Regierung nicht eingeräumt hat.

• Bei der UN-Klimakonferenz 2007 auf Bali sollen die NSA und der australische Geheimdienst DSD die indonesischen Sicherheitsbehörden ausgespäht haben, um an Telefonnummern zu gelangen.

• Die NSA überwacht die Opec (die Organisation erdölexportierenden Länder) seit 2008, die britischen GCHQ tun es seit 2010. Beide Geheimdienste haben sich mit illegalen Methoden Zugang zu den Computern im Wiener Hauptquartier der Opec verschafft.

Die Ziele: Einerseits werden die Kommunikationsverbindungen und -inhalte von Millionen von Bürgern überwacht. „Man braucht den Heuhaufen, um darin die Nadel zu finden", beschreibt NSA-Direktor Keith Alexander das Prinzip. Die NSA argumentiert, sie analysiere diese gigantischen Datenmengen, um Terroristen und Waffenhändlern auf die Schliche zu kommen.

Die NSA spioniert aber auch gezielt einzelne Unternehmen und Spitzenpolitiker aus, darunter Bundeskanzlerin Angela Merkel. Es geht den Amerikanern also nicht nur um die Terrorbekämpfung, sondern auch um die eigenen politischen und wirtschaftlichen Interessen.

Die Informationsquellen: Zu wissen, wer wann mit wem kommuniziert, hilft die NSA, Verbindungen von Verdächtigen zu entdecken. Deshalb sammelt und analysiert sie Verbindungsdaten – von Telefongesprächen, SMS, E-Mails oder Chats. Das gilt sowohl für das Ausland als auch für Verbindungen innerhalb der USA. Letzteres ist gesetzlich eigentlich streng reglementiert, doch die parlamentarische Überwachung der Überwacher funktioniert schlicht nicht, wie selbst jene zugeben, die dafür verantwortlich sind.

Wohl aus dem gleichen Grund hat die NSA auch Hunderte Millionen Kontaktdaten aus den Adressbüchern von E-Mail-Konten und Instant-Messaging-Accounts in aller Welt abgesaugt.

Zum Teil werden die Daten auch geliefert, zum Beispiel vom deutschen Bundesnachrichtendienst (BND). Der hat Daten aus seiner Auslandsaufklärung etwa in Afghanistan und Nahost an die US-Kollegen weitergeleitet, angeblich 500 Millionen Datensätze allein im Dezember 2012.

Überwacht werden auch Internet, Smartphones und der Zahlungsverkehr

Der britische Geheimdienst GCHQ setzt ebenfalls einen extrem großen Datenstaubsauger ein, und zwar an den transatlantischen Glasfaser-Unterseekabeln, die den größten Teil des europäischen Datenverkehrs in die USA und zurück abwickeln. Tempora heißt das Überwachungsprogramm, hierüber können auch Kommunikationsinhalte wie Mails oder Chats überwacht werden. Wer US-Dienste wie Google oder Yahoo benutzt, muss damit rechnen, dass seine Mails und Suchanfragen registriert werden – das gilt selbst dann, wenn die Verbindung verschlüsselt ist.

Im mobilen Internet wollen die Briten eine vergleichbare Machtposition erlangen. Verantwortlich dafür ist laut Spiegel die Abteilung MyNOC (My Network Operations Centre), die auf das Infiltrieren von Netzwerken spezialisiert ist. Sie hat mit der von der NSA entwickelten Methode „Quantum Insert" zum Beispiel den belgischen Provider Belgacom sowie dessen Dienstleister unterwandert, um sich Zugang zu Roaming-Routern zu verschaffen. So ist es der Einheit möglich, gezielt einzelne Smartphones zu überwachen und möglicherweise sogar aus der Ferne zu kontrollieren – sie also in Abhörwanzen zu verwandeln.

Wie bei den Briten gibt es auch bei der NSA Programme sowohl für massenhafte Abschöpfung von Daten wie auch für gezielte Einsätze: Braucht die NSA bestimmte Nutzerdaten, beantragt sie das beim geheimen Fisa-Gericht, das wiederum US-Unternehmen wie Google, Facebook, Microsoft, Yahoo und andere zur Herausgabe der Daten und zum Stillschweigen darüber verpflichtet. Prism heißt das Überwachungsprogramm, der Name ist mitunter zum Synonym des gesamten Überwachungsskandals geworden, ist aber nur ein kleiner Teil des Systems. Weitere (Unter-)Programme zur Datensammlung und -analyse heißen XKeyscore, Blarney, Marina, Oakstar, Fairway, Stormbrew, Boundless Informant, Bullrun und Dropmire.

Im Rahmen des Programms „Muscular" besorgt sich die NSA dagegen Hunderte Millionen Nutzerdaten und -inhalte von Google- und Yahoo-Kunden, ohne die Unternehmen darüber zu informieren. Gemeinsam mit den Briten zapft der US-Geheimdienst die Glasfaserleitungen an, mit denen die internationalen Rechenzentren der beiden Unternehmen verbunden sind. Diese Form der Überwachung ist nicht gezielt, hier wird keine Nadel im Heuhaufen gesucht, hier wird ein Heuhaufen angelegt.

Weitere Angriffspunkte:

• Einzelne Smartphones kann die Behörde laut Spiegel selbst infiltrieren, weil sie Hintertüren zu allen großen Betriebssystemen kennt.

• Neben Telefon- und Internetverbindungen überwacht die NSA angeblich auch große Teile des internationalen Zahlungsverkehrs.

• Die CIA hingegen sammelt massenhaft Daten über einzelne Bargeldtransfers per Western Union oder MoneyGram.

• Selbst Verschlüsselung schützt nicht immer vor unerwünschten Mitlesern, die NSA kann offenbar verschiedene Verschlüsselungstechniken umgehen.

Die Reaktionen: In den USA soll eine offiziell unabhängige Expertengruppe die Praktiken der NSA unter die Lupe nehmen. Deren Mitglieder stehen jedoch dem Weißen Haus und den Geheimdiensten nahe, zudem sind sie auf Informationen der NSA angewiesen. Bis Ende des Jahres soll die Gruppe einen Abschlussbericht vorlegen.

Der Generalinspekteur für die Geheimdienste Charles McCullough erklärte im November, er könne die Telefon- und Internetüberwachung durch die NSA nicht – wie vom Kongress gefordert – untersuchen. Er habe dafür nicht die nötigen Ressourcen.

NSA Überwachung Jedermann jederzeit überall

Die NSA wollte die totale Überwachung der Welt erreichen. Das geht aus einem Strategiepapier hervor, das Edward Snowden der „New York Times" gegeben hat.

Die NSA hat noch im Jahre 2012 eine vollständige Überwachung der Welt angestrebt. Das geht aus einem hochgeheimen Dokument hervor, über das die New York Times unter Berufung auf Edward Snowden berichtet. Demnach wollte die NSA laut dem Strategiepapier erreichen, das sie Daten von „jedermann, jederzeit, überall" erhalten kann.

Zu diesem Zweck hatte die NSA vor, ihre Befugnisse ausdehnen. Die US-Gesetze seien für ein solches Vorgehen nicht angemessen gestaltet und müssten verändert werden. Dies sei das „Goldene Zeitalter" der Funk- und Elektronik-Überwachung, schrieb die NSA in dem fünfseitigen Papier vom 23. Februar 2012, das sich bezieht auf die Five Eyes, also die Geheimdienste der USA, Großbritanniens, Kanadas, Australiens und Neuseelands. Das mit TOP SECRET überschriebene Papier trägt den Titel „(U) Sigint Strategy 2012-2016".

Die Funk- und Elektronik-Überwachung solle den nationalen Interessen der USA den entscheidenden Vorsprung verschaffen. Weiter heißt es in dem Papier: „Wir hören niemals auf, Neuerungen einzuführen, uns zu verbessern, und wir geben niemals auf!"

Die NSA-Strategen befürchten, dass Cyber-Attacken die US-Gesellschaft lahmlegen könnten, auch wenn sie nicht die gleiche Anzahl von Opfern mit sich bringen würden wie ein Atomangriff.

Das Staatensystem, das aus dem Zweiten Weltkrieg hervorgegangen sei, werde sich bis 2025 stark ändern. Es werde neue Mächte geben, Wohlstand und die wirtschaftliche Macht würden sich vom Westen in Richtung Osten verlagern, und nicht-staatliche Akteure bekämen einen größeren Einfluss, analysiert die NSA.

6. ... noch im Jahre 2012 ...?

... ich kann mir überhaupt nicht vorstellen, dass sich an diesem Ziel 2013 etwas geändert hat und 2014 etwas ändern wird. Edward Snowdens Plaudereien und Veröffentlichungen sind in den Augen der Täter eine dumme und peinliche Panne - aber wahrscheinlich eher Ansporn, noch konsequenter als bisher weiterzumachen , denn: Hätte die Überwachung optimal funktioniert, wäre ihnen der Mann gewiss nicht entwischt.

Wer zumindest ein bisschen der Überwachung entkommen will, für den gibt es nur einen Weg: Netzkabel ziehen. Das Handy wegwerfen (oder besser mit dem Hammer zertrümmern). Überall wieder mit Bargeld zahlen. Dieses persönlich am Bankschalter abholen. Höchstens Briefe schreiben und wichtige Nachrichten dem Empfänger persönlich überbringen.

Doch wahrscheinlich macht man sich so erst recht verdächtig.

Von der der sizilianischen Mafia und der Ndhrangheta habe ich übrigens gehört, dass sie es genauso machen.

Ein erster Gesetzentwurf zur Eindämmung der NSA-Überwachung fand im US-Repräsentantenhaus keine Mehrheit. Weitere Entwürfe liegen vor, aber dass sie jemals Gesetz werden, halten Beobachter für unwahrscheinlich.

Die Bundesregierung hat erst scharf auf die Enthüllungen reagiert, als klar war, dass auch die Bundeskanzlerin ein Ziel der NSA ist. Angela Merkel rief US-Präsident Barack Obama an und verlangte „Aufklärung über den Gesamtumfang" der US-Spionage in Deutschland. Außenminister Guido Westerwelle bestellte den US-Botschafter ein. Die Bundesregierung und die USA arbeiten nun an einem No-Spy-Abkommen. Das aber werde eine gegenseitige Überwachung nicht ausschließen, berichtet der Spiegel. Ein erster Entwurf trage den Titel „Kooperationsvereinbarung".

SPD, Grüne und Linke wollen einen parlamentarischen Untersuchungsausschuss einrichten, um die Spionagevorwürfe aufzuklären, die Union ist jedoch dagegen. Edward Snowden könnte in so einem Ausschuss der Kronzeuge werden. Hans-Christian Ströbele, Bundestagsabgeordneter der Grünen und Mitglied des Parlamentarischen Kontrollgremiums, hat sich in Moskau mit Snowden getroffen. Der Whistleblower hat sich bereiterklärt, Deutschland unter bestimmten Umständen bei der Aufklärung der NSA-Affäre zu helfen.

Die Bundesanwaltschaft hat einen Beobachtungsvorgang eingeleitet, sie ermittelt aber noch nicht förmlich.

Auf europäischer Ebene ist vor allem das EU-Parlament aktiv geworden: Es verabschiedete eine Resolution, in der EU-Kommission und Ministerrat aufgefordert werden, das Swift-Abkommen auszusetzen. Es erlaubt den US-Behörden, unter bestimmten Voraussetzungen die Kontodaten europäischer Bürger abzufragen. Vereinzelt gibt es zudem Stimmen im Parlament und in den Mitgliedsstaaten, die Verhandlungen zum geplanten Freihandelsabkommen mit den USA auszusetzen. Die Bundesregierung ist dagegen.

Die Kohle besiegt das Klima

Geld ist mächtiger als der Schutz des Klimas. Das wurde auf dem UN-Gipfel in Warschau endgültig klar. Die Verhandlungen enden enttäuschend, die Aussichten sind düster. Ein Kommentar von Alexandra Endres

Diesen Klimagipfel konnte auch Naderev „Yeb" Saño nicht retten. Bis zum Schluss blieb der Delegierte aus den Philippinen im Hungerstreik. Die tränenreiche Rede, die er am ersten Tag der Konferenz hielt, bewegte die Welt. Die Verhandlungsführer hat sie kaum inspiriert. Das Ergebnis in Warschau ist eine Enttäuschung, selbst wenn man es an den geringen Erwartungen misst, mit denen der Gipfel gestartet war.

Dabei sollte in Polen der Weg in die Zukunft geebnet werden: hin zu einem fairen, alle Staaten verpflichtenden Klimaschutzabkommen, das in zwei Jahren in Paris beschlossen werden kann; zu einem Finanzfonds, der ab dem Jahr 2020 jährlich 100 Milliarden Dollar für Klimaprojekte in Entwicklungsländern bereitstellt; und zu regeln, wie künftig mit Klimaschäden umzugehen sei. Doch am Samstag endete der Gipfel fast in einem Eklat.

Am Ende einigten die Delegierten sich zwar auf drei zentrale Dokumente. Aber Indien und China sorgten dafür, dass die Schritte zum geplanten Abkommen in Paris vage blieben. Die alten Industriestaaten gaben nicht so viel Geld wie erhofft und vertrösteten den Gipfel aufs kommende Jahr. Und die Übereinkunft zu den Klimaschäden, der „Warschauer Mechanismus", hat zwar einen klangvollen Namen. Aber er bleibt eine schöne, leere Hülle.

Der größte Fortschritt war noch ein Regelwerk zum Waldschutz, über das seit Jahren verhandelt worden war. Die weltweite Abholzung ist Quelle großer Treibhausgasemissionen – gut, dass sie gebremst werden soll. In allen anderen Punkten aber war Warschau eine Enttäuschung.

Kein Gipfel zuvor bewies so deutlich die Gültigkeit des alten Bill-Clinton-Wahlslogans: Es ist die Wirtschaft, Dummkopf! Geld ist mächtiger als das Klima, das wurde in Warschau endgültig klar. Nicht nur wegen des Kohlegipfels, zu dem die polnische Regierung provokant zur gleichen Zeit lud. Nicht, weil Sponsoren aus Kohle-, Auto- und Luftfahrtindustrie den Klimagipfel fördern durften. Auch nicht, weil der polnische Premier Donald Tusk seinen Umweltminister Marcin Korolec mitten in der Konferenz durch einen Nachfolger ersetzte, der dem Fracking freundlicher gesonnen ist, und dadurch die Klimadelegierten brüskierte.

Zu viel Klimaschutz stört nur

In Wahrheit drehen sich auch die Klimagipfel selbst vor allem um Geld und Wohlstand. Klimaschutz kommt nur zustande, wenn er der wirtschaftlichen Entwicklung nicht widerspricht. Große Schwellenländer wie China und Indien wissen genau, dass sie den Ausstoß von Treibhausgasen senken müssen – aber aus Sorge um ihre Wirtschaft zögern sie den Zeitpunkt, an dem sie darauf verbindlich festgelegt werden, so weit wie möglich hinaus. Die Ölstaaten wollen ihr Vermögen nicht entwerten, indem sie dem Verbrauch fossiler Energien Grenzen setzen. Nichts anderes würde ein wirksames Klimaschutzabkommen aber bewirken. Die Entwicklungsländer kämpfen sowieso um Geld. Und die alten Industrieländer legen erst recht Wert auf eine günstige, zuverlässige Energieversorgung zum Wohl ihrer Wirtschaft.

Alexandra Endres ist Redakteurin im Ressort Wirtschaft bei ZEIT ONLINE. Ihre Profilseite finden Sie hier.

@alexandraendres folgen@zeitonline_wir folgen

Zu viel Klimaschutz stört da nur. Vielleicht war der geschmähte Gastgeber Polen in diesem Punkt einfach nur ehrlicher als andere Staaten.

Auch die Deutschen kennen den Konflikt zwischen wirtschaftlichen Interessen und dem Klimaschutz genau. Umweltminister Peter Altmaier kündigte in Warschau an, im kommenden Frühjahr wolle die neue Regierung eine aktivere Klimaschutzpolitik betreiben als bisher. Auch die Europäische Union vertröstet auf 2014. Dann will sie neue Emissionsziele und „substanzielle" Finanzzusagen vorlegen.

Fast scheint es, als wollten viele Verhandler in Warschau ihr Pulver vor dem Gipfel von UN-Generalsekretär Ban Ki Moon im kommenden September noch möglichst lange trocken halten. Die entscheidende Frage ist aber, ob auf diese Art rechtzeitig vor Paris ein Fortschritt zu erreichen ist. Denn für das Klima wird die Zeit längst knapp. „Hier geht es um reale Menschen und reale Leben", appellierte Yeb Saño am Samstagnachmittag an die Delegierten.

Doch auch in seinem Land wissen sie gut: Der Klimaschutz hat es schwer, wenn wirtschaftliche Interessen gegen ihn stehen. Fast die Hälfte des philippinischen Energieverbrauchs stammt aus der Kohle, und viel Energie geht auf dem Weg zum Verbraucher verloren. Das zu ändern, würde zunächst Geld kosten und Profite gefährden. Das ist das große Dilemma des Klimaschutzes, auf den Philippinen wie auf der ganzen Welt.

Verlieren Erdölmultis aufgrund der Klimapolitik an Wert

Sollten die Staaten die Klimapolitik ernst nehmen, würden nicht mehr alle bekannten Reserven an fossilen Treibstoffen genutzt werden. Laut nachhaltig orientierten Investoren ist dies ein Problem für das Geschäftsmodell der Energiekonzerne.

Die großen internationalen Energiekonzerne wie Exxon-Mobil, Royal Dutch Shell, Total, BP oder Chevron müssen sich derzeit wie in einem Schraubstock fühlen: Während die Kritik seitens Umweltschützer und Nichtregierungsorganisationen bereits zur Gewohnheit wurde, stimmten in vergangener Zeit auch manche Analytiker und Investoren einen Abgesang auf die Erdölmultis an. Die «Oil majors» werden von Staatsgesellschaften, Erdölservice-Unternehmen und reinen Produktionsfirmen bedrängt. Es wird immer schwieriger an Reserven zu gelangen, die Projekte werden immer teurer. Derzeit melden sich zudem Vertreter einer Kombination aus den beiden Argumenten zu Wort: Investoren, die ihre ökologischen Vorstellungen in eine Anlagestrategie pressen.

Riskante Reserven

Neben Al Gore, dem früheren Vizepräsidenten der USA und streitbaren Kämpfer gegen den Klimawandel, exponierten sich in dieser Hinsicht auch 70 Investmentgesellschaften , die im vergangenen Monat einen Brief an mehrere Erdöl- und Erdgaskonzerne geschrieben haben. Die Investoren verwalten insgesamt nach eigenen Angaben Vermögen in der Höhe von 3 Bio. $. Im Brief forderten unter anderem amerikanische Pensionskassen, private Investoren, Stiftungen und Fondsgesellschaften die Erdölmultis dazu auf, darzulegen, wie sie mit der möglichen Entwertung ihrer «kohlendioxidhaltigen Vermögenswerte» umgehen. Die Kritik besteht darin, dass die Energieunternehmen Milliarden von Dollars in Projekte investieren würden, die nie zum Tragen kämen. Es bestünde das Risiko, dass staatliche und marktgetriebene Maßnahmen zur Reduzierung der CO_2-Emissionen die Investitionen in Erdöl, Erdgas und Kohle entwerten würden. Dadurch sinke auch die Marktkapitalisierung der Konzerne. Der Aktienkurs der Erdölmultis hängt üblicherweise in großem Masse davon ab, wie viel Reserven das jeweilige Unternehmen in seinen Büchern hat.

Aber nicht nur die «Nachhaltigkeitsapostel» unter den Investoren nehmen diese Argumente auf. So schrieb die Internationale Energieagentur (IEA), ein Energie-Think-Tank der Industrieländer, in einem Bericht, dass nur ein Drittel der Reserven an fossilen Energieformen bis zum Jahr 2050 «verbrannt» werde, wenn es wenigstens eine Wahrscheinlichkeit von 50% geben soll, den Anstieg der globalen Temperaturen auf 2° Celsius zu beschränken. Die Bank HSBC nahm dies zu einer Analyse europäischer Energiekonzerne zum Anlass, mit einem alarmierenden Ergebnis: Wenn das Risiko nichtverwertbarer Reserven und eines Absturzes des Erdölpreises auf 50 $ je Fass herangezogen wird, könnten manche Konzerne zwischen 40% und 60% ihrer Marktkapitalisierung einbüßen. Die größte Gefahr geht dabei laut den Analytikern von HSBC aber von einer niedrigen Erdölnotiz aus. Es geht um hohe Summen: Die 200 größten kotierten Energiefirmen hatten insgesamt Ende 2012 eine Marktkapitalisierung von 4 Bio. $.

Wie sehr ein Unternehmen von der Klimapolitik getroffen wird, hängt vom Energie-Portfolio und den Marktbedingungen für die einzelnen fossilen Treibstoffe ab. Zunächst werde es Kohle betreffen, sagt Fatih Birol, der Chefökonom der IEA. Erdöl und vor allem Erdgas werde es weniger berühren. Das in Kohlereserven «eingeschlossene» Kohlendioxid beträgt ein Vielfaches von demjenigen in den jeweiligen Erdöl- und Erdgasvorkommen. Erdgas gilt als sauberere Energie als Kohle (und Erdöl) und wird zumindest als Brückenenergie gehandelt, bis erneuerbare Energien in Zukunft den Haupthast in der Stromversorgung tragen können. Das relativ teure Erdöl verteidigte bisher seine Rolle vor allem im Transportwesen. HSBC ist aber der Überzeugung, dass ein Rückgang der Nachfrage beim Erdöl – zum Beispiel aufgrund effizienterer Motoren – gar schneller erfolge als bei Kohle.

Prognosen zum Energieverbrauch der Zukunft sind eine notorisch schwierige Angelegenheit. Gerade im Energiebereich wird mit Studien Politik gemacht, Ergebnisse hängen – offensichtlich – stark von den Annahmen ab. Umso heftiger kann über solche Prognosen gestritten werden. Die Argumente der «kritischen Investoren» basieren auf der Annahme, dass der politische Druck zur Vermeidung von CO_2-Emissionen – nicht zuletzt durch die eigene Tätigkeit – zunehmen werde und dass sich dieses Risiko noch nicht genügend in den Aktienkursen spiegle. «Konventionelle Investoren» sehen dies anders: Pablo Gonzalez vom auf Rohstoffe spezialisierten Vermögensverwalter Gateway Capital Group geht zwar davon aus, dass der politische Druck wohl nicht abnehmen werde. Er sieht aber den technischen Wandel innerhalb der fossilen Energiegewinnung als derzeit größeren Einflussfaktor auf die Strategie der Unternehmen. Dieser Wandel wird freilich von relativen Preisen und Regulierungen beeinflusst.

Dabei sind die Wirkungen nicht von vorneherein eindeutig: Als Folge des Schiefergas-Booms in den USA wurde Kohle dort vergleichsweise teurer. Während in den USA Gas zur Verstromung eingesetzt wurde, importierte Europa die günstiger werdende Kohle. Dadurch reduzierten die USA seit 2006 mehr CO_2-Emissionen als die EU.

Es ist auch fraglich, ob und in welchem Masse die Finanzmärkte von einem zu hohen Wert für die Reserven ausgehen. Eine gewisse Ernüchterung den großen Erdölkonzernen gegenüber hat sich ohnehin eingestellt. Exxon-Mobil, Shell, Chevron und Co. wird bereits vorgeworfen, zu viel Geld in allzu teure Projekte zu stecken. Die Erdölmultis haben bereits reagiert und eine Rücknahme der Investitionen in neue Felder angekündigt – auch wenn die Volumina immer noch hoch sind. Die Anleger möchten einen höheren freien Cashflow sehen. Zudem werden Vermögenswerte abgestoßen. Wie auch das verhaltene Interesse an der Versteigerung des gigantischen Libra-Erdölfeldes in Brasilien gezeigt hat, werden Reserven nicht mehr um jeden Preis angehäuft. Vielmehr geht es darum, die rentabelsten Projekte zu entwickeln. Laut HSBC sollen sich die Investoren auf Unternehmen mit zukünftig niedrigen Kosten konzentrieren, die sich auch in einer Welt mit sinkenden Erdölpreisen behaupten. Zudem sei ein hoher Anteil an Erdgas von Vorteil. Die Unternehmen selbst sagen, dass sie das Risiko mildern, indem sie für die Investitionsentscheidungen hohe implizite CO_2-Preise verwenden.

Die IEA schreibt in ihrem jüngsten Jahresbericht, dass das Risiko einer

Entwertung der Reserven übertrieben sein könnte, weil sich die Szenarien für die Energiezukunft nicht radikal unterscheiden würden. Das Szenario mit Politikmaßnahmen, das den Anstieg der globalen Temperaturen zu 50% auf 2° Celsius beschränkt, ergibt nur eine um 7 Prozentpunkte geringere Nutzung der Reserven als die Projektion, der die gegenwärtige Klimapolitik zugrunde liegt. Deshalb sei die Wahrscheinlichkeit, dass die noch nicht genutzten Vorkommen aufgrund von politischer Unsicherheit an Wert einbüßten, limitiert.

Druck von vielen Seiten

Die großen kotierten Energiekonzerne stehen aber noch von einer anderen Seite unter Druck: Rund 90% des weltweiten Erdöls und Erdgases liegen in den Händen von Staaten oder Staatsunternehmen – auch trotz Schiefergas und -öl. Gut 70% dieser Reserven entfallen auf die Länder der Organisation erdölexportierender Länder (Opec). Zudem können die Opec-Staaten häufig zu niedrigen Kosten produzieren. Da viele Staatsgesellschaften nicht kotiert sind, fehlt bei diesen der Investorenhebel. Wie die Petro-Staaten auf einen Rückgang der Nachfrage reagieren würden, ist unklar. HSBC geht davon aus, dass die Produktionsmenge beibehalten wird, was zur Prognose eines sinkenden Ölpreises führt.

In den Aktienkursen der Erdölkonzerne könnten tatsächlich die Auswirkungen der Klimapolitik und die Reaktionen der staatlichen Erdölgesellschaften nicht enthalten sein. Fraglich bleibt jedoch, in welchem Ausmaß und in welchem Zeitrahmen dies für die Bewertung der Unternehmen schlagend wird. Die Konzerne und ein Großteil der Investoren können jedoch die Klimapolitik in ihre Kalkulationen nur dann aufnehmen, wenn deren Ziele und Maßnahmen klar formuliert werden. Der Verlauf der Verhandlungen an der Weltklimakonferenz in Warschau zeigt, dass hier noch ein verschlungener und langwieriger Weg bevorsteht.

Der romantische Tod

Novalis folgt der Geliebten in den Tod

Die abendländische Philosophie von Platon und Epikur über Montaigne und Schopenhauer bis zu Heidegger hat sich als «Einübung in den Tod», als «Sterben lernen» verstanden. Ihr Ziel war die Überwindung der Todesfurcht,

Gelassenheit ihr eindrucksvolles Versprechen. Aber sie blieb zumeist auf den «Eigentod», den individuellen, ganz persönlichen Tod des Ichs, beschränkt. In einem Ausmaß, das von den Philosophen – nicht den Poeten, die immer schon todesrealistischer waren – erst in der Auseinandersetzung mit der Todesphilosophie Martin Heideggers mit dem nötigen Nachdruck bemerkt worden ist, hat der «Eigentod» die Todesphilosophie bestimmt. Und noch im Begriff des «Fremdtodes», der dem «Eigentod» gegenübergestellt wurde, blieb der Tod der Anderen von Grund auf fremd. Dagegen hat vor allem die Todesphilosophie von Emmanuel Levinas gelehrt: «Der Tod des Anderen ist der erste Tod.» Das gilt in jedem Sinn, ontologisch, chronologisch, existenziell. Die Erfahrung des Todes, die für den Sterbenden alle weitere Erfahrung unmöglich macht, ist primär die des Todes des Anderen.

Koalitionsverhandlungen Union und SPD begraben die Energiewende
Es ist nur ein Satz im Koalitionsvertrag, aber er könnte das Ende der Energiewende bedeuten. Union und SPD wollen die Branche zu Geschäften mit Konzernen wie RWE zwingen. von Fritz Vorholz
Fast unbemerkt von der Öffentlichkeit haben sich Bundesumweltminister Peter Altmaier (CDU) und NRW-Ministerpräsidentin Hannelore Kraft (SPD) in dem Entwurf für das Energiekapitel des Koalitionsvertrages auf eine Passage geeinigt, die für das Ende der Energiewende sorgen und das Schicksal der erneuerbaren Energien besiegeln könnte. „Das ist der Hammer", heißt es sogar in Regierungskreisen. Der entscheidende Satz soll auf Drängen der Chefs von RWE und E.oN, Peter Terium und Johannes Teyssen, in den Vertragsentwurf gekommen sein.
Die Lobby der erneuerbaren Energien hat die Attacke auf ihr Kerngeschäft noch gar nicht wahrgenommen. Der entscheidende Satz findet sich auf Zeile 259 des Entwurfs vom 11. November. Dort heißt es: „Wir werden prüfen, ob große Erzeuger von Strom aus erneuerbaren Energien einen Grundlastanteil ihrer Maximaleinspeisung garantieren müssen, um so einen Beitrag zur Versorgungssicherheit zu leisten."

Kartell der Zentralbanken

Das Papiergeld-System wird kein gutes Ende nehmen

Michael Ferber   Ende Oktober haben sechs führende Zentralbanken bekanntgegeben, dass sie die während der Finanzkrise eingeführten, befristeten Liquiditäts-Swap-Abkommen in unbefristete Vereinbarungen umwandeln. Betroffen sind die Bank of Canada, die Bank of England, die Bank of Japan, die Europäische Zentralbank (EZB), das Federal Reserve System (Fed) und die Schweizerische Nationalbank (SNB). Die unbefristeten Abkommen dienten weiterhin als vorsorgliche Maßnahme gegen Liquiditäts-Engpässe, heisst es in einer Medienmitteilung der SNB. Dies erlaube es der Schweizerischen Nationalbank, den betreffenden Zentralbanken bei Bedarf Franken zur Verfügung zu stellen.

Mit der jetzigen Aufhebung der Befristung sieht Thorsten Polleit, Chefökonom von Degussa Goldhandel und Honorarprofessor an der Frankfurt School of Finance & Management, einen Schritt hin zu einer Vereinheitlichung der Geldpolitik weltweit. Er spricht von einem «Kartell der Zentralbanken». Der Wettbewerb zwischen den Währungen werde durch das Abkommen geschwächt.

Die Zentralbanken könnten sich nun permanent die Liquidität in den jeweiligen Währungen leihen, im herrschenden System des ungedeckten Papiergelds werde das dafür nötige Geld einfach gedruckt.Letztlich seien die Liquiditäts-Swap-Linien günstige Finanzierungsprogramme für den Bankensektor. Sie helfen dabei, die Institute kurz- bis mittelfristig zu stabilisieren. Allerdings habe dies auch Nebenwirkungen. Schlechte Geschäftspraktiken von Banken würden nicht geahndet und marode Institute künstlich am Leben erhalten. Die Zentralbanken, allen voran die amerikanische Federal Reserve, betreiben aus Sicht von Polleit eine Politik, die an den Interessen der US-Großbanken hängt. Die Zeche für die Stützung der Banken zahlen im Endeffekt die Sparer und Investoren, die unter den extrem niedrigen Zinsen leiden. Außerdem verursache die expansive Geldpolitik letztlich «Boom-and-Bust»-Zyklen, in denen Auf- und Abschwünge in immer kürzeren Perioden aufeinanderfolgten.

Ermöglicht wird dies laut Polleit durch das Papiergeld-System, das in letzter Konsequenz eine planwirtschaftliche Institution sei und die akute Gefahr eines Machtmissbrauchs berge. Am Donnerstag hat die EZB den Leitzins auf rekordtiefe 0,25% gesenkt, was ihr Präsident Mario Draghi damit begründete, der Euro-Zone stehe «ein langer Zeitraum niedriger Inflation» bevor.

Aus Sicht von Polleit sind höhere Inflationsraten aber die gewollte Konsequenz der extrem expansiven Geldpolitik der Zentralbanken. Außerdem sei derzeit in vielen Ländern bereits eine Inflation der Vermögenspreise zu beobachten, beispielsweise bei deutschen oder Schweizer Immobilien oder auch bei Aktien. Die Zentralbanken fürchteten Deflation, also sinkende Preisniveaus, wie der Teufel das Weihwasser. Folglich würden sie alles tun, um eine solche Entwicklung zu verhindern, sagt Polleit. Letztlich werde das Papiergeld-System kein gutes Ende nehmen.

Wie retten Investoren in diesem Szenario ihr Vermögen? Polleit empfiehlt Anlegern, etwa 10% bis 20% des Portfolios in Gold zu investieren. Degussa Goldhandel ist ein auf Anlagen in Gold, Silber, Platin und Palladium spezialisiertes Unternehmen. In diesem Jahr steuert der Goldpreis zum ersten Mal seit Jahren auf einen Jahresverlust zu. Im Juni dieses Jahres fiel der Preis für das Edelmetall vorübergehend auf 1200 $ und ist von seinem Rekordhoch vom September 2011 bei 1900 $ weit entfernt – obwohl die Zentralbanken, allen voran die Federal Reserve, weiterhin enorme Summen an Geld drucken. Polleit erklärt die Entwicklung so: 2011 habe unter den Investoren große Angst vor einem Zusammenbruch des Finanzsystems geherrscht. Einen solchen hätten die Zentralbanken mit ihrer ultraexpansiven Geldpolitik abgewendet, was bei den Investoren für Erleichterung gesorgt habe. Die Probleme seien aber keineswegs gelöst, vielmehr würden die Schäden immer weiter in die Höhe getrieben. Polleit rechnet folglich damit, dass der Goldpreis wieder steigt.

Der Ökonom hält Diversifikation bei der Geldanlage für sehr wichtig. Anleger sollten aus seiner Sicht Nominalwerte wie Obligationen meiden und neben Gold auf andere Sachwerte setzen. Trotz den derzeitigen Höchstständen seien auch Aktien zu empfehlen, da sie Produktivkapital darstellten. Dabei sollten Investoren jedoch nur auf Unternehmen setzen, die mit ihren Geschäftsmodellen auch monetäre Turbulenzen überstehen könnten. Selbst «gute Unternehmen» darf man laut Polleit nur kaufen, wenn sie günstig sind, wenn ihr «Wert» also merklich unter dem Marktpreis liegt. Zudem eignen sich Firmen, die Produkte herstellen, die sich nicht leicht replizieren lassen.

Geheimhaltung statt Transparenz

Japans Bürokraten mögen es geheim

Opposition und Journalisten wehren sich gegen den Entwurf für ein neues Geheimhaltungsgesetz in Japan. Sie fürchten Missbrauch, weil es der Bürokratie enormen Spielraum zumisst.

Der Plan war wohl, die Sache schnell und praktisch unbemerkt durchs Parlament zu schleusen. Vor drei Wochen hatte die japanische Regierung ihren Entwurf für ein Geheimhaltungsgesetz ins Parlament eingebracht. Bis Anfang Dezember soll es verabschiedet werden. Da Abes Liberaldemokratische Partei (LDP) zusammen mit der Koalitionspartnerin Komeito in beiden Häusern eine komfortable Mehrheit hat, steht dem rein formell wenig im Weg.

«Mangelhafte Vorlage»

Zuerst schien der Prozess ganz nach dem Geschmack der Regierung zu verlaufen. Doch dann regte sich Widerstand. Journalisten, Historiker, Rechtsexperten und Oppositionspolitiker kritisieren, dass das Gesetz viel zu vage formuliert sei und Tür und Tor öffne für Missbrauch. «Die Vorlage ist so mangelhaft, dass sie nicht gerettet werden kann», urteilt Sohei Nihi, Rechtsanwalt und Abgeordneter der Kommunistischen Partei. Das Gesetz trete die verfassungsrechtlichen Grundprinzipien von Medien- und Redefreiheit mit Füßen.

Konkret will es die Regierung allen staatlichen Organen ermöglichen, Informationen für geheim zu erklären, wenn sie eine Gefahr für die nationale Sicherheit befürchten, falls diese Information öffentlich wird. Selbst Gegner des Gesetzes anerkennen das legitime Sicherheitsbedürfnis des Staates. Der Gesetzesvorschlag gibt den Bürokraten aber völlig freie Hand, zu entscheiden, was geheim sein soll und was nicht. Eine Überprüfung ihrer Entscheide durch Gerichte oder eine unabhängige Stelle ist nicht vorgesehen. Auch werden die als geheim erklärten Informationen nicht nach einer gewissen Frist automatisch freigegeben und archiviert; die Bürokraten können sie gar zerstören. Dagegen wehren sich Historiker. Andererseits befürchten

Abgeordnete, dass das Parlament seine Aufsichtsfunktion nicht mehr wahrnehmen kann. Denn es werde unmöglich, die Tätigkeit der Regierung zu untersuchen und interne Dokumente zu verlangen.

Wer geheime Informationen öffentlich macht, kann mit bis zu zehn Jahren Gefängnis bestraft werden. Journalisten werden davor gewarnt, bei der Informationsbeschaffung «unangemessene Methoden» anzuwenden. Der Klub der Auslandjournalisten in Japan schreibt in einer vielbeachteten Erklärung, dass solch vage Formulierungen «eine Lizenz für Bürokraten sein könnten, Journalisten nach Lust und Laune zu verfolgen». Diese Einschätzung wird von vielen japanischen Journalisten geteilt.

Während die Regierung argumentiert, dass die angespannte Sicherheitslage in der Region das neue Geheimhaltungsgesetz nötig mache, bezweifeln dies Kritiker. So schützte eine Reihe von Gesetzen, vom Beamtengesetz bis zum Gesetz über die Selbstverteidigungsstreitkräfte, Geheimnisse genügend. Dass es bereits seit langem möglich ist, jene strafrechtlich zu belangen, die geheime Informationen veröffentlichen, zeigt der Fall von Takichi Nishiyama. Er wurde in den späten siebziger Jahren dafür verurteilt, dass er Details über geheime Aspekte der Sicherheitsabkommen zwischen Tokio und Washington veröffentlichte. Selbst Jahre später, als die amerikanischen Dokumente freigegeben wurden und die Fakten belegt waren, leugnete das offizielle Tokio, dass es die Abkommen überhaupt gegeben habe.

Kein japanischer Manning

«Alles, was je über die geheimen Aspekte der amerikanisch-japanischen Allianz bekannt geworden ist, wurde von amerikanischer Seite veröffentlicht», sagt Nishiyama. Er widerspricht damit Aussagen von Regierungsmitgliedern. Diese begründen das Gesetz unter anderem damit, dass befreundete Staaten, namentlich die USA, nur dann mit Japan sicherheitsrelevante Informationen teilten, wenn diese besser geschützt seien. Die LDP-Abgeordnete Yuriko Koike, Verteidigungsministerin im ersten Kabinett Abes, schrieb in einem Kommentar, dass Informationen besser geschützt werden müssten, da heute regelmäßig Geheiminformationen an die Medien weitergegeben würden. Während auf amerikanischer Seite von Watergate bis Manning und Snowden eine Reihe von Fällen von Whistleblowern bekannt sind, wird man auf japanischer Seite hingegen kaum fündig.

Die Zeitung «Mainichi» rief in einem Editorial die Opposition dazu auf, die Regierungskoalition zu blockieren, damit es dieser nicht gelinge, das Geschäft durchs Parlament zu bringen. Ob das gelingt, ist fraglich. Ein Kritiker meint konsterniert, dass das Gesetz wohl nur gestoppt werden könne, wenn innerhalb der LDP selber die Erkenntnis aufkomme, dass dieses schädlich sei.

>Zitate Ende<

EMPÖRT EUCH INTENSIVER denn Kapitalunternehmen, Lobbyisten, BankenKartelle, machen Politik und Politiker sind bloße Zuschauer und Gläubige geblieben.

Montag, 25. November 2013

Die GeldSchrauben werden enger geschraubt und immer weniger bleibt übrig für die Menschheit. Die Menschheit ist ein Opfer der Industriellen und der Banker die die Industriellen Finanzieren. Das Steuereinkommen der Bevölkerungen ist das Raubziel der Bankerfamilien und der industriellen Familien. Subventionen sind der IrrrGlaube der Politiker global. Die Wissenschaftler sind in ihrer inneren Entwicklung Saurier geblieben also Raubtiere. Das kann nicht gut gehen. Und die Erde ist sauer und bekommt höhere Temperaturen. Das kann nicht gut gehen.

Ich habe in diesem Schrieb bloß einen winzigen Teil der Unvernunft der Irre der Wirrnisse und Unfähigkeiten der 1% Herrschaft auf der Erde in Worte gefasst. Dabei ist fast alles zusammengesucht im Internet oder Zeitungen und TV. Aber ich musste für mein eigenes Wohlbefinden auch die Zerstörerischen Energien die damit verbunden sind erleben, denn diese Themen sind ja keine Liebe der Menschen sondern mehr das Lieblose das Räuberische das Verlogene und Üble, am eigenen Leib durch Leid erfahren, denn wer zu viel im Dreck wühlt wird dreckig. Wie Übel muss es wohl sein diese Räuberischen Entscheidungen zu treffen in den BankerEtagen den Industrieunternehmen den Politikbüros. Und dieser Machkampf der Raubmenschen ist ja noch längst nicht zu ende. Laut Prophezeiungen wird es ja noch viel übler kommen. Ich sehe ja global welche Entscheidungen die Internationale Politik trifft und welche Entscheidungen zugunsten der Industriellen und BankerKartelle getroffen werden. Das kann nicht gut gehen. EMPÖRT EUCH INTENSIVER. Und so habe ich ja schon versucht mit den Worten von Martinus aufzuzeigen welche Zeit der Evolution der Mensch auf der Erde zur Zeit durchmacht und das zur Zeit eben das Raubtier Mensch sich in der Wirtschaft am perfektesten austoben kann. Und Martinus zeigte ja gut auf das die Entfernung Gottes in dieser BankenPolitik dieser GeldDämonKratie also der blanke Materialismus unweigerlich zur Zerstörung und riesigem Leid führen wird ohne den leisesten Zweifel damit zu haben.

Nun füge ich nochmal einen Text hinzu der vom Hobby Philosophen Dr. Peter Hubral in wundervoller Arbeit erarbeitet wurde. Was ich selber wegen der gleichen Thematik auch schon im Stillen versucht habe, nämlich die unterschiedlichen spirituellen Meister mit ihren unterschiedlichen Bezeichnungen aber für das Gleiche Erfahrungsthema zusammenzufassen. Dr. Peter Hubral hat in diesem Bericht die Spuren großer Naturphilosophen wie er sie nennt, zwischen Ost und West verfolgt. Er sieht in den Lehren der pythagoreischen/platonischen Schule Vertreter der uralten und im Westen ausgestorbenen Auwei-Tradition, die dank chinesischer Dao-Meister wieder belebt wird. Und er hat selbst einen Dao-Meister von dem er Schüler ist. Die Webseite/Homepage von ihm ist: www.dao-meister-platon.de. Und in diesem Bericht zeigt er auch nochmal auf in einer mehr philosophischen Untersuchung das die reine Lehre des gesellschaftlichen Glaubens an den Materialismus ein Manko ist der überwunden werden muss. Sein hoher Verdienst ist nämlich auch das er Platon aus der Kiste des Philosophen heraus brachte und zu einem Meditationsmeister machte, anhand seiner Fähigkeit griechisch zu können und weil er selber auch Meditierer ist. Was ich selber auch seit vielen Jahrzehnten bin. Denn die Interpretation von Platons Schriften wurde bisher ausschließlich von Universitätsphilosophen gemacht, die überhaupt kein Verständnis oder Ahnung davon haben was es bedeutet zu meditieren. Hier ist sein Text:

Zitat Anfang

Prof. Dr. Peter Hubral

Wirken aus der Ewigkeit

Genesis - Die universelle Erfahrung der Schöpfung 1. Teil

Am Beispiel der spirituellen Tradition des Daoismus macht der Autor auf die allen menschlichen Kulturen zugrunde liegende Erfahrung der Schöpfung aufmerksam. Er zeigt die Unterschiede von gesellschaftlichem und natürlichem Denken auf und verweist auf die Parallelen in den östlichen wie westlichen philosophischen Traditionen.

Laozi (ca. 604-531 v.u.Z.) schreibt im Daodejing, Kapitel 25: Es gibt Chaos, das schon vor Himmel und Erde existierte, still und formlos. Es befindet sich in einem Zustand einer sich aus sich selbst heraus ernährenden kreisenden Bewegung. Man mag es die ^Mutter der 10.000 Dinge< nennen. Ich kenne seinen Namen nicht, deshalb nenne ich es Dao. Weil ich kein besseres Attribut für Dao finde, bezeichne ich es als groß (Da), Es fließt dahin und kehrt wieder zurück.

Heutige Vorstellungen über die Schöpfung verweisen im Wesentlichen auf die Evolutionslehre und biblische Genesis. Dabei ignorieren wir, dass seit Jahrtausenden von Naturphilosophen zwischen Ost und West über die Weltentstehung und die persönliche Erfahrung jenseitiger Wellten berichtet wird. Diese Erfahrung haben sie durch rigorose meditative Weltabgewandtheit erlangt.

Ich deute in diesem Artikel an, um was es dabei geht. Dabei beziehe ich mich auf die mir vertraute Dao-Lehre, die diese Erfahrung ermöglicht. Dazu erkläre ich in Fortführung zu meinem Artikel in Tattva Viveka 51 (Das Dao des Denkens) den Unterschied zwischen gesellschaftlichem, nachgebt örtlichem Wissen (Platon: empeiria) und ursprünglichem, vorgeburtlichen Wissen (Platon: gnosis, episteme). Letzteres ist ein Wissen über den meditativ erfahrbaren Schöpfungsverlauf (Platon: genesis), (über) die Entstehung der Welt inklusive des Selbst. Es ist das Resultat des ursprünglichen natürlichen Denkens, wie ich es in Das Dao des Denkens ausgeführt habe. Das gesellschaftliche Wissen ergibt sich hingegen aus dem uns allen vertrauten gesellschaftlichen Denken.

Der kreisende Gedanke

Das gesellschaftliche Denken ist überwiegend durch diskursive, formvolle und das natürliche Denken durch intuitive, formlose Denkphasen geprägt. Die diskursiven werden durch Youwei, weltzugewandtes Tun, und die intuitiven durch Auwei, weit-abgewandtes Nicht-Tun, bestimmt. Alle neuen Einsichten erfolgen in intuitiven Phasen. Diese werden im gesellschaftlichen Denken ignoriert und im natürlichen Denken bewusst gefördert, so dass es zur Wiedererinnerung (anamnesis) an Verborgenes, Vorgeburtliches, kommt.

Die zwei Arten des Wissens

Das gesellschaftliche Wissen ist uns allen vertraut. Es ist ziel- und problemorientiert. Das ursprüngliche Wissen ist es nicht. Darüber berichten seit eh und je Meister, Naturphilosophen und Weise. Sie tun dies mit unterschiedlichen Worten, auch wenn sie auf dieselbe universelle Schöpfungserfahrung verweisen. Diese offenbart sich als Wiedererinnerung, anamnesis. Sie umfasse ein meditativ erworbenes Wissen, das in vielen Kulturen und zu unterschiedlichen Zeiten gelehrt und mit dem persönlichen meditativen Übungserfolg zunehmend erlangt wird. Sein Wesenskern ist die Erfahrung der drei Welten Wu,„Wuyou, und You (vgl. Hubral 2010a, S. 750). Die Dao-Lehre lehrt es noch heute. Es wird mittels der meditativen Dao-Praxis, Daoxing, in einer entspannten stillen Taiji-Stehübung erworben. Proclos Diadochos (412-485) schreibt; Die Anhänger der philosophia praktizierten die Stille, um ihr Bewusstsein auf das Wesentliche zurückzuführen.

Andere Kulturen, auf die ich hier verweise und die Daoxing oder eine sehr ähnliche Praxis lehrten, sind offenbar ausgestorben. Auf den Untergang der altgriechischen Weisheitslehre der philosophia verweist z.B. der weit gereiste arabische Historiker und Philosoph Mas'udi (895-957) (vgl. Hubral 2010).

Zitate zum ursprünglichen Wissen

Ich präsentiere nun fünf klassische Zitate zum ursprünglichen Wissen mit Bezug zur Erfahrung der Schöpfung. Dabei habe ich Kommentare eingefügt, die ich im Anschluss erkläre.

1. Die Goldenen Verse des Pythagoras: Die heilige Dreiheit (Wu, Wuyou, You),

das unendlich reine Symbol, Quelle der Natur und Urbild der daimones (Qi-Felder).

2. Sokrates in Timaios: Im Augenblick aber müssen wir uns drei Gattungen denken. Das Gebärende oder Werdende (Wuyou), das, was daraus wird (You) und das (Wu), woraus das Gebärende geboren wird. 3- Buddha: Sei offen für das Jenseitige (Wuyou und Wu). Gehe immer darüber (You) hinaus. Setze nur Grenzen, wenn du diese brauchst, und denke immer daran, dass du über sie hinausgehen musst. Lasse sie dir nicht zum Gefängnis (You) werden.

4. Parmenides: Die Alltagswelt (You), in der wir leben, die Erscheinungen, die wir wahrnehmen, Raum, Zeit, Bewegung, Veränderung, kurz, das, was wir als anscheinende Realität erfahren, existiert nicht, ist purer Schein und dieses (Wuyou) ist auch EINS unteilbar, ohne Anfang und Ende, nicht entstanden und nicht zerstörbar, ein unbewegliches, einheitliches, zusammenhängendes Ganzes, ein Raum, der es ganz einnimmt und ausfüllt.

5. Platon: Was ist das »stets Seiende« und »kein Entstehen Habende« (Wuyou) und was das »stets Verwandelnde«, aber »nimmerdar Seiende« (You)?: Das Eine (Wuyou) ist durch nöesis (Auwei = schöpferisches Wirken durch Nicht-Tun) zu erfassen; es ist stets sich gleich. Das andere (You) dagegen ist mit »vernunftloser Sinneswahrnehmung« verbundenes bloßes »Meinen und Vermuten«. Es ist »entstehend und vergehend« (You), aber nie »wirklich seiend« (Wuyou).

Ich fasse zusammen. Ich nenne die drei Welten im Folgenden Wu = Nichtsein, Wuyou - SEIN, You = Sein/Nicht-SEIN. Für Wuyou gibt es mehrere Umschreibungen. Wer die drei Welten nicht kennt, wird sie auf das Sein projizieren und somit falsch interpretieren.

Es folgen in diesem Artikel weitere Hinweise aus anderen Kulturen, die aus daoistischer Sicht im Einklang mit obigen Zitaten sind. Dabei nehme ich Bezug zu mehreren Artikeln in Tattva Viveka 51 (vgl. Ceming 2012, vgl. Gangaji 2012, vgl. Hubral 2012a), die das hier vorgestellte Thema mehr oder weniger ansprechen. Meine Abhandlung ist den kognitiven Aspekten des ursprünglichen Wissens (gnosis) gewidmet, obwohl dieses auch physiologische Aspekte (vgl. Hubral 2012) umfasst, auf die ich hier aber nicht eingehe.

Wer das ursprüngliche Wissen durch rigorose Weltabgewandtheit in regelmäßiger Stille-Meditation kultiviert, wird erkennen, dass es ebenso umfangreich werden kann wie das gesellschaftliche. Es ist aber keine Alternative, sondern eine Ergänzung dazu, die jedoch die Sicht der Welt und von uns selbst signifikant ändern kann. Dies entnehme ich z.B. Platons Zweitem Brief (314b-c): ...Veteranen mit nicht weniger als 30 Jahren Übungserfahrung sagen, dass das, was ihnen zuerst am aller unglaubwürdigsten erschien, nun am klarsten und akzeptabelsten ist und das, was glaubwürdig erschien, sich ins Gegenteil verwandelte.

Einleitung

Das gesellschaftliche Denken umfasst alle Bereiche, die ohne Meditation auskommen: Natur- und Lebenswissenschaften, Mathematik, die moderne analytische Philosophie, Politik, Religion, Psychologie, Medizin, Theologie, Wirtschaft usw. Sie alle widmen sich der zweiten Natur, You, und nicht der ersten Natur, Wuyou, der das ursprüngliche Wissen zu verdanken ist.

You ist eine Emanation aus Wuyou, der kreativen Mischung aus Bekanntem, You, und Unbekanntem, Wu. Wuyou ist die nicht-dualistische, konfuse oder formlose, ewig kreative gebärende Welt. Es ist die Mutter der formvollen 10.000 Dinge, der Vielfalt des Seins, You. Es ist die höchste Realität, der viele Namen und Attribute in unterschiedlichen Kulturen zugewiesen werden. Wuyou ist das, was einige alte Griechen logos, eon, apeiron, daimonion, hen, usw. nennen. In den Upanishaden wird Wuyou Brahman genannt.

Die Grundthese des gesellschaftlichen Denkens

Die Grundthese ist: Das Sein, die uns allen vertraute Welt des You, prägt das Bewusstsein. Ich nenne sie das zweite Erkenntnisprinzip. Man findet sie verankert im Kommunistischen Manifest. Mit Ausnahme von wenigen Weisheitslehrern und -Suchern, die sich im meditativen Üben dem Nichts, Wu, rigoros hingeben, wird es in allen Bereichen heute eingesetzt. Für die meisten von uns ist es das einzige Erkenntnisprinzip und wird nicht infrage gestellt.

Die Grundthese des natürlichen Denkens

Das natürliche Denken genügt dem ersten Erkenntnisprinzip: Das Bewusstsein lässt sich durch rigorose Weltabgewandtheit im Üben erweitern, um damit das Dasein (Wu, Wuyou, You) zu erfassen. Platon nennt es Aufstieg, anagoge der psyche. Damit wird der Bewusstseinswandel durch regelmäßiges Üben in der Stille
angedeutet, den Daoisten den Weg zurück zur (ersten) Natur nennen.

Die gewöhnlichen und außergewöhnlichen Sinne

Das gesellschaftliche, nachgeburtliche Wissen wird mittels der vertrauten Yin-Liugen, den sechs gewöhnlichen Wurzeln, erlangt. Es wird in der Gesellschaft erworben. Die Yin-Liugen bestehen aus fünf gewöhnlichen oder irdischen Sinne und dem sie koordinierenden vertrauten Bewusstsein.
Das natürliche, vorgeburtliche Wissen resultiert hingegen durch Erwecken der Yang-Liugen, den sechs spirituellen Wurzeln, aus der meditativen Übungserfahrung. Die Yang-Liugen bestehen aus fünf außergewöhnlichen Sinnen und dem sie koordinierenden außergewöhnlichen Bewusstsein. Sie gehen im Kindesalter verloren, weil sie für das gesellschaftliche Denken nicht gebraucht werden. Wenn die Yang-Liugen aktiv sind, ruhen die Yin-Liugen, und umgekehrt.

Demokrit vergleicht die zwei Arten des Wissens (Frag. 11 Sextus, Adv.Math. VII, 138): Vom Wissen gibt es zwei Weisen, eine echte (gnesie) und eine obskure (skotie). Zur Obskuren zählt folgende Gruppe (Yin-Liugen): sehen, hören, riechen, schmecken und berühren. Die andere (erfasst mit den Yang-Liugen) ist echt und verschieden davon. Gnesie verweist etymologisch auf gnosis, ursprüngliches Wissen, und genesis, meditative Erfahrung der Schöpfung auf dem Weg zurück zur Natur.
Empedokles berichtet in Fragment I und 2 (Über die Natur) über das Abstumpfen des Denkens durch Einsatz der Yin-Liugen: Pausanias, Sohn des

klugen Anchitos, höre. Denn eng bezirkt sind die Sinneswerkzeuge, die über die Glieder der Menschen gebreitet sind. Viel Armseliges dringt auf sie ein, das ihr Denken abstumpft. Kaum haben sie einen kleinen Teil des eigenen Lebens überschaut, so fliegen sie davon, vom raschen Geschick wie Rauch in die Höhe entführt. So glaubt jeder nur an das, worauf er gerade bei seinen mannigfachen Irrfahrten gestoßen ist, und doch rühmt sich ein jeder, das Ganze gefunden zu haben. Es folgen nach diesen Worten seine Hinweise zum »Aufstieg der psyche« mittels des Weisheitsweges von me eon (You) zu eon (Wuyou). Damit verweist er aufs Erwecken der Yang-Liugen: Du aber sollst doch, da, du nun einmal abseits hierhergekommen bist, erfahren, freilich nicht mehr als sich menschliche Einsicht zu erheben mag.

Die drei Welten des Dao: Wu - Wuyou -You
Wu = Nichtsein
Wuyou = SEIN = ewiges Sein, 1. Natur, Dadao = vollkommenes Dao
You = Sein = gesellschaftlich, diesseitig, 2. Natur, Xiaodao = zerstörtes Dadao
Youwei - weltzugewandtes Tun = diskursiv, Wirken aus dem You
Auwei = weitabgewandtes Nicht-Tun = intuitiv, Wirken aus dem Wu
Yin-Liugen = die diesseitigen Sinne, im You
Yang-Liugen = die jenseitigen Sinne, im Wuyou

Sokrates bezeichnet das Wiedererwecken der Yang-Liugen mit sophros,yne (Gorgias 491e-492c), was irreführend mit Besinnung oder Besonnenheit übersetzt wird. Er ist sich bewusst, dass die Yin-Liugen durch die Yang-Liugen erweitert werden können. Dies entnehme ich seinen Worten in Protagoras: Der Mensch ist das Maß aller Dinge (panton chrematon metron einai anthropon). Sie verweisen, wie ich zeige, auf das Gegenteil dessen, was man ihnen entnimmt. Dies gilt auch, wie ich zeige, für. Macht euch die Erde untenan.
Betrachten wir das Protagoras-Zitat im Zusammenhang mit dem nachfolgenden Satz: Der Mensch ist das Maß aller Dinge. Der Seienden, die da (beständig) sind (Wuyou), der Nicht-Seienden, die nicht (beständig) «W

(You). Beide Sätze deuten also daraufhin, dass der Mensch als Meditierender auf dem »Weg von me eon zu eön« oder Aufstieg von You zu Wuyou zum »Maßstab aller Dinge« werden kann, freilich nicht mehr, als sich menschliche Einsicht zu erheben mag. Das heißt also, er erfasst You mit den Yin-Liugen und Wuyou mit den durch Üben wieder erweckten Yang-Liugen.

Beide Sätze von Sokrates beinhaken somit: Der Mensch ist nicht das Maß aller Dinge in You, zumal ja seine Yin-Liugen eingeschränkt sind. Der erste Satz verweist also genau auf das Gegenteil von dem, was man ihm ohne Bezug zum nachfolgenden Satz fälschlich entnimmt. Der zweite Satz verweist darauf, dass er seine Yang-Liugen erwecken und sein Maß zum Erfassen der Dinge jenseits von You ausweiten kann.

Daoisten nennen das, was mit den Yang-Liugen übersinnlich erfahren wird, Qi oder Qi-Felder. Die alten Griechen haben mehrere Umschreibungen dafür. Daimon, dngelos (Botschafter), fos (Licht), hy'dor (Wasser) sind vier davon. Wer das ursprüngliche Wissen mit seinen vielfältigen Qi-Phänomenen nicht erfasst, wird es vermutlich infrage stellen, denn das gesellschaftliche Denken kann im Gegensatz zur meditativen Dao-Praxis nicht in Wuyou eindringen, um Auwei und Qi übersinnlich zu erfahren.

Großes Dao (Dadao) und kleines Dao (Xiaodao)

Daoisten assoziieren die weitabgewandte natürliche Erkenntnisweise mit Dadao und die wehzugewandte gesellschaftliche mit Xiaodao. Xiaodao wird mit und Dadao ohne Worte erfasst. Laozi: Das Dao kennt keine Worte. Parmenides nennt Dadao den Weg der Wahrheit und Xiadao den Weg des Glaubens. Die folgende Abhandlung wird zeigen warum.

Der Unterschied zwischen beiden Erkenntnisweisen

Das gesellschaftliche Wissen garantiert unser Leben in der Gesellschaft. Es ist wichtig, aber dem persönlichen Leben nicht unbedingt förderlich. Laozi schreibt: Wer groß ist vor den Menschen, ist klein vor dem Dao. Wer groß ist vor dem Dao, ist klein vor den Menschen. Laozi gilt als großer natürlicher Denker in China, als Geigenspieler des großen gesellschaftlichen Denkers

Konfuzius. Siehe dazu den Dialog zwischen beiden Männern, (vgl. Hubral 2010)

Das gesellschaftliche Wissen ist unbeständig. Das ursprüngliche Wissen ist hingegen beständig. Wer Auwei, meditatives Nicht-Tun, erfolgreich einsetzt, kann es zu jeder Zeit und an jedem Ort am Grad seines Übungserfolges erfassen. Hat er es mit Leib und Seele gänzlich erfahren, ist er mit dem Ursprung (Wu) der vertrauten Weh (You) und ihrer Entstehung inklusive seiner eigenen vertraut geworden. Er ist dann erleuchtet. Dies hat nichts mit Visionen oder Halluzinationen zu tun, die in der Dao-Lehre als Ausscheiden von seelischem Müll betrachtet werden. Die Erleuchtung hat mit Erfahren von Wu zu tun. Für Daoisten ist es eine säkulare und keine mystisch-religiöse Epiphanie.

Platon nennt das ursprüngliche Wissen in Politea das Wissen um die wahre Natur von allem Wesentlichen. Es wird für ihn mit Hilfe einer in uns innewohnenden Kraft der Seele {Wuwei = philia) erfahren. Ich werde es im Folgenden beleuchten. Was liegt da näher, als es mit dem vertrauten gesellschaftlichen Wissen und seiner Erkenntnisgewinnung zu vergleichen. Beginnen wir also mit den zwei Fragen: Wie wird gesellschaftliches Wissen erlangt und was stellt es dar? Warum ist für Platon das natürliche Denken reiner als das gesellschaftliche?

Gesellschaftliches Wissen (empeiria)

Das gesellschaftliche Denken, zu dem das heutige wissenschaftliche gehört, akzeptiert zur Lösung von Problemen nur Beweisführungen, die a priori festgelegte Hypothesen respektieren, die aber selbst unbeweisbar sind. Diese Vorgehensweise kann als »kreisförmiges Schlussfolgern« bezeichnet werden. Sie kann nichts liefern, was über die Hypothesen hinausgeht. Diese basieren auf den Yin-Liugen und gehören zum zweiten Erkenntnisprinzip. Dazu zählen die Durchführung von Experimenten, die Vernachlässigung von Randeffekten (Nebenwirkungen), die Akzeptanz abgeschlossener Systeme usw.

Folgendes Beispiel! soll andeuten, dass gesellschaftliches Wissen mit Glauben und Für-wahr-Halten zu tun hat, egal ob es als reines, rationales, exaktes oder logisches Denken bezeichnet wird. Betrachten wir dazu die einfache Gleichung 2+1 = 3. Sie lässt sich durch kreisförmiges Schlussfolgern aus 1 + 1=2 folgern. 1 + 1 = 2 ist ein Axiom, das so wie alle Axiome unbeweisbar ist. In der Dao-Lehre gilt jedoch: Es gibt keine zwei Dinge, die gleich sind.

Mathematiker nennen die Beweisführung und resultierende Erkenntnis exakt, logisch und objektiv. Doch diese Terminologie ist, wie jeder Mathematiker weiß, nicht wirklich gerechtfertigt, denn an das, was mit Axiomen festgelegt und erreicht wird, muss man, so wie an die Axiome auch, glauben. Insofern ist die Mathematik, so wie jede andere hypothesenbasierte Disziplin eine »Glaubenslehre«, was keine Abwertung sein soll. Wer möchte schon auf sie verzichten? Sie ist aber, wie alles, was sich in Worte, Zahlen und Symbole fassen lässt, nur im Einklang mit der zweiten und nicht mit der ersten Natur, Sie kann die Auswirkung der ersten auf die zweite Natur nicht erfassen.

Worte, Zahlen und Symbole sind folglich, wie präzise sie uns auch erscheinen mögen, mit Unsicherheiten verbunden. Sie geben nicht das wider, was dahinter steckt. Wirkungen aus dem Jenseits, aus Wu und Wuyou, sind bei jeder wissenschaftlichen Problemlösung vorhanden und mit gesellschaftlichem Denken nicht erfassbar. Sie können dramatische Folgen haben. Nur wenige stellen die Wissenschaft jedoch in Frage. Viele betrachten sie sogar als exakt und rein, worauf Begriffe wie exakte Mathematik und reine Naturwissenschaft hinweisen. Doch es gibt, wie ich zeige, große Denker, die ihr wissenschaftliches Denken infrage stellen.

Es gibt keine Objektivität

Was immer an Hypothesen erdacht und durch kreisförmiges Schlussfolgern erreicht wird, erfordert die Konsensfindung unter Gleichgesinnten, um als »objektive Erkenntnis« akzeptiert zu werden. Ein Konsens garantiert jedoch keine wirklich exakte Erkenntnis. Auch mag er sehr fragwürdig sein, basiert er doch oft auf wirtschaftlichen Interessen, dem sich auch »kluge Wissenschaftler« unterwerfen.

Wer also von Objektivität spricht, kann nicht von einer wahren Erkenntnis sprechen. Jedes gesellschaftliche Wissen bleibt fragwürdig. Es wird relativ beurteilt, und das Urteil mag sich von heute auf morgen wandeln. Es fällt, wie Platon im Liniengleichnis schreibt, in den Bereich der Meinung (ta döxasta), auch wenn es uns als objektiv, logisch, exakt, richtig usw. angepriesen wird. Rein ist für Platon nur das, was in den Bereich des ursprünglichen Wissens (ta gnosta) fällt und ohne „Hypothesen erlangt wird.

Induktion oder Deduktion

Es gibt zwei Erkenntnisweisen zum Erlangen von gesellschaftlichem Wissen, die induktive und deduktive. Die induktive Methode (bottom-up) geht vom Besonderen zum Allgemeinen und die deduktive Methode (top-down) erfolgt umgekehrt vom Allgemeinen zum Besonderen.

Trial and error

Jede Lösung eines gesellschaftlichen, z.B. technischen Problems hat Nebenwirkungen. Sie wirken von dort, wo die Yin-Liugen nicht hinlangen. Erweisen diese sich als unakzeptabel, werden die Hypothesen geändert und es kommt zur neuen Schlussfolgerung. Diese Vorgehensweise wird iterativ durchgeführt und als trial and error bezeichnet. Das Ziel dabei ist es, die unerwünschten Nebenwirkungen zu minimieren. Doch viele davon tauchen erst Jahre später auf. Sie sind die Folge davon, dass Problemlösungen sich nicht auf Hypothesen, abgeschlossene Systeme und Yin-Liugen einschränken lassen, denn alles hängt mit allem zusammen.
Forscher und Wissenschaftler wissen: Jedes gelöste Problem erzeugt neue Probleme. Der gesellschaftliche Erkenntnisweg kommt folglich niemals zum Ende. Er basiert auf dem empirischen Erkenntnisweg. Das damit erlangte gesellschaftliche Wissen ist empirisches Wissen (Platon: empeiria). Damit ist alles vertraute wissenschaftliche, medizinische, philosophische, ökonomische Wissen zustande gekommen, das uns heute prägt.
Seine Essenz ist das spekulative Hypothesen- und konsensbasierte Denken,

das Aristoteles mathein nennt. Er grenzt es vom meditativen Erfahren ab, das er pathein nennt. Mathein ist nicht nur auf Mathematik beschränkt, sondern umfasst jegliches Erkennen mit dem zweiten Erkenntnisprinzip. Als Beispiel dafür betrachte ich nun die Darwinsche Evolutionslehre.

Evolutionslehre: Eine gesellschaftliche Lehre

Die Evolutionslehre ist dem You und seiner räumlich-zeitlichen biologischen Entstehungsgeschichte zugewandt. Dazu macht sie viele Hypothesen. Dazu zählt, dass ihre Erkenntnisse mit den Yin-Liugen erfasst und in Worten, Zahlen und Bildern ausgedrückt werden können. Dazu gehört ebenso, dass die Evolution angeblich einen zeitlichen Ursprung hat und Leben einst aus lebloser Materie entstanden ist. Dazu zählt, dass sie in Raum und Zeit von der Vergangenheit in die Zukunft verläuft und Entstehen und Vergehen getrennt sind.

Diese und weitere Hypothesen erscheinen uns als selbstevident und werden deshalb kaum infrage gestellt. Die daraus folgenden Schlussfolgerungen werden uns wissenschaftlich überzeugend vermittelt. Die Evolutionslehre erscheint deshalb vielen von uns plausibler als die biblische Genesis und vergleichbare Schöpfungsmythen. Sie basiert auf dem zweiten Erkenntnisprinzip. Sie erfordert ein Daran-Glauben und Für-wahr-Halten.

Dies gilt jedoch nicht für die älteste Erkenntnis Über die Schöpfung, so wie ich sie hier kurz charakterisiere. Sie basiert auf dem ersten Erkenntnisprinzip. Dabei geht es um das subjektive Erfahren (pathein) des Schöpfungsverlaufs (genesis) in meditativer Selbstbeobachtung, so wie er in umgekehrter Richtung auf dem Dao-Weg des Aufstiegs von You zu Wu erfasst wird. Er wird auch als Abstieg (katagoge) von Wu zu You bezeichnet. Heraklit: Der Weg nach oben und nach unten ist ein und derselbe. Laozi: Der Ursprung der Welt kann nicht in Worte gefasst werden.

Alle Hinweise in der Weisheitsliteratur über Aufstieg und Abstieg, die die Yang-Liugen mit einbeziehen, sind mit den Yin-Wurzeln nicht nachvollziehbar. Sie werden folglich missverstanden, verfälscht und auch nicht ernst genommen. Sie lassen sich, im Gegensatz zur Evolutionslehre, nur dann verstehen, wenn man mit dem ersten Erkenntnisprinzip vertraut ist. Dieses basiert auf dem Auwei-Prinzip, dem rigorosen Nicht-Tun, dem die Erfahrung der drei Welten zu verdanken ist. Wer sich dem Ursprung der Welt (Wu) meditativ nähert, wird akzeptieren, warum Platon die zweite Natur (You), der sich die Evolutionslehre widmet, als Scheinweit (Höhle) und warum Krishna sie als Maya (Illusion) bezeichnet. Damit möchte ich die Evolutionslehre nicht abwerten, sondern die uralte genesis, wie sie z.B. in Platons Timaios behandelt wird, aufwerten. Sie hat mit dem Erfahren der ersten Natur zu tun.

Grenzen des gesellschaftlichen Denkens

Denker und Suchende, zu denen ich mich auch zähle, haben immer wieder die Grenzen des gesellschaftlichen Denkens und die unerwarteten Auswirkungen des Jenseits erkannt. Dazu zähle ich den Physiker und Nobelpreisträger Albert Einstein, den Physiker und Nobelpreisträger Richard Feynman und den Nobelpreisträger Albert Schweitzer. Sie alle bekamen Zweifel an ihrer eingeschränkten Denkweise.

Albert Einstein war frustriert über die dramatischen Folgen seiner Erkenntnisse: Die Tragik des modernen Menschen liegt — allgemein gesehen darin, dass er sich sei-her Daseinsbedingungen geschaffen hat, denen er aufgrund seiner phylogenetischen Entwicklung nicht gewachsen ist. Auch betont er: Die Welt wird nicht von denen bedroht, die böse sind, sondern die das Böse zulassen. Ähnliches formulierte Laozi schon 2.500 Jahre zuvor: Verantwortlich ist man nicht nur für das, was man tut, sondern auch für das, was man lässt.

Richard Feynman hat, wie viele Physiker im Manhattan-Projekt, die Atombombe, an deren Entwicklung er arbeitete, »später nicht mehr aus seinem Kopf bekommen. « Er hat danach technologische Entwicklungen grundsätzlich in Frage gestellt: Wenn ich Leute eine Brücke hauen sehe, dann denke ich, die sind verrückt. Sie verstehen einfach nicht, was sie da machen. Sie verstehen es einfach nicht. Warum machen sie immer etwas Neues? Es ist so nutzlos. Albert Schweitzer äußerte sich 1954 beim Empfang seines Nobelpreises in Oslo wie folgt: Wagen wir die Dinge zu sehen, wie sie sind. Es hat sich ereignet, dass der Mensch ein Übermensch geworden ist.

Er bringt die übermenschliche Vernunft, die dem Besitz übermenschlicher Macht entsprechen sollte, nicht Auf. Damit wird nun vollends offenbar, was man vorher nicht recht eingestehen wollte, dass der Übermensch mit dem Zunehmen seiner Macht zugleich immer mehr zum armseligen Menschen wird. Was uns aber eigentlich zu Bewusstsein kommen sollte und schon lange vorher hätte kommen sollen, ist dies, dass wir als Übermenschen zu Unmenschen geworden sind.

Goethe schreibt: Neue Erfindungen können und werden immer wieder geschehen. Doch anscheinend kann man sich nichts Neues ausdenken, um die Sittlichkeit der Menschen zu verbessern. Man mag in der Tat mit gesellschaftlichem Denken nichts Neues finden, aber Altes mit natürlichem Denken wieder entdecken. ©

Der 2. Teil des Aufsatzes erscheint in Tattva Viveka 57- Lesen Sie dort ausführlich über die Eigenschaften des ursprünglichen Wissens von Wouyou bzw. Gnosis, und wie sich dieses in den alten Weisheitskulturen der Menschheit finden lässt.

ENDE ZITAT

SCHLUSSWORTE 13.1.2014

Dieses Buch wollte ich ja schon mehrmals früher beenden. Ich hatte garnicht vor solch einen fetten Buchschinken zu fabrizieren. Aber die menschlichen verhältnisse mit all ihren Problemen auf der erde sind ja so umfangreich und gigantisch, das es garnicht aufhört mit der problematik.

Mir selber wurde das eintauchen in diese zerstörerische ausbeuterische verlogene und manipulative oder katastrophal wirtschaftlich politisch religiöse murkserei der Menschen in ihrem momentanen seinszustand ihrer inneren entwicklung und damit verwicklung schon zu viel, was sich auch auf meine mentale verfassung auswirkte, immer bloß diesen negativ Murks mir durchzulesen in den Medien des Internets den Zeitungen oder der TV Sender Programme.

Alleine schon die Inflation von Mord und Totschlagfilmen über die TV Sender oder Filmindustrie ist Warnsignal genug, das der Mensch zur Zeit in einer ziemlich schlechten Verfassung ist. Und das was sich diese Schriftsteller da in einer inflationären Mordfantasieindustrie ausdenken ist alleine schon ein Armutszeugs Innerer Entwicklung dieser Schreiberlinge und der daranhängenden GeldGeilIndustrie.

Aber egal, so ist es nunmal auf der Erde unter Menschen. Und ich bin ein Teil davon und muss sehen wie ich damit klar komme.

Aus meiner Erfahrung nach über 65 Jahren unter Menschen und Erlebnissen in vielen Ländern und Völkern, sehe ich, das unterschiedliche Glaubensrichtungen den Menschen, in sage ich mal, innerer Versklavung gehalten haben. Oder halten sollen. Selbständiges befreites Denken ist eine Rarität, insbesondere, wenn der Glaube religiös gefärbt ist.

Und Glaube an Gott egal in welcher religiösen Färbung hat den Menschen nicht aus seiner damit einhergehenden inneren Gefangenschaft, also seines Glaubens befreit, stattdessen bleibt er ein Gefangener seiner eigenen Glaubenswelt. Und was dann die Gläubigen aus diesem Blickwinkel auf ihre Mitmenschen projizieren, sollen dann sozusagen die „Faulen Äpfel" sein.

Krass sichtbar ist es ja zur Zeit in den moslemischen Ländern die ja alle noch tief in den Irrsinn dieser unterschiedlichen Glaubensgefängnisse gefangen sind.Und der Weg den die europäischen sogenannten Chriesten machen mussten, steht den Moslemgruppen noch bevor. Denn auch die europäischen Christen hatten das gleiche Blutbad angerichtet, das jetzt unter den moslemischen Glaubensfanatikern abläuft.

Wer vom Glaube verblendet ist und damit nicht klar Denken kann der ist dann mehr oder weniger bloß noch durch Krisen und schwerem Leid und Zerstörung aus dem innern Glaubenswahnsinn aufzuwecken. Damit eine Änderung im Innenleben dieser Menschen passieren kann.

Die globale Politik ist unfähig dem Menschen spirituelle Themen oder Projekte anzubieten, da sie zu sehr verstrickt ist in Macht, Geld, Positionen, Parteipolitik, oder Kriegsführung, was alles den Industriellen und deren Besitzer den Bankerfamilien, oder SchattenBanken wie BlackRock zugute kommt. Da Wirtschaft und Politik schon immer ein Team waren. Und gemeinsam die Bevölkerungen mit der GeldReligion veröedeten, verblödeten, versklavten, so wie es auch noch heute im ganz großen Stiel global abläuft. Aber es gibt auch viel Hoffnung und Befreiung, und dazu gehören alle diese aus Eigeninnitiative entstandenen Gruppierungen oder Zusammenkünfte aus dem Bereicht der alternativen Gesundheit, Landwirtschaft,Industrie, oder sogar Politik die spirituell alternative Seiten anspricht.

Alle BioGruppen alle spirituellen Gruppen alles was eigenständig und nicht politisch korrekt benebeltes Denken anwendet das im versklaven durch Geld und Besitz gefangen ist, hat die Menschen weiter gebracht. Und dieses versklavende das hat ja auch Hessel in seinem Buch Empört Euch erwähnt und die Menschen aufgefordert das nicht mehr zu unterstützen.

Wenn wirtschaftliche Profite nicht totaler gesellschaftliche Entwicklung unterstützen, dann ist wirtschaftliche Entwicklung, und deren Entwickler, ein Feind der Menschheit und anderer Lebewesen auf der Erde, inklusive der Erde.

Besser als wirtschaftliche Entwicklung ist geistige Entwicklung, die erkennt das die Menschheit versklavt wird durch den Glaube an das Geld, und die Öde. Blöde, Aussage,das Geld die Welt regiert. Und wie diese Versklavung wirkt und täuscht kann sehr gut erkannt werden, durch die Lehren der Katastrophen der Naturkatasrophen.

Sie zeigen wie dünn die Fassaden der zivilisation sind. Denn dahinter verbirgt sich ein großes Potenzial für Chaos.

Gut sichtbar war ja schon wie dünnschichtig die menschliche Gesellschaft wirklich ist und zwar durch den Verblödungsglaube an das Geld, wenn Finnazkrisenproduziert werden, durch die korrupten verlogenen habgierigen Besitzenden in Europa zum Beispiel. Was da in der Bevölkerung für ein Leid produziert wird durch den Irrglaube an das Geld. Und wie brutal egal es den Behördenwirren Irren Beamten dann ist mit den sogenanten Verlierern, die dann kein Geld mehr haben. Beispiel Italien, Griechenland Spaniens Bevölkerung oder auch Portugal.

Eine vor einigen Jahren in England durchgeführte Studie kam zu dem Schluss, das es sich bei England um eine Nation handelt, die nur neun Mahlzeiten von der Anarchie entfernt war. Nur neun Mahlzeiten.Nach einem Bericht des Daily Mail würde das fehlen von nur „Neun Mahlzeiten", also drei ganze Tage ohne Nahrungsmittel, in den Regalen der Supermärkte,ausreichen,um die öffentliche Ordnung, oder besser formuliert,um den Menschen, zusammenbrechen zu lassen, und die englischen Straßen in Chaos stürzen. In dem bericht hieß es auch: Eine weit hergeholte Warnung an eine Nation der ersten Welt wie Großbritannien? Keineswegs. Denn das ist genau das was sich in den USA nach Hurrikan Katrina ereignete. Die Menschen plünderten um sich und ihre Familien zu ernähren. (Rosie Boycott. „ Nine Meals From Anarchy - How Britain Is Facing a Very real Food Crisis.7.Juni 2008)

Und alle anderen großen Naturkatasrophen wie zuletzt auf den Philipinen, auch da wurde geplündert. Nein, da wurde nicht geplündert, da wurden Nahrungsmittel besorgt. Denn der Begrif plündern ist mit 100%tiger Richtigkeit von einem Besitzenden entwickelt worden.

Diese philosophiosche Moralapostelei die hat für mich keine Bedeutung. Philosophen sind sowieso hauptsächlich laberignorante Theoretiker der Dummschwätzereien geblieben.Und sowas brauchen die Besitzenden um die Bevölkerungen weiter zu benebeln mit Moral.

Du sollst, könntest, wäre schön zumindest, deinen Nächsten Lieben wie Dich selbst.Das ist keine Moral das ist eine Möglichkeit die zur Gewaltlosigkeit und Geldlosigkeit führen könnte.

Aber stattdessen sind die 1% der Besitzenden größtenteil in die Verpuppung des sich selbst Liebens getorkelt. Das heißt extrem Selbstsüchtig sein, Geldgierig sein,Besitzgierig sein, der Philosophie folgend: Wenn es sich gut anfühlt,dann tue es. Gewalttätig durch Ausbeutung der Bevölkerungen. Dem äußeren Schein des Image anhängend aber innerlich 100% das Raubtier geblieben.Das kann für die Erdbevölkerung nicht gut gehen.Und das ist auch der Grund einer der vielen Gründe,weswegen wir auf der Erde nur 9 Mahlzeiten entfernt sind von einem Chaos. Weil es eine Fassade ist, eine Fassade von sogenanntem zivilisiertem Leben und Kultur, die ihre schöpferische Erlaubnis ausschließlich über das GeldreligionsDogma bekommt.Denn Ohne Geld wäre keine Kultur mit Kunst so vorhanden wie sie zur Zeit abläuft.Wir leben also unter einer Fassade von Wirtschaft die ohne Geld nicht sein würde, oder einer Fassade von Zivilisation die ohne Geld nicht sein würde, oder einer Fassade der Politik die ohne Geld nicht sein würde. ja total durchgeknallt ist die Fassade sogar der BankerfassadenIgnoranz die den Menschen einbleut das ohne Geld gar kein menschliche Leben möglich wäre. Das ohne Geld keine Lebensmittel wären keine Autos. Das ohne Geld keine Landwirtschaft wäre oder Wissenschaft oder Bildung. Und diese 9 Mahlzeiten Fassade hat sich die 1% der Besitzenden Global aufgebaut und soll sogar auf 0,0001 % Besitzende reduziert werden. Denn das ist ja Raubtierkapitalismus Muus, nämlich Alles zu besitzen.

Und ihr sollt auf ewig dieser GeldGlaubensFassade zuwinken und sie anlächeln und darin in die Totalverblödung eingehen wie Jesus in den Himmel einging.Oleeee. Hurrrah.Bravo.

Für wie Totalverblödet halten die Mich. Die Fassadenerschaffer in Religion und Moral und Wallstreet oder London City Orgien. Oder in Berlinpolitik oder der EU Kommisssionspolitik dem langen Arm der Industriellen Global bis hin zu Monsanto in den USA diesem Verbrecherkartell gegen die Erde gegen das Leben. Die zu dem Bereich des „Lasst uns alle Gesunde zu Kranken machen" gehören. Einer Wissenschaft also Menschen die das gesunden Leben zur Krankheit deklarieren. Wie zum Beispiel Veganer oder Vegetarier, und dem daranhängenden Arm der biologischen Ernährung, also der Giftfreien Urkost sozusagen. Denn wenn unsere Vorfahren keine Bionahrung über all diese Jahrtausende gehabt hätten wären sie nicht so weit gekommen. Aber heute mit dem Giftchemiefraaaaß von Monsanto , Bayer, Nestle, Unilever und Konsorten,ist der Mensch wunderbar in der Falle drinnn:"Lasst uns alle Gesunde zu Kranken machen".

Denn wegen der gesunden Ernährung über Biokost bleiben die Zivilisationskrankheiten ja weg. Diabetes, Krebs, Bluthochdruck und andere, BSE und Schweinepest und HühnerkrebsSeuchen, erscheinen erst garnicht und damit ist der Profit der Firmen wie Monsanto, Bayer, und der Deutschen Bank,Goldman Sachs oder BlackRock weniger oder sogar weg.

Der verzicht auf tierisches Eiweiß, raffinierte Öle,und überhaupt die ganze primitiv Kost in den Kühlregalen der konventionellen KrankmachFress-mittelindustrie ,hält deinen Körper gesund, und aber die Firmen GeldKrank.Und das muss ausgeweitet werden. Frisches Bio Obst, Gemüse,Nüsse,Trockenobst und all die neuen Tofu und Seitanprodukte, das ist das was ausgeweitet werden muss. Und es wird noch sehr viel besser werden,wenn der Monsanto, Bayer, Nestle FressDichTod Faschissmus beendet wird. Stattdessen eine köstliche, nicht auf Blutbad ausgerichtete NahrungsRichtung weit, weit, weit Entwickelt wird. Aber dazu muss der Mensch auch eine Evolution vom Raubtier zum Tier machen, und dann zum Menschen. Denn der wahre Mensch ist der Göttliche Mensch der zum vorschein kommen will und muss.

Wenn der nicht durchkommt, dann kommt gewiss der Meteorit. Denn alle ohne Ausnahme, Lebensformen auf der Erde, haben den jeweiligen erdlichen Eigenschaften angepasste Hochzeiten. Aber wenn dann eine Spezies so dominant geworden ist, das sie ausschließlich durch Töten die sogenannte Herrschaft auf der Erde hat, dann wird sie entfernt durch die berühmten Naturkatastrophen. Denn der nächste Meteorit wartet schon. Und zwar auf das Kräfteverhältnis der energetischen Veränderungen auf der Erde.

Zur Zeit ist noch die Nichtspirituelle Entwicklung Dominant, die Materie der Materialismus das Kapital das Geld der Besitzenden. Das bedeutet unweigerlich Totalzerstörung, Totalvergiftung und Totalverblödung der Massen durch die wenigen Besitzenden.

Das ist das gleiche wie das Sex Embargo in der Irrlehre der Religionsfabriken für sogenannte „Geistliche" die alle schwer ein an der Birne haben.Also die Vatikanbetrugsmoral also Fassaden und Imagepflege. Das dann aber durch die Kindesmisshandlungen und Schwulenzentren im Vatikan und Basisstationen in den Ländern Weltberühmtheit erlangt hat. Auch die Entwicklung in den Fabriken, die sich Religionen nennen, die gehen an ihren eigene Lügen unter, weil das falsche immer sich selbst zerstören muss.

Die Goldseuchen der Imagepflege und der Fassadenpflege des Vatikan wird den Vatikan nicht retten. Auch wenn die benebelten Gläubigen noch so drannnnn hängen und dadurch nicht klar und sauber erkennen können, das Jesus ihr Held nicht gesagt hattte, „du sollst den vatikan anbeten und seine Bischöfe und Pisshöfe und Geldkartelle".

Aber Jesus sagte „weißt du nicht das dein Leib der Tempel Gottes ist, und das Gott in ihm lebt". Oder er sagte „das du, er, sie, es, die Kinder Gottes" sind. Und er sagte aber nicht „du bist das Kind der Religionen oder des total durchgeknallten Papppas". All das wird explodieren wenn der Mensch wacher wird und mehr und mehr aus dem Glaube an den Glaube, herauskommt und den Glaube an das Geld ablegt, und ohne dem, eine Menschheit sich entwickelt. Kreisläufe, Kreisläufe, Kreisläufe.

Und all diese MachtDilemma Orgien,in den moslemischen Wirrnissen mit ihren Träumen von einem Kalifat der Moslembrüder oder die Machtorgien der USA 1% der China 1% der Russland 1%, das sind alles und ist alles noch der Glaube an die zukünftige Leiche, also das du ausschließlich die zukünftige Leiche der Körper bist. Amen.Halejuda.Prost neues Jahr.

Wir sind alle Kinder Gottes oder für die Intellektuellen, wir sind alle Kinder des Göttlichen, das weder Männlich noch Weiblich ist. Besser so?! Keiner stirbt keiner wird geboren. Aber dahinter musst du erstmal kommen lieber Leser! Das ist der spirituelle Weg, den einige gehen hier auf der Erde.

Zur Zeit gehen aber sehr viele noch in den Machtkämpfen der Vollblutmaterialisten umher, weil sie deren Ziele ausführen, bewusst oder unbewusst. Wie jetzt die Verhandlungen mit der schon jetzt am Abgrund stehenden USA 1% Besitzenden, die das Freihandelsabkommen mit der EU auskämpfen hinter verschlossenen Türen, und mit sehr dicken Geldüberweisungen auf politische Konten und Zukunftsämter in der Image und FassadenEU.

Es soll das Gift von Monsanto und Co. über die Nahrungsmittel der Kotznahrung der USA Besitzenden nach Europa gekämpft werden. Ihr sollt vergiftet werden damit"Lasst uns alle Gesunde zu Kranke machen" auch weiterhin Geld bringt in der daranhängenden Industrieverzweigung bis hin zu medizinischen Apparaturen und Forschungsgelder der Pharmaindustrie die aber auch NIe,Nie, Nie, Heilen wird,weil sie ja dadurch pleite gehen würde. Also hochkriminell ist sozusagen der Freihandel für „Arbeit macht Frei" durch Totalverblödung an unsere Produkte die wir aus den USA euch blöden bringen, mit der Hilfe der Undemokratischen EUKommission. Hurrah.

Die Berater der 6-700 Großkonzerne Berater haben alleinigen Zugang zu den Dokumenten und auch die Entscheidungsfreiheit. Genau so wie im Vatikan als es die Bibel nur in lateinisch gab.

Aber das wollen diese USA 1% ja auch die Mitaufbauer der EU mit den

Königen aus Europa und England,ein neues Rom bloß noch viel viel viel verkommener.

Antibiotika im Essen ist gesund das ist besser als die gesunde göttliche Schöpfung weil da Geld verdient wird und in der göttlichen Schöpfung ist Geld nicht nötig weil genug für alle mehr als genug für alle vorhanden ist.

Agrarindustrie konventionell voller Chemikalien ist gesund, weil es aus den USA kommt.Überhaupt alles was Chemiker Physiker und Mediziner sich zusammendenken und brauen ist gesund weil es Wissenschaftlich ist und das ist immer richtig weil es Geld bring. NSA Schnüffeleien sind die Helfer gegen Bio Demeter gegen Klarheit gegen Reinheit in der Schlussfolgerung aber für die Abwertung der Standards in der Lebensmittelqualität,und für mehr GentecKotzereien, also für mehr GeldGlaubeOrgien der 1% der USA Besitzenden. Wie mein fast Nachbar Martin Häusling, hier in Bad Zwesten auf dessen Hof ich einige meiner Bionahrungsmittel kaufe in seiner Publikation erwähnte"Kein transatlantisches Freihandelsabkommen auf Kosten europäischer Verbraucher". Wir haben es satt........ Ich auch.Deswegen ja auch dieses EMPÖRT EUCH INTENSIVER Buch.

Ich bin inzwischen zum Vegetarier mutiert, weil ich mich auch auf den Weg gemacht hatte alles und noch mehr zu hinterfragen und dann erkannte: Ach ja, aus Gott kann ja nur Gott kommen. Oder aus dem Göttlichen kann nur das Göttliche kommen.Und dann machte ich mich auf den meditativen Weg und meditierte. Dabei wurde ich so wachsam und sensibel das ich einige male aus meinem Körper ging und wahrnehmen musste, was es bedeutet Fleisch zu essen und Gärungsprodukte wie Bier zu trinken. Nämlich das beide ungemein stinken, nach Leiche, egal wie abgewürzt und verfault egal wie obergärig es ist.

Es ist bloß die Gewohnheit die das verhindert das du, er, sie, es, diesen Leichengestank wahrnimmt und den Verfaultrank schmeckt. Nur die Gewohnheit hält das aufrecht.

Und alleine Vegetarier zu sein ist schon okäääy, und es mindert zwar das Leid der Tiere, macht dich aber nicht sofort zum Weisen oder Heiligen oder Meister, denn Hitler, Pol Pot und Charles Manson erfuhr ich, waren auch Vegetarier.

Aber was gesagt werden kann ist, „Jeder Erleuchtete ist Vegetarier jeder Meister ist vegetarier. Aber nicht jeder Vegetarier ist Erleuchtet oder ein Meister".

Und da zum Beispiele die Politiker keine spirituellen Lampen sind, eher materialistische Leuchten, ist ja auch die menschliche Situation in vielen Ländern noch so wie sie ist.

Die Rentengelder wurden von Politikern entfremdet und viele andere Gelder werden von Politikern entfremdet, das ist Entfremdung schlechthin. Es müssten aber mehr als genug Rentengelder vorhanden sein, wenn sie nicht für andere Projekte gestohlen wurden. Euer Geld wird missbraucht von unspirituellen materialistischen Parteifuzzys fett und sophistisch wortgewandte Heuchler der Freiheit. Ignoranz halt.

Wenn die Menschen in Europa sich nicht kontinuierlich gewehrt hätten gegen die Leibeigenschaft der verrückten Könige bis hin zu besseren Lebensbedingungen bis heute Januar 2014, dann wären wir weiterhin die Sklaven der besitzenden Tyrannosaurus Rex Ignoranzen.

Also Politiker entfremden euren Wohlstand zugunsten der Besitzenden. Das dürft ihr euch nicht gefallen lassen und müsst konsequent eine Gesellschaft ohne Geld anvisieren. Das gehört zu „Liebe deinen Nächsten wie dich selbst".

Ich nehme nochmals diesen Artikel aus der Zeit Online als Thema zum Übergang und Ende dieses NACHWORTES. ZITAT ANFANG:

Europäer suchen nach Antwort auf die Frage „Wer bin ich"

Sie findet sich überall, ob nun in den sokratischen Dialogen oder im mittelalterlichen Epos des suchenden Ritters, ob in der Feststellung des Kirchenvaters Augustinus, er sei sich selbst zur Frage geworden, oder ob in der Renaissance bei Michel de Montaigne, der den Menschen für eine Komposition beweglicher Bausteine hält. Europa steht nicht fest, es befindet sich in ständiger Übersetzung. Die Übersetzung ist eine Muttersprache. Lebendig ist Europa, wenn es sich selbst fremd ist. Es ist eine Föderation von Fremden, die einander respektieren.

Ich spreche von jenem Wunder, das auf der Grundlage der Bibel, dreier Weltreligionen und der griechischen Antike in einem weiten Bogen das

Mittelalter der Kathedralen, die Aufklärung, die Menschenrechte umfasst, das von den Gesetzestafeln über den Parthenontempel und das Kolosseum, Bethlehem und Golgatha führt, zu Notre-Dame und dem Louvre, dem Britischen Museum, zu Dante, Shakespeare, Rabelais, Cervantes, Goethe ... Es ist eine endlose, unaufzählbare Geschichte ...

ZEIT: ... verwoben in eine Geschichte auch der Gewalt und der Schuld ...

Kristeva: Ja, sie wurde durch die Geschichte der Verbrechen, der Inquisition, der Pogrome, der Schoah, der Kriege verdrängt, aber erst wenn Europa sich nicht nur an seine Schuld, sondern auch an seine Kultur erinnert, kann eine Art Wiedergeburt möglich werden, die eine Stärkung in der Globalisierung bedeutet.

ZEIT: Dieses Europa ist aber gerade dabei, sich in der Krise zu renationalisieren. Fragt man Franzosen und Deutsche nach der europäischen Kultur, wie es in einer Studie getan wurde, so sagen sie, Europas Kultur sei eine Addition nationaler Kulturen.

Kristeva: Ich setze mich deshalb für die Gründung einer Académie de la Culture Européenne ein, die wie ein Blumenstrauß die europäischen Nationalkulturen umfassen und deren Wertschätzung mit Debatten um das Gemeinsame unseres melting pot verknüpfen würde. Anders als manche europäische Linke sehe ich im Nationalen durchaus auch Grund zum Stolz. Ein begründetes nationales Selbstbewusstsein kann wie ein Antidepressivum wirken. Wir müssten in einer solchen europäischen Kulturakademie ebenso am Unterschied wie an der Gemeinsamkeit arbeiten. In Ausstellungen, Bildungsprogrammen, in einer europäischen Öffentlichkeit eben. Der europäische Humanismus ist ein permanenter Neugründungsprozess.

Die Menschen aus dem Blickwinkel der Unverwechselbarkeit betrachten

ZEIT: In Ihrem jüngsten Buch Pulsions du temps treten Sie aber auch als eine Kritikerin der europäischen Moderne auf. Ein Humanismus, der die Einzigartigkeit jedes Menschen aus dem Blick verliere und sich ökonomischen Notwendigkeiten unterwerfe, müsse scheitern. Liegt diese Gefahr zu scheitern in der aufgeklärten Weltlichkeit? Es gäbe doch keine

Menschenrechte ohne die Weltlichkeit des Humanismus.

Kristeva: Diese unverwechselbare Einzigkeit jedes Subjekts steht im Zentrum des jüdisch-griechisch-christlichen Denkens. Europa hat mit der Aufklärung den Faden zu dieser Tradition zerschnitten. Als Humanistin, die selbst nicht gläubig ist, bin ich doch überzeugt davon, dass die europäische Sehnsucht zu wissen und das Bedürfnis zu glauben eng zusammenarbeiten müssen, um die Menschen in ihrer Einzigartigkeit zu schützen, ob sie nun alt sind oder gebrechlich, behindert oder einfach arm. All diese Menschen sollten wir nicht aus dem Blickwinkel des Mangels betrachten, sondern von ihrer Unverwechselbarkeit her. Wir alle sind heute, jenseits eines heroischen Humanismus, mitten im Leben und nicht erst am Ende des Lebens mit unserer Sterblichkeit konfrontiert. Erst wenn wir uns für diesen Blick öffnen, können wir miteinander teilen. Gerade Europa kann der Ort für eine Demokratie des Teilens sein. Am Umgang mit der Verletzlichkeit des Menschen zeigt sich, was Europa eigentlich ist. Deshalb kommt auch der Mutterschaft neue Bedeutung zu.

ZEIT: Warum der Mutterschaft?

Kristeva: Das verweltlichte humanistische Europa hat, anders als das jüdische Denken, einfach keine Philosophie der Mutterschaft mehr. Die Mütter sind dem Supermarkt und dem Kinderarzt ausgesetzt, oft alleinstehend, sie sind Wirtschaftssubjekte, die am Markt der Kinderwaren tätig sind, und ihre Ängste, ihre Sorgen, ihre kulturelle Bedeutung, Menschen verbindlich zu begleiten, kommen darüber zu kurz. Dabei sind gerade sie es, die sich um jene fragilen Menschen kümmern, die in ihrer Einzigartigkeit im Zentrum Europas stehen. ENDE ZITAT

Ich habe diese Sätze der Philosophin genommen um auch den Übergang zum Spirituellen zu machen, von den Philosophen die bloß denken und reden können. Denn Spiritualität bedeutet das Suchen und entdecken deines wahren Selbst und nicht das Denken darüber und Worte dafür. Denn damit bleibst du als Mensch immer in der Ungewissheit des mentalen Wortsalats und der mentalen Denkereien. Und zwar aller unterschiedlicher Denkgruppen der Philosophenschulen.

Ich kann von mir sagen „Mein Licht ist heller als das Licht der Sonne" weil ich das erfahren habe als Tatsache. Wenn ihr aber in Abhängigkeit der Vorstellungeh der 1% Besitzenden bleibt, was ja nicht geschieht, ist diese Sicherheit die sie durch ihre Imagepflege und Fassadenpflege betreiben 100% Unsicherheit, weil sie materialistisches Gestammel und Blahh blah blahhh ist.

Es ist aber auch garnicht Notwendig eine spirituelle Arbeit zu machen,und zwar deswegen nicht, weil wir schon das Göttliche sind. Aber da in der menschlichen Evolution aus dem Tierreich hinaus mit seinen tierischen Eigenschaften hin zum Menschen über den Raubtierkapitalismus,doch sehr viele Existenzängste und Illusion in der Wahrnehmung und im Denken und soweiter passieren, und auch jeder Mensch ein individuum ist, kann ja nicht die Menschheit auf dem gleichen inneren Entwicklungsniveau sein. Auch das sogenannte Kollektiv hat bloß grobe Gleichheiten parat, aber innerlich geht es doch weiter , und dafür ist die spirituelle Arbeit um eben nicht bloß Wirtschaftlich, Materiell, weiter zu kommen, und zwar ohne Leistungsgesellschaft. Denn das kommt hauptsächlich von den Besitzenden.

Ich wurde 1993 dazu aufgefordert ein Buch zu schreiben und zwar „Meditative Transformation der Industrie." Was nun auch unter www. meditative-transformation-der-industrie.de oder als Buch einlesbar ist mit ISBN 978-3-932209-26-0 Teil 1 und ISBN 978-3-932209-05-5 Teil 2.

Das ist die Aufforderung mit der Industrie die spirituelle Arbeit der Bevölkerungen auszuweiten und einen Kreislauf zwischen Industrie und Spiritualität zu erschaffen. Mehr schreibe ich dazu jetzt nicht.Aber zur Zeit ist die Europäischen Kommission noch ein eurokratischer Wahnsinn" der Nichtgewählten 1% Vasallen. Doch jedes Schnitzel, das nicht gegessen wird, hilft Umwelt und den Tieren.

Und für Diejenigen die einfach nicht nachvollziehen können das sie das Ewige Unzerstörbare sind, möchte ich eine kleine Geschichte erzählen aus dem Buch „Shakjamuni Buddhas Höchste Lehre Das Surangama Sutra ISBN 978-3-932209-02-4

Zitat Anfang

Der erhabene Buddha sagte: Eure Majestät! Ich werde Euch nun die Natur des Nichtsterbens und Nichtwiedergeborenwerdens zeigen.

Zur Zeit, als ihr das erste mal den Fluss Ganges gesehen habt-wie alt seid ihr gewesen?

Der König antwortete: Ich kann mich erinnern, als mich meine Mutter das erste mal zum Verehren des Deva-Gottes (Götter die sich auf einer höheren Ebene als die Menschen befinden, aber auch sterblich sind) mitnahm, war ich gerade drei Jahre als. Ich kann mich erinnern, wie wir den Fluss überquerten und mich auch erinnern, wie er der Ganges genannt wurde.

Der erhabene Buddha sagte: Eure Majestät! Ihr seid damals drei Jahre als gewesen, und wie ihr schon sagtet, als ihr zehn alt gewesen seid, ward ihr älter und hinauf zum Alter von sechzig Jahren sind die Prozesse der Veränderungen Jahr für Jahr, Monat für Monat, Tag für Tag und Gedanke um Gedanke weiter gegangen. Eure Majestät, ihr sagtet, als ihr das erste Mal den Ganges Fluss saht, ihr drei Jahre als ward.-erzählt mir, als ihr dreizehn Jahre als ward und den Ganges saht, wie sah er für euch aus? War in der Sicht von ihm die Wahrnehmung eures Geistes irgendwie unterschiedlich?

Der König antwortete: Meine Sicht von ihm war einfach die gleiche-so als ob ich drei Jahre als wäre. Und nun in meinem gegenwärtigen Alter von zweiundsechzig Jahren, während die Sehstärke meiner Augen nicht mehr so gut ist,-meine wahrnehmung von dem Gesehenen ist einfach die gleiche - wie immer.

Der erhabene Buddha machte weiter: Eure Majestät! Ihr seid durch Veränderungen seit eurer Jugend - euer graues Haar, das faltige Gesicht - etwas traurig geworden. Aber ihr sagtet, dass die Wahrnehmung der Sicht im Vergleich mit eurer Jugend sich nicht verändert hat.sagt mir, eure Majestät, ist da eine Jugend oder ein Alter in der Wahrnehmung des Sehens?

Nicht im geringsten, eure Erhabenheit.

Der erhabene Buddha machte weiter: Eure Majestät! Obwohl euer Gesicht faltig geworden ist - in der Wahrnehmung des Sehens, da sind keine Zeichen von Alter und Falten. Denn Falten sind Symbole der Veränderung und Nichtfalten sind Symbole der Nichtveränderung . Das was sich ändert muss natürlich Zerstörung erleiden - das Unveränderliche ist natürlich frei von Tod und Wiedergeburt.

Wie ist es , eure Majestät, dass die nichtverändernde Wahrnehmung des Geistes trotzdem die Illusion von Sterben und Wiedergeburt erleidet und ihr trotzdem noch an den Lehren der Häretiker festhaltet, die behaupten, dass nach dem sterben des Körpers, jeder völlig zerstört würde?

Nach dem Hören dieser wundervollen Instruktion, die besagt, dass nach dem Sterben irgend etwas in einem neuen Körper überlebt, waren der König und die gesamte versammlung sehr erfreut und mit entzücken erfüllt- es war eine höchst interessante Situation.

Ende des Zitats

Also ich hoffe das kann verstanden werden mit seiner ganzen Bedeutung. Siddharta hatte aber auch immer gesagt das alles was er als Buddha verwirklicht hatte durch die Meditationen, er schon immer war. Und das ist dann in Übereinstimmung mit der Aussage von Jesus das wir Menschen Götter sind oder in der Einzahl das Göttliche.

In meinem kleinen Buch „ Das Mantra Mich Selbst Erkennen" habe ich nochmal die Arbeit beschrieben da am Strand von Kefalinos die zur Selbsterkenntnis führte.

Und deswegen auch EMPÖRT EUCH INTENSIVER, wegen der Totalverblödung in die ihr gehalten werdet, durch den Glaube an den Materialismus Muus und an das Geld.

EMPÖRT EUCH INTENSIVER
15.1.2014
Acht Tage vor dem Geburtstag meiner verstorbenen Mutter
Wolfgang Schorat
Schöner Tag heute. Ich werde um den GombethSee spazieren.

MEDITATIVE TRANSFORMATION DER INDUSTRIE

VON

SCHORAT

TonStrom Verlag

DAS MANTRA

MICH SELBST

ERKENNEN

von
Schorat

TonStrom
VERLAG

Die Höchste Meisterin Ching Hai

Mit Licht Und Klang Meditation

W. SCHORAT

MARTINUS
1890-1981

"Wo Unwissenheit
entfernt wird,
hört die Existenz
des Bösen auf"

www.martinus-verlag.de
www.martinus.dk

Kosmische Analysen für die Welt

1. Auflage 2014
TonStrom Verlag
Heinrich-Heine-Straße 17
34596 Bad Zwesten
Tel/Fax (05626)-1414
Herstellung: BoD GmbH
Umschlag: Schorat
Layout : Schorat
© by Wolfgang Schorat
Printed in Germany

ISBN-978- 3- 932209 - 33 - 8

webseiten von schorat

www.ararat-foto-ansichten.de
www.meditative-transformation-der-industrie.de
www.olhos-de-aguas-1974.de
www.nilgans-im-schwalm-eder-kreis.de
www.anleitung-zum-verhalten-in-finanzkrisen.de
www.shizzo-berlin1980.de